Peter Dehoust (Hrsg.):

Die Niederwerfung des Reiches

Krieg · Verrat · Prozesse

Revisionistische Thesen zur Zeitgeschichte

Dokumentation der drei zeitgeschichtlichen Kasseler Kongresse der Gesellschaft für freie Publizistik

CIP-Kurztitelaufnahme der Deutschen Bibliothek

Die **Niederwerfung des Reiches** · Krieg, Verrat, Prozesse; revisionist. Thesen zur Zeitgeschichte; Dokumentation d. 3 Zeitgeschichtl. Kasseler Kongresse d. Ges. für Freie Publizistik / Peter Dehoust (Hrsg.). — 1. Aufl. — Coburg · Nation-Europa-Verlag, 1984.
ISBN 3-920677-00-5
NE · Dehoust, Peter [Hrsg.]; Zeitgeschichtlicher Kongreß ⟨1976—1979⟩; Gesellschaft für Freie Publizistik

ISBN 3-920677-00-5

D 8630 Coburg · Postfach 670.

Einbandentwurf: Bernd Holzapfel.
Gesamtherstellung: Grafischer Betrieb Emil Patzschke, Neustadt b. Coburg.

Zum Geleit

Ein Heinrich Böll verkündet im Fernsehen, er habe die Niederlage 1945 als ,,Befreiung'' empfunden. Die Mehrheit der Deutschen hat das anders erlebt. Schließlich leidet heute noch unser Volk und das ganze geteilte Europa unter den Folgen des Diktats der Siegermächte des Zweiten Weltkrieges.

Krieg und Verrat haben das Reich der Deutschen niedergeworfen. Die Siegerjustiz sollte es auch moralisch hinrichten. Daß es das ,,Dritte Reich'' unter Adolf Hitler war, darf nicht davon ablenken, daß es den Feinden von damals entgegen Propagandabehauptungen nicht um die Staatsform des Reiches, sondern um seine Ausschaltung als Machtfaktor ging — wie zuvor bereits im Ersten Weltkrieg. Das nicht erkannt zu haben, ist ein Vorwurf, den man auch dem im guten Glauben handelnden Teil des Widerstandes machen muß.

Der Freiheit und der Wahrhaftigkeit des Wortes verpflichtet, läßt es sich die Gesellschaft für freie Publizistik (GfP) angelegen sein, zu Fragen der Zeitgeschichte Darstellungen und Auslegungen Gehör zu verschaffen, die den hierzulande offiziell als ,,volkspädagogisch erwünschten'' Lesarten nicht entsprechen. Die jährlichen Kongresse der GfP, die dieser Aufgabe dienen, sind schon gute Tradition geworden.

Die Referate und Arbeitsergebnisse dieser zeitgeschichtlichen Kongresse wurden jeweils getrennt veröffentlicht. Diese Broschüren erfreuten sich so großer Beliebtheit, daß sie restlos vergriffen sind. Da die Nachfrage jedoch unvermindert anhält und auch ein breites Publikum erreicht werden soll, wurde in diesem Sammelband unter dem Titel ,,Die Niederwerfung des Reiches'' erstmals zusammengefaßt, was eng zusammengehört.

Der erste Teil ,,Ursachen und Ausbruch des 2. Weltkrieges'' umfaßt die Vorträge des zeitgeschichtlichen Kongresses, der 1979 in Kassel stattfand. Der 40. Jahrestag des Kriegsausbruches vom September 1939 hatte sich für diesen Themenkreis von selbst angeboten.

In der selbstverständlichen Abwehr des Vorwurfes einer deutschen ,,Alleinschuld'' am Krieg 1939—1945 ging es den Vortragenden nicht darum, nun ,,den Spieß umzukehren'' und andere Staaten einseitig zu belasten. Vielmehr sahen die Referenten ihre Aufgabe darin, neben Einzelstudien zu weniger bekannten Sachverhalten Hintergründe und Zusammenhänge zu beleuchten, um zu einem sachgerechten Verständnis von Ursachen und Wirkungen beizutragen.

Ziel all dessen war und ist, der vollen geschichtlichen Wahrheit zur Geltung zu verhelfen. Denn nur von daher werden die europäischen Völker gemeinsam die Fehler von damals einsehen lernen, um in gemeinsamer politischer Anstrengung die Folgen des Zweiten Weltkrieges zu überwinden, die Herrschaft raumfremder Mächte im alten Kontinent beenden und durch selbstbestimmte neue Gemeinsamkeit ablösen.

Im zweiten Teil „Verrat und Widerstand im Dritten Reich" finden sich die Vorträge des Kasseler Kongresses vom Mai 1978. Ein „heißes Eisen", zugegeben. Die Lektüre zeigt, daß die Vortragenden ihre Aufgabe darin sahen, neue Argumente und Einsichten zu vermitteln, um die einseitige und bisweilen noch sehr leidenschaftliche Auseinandersetzung um diese Ereignisse zu versachlichen.

So sehr es stimmt, daß der Zweite Weltkrieg nicht nachträglich dadurch gewonnen werden kann, daß der Verrat beklagt und auch angeklagt wird, so sehr stimmt es auch, daß die kritiklose Verherrlichung des Landesverrats im Kriege (und schon davor!) die atmosphärischen Bedingungen für die vielen Verratsfälle geschaffen hat, unter denen unser Teilstaat Bundesrepublik Deutschland leidet und noch zu leiden haben wird. So mag die sachbezogene Klärung der Probleme nicht nur der historischen Wahrheit dienen, sondern ebenso einer Staatsgesinnung, deren wir zur Gestaltung einer gesamtdeutschen Zukunft bedürfen.

Inhalt des dritten Teils „Siegertribunal Nürnberg 1945/46" sind die Referate, die drei Jahrzehnte nach dem Nürnberger Prozeß auf dem Kasseler Kongreß im Mai 1976 gehalten wurden. Es ging darum, zu zeigen, daß „Nürnberg 1945/46" (und die Folgeprozesse) keine „Quelle des Rechts" ist, bei der Anlage der Prozesse auch nicht sein konnte, sondern als Grundlage andauernder Erpressung der Deutschen gedacht war und noch dient. Daß Anklage und Urteil im Nürnberger Prozeß die historische Wahrheit mehr verstellen als fördern, ergibt sich aus dem Zweck dieser Veranstaltung.

Dies Buch, in dem in erster Linie Zeitzeugen zu Wort kommen, will mithelfen, den vielen Legenden, die aus bisweilen sehr durchsichtigen politischen Gründen gepflegt werden, die historische Tatsächlichkeit entgegenzustellen. Es soll und wird die Bemühungen, eine neue nationale Selbstgewißheit zu finden, von der zeitgeschichtlichen Aufhellung her unterstützen und der Zukunftsgestaltung unseres Volkes dienlich sein.

Daß die Nachfrage bei revisionistischer zeitgeschichtlicher Literatur gerade unter der Jugend wächst, mag die Nutznießer des Systems von Jalta und Potsdam und ihre Hofschreiber beunruhigen. Den Deutschen, die sich zusammengehörig fühlen, gibt das die Zuversicht, ja Gewißheit, daß die Niederlage überwunden werden wird: „Das Reich muß uns doch bleiben!"

Coburg, im September 1984 — *Peter Dehoust*

1. Teil

Ursachen und Ausbruch des Zweiten Weltkrieges

Referate und Arbeitsergebnisse des 3. zeitgeschichtlichen Kongresses der Gesellschaft für Freie Publizistik in Kassel

DR. RUDOLF ASCHENAUER:

Die deutsch-sowjetischen Beziehungen

vom Ribbentrop-Molotow-Pakt bis zum 22. Juni 1941

Ein besonders erstaunliches Beispiel dafür, wie in diesem Sommer in Presse, Funk und Fernsehen der Bundesrepublik der vierzigsten Wiederkehr des deutsch-sowjetischen Vertrages vom 23. 8. 1939 gedacht wurde, war am 23. 8. 1979 die Sendung *„Der mißbrauchte Friede“* im Deutschen Fernsehen, deren Tendenz bereits in der Vorankündigung der Zeitschrift *„Bild und Funk“* sichtbar wurde: *„Diese Dokumentation rekonstruiert Hitlers und Ribbentrops Erpressungspolitik und machtvergessene Pokerei, mit der sie den Landraub im Osten begannen.“*

Es ist längst Zeit, im Sinne eines echten Friedens in einem Vortrag über die deutsch-russischen Beziehungen vom *Stalin-Hitler-Pakt* bis *„Barbarossa“* die volle Wahrheit zu ergründen zu versuchen.

Kennen die verantwortlichen Fernsehautoren nicht die Sätze des ehemaligen Reichskanzlers *Wirth*, die dieser am 8. 3. 1948 für den Prozeß am *Internationalen Militärgerichtshof* aussprach? *„... In den ersten Jahren nach dem ersten Weltkrieg hat Polen wiederholt versucht, Teile des Reichsgebietes vom Reich abzutrennen ...“*

Als Beispiel nennt er *Oberschlesien.*

Dr. Otto Geßler, Reichswehrminister vom 27. 3. 1920–29. 1. 1928, trug am 26. 1. 1931 vor:

„Ich sehe die Gefahr eines Angriffs auf Deutschland viel weniger vom Westen her.

Ganz anders sehe ich die Dinge im Osten an ... wie Ostpreußen als lachender Siegespreis vor den Polen liegt ... und daß die Polen die erste Gelegenheit benutzen werden, sich Ostpreußen einzuverleiben.“

Wissen die Autoren nicht, daß polnische Marinesoldaten die zum *Danziger Staatsgebiet* gehörende *Westerplatte* im März 1933 eine kurze Zeit besetzten?

Im Juni 1939 ist im *„Kurjer Poznanski“* zu lesen: *„Unser Programm wird dann darin bestehen, eine weit breitere und stärkere Stütze an der Ostsee zu finden.“*

Ist den Autoren nie der Bericht des polnischen Botschafters in *Washington*, des Grafen *Potocki*, an den polnischen Außenminister vom 16. Januar 1939 bekannt geworden, in welchem es heißt, daß die Kriegsvorbereitungen der *Vereinigten Staaten* die kolossale Summe von *1 Milliarde 250 Millionen Dollar* verschlingen?

Gesprächspartner des polnischen Botschafters war der amerikanische Botschafter *Bullitt.*

Im Februar 1939 erklärte der amerikanische Botschafter *Bullitt* in einer Unterhaltung mit dem polnischen Botschafter in *Paris, Jules Lukasiewicz: „Sollte ein Krieg ausbrechen, so werden wir sicherlich nicht zu Anfang an ihm teilnehmen, aber wir werden ihn beenden." Bullitt* genoß das besondere Wohlwollen *Roosevelts.* Das englische Garantieversprechen vom 23. 3. 1939 brachte die Vorentscheidung für den *Ausbruch des Zweiten Weltkrieges.* Die Hoffnungen, die der deutsch-polnische Nichtangriffspakt vom 26. 1. 1934 für Deutsche und Polen mit sich brachte, versanken.

Am 19. Mai 1939 verpflichtete sich *Frankreich* am 15. Tage nach einer allgemeinen Mobilmachung mit der Offensive gegen den Westwall zu beginnen. General *Clayton,* der Chef der *Britischen Militärmission,* sagte am 30. Mai 1939 eine Luftwaffenunterstützung mit 524 Bombern, 500 Jägern und 280 anderen Flugzeugen zu. General *Ironside,* Chef des britischen Empire-Generalstabs, versprach am 19. 7. 1939 die Lieferung von 100 Bombern neuester Konstruktion und 40 Hurricane-Jägern und stellte das Einfliegen starker Landstreitkräfte über *Rumänien* von *Ägypten* aus für eine spätere Phase des Krieges in Aussicht.

Unter den gegebenen Umständen bedeutet der *Stalin-Hitler-Pakt* die Sprengung der gegen *Deutschland* versuchten Einkreisung. Die große Mehrheit der deutschen Bevölkerung und des deutschen Offizierskorps hielten die Bereinigung der Frage der deutschen Grenze gegenüber *Polen* für berechtigt. Gedanken eines Grafen *Kielmansegg,* eines Majors im Generalstab einer Panzerdivision, in dem Buch *„Panzer zwischen Warschau und Atlantik"*, [1]) sind ihr sicherlich nicht in den Sinn gekommen: *„Ich saß auf dem Stuhl des Oberhauptes eines Staates, den wir nicht nur militärisch besiegt hatten, sondern der durch unseren Sieg ausgelöscht war aus der Geschichte, entgegen deren Sinn er, künstlich ins Leben gerufen, zwanzig Jahre versucht hatte, zu existieren — obwohl die Geschichte bereits vor einhundertfünfzig Jahren ihr verdammenswertes Urteil über ihn gesprochen hatte. Schillers tiefes Wort: ‚Weltgeschichte ist das Weltgericht' war wieder einmal Wahrheit geworden."*

Für unsere Überlegungen sind folgende Daten von Bedeutung:
Um 4 Uhr 45 des 1. 9. 1939 begannen die deutschen Truppen ihre Operationen gegen *Polen.* Am 5. 9. 1939 überschritten sie die *Weichsel,* am 6. 9. 1939 den *Narew.* Die Schlacht bei *Radom* begann am 8. 9. 1939 und endete am 11. 9. 1939 mit 60 000 polnischen Gefangenen. Das deutsche Nachrichtenbüro teilt am 9. 9. 1939 die Äußerung des Generalobersten *von Brauchitsch* mit, daß *„Kriegshandlungen an der deutschen Ostgrenze"* nicht mehr notwendig seien. *Molotow* erhielt die Nachricht, daß deutsche Truppen in *Warschau* einmarschiert seien. Er telegraphierte an Botschafter *von der Schulenburg: „Übermitteln Sie deutscher Reichsregierung meine Glückwünsche und Grüße".*

[1]) Berlin, April 1941, Verlag „Die Wehrmacht".

Am 9. 9. 1939 berief die sowjetische Regierung die ersten Reserven ein. Der deutsche Militärattaché wurde unterrichtet, daß die russischen Truppen bald in den deutsch-polnischen Konflikt eingreifen würden. Als sich der polnische Widerstand versteifte, erklärte die *Sowjetunion,* noch zwei bis drei Wochen zu benötigen, um ihre Truppen kriegsbereit zu machen. *Molotow* hatte die Mitteilung des deutschen Nachrichtenbüros so aufgefaßt, als ob *Berlin* mit *Warschau* einen Waffenstillstand abschließen würde.

Am 14. 9. 1939 gingen die Verhandlungen mit *Japan* zu Ende. *Moskau* und *Tokio* waren übereingekommen, ein Abkommen am 15. 9. 1939 zu unterzeichnen, das die wesentlichsten Differenzpunkte beseitigte. Daher konnte der sowjetische Außenminister *von der Schulenburg* am 14. 9. 1939 zu sich rufen, um ihm mitzuteilen, daß die sowjetische Kriegsbereitschaft eher als angenommen erreicht worden sei. Am 16. 9. 1939 verwahrte sich Graf *von der Schulenburg* im Auftrag des Reichsaußenministers gegen das gedachte sowjetische Kommuniqué: *„dritte Mächte könnten versuchen, aus dem entstandenen Chaos Vorteile herauszuschlagen; die Sowjetunion fühle sich verpflichtet, zum Schutz ihrer ukrainischen und weißrussischen Brüder einzugreifen und dieser unglücklichen Bevölkerung Möglichkeit zu ruhiger Arbeit zu verschaffen."*

Am 17. 9. 1939 um 2 Uhr nachts empfing *Stalin* in Gegenwart von *Molotow* und Marschall *Woroschilow* den deutschen Botschafter und teilte diesem mit, daß die *Rote Armee* heute morgen 6 Uhr die Sowjetgrenze von *Polozk* bis *Kamenez-Podolsk* überschritten habe. Gleichzeitig bat er, daß deutsche Flugzeuge ab 17. 9. 1939 die Linie *Bialystok-Brest-Litowsk-Lemberg* nicht mehr überfliegen sollten. Die Rote Luftwaffe werde sofort mit der Bombardierung der Gegend östlich von *Lemberg* beginnen.

Als am 28. 9. 1939 *Ribbentrop* den deutsch-sowjetischen Freundschaftsvertrag unterschrieb, stand die *Rote Armee* bei *Grejewo* (südlich *Lyck*) — östlich *Lukow* — östlich *Lublin* — *Przemysl.*

Bevor der deutsche Außenminister seine Reise nach *Moskau* antrat, trug *Molotow* dem deutschen Botschafter am 25. 9. 1939 im Beisein von *Stalin* die Woiwodschaft *Lublin* und den Teil der Woiwodschaft *Warschau,* der bis zum *Bug* reicht, gegen *Litauen* an. Gleichzeitig erklärte er, daß er sofort an die Lösung der die *Baltischen Staaten* betreffenden Frage gemäß Protokoll vom 23. 8. herantreten würde.

Am 27. 9. 1939 gegen 18 Uhr traf *Ribbentrop* auf dem *Moskauer* Flughafen ein. Am 28. 9. 1939 konferierten beide Seiten von 15–18.30 Uhr. Dann fand ein großes Essen im *Kreml* statt. Anschließend besuchte die deutsche Delegation den 1. Akt des Balletts *„Schwanensee"*, während *Stalin* mit den Esten verhandelte. Um 24 Uhr war der deutsche Außenminister wieder im *Kreml.* Am 29. 9. 1939 um 5 Uhr wurde der *„Deutsch-sowjetische Grenz- und Freundschaftsvertrag"* unterzeichnet.

Der unterzeichnete Vertrag brachte *Moskau* voll die Erfüllung seiner Wünsche. Die Grenzlinie nahm folgenden Verlauf: Südspitze *Litauens* — nördlich *Augustowo* — Reichsgrenze — Fluß *Pisa* — *Narew* — *Ostrolewka* —

Bug bei *Nur* — bis *Krystnopol* — nördlich *Nawaruska* — nördlich *Lubaczow* – *San* bis zur Quelle. Vom *San* bis *Nemirow* deckt sich diese Grenzlinie mit der *Curzon-Linie*. Dann biegt die neue Grenzlinie nach Nordwesten. Die *Curzon-Linie* wird um mehr als 140 km nach Westen verschoben. Dieser Vorsprung findet seine Spitze bei *Ostrolewka*.

Stalins strategische Überlegungen

Es waren strategische Momente, die damals *Stalin* zur Besitznahme dieses Gebietes veranlaßten. Denn nach dem deutschen Zusammenbruch gab er den genannten Raum auf und zog sich auf die Linie *Grodno* — *Jalowka* — *Nemirow* zurück. In dem 1945 aufgegebenen Gebiet vollzog sich der Aufmarsch der Masse der sowjetischen Panzer im Laufe der Jahre 1940/1941. Unter General *Pawlow* standen die Panzer auf engstem Raum zwischen *Grodno* und *Wolkowysk*, also in der vorspringenden Nase der Demarkationslinie. In *Pawlows* Befehlsbereich — 200 km von Nord nach Süd — 450 km von Ost nach West — standen, wie der deutsche Nachrichtendienst ermittelte, 32 Infanteriedivisionen, sechs Kavalleriedivisionen, zehn motorisierte Brigaden und eine erhebliche Anzahl der Panzerdivisionen. Es dürften 25 gewesen sein.

Deutsche Flieger stellten fest, daß am 22. 6. 1941 auf der Autobahn *Moskau—Smolensk* riesige Panzermassen im Anmarsch auf diesen Raum waren. Auch *Pawlow's* Luftwaffe war stark. Er verfügte über 4000 Maschinen.

Das erste „*Geheime Zusatzprotokoll*" vom 28. 9. 1939 erfüllte den Wunsch *Stalins*. *Litauen* fällt in die sowjetische Interessensphäre. An diesem Tage bezeichnete *Stalin* als Ziel in *Litauen:* die Errichtung von Militärbasen und nicht die Bolschewisierung. Die Woiwodschaft *Lublin* und ein Teil der Woiwodschaft *Warschau* kamen zum Generalgouverment.

Man muß sich wundern, daß die heutigen Historiker die Bedeutung des Frontbalkons *Bialystok*, an dem der Schwerpunkt der Heeresgruppe *Pawlow* lag, nicht erkennen. Strategisch gesehen waren die getroffenen Abmachungen für *Deutschland* nicht vertretbar.

Die Einverleibung *Litauens* in die sowjetische Interessensphäre mit der Stationierung sowjetischer Truppen mit Ausnahme eines kleinen Grenzstreifens im Südwesten *Litauens* bedeutete sowohl die Sicherung gegen *Deutschland* als auch die Vollendung der strategischen Position südlich des *Finnischen Meerbusens*. *Hitler* war sich darüber im klaren, daß der Tausch zuungunsten des Reiches vorgenommen wurde. Er gab nach in der Hoffnung, *Stalin* an sich zu binden. Ein weiterer Gedanke bewegte ihn: Die polnischen Kernlande bei einem Friedensschluß mit dem Westen als Kompensation zu bewegen. An diesem Gedanken hielt er bis August 1940 fest.

Ein unscheinbares Dokument — ein vertrauliches Zusatzprotokoll — regelte die Aussiedlung der in den Interessengebieten der *Sowjetunion* ansässigen Reichsangehörigen und Personen deutscher Abstammung. Das Protokoll umschreibt eine ungeheure Tragödie, die der Baltikumdeutschen. Die Vorposten des Deutschtums in Nordosteuropa wurden eingezogen. Leere deutsche

Städte blieben als steinerne Zeugnisse deutsch-abendländischer Kultur zurück. Furchtbar wurde das Los der litauischen, lettischen und estnischen Bevölkerung. Wir gedenken auch derjenigen, die im Frühjahr 1945 zum Untergang bestimmt waren. Wir müssen uns auch darüber im klaren sein, daß neben dem nicht in Erfüllung gegangenen *Hitler-Mussolini-Abkommen* des Jahres 1938 das unscheinbare Protokoll eine Völkerwanderung einleitete, deren Höhepunkt nach *Hitlers* Zeit lag.

Wir können uns aber auch vorstellen, welches Schicksal die Deutschen dort im Nordosten erwartet hätte, wenn sie den Ausbruch des deutsch-sowjetischen Krieges in ihrer angestammten Heimat erlebt hätten. Die Vergewaltigung der *Baltischen Staaten* ist bekannt. *Stalin* verlor keine Zeit. Am 2. 10. 1939 war *Lettland* an der Reihe.

Aufgefordert von *Molotow* reiste der litauische Außenminister *Urbys* am 3. 10. 1939 nach *Moskau. Stalin* versuchte *Urbys* seinen Vorschlag des Beistandspaktes mit der Abtretung *Wilnas* an *Litauen* zu erleichtern. Am 10. 10. 1939 wurde der sowjetisch-litauische Beistandspakt unterzeichnet. Wie zielbewußt *Stalin* sein großes Spiel um die Herrschaft in *Europa* spielte, zeigt sein genau geplantes Vorgehen im litauischen Grenzstreifen um *Mariampol.* Am 3. 10. 1939 teilte *Molotow* dem litauischen Außenminister mit, daß dieser Streifen an Deutschland abgetreten werden sollte. Für die Litauer erschien die Abtretung dieses Gebietes als sehr hart, da viele prominente Führer des litauischen Volkes aus diesem Teil des Landes stammten. In Kenntnis der litauischen Stimmung rief dann *Molotow* bei *Schulenburg* an und erklärte, *Stalin* richte die *„inständige Bitte an die deutsche Reichsregierung ..., zunächst auf die Abtretung des litauischen Gebietsstreifens nicht zu bestehen."* Als die *Rote Armee* in *Litauen* einrückte, besetzte sie den Gebietsstreifen.

Stalin hatte am 23. 8. 1939 erklärt, daß er *„... an einem starken Deutschland Interesse habe"* und die *Sowjetunion „es niemals dulden würde, daß Deutschland in eine schwierige Lage käme."* Dieser Satz muß im Rahmen der gegebenen politischen Situation gesehen werden.

Im Mittelpunkt der Staatsmänner im *Kreml* stand das Gleichgewicht der Kräfte in *West- und Mitteleuropa.* Solange dieses gegeben war, bildete die *Sowjetunion* den entscheidenden Faktor. Nur bei dieser *„balance of power"* konnte sie ihre Ziele durchsetzen.

Nach Abschluß des Grenz- und Freundschaftsvertrages unterstützte er *Deutschland*, um es stark zu machen, sich im Westen festzulegen.

Auf diplomatischem Weg stand er dem Reich bei, gab Wirtschaftshilfe und versteckte militärische Unterstützung. Der kommunistische Abgeordnete von *Prag, Sverma*, gab die sowjetische Ansicht richtig wieder, als er zu *Benesch*, dem ehemaligen Präsidenten der *Tschecho-Slowakei*, sagte, daß die *Sowjetunion* auf jeden Fall in den Krieg eintreten werde, aber erst dann, wenn beide Parteien *„... zu erschöpft sein würden, um dem Druck der sozialen Revolution zuvorzukommen oder ihn aufzuhalten."*

Man kann sagen, daß in den Monaten vom September 1939 bis zum März 1940 auf militärisch-wirtschaftlichem Gebiete das deutsch-russische Abkommen reibungslos lief, um so mehr, wenn man bedenkt, daß in den ersten Kriegstagen deutsche Handels- und Passagierschiffe, die nicht mehr in der Lage waren, deutsche Heimathäfen zu erreichen, *Murmansk* ansteuern konnten, falls sie in der Nähe standen. Am 10. 10. 1939 berichtete Großadmiral *Raeder*, daß die *Sowjetunion* einen Stützpunkt für die deutsche Marine angeboten hätte. Es handelte sich um den Hafen *Polarnoje*. Ein Hilfskreuzer werde bereits in *Murmansk* ausgerüstet. Die deutsche Marine traf Vorbereitungen für die Einrichtung und Unterhaltung einer Basis Nord. Am 30. 1. 1939 begannen die Verhandlungen mit der *Sowjetunion* über die Benutzung des sibirischen Seeweges, wobei keine Schwierigkeiten auftauchten.

Der Nichtangriffsvertrag vom 23. 8. 1939 forderte, daß sich *Berlin* und *Moskau* über Fragen gemeinsamer Interessen gegenseitig informieren. Als *Hitler* am 9. 4. 1940 um 5 Uhr 20 in *Oslo* und *Kopenhagen* das Memorandum über die bevorstehende Aktion überreichen ließ, erhielt am selben Tag gegen 7 Uhr Volkskommissar *Molotow* durch *von der Schulenburg* einen Durchschlag des Schriftstückes. *Molotow* erklärte: „*Wir wünschen Deutschland für seine Verteidigungsmaßnahmen vollen Erfolg.*“ Zu den von der *Sowjetunion* gemachten Schwierigkeiten bei Öl- und Getreidelieferungen erklärte *Moskau*, daß sie im Übereifer von untergeordneten Stellen begangen worden seien, obwohl *Mikojan*, der den Posten eines stellvertretenden Präsidenten des Rates der Volkskommissare bekleidete, die Verantwortung trug. Zwei Gründe hatte diese positive Einstellung: Eine Unterstützung *Finnlands* durch den Westen wurde unmöglich gemacht. *Hitler* riegelte das Tor nach *Finnland* zu.

Eine Änderung der Lage in *Moskau* brachte erst der *Frankreichfeldzug*, da er für *Hitler* mit einem Erfolg ungeahnten Ausmaßes endete. *Moskau* war überrascht worden und wurde aktiv. Am 4. 6. wurde der litauische Ministerpräsident nach *Moskau* bestellt. *Molotow* verlangte Genugtuung für angebliche litauische Übergriffe und Garantien für die Sicherheit der in *Litauen* stationierten sowjetischen Besatzungstruppen.

Am 14. 6. rief der sowjetische Außenminister den inzwischen zum Ministerpräsidenten Litauens avancierten früheren Außenminister *Urbys* zu sich. *Molotow* verlangte die Bestrafung des litauischen Innenministers sowie des Chefs der Sicherheitspolizei, eine Regierungsumbildung im sowjetischen Sinne sowie das Einverständnis zum Einmarsch der *Roten Armee*. Am 15. 6. morgens um 10 Uhr erwartete *Stalin* die litauische Antwort. Sie erfolgte um 9 Uhr und trug den sowjetischen Forderungen Rechnung.

Während die Truppen der *Roten Armee* in *Litauen* am 16. 6. einrückten, richtete *Molotow* am gleichen Tage ultimative Noten an die Gesandten *Estlands* und *Lettlands*, verbunden mit ähnlichen Vorwürfen wie im Falle *Litauens*. Beide Länder nahmen die Ultimaten an. Der Einmarsch der *Roten Armee* erfolgte am 17. 6. 1940.

Ich sprach vorhin in Verbindung mit dem deutsch-sowjetischen Grenz- und Freundschaftsvertrag von dem Gebiet um *Mariampol. Molotow* benutzte die Flucht des litauischen Staatspräsidenten *Smetanas*, des Innenministers *Skucas* und des Sicherheitspolizeichefs *Povilaitis* über die ostpreußische Grenze zum Anlaß, um zu erklären, daß sowjetische Truppen die litauischen bei der Sicherung der Grenze unterstützen würden. Der Grenzstreifen wurde durch sowjetische Streitkräfte besetzt.

Zwei Verteidigungslinien gegen Westen sind in *Litauen* von der Natur geschaffen. Der *Njemen* und die *Szerschuppe.* Beide liegen 40 km auseinander. An der *Szerschuppe* liegt *Mariampol.* Die Überlassung dieses Gebietes an das Deutsche Reich hätte die *Rote Armee* gezwungen, das Vorfeld der Verteidigungslinie am *Njemen* aufzugeben. Die nächste Verteidigungslinie liegt erst an der *Düna.*

Feldmarschall *von Mannerheim* schreibt in seinen Erinnerungen, am 17. 9. 1939 habe *Molotow* erklärt, daß die *Sowjetunion* entschlossen sei, die Neutralität *Finnlands* zu achten. Das war, wie wir wissen, nicht so. *Finnland* wurde angegriffen und unterlag. In der Nacht vom 12. auf den 13. 3. 1940 wurde der Friede im *Kreml* unterzeichnet. Das kleine Land verlor 40 000 qkm mit 12 Prozent der finnischen Bevölkerung.

Nach dem geheimen Zusatzprotokoll des deutsch-sowjetischen Vertrages vom 23. 8. 1939 gehörte *Finnland* zur sowjetischen Interessensphäre. *Hitler* war der Auffassung, daß es *Stalins* Ziel wäre, an der finnischen Südküste zur Beherrschung des Meerbusens See- und Luftstützpunkte anzulegen.

In dieser Annahme verhinderte *Hitler* Waffenlieferungen *Italiens* an *Finnland.* Ende Juli/August 1940 änderte *Hitler* seine Haltung. Dies hat nichts mit einer Vorbereitung eines Krieges gegen die *Sowjetunion* zu tun.

Das Schicksal Finnlands

Das Wirtschafts- und Rüstungsamt im OKW war der Ansicht, daß die Nickelversorgung dieselbe Bedeutung für die Kriegführung hätte wie die Erdöllieferungen aus *Ploesti.* Ein neuer Krieg zwischen der *Sowjetunion* und *Finnland* mußte *Petsamo* in *Stalins* Hände bringen. Die Lieferungen von Nickel an *Deutschland* könne dann *Moskau* lahmlegen, das die Abtretung der Gruben an die *Sowjetunion* verlangt und sich hartnäckig geweigert habe, *Deutschland* die Priorität zuzugestehen. Daß *Hitler* in Verbindung mit der Konferenz vom 31. 7. 1940 in *Finnland* keinen Bundesgenossen gegen die *Sowjetunion* sah, ergibt sich daraus, daß er es im August 1940 ablehnte, Waffen aus der französischen und englischen Kriegsbeute für *Finnlands* Heer abzugeben.

Am 9. 8. 1940 trafen beim OKW Nachrichten über sowjetische Truppenzusammenziehungen ein, wie sich auch aus *Greiners* Kriegstagebuch ergibt. Der Wehrmachtsführungsstab beauftragte die Abteilung Abwehr mit der Nachprüfung dieser Meldungen. Am 12. 8. 1940 gab *Hitler* die Maschinengewehre frei, die eine dänische Firma an *Finnland* zu liefern bereit war. Am gleichen Tage meldete die Abteilung Abwehr, daß die an der Grenze stehenden 15 Divisionen der *Roten Armee* durch Panzerverbände verstärkt würden.

Das *Kriegstagebuch Greiners* und die Aussagen *Assmanns* bezeugen, daß *Hitler* am 13. 8. 1940 erklärte: Er wünsche im Hinblick auf die sich zuspitzenden Beziehungen zwischen *Finnland* und *Sowjetrußland* einen stärkeren Ausbau des nordnorwegischen Raumes, insbesondere die stärkere Befestigung der dortigen Fjorde, hauptsächlich an den Straßenüberquerungen, so daß sowjetrussische Angriffe dort aussichtslos sein würden und eine Basis für die Besetzung *Petsamos* geschaffen würde. *Hitler* rechnete mit einem Vorstoß der Sowjets an den Atlantik, der auch heute in *Nordnorwegen* und *Spitzbergen* einzukalkulieren ist.

Am 21. 8. liefen im OKW die Meldungen ein, daß *Molotow* neue Forderungen gegen *Finnland* erhoben habe. In *Greiners Kriegstagebuch* findet sich die Stelle: *„Überraschende Nachrichten über russische Truppenzusammenziehungen am Pruth ... Schwierige Lage Finnlands."* Am 21. 8. 1940 verfügte *Hitler* eine Umgruppierung der *Gruppe XXI*. Generaloberst *von Falkenkorst* sollte im Konfliktfall die Sicherheit des Nickelgebietes um *Petsamo* gewährleisten. Am 21. 8. 1940 äußerte *Hitler* den Wunsch, daß die 2. Gebirgsdivision von *Trondheim* nach *Kirkenes* verlegt wird. Aus der Heimat sollte nach *Norwegen* eine weitere Gebirgsdivision transportiert werden. Am 25. 8. 1940 befiehlt *Hitler* statt dessen Neuaufstellungen im Abgabeverfahren. Gleichzeitig genehmigt er große Waffenlieferungen an *Finnland*. Am 22. 9. 1940 wurde das deutsch-finnische Transitabkommen unterzeichnet. *Finnland* gestattete den Durchtransport von Material und Begleitpersonal von den nördlichen Ostseehäfen über *Rovaniemi* auf der nördlichen Eismeerstraße nach *Kirkenes*. Die Finnische Bevölkerung sah sich vor der Gefahr einer bolschewistischen Invasion gesichert. Welch ein Wandel zwischen dem 14. 8. 1940 und 22. 9. 1940! Am 14. 8. erklärte der Gesandte eines kleinen tapferen Volkes gegenüber Unterstaatssekretär *Woermann* in Erwartung eines sowjetischen Angriffes: *‚Es habe sich immer gezeigt, daß es besser ist, für die Freiheit zu kämpfen.'*

Am 19. Juli 1940 führte *Adolf Hitler* in der Kroll-Oper in *Berlin* aus:

„Ich glaube, ich befinde mich in einer Lage, die mich dazu berechtigt, denn ich bin nicht der Besiegte, der um etwas betteln muß, sondern der Sieger, der im Namen der Vernunft spricht, zu sagen: ich kenne keinen vernünftigen Grund, aus dem dieser Krieg weitergehen soll." In seinem Tagebuch gibt *Halder* eine Begründung für diesen Passus: *„Wenn wir England militärisch zerschlagen, zerfällt das Britische Weltreich. Davon aber hat Deutschland keinen Nutzen. Wir würden mit deutschem Blut etwas erreichen, dessen Nutznießer nur Japan, Amerika und andere sind."* Diese Rede fällt in die Zeit der Vorbereitung des Unternehmens *„Seelöwe"*, der Landung in *England*.

Am 21. Juni 1940 erhielt *Canaris* von *Keitel* den Befehl, umfassende Erkundungen in *England* einzuziehen. Der deutsche Abwehrchef zeigte wenig Interesse. Er gab an Hauptmann *Herbert Wichmann* den Befehl weiter. Er versetzte *Hitler* in ein Nachrichtenvakuum und unterstützte die Meldung, daß ein abwehrbereiter und ein höchst entschlossener Gegner in *England* gegenüberstehe. Am 2. September 1940 berichtete er, die Briten würden über 37 vollausgerüstete und kampfbereite Divisionen verfügen, während die Papierstärke der englischen Streitkräfte 29 Divisionen ausmachte.

Am 12. Oktober 1940 werden die Vorbereitungen für das Unternehmen *„Seelöwe"* auf unbestimmte Zeit abgebrochen. Der stellvertretende Chef des Oberkommandos der Wehrmacht hatte am 30. Juni 1940 in einer Beurteilung darauf hingewiesen, daß die Niederlage *Englands* auch durch die Besetzung *Gibraltars* erreicht werden könne. Die Verbindung zwischen den *Britischen Inseln* und dem *Empire* werde durch die Eroberung des Felsens von *Gibraltar* unterbrochen.

Halder schrieb nieder:

„1. Angriff auf Gibraltar (auf dem Landweg über Spanien),
2. Unterstützung des Italieners in Nordafrika durch Panzerverbände (Ägypten),
3. Angriff gegen den Engländer in Haifa,
4. Angriff gegen den Suezkanal,
5. Rußland auf den Persischen Golf hetzen."

Canaris hatte durch die *„Excelsior Import- und Exportgesellschaft"*, die mit Blei, Zink und Quecksilber handelte, in *Spanien* 717 hauptamtliche Offiziere und mehr als 600 kleinere Handlanger. Darüber hinaus war *Marokko* das Operationsfeld des Admirals. Ihm standen auch zu Nachrichtenzwecken die deutschen Konsulate in *Spanien* zur Verfügung. Naturgemäß übernahm *Canaris* die Erkundung der Möglichkeiten des Unternehmens. Am 27. Juli 1940 verfaßte er einen Bericht, der *Hitler* entmutigen sollte. *Canaris* stellte heraus, daß ein Überraschungsangriff gegen *Gibraltar* nicht möglich sei. Geographische Gegebenheiten, wie die steilen Hänge und die sehr kleinen Landepisten und starken Luftturbulenzen würden die Verwendung von Lastenseglern und Fallschirmtruppen nicht zulassen. Der Landstreifen, der *Gibraltar* mit dem Festland verbindet, sei vermint. Die gegnerische Flugabwehr sei zu stark.

Schließlich stellte *Canaris* die Frage, ob man *Spanien* für ein solches Unternehmen gewinnen könne. Gleichzeitig ließ der Admiral an *Franco* über den spanischen Außenminister, *Serano Suner*, den Rat übermitteln, er möge sich aus dem Konflikt heraushalten. In *Madrid* riet *Canaris* dem Generalissimus, er möge für das Unternehmen *„Felix"* (Deckname für *Unternehmen Gibraltar*) zehn 38 cm-Geschütze erbitten. Diese konnten, wie der deutsche Abwehrchef wußte, nicht geliefert werden. Am 23. Oktober 1940 trafen sich *Franco* und *Hitler* in *Hendaye* am Fuß der *Pyrenäen*. *Spaniens* Staatschef sagte die Beteiligung am Unternehmen *„Felix"* ab. *Canaris* erreichte sein Ziel.

Gefahren aus dem Osten

Der Generalstabschef des deutschen Heeres, Generaloberst *Franz Halder*, schreibt am 11. 7. 1940 in sein Tagebuch: *„England — Rußland suchen* *beide Annäherung aneinander. Eine Verständigung über Iran ist nicht ausgeschlossen und könnte den Boden abgeben, auf dem Bär und Walfisch sich verständigen könnten, wie es 1908 der Fall war ... Die Gefahr, daß Rumänien und damit der ganze Balkan inneren Krisen ausgesetzt wird, ist nicht von der Hand zu weisen, damit würde den Interessen Englands gedient."* Großadmiral *Raeder* wies am 11. 7. 1940 *Hitler* auf dem *Obersalzberg* darauf hin, daß die deutschen Ostseestützpunkte *„völlig entblößt"* seien. Er brachte Befürchtungen zum Ausdruck, falls es zu Ostverwicklungen kommen könne. Am 21. 7. 1940 gab *Hitler* dem Generalfeldmarschall *von Brauchitsch* die Weisung, das sowjetische Problem in Angriff zu nehmen und gedankliche Vorbereitungen zu treffen.

Nach *Raeders* Niederschrift wurden in dieser Lagebesprechung außer Fragen des Unternehmens *„Seelöwe"* folgende Probleme erörtert:

1. Die *Sowjetunion* will *„von sich aus"* keinen Krieg mit *Deutschland;* ihre Erdölablieferungen sind für *Deutschland* lebenswichtig.
2. *Hitler* will den Frieden, er liegt im deutschen Interesse.

Es muß, wenn *England* keinen Frieden schließen will, zur Bildung eines Kontinentalblocks kommen, in den *Spanien* und *Rußland*, aber auch *Japan* einzubeziehen sind.

Ich bin mir mit den Historikern der Zeitgeschichte einig, daß der 21. 7. 1940 von besonderer Bedeutung ist. Die Historiker übersehen aber drei Worte: *„von sich aus"*. Die Formulierung in *Raeders* Niederschrift ist genau zu beachten: die *Sowjetunion* sehe die großen Erfolge *Deutschlands „zwar mit einem weinenden Auge, aber von sich aus kein Bestreben habe, in den Krieg gegen das Reich einzutreten."*

Wörtlich sagt *Hitler* jedoch weiter: *„Es ist natürlich Pflicht, die amerikanische und russische Frage stark zu erwägen."* Wir müssen uns darüber im klaren sein, daß bis zum 21. 7. 1940 keinerlei Operationspläne für einen Konflikt mit der *Sowjetunion* bestanden. In einer Gesprächsnotiz des Vertreters des Auswärtigen Amtes beim Oberkommando des Heeres, *von Etzdorf*, findet sich zum gleichen Zeitpunkt die Stelle: *„Die wirkliche Stimmung in Rußland kommt aber bei anderen Gelegenheiten (Gespräch Kalinin mit jugoslawischem Gesandten) zum Ausdruck. Hier wird zum Kampf gegen Deutschland aufgefordert."* Die Mitteilung, auf die sich diese Beurteilung stützt, war am 15. 7. 1940 in *Berlin* angekommen.

Den Alliierten fiel eine Akte des *Auswärtigen Amtes* mit Berichten des griechischen und jugoslawischen Botschafters in der *Sowjetunion* an ihre Regierungen, und zwar vom Juli 1940, [2]) in die Hand. Es war dem deutschen Auswärtigen Amt möglich, an den deutschen Botschafter in *Moskau*, Graf *Schulenburg*, am 26. 7. 1940 die Berichte über Gespräche zu senden, die *von Gawrilowitsch* zwischen dem 14. und dem 18. 7. 1940 führte. Sämtliche genannten Unterlagen dürften über den deutschen Botschafter in *Rom* an *Hitler* gelangt sein. *Sir Cripps*, der englische Botschafter, berichtete nach

---

[2]) DGFP Bd X Nr. 238.

diesen Unterlagen, *Gawrilowitsch* wünsche enge Beziehungen zur *Sowjetunion.*

Der bevorstehende Bruch

Im Gespräch des jugoslawischen Botschafters mit dem Vertreter der *Türkei* stand die Stärke der *Roten Armee* im Vordergrund. Sie verfüge über 180 Divisionen, von denen die Masse gegenüber *Deutschland* stehe. Die Motorisierung sei stark fortgeschritten. Man müsse mit einem Bruch zwischen dem *Deutschen Reich* und der *Sowjetunion* rechnen. Der französische Gesandte teilt *Gawrilowitsch* mit, daß die *Sowjetunion* gewaltige Anstrengungen mache, um ihre Rüstungen zu vervollständigen. *Molotow* kritisierte im Gespräch mit dem Gesandten aus *Belgrad* die Abhängigkeit *Bulgariens* von *Deutschland* und versuchte *Gawrilowitsch* für ein bulgarisch-jugoslawisches Abkommen zu gewinnen. Als *Gawrilowitsch* auf die Stärke der Deutschen hinwies, erklärte *Molotow: „Das deutsche Volk sei nicht besser als die Italiener. Im übrigen seien russische Truppen schon einmal in Berlin gewesen."* Als Ergebnis faßte *Gawrilowitsch* zusammen: die *Sowjetunion* unterstütze die bulgarischen Revisionsansprüche, sie bemühe sich, *Jugoslawien* gegen *Deutschland* zu beeinflussen, wenn die Zeit gekommen sei. Einen Krieg gegen *Hitler* wolle sie jedoch wenigstens im Augenblick nicht führen. Indirekt könne sie ihre Interessen besser verfolgen. Dies hinge jedoch von der weiteren Entwicklung ab. Die *Sowjetunion* rechne damit, daß *Jugoslawien* sich mit ihr verbünden werde, wenn die Zeit gekommen sei.

Aus geheimer Quelle erhielt *Hitler* gleichzeitig Depeschen des griechischen Botschafters in *Moskau* an *Athen*, die *Gawrilowitschs* Bericht stützten. Aus diesem Hintergrund ist der 21. 7. 1940 verständlich. Am 22. 7. 1940 beauftragte *Halder* General *von Greifenberg* mit den notwendigen Arbeiten. Am 22. 7. 1940 erhielt auch Oberst *Kinzel,* Leiter der Abteilung Fremde Heere Ost im OKH, den Auftrag, über die Stärke der Sowjets Informationen einzuziehen. Am 26. 7. 1940 hielt *Kinzel* darüber Vortrag.

Am 29. 7. 1940 wurde der Chef des Generalstabes des *AOK 18,* Generalmajor *Marcks,* beauftragt, eine Studie über einen Feldzug gegen die *Sowjetunion* zu entwerfen.

Der russische Aufmarsch

Am 29. 7. 1940 rief Generaloberst *Jodl* in *Bad Reichenhall Warlimont* zu sich und teilte ihm mit, daß *Hitler* glaube, *„daß eine kriegerische Auseinandersetzung mit Rußland in absehbarer Zeit unvermeidlich sei."* Als Begründung gab der Generaloberst außer dem weltanschaulichen Gegensatz den immer bedrohlicher werdenden russischen Aufmarsch und die Gefährdung des rumänischen Ölgebietes an. *Jodl* fügte jedoch hinzu, daß *Hitler* versuchen werde *„... eine Klärung auf diplomatischem Wege mit Rußland herbeizuführen."* Wenn dies aber nicht gelingen sollte, so sei der *„Führer"* entschlossen, im Zuge des bereits ausgebrochenen Krieges das Problem *Rußland* zu erledigen.

Für *Hitler* war es klar, daß es *Stalins* Ziel war, durch die Aufnahme der Beziehungen mit *Jugoslawien* und deren Vertiefung einen Riegel über den *Balkan* zu ziehen. *Hitler* dagegen brauchte in *Südosteuropa* Frieden.
In diesem Zusammenhang ist es auch bedeutsam, daß *Hitler* erst ab 2. 8. 1940 von dem Gedanken der Wiederherstellung eines polnischen Staates Abstand nahm.

Am 1. 8. 1940 skizzierte *Molotow* in einer großen Rede vor der 7. Sitzung des *Obersten Sowjets* die Zielsetzung *Moskaus*. Wortwörtlich erklärte er: *„Falls natürlich gewisse Elemente in finnischen Regierungskreisen nicht die Verfolgung derjenigen Personen in Finnland einstellen, die versuchen, die gutnachbarlichen Beziehungen mit der UdSSR zu stärken, dann allerdings kann unser Verhältnis schlechter werden.“* Er hob weiter hervor, daß die *Sowjetunion* den südlichen Grenzen ihres Territoriums erhebliche Aufmerksamkeit in der Zukunft zuwenden müsse.

Molotow unterstreicht am 1. 8. 1940 die Unerbittlichkeit der Zielsetzungen: *„Wir haben viele neue Erfolge gehabt, aber wir beabsichtigen nicht, uns mit dem zufrieden zu geben, was wir erreicht haben ... wenn wir uns alle ständig dies vor Augen halten, unsere heilige Pflicht, dann kann uns nichts, was geschieht, überraschen, und wir werden neue und glorreiche Erfolge für die Sowjetunion erzielen.“*

Hitler wollte dagegen den Frieden mit der *Sowjetunion*. Dies zeigt der Umstand, daß er *Tokio* gegenüber zum Ausdruck gebracht hat, an der Verbesserung der Beziehungen zwischen *Tokio* und *Moskau* sei nichts auszusetzen. Entscheidend für die Ausweitung des Konfliktes nach Osteuropa ist die Aggressionspolitik der *Sowjetunion* auf dem *Balkan*, in der *Dardanellenfrage* und gegenüber *Finnland* und das Streben *Italiens* nach dem *Mare Nostro*. Am 7. 7. 1940 teilte der italienische Außenminister *Ciano* mit, *Italien* beabsichtige gegen *Griechenland* vorzugehen und, wenn möglich, auch *Jugoslawien* anzugreifen. Ersteres wies *Hitler* nicht ausdrücklich zurück. Temperamentvoll sprach er sich gegen einen Überfall auf *Jugoslawien* aus. Am 15. 8. lehnte er es scharf ab, Generalstabsbesprechungen darüber einzuleiten. In den Dokumenten zu *„Seelöwe“* [3]) findet sich der Passus: *„O Qu IV: Italienischer Antrag, über Jugoslawien mit deutscher Hilfe herzufallen ... Eine bodenlose Unverschämtheit. Besprechungen mit deutschem Generalstab werden gefordert.“* Am 6. 8. 1940 fragte *Ciano* in *Berlin* an, ob *Hitler* mit der Verbesserung der italienisch-sowjetischen Beziehungen auf der Basis, *Italien* beherrsche das *Mittelmeer*, die *Sowjetunion* das *Schwarze Meer*, einverstanden sei.

Ruhe auf dem Balkan?

Berlin erklärt sich mit einem gesonderten sowjetisch-italienischen Abkommen über *„Schwarzes Meer — Mittelmeer — Balkan“* nicht einverstanden. Eine allgemeine Verständigung zwischen *Italien* und der *Sowjetunion* liege jedoch im Sinne der deutschen Politik.

---

[3]) S. 178.

Am 16. 8. 1940 kam es zwischen *Deutschland* und *Italien* zu einem Einvernehmen. *Alfieri* verpflichtete sich im Namen *Mussolinis*, nichts gegen *Jugoslawien* zu unternehmen und die Auseinandersetzungen mit *Griechenland* auf den politischen Sektor zu verlagern und keinerlei Vorbereitungen auf dem militärischen Sektor außer einer Verstärkung der in *Albanien* stehenden sechs Divisionen durch drei weitere zu treffen. *Hitler* glaubte die Kriegsgefahr um *Griechenland* und *Jugoslawien* im Keim erstickt zu haben. Am 24. 8. versprach *Mussolini* in einem persönlichen Schreiben *Hitler*, nichts auf dem *Balkan* zu unternehmen, statt dessen in *Nordafrika* offensiv zu werden und dazu beizutragen, daß sich die japanisch-sowjetischen Beziehungen, wie es im Sinne der Außenpolitik läge, verbessern würden.

Auch gelang es *Hitler*, das Grenzproblem *Rumänien – Bulgarien* zu bereinigen. Am 29. 7. 1940 ließ er der rumänischen Regierung mitteilen, daß es seiner Ansicht nach eine faire Lösung darstelle, wenn *Bulgarien* die *Süddobrudscha* nach den Grenzen von 1913 erhalte (einschließlich *Silistria* und *Balcic*). Die Verhandlungen, die am 19. 8. 1940 in *Craiova* begannen, führten zu einer entsprechenden Lösung.

Dagegen fuhr sich der auf Anregung *Hitlers* eingeleitete Meinungsaustausch, der am 16. 8. 1940 in *Turnu-Severin* zwischen *Bukarest* und *Budapest* begonnen hatte, fest. Am 21. 8. 1940 bat die rumänische Regierung um das Eingreifen *Hitlers*. Dieser Wunsch wurde zunächst zurückgewiesen. Am 24. 8. 1940 zeigten sich Anzeichen eines Aufmarsches der Streitkräfte *Ungarns* und *Rumäniens*. *Ungarn* hatte von 24 Brigaden 23 an der rumänischen Grenze stehen. *Rumänien* hatte von 35 Divisionen nur 8–10 gegenüber *Ungarn*, aber 22–24 am *Pruth* versammelt. In dieser Situation beginnt *Stalin* einzugreifen.

In der Nacht vom 23. auf 24. 8. anlaufende sowjetische Truppenbewegungen in *Bessarabien* und der *Nordbokuwina* deuteten auf einen baldigen Angriff hin. Die erste Meldung darüber gab der deutsche Militärattaché am 24. 8. 1940 11 Uhr nach *Berlin*. Am 25. 8. 1940 berichtete er telefonisch über schwere Schießereien zwischen *Süd-* und *Nordbokuwina und* den Einmarsch starker Verbände über *Hotin* und *Sniatin* (bei *Czernowitz*) nach dem Süden.

Das Ziel der sowjetischen Offensive sei die Aufrollung der *Pruth*-Front und die Bedrohung der Erdölquellen um *Ploesti*. Eine Etappe der Planung *„Herrschaft“* in *„Südosteuropa“* unter unerträglicher Beschneidung des rumänischen Staatsgebietes sollte vollendet werden. Die Entsendung einer deutschen Militärmission nach *Rumänien* war die Folge der sowjetischen Intervention. Am 2. 7. 1940 hatte *Hitler* die Entsendung einer Militärkommission abgelehnt, bevor sich *Rumänien* nicht mit den Nachbarstaaten geeinigt hätte.

Am 12. 7. 1940 wiederholt *König Carol von Rumänien* seine Bitte um Entsendung der Militärmission. Am 15. 7. 1940 verwarf *Hitler* diese Bitte. Erst am 30. 8. 1940 entsprach er dem rumänischen Wunsch. Es ist nicht überraschend, daß hinsichtlich *Ploesti* wegen der Öleinfuhr nach *Deutschland* Sicherungen bestanden. Diese wurden am 2. 8. 1940 verstärkt.

Der 25. 8. 1940 brachte Sofortmaßnahmen, die Abschreckungscharakter haben. Das OKW ordnete an, daß sofort zehn Divisionen nach dem Osten verlegt werden. Im Kriegstagebuch *Greiner* findet sich folgende Entscheidung: *„Die z. Z. im Generalgouvernement befindlichen Kräfte sollen sofort weiter verstärkt werden, ... damit gegebenenfalls ... schnelles Eingreifen zum Schutz des rumänischen Ölgebietes gewährleistet sei."*

Wie brisant die Lage von der deutschen Führung angesehen wurde, ergibt sich daraus, daß in der schematischen Gliederung des Feldheeres, die bis Anfang September gültig war, unter dem 19. 8. die in Frage kommenden Divisionen handschriftlich mit dem Zusatz *„Rumänien"* versehen werden.

Am 29. 8. 1940 konnte das OKH das Anlaufen der Vorbereitungen zu der Besetzung des Ölgebietes melden. Unter General *Stumme* wurden weiter im Raum *Wien* die 15. motorisierte Division und die 2. und 9. Panzerdivision zum Generalkommando XXXX zusammengezogen.

Am 10. 9. 1940 wurde die Sofortbereitschaft im *Wiener* Raum aufgehoben, nachdem am 30. 8. 1940 der *Wiener Schiedsspruch*, der auf die italienische Initiative zurückgeht, gefällt worden war. Dadurch trat *Rumänien* den nördlichen Teil *Siebenbürgens* an *Ungarn* ab. Demonstrationen gegen den Schiedsspruch brachten die Abdankung *König Carols* und die Machtergreifung des ehemaligen Generalstabschefs *Jon Antonescu*. Der Sohn *Carols, Michael*, trug nominell die Königswürde. Davon zu trennen ist die Verlegung der Heeresgruppe B nach dem Osten, die am 1. 9. 1940 begann. Sie ist eine mit den Ereignissen in *Rumänien* angeordnete Schutzmaßnahme, zu der sich *Hitler* durch die russischen Operationen veranlaßt fühlte. Mit der Besprechung vom 31. 7. 1940, wie der Militärschriftsteller der *„Frankfurter Allgemeinen Zeitung"*, *Weinstein*, meint, hat sie nichts zu tun. *Hitler* war bereit, im Südosten den Sowjets Halt zu gebieten.

Am 31. 8. erklärte *Hitler* laut *Halders Tagebuch* bei einem Frühstück, das er deutschen Militärattachés gab: *„Die Russen sollten wissen, daß Deutschland auf Rumänien so großen Wert lege, daß es vor nichts zurückschrecken werde, in Wahrung der deutschen Interessen."* *Von Ribbentrop* ließ den *Kreml* am 31. 8. 1940 durch den deutschen Botschafter über den *Wiener Schiedsspruch* unter dem Gesichtspunkt der Notwendigkeit schnellen Handelns unterrichten und wies auf den Umstand hin, daß *Moskaus* Interesse im Südosten sich nur auf *Bessarabien* auf Grund des *Artikels 3* des *Geheimen Zusatzprotokolls* beziehe. Den deutschen Sachvortrag bestritt *Molotow*. Er erklärte, daß er in der deutschen Handlung einen Verstoß gegen *Artikel 3* des *Geheimen Zusatzabkommens* sehe und daß *Berlin Moskau* vor vollendete Tatsachen gestellt habe. Die deutsche Reichsregierung erwiderte am 9. 9. 1940. *Molotow* versprach eine schriftliche Antwort. Diese erfolgte am 21. 9. 1940.

In ihr wies der sowjetische Volkskommissar des Auswärtigen darauf hin, daß er bereit sei, den *Artikel 3* des Nichtangriffspaktes zu annullieren, wenn dieser *Deutschland* unbequem sei. Er bat *von der Schulenburg*, in diesem Sinne zu wirken. Im übrigen betonte *Molotow* lediglich das sowjetische

Interesse an den Südostfragen und erkannte den deutschen Standpunkt nicht an.

Verständigungsversuch

Der Notenaustausch vom September 1940 veranlaßte *Hitler* zu einem Verständigungsversuch mit *Stalin.* Im Sinne von Gedankengängen, die in den zwanziger Jahren zwischen *Moskau* und Generaloberst *von Seeckt* unter Assistenz des späteren Reichskanzlers *von Schleicher* gehegt wurden, wollte er die sowjetische Machtausdehnung nach *Südwestasien* lenken. Es ist paradox sich vorzustellen, aber es ist richtig, daß derjenige, der die *Danzig- und Korridor-Frage* und damit ein deutsches Anliegen lösen wollte und einen kleinen „*Grenzkrieg*" einzukalkulieren bereit war, brennend an friedlichen Zuständen an der einen oder anderen Ecke *Europas* interessiert war.

Von großer Bedeutung ist, daß Fürst *Konoye* am 17. 7. 40 neuer Ministerpräsident in *Japan* wurde, der, wie der deutsche Botschafter *Ott* am 23. 7. 40 mitteilte, die Absicht hatte, mit der „*Achse zu gehen*". Dadurch war die Möglichkeit gegeben, wie es sich in den Bemühungen des *Auswärtigen Amtes* zeigt, ein Bündnis zwischen *Japan, Deutschland, Italien* und der *Sowjetunion* zustandezubringen.

Wir müssen fragen, wie vertragen sich dazu die Erörterungen über *England* und die *Sowjetunion* am 31. 7. 40? An diesem Tage waren auf dem *Berghof von Brauchitsch* und *Halder* zu einer Besprechung mit dem Flugzeug eingetroffen. Auch *Keitel, Jodl* und *Raeder* waren anwesend. *Hitler* gab die Weisung, das Heer habe sich im Hinblick auf die Landung in *England* auf den 15. 9. einzustellen; wenn die Invasion im Herbst nicht stattfinden könne, müsse das Frühjahr 1941 ins Auge gefaßt werden. Nach einer kurzen Unterhaltung über den U-Boot-Krieg und die Verteidigungsmöglichkeiten in *Norwegen* verließ *Raeder* die Unterredung. Das Gespräch wandte sich der *Sowjetunion* und dem *Balkan* zu. Abgehörte Gespräche würden zeigen, daß *Rußland* unangenehm berührt sei von der schnellen Entwicklung der westeuropäischen Lage ... Ist *Rußland* zerschlagen, dann ist *Englands* letzte Hoffnung getilgt. Warten bis Frühjahr 1941: 5 Monate Zeit zur Durchführung. 120 Divisionen für den Osten notwendig.

Drei Möglichkeiten, den Krieg zu beenden

Generaloberst Halder sagte vor dem *Internationalen Militärgerichtshof* dazu aus: *Hitler* brachte den Gedanken zum Ausdruck, daß er im Frühjahr 1941 mit der Möglichkeit rechne, die *Sowjetunion* angreifen zu müssen und gab einige operative Gesichtspunkte. Nach dem Krieg schrieb *Halder* von einem Fortschritt in dieser Gedankenrichtung. *Hitler* dachte an drei verschiedene Variationen zur Beendigung des Krieges:

a) Landung in *England*,

b) direkte Ausschaltung der *Sowjetunion* und

c) Bildung eines Kontinentalblockes gegen *England.*

Der deutsche Staatschef mußte aktiv werden, da Präsident *Roosevelt* und der kanadische Ministerpräsident sich in *Ogdensburg* in *Kanada* trafen und amerikanisch-kanadische Stabsbesprechungen vereinbarten. Stützpunkte entlang der Küste von *Nova-Scotia* wurden der amerikanischen Marine und Luftwaffe zur Verfügung gestellt. Am 20. 8. gab *Churchill* im Unterhaus bekannt, daß *Großbritannien* 50 amerikanische Zerstörer erhalten würde. *Hitler* schickte seinen Sonderbotschafter *Stahmer* nach *Tokio.*

Die japanische Ministerkonferenz hatte sich inzwischen auf ein Abkommen mit den Achsenmächten entschieden. *USA* und *UdSSR* sollten als mögliche Gegner ausgeschaltet, der *Chinakonflikt* beendet und Gebiete der europäischen Kolonialmächte im *Fernen Osten* erworben werden. Fürst *Konoye* war der Auffassung, daß *Stalin* in eine Linie mit *Japan, Italien* und *Deutschland* gebracht werden müsse. *Stahmer* arbeitete nach seiner Ankunft im Sinne der japanisch-sowjetischen Aussöhnung.

Am 14. 9. war *Japan* bereit, ein Dreimächteabkommen zu unterzeichnen. Am 19. 9. 1940 trug *Ribbentrop* in *Rom* das Projekt *Mussolini* vor. Der *Duce* frug nach der Haltung der *Sowjetunion* und meinte, die Stimmung in *Moskau* sei nicht gut. *Moskau* erklärte sich mit der Unterzeichnung des *Dreierpaktes* einverstanden. Die Besprechung in *Rom* zeigt *Hitlers* Absichten klar auf. Der *Wiener Schiedsspruch* sollte *Stalin* in seine Grenzen weisen. Der Pakt mit *Italien* und *Japan* sollte ihn vor ein Zusammengehen mit *England* warnen und *Stalin* zwingen, seine Vorschläge für ein Zusammengehen mit der *Achse* anzunehmen. Der Beitritt *Moskaus* zum Dreierpakt war bei der Besprechung in *Rom* vorgesehen.

Am 27. 9. 1940 wurde der Pakt in *Berlin* abgeschlossen. *Artikel 3 und 5* sind für das deutsch-sowjetische Verhältnis bedeutsam. Aus ihnen ergibt sich, daß als Gegner in der Zukunft die *USA* gesehen wurde. Zu diesem Abkommen gehört ein Briefwechsel zwischen *Stahmer* und *Ott* einerseits und dem japanischen Botschafter *Matsuoka* andererseits, in welchem niedergelegt wurde, daß *Deutschland* sich für die Verbesserung der japanisch-sowjetischen Beziehungen einsetzen würde.

Sorges Verrat und seine Folgen

Graf *von der Schulenburg* tat alles, um einen Nichtangriffspakt zwischen *Moskau* und *Tokio* zustande zu bringen. *Molotow* blieb 1940 ablehnend. Er war der Auffassung, die Ziele der russischen Politik lägen jetzt in *Europa.* Er wollte sich nicht nach Süden wenden. *Indien* und *Persien* schienen ihm ein schlechter Ersatz für *Südosteuropa* und *Finnland* zu sein.

Von Ribbentrop hatte die *Sowjetunion* erst am 25. 9., also zwei Tage vor der Unterzeichnung des Dreimächtepaktes in *Berlin*, von dem Abkommen unterrichtet. Der Konsultativparagraph des Nichtangriffspaktes wurde nicht erfüllt. Praktisch war der *Kreml* erst am 26. 9. 1940 unterrichtet. Der Botschafter war auf Urlaub. Der Geschäftsträger *von Tippelskirch* hatte den Auftrag, *Molotow* einen von *Ribbentrop* verfaßten persönlichen Brief an *Stalin* anzukündigen, in welchem er die jetzige politische Lage im Geiste der deutsch-sowjetischen Freundschaft darlegen werde.

Molotow nahm die Nachricht entgegen und erklärte, er sei durch die sowjetische Botschaft in *Tokio,* d. h., wie wir heute schließen können, durch *Dr. Sorge* bereits unterrichtet. *Sorge* war aktives Mitglied der KPD gewesen, hochintelligent, von Beruf Journalist. Nach der Machtergreifung *Hitlers* wurde er vom sowjetischen Nachrichtenchef *Bersin* in den sowjetischen Dienst eingeführt. Als Korrespondent der *„Frankfurter Zeitung"* wurde *Sorge* in *Japan* tätig. Er lernte den deutschen Botschafter und den deutschen Militärattaché kennen. In der Botschaft in *Tokio* war *Sorge* bald zu Hause. Als *Sorge* von den Japanern verhaftet wurde, protestierte der deutsche Botschafter gegen die Verhaftung eines seiner beiden Mitarbeiter.

Am 26. 9. 1940 erklärte *Hitler* dem Großadmiral *Raeder,* daß er zwar *„gewisse"* Absichten gegen die *Sowjetunion* habe, daß er aber versuchen werde *„Rußland ... zu veranlassen ..., in Richtung Persien, Indien vorzugehen, um dort den Ausweg nach dem Ozean zu finden. Das sei für Rußland wichtiger, als die Position in der Ostsee."* *Hitler* irrte sich.

Der Besuch *Molotows* am 12. 11. 1940 in *Berlin* stand schon vor dessen Eintreffen unter einem ungünstigen Stern. Die Sowjetpresse hatte am 7. 9. 1940 die Mitteilung gebracht, daß *Stalin* den deutschen Botschafter nicht mehr gesehen habe. Der deutsche Außenminister war über diese für *England* bestimmte Mitteilung sehr verstimmt. Am 26. 10. 1940 besetzten sowjetische Truppen Inseln im *Donaudelta* und zwar diejenigen, die den *Chiliaarm* beherrschten.

Die *Sowjetunion* setzte sich rücksichtslos in der Zielsetzung *Dardanellen* über die deutsche Grenzgarantie für *Rumänien* hinweg. Der Zeitpunkt der Besetzung war gut gewählt. Die Einladung nach *Berlin* war bereits überreicht worden. Am 28. 10. 1940 wurden die Friedensbemühungen *Hitlers* in Südosteuropa entschieden gestört.

Neue Probleme zwischen Berlin und Moskau

Um 6 Uhr morgens griff *Italien* von *Albanien* aus *Griechenland* an. Mit Recht stellte das OKW fest, daß *Deutschlands* Absicht, den *Balkan* ruhig zu halten, durchkreuzt wurde. Der Brief *Mussolinis* über *Griechenland* kam zu spät in die Hände *Hitlers.* Durch die Operation *Mussolinis* wurden die italienischen Truppen an der falschen Stelle gebunden. *England* konnte Stützpunkte in *Griechenland* errichten und das Erdölgebiet um *Ploesti* bombardieren. Die Konferenz von *Berlin* verlief ohne das von *Hitler* gewünschte Ergebnis. Zu dem von *Hitler* vorgeschlagenen Viermächtepakt *Japan — Moskau — Berlin — Italien* erklärte *Moskau* das Einverständnis der *Sowjetunion* unter vier Voraussetzungen:

1. Abzug der deutschen Truppen aus *Finnland.*
2. Ausarbeitung von Beistandspakten zwischen der *Sowjetunion* und *Bulgarien*, Schaffung einer Basis für Land- und Seestreitkräfte auf dem *Bosporus* und in den *Dardanellen* auf der Grundlage eines langfristigen Paktes.

3. Anerkennung der Zielsetzungen *Moskaus* südlich von *Baku* und *Batum* in Richtung *Persischer Golf*.
4. Verzicht *Japans* auf seine Konzessionsrechte für Kohle und Naphta auf *Nordsachalin*.

Hitler ging auf diese Bedingungen nicht ein. Er brauchte das finnische Nickel. In der sowjetischen Einmischung in *Bulgarien* sah er eine Gefährdung des Erdölgebietes in *Ploesti*. Er hätte sich in die Abhängigkeit von *Moskau* gegeben. *Hitler* sah den Zeitpunkt, zu dem die *Sowjetunion* im Norden und Südwesten weiter vordringen werde.

Diesen Zeitpunkt konnte *Stalin* bestimmen, da *Hitler* im Westen gebunden war. *Hitler* sah hier das Ende des Reiches.

Im Jahre 1941 tritt zunächst *Belgrad* in den Mittelpunkt des Geschehens. Zwingend notwendig erschien es *Hitler*, daß *Jugoslawien* und *Bulgarien* in den Dreimächtepakt eintraten. Am 25. 3. 1941 war es *Hitler* gelungen, daß auch der jugoslawische Staat ihm beitrat. Kurz nach der Rückkehr der jugoslawischen Minister kam es jedoch in *Belgrad* zu einem Militärputsch, den *Sir Graham Menzies* anzettelte. Der Chef der serbischen Luftwaffe, *Bora Mirkovic*, und General *Dusan Sinovic* stürzten die Regierung. Prinzregent *Paul* wurde festgenommen und nach *Griechenland* gebracht. Der minderjährige *König Peter II.* übernahm die Herrschaft. Am 5. 4. 1941 schloß die sowjetische Regierung mit der jugoslawischen einen Freundschafts- und Nichtangriffspakt. Der 13. 4. 1941 bringt den Einmarsch der deutschen Truppen in *Belgrad*. Am gleichen Tag wird der Nichtangriffspakt zwischen *Moskau* und *Japan* unterzeichnet.

Als der japanische Außenminister *Matsuoka Moskau* verließ, erschien *Stalin*, um sich zu verabschieden. In Anwesenheit des diplomatischen Korps umarmte er den Botschafter Graf *von der Schulenburg* und den stellvertretenden Militärattaché, Oberst *Krebs*, mit den Worten: „*Wir werden immer Freunde bleiben.*" Mit dem schnellen deutschen Sieg über *Jugoslawien* und *Griechenland* stiegen die Rohstofflieferungen stark an. Auch im Raum *Petsamo* trat Entspannung ein. Am 12. 4. 41 war ein neuer Ölvertrag geschlossen worden. Sondertransporte mit Kautschuk aus dem *Fernen Osten* liefen an.

Der Aufmarsch der Sowjets

Man fragt unwillkürlich nach den Gründen dieser Politik, denn der sowjetische Aufmarsch im Mittelabschnitt der künftigen Ostfront war in vollem Gange, im Süden und Norden sogar schon vollendet. *Stalin* erwartete den Kriegseintritt der *USA*. Während der *Kreml* dem jugoslawischen Botschafter das Agrément entzog, versicherte General *Schukow* dem jugoslawischen Attaché *Popovici*, daß er und sein Land bald die wahren Gefühle der *Sowjetunion* kennenlernen würden.

In *Deutschland* und in den besetzten Gebieten mehrten sich die Sabotagefälle durch Angehörige der *Komintern*. Am 22. 2. 1941 hatte *Halder* in sein Tagebuch vermerkt, daß *Deutschland* mit sowjetischen Luftangriffen auf

Ostpreußen, die schlesischen Industriegebiete, die rumänische Ölbasis und auf *Berlin* rechnen müsse.

Seit Februar 1941 war ein Aufschließen der sowjetischen Verbände in Richtung auf die Demarkationslinie zu beobachten. In *Bessarabien* wurden Ende März Flugplätze angelegt, Versorgungsbasen eingerichtet, Panzerverbände vorgebracht und das Gelände gängig gemacht. Im *Halder-Tagebuch* findet sich am 22. 3. 41 die Eintragung: *„Heusinger – v. Grolmann ... Rumänien – Sicherung im Osten. Die Frage der Sicherung des Ostens gegen ein russisches Praevenire in den Vordergrund ...“*

Am 10. 4. 1941 beschloß der sowjetische Kriegsrat unter *Timoschenko* den Alarmzustand für alle Streitkräfte der *Roten Armee*. Der Schleier lüftete sich immer mehr: Die deutsche *Abwehr* stellte 30–40 Panzerdivisionen Mitte Mai im Westen der *Sowjetunion* fest. Die schnellen Verbände standen direkt nach Westen aufgeschlossen.

Der japanische Militärattaché in *Berlin* ließ *Hitler* eine Warnung vor sowjetischen Angriffsabsichten zukommen. Der deutsche Militärattaché in *Moskau* meldete am 13. 6. 41 umfangreiche Eisenbahntransporte von dort nach dem *Baltikum*. Am 11. 6. 41 sah sich *Hitler* veranlaßt, Marschall *Antonescu* vor einem Angriff auf das Erdölgebiet um *Ploesti* zu warnen. Die Seekriegsleitung mußte auch auf einen .Aufmarsch zur See schließen: Patrouillentätigkeit leichter Seestreitkräfte am Westausgang des *Finnischen Meerbusens*. Durch Erfüllung der Verträge wollte *Stalin Hitler* in Sicherheit wiegen. Der 22. Juni 1941 brachte das Ende des Nichtangriffs- und Freundschaftspaktes zwischen *Deutschland* und der *UdSSR*. Der Feldzug *„Barbarossa“* begann. Unzulänglichkeiten in der Planung zeigen, daß improvisiert und der sowjetische Gegner unterschätzt wurde. Die Fernaufklärung wurde auf die Linie *Rostow – Moskau – Wologda – Murmansk* begrenzt. Daher waren keine Erkenntnisse über Antransport und Verschiebung weit hinter der Front, über Neuaufstellung und über die wirtschaftliche Produktion vorhanden. Es wurde übersehen, daß im *Finnlandkrieg* zu Beginn nur die Truppen des Militärbezirkes *Leningrad* eingesetzt wurden, zur gleichen Zeit nach *Schukow* – vgl. seine Erinnerungen und Gedanken – die *Rote Armee* große Erfolge gegen die Japaner aufzuweisen hatte.

Die Rote Armee unterschätzt

Der deutsche Generalstab zog aus dem *Finnlandkrieg* falsche Schlußfolgerungen und unterschätzte die *Rote Armee*. Nicht *Hitler* allein unterschätzte die Russen, sondern mit ihm die Spitze der Generalität und der Großteil des deutschen Volkes.

Aber auch die Gegenseite glaubte an einen raschen deutschen Erfolg. Der sowjetische Botschafter *Maiski* berichtet in seinen Memoiren, daß die führenden Offiziere des britischen Verteidigungsministeriums glaubten, die Deutschen würden in einem Zeitraum von 6 Wochen bis 3 Monaten *Rußland* erobern. Auf Seite 236 weist *Sherwood* in seinem Werk *„Roosevelt* *und Hopkins"* [4]) darauf hin, daß der amerikanische Kriegsminister *Stimson* an *Roosevelt* schrieb, *Deutschland* brauche höchstens 3 Monate, um die *Sowjetunion* zu schlagen. Wenn auch die Operationen an den Flügeln nicht wunschgemäß zum Erfolg führten, so wurde dies bei der Heeresgruppe Mitte weitgehend ausgeglichen. Nach dem Übergang über den *Dnjepr* wurde am 16. Juli 1941 *Smolensk* erreicht. Die Euphorie *Hitlers* von Anfang bis Ende Juli 1941 zeigen seine Sätze: *„Ich versuche mich dauernd in die Lage des Feindes zu versetzen. Praktisch hat er diesen Krieg schon verloren";* oder an den japanischen Botschafter in *Berlin, Hiroshi Oshima: „Stalin werde das Schicksal Napoleons erleiden."* *Stalin* selbst glaubte bei Kriegsbeginn, [5]) daß das Ende seiner Herrschaft gekommen sei: *„Wir haben für immer all' das verloren, was Lenin geschaffen hat."* *Hitler* rechnete mit der Eroberung *Moskaus* gegen Mitte August.

In diese Zeit fällt die Planung *„Nach-Barbarossa"*. Schon am 4. Juli 1941 begannen die ersten Besprechungen im OKH darüber. [6]) *Halder* selbst vertrat am 3. 7. 1941 die Auffassung, daß der Feldzug gewonnen sei und war der Meinung, daß bald die Kriegführung gegenüber *England* wieder *„in den Vordergrund trete"*. [7])

Die Euphorie *Hitlers* verflog. Unentschlossenheit im August tritt zutage. Aber der Optimismus wuchs wieder in den ersten Septembertagen. Die Einschließung *Leningrads* schien planmäßig zu verlaufen. Die große Kesselschlacht von *Kiew* nahm einen günstigen Verlauf. Die große Hoffnung bestand, den Krieg in Osten zu beenden. Diese Hoffnung wurde durch *Dr. Sorge* zerstört. Dieser gab seit Juli 1941 eine Reihe von Funksprüchen nach *Moskau* über die Haltung der japanischen Regierung. Die Nachrichten *Dr. Sorges* waren mit ausschlaggebend für die umfangreichen Truppenverschiebungen der Sowjets nach dem Westen. Die riesigen Verluste in den Kesselschlachten konnten ausgeglichen werden.

Bereits bis Ende Oktober wurden mindestens 13 Schützendivisionen und 5 Panzerbrigaden aus *Fernost, Mittelasien* und *Sibirien* den Truppen westlich von *Moskau* zugeführt. *Dr. Sorge* bedeutet den großen Markstein zur Wende vor *Moskau.*

Wir kämpfen heute um die Menschenrechte, die der amerikanische Präsident *Wilson* als Kernbegriffe skizzierte: *„Freiheit der Rede und des Ausdruckes, Freiheit der Religion, Freiheit von Not, Freiheit von Furcht."* In diesem Kampf ist eine der großen Voraussetzungen die volle Wahrheit! Wird uns diese nicht vorenthalten? Aber ohne diese Wahrheit können Sie keinen echten Frieden aufbauen.

---

[4]) dt. Hamburg 1950.

[5]) Vgl. die Rede Chruschtschows über Stalin in der Geheimsitzung des XX. Parteitages der KPdSU vom 24. und 25. 2. 1956.

[6]) Vgl. OQu. des Generalstabes des Heeres Nr. 430 (gkds Chefs. vom 3. 7. 1941).

[7]) Kriegstagebuch Halders, Bd. III, S. 38.

DR. KARL OTTO BRAUN

Präsident Roosevelts Schuldanteil am Zweiten Weltkrieg 1933—1940

I. Teil: Präsident Thomas Woodrow Wilsons Charakterschwäche

Der amerikanische Präsident *Thomas Woodrow Wilson* war im Frühjahr 1919 zu interalliierten Friedensverhandlungen in *Paris* mit *Clemenceau* und *Lloyd George*. Am 17. Mai 1919 erhielt der Präsident von einem seiner jüngeren Mitarbeiter folgenden Brief:

„Heute habe ich unserem Staatssekretär meinen Rücktritt als Attaché der Versailler Amerikanischen Friedenskommission eingereicht. Ich war einer der Millionen, die vertrauensvoll und uneingeschränkt auf Ihre Führerschaft bauten und die glaubten, daß Sie für nichts Geringeres als für einen permanenten Frieden, beruhend auf selbstloser und unvoreingenommener Gerechtigkeit eintreten würden. Aber unsere Regierung hat jetzt zugestimmt, die leidenden Völker der Welt neuen Bedrückungen, Unterwerfungen und Zerstückelungen auszusetzen. Nichts anderes als ein neues Jahrhundert des Krieges beginnt. So habe ich meine Überzeugung verloren, daß ich als Diener dieser Regierung noch eine wirkungsvolle Arbeit für eine neue Weltordnung leisten könnte.

Rußland, dieser bittere Probefall guten Willens, für Sie ebenso wie für mich, ist überhaupt nicht verstanden worden. Ungerechte Beschlüsse der Versailler Konferenz über Shantung, Tirol, Thrazien, Ungarn, Ostpreußen, Danzig, das Saargebiet und die Aufgabe des Prinzips der Freiheit der Meere, machen neue internationale Konflikte sicher. Es ist meine Überzeugung, daß der neue Völkerbund machtlos sein wird, diese Kriege zu verhindern und daß die Vereinigten Staaten in sie durch die übernommenen Völkerbundsverpflichtungen, zusammen mit Frankreich, verwickelt werden könnten. Daher halte ich es für die Pflicht der USA-Regierung gegenüber dem eigenen Volk, gegenüber der Menschheit zu raten, diesen ungerechten Vertrag weder zu unterschreiben noch zu ratifizieren. Auch sollten wir nicht dem Völkerbund beitreten und dadurch die Bestimmungen des Versailler Vertrages gutheißen.“

Der Amerikaner fährt in seinem Brief — er ist ungekürzt — fort:

„Daß Sie (Wilson) *die meisten dieser ungerechten Regelungen ablehnten, und sie schließlich nur unter größtem Druck annahmen, ist wohlbekannt. Trotzdem ist es meine Überzeugung, daß Sie Ihren Kampf vor der Öffent-*

lichkeit, statt hinter geschlossenen Türen, hätten führen müssen. Sie hätten die Weltmeinung mitgerissen, denn diese stand eindeutig hinter Ihnen. Sie hätte Ihnen geholfen, dem Druck zu widerstehen und darauf hätte man ‚eine neue internationale Ordnung auf den breiten universalen Prinzipien des Rechts und der Gerechtigkeit' errichten können, von der Sie so oft gesprochen haben. Ich bedauere es, daß Sie Ihren Kampf nicht ausgefochten haben und daß Sie so wenig Glauben an die Millionen von Menschen hatten, die, wie ich selbst, in allen Nationen Glauben an Sie gehabt hatten."

Der junge amerikanische Diplomat, der diesen prophetischen Brief geschrieben hat – prophetisch, heute im Abstand von 60 Jahren gesehen – ist kein Geringerer als der spätere „Ambassador at large" von *Roosevelt* in *Paris*, *William C. Bullitt.* [1]) Wir werden ihm nachher noch öfter begegnen.

Wenig später sagte er im Senat von seinem Brief: *„Er war höchst unpopulär. Ich schrieb, die Schaffung des Polnischen Korridors würde nicht Frieden bringen, sondern Krieg. Ich sagte, ob es uns paßt oder nicht, die Sowjets würden an der Macht bleiben und man sollte die ungewöhnlich günstigen Bedingungen Lenins annehmen. Für meine Kritik am Versailler Vertrag wurde ich als prodeutsch proklamiert, was damals einem Verräter gleichkam und mein Drängen auf Frieden mit Rußland stempelte mich zum Bolschewisten."* [2])

Der eigenwillige Schritt *Bullitts* erregte mehr Aufsehen als der jugendliche Verfasser ahnen konnte. Nur drei Tage später schrieb der südafrikanische General *Smuts* ebenso harte Kritik am *Versailler Vertrag* an *Lloyd George.* Damals ging das Wort um, wird es ein „höllischer" oder „himmlischer" Friede? A *„Hell Peace"* or a *„Heaven Peace"?*
Was war nun *Bullitts* Brief vorausgegangen?

Bevor ich ihn in *Bullitts* eigenen Papieren fand, las ich ihn bei keinem Geringeren als *Sigmund Freud*, aus dessen Nachlaß 1967 ein Buch über *Wilson* herausgegeben wurde, das er zusammen mit *Bullitt* schon v o r dem Krieg in *Wien* verfaßt hatte. Jede Seite trägt *Freuds* Paraphe. Der Untertitel ist *„A Psychological Study"*. Die Herausgabe wurde absichtlich bis nach dem Tode von *Wilsons* Frau verzögert, denn die Analyse fällt vernichtend aus. *Freud* zeichnet *Wilson* als seelisches Wrack, der, wie von Erinnyen verfolgt, sich nächtelang in seinem *Versailler* Bett wälzte. Sein Gesundheitszustand war erschreckend und erinnert erschreckend an den *Roosevelts* in *Yalta* acht Wochen vor dessen Tod im April 1945. *Freud* schreibt: *„Wilson war 62, sehr müde, sein Kreislauf durch verkalkte Arterien behindert, von Kopfweh, Neuritis und einer vergrößerten Prostata geplagt, mißtrauisch gegenüber seinem ehemaligen Vertrauten Colonel House, ging er ganz allein in die Konferenzen mit Clemenceau und Lloyd George ohne Hilfe eines Amerikaners, der ein Protokoll hätte führen können!"*

Am 7. April 1919 wollte *Wilson* noch fest bleiben, *Italien* n i c h t *Fiume* und *Frankreich* n i c h t *die Saar* geben. An *Italien Fiume* schon deshalb nicht, weil er sich schämte, vorher aus ethnographischer Unkenntnis zur Ab-

---

[1]) Freud-Bullitt „Wilson" p. 234/35.
[2]) Bullitt „For the President" p. 13.

tretung *Südtirols* „Ja" gesagt zu haben! An diesem selben 7. April bemerkte er wörtlich: *„Das einzige Interesse, das Frankreich an Polen hat, ist Deutschland zu schwächen, indem es Polen Territorium gibt, auf das Polen kein Recht hat."* Nach *Freud* kam *Wilsons* moralischer Zusammenbruch am 8. April, als er alles aufgab, vorab *die Saar* und als seine *14 Punkte* alle Gültigkeit zugunsten des *Versailler Diktats* verloren. [3])

Deutsche Sozialdemokraten – illusionsanfälliger als Sozialisten anderer Länder – hatten über dem Kurfürstendamm die nach *Berlin* heimkehrenden Soldaten mit den Worten begrüßt: *„Seid willkommen wackere Streiter, Gott und Wilson helfen weiter!"* Wahn und Wirklichkeit wie heute: Vorne *Detente*vernebelung, dahinter werden immer perversere Raketen in die Startlöcher geschoben.

Freud stellt anläßlich dieser schicksalsschweren Fahnenflucht *Wilsons* die Frage: *„wie wäre unsere abendländische Geschichte wohl verlaufen, wenn Miltiades von Marathon geflohen wäre."* Weil sich *Wilson* oft aus fester innerer Überzeugung mit *Christus* verglichen hatte, fügte er hinzu: *„Oder, was wäre geschehen, wenn Christus vor Pilatus widerrufen hätte . . ."*

Die *Versailler Szenerie* darf ich nicht verlassen, bevor ich Ihnen nicht *Bullitts* große Enttäuschung über die Rußlandpolitik *Wilsons* erläutert habe, die er an die erste Stelle seines Briefes als *„bitteren Probefall guten Willens"* gesetzt hatte. *Bullitt* war nämlich im offiziellen Auftrag von *Wilson* und *Lloyd George* zur Erkundung zu *Lenin* geschickt worden. In *Moskau* erhielt er von ihm über das sowjetische Außenkommissariat und auch persönlich am 14. März 1919 folgendes, bis 10. April gültiges, sensationelles Angebot:

> Beschränkung der Sowjetherrschaft auf *Moskau/Leningrad* in der Ausdehnung, die Rußland unter Iwan dem Schrecklichen im 16. Jahrhundert hatte! Weiter: Anerkennung der Schulden des Zarenreichs, alles unter der Bedingung eines sofortigen Waffenstillstandes an allen russischen Fronten. Dafür verzichtete *Lenin* auf *Finnland, Murmansk, Archangelsk, Estland, Lettland, Litauen, Polen, den westlichen Teil von Weißrußland, Rumänien einschließlich Bessarabien, mehr als die Hälfte der Ukraine, die Krim, den Kaukasus, Georgien, Armenien, Azerbaijan, den Ural und ganz Sibirien.* Diese Großzügigkeit *Lenins* und des Exekutivrats der Sowjetregierung [4]) ist so zu erklären, daß erstens ganz Sibirien in der Hand des weißrussischen Admirals *Koltschak* war und der andere Teil in der Machtsphäre General *Denikins* und daß zweitens *Lenin* insgeheim damit rechnete, diese Militärregime würden später unter seiner Propagandaoffensive innerlich zusammenbrechen, nachdem alliierte Hilfstruppen, z. B. die Tschechische Legion, abgezogen sein würden.

Daß *Wilson* mit *Lloyd George* dieses Angebot *Lenins* durch Liegenlassen zurückwies, nennt *Freud „die wichtigste Einzelentscheidung,* die *Wilson* in *Paris* traf. [5-8]) *Wilson* verbot plötzlich, überhaupt etwas über die *Bullitt*-Reise zu veröffentlichen und *Lloyd George* leugnete einfach ab, ihn je nach

---

[3]) Freud/Bullitt p. 220 ff.
[4]) Bullitt „For the President" p. 6.

Moskau geschickt zu haben. Er sagte *„We have had no approaches to the Soviets at all"!* [9]) Die Hintergründe dieser Ablehnung *Wilsons* bedürfen einer besonderen historischen Studie. Fest steht nur, daß damals viel Geld *amerikanischer* Banken über den sozialdemokratischen Schriftsteller *Parvus-Helphand* in *Lenins* und *Trotzkis* Hände floß. Man bediente sich dabei skandinavischer Banken als Zwischenträger. *Lenin* kannte *Helphand* seit 1901 in *München* und es war *Helphand*, der über *Graf Brockdorff-Rantzau* den Deutschen vorgeschlagen hatte, *Lenin* von der *Schweiz* nach *St. Petersburg* zu bringen. [10])

Der größte heutige amerikanische Sowjetexperte, Botschafter Professor *George Kennan*, schreibt in seinem Buch *„Sowjetische Außenpolitik unter Lenin und Stalin":* [11])

„So wurde die Saat der Ereignisse, die die westliche Welt 1939 in eine neue Katastrophe stürzten, in ihrer Gesamtheit schon in den Jahren 1918—19 von den Alliierten gesät. Was wir von nun an in den Beziehungen zwischen Rußland, Deutschland und dem Westen beobachten, folgt einer Logik, die so unerbittlich ist, wie die einer griechischen Tragödie ... Im Jahre 1917 hatten die Westmächte in ihrer Entschlossenheit, ein, ihnen viel ungefährlicheres Deutschland als das Hitlers, völlig zu vernichten, so unklug auf die Fortsetzung der russischen Unterstützung gedrängt, daß sie schließlich Rußland den Kommunisten auslieferten. Nun, im Jahre 1939 mußten sie diese Torheit bezahlen ..." So weit Botschafter *Kennan*, wie gesagt 1961! [12])

II. Teil: Roosevelts Hunger nach Macht und Krieg

Vorweg ein Zitat aus der großen außenpolitischen Rede *Adolf Hitlers* vom 28. April 1939, — die Antwort auf das Telegramm des amerikanischen Präsidenten *Franklin Delano Roosevelts* an ihn:

„Ich habe keinen Schritt unternommen, der fremde Rechte verletzte, sondern habe vor 20 Jahren verletztes Recht wiederhergestellt. Im Rahmen des heutigen Großdeutschen Reiches befindet sich kein Gebiet, das nicht seit ältesten Zeiten zu ihm gehört hätte oder seiner Souveränität unterstand. Längst ehe ein amerikanischer Kontinent von Weißen entdeckt wurde, hat dieses Reich bestanden ... Herr Präsident Roosevelt glaubt, es liege in der Hand der Führer großer Nationen, ihre Völker vor dem drohenden Unheil des Krieges zu retten. Wenn dies zutrifft, dann ist es strafbarer Leichtsinn, wenn die Führer von Völkern, die über eine solche Macht verfügen, es nicht fertig bringen, ihrer zum Kriege hetzenden Presse die Zügel anzulegen ... Es wäre eine edle Tat, wenn der Präsident Roosevelt das Wort des Präsidenten Wilson zur Einlösung brächte. Dies würde ein praktischer Beitrag zur moralischen Konsolidierung der Welt sein ... Herr Präsident Roosevelt, ich verstehe, daß es die Größe Ihres Reiches und der ungemessene Reichtum

---

5) Freud/Bullitt „Wilson" p. 220.
6) W. S. Churchill „World Crisis" p. 179.
7) W. C. Bullitt „Mission to Russia" 1919 p. 33 und p. 66.
8) J. M. Thompson „Russia Bolshevism . . ." p. 167 und p. 379.
9) Bullitt „For the President" p. 8.
10) Nesta H. Webster „World Revolution" p. 276/77.
11) George F. Kennan, Sowjet-Außenpolitik unter Lenin und Stalin. Stuttgart 1961.
12) p. 224/25 und p. 442/43.

erlauben, sich für die Geschicke der ganzen Welt verantwortlich zu fühlen. Ich, Herr Präsident Roosevelt, bin in einen viel bescheideneren Rahmen gestellt. Ich übernahm einen Staat, in dem nicht 15, sondern 140 Menschen auf dem Quadratkilometer leben. Die Milliarden deutscher Ersparnisse in Gold und Devisen wurden uns weggenommen. Unsere Kolonien haben wir verloren. 1933 hatten wir 7 Millionen Erwerbslose, einige Millionen Kurzarbeiter und standen vor dem Ruin. Ich habe daher in diesen zurückliegenden 6 1/2 Jahren Tag und Nacht stets nur dem einen Gedanken gelebt, die eigenen Kräfte meines Volkes angesichts der Verlassenheit von der ganzen übrigen Welt zu wecken und ich habe weiter versucht jenen Vertrag Blatt um Blatt zu beseitigen, der in seinen 448 Artikeln die ärgste Vergewaltigung enthält, die jemals Völkern und Menschen zugemutet worden ist." [1])

Die US-Präsidenten nach Wilson

Auf die Ära des Demokraten *Wilson* folgten drei republikanische Präsidenken, *Warren Harding, Calvin Coolidge,* vorher sein Vizepräsident und *Herbert Hoover*, ein Quäker aus deutschstämmiger Familie. Er war unter den beiden Vorgängern Handelsminister gewesen. Ich habe am Münchner Wilhelmsgymnasium 1921 noch *Hoover*'sche Milch getrunken und seine blütenweißen Semmeln gegessen, die er in das hungernde Deutschland der Nachblockade geschickt hatte. Ganz unabhängig von diesen verlockenden Semmeln möchte ich *Hoover* als einen sehr erfolgreichen Präsidenten bezeichnen. Die Weltwirtschaftskrise, seit 1929, und der Kampf um die Prohibition ließen *Hoover* 1932 den Wahlkampf gegen den „nassen" Präsidenten *Franklin Roosevelt* verlieren. So kam also wieder *Wilsons Partei* zum Zuge. Wie *Wilson* erstmalig, muß auch *Roosevelt* in seiner Außenpolitik als „*Internationalist*" bezeichnet werden. Im Inneren regierte er – ähnlich wie *Adolf Hitler* – sofort mit außerordentlichen Vollmachten des Kongresses und griff in einem für amerikanische Verhältnisse unerhörten Ausmaß in die Wirtschaft ein. Die Macht des Privatkapitals wurde eingeengt. Die Regierung bekämpfte die Arbeitslosigkeit durch große öffentliche Arbeiten und durch Rüstung. Das Alkoholverbot fiel. Im April 1933 verließen die USA den Goldstandard, d. h. Abwertung des Dollar und Scheinbelebung der Wirtschaft im *New Deal* durch Inflation.

Wilson war der erste amerikanische Präsident gewesen, der sich internationalen Finanzkräften verpflichtet hatte. In *Versailles* hatte er ihnen in der Reparationsfrage nachgegeben, aber vor allem hatte er schon bei seinem Regierungsantritt 1913 das *Federal Reserve System* eingeführt, das – widerrechtlich – dem Kongreß das Recht wegnahm, *Geld zu drucken* und dies privaten Bankiers übertrug. Das war eine der Hauptursachen für die völlig unprovozierte Einmischung Amerikas gegen Deutschland in zwei Weltkriegen. Englands Kriegsverschuldung an amerikanische Privatbanken verklammerte diese mit seinem Schicksal und Abstieg.

Der Schwiegersohn *Roosevelts*, der heute in Washington lebende Colonel *Curtis Dall*, vergleicht die beiden demokratischen Präsidenten, indem er in seinem 1972 erschienenen Buch „*FDR, My Exploited Father-in-Law*" schreibt: „*Wilson studierte 1879 in Princeton, Roosevelt 25 Jahre später in*

[1]) Max Domarus: Hitler. Reden und Proklamaticnen Bd. 2, S. 1148; Würzburg 1963.

Harvard ... Politisch sehe ich in Wilson einen Mann, der seine Seele an das Programm der Internationalisten, an die Eine-Welt-Finanzmacht verkaufte und damit in unsere konstitutionellen und finanziellen Deiche die ersten, großen Breschen legte. Roosevelt betrachtete ich, nach 1932, als einen Mann, der gleichfalls seine politische Seele an dieselben One-World-Anhänger, eine einflußreiche Minorität, verkaufte und dann unter ihrem Zwang die von Wilson in den Deich gerissenen Breschen erweiterte. Fern jeder politischen und ideologischen Prahlerei liegt das nackte Ergebnis heute klar auf der Hand". *Dall* fährt fort:

„Beide Männer haben es versäumt, eine gesunde Führungsschicht für Amerika zu schaffen. Sie haben es lediglich verstanden, das von Fremden unterstützte außenpolitische Programm zu fördern. Eleanor Roosevelt war in dieser Hinsicht gewiß keine zurückhaltende Edith Galt Wilson ... Sicherlich erfüllte Roosevelt, wie auch Wilson, brennender politischer Ehrgeiz ... Noch immer leiden wir unter dem großen Unglück, das diese beiden Männer unserem Lande zugefügt haben, zumal da das direkte Ergebnis, nämlich die Zukunft unseres Landes in keiner Weise sicher und gesund ist". Dies eine Stimme aus Roosevelts eigener Familie! [1a])

Roosevelts brennender Ehrgeiz

Der brennende Ehrgeiz, den Oberst *Dall* beiden Präsidenten gleicherweise zuteilte, war nach meiner Meinung bei *Roosevelt* durch seine 1921 eingetretene Kinderlähmung noch weit gesteigert worden. Für *Roosevelt* gilt das Nietzschewort: *„Was mich nicht umbringt, macht mich stärker"*. Die Energien, die durch die gesundheitliche Katastrophe freigelegt wurden, potenzierten den politischen Machttrieb weit stärker als der Messiastrieb bei *Wilson* je ausgeprägt war.

Roosevelt war zweifellos eine bedeutende, dynamische Persönlichkeit und – ähnlich wie *Hitler* – eine charismatische Natur von einer sein Gegenüber in den Bann ziehenden Liebenswürdigkeit. Er gehört zu den großen Weichenstellern der Geschichte. Berechtigt kann man ihn mit *Napoleon* vergleichen, der die Weiche auf ein Europa unter französischer Führung gestellt hatte, was ihm die Engländer mit den Russen, Preußen und Illuminaten – jener dunklen Speerspitze der Französischen Revolution – zerschlugen.

Man kann *Roosevelt* auch mit seinem Gegenspieler *Hitler* vergleichen, der an *Roosevelts* 51. Geburtstag am 30. Januar 1933 zur Macht kam und mit ihm im gleichen Jahr zu regieren begann. *Hitler* wollte Europa gegen den Bolschewismus unter deutscher Führung einigen. Vom Westen forderte er keinen Quadratmeter. Auch hier trieb Englands Widerstand, begierig von *Roosevelt* angeheizt, das junge Großdeutsche Reich – gegen alle politische Weitsicht – zur bedingungslosen Kapitulation. Dabei zerstörte dieser Kampf bis zum Letzten das eigene Britische Empire. Wie ironisch kann Geschichte doch sein. Wenn du den Halys überschreitest, wirst du ein großes Reich zerstören!

1a) Dt. Ausgabe Curtis B. Dall „Amerikas Kriegspolitik", Tübingen 1975, p. 200 ff. auch 206 ff.

Die Macht nur mit Moskau teilen

Wir wissen heute, daß *Roosevelt* zwei Fliegen mit einer Klappe schlagen wollte. Die lästigen Fliegen hießen *Hitler* u n d *Churchill*, denn *Roosevelts* Weiche war auf eine amerikanisch-sowjetische Weltherrschaftsteilung, sozusagen auf eine „Coca-Cola – Wodka"-Weltregierung gestellt, ein Cocktail, der in sich nicht gerade harmonisch ist! *„Als Nahziel auf jeden Fall das Szepter des Britischen Empire in die eigene Hand zu bekommen"*, hat der amerikanische Industrielle *Virgil Jordan* bereits am 10. Dezember 1940 in einer kritischen Rede in Hollywood vor der *„Vereinigung der Investitionsbanken"* festgestellt, eine seherische Voraussage. [2])

Wir müssen nüchtern erkennen, daß die *Roosevelt*sche Weichenstellung bis h e u t e durch keinen der folgenden Präsidenten rückgängig gemacht werden konnte. Auch das hat *Jordan* prophezeit!

Franz Josef Strauß hat einmal die FDP kritisiert, die ihre Selbständigkeit dadurch bezeugen wollte, daß sie sich als „Bremser gegen links" bezeichne. Er sagte, sie säße nun einmal im SPD-Zug und komme auf jeden Fall in derselben „sozialistischen Station" an – nur später! So haben auch *John Foster Dulles* und *Nixon*, nur verzögern, aber den *Rooseveltschen Yalta-Kurs* nicht mehr ändern können, der zwingend auf eine ständige sowjetische Machtsteigerung hinausläuft. Das inzwischen eingetretene atomare Patt und die weitere Machtsteigerung der *Sowjets* in *Afrika*, im *Mittleren Osten*, im *Indischen Ozean* und die *Castrosche* Wühlarbeit in Mittel- und Südamerika, kann kein noch so schöner – nur in der Zukunft einzulösender – *Chinesischer Wechsel* ausgleichen. Die *Monroe-Doktrin*, einst selbstbewußte Abwehr gegen russisch-zaristische Einflüsse auf dem amerikanischen Kontinent, ist zur Farce geworden!

Erst die historische Wertung der h i n t e r *Roosevelt* stehenden Triebkräfte macht das unmittelbare Begreifen der heutigen Weltlage möglich. Nirgends offenbart sich die unerbittliche Verflechtung zwischen Geschichte und Gegenwart deutlicher. Wie schwer trägt heute Präsident *Carter* an den von *Roosevelt* aufgenommenen Hypotheken. Denken Sie allein an die jeder kommunistischen Willkür ausgesetzten Zufahrtswege nach dem noch freien Rest-*Berlin!*

Roosevelts Berater

Mit welchen Beratern umgab sich nun der neue, selbstherrliche Präsident 1933?

An der Spitze stand der fähige Finanzier *Bernard Mannes Baruch*. Oberst *Dall* schreibt über ihn: *„Im Ersten Weltkrieg soll ‚Barney' Baruch über 1 Million Dollar wert gewesen sein, nach ihm, sagte man, er sei 200 Millionen Dollar wert, angemessen für einen Titanen ... Anfang Januar hörte ich von Mama, daß Baruch Franklin einen Besuch abstatten wollte. Ich nahm mir vor, mit dem berühmten Gast ein paar Worte zu wechseln. Das Gespräch drehte sich zunächst um die Aussichten verschiedener Aktien ..."* (Dall war Börsenmakler). Er schreibt weiter: *„Nach einer Pause sagte Baruch ruhig, ‚Herr Dall, ich habe Vertrauen zu Silber'. Ich war verblüfft.*

---

[2]) Rampart Journal Vol IV, No 3, Fall 1968 p. 25 ff.

Im Grunde genommen wußte ich nichts von Silber. ‚Wirklich', sagte ich fragend? ‚Ja', erwiderte er, ‚Tatsächlich'. ‚Ich besitze 5/16-tel der verfügbaren Silbervorräte der Welt' ... Einige Monate später brachte die Presse überraschend Berichte über Silber, am Wochenende, nach Börsenschluß ... Um sozusagen den westlichen Staaten mit ihren Silberbergwerken eine politische Geste zu erweisen, ermächtigte der Kongreß das US-Schatzamt, den Preis für Silber am freien Markt zu verdoppeln. Wenn ich an meine Unterredung mit Baruch zurückdenke, weiß ich jetzt, daß es der beste Tip war, den ich je in meinem Leben bekommen habe ... Als ich (Dall) *Jahre später las, daß Sir Winston Churchill in USA sei und er zunächst Baruch in New York besucht hätte, bevor er das Weiße Haus aufsuchte, war ich nicht überrascht."* Soweit Oberst *Dall.*[4]) Bereits Sommer 1939 übernahm *Baruch* – als die Mehrheit der Amerikaner noch von Neutralität träumte – die Leitung des Koordinierungsausschusses für die Rüstungsindustrie!

Roosevelts zweitwichtigster Berater war der Professor der Rechte an der *Harvard-Universität, Felix Frankfurter,* der schon *Wilson* als Jurist gedient hatte. Er war Mitschöpfer des *New Deal* und stieg unter *Roosevelt* zum Richter des Obersten Bundesgerichts auf.[5]) Im Juli 1939 war er auf Geheimmission in *London* und gab wahrscheinlich der Britischen Regierung in *Roosevelts* Namen finanzielle Rückendeckung für den Kriegsfall, ein Punkt, der noch emsiger deutscher Nachforschung bedarf. Einer von *Dalls* Freunden war gleichzeitig Schüler *Frankfurters.* Mit anderen Studenten bekam er von seinem Professor ein Empfehlungsschreiben für den englischen Theoretiker des demokratischen Sozialismus, *Harold Laski* mit. *Laski* war damals ein bekannter Politwissenschaftler in *London.* *„Wie junge Leute häufig"* schreibt *Dall, „so stellten die amerikanischen Juristen an Laski einige recht plumpe Fragen,* z. B. *Sind Sie Kommunist? – Wieso, ja ich bin Kommunist. – Wie lange schon, Herr Laski? – Ach, schon eine ziemliche Zeit. – Ist Ihr Freund, Professor Frankfurter auch Kommunist? Eine längere Pause folgte. Sie fragen ob Felix Kommunist ist? Nun, ich möchte nicht gerade sagen, daß Felix Kommunist ist, aber wir sind sehr gute Freunde. Wir unterhalten uns miteinander mindestens einmal jede Woche über das Transatlantik-Telefon".*[6])

Lassen Sie mich *Morgenthau* jun. als dritten Berater, – von *Roosevelt* 1933 zum Unterstaatssekretär ernannt – übergehen, weil er in *Deutschland* zuviel Emotionen wachrufen würde. In der *Roosevelt Library* in *Hyde Park,* nördlich von *New York,* liegen *Morgenthaus Tagebücher,* 864 numerierte Bände und 36 unnumerierte, jeweils ca. 300 Seiten! *Dr. Anthony Kubek,* Professor der Geschichte der *Universität Dallas* hat eine hervorragende 81-Seiten-Analyse der Tagebücher für den amerikanischen Senat geschrieben, die einen Vortrag für sich beanspruchte. Die *FDR-Library* in *Hyde Park* umfaßt 38 000 Bände und 20 Millionen Manuskripte. Als einziger amerikanischer Präsident hat *Roosevelt* noch eine zweite öffentliche Bibliothek in *Washington,* die *F. D. Roosevelt Four Freedoms Library* der *B'nai B'rith*

[4]) Curtis B. Dall „Amerikas Kriegspolitik" p. 104 ff.
[5]) „Felix Frankfurter Reminisces" 2 Bände, 1960 und „Law and Politics" 1939.
[6]) Wie unter 4) p. 102/3.

Vomen mit 12 000 Bänden über Faschismus, Nazismus und „Holocaust".

Gerade an dieser Stelle möchte ich eine Anregung geben: In der *Weimarer Republik* wurde bereits zwei Jahre nach *Versailles* die *Zentralstelle zur Erforschung der Kriegsursachen* unter *Alfred von Wegerer* gegründet. Wegen der Dokumentensperrfristen haben wir über 30jährige Verspätung. Umso mehr sollten wir jetzt unter seinem Namen eine Stiftung begründen, das diese Forschungstradition für den *Zweiten Weltkrieg* übernimmt. Die *Bundesrepublik Deutschland* soll doch *Weimar* in der Wahrheitssuche nicht nachstehen! Ich lege hiermit meine Anregung diesem Kongreß zur Diskussion und Durchführung vor.

Wie gesagt, überlassen wir die weitere Betrachtung *Morgenthaus* der zukünftigen Forschung. Nur ein Wort seines *Mannheimer* Vaters sei noch zitiert, der ein überzeugter *Antizionist* war. Seine Begründung steht nämlich noch heute zur Diskussion: *„Zionismus ist der erstaunlichste Irrtum in der jüdischen Geschichte. Er ist im Prinzip falsch und kann nicht verwirklicht werden. Wirtschaftlich gesehen ist er ungesund, außerdem grotesk in der Politik und steril in seinen geistigen Idealen"*. [7]) Diese Ansicht ähnelt manchem, was der österreichische Bundeskanzler zu diesem Thema gesagt hat.

Nun war *Morgenthau jun.* als Finanzfachmann *Baruch* weit unterlegen. Trotzdem ernannte ihn *Roosevelt* bereits 1934 zum *Minister des Schatzamtes.* Als Ausgleich gab er ihm einen brillanten Kopf zu seiner Rechten, *Harry Dexter White.* Wie sich später herausstellte, hatte dieser vorzügliche Spezialist nur einen Fehler:

Am 4. Dezember 1945 wurde ein 71 Seiten FBI-Geheimbericht über die kommunistische Unterwanderung in Washington durch den militärischen Adjutanten General *Harry H. Vaughan* dem Präsidenten *Harry Truman* vorgelegt. Der Bericht stammte bereits vom Februar. Ich zitiere den Amerikanischen Generalstaatsanwalt wörtlich: [8]) *„Der Bericht behandelte das ganze Gebiet der Sowjetspionage vor, während und nach dem 2. Weltkrieg. Harry Dexter White und sein Spionage-Ring war darin genannt"*. [9]) Zu *Whites* kommunistischen Mitarbeitern gehörten u. a. *Dr. Harold Glaser, Frank Coe, William Ludwig Ullmann, Abraham Georg Silbermann, Nathan Gregory Silvermaster, Lauchlin Currie* u. a. [10])

Kein geringerer als der spätere Präsident *Richard Nixon* trat in dem *„Gerichtsverfahren Alger Hiss"* gegen diese weitverzweigte Gruppe auf. *Hiss* bekam wegen Landesverrats 5 Jahre Gefängnis. [11]) *Nixon* hat für seine *Hiss* belastenden Aussagen einen hohen Preis bezahlt. Nach Strafverbüßung wurde *Hiss* sein schärfster „Watergate"-Gegner.

Für Deutschland ist das Gerichtsverfahren gegen *Harry Dexter White* bedeutungsvoll, denn er war der Architekt des *Morgenthau-Plans*, während

---

7) Alfred M. Lilienthal „What Price Israel", p. 175.
8) vom 17. 11. 1953.
9) L. de Poncins „State Secrets" p. 176 und Earl Jowitt „Alger Hiss", p. 263.
10) L. de Poncins p. 118.
11) Jowitt „A. Hiss" p. 109/10 Nixons Aussage.
12) C. Hull „Memoirs" Band I, p. 207.

er insgeheim für *Moskau* arbeitete. Die sogenannten *Morgenthau-Boys* der Besatzungszeit seit 1945 tragen ihren Namen zu Unrecht. Sie müssen als *Kinder Stalins* bezeichnet werden, wenn sie auch von dieser Vaterschaft nichts wußten!

Der amerikanische Außenminister *Cordell Hull* beklagt sich in seinen Memoiren bitter, daß das Schatzamt mit *Roosevelt* häufig über seinen Kopf selbstherrlich Außenpolitik betrieb. [12])

Von Anfang an arbeitet die sowjetische Außenpolitik nie allein auf der offiziellen Ebene, sondern sie mischt sich immer inoffiziell, mehr oder weniger massiv, in die *Innen*politik des jeweiligen Gegenspielers ein, wie man in der Bundesrepublik seit 1970 sieht. Bahr hatte abgeschlossen, als Scheel noch verbessern wollte! Scheel kam mangelhaft unterrichtet in Moskau bei Gromyko an! Der Deutsche Botschafter *Helmut Allardt* bestätigt das als Augenzeuge in seinen Memoiren.

Jedenfalls läßt sich Präsident *Roosevelt* wohl mit einem bürgerlichen Zauberlehrling vergleichen, dem die umstürzlerischen Geister, die er zu seinen Beratern berief, über den Kopf wuchsen, zum Schaden seines Landes — bis heute!

Bei *Dall* finden sich noch viele Namen, meist politisch linkslastige, wie *Louis Howe*, der jahrelang Frau *Eleanor* im „demokratischen Sozialismus" à la *Laski* geschult hatte. [13]) Auf diese Weise war der Weg von innen her gut vorbereitet, am 16. November 1933 die *UdSSR* auch diplomatisch anzuerkennen. [14])

Die Hauptverhandlungspartner waren *Henry Morgenthau jun.* und der frühere Sozialdemokrat *Maksim Litwinow*, der sich früher *Meier-Wallach* genannt hatte und im polnischen *Bialystok* geboren wurde. Ein Pole und ein Amerikaner deutschen Ursprungs vertraten ihre jeweils neue Heimat, die *UdSSR* und die *USA*. Der polnische Russe war wenigstens Außenminister, der Amerikaner hatte diesen Rang nicht einmal. Außenminister *Hull* mußte zurückstehen, denn *Morgenthau jun.* hatte den ersten sowjetischen Kontaktmann *Boris E. Skvirsky* in *Washington* eingeführt. [15])

Ich überlasse es Ihrer Phantasie, sich auszumalen, welche Schlüsse *Adolf Hitler* aus dieser historischen Weichenstellung gezogen haben mag. Über dem ersten Regierungsjahr des deutschen Kanzlers lag aber nicht nur dieser dunkle offizielle Schatten. *Amerika* hatte noch einen inoffiziellen dazugeliefert. Der angesehene *New Yorker* Rechtsanwalt *Samuel Untermeyer* hatte schon bald nach der nationalsozialistischen Machtergreifung als Präsident der *World Jewish Economic Federation* zum *Boykott* deutscher Waren aufgerufen und laut *New York Times* vom 7. August 1933 erklärt, Amerika sei verpflichtet, gegen *Deutschland* den *„Heiligen Krieg"* im Interesse der Menschheit zu führen. [16])

---

[13]) C. B. Dall „Amerikas Kriegspolitik" p. 79.
[14]) W. C. Bullitt „For the President" p. 51–57.
[15]) Wie 14) p. 42.
[16]) Vgl. auch „New York Times" vom 8. 5. 33 p. 6; 16. 6. 33 p. 4; 21. 7. 33 p. 1; 2. 4. 35 p. 13; 1. 5. 35 p. 12 usw.

Ernst von Salomon schreibt auf den letzten Seiten des „Bestsellers" der Fünfziger Jahre, *„Der Fragebogen"*, über die Vernehmung eines 1945 von der Amerikanischen Besatzung Internierten namens *Alinn: „Herr Alinn kam vor mir dran, Mr. Kaltenbach* (der amerikanische CIC-Offizier) *blätterte in Alinns Akt und fragte dann: Sind Sie noch immer der Ansicht, daß Polen den Krieg begann? Ich* (Salomon) *war sehr gespannt auf des alten westfälischen Dickschädels Antwort. Herr Alinn schluckte schwer, dann sagte er: Ich muß zugeben, daß ich diese Ansicht äußerte. Aber in der Zwischenzeit wurde ich des öfteren anders belehrt. Mr. Kaltenbach erwiderte: Dummkopf! Roosevelt begann den Krieg! Und zwar schon 1933! Du kannst gehen!"* Trocken fügte v. Salomon hinzu: *„Ich werde mich niemals unterfangen, an dem Wort eines amerikanischen Offiziers zu zweifeln."*

Sicher liegt in diesem Ausspruch mehr als unsere Schulweisheit sich träumen läßt, aber trotzdem, trotz aller Trommelwirbel in New York, wäre der Zweite Weltkrieg ohne die virulente Mithilfe der britischen Regierung niemals möglich geworden!

In unserem faszinierenden Wechselspiel politischer Kräfte begegnen wir jetzt wieder *William Bullitt.* Wie er einst idealistischer Verehrer *Wilsons* war, berauscht er sich jetzt am neuen Präsidenten und seinem *New Deal.* Der neue „Ostwind" in *Washington* bläht seine Segel und trägt ihn hoch. Schon am 11. Dezember 1933 trifft er in *Moskau* als erster amerikanischer Botschafter ein. Seit seinem Bruch mit *Wilson* 1919 stand *Bullitt* unter einer gewissen „Verdachtswolke", einer *Cloud of Suspicion.* 1923 hatte er nämlich nach Scheidung von seiner ersten Frau die Witwe *John Reeds* geheiratet, der wegen seiner propagandistischen Verdienste um die frühen Bolschewiken an der Kremlmauer beigesetzt worden war. *Reed* war der amerikanische Autor des Buches „10 Tage, die die Welt erschütterten", das *Moskau* auch verfilmte. 1932 hatte *Bullitt* unter bürokratischen Schwierigkeiten den Sowjet-Propusk bekommen, hinter der Kremlabsperrung für den von ihm verehrten *John Reed* einen Kranz niederlegen zu dürfen. Tränen flossen über seine Wangen! Nun als Botschafter legte er den zweiten Kranz nieder. Kein Wunder, daß er von *Stalin* enthusiastisch empfangen wurde: *„Stalin took my head in his two hands and gave me a large kiss! I swallowed my astonishment and when he turned up his face for a return kiss, I delivered it"*. [17])

Dieser *Kuß Stalins* hatte einen japanischen Hintergrund, denn *Stalin* glaubte, ein japanischer Angriff gegen ihn stünde unmittelbar bevor. Deshalb bat *Stalin Bullitt* schon beim Nachtisch um 250 000 Tonnen Schienen. Er wollte das zweite sibirische Bahngleis legen. Seitdem wissen wir physikalisch exakt, wie schwer ein Stalinscher Kuß wiegen kann.

Die Zeit der *jungen Liebe* verfloß aber rasch. Schon im Sommer 1934 schien für *Stalin* die japanische Gefahr vorüber zu sein. *Bullitt* mußte einsehen, daß *keine* der Versprechungen vom Jahr vorher eingehalten wurden: 1) Die Sowjets stellten ihre subversive Propaganda innerhalb der Vereinigten Staaten nicht ein; 2) Stalins Zusage, am Kußtag, eine amerikanische Bot-

[17]) Bullitt „For the President" p. 69.

schaft auf den schönen Sperlingsbergen oberhalb der *Moskwa* erbauen zu lassen, wurde nicht eingelöst; 3) eine Regelung, Rubel für die Botschaft legal zu beschaffen, war abgelehnt worden; 4) die von *Litwinow* zugesagte Minimal-Bezahlung russischer Schulden wurde auf die lange Bank geschoben; 5) Am *Internationalen Kominternkongreß* in *Moskau* 1935 waren die amerikanischen Kommunistenführer *Earl Browder* und *William Weinstone* die „Stars" – eine, in *Bullitts* Worten, *„flagrant violation"* des Versprechens der Nichteinmischung, das *Litwinow 1933* unterschrieben hatte.[18]) Der objektive Beobachter der Szene wundert sich nicht, daß bei *Bullitts* Temperament seine Reaktion völlig negativ ausfallen mußte. Lassen wir ihn selbst sprechen:

1. Mai 1935: *„Der Terror ist allgegenwärtig und so verheerend, daß der geringste wie der höchste Moskauer Bürger Tag und Nacht in Furcht lebt ... keiner wagt mit einem Ausländer in Kontakt zu kommen ... wir haben keine Zahnärzte mehr ... der Schneider für die Japaner ist verbannt worden ... Von dem einzigen Freund der Amerikanischen Botschaft, dem Sowjetbeamten mazedonischen Ursprungs, Georg Andreytchine, bekamen wir aus der Lubjanka die Geheimbotschaft, doch um Gottes willen nichts für ihn zu tun, weil er sonst erst recht sofort erschossen würde ..."*[19])

Ende April sagte *Bullitt* zu einem Mitglied der Britischen Gesandtschaft in *Kowno: „Die Russen haben ihren Plan einer Weltrevolution nicht aufgegeben ... sie könnten bei ihrer potentiellen Stärke Europa eines Tages überrennen und die Zeit könnte kommen, wo England Deutschland helfen müßte, sich gegen die russische Flut zu stemmen."* Der englische Staatssekretär kritzelte in London an den Rand: *„niemand, nicht einmal Lady Astor* (eine politisch exzentrische Dame), *nimmt jetzt Bullitt mehr ernst."*

Am 20. April 1936 schreibt *Bullitt* an seinen Herrn und Meister: *„Man muß erkennen, daß die Kommunisten Agenten einer ausländischen Macht sind, deren Ziel es ist, nicht nur die Institutionen unseres Landes zu zerstören, sondern auch Millionen von Amerikanern zu töten. Daher schließen unsere Beziehungen zur Sowjetunion immer Fragen der Innenpolitik mit ein. Wir sollten nicht einen Augenblick die Illusion nähren, daß es möglich sei, mit der Sowjetregierung oder irgendeiner kommunistischen Partei wirklich freundschaftliche Beziehungen herzustellen. Trotzdem sollten wir diplomatische Beziehungen aufrechterhalten, weil die Sowjetunion eine der größten Mächte ist und wir wissen müssen, was in Moskau vor sich geht"*.

Oder, wiederum *Bullitt: „Nur einer von 61 Einwohnern der Sowjetunion ist Jude, aber 20 von den 61 Kommissaren und Vizekommissaren sind Juden."*[20]) Mit anderen Worten, *Bullitt* berichtete im *April 1936* unter „Geheim" das, was über die damalige *Sowjetunion* in der deutschen Presse offen geschrieben wurde.

Das Echo aus *Washington* konnte nicht ausbleiben. *Roosevelt* war über *Bullitts* antikommunistischen Groll entsetzt. Er begann in ihm einen Schädling

[18]) Bullitt „For the President" p. 138 und p. 185 letzte Zeile.
[19]) Wie 18) p. 116.
[20]) Bullitt „For the President" p. 155.

seiner prorussischen Politik zu sehen und ersetzte ihn durch den wesentlich *bequemeren* Botschafter *Joseph E. Davies*. Hier liegt die Anbahnung eines Bruches – auch mit *Roosevelt* –, der erst später ein endgültiger werden wird.

Wenn Gott den Menschen in die Wiege gelegt hätte, daß Erkenntnis und die daraus folgende Handlungsweise zwangsläufig miteinander verkettet wären, hätte sich *Bullitt* auf zwei Ebenen mit der *Außenpolitik Hitlers* treffen müssen, nämlich in der *strikten Ablehnung von Versailles* und in der *gleichen Beurteilung der weltbolschewistischen Bedrohung*.

In Wirklichkeit hat *Bullitt* seine *Versailler Jugenderkenntnisse* völlig verdrängt und, was den Weltbolschewismus betrifft, wollte er die Quadratur des Kreises lösen: ihn zurückdrängen, aber *Mitteleuropa* zerstören. Seine sozialistischen, fast schon salonbolschewistischen Neigungen haben ihm – trotz hoher analytischer Begabung – den Weg versperrt, die letzten Dinge zu durchschauen. Das gelang ihm erst wieder, als er sich 1943 aus dem magischen Bannkreis *Roosevelts* gelöst hatte, wozu der Marsch der *Roten Armee* nach Westen entscheidend beitrug. In unserem jetzigen Zeitabschnitt ist *Hitler* für *Bullitt* – in der antideutschen Schablone seiner Zeit – der *„Pure Fool"*, der *„Gangster"* [21]) und der *„Österreichische Häuseranstreicher"* geblieben.

Was soll man dem Botschafter aus dieser Einschätzung für einen Vorwurf machen, wo doch sein Präsident im September 1938 *„Hitler am liebsten umbringen und die Nase abschneiden"* wollte. [22]) Laut Bericht des deutschen Geschäftsträgers in *Washington, Thomsen*, äußerte sich *Roosevelt* am 17. Mai 1939 im militärischen Senatsausschuß: *„es wäre doch eine gute Sache, wenn Hitler und Mussolini ermordet würden."* [23]) Solche gemeinsame Feindschaft bindet stark, aber sie macht auch blind.

Im März 1936 hatte *Bullitt Moskau* verlassen müssen. Aber schon im August wird er zum Botschafter in *Paris* mit *weitgehenden Vollmachten* ernannt, die bis *Polen* reichten. Er wird *Roosevelts* Superbotschafter für ganz Europa!

Der amerikanische Historiker *David L. Hoggan* bezeichnet *Bullitt* wegen seiner besonders intimen Beziehungen zum Präsidenten als *„Kriegshetzer"*. Er ergänzte, daß er *„Roosevelts Anweisungen an die US-Botschafter Kennedy in London und Biddle in Warschau zu übermitteln pflegte."* [24]) Zweifellos trifft das für die Jahre 1938/39 zu. Als er aber 1936 nach *Paris* kam, hatte *Bullitt* zunächst eine deutsch-französische Verständigung im Auge mit der Idee, dadurch *Deutschland* von einer Expansion über die *Versailler Grenzen* hinaus abzuhalten, es sozusagen festzubinden. Bald erkannte er, daß vor dieser Aussöhnung Hindernisse lagen. Am 20. Dezember 1936 berichtet er an *Roosevelt: „The British of course will say they favour it* (die Aussöhnung) *and will do everything possible to sabotage it"*. [25]) *Graf Wel-*

[21]) Wie 20) p. 182 u. 214.
[22]) J. Burns „The Lion & the Fox" New York 1956, p. 387.
[23]) D. Hoggan p. 520.
[24]) Hoggan p. 140.
[25]) Wie 20) p. 201, p. 203 Ribbentrop Einladung.

czek, der Deutsche Botschafter in *Paris*, trat an *Bullitt* heran, ihm bei einer deutsch-französischen Verständigung zu helfen, aber sonderbarerweise lehnte *Bullitt* ein vorgeschlagenes Treffen mit *Ribbentrop* sowohl in *Paris* als auch in *Berlin* ab. Als er auf seinen vielen Reisen den extrem deutschfeindlichen amerikanischen Botschafter *William E. Dodd* besucht, wird er durch dessen italienischen Kollegen in *Berlin*, *Bernardo Attolico* gebeten, *Hermann Göring* in seiner *Berliner* Residenz zu besuchen. Ausdrücklich erläutert *Bullitt*, daß er an sich n i c h t die Absicht hatte, *Göring* zu treffen, daß er aber wegen der italienischen Vermittlung nicht anders konnte. Die Initiative war von *Göring* selbst ausgegangen. Am 23. November 1937 gibt *Bullitt* hierüber einen faszinierenden und historisch hochbedeutsamen Bericht. *Göring* erklärte ihm, *Deutschland* sei bereit, mit *Frankreich* sofort *„ein offensives und defensives Bündnis zu schließen"*. *„Ich fragte Göring, ob er glaube, daß Deutschland Österreich an das Reich anschließen (annex) wolle."* *Göring* antwortete, *„hierzu sei Deutschland entschlossen"*.

„Ich fragte Göring wegen Böhmen. Er antwortete, die Sudetendeutschen ‚must enter the German Reich, as all other Germans who lived contiguous to the Reich'", d. h. alle deutschstämmigen Anrainer des Reichs, nur die *Südtiroler* und die *Deutschen in Polen*, eine stattliche Minderheit, nahm *Göring* ausdrücklich aus. Daß die *Elsässer* ganz aus dem Spiele waren, ist schon durch das gewünschte Bündnis mit *Frankreich* gegeben.

Göring wandte sich dann dem Problem der *Deutschamerikaner* zu, die gegen jede Kriegsverwicklung *Amerikas* seien, zumal zwischen *Deutschland* und *Amerika* überhaupt keine Reibungsflächen bestünden. Darauf antwortete *Bullitt* wörtlich: *„Wenn Sie davon gesprochen haben, daß sechs Millionen Deutsche in den Vereinigten Staaten dazu gebracht werden könnten (organized), die Handlungsweise der amerikanischen Regierung zu beeinflussen, muß ich sagen, daß es viel mehr als sechs Millionen Äste gibt, um sie daran aufzuhängen"!* *Bullitt* fügt hinzu, *„Göring seemed to find this remark entirely reasonable"*. Natürlich kann man kritisieren, daß *Göring* in diesem Zusammenhang die *Deutschamerikaner* überhaupt erwähnt hat. Auf keinen Fall ist aber deshalb die Überreaktion des amerikanischen Botschafters zu verteidigen. Mit Recht hätte *Göring* daraufhin *Bullitt* fragen können: *„Vertreten Sie demokratische Freiheiten oder primitive Lynchjustiz?"* Heute würde man vielleicht sagen: Hier wurde amtlicherseits ein „Holocaust" gegenüber sechs Millionen amerikanischen Staatsbürgern angedroht — ausgerechnet sechs Millionen . . .

Abgesehen davon ist für den Historiker wichtig, festzustellen, daß die amerikanische Staatsführung durch diese Unterredung mit *Göring* bereits Ende 1937 *voll* über das unterrichtet wurde, was sich dann 1938 in *Europa* ereignete. Für *Washington* gab es ebenso wenig ein Überraschungsmoment wie für *London* und *Paris*, die unterrichtet worden waren! Alle nachträglich zurechtgebogenen Darstellungen, entbehren der Wahrheit. *Göring* spielte mit offenen Karten, zwei Jahre vor Kriegsausbruch und ein Jahr vor *München*. [26])

---

[26]) Bullitt „For the President". p. 240.

Roosevelt dagegen spielte mit gezinkten Karten. Noch am 30. Oktober 1940 (!) erklärte er in einer öffentlichen Rede in Boston: *„Und während ich zu Euch, Müttern und Vätern spreche, gebe ich Euch noch eine Versicherung. Ich habe es schon einmal gesagt und werde es wieder und wieder sagen: Eure Söhne werden nicht in ausländische Kriege geschickt werden"*. [27]) Amtliche Akten überführen Präsident *Roosevelt* eindeutig, seinem Volk die Unwahrheit gesagt zu haben. Bei dieser Unwahrheit ging es nicht um *Nixon*sche Tonbänder, sondern um das Leben Tausender von Amerikanern! Greifen wir einige der belastenden Dokumente heraus:

1. Der polnische Botschafter *Jerszy Potocki* berichtete am 21. November 1938 aus *Washington, Bullitt* habe ihm bei seinem Besuch gesagt: *„Präsident Roosevelt sei entschlossen, Amerika in den nächsten Krieg hineinzuziehen, der sechs Jahre dauern könne. Von Deutschland und Hitler habe er mit außerordentlicher Heftigkeit und bitterem Haß gesprochen"*. [28])

2. Der Schweizer Völkerbundskommissar *Carl Burckhardt* war über den amerikanischen Botschafter *Anthony Biddle* in *Polen* entsetzt, der ihm gegenüber am 3. Dezember 1938 sagte, die *Polen* würden sehr bald gegen *Deutschland* kämpfen, was er begrüßen würde. Der *Schweizer* bemerkt dazu: *„Herrliche Aussichten! Calvin gegen die Nachkommen Luthers und Lenin als Calvins Bundesgenosse."* [29])

3. Seit Juni 1939 verhandelten Briten und Franzosen in *Moskau* über einen Militärpakt gegen *Deutschland*. *Molotow* saß dabei auf erhöhtem Podium, die *Engländer* und *Franzosen* im Halbkreis unter ihm auf Stühlen ohne Tische davor! Sie mußten auf ihren Knien mitschreiben. Diese Arroganz der *Sowjets* war die unvermeidliche *Folge* der britischen Blankogarantie an *Polen* vom März 1939. Präsident *Roosevelt* griff am 4. August direkt in die Verhandlungen ein. Vertraulich wies er seinen Botschafter an: *„die Vereinigten Staaten seien ebenso wie die Sowjetunion interessiert, die Niederlage Italiens und Deutschlands in einem europäischen Krieg herbeizuführen. Die Vereinigten Staaten würden sich dieser Mächtekoalition zuletzt auch anschließen"*. [30])

Deutlicher geht's nicht. Die Kremlherrscher waren hocherfreut, stärkte es doch ihre Position in den parallel laufenden Geheimverhandlungen mit *Deutschland*. Wie *König Philipp von Mazedonien* warteten sie auf den Höchstbietenden, sei es nun *Athen* oder *Sparta*.

4. Im Januar 1939 hatte *Bullitt* — von *Washington* nach *Paris* zurückgekehrt — den polnischen Botschafter *Juliusz Lukasiewicz* besucht und erklärt: *„Sollte Krieg ausbrechen, werden wir wahrscheinlich am*

---

[27]) L. Farago „Das Spiel der Füchse", Ullstein 1972, p. 296.
[28]) Polnische Dokumente über d. Ursachen ds. Krieges, Berlin 1940, 9 ff.
[29]) C. Burckhardt „Meine Danziger Mission", 1960, p. 225.
[30]) „Foreign Relations of the USA 1939" p. 287/88 und 293 ff.

Anfang nicht teilnehmen, aber wir werden ihn beenden ... Frankreich ist die erste Verteidigungslinie der USA." [31])

5. Am 25. März 1939 erklärte *Bullitt* dem gleichen *Lukasiewicz*, er habe Botschafter *Kennedy* in *London* angewiesen, *Chamberlain* mitzuteilen, *„die Vereinigten Staaten hätten volles Verständnis für den polnischen Standpunkt"* und am 26. *„die Vereinigten Staaten wünschten, daß Großbritannien Krieg gegen Deutschland führe, wenn der Streit um Danzig sich zu einer Explosion zwischen Deutschland und Polen entwikkele"*. [32]) Am gleichen Tage teilte wiederum *Lukasiewicz Bullitt* mit, der polnische Botschafter in *Berlin*, *Joseph Lipski*, werde die deutschen Vorschläge ablehnen!

Der angloamerikanische Kriegsschuldanteil ist deutlich in sich verzahnt. Drei Monate *vor* der schriftlichen Blankogarantie der *Engländer* an *Polen* steht bereits *Roosevelts Hilfsversprechen*, sechs Tage vorher wird es wiederholt! Diese frühe amerikanische Rückversicherung machte die vor Nationalismus überschäumenden *Polen* gegenüber allen deutschen Mühen, die Rückkehr *Danzigs* in's Reich doch friedlich zu lösen, nur höhnischer. Der andere Aspekt:

Im August 1914 konnte *England* aus *eigener* Machtvollkommenheit *Deutschland* wegen des Einmarsches nach *Belgien* den Krieg erklären. Diesmal, 1939, hätte es *Polen* niemals eine Garantie ausstellen *können*, wenn es nicht *vorher* finanzielle Rückendeckung in *New York* und politische in *Washington* versprochen bekommen hätte!

Am 27. Dezember 1945 notierte der amerikanische Kriegsminister *James Forrestal* in sein Tagebuch: *„Ich habe heute mit Joseph Kennedy Golf gespielt. Seine Ansicht war, daß damals Hitler gegen Rußland angetreten wäre, ohne später mit England in Konflikt zu kommen, wenn nicht dauernd (!) Bullitt Roosevelt im Sommer 1939 ermuntert hätte, die Deutschen durch Polen zu demütigen. Weder die Franzosen noch die Engländer hätten es wegen Polen zum Krieg kommen lassen, wenn Washington sie nicht dauernd angestachelt hätte.*

Bullitt, so sagte Kennedy, blies Roosevelt ein, daß die Deutschen nicht kämpfen würden; im Gegensatz dazu habe er nach Washington berichtet, sie würden Europa überrennen. Chamberlain", so fuhr er fort, *„stellte fest, daß Amerika und seine Internationalisten England zum Kriege drängten. Im Sommer 1939 habe Roosevelt ihm am Telefon gesagt: Ziehen Sie in Chamberlains Rückgrat Eisen ein.*" [33])

Der amerikanische Kriegsminister *Forrestal* wußte, *warum* er diese Äußerung des alten *Kennedy* für die Nachwelt festhielt. Er war ein mit General *Mac Arthur* Gleichgesinnter, auf jeden Fall ein erklärter Feind der subversiven, kommunistischen Mafia in seinem Vaterlande. Der amerikanische Historiker *James Martin* schreibt zu seinem Tod: *„Der Selbstmord des Ver-*

---

[31]) J. Lukasiewicz ,,Diplomat in Paris", New York 1970, p. 168/69.
[32]) Hoggan p. 448, vgl. auch Bullitt For the President p. 337.
[33]) James Forrestal „The Forrestal Diaries", London 1952.

teidigungsministers James Forrestal am 22. Mai 1949 ist besonders mysteriös. Er stürzte von einem hohen oberen Stockwerk eines Washingtoner Hospitals. Warum wurde ein Mann vom Range Forrestals – in einem Zustand schwerer Depression eingeliefert – nicht im Erdgeschoß untergebracht?" [34])

In jedem Fall scheint Wahrheit zu sagen gefährlicher zu sein als in der „Prawda" zu schreiben! Lassen Sie mich mit dem Satz eines Mannes schließen, der von dem Präsidenten Franklin Delano Roosevelt charakterlich Äonen entfernt ist, – mit *Konfuzius:*

„Wenn die Herrscher sich nur einen Tag lang den guten Sitten unterwerfen würden, so würde sich die ganze Welt zum Guten wenden."

III. Teil: Präsident Roosevelts freiwillige deutsche Helfer

Im Zeitalter der Massenheere muß man – anders als in der Epoche der Kabinettskriege – die Kriegstrommel unter den Massen rühren, d. h. man muß die Massenmedien mobilisieren. Infolgedessen spiegelt z. B. die *Presse* einer Vorkriegsperiode, ihr Tenor, ihre Verzerrungen, auch ihre Lügen, eine ebenso wichtige Rolle bei der Erkenntnis der Kriegsursachen wie diplomatische Noten. Vielleicht spielt sie sogar eine noch offensichtlichere, weil man sie mit keinem *Geheimstempel* versehen kann, denn es muß trompetet werden! So wurde in Nordamerika in den Dreißiger Jahren ein Feuerwerk des Deutschenhasses abgebrannt, das Besuchern aus dem Reich die Sprache verschlug und völlig in die Defensive drängte. Aber wer liest heute noch diese Tiraden nach?

Auch hier war die kommunistische Propaganda die Speerspitze. Der emigrierte kommunistische Journalist *Willi Münzenberg* z. B. hatte in *Paris* ein *Reichstagsbrand-Komitee* aufgezogen. Immerhin erreichte *Münzenberg*, daß *Göring* in der amerikanischen Presse mit der Fackel in der Hand höchstpersönlich durch die unterirdischen Gänge dieses Gebäudes geisterte.

Von einer demokratisch *freien* Presse zu reden war und ist *wishful thinking*, denn die Massenblätter, wie *New York Times, Washington Post* usw. waren finanziell in den Händen derer, die seit *Wilsons* Zeiten die *Geldgeber Englands* und der *Internationalisten* gewesen waren! Daher durfte Botschafter *Bullitt* nur unter *Geheim* berichten, wenn er vor den *Sowjets* kritisch warnte und in diesem Punkt kam die deutsche „geknebelte" Presse der Wahrheit bedeutend näher! Das ist das Paradoxon!

Rückblickend hat die nationalsozialistische Presselenkung für den Historiker den Vorteil, daß er aus den Weisungen des Propagandaministeriums Tag für Tag die offizielle politische Haltung erkennen kann. Helmut *Sündermann* hat in seinem Buch *Tagesparolen* alle deutschen Presseweisungen von 1939–45 zusammengestellt. [1]) Sie ergeben zweifelsfrei, daß man sich regierungsseitig gerade gegenüber den Vereinigten Staaten äußerste Zurück-

[34]) James Martin „The Saga of Hog Island" Colorado Springs 1977, p. 204.
[1]) H. Sündermann „Tagesparolen", Leoni 1973, Druffel Verlag, 320 S.

haltung auferlegte. Vor uns steht ein kontrastreiches Schwarz-Weiß-Bild: Hier Massenvergiftung durch systematische Haßpropaganda, dort eine penible Zurückhaltung, selbst gegenüber offenen Provokationen – wohl ein schweres Gewicht in der Frage amerikanischer Kriegsschuld.

Wenn nun, trotz dieser in den Staaten angeheizten deutsch-feindlichen Psychose, sich Deutsche aus dem Reich fanden, die ausgerechnet *Roosevelt* als Bundesgenossen gegen *Hitler* ausersahen, muß logischerweise ihr Haß gegenüber dem Nationalsozialismus *Roosevelts* Haß gegenüber *Deutschland* übertroffen haben. So hoch stellten diese Kreise innerpolitischen Dissens über unveräußerliche deutsche Interessen! Dabei hatten sich viele von ihnen eingeredet, sie trügen die schwarz-weiß-rote Fahne in ihrem Herzen.

Mit Hilfe des emigrierten, bekannten Moskau-Korrespondenten des *Berliner Tageblatts, Paul Scheffer*, wollte 1940 *von Trott zu Solz*, der „Außenminister" der Verschwörung vom 20. Juli 1944, zu *Roosevelt* vordringen. *Roosevelt* weigerte sich, ihn zu empfangen, obwohl er über die deutsche Konspiration der Gruppe *Goerdeler* von *London* seit 1936 genauestens unterrichtet war, obwohl *von Trott* vorher in *Amerika* in geheimem Kreis Vorträge gehalten hatte. Das unterstreicht, daß *Roosevelts* antideutsche Einstellung nicht lediglich eine „Anti-Hitler-Haltung", sondern auch eine „Anti-Bismarck-Haltung" gewesen ist, schlicht die Verneinung eines starken europäischen Zentrums, was genau der *Churchill*'schen Auffassung entsprach. Rückblickend muß daher der Mißerfolg der gut getarnten Amerikareise des deutschen Diplomaten *von Trott* vom Historiker als wertvolle Probe auf's Exempel eingestuft werden.

Jedes Ding hat seine zwei Seiten, so auch einer der schwersten Verratsfälle des deutschen Widerstandes:

Am 22. Dezember 1937 traf ich als Begleitkurier nach *Tokio* zum ersten Mal in *Moskau* ein. Hier erwartete uns ein Botschaftssekretär, damals die rechte Hand des Botschafters *Graf von der Schulenburg*, nach dem Kriege Botschafter der Bundesrepublik Deutschland auf wichtigen Posten. Er hat uns in den wenigen Stunden unseres Aufenthalts die Stadt gezeigt.

40 Jahre später bekam ich das Buch von *Charles Bohlen „Witness to History"* in die Hand, das 1973 erschienen war. *Bohlen* war *Roosevelts* Dolmetscher für Russisch auf den Konferenzen mit *Stalin* in *Teheran* und *Yalta* gewesen und nach dem Kriege amerikanischer Botschafter in *Moskau.* [2]) Zu meiner Betroffenheit las ich in dem Kapitel *Ein Leck in der Nazi-Botschaft* („A Source in the Nazi Embassy"), daß dieser selbe Botschaftssekretär alle Internas seiner Behörde laufend ausgeplaudert hatte, als er auf *Bohlens* „Datscha" durch die Wälder ritt. Höhepunkt: Am 23. August bat er den Amerikaner zu sich ins Büro, während Außenminister *von Ribbentrop* noch in der ehemaligen Österreichischen Botschaft schlief. Er erläuterte ihm das in der vorangegangenen Nacht geschlossene Geheimabkommen zwischen *Ribbentrop* und *Molotow* über die Teilung *Polens* im Fall eines deutsch-polni-

---

[2]) Charles Bohlen „Witness to History 1929–69", New York 1973, W. W. Norton.

schen Krieges! Noch am gleichen Tag waren der amerikanische Außenminister *Hull, Roosevelt* und der britische Botschafter *Lord Lothian* unterrichtet. Dies ist ausführlich bei *Bohlen* zu lesen.

Daraufhin legte ich meinem ehemaligen Führer durch *Moskau* einen Fragebogen vor. Schon beim Überfliegen gab er offen zu, daß es sich um Hoch- und Landesverrat gehandelt habe, den er vor Botschafter *Graf Schulenburg* abgeschirmt hatte. Er war ursprünglich davon ausgegangen, über den Amerikaner die Engländer zu drängen, ihre Bündnisverhandlungen mit *Molotow*, die gleichzeitig mit den deutschen liefen, *vor* diesen abzuschließen, weil – nach seiner Ansicht – nur die totale Einkreisung *Hitler* vom Kriege abhalten würde.

Diese Aussage stimmt mit Oberst *Graf Gerhard von Schwerin* überein, der in *London* Mitte Juni 1939 im Auftrag der Verschwörer im Generalstab des Heeres wörtlich erklärt hatte: *„Der Führer könne nur durch eine überstarke Macht zum Rückzug gezwungen werden, daher sei ein englisch-russischer Pakt notwendig.“* Selbst in die Innenpolitik mischte er sich ein und schlug vor, *Churchill* in's britische Kabinett aufzunehmen! [3])

Bismarck war bestrebt, durch den Rückversicherungsvertrag mit *Rußland* die Einkreisung des Reiches zu vermeiden. Seine Epigonen taten das Gegenteil. Auch sie warfen Steine gegen deutsche Scheiben.

Ich fragte meinen ehemaligen Moskauer Kollegen: *„Wenn schon Verrat, warum haben Sie nicht dem polnischen Botschafter eröffnet, daß über Nacht die ganze Ostgrenze seines Landes aufgerissen worden sei?“* Er antwortete: *„Daran habe ich nicht gedacht.“* Ich fragte weiter: *„Wäre durch ein Telegramm dieses polnischen Botschafters Außenminister Beck in letzter Minute nicht doch noch zur Einsicht gekommen, nach Berlin zu fahren, um über das Autobahnangebot durch den Korridor zu sprechen? Wäre das für die Rettung des Friedens nicht besser gewesen als eine angelsächsisch-sowjetische Einkreisung?“*

Hier lag noch eine Chance. Genau so sahen es auch *Washington* und *London*, denn andernfalls hätten sie *Warschau gewarnt*. Gerade, daß sie dies *nicht* taten, obwohl sie so blendend unterrichtet waren, beweist ihre Absicht, *Polen* im Interesse der Herbeiführung des Krieges zu opfern! Auch ein Landesverrat kann, wie dieser Fall zeigt, für den Historiker klärend wirken! So nahm das Schicksal seinen Lauf. Die Verfolgung der deutschen Minderheit in *Polen* wurde immer vehementer. Sie wurden als Geiseln in polnischer Hand für die deutsche Führung zu einer überdimensionalen *Mogadischu-Situation*. Der Schwarze Peter war damit in *Hitlers* Hand geraten. [4])

Am 31. August 1939 mittags kabelte der britische Botschafter *Nevile Henderson* von *Berlin* nach *London:*

„Mein Botschaftsrat hat den Schweden Dahlerus, von der englischen und deutschen Regierung als neutraler Vermittler anerkannt, heute beim Polni-

---

[3]) „Foreign Office Documents“ No. 371/22964 v. 15. und 26. 6. 1939.
[4]) Der Wojewode von Ostoberschlesien, Grazynski, rief am 20. 8. 39 auf: „Schlagt die Deutschen nieder, wo ihr sie trefft.“

schen Botschafter Lipski eingeführt. Er las ihm die deutschen Vorschläge zur Lösung der Danzig- und Korridorfrage vor, die er als vernünftige und maßvolle Grundlage einer ehrenhaften Beilegung des Konflikts für beide Seiten bezeichnete und das in einem Augenblick, wo die Alternative nur ein W e l t k r i e g sein würde." *Dahlerus* bat um sofortige Verhandlungsaufnahme polnischerseits. Wörtlich fährt *Henderson* fort:

„Der Botschafter sagte meinem (britischen) *Botschaftsrat – während Dahlerus die deutschen Vorschläge in die Maschine diktierte – dieser Plan verletze die polnische Souveränität und er* (Lipski) *setze seinen Namen in der Überzeugung aufs Spiel, daß die deutsche Moral zusammenbrechen und das gegenwärtige Regime bald auseinanderbersten würde. Es wäre fatal, wenn Herr Beck nach Berlin käme. (!) Wir müßten um Gottes willen fest bleiben und eine geschlossene Front zeigen. Selbst wenn Polen von seinen Alliierten verlassen würde, wäre es bereit, allein zu kämpfen und zu sterben. Dieses Angebot sei eine Falle. Es sei auch ein Zeichen von deutscher Schwäche, was nur die Einschätzung der Lage durch den* (polnischen) *Botschafter erhärte."* *Rom* und *Warschau* erhielten gleichzeitig Kopie dieses für sich sprechenden Telegramms. [5])

Am 23. März 1939 war – nach der mündlichen englischen Garantiezusage – die polnische *Teil*-mobilisierung erklärt worden. Dadurch wuchs die polnische Armee um 334 000 Mann auf über die doppelte Stärke an. Jetzt, am 30. August, erfolgte die polnische *Generalmobilmachung. Polen* verkrampfte sich. Sein proklamiertes, vom Generalstab ausgearbeitetes Ziel war der *Marsch nach Berlin.*

---

5) „Documents on British Foreign Policy", Vol. VII, No. 597, London 1954, Telegramm No. 524 an London 31. 8. 39, 13.50 h.

DR. GEORG FRANZ-WILLING:

Die deutsche Opposition und der Kriegsausbruch

Die Geschichte berichtet vom Handeln und Versagen der Eliten. Von dieser Warte aus muß man feststellen, daß die deutsche Führungsschicht – Adel, Beamtentum, Offizierkorps und oberes Bürgertum – im Zwanzigsten Jahrhundert ihrer Aufgabe, das *Deutsche Volk und Reich* in nationaler Unabhängigkeit zu erhalten, nicht gerecht geworden ist; sie hat versagt. Diese überlieferte Führungsschicht wurde der Träger der Opposition gegen das Hitlerregime, dessen Entstehung eine Folge des Versagens eben der alten Elite war.

Der Verlust des *Ersten Weltkrieges* führte zum Zusammenbruch der monarchischen Staatsform. Ihre oben genannten Träger wurden teilweise verdrängt von der neuen Führungsschicht, den parlamentarischen Parteien und den Gewerkschaften. Das staatliche Leben konnte freilich nur weitergeführt werden von den Beamten und Offizieren, die von den gestürzten Fürsten und Monarchen ihres Eides entbunden waren.

Die alte, konservative Elite konnte daher ihre Machtpositionen teilweise behaupten. Die Reibungen zwischen ihr und den neuen Herrschaftskräften der Parteien und Gewerkschaften trugen erheblich dazu bei, die *Parlamentarische Demokratie* frühzeitig funktionsunfähig zu machen. Die auf der parlamentarischen Demokratie beruhende Vielparteienherrschaft endete bereits nach zehnjährigem Bestehen im März 1930 mit dem Rücktritt der letzten parlamentarischen Reichsregierung unter dem sozialdemokratischen Reichskanzler *Hermann Müller-Franken.* Die nachfolgende *Regierung Brüning* verwaltete die Restsubstanz der *Weimarer Republik* mit Duldung des Reichstags, gestützt auf das Vertrauen des Reichspräsidenten durch Notverordnungen. Die autoritäre Herrschaft in *Deutschland* begann also bereits im Frühjahr 1930. Die Parlamentarische Demokratie brach endgültig im Sommer 1932 zusammen, als in den Reichstagswahlen die beiden antiparlamentarischen Flügelparteien, die *Nationalsozialisten* und die *Kommunisten,* die Mehrheit erzielten.

Da die parlamentarischen Regierungen versagt hatten, setzte sich die autoritäre Regierungsweise mit Fachministern möglichst ohne parteipolitische Bindung mehr und mehr seit *Brüning* durch. So war das Kabinett des Reichskanzlers *Franz von Papen* weitgehend eine Regierung sachkundiger Fachmänner, teils ohne jegliche parteipolitische Bindung, teilweise der deutschnationalen Partei nahestehend, der Nachfolgerin der ehemaligen konservativen Partei. Aber die *Regierung Papen* war auch ein Kabinett der Barone, wie es von der Linken und auch von den Nationalsozialisten beschimpft wurde. Mit den autoritären Regierungen *Papen* und *Schleicher* schien wieder die geschichtliche Stunde der alten konservativen Führungsschicht gekommen. Da sie aber keine Stütze in den breiten Volksmassen hatte, mußte sie versuchen, sich auf die revolutionäre Massenbewegung *Hitlers* zu stützen. Der *Reichspräsident Hindenburg* selbst war als Verkörperung des preußischen Soldatentums und Hüter der monarchischen Überlieferung Kristallisationskern der konservativen Kräfte. Der Widerstand gegen eine Regierungsübernahme durch *Hitler* und seine Partei ging in erster Linie von ihm und den um ihn gesammelten konservativen Kräften aus. Die Ernennung *Hitlers* zum *Reichskanzler* erfolgte schließlich unter der Voraussetzung, daß der „*Trommler*" und Führer der revolutionären Kräfte der Rechten eingerahmt wurde von konservativen Fachleuten, Vertrauensmännern des Reichspräsidenten. So kam es, daß außer *Hitler* nur zwei Nationalsozialisten Aufnahme in die neue Reichsregierung fanden: *Frick* als Reichsinnenminister, *Göring* als Reichsminister ohne Geschäftsbereich und Reichskommissar für Luftfahrt. Die Meinung der Konservativen, die parteimäßig ihren Mittelpunkt in der *DNVP* hatten, den Demagogen *Hitler* durch die Einkreisung mittels sachkundiger Fachmänner in Schach halten zu können, erwies sich rasch als verfehlt. Sie wurden alle von ihm überspielt.

Die von der Hitlerbewegung ausgehende revolutionäre Dynamik schuf durch den Glauben an den nationalen Wiederaufstieg und das Vertrauen, das sie der Regierung verschaffte, die psychologischen Grundlagen für die erfolgreiche Lösung der Wirtschaftskrise und die innenpolitische Einigung des Volkes. Ein entscheidender Wendepunkt wurde das Jahr 1934 mit der blutigen Entmachtung der SA, der revolutionären Armee *Hitlers,* und dem Tode des Reichspräsidenten *Hindenburg. Hitler* hatte sich mit der Reichswehr gegen seine eigene Revolutionstruppe verbündet, von der revolutionären Warte aus gesehen ein tödlicher Fehler. Dieser Versuch eines Bündnisses mit der konservativen Reichswehrführung wurde ihm und seiner Sache zum Verhängnis.

Der Tod des Reichspräsidenten wenige Wochen nach der Entmachtung der SA ermöglichte es *Hitler*, Staatsoberhaupt und Oberbefehlshaber der Wehrmacht zu werden. Gerade in dieser Stellung formierte sich gegen ihn der Hauptwiderstand der konservativen Generalität und der Abwehr. [1])

Der Kampf um die Beseitigung der Massen-Arbeitslosigkeit, um den wirtschaftlichen Wiederaufbau und das Ringen um die Überwindung der Klassenspaltung des Volkes führte in den nächsten Jahren zu einer Konzentration aller Kräfte auf die genannten innenpolitischen Aufgaben und ließ die Spannungen zwischen den reaktionären und den revolutionären Kräften zunächst noch nicht zutage treten.

Institutionelle Träger des konservativen Widerstandes wurden vor allem das *Auswärtige Amt* und der *Generalstab*; eine besonders makabre Rolle spielte die *Abwehr* als Unterschlupf für regimefeindliche Personen. Auch der kirchliche Widerstand, vor allem von seiten der *Bekennenden Kirche*, darf

---

[1]) Vgl. dazu: Hans Rothfels: Die deutsche Opposition gegen Hitler, 1949; Fabian von Schlabrendorff: Offiziere gegen Hitler, Zürich 1946.

nicht übersehen werden. Führende Persönlichkeiten des Widerstandes in den Vorkriegsjahren waren die beiden Generalstabschefs *Ludwig Beck* [2]) und *Franz Halder* sowie General *von Witzleben*, ferner der Leiter der Abwehr *Admiral Wilhelm Canaris* [3]) und sein Stellvertreter *Hans Oster*. Das zivile Oberhaupt war der ehemalige Leipziger Oberbürgermeister und Reichskommissar (bis 1937) *Karl Goerdeler*. [4]) Im AA war die maßgebliche oppositionelle Persönlichkeiten der Staatssekretär *Ernst von Weizsäcker;* seine zwei engsten Mitarbeiter bei der Sabotage der Hitlerschen Außenpolitik waren die beiden Brüder *Kordt*. [5]) Auch der Botschafter *Ulrich von Hassell* und andere Diplomaten zählten zum Widerstand. [6])

Erst die Aufrüstung und die damit verbundene Aktivierung der Außenpolitik veranlaßte die oppositionellen Kräfte, gegen *Hitler* auf konspirativem Wege tätig zu werden. [7]) Ihr Grundgedanke war folgender:

Die Außenpolitik dieses hasardierenden Abenteurers führt zu einem neuen Weltkrieg gegen *Deutschland*. Um das zu verhindern, müssen wir *Hitler* und das NS-Regime beseitigen. Dazu brauchen wir die Hilfe *Englands*. Der von *Hitler* provozierte Krieg kann nur durch eine rechtzeitige britisch-französische Kriegserklärung verhindert werden. Sie ist die unerläßliche Voraussetzung für den Sturz des Diktators. Mit anderen Worten: die Opposition suchte die Auslösung eines Weltkrieges durch *Hitler* dadurch zu verhindern, daß sie das *Britische Weltreich* zum Krieg gegen das *Deutsche Reich* veranlaßte!

Staatssekretär *Weizsäcker* und die hinter ihm stehenden Mitarbeiter im *Auswärtigen Amt* huldigten der törichten Anschauung, daß für die angelsächsischen Weltmächte eine Verständigung mit *Hitler* nicht möglich sei, dagegen aber eine solche mit der konservativen Opposition gegen *Hitler*. Sie waren des Glaubens, daß die alte konservative Oberschicht *Englands* sich mit der konservativen Oberschicht *Deutschlands* solidarisch betrachten und mit ihr zusammenarbeiten würde. Dieser tragische Irrtum, aus der *Anglomanie* geboren und zum außenpolitischen Irrsinn gesteigert, machte die bürokratischen Leiter des AA blind für die Tatsache, daß der Wiederaufstieg *Deutschlands* zur führenden Macht des Festlandes gegen den Leitgedanken der britischen Außenpolitik ebenso verstieß wie gegen den *Frankreichs* und beide Westmächte geradezu in einen Vernichtungskrieg gegen das Reich trieb. [8])

---

[2]) W. Foerster: Generaloberst Ludwig Beck, 1953; Wilhelm Ritter von Schramm: Beck und Goerdeler. Gemeinschaftsdokumente für den Frieden, 1965.

[3]) K. H. Abshagen: Canaris, Stuttgart 1949; Jan Colvin: Masterspy, London 1951; Walter Hagen: Die geheime Front, Stuttgart 1950.

[4]) Gerhard Ritter: Carl Goerdeler und die deutsche Widerstandsbewegung, Stuttgart 1954.

[5]) Erich Kordt: Wahn und Wirklichkeit, Stuttgart 1947; ferner: Nicht aus den Akten . . ., Stuttgart 1950.

[6]) Ulrich von Hassell: Vom anderen Deutschland, Zürich 1946.

[7]) Peter Hoffmann: Widerstand, Staatsstreich, Attentat. Der Kampf der Opposition gegen Hitler, München 1969, S. 55 ff., 69 ff. – Annelies von Ribbentrop: Kriegsschuld des Widerstandes. Aus britischen Geheimdokumenten 1938/39, Leoni 1974, passim. – Friedrich Hoßbach: Zwischen Wehrmacht und Hitler 1934–1938, Wolfenbüttel 1949, passim.

[8]) Dazu u. a. Fritz Hesse: Das Vorspiel zum Kriege. Leoni 1979, S. 210 ff. Karl Otto Braun: Kriegsschuld des Widerstandes, in: Verrat und Widerstand im Dritten Reich, Coburg 1978, S. 13 ff.

Triebkraft für dieses Denken und Handeln war nicht nur die Sorge vor einem Krieg, sondern ebenso der Haß gegen den erfolgreichen Emporkömmling, Dünkel und gekränkter Ehrgeiz, und der Neid auf die unerwarteten Erfolge der Regierung *Hitler*.

Goerdeler nahm bereits im Jahre 1937 die Fühlung mit führenden Persönlichkeiten der britischen Oberschicht auf, sowohl der Regierung wie der britischen Opposition. Enge Kontakte pflegten die Widerständler auch zur britischen Botschaft in *Berlin*, die vom deutschen *Generalstab* mit Nachrichten über laufende geheime Planungen versorgt wurde.

Der einzige Versuch der Opposition, *Hitler* aus eigener Kraft zu stürzen, war ein vom *Generalstabschef Halder* und General *Witzleben* vorgesehener Staatsstreich im September 1938 mit dem Ziel, *Hitler* zu verhaften. Er kam nicht zur Durchführung infolge der unerwarteten Besuche des britischen Premierministers *Chamberlain* in *Berchtesgaden* und *Godesberg* und der erfolgreichen diplomatischen Lösung der *Sudetenkrise* durch die *Münchner Konferenz*.

Von diesem Zeitpunkt an sah die Opposition die einzige Möglichkeit zum Sturz des NS-Regimes in einer Kriegserklärung der Westmächte an *Deutschland*. Die Taktik der Opposition zielte deshalb darauf hin, die britische Führung zu einer unnachgiebigen Haltung gegenüber *Hitler* zu bewegen, sie auch durch gezielte Falschmeldungen und entstellte Nachrichten über angebliche Absichten der Reichsregierung in Richtung auf einen Krieg in die entsprechende Panikstimmung zu versetzen und sie durch das Versprechen des Sturzes *Hitlers* zu einer Kriegserklärung zu veranlassen.

Ein Zentrum der Verschwörung gegen die Außenpolitik *Hitlers* und *Ribbentrops* wurde die deutsche Botschaft in *London*. Dort wirkte als Botschaftsrat *Theo Kordt*, sekundiert von seinem im AA tätigen Bruder *Dr. Erich Kordt*. Die beiden *Kordts* pflegten regelmäßige Kontakte zu *Sir Robert Vansittart*, einem der schlimmsten Deutschenhasser, wie *Erich Kordt* selbst feststellte. Zum britischen Premierminister *Chamberlain* wurde über dessen Sekretär *Sir Horace Wilson* Fühlung gehalten. Auch mit dem britischen Außenminister *Lord Halifax* wurden Gespräche geführt. [9])

Bei den Kontakten des deutschen *Generalstabs* zur britischen Botschaft in *Berlin* und zur Regierung in *London* spielte der Journalist *Jan Colvin* eine wichtige Zwischenträgerrolle. Er lernte beispielsweise als Mitglied des exklusiven *Kasino-Klubs* in *Berlin* den Gutsbesitzer und monarchisch-konservativen Politiker *Ewald von Kleist-Schmenzin* kennen, Major im Generalstab. Dieser ersuchte ihn im Frühjahr 1938, unmittelbar nach dem Anschluß *Österreichs*, die britische Regierung vor *Hitlers* Welteroberungsplänen zu warnen. *Hitler* werde mit *Österreich* nicht zufrieden sein, er strebe vielmehr die Weltherrschaft an: *„wohl sei er wahnsinnig, aber im Vollbesitz seiner geistigen Kräfte"!* [10]) *Kleist-Schmenzin* galt in britischen Augen als Vertreter der gemäßigten Rechten im Generalstab, in dessen Auftrag er im

---

[9]) Ribbentrop, Kriegsschuld, S. 105 ff., 125 ff.
[10]) Hoffmann, a.a.O., S. 82 ff.

August 1938 nach *London* reiste, mit Wissen von General *Beck* und der Leitung der Abwehr, Admiral *Canaris* und Oberst *Oster*. General *Beck* umriß die Mission *Kleists* mit folgenden Worten: „*Bringen Sie mir den sicheren Beweis, daß England kämpfen wird, wenn die Tschechoslowakei angegriffen wird, und ich will diesem Regime ein Ende bereiten.*"[11]) *Kleist* führte in *London* Gespräche mit *Churchill*, *Vansittart* und *Lord Lloyd*.

Auch der Abteilungsleiter Fremde Heere West im Generalstab, der damalige Oberstleutnant und spätere General Graf *Schwerin*, in der *Bundesrepublik Deutschland* militärischer Berater *Adenauers*, verhandelte im Auftrag der Verschwörer in *London*. So wurde die britische Regierung unmittelbar aus dem deutschen Generalstab über die neuesten geheimen Planungen unterrichtet. [12])

Zu den falschen Vorstellungen, die die Widerständler im Ausland erzeugten, gehörte die Meinung, die Wehrmacht im besonderen und das deutsche Volk im allgemeinen befänden sich physisch und moralisch in einem so schlechten Zustand, daß *Deutschland* zu einem Krieg gar nicht fähig sei. So berichtet der *Nuntius Valeri* in *Paris* über ein Gespräch mit dem Generalsekretär des französischen Außenministeriums, *Leger*, am 21. Juni 1939. *Leger* vertrat die Ansicht, die Lage *Deutschlands* werde „*immer kritischer und auch vom physischen Standpunkt aus gesehen, wachse eine schlecht ernährte und kränkliche Generation heran. Um mit Herrn Leger zu sprechen: wenn ein Krieg ausbreche, werde Deutschland nicht über ... die Mobilmachung hinauskommen. Er sei dessen ganz sicher. Das deutsche Volk werde von einer Revolte nur noch abgehalten durch die Furcht vor der Wehrmacht.*" [13]) Ähnlich wie der Generalsekretär des französischen Außenministeriums äußerte sich auch der französische Generalissimus *Gamelin*: [14])

„*... ob die Wehrmacht über zehn, zwanzig oder hundert Divisionen verfügt, ist ziemlich gleichgültig, denn wenn wir zu einem Krieg gegen Deutschland gezwungen sind, werde ich es vermutlich niemals mit der deutschen Armee zu tun bekommen.*" Er begründete diese Auffassung wie folgt:

„*... an dem Tage, an dem Deutschland der Krieg erklärt wird, wird Hitler stürzen. Anstatt die Grenzen des Reiches zu verteidigen, wird die deutsche Armee nach Berlin marschieren müssen, um die Unruhen, die dort ausbrechen werden, niederzuschlagen. Die im Westwall stehenden Truppen werden nur geringen Widerstand leisten. Wir werden in das Deutsche Reich hineinstoßen wie in Butter.*" Doch rührten sich die Franzosen nach ihrer Kriegserklärung so wenig vom Fleck wie die Briten, in Erwartung des Umsturzes in *Deutschland* und der Ermordung *Hitlers*.

Staatssekretär *Weizsäcker* „*unterrichtete mich*", so schreibt der Danziger Völkerbundskommissar *Burckhardt*, „*über alle Schritte, die er bis jetzt in*

---

[11]) Ebda, S. 83.

[12]) Ribbentrop, Kriegsschuld, S. 222, 271, 297 ff., Hoffmann, a.a.O., S. 418.

[13]) Alberto Giovanetti: Der Vatikan und der Krieg, Köln 1961, S. 63.

[14]) Maurice Gamelin: Servir, Bd. 1, Paris 1946, S. 23—45; Jaques Benoist-Méchin: Wollte Adolf Hitler den Krieg 1939?, Preußisch-Oldendorf 1971, S. 347.

London unternommen hatte, um Hitlers wahre Absichten deutlich zu machen. Es handelte sich durchaus um Konspiration mit dem potentiellen Gegner zum Zwecke der Friedenssicherung, ein doppeltes Spiel von äußerster Gefährlichkeit ... Weizsäcker sprach damals mit der Offenheit eines Verzweifelten," berichtet der Schweizer Diplomat weiter, *„der alles auf eine Karte setzt. Er erwähnte die geheime Mission, die der Bruder Dr. Erich Kordts, sein engster Vertrauter im Amt, Theo Kordt, bei Chamberlain und Halifax übernommen hatte."* Der Staatssekretär vertrat 1938 gegenüber dem Schweizer *Burckhardt* die Ansicht, *„daß Hitler beseitigt werden müsse. Er war sich darüber mit dem Leiter der Abwehr, Admiral Canaris, einig."* [15])

Die Verräter im AA unter Leitung des Staatssekretärs betrieben ihr heimtückisches Spiel auch in Gestalt von falscher oder mangelnder Unterrichtung des Außenministers und des Staatschefs. So berichtet *Gustav Hilger*, Botschaftsrat an der deutschen Botschaft in *Moskau*, über eine Aussprache *Hitlers* und *Ribbentrops* mit Botschafter *Schulenburg* im Mai 1939, an der *Hilger* teilnahm: *Hitler* und *Ribbentrop* hatten keine Kenntnis von *Stalins* Rede auf dem Parteitag der KP am 10. März, in der der russische Diktator seine Bereitschaft zu einer Änderung der Beziehungen zu *Deutschland* angedeutet hatte, obwohl die deutsche Botschaft in *Moskau* darüber einen ausführlichen Bericht an das AA geschickt hatte. Dieser Bericht war also dem Außenminister und *Hitler* vorenthalten worden, trotz, vielmehr wegen seiner Bedeutung. [16])

Der deutsche Militär-Attaché in *Washington*, General *Friedrich von Boetticher*, teilt in seinen unveröffentlichten Erinnerungen folgendes merkwürdiges Erlebnis mit: Als er im Februar 1939 dem AA einen Besuch abstattete, wurde er von einem hohen Beamten gebeten, nach seiner Rückkehr nach *Washington „alsbald dienstlich zu berichten, daß die USA im Falle eines Krieges sofort in den Krieg eintreten und ihre gewaltigen militärischen Kräfte gegen Deutschland einsetzen würden"*. *Boetticher* wies das Ansinnen mit dem Bemerken zurück, er könne einen solchen Bericht nicht liefern, weil die USA zwei Jahre bräuchten, um ihre Rüstung soweit zu treiben, daß sie in einen großen Krieg eintreten könnten. Auf seine Frage, warum er einen solchen Bericht schicken solle, erhielt er eine ausweichende Antwort. — Staatssekretär *Weizsäcker* bemühte sich auch, den Abschluß des Paktes mit *Sowjetrußland* zu verhindern und die Außenpolitik *Hitlers* und *Ribbentrops* durch Warnungen und Verzögerungen zu sabotieren. [17])

Welch' fatale Wirkung die Tätigkeit der Opposition auf den Entschluß der polnischen Regierung zum Krieg ausübte, dafür liefert der schwedische Mittelsmann *Görings*, *Birger Dahlerus*, der zwischen *London* und *Berlin* in den letzten Augusttagen hin und her pendelte, um einen Kompromiß auszuhandeln, einen überzeugenden Beweis. *Dahlerus* berichtet in seinem Buch *„Der*

---

[15]) Carl Jakob Burckhardt: Meine Danziger Mission 1937—1939, München 1960, S. 181 f.; Ernst von Weizsäcker: Erinnerungen, Freiburg 1950, S. 176.

[16]) Gustav Hilger: Wir und der Kreml, Frankfurt/Main 1955, S. 280.

[17]) Hoffmann, a.a.O., S. 141.

letzte Versuch", [18]) der britische Botschaftsrat in *Berlin, Forbes,* habe ihm in der Nacht vom 30. auf 31. August 1939 folgendes Gespräch zwischen ihm (*Forbes*) und dem polnischen Botschafter in Berlin, *Lipski* erzählt: Der Pole habe ihm erklärt, für Verhandlungsangebote von deutscher Seite habe er kein Interesse. Es handelte sich um *Hitlers* Sechzehn Punkte-Verhandlungsangebot. Er, *Lipski, „kenne die Lage in Deutschland nach seiner fünfeinhalbjährigen Tätigkeit als Botschafter gut und habe intime Verbindung mit Göring und anderen aus den maßgebenden Kreisen; Lipski erklärte, davon überzeugt zu sein, daß im Fall eines Krieges Unruhen in Deutschland ausbrechen und die polnischen Truppen erfolgreich gegen Berlin marschieren würden."*

Das Telegramm der polnischen Regierung an ihren *Berliner* Botschafter vom 31. August, das von *Görings* Forschungsamt abgefangen wurde, bestätigte die obige Äußerung *Lipskis,* daß die polnische Regierung kein Interesse an Verhandlungen hatte. Das Telegramm enthielt folgende geheime Mitteilung für den polnischen Botschafter in *Berlin*:

„Lassen Sie sich unter keinen Umständen in sachliche Diskussionen ein; wenn die Reichsregierung mündliche oder schriftliche Vorschläge macht, müssen Sie erklären, daß Sie keinerlei Vollmacht haben, solche Vorschläge entgegenzunehmen oder zu diskutieren . . ."

Vergleicht man die oben zitierte Äußerung *Lipskis* gegenüber dem britischen Botschaftsrat *Forbes* und die geheime Weisung in dem wenige Stunden später an den polnischen Botschafter in *Berlin* von der *Warschauer Regierung* gesandten Telegramm, so wird klar, daß *Warschau* den Krieg bewußt provozierte. Bereits am 29. August hatte die polnische Regierung auch die Generalmobilmachung verfügt, als Antwort auf den Sechzehn-Punkte-Vorschlag *Hitlers.*

Aufgrund dieser Sachlage besteht nicht der geringste Zweifel, daß die polnische Regierung in der von den Widerständlern erzeugten Hoffnung auf eine Revolution in *Deutschland* und den Sturz *Hitlers* durch eine Kriegserklärung in voller Absicht die Kriegslawine ins Rollen brachte, im Einverständnis mit der britischen Regierung. Die polnische Generalmobilmachung vom 29. August 1939 als Antwort auf *Hitlers* Verhandlungsvorschlag war die praktische Kriegserklärung. Unter welch' verhängnisvollen Wahnvorstellungen die polnischen Militärs in den Kampf gingen, geht u. a. aus der unglaublichen Tatsache hervor, daß polnische Kavallerie-Verbände mit eingelegter Lanze Attacke gegen vorrollende deutsche Panzer ritten in der Überzeugung, das seien jene Papp-Attrappen, mit denen in der Verbotszeit die Reichswehr geübt hatte.

Die fatale Fehleinschätzung des Willens *Hitlers* zum Kampf und der Kriegsfähigkeit *Deutschlands* in *Warschau, London* und *Paris* ist die eindeutige und unleugbare Folge der von der Opposition seit 1938 im Ausland erzeugten und verbreiteten falschen Vorstellungen.

---

[18]) München 1948, S. 110 f.

Die daran geknüpften Hoffnungen erfüllten sich nicht: es brach keine Revolution in *Deutschland* aus, *Hitler* wurde nicht gestürzt, die „Opposition" hielt ihr Versprechen nicht ein. Das gescheiterte Bombenattentat vom 8. November 1939 in *München* war nicht das Werk der „Opposition", sondern einer von England aus finanzierten Untergrund-Gruppe. [19])

Da die Widerständler ihr Wort nicht einlösten, verloren sie gegenüber ihrem britischen Gesprächspartner das Gesicht, die britische Regierung zeigte nicht mehr das geringste Interesse an ihnen. Nach dem Polenfeldzug arbeitete eine „Aktionsgruppe" des Generalstabs in *Zossen* noch eine Denkschrift zur Vorbereitung eines Staatsstreichs aus, die nur teilweise erhalten blieb. [20]) Zur Tat schritt die Opposition erst fünf Jahre später, fünf Jahre zu spät.

In seinem letzten Gespräch, das Botschaftsrat *Theo Kordt* mit *Vansittart* am 31. August 1939 führte, sagte dieser:

„England wird diesen Krieg bis zum Äußersten durchfechten, und wie Samson in der Bibel werden wir die Säulen des Palastes einreißen und alles darunter begraben." [21]) In seinem letzten Brief an *Vansittart* aus der *Schweiz* vom 16. Februar 1940 schrieb *Theo Kordt* unter Bezugnahme auf obige Äußerung *Vansittarts* ihm gegenüber: [22])

„Ich denke zu hoch von britischer Staatskunst und von der Friedensmission des Britischen Empire, als daß ich seinen Staatsmännern die — meinetwegen heroische — Narrheit Samsons zutrauen möchte."

Für die „Höhe" der britischen Staatskunst im Zweiten Weltkrieg seien zwei Zeugnisse angeführt: der schwedische Bankier *Wallenberg* erklärte im Frühjahr 1945: *„Die Alliierten sind in der deutschen Frage blind vor Haß und taub für alle vernünftigen Gründe."* [23]) Das bestätigte der britische Kriegspremierminister *Churchill* mit der Äußerung, man habe das falsche Schwein geschlachtet.

Die konservative Führungsschicht hat auch in ihrem Widerstand gegen die Diktatur *Hitlers* versagt, so wie sie vor 1914, 1918 und 1933 versagt hatte. Ihren „Widerstand" baute sie auf der Wahnvorstellung einer Übereinstimmung mit der alten Führungsschicht *Englands* auf, und so scheiterte sie ebenfalls an der englischen Krankheit, wie *Hitler*, aus ganz anderen Vorstellungen. *Churchill* bezeichnete 1944 auf die Kunde von dem gescheiterten Attentat die Vorgänge in *Deutschland* als „innere Krankheit". Er begriff nicht, daß *England* an der gleichen Krankheit litt — und gleichzeitig mit *Deutschland* daran zugrundegehen mußte, nämlich am Versagen der alten Führungsschicht, deren führender Repräsentant er selber war.

---

[19]) Hans Grimm: „Warum, Woher, aber Wohin?" 1954, S. 197 ff.
[20]) Kordt, Nicht aus aus den Akten, S. 356 ff.
[21]) Ebda, S. 338.
[22]) Ebda, S. 380 ff.
[23]) Hesse, a.a.O., S. 319.

HEINRICH HÄRTLE:

Die psychologische Kriegführung gegen Deutschland

Es hat nie eine philosophische oder theologische Ethik gegeben, die nicht die Wahrhaftigkeit als grundlegenden Wert gefordert hätte. Und es wäre umgekehrt keine Ethik als solche denkbar, die nicht die Verlogenheit als schwerwiegende Verletzung des Sittengesetzes verurteilen würde.

Natürlich sind die Grenzen zwischen Wahrheit und Lüge im privaten und öffentlichen Leben oft fließend. Die kleine Lüge, die sog. Notlüge, ist auch bei den berühmtesten Sittenlehrern kein Problem. Doch die absichtliche, bewußte Verlogenheit ist mit einer ethisch hochstehenden Persönlichkeit unvereinbar. Und dies gilt nicht nur für Privatmenschen, sondern auch für jene Männer, die für Volk und Staat öffentliche Verantwortung tragen. In den Beziehungen zwischen den Staaten war zwar immer noch mehr Unwahrhaftigkeit anzutreffen als im Einzelleben, und manche identifizieren sogar die Diplomatie mit Fälschung und Verlogenheit. Doch dies ist eigentlich eine oberflächliche Auffassung. Grundsätzlich und auf die Dauer kann ein gesundes Verhältnis zwischen Staaten und Völkern nicht auf Lügen gegründet werden.

Hier gilt immer noch das Urteil *Bismarcks*, eines der größten Diplomaten aller Zeiten, daß auf lange Sicht Wahrhaftigkeit die erfolgreichste Diplomatie sei.

Der berühmteste Moralphilosoph der europäischen Geistesgeschichte, *Immanuel Kant*, hat eine Abhandlung geschrieben über die Frage, ob man aus humanitären Gründen lügen dürfe und hat diese Frage entschieden verneint und eine solche scheinbar menschlich begründete Lüge als sittlich verderblich verurteilt.

Sein Antipode *Nietzsche*, der manchmal über Wahrheit und Lüge sophistisch widersprüchlich philosophiert, kommt schließlich doch zur Feststellung, die Leidenschaft für die Wahrheit sei die höchste, und der Dienst an der Wahrheit der härteste. Nur die Dekadenten hätten das Lügen nötig.

Er vertieft dieses Problem in seiner Vorhersage des Zeitalters der Weltkriege: „*Wenn die Wahrheit mit der Lüge von Jahrtausenden in Kampf tritt, werden wir Erschütterungen haben, einen Krampf von Erdbeben, eine Versetzung von Berg und Tal, wie dergleichen nie geträumt worden ist ... alle Machtgebilde der alten Gesellschaft sind in die Luft gesprengt, sie ruhen allesamt auf der Lüge: es wird Kriege geben, wie es noch keine auf Erden gegeben hat.*“

Auch die beiden größten Philosophen unserer Zeit, *Martin Heidegger* und *Nicolai Hartmann*, betrachten die Wahrhaftigkeit als einen Hochwert europäischer Kultur. *Heidegger* in seiner tiefschürfenden Abhandlung: *„Vom Wesen der Wahrheit“*, die 1943 erschienen ist. Wahrhaftigkeit erscheint ihm als die Grundlage des menschlichen Verhältnisses zu Sein und Sitte. Und auf einem Höhepunkt seiner *„Ethik“*, die er 1935 neu veröffentlicht hat, erklärt *Nicolai Hartmann: „Die Wahrhaftigkeit ist ein ewiges Ideal sittlichen Lebens.“*

Es ist unschwer nachzuweisen, daß dieses Ideal besonders in der Geschichte des Krieges kaum erreicht und oft auch nicht erstrebt worden ist. Galt die politische und militärische Lüge bisher als ein sozusagen notwendiges Übel, dann ist unsere Zeit ethisch so tief gesunken, daß man die Verlogenheit in der Kriegführung nicht nur zugibt, sondern ausdrücklich rechtfertigt. *Nietzsches* Prophezeiung, daß wir in eine Epoche von Kriegen in bisher nie gekannten Ausmaßen geraten werden – und zwar als Kriege zwischen Wahrheit und Lüge – wurde damit unheimlich bestätigt.

Kein deutsches, doch ein englisches Sprichwort behauptet: *„Beim Ausbruch des Krieges fällt als erstes Opfer die Wahrheit.“*

Wie nie zuvor wurde zu Beginn des Ersten Weltkrieges die Wahrheit geopfert und die Lüge als Waffe eingesetzt. *Ludendorff* berichtet, wie betroffen man auf deutscher Seite war, als dieses seelische Giftgas zu wirken begann.

Hitler gegen Lügen

Eine Voraussetzung des Erfolges dieser strategischen und taktischen Verlogenheit war es, zunächst die Glaubwürdigkeit des Gegners zu zerstören. Von der alliierten Agitation im Kriege bis zum *Nürnberger* Rachetribunal, bis zu den heutigen Massenmedien, ja bis in unsere Schulbücher wird die Fälschung verbreitet, Hitler habe sich schon in seinem Buche „Mein Kampf“ zur Lüge als Waffe bekannt. Alle seine Erklärungen müßten also von vornherein als unwahr betrachtet werden. Um von der eigenen Methode der grundsätzlichen Verlogenheit abzulenken, wurde diese dem deutschen Gegner zugeschoben. Wer die betreffende Stelle in „Mein Kampf“ [1]) nachliest, kann jedoch sofort erkennen, welche Verfälschung hier vorliegt. Der Parteiführer von 1925 bejaht nicht das Lügen, er wendet sich ausdrücklich gegen die Lügen in der marxistischen Agitation. Hitler wirft dem „Judentum und seiner marxistischen Kampforganisation“ ihre „bodenlose Verlogenheit“ vor. Denn sie verleumde General Ludendorff mit der Behauptung, er sei schuld an der Katastrophe von 1918.

Und *Hitler* schreibt: *„Man ging dabei von dem sehr richtigen Grundsatz aus“*, daß *„in der Größe der Lüge immer ein gewisser Faktor des Geglaubtwerdens“* liege; daß *„von der frechsten Lüge immer etwas übrig und hängen bleiben wird – eine Tatsache, die alle großen Lügenkünstler und Lü-*

---

[1]) S. 252–253.

genvereine dieser Welt nur zu genau kennen und deshalb auch niederträchtig zur Anwendung bringen."

Unbestreitbar richtet sich *Hitler* gegen die Verleumdung *Ludendorffs* und gegen die großen Lügenkünstler unter seinen Feinden, die die größten Lügen niederträchtig anwendeten. *Hitlers* schärfste Kritik an den marxistischen Lügenkünstlern wird umgefälscht in die Unterstellung, er habe sich zur Lüge als Mittel der Politik bekannt.

Selbstverständlich hat die deutsche Führung aus dem Lügenkrieg des Ersten Weltkrieges gelernt. Die wilhelminische Regierung aber war diesem völlig unvorbereitet erlegen, wie *Ludendorff* bestätigt. Im Zweiten Weltkrieg hat sich ein eigenes Propagandaministerium und seine Pressepolitik in Angriff und Abwehr mit der feindlichen Agitation auseinandergesetzt. Dennoch wurde den feindlichen Lügenfabriken nicht eine deutsche entgegengesetzt. Man handelte strategisch und taktisch nach dem Grundsatz, daß auf die Dauer — nach innen und außen — nur eine Propaganda positiv wirken kann, die auf Wahrheit beruht. Natürlich wurden auch auf deutscher Seite Tatsachen zwar nicht gefälscht, aber umgefärbt, einige Falschmeldungen verbreitet, Meldungen verstärkt oder abgeschwächt. Es wurde nicht krampfhaft ein verstiegener Wahrheitskult getrieben. Doch allgemein handelte man nach dem Prinzip, daß verlogene Propaganda auf die Dauer schlechte Propaganda sei.

Sündermann bezeugt

Es gibt keinen stärkeren Beweis für diese Tatsache als die Dokumente der deutschen Pressepolitik, die wir dem damaligen stellvertretenden Reichspressechef *Helmut Sündermann* verdanken. In seinem 1973 im Druffelverlag erschienenen Buche *„Tagesparolen"* hat *Sündermann* die deutschen Presseanweisungen von 1939 bis 1945 veröffentlicht. Auf der Feindseite gibt es keine einzige solche Dokumentation. Man könnte keine solche Veröffentlichung wagen, ohne selbst den Nachweis der Verlogenheit der Feindpresse zu liefern.

Sündermann wagte es, der Öffentlichkeit und der zeitgeschichtlichen Forschung eine solche Dokumentation vorzulegen, und er kann dies wagen, denn Seite für Seite wird darin bewiesen, daß die damalige deutsche Pressepolitik — auch in den schlimmsten Auswüchsen der psychologischen Kriegführung auf der Feindseite — grundsätzlich der Wahrheit verpflichtet blieb.

Doch sogar Gegner von *Dr. Goebbels* und prominente Vertreter der heutigen Massenmedien beweisen unfreiwillig, daß auf deutscher Seite gegen die alliierten Lügen mit der Wahrheit gekämpft wurde. Der Intendant des Süddeutschen Rundfunks, *Dr. Hans Bausch*, und sein Kollege *W. A. Boelke* [2]) haben die Protokolle der geheimen Konferenzen des Reichspropaganda-Ministers erstmals veröffentlicht. Auf den 557 Seiten dieser Protokolle sind

---

[2]) (Vgl. „Kriegspropaganda 1939–1941", 1966, Deutsche Verlags-Anstalt, Stuttgart).

nur wenige Fälle bewußter Fälschung feststellbar. *Goebbels* forderte: *„offiziell nur mit der Wahrheit zu arbeiten"*.

Es gab auf deutscher Seite keine systematische Lügen- und Greuelpropaganda wie auf der Feindseite. Die tatsächlichen Greuel im Bombenterror des Westens und besonders im Partisanenkrieg im Osten, die an der Front und in der Heimat bekannt wurden, bedurften keiner propagandistischen Übertreibung.

Die Feindmächte wollten zwar in *Nürnberg* von ihrem eigenen psychologischen Giftkrieg dadurch ablenken, daß sie den populärsten Repräsentanten der deutschen Propaganda als *„Kriegsverbrecher"* anklagten. Da *Dr. Goebbels* den Freitod gewählt hatte, wollten sie sich an *Hans Fritzsche*, den weltbekannten Rundfunk-Kommentator, halten. Mein Kamerad *Fritzsche* wurde aus der Stehzelle der *Moskauer Lubjanka* nach *Nürnberg* geholt, fast ein Jahr lang verhört und mit angeblichem Schuldmaterial konfrontiert. Das sensationelle Ergebnis war *Fritzsches* Freispruch in allen Anklagepunkten. Das war ein Freispruch des *Internationalen Rache-Tribunals* zugleich für die deutsche Propaganda. *Fritzsche* dagegen konnte 107 Falschmeldungen der Feindseite allein innerhalb von 8 Wochen nachweisen. Er durfte feststellen: *„Ich habe niemals Haß gegen Engländer, Franzosen, Amerikaner oder Russen gepredigt. Haß gegen Völker habe ich weder gepredigt noch indirekt zu erwecken versucht. Dies war mir sogar ausdrücklich verboten."*

Englisches Prinzip

Der englische Historiker *Arthur Ponsonby* hat die Kriegspropaganda im Ersten Weltkrieg wissenschaftlich untersucht, besonders die englische und amerikanische. Als Ergebnis stellt er in seinem Buche *„Falsehood in War-Time"* (1928) fest: *„In Kriegszeiten ist das Versäumnis zu lügen eine Nachlässigkeit, das Bezweifeln einer Lüge ein Vergehen und das Erklären der Wahrheit ein Verbrechen."* Als Modell für diese Erkenntnis diente ihm der Leiter der psychologischen Kriegführung im Ersten Weltkrieg, *Northcliffe*. Er hat als erster die Lüge und Fälschung systematisch eingesetzt, um die englische, französische und amerikanische Bevölkerung zum Deutschenhaß aufzustacheln. Mit 500 Beamten und 10 000 Gehilfen im *Londoner Grew House* überschwemmte er die Weltöffentlichkeit mit einer Sintflut von Lügen.

In *Paris* hat man im Riesenbau des *„Maison de la Presse"* eine ähnliche Giftküche eingerichtet. *Ponsonby* zitiert einen der Hauptmacher: *„Wir haben die Lüge zu einem wissenschaftlichen System ausgebaut, um ganze Nationen zu betrügen."*

In den *USA* hat ein berüchtigter Revolverjournalist und Günstling des Präsidenten *Wilson*, ein *George Creel*, mächtige Organisationen (besonders auch der Frauen und des *Roten Kreuzes*) eingesetzt, um *Northcliffe* noch zu übertreffen. Was *Bernard Baruch* als Diktator für die materielle Rüstung leistete, tat *Creel* für den seelischen Giftkrieg. Er nannte sein Haßprojekt selbst *„das größte und gewagteste Reklameunternehmen der Welt"*. *Creel* verfügte über 150 000 Mitarbeiter in 30 Staaten der Erde. Noch nach dem Kriege setzte er seinen Lügenfeldzug gegen die Deutschen fort und erklärte im Juni 1920: *„Es ist noch eine große Arbeit zu leisten unter der deutschen Bevölkerung, um die letzte Spur von Deutschtum wegzubrennen."*

Für die englischsprechende Welt stand im Mittelpunkt des Antigermanismus nicht irgendein bezahlter Hetzer, sondern *Sir Robert Vansittart*, neben *Churchill* einer der prominentesten Kriegspolitiker des Empire. Berüchtigt wurde sein Zögling *Sefton Delmer*, der unter dem jüdisch-englischen Propagandaminister *Doof Cupper* den Deutschenhaß skrupellos schürte. Er gestand ein: *„Alle unsere Lügen müssen wohl überlegte Lügen sein"*. Einen seiner Helfershelfer, den späteren Präsidenten des Verfassungsschutzes, *Otto John*, hat er mit den Worten in seine makabere Aufgabe eingewiesen: *„Ich muß Sie gleich darauf aufmerksam machen, daß wir jeden, auch den schmutzigsten Trick anwenden, der sich nur denken läßt: Jeder Griff ist erlaubt. Je übler, um so besser. Lügen, Betrug, alles."* [3])

Für den Ersten Weltkrieg hat auch *Hamilton Fyfe*, Leiter der Abteilung für *Deutschland* in der *Northcliffe*-Lügenfabrik, bestätigt: die *„englische Propaganda hat mit einer ebensogroßen Sorgfalt Lügen fabriziert, wie andere Abteilungen Munition."* Man kann auch sagen, wer lügt, hat's nötig!

Zweimal innerhalb einer Generation haben die *USA* unter *Wilson* und *Roosevelt* Krieg gegen *Deutschland* geführt. *Wilson* 1917 und *Roosevelt* 1941. Sie haben beidemale im entscheidenden Wendepunkt des Krieges den Kampf gegen *Deutschland* entschieden, ohne jemals vom *Reich* bedroht oder angegriffen worden zu sein. Diese Schuld von *Wilson* und *Roosevelt* ist so eindeutig, daß sie nur durch jene größten Lügenfeldzüge der Geschichte verdeckt werden konnte. Es scheint ein Gesetz zu sein, daß die Kriegspropaganda umso verlogener sein muß, je klarer die eigene Schuld feststeht.

Eroberung der USA

Der Antigermanismus hat im Ersten und Zweiten Weltkrieg mit nahezu gleichen Motiven und Argumenten agitiert. Nur haben Funk und Fernsehen die Wirkung seither ungeheuer verstärkt. Schon im Ersten Weltkrieg wurde der Film in den Dienst der Greuelhetze gestellt. Typisch dafür war die Rolle des Sittlichkeitsverbrechers *Charlie Chaplin*, der *Amerika* später wegen kommunistischer Umtriebe verlassen mußte. Sein Kriegsfilm *„Shoulder Arms"* ist eine infame Verhöhnung deutscher Soldaten. Nach amtlichen Schätzungen wurden jeden Abend etwa 5 Millionen Kinobesucher durch solche Lügenfilme aufgehetzt. Der US-Botschafter *James W. Gerard* schrieb die übelsten Drehbücher und erzeugte, wie die *„New York American"* v. 9. 3. 1918 berichtet, *„die tiefste Verachtung gegen die Hunnen und ihre Schandtaten"* und trieb die Amerikaner an *„zur Ausrottung des Kaisers und seiner Verbrecherbande"*.

Man trieb den Amerikanern den Wahnwitz wie einen Nagel in den Kopf, daß die Deutschen zwei Weltkriege verbrochen hätten, um die Welt zu erobern

---

[3]) S. Delmer. „Die Deutschen und Ich", Hamburg 1961, Nannen-Verlag, S. 590.
[4]) Northcliffe, London 1930.

und dazu den amerikanischen Kontinent unterwerfen wollten. Das hat *Roosevelt* sogar dem Kongreß mit gefälschten Plänen vorgelogen. Doch der gleiche Massenbetrug wurde bereits im Ersten Weltkrieg verübt. Der US-Agitationschef *Creel* behauptete in seinem antideutschen Buch *„The War, the World and Wilson"* *Asien* und *Afrika* *„lägen hilflos im Zugriff der Hunnen und schließlich fielen ihnen Rußland, England und Amerika als leichte Beute zu."* [5]) Und das wurde geglaubt: Von 1917 bis 1920 und von 1941–45 war *„German World Domination"*, *„Die deutsche Weltherrschaft"*, das Schreckgespenst, das unter *Wilson* und *Roosevelt* die Massen bis zum Wahnsinn schockte. In amtlichen *„War Information Series"* wurde noch 1918 gelogen, die Deutschen bereiteten den Angriff auf *Nord- und Südamerika* vor – und den Überfall auf *New York*. (Nr. 15)

Erst vor diesem wahnwitzigen Hintergrund konnte die Greuelpropaganda ihre satanische Wirkung erzielen. Sogar das amerikanische *Rote Kreuz* agitierte für Kriegsspenden mit der Parole: *„Spendet ... oder morgen werden die Deutschen in Manhatten sein."* Dieser Massenbetrug gab den psychologischen Boden ab für die Wirkung des *Lusitania*-Betrugs, der skrupellos dafür ausgenützt wurde, die *USA* in den Ersten Weltkrieg zu treiben.

Von allen Kanzeln wurde antideutsche Agitation getrieben. Der Pfarrer *Dr. Hillis* reiste kreuz und quer durch die *USA* und predigte mit der ausschweifenden Phantasie eines Sadisten über erfundene deutsche Greueltaten. Er illustrierte seinen Sermon mit derart grauenhaften Bildern, daß Frauen in Ohnmacht fielen und Männer in Raserei gerieten.

Der katholische Orden der *„Knights of Columbus"* agitierte schon im Ersten Weltkrieg von allen Kanzeln mit der Beschuldigung, das höchste Ziel der Deutschen sei es, den *„katholischen Glauben auszurotten"*. Darum sei es eine gottgefällige Tat *„mitzuwirken an der Vernichtung des Hunnenheeres"*.

Soldaten am Kreuz

Auf religiöse Gefühle spekulierte auch raffiniert die Greuelpropaganda mit von Deutschen gekreuzigten Menschen. Man variierte nur in der Person eines gekreuzigten Mädchens, eines amerikanischen Soldatens oder eines kanadischen Offiziers. Am 12. Mai 1915 wurde im englischen Unterhaus der Unterstaatssekretär im Kriegsministerium von einem Abgeordneten ernsthaft befragt: *„ob ihm bekannt sei, daß das Kreuzigen englischer Soldaten bei den Deutschen zum allgemeinen Brauch wird."*

Heute noch werden in illustrierten Magazinen, wie *„Mans Epic"*, massenhaft Bilder verbreitet, die deutsche Frauen als sadistische Bestien oder nichtdeutsche Frauen als Opfer deutscher Sadisten darstellen, beide jeweils mit dem Hakenkreuz gekennzeichnet. Eine widerliche aber wirksame Mischung von Porno und Greuelhetze!

Noch grauenhafter als angebliche deutsche Bestialitäten gegen Frauen wirken solche, die sie an Kindern begangen haben sollen. Auch darin gleicht sich die

---

[5]) S. 121 f.

psychologische Kriegführung des Ersten und Zweiten Weltkrieges. Alle alliierten Illustrierten brachten solche entsetzlichen Bilder, die dann *„Le Rive Rouge"* am 26. Juli 1916 dadurch noch überbot, daß sie zeigte, wie deutsche Soldaten die abgehackten Kinderhände auffressen. Das verstärkten im Zweiten Weltkrieg Bilder, die logen, daß deutsche Militärärzte ausländische Kinder schlachteten, um ihnen Blut abzuzapfen für deutsche Blutkonserven.

Menschenseife

Noch 1968 hatte der Vorsitzende der jüdischen Kultusgemeinde in *Bozen, Steinhaus,* behauptet, 50 Stück Seife aus dem Fett von KZ-Häftlingen entdeckt zu haben. Sowjet-Hauptankläger und *Katynmörder Rudenko* behauptete in *Nürnberg,* die Deutschen hätten, um Petroleum zu sparen, aus den Leichen der Vergasten nicht nur Seife, sondern auch Öle und Fette hergestellt. Der englische Ankläger *Sir Hartley Shawcross* ergänzte und behauptete am 27. Juli 1946, die Deutschen hätten *„sogar Leichen ihrer Opfer benutzt, um die Kriegsknappheit an Seife zu beheben."*

In *Nürnberg* wurde die Leichenfett- und Menschenseife erneut erfunden — und geglaubt. Man sollte die Wirkung solcher Lügen nicht unterschätzen. Die ehemalige israelische Ministerpräsidentin *Golda Meir* verbreitet ähnliche Greuellügen noch 1975 in ihrem Buch *„Mein Leben"*. [6])

Der Kaiser wurde 1914—18 zur negativen Symbolfigur für alle Greuellügen umgefälscht: das *„Ungeheuer"*, der *„Schlächter"*, der *„Judas"*, der *„Brandstifter"*. Überall wurde ein Bild verbreitet, wie der Kaiser auf einem Stock belgischen Kindern die Hände abhackt und sie anlockt mit dem Jesuswort: *„Lasset die Kleinen zu mir kommen"*. Noch nach dem Zweiten Weltkrieg verbreitete ein amerikanisches Magazin unserer Nato-Freunde ein Hetzbild, das *Rudolf Hess* zeigt, wie er einer wehrlosen Frau mit glühendem Eisen Hakenkreuze in die nackte Haut brennt.

Kollektiv-Schuld

1975 nahm ich an der *Washingtoner Konferenz* zum 30. Jahrestag des *Nürnberger Tribunals* teil. Dort hat der ehemalige amerikanische Hauptankläger, Brigadegeneral *Telford Taylor*, zugestanden, daß es prinzipiell und praktisch falsch gewesen sei, der *Nürnberger Anklage* den Strafrechtsbegriff der *„Conspiracy"*, der Verschwörung, zugrundezulegen. Diese *„Conspiracy"* war doch die Voraussetzung für die *Kollektivschuld-Anklage* und die *Kollektiv-Verurteilung* deutscher Organisationen.

Dieses Eingeständnis, 30 Jahre verspätet, ändert nichts an der Tatsache, daß der psychologische Krieg gegen *Deutschland* strategisch und taktisch auf die Kollektivschuld aller Deutschen gerichtet war. Dabei schreckte man nicht zurück vor übelsten zeitgeschichtlichen Fälschungen. Kennzeichnend dafür

---

[6]) S. 165.

und typisch ist das Machwerk von *Shirer: „The Rise and Fall of the Third Reich"*. Mit einer Riesenauflage von über 3 Millionen in mehreren Sprachen wird es auch in der *Bundesrepublik* verbreitet und sogar im Schulunterricht noch verwendet.

Dieser *Morgenthau*-Historiker *Shirer* hat schon während des Krieges hemmungslos gegen die Deutschen gehetzt unter der Kollektivschuld-Bezichtigung: *„They are all guilty, punish them!" („Sie sind alle schuldig, bestraft sie!"* [7]) „Look" 26. 1. 1943

Noch am 26. September 1967 — nicht etwa 1943 — wurde das Lügenwerk *Shirers* als Drehbuch einer Filmserie zugrundegelegt, die vom *Columbia Broadcasting System* unter Millionen in allen Erdteilen gezeigt wurde, gewissermaßen ein Vorläufer von *„Holocaust"*.

Diese bald brutalen und sadistischen, bald tölpelhaften und tumben *„Germans"* seien sich seit zweitausend Jahren gleich geblieben. Das hat *Vansittart* vorgelogen und wird von den *Shirer, Brickner* und *Nizer* nachgelogen. Zufällig tragen sie fast alle *un-amerikanische* Namen. Einer der Chef-Ideologen des Antigermanismus, *Brickner,* nennt sein Buch *„Is Germany incurable?" („Ist Deutschland unheilbar?")* eine Frage, die ihre Antwort bereits enthalten soll. Und sein Komplize *Winkler* nennt sein Machwerk: *„The Thousend Years Conspiracy"*: die *tausendjährige Verschwörung* der bösen Deutschen gegen die tugendsamen Nichtdeutschen. So wurde die *Nürnberger „Conspiracy"*-Anklage vorbereitet. Haupttendenz: *„Nazis"* gibt es, seit es Deutsche gibt. *Bismarck, Fichte, Jahn, Luther* waren nicht weniger *„nazistisch"* als der Stauferkaiser *Friedrich II.* oder *Friedrich der Große* oder *Karl der Große,* nicht weniger als *Hermann der Cherusker* und seine Vorläufer unter den Nibelungen, als *Hagen* und *Siegfried*, ja schließlich schon die Götter der Germanen!

Es wäre jedoch ein gefährlicher Irrtum, diese politische Pornographie nur als begreifliche Racheakte einzelner jüdischer Literaten zu verharmlosen. Nein, diese Polit-Psychologen und Polit-Pornographen standen und stehen im Dienste von *Roosevelt* und *Morgenthau* — und ihrer Nachfolger. Dieser agitatorische Giftkrieg wurde und wird amtlich unterstützt und finanziert. Wie die Machwerke von *Shirer, Brickner* und *Winkler* wurde auch das Lügenbuch eines *Louis Nizer* offiziell gefördert, das unter dem Titel erschien: *„What to do with Germany"*.

Roosevelt hat *Nizers* Schandbuch an seine Kabinettsmitglieder verteilen lassen. *Morgenthaus* liebster General, *Eisenhower,* ließ davon 100 000 Exemplare unter seinen Offizieren verbreiten und befahl ihnen, darüber Aufsätze zu schreiben. *Nizers* Hauptthese lautet wiederum: *„Das ganze deutsche Volk ist verantwortlich"*. Er schreibt: *„Es ist nicht der Führer des Tages, der diesen Krieg gegen die Menschlichkeit führt, es ist das deutsche Volk."* Alle Deutschen seien solche Erzverschwörer gegen die Zivilisation. Sie alle wollten — wörtlich — *„die ganze Menschheit versklaven"*.

---

7) „Look" 26. 1. 1943.

Deutsche Paranoia

Die gefährlichste und giftigste Waffe in der *„psychological warfare"* gegen die Deutschen ist jedoch nicht die Verzerrung ihres Charakters ins Sadistische, Tölpelhafte, Mörderische, sondern, daß man sie skrupellos als *„paranoid"*, als *„geisteskrank"* hinstellt. Der Polit-Psychiater *Brickner* hetzt: *„Hitler, Göring, die nationalsozialistische Partei, die deutsche Armee (!)"* zeigen das charakteristische *„Verhalten der deutschen Nation, als einer Gruppe, welche dazu tendiert, paranoide Typen an die Führung zu bringen."* [8]) *Brickner* nennt diese Geisteskrankheit ebenso gelehrt wie perfide die deutsche *„Gruppen-Paranoia"*. Diese wäre bei den Deutschen nachweisbar, längst bevor das Wort *„Nazi"* jemals geprägt worden sei. Zur Beseitigung dieser Gruppen-Paranoia fordert *Brickner*: *„Die Sieger müssen Deutschland der Vormundschaft der ganzen Welt unterwerfen."* *Roosevelt* hat diese Lügenwerke begeistert verschlungen und als Pflichtlektüre verordnet. Der Superpsychologe der US-Besatzungsmacht, *Levi*, forderte demgemäß als Hauptaufgabe der Besatzungspolitik *„Die Änderung der deutschen Psyche"*.

Und *Nizers* Bibel des Antigermanismus wurde zum Lehrbuch für die alliierten Soldaten und Offiziere. Präsident *Truman* selbst hat dieses Pamphlet mit seinem Vorwort ausgezeichnet: *„Ich selbst habe ‚What to do with Germany' soeben gelesen, es ist eines der faszinierendsten und bestunterrichtetsten Bücher, die ich je gelesen habe. Jedermann in unserem Lande sollte es lesen!"*

Truman war also bestens unterrichtet, als er 1945 zur *Potsdamer Konferenz* kam. Er wußte *„What to do with Germany."* Mit Lügen wurde auch dort Weltpolitik getrieben, und die Folgen sind entsprechend. In meinem Buche *„Amerikas Krieg gegen Deutschland"* (1968) habe ich die Beweise dafür im einzelnen vorgelegt.

Zweiter Weltkrieg 1941

Noch ein aktuelles Beispiel für die Verfälschung der Zeitgeschichte darf ich schildern: Seit 40 Jahren wird der Menschheit suggeriert, der Zweite Weltkrieg sei von *Hitler* 1939 begonnen worden. Seit 30 Jahren bemühe ich mich, in Vorträgen und Büchern diese Vorstellung als falsch nachzuweisen. Das ist doch gerade der entscheidende Unterschied zwischen Erstem und Zweitem Weltkrieg, daß jener 1914 sofort zu größten Kriegsoperationen an allen Fronten führte, im Norden, Süden, Osten und Westen.

1939 aber gab es de facto nur den deutsch-polnischen Grenzkonflikt. Sieht man von einigen Marine- und Luftoperationen ab, gab es 1939 ernsthaften Krieg nur in *Polen*, und zwar ganze drei Wochen. Das war doch kein Weltkrieg! Schon am 2. September wurden die ersten Friedensversuche unternommen, denen *Italien, Deutschland* und anfangs auch *Frankreich* zustimmten. Nach dem Sieg über *Polen* wäre nicht nur der Weltfriede, sondern

---

8) S. 33.

schon der Friede in *Europa* leicht zu retten gewesen, wie *Churchill* bestätigt hat. *Deutschland* – als Sieger – bot Frieden unter vernünftigen Bedingungen an, *Frankreich* und *England*, die *Deutschland* den Krieg erklärt hatten – und nicht umgekehrt –, lehnten ab. Dann wurde 1940 nur in *Frankreich* Krieg geführt, und zwar ganze sechs Wochen. Wieder wurde danach ein Friede unter ehrenhaften Bedingungen von *Deutschland* angeboten. Das war doch noch kein Weltkrieg!

Hitler hatte mitten im siegreichen Vordringen in *Frankreich* das großzügigste Friedensangebot an *England* gerichtet, das die Kriegsgeschichte kennt. Nachdem seine schriftlichen und mündlichen Friedensvorschläge an *England* bisher höhnisch abgelehnt wurden, ließ *Hitler* im Sommer 1940 dennoch die deutschen Panzer anhalten und die englische Armee von 253 000 Mann ungeschlagen von *Dünkirchen* aus nach der Insel entkommen.

Die Vernichtung dieser englischen Truppen, die militärisch möglich gewesen wäre, hätte – wie *Lidell Hart* beweist – *England* Widerstandskraft zerbrochen. *Hitler* hatte damals *England* militärisch gerettet. Ob das militärisch richtig war, muß man bezweifeln, aber politisch bot er den stärksten Beweis des Friedenswillens der Weltgeschichte.

Am 22. Juni 1940 befahl er die Demobilisierung von 35 Divisionen. Könnte es noch stärkere Beweise der deutschen Friedensbereitschaft geben? Auch 1939 und 1940 also wäre der europäische Krieg zu beenden und der Zweite Weltkrieg zu verhindern gewesen! Was wäre die vernünftige Alternative gewesen, ein ehrenhafter Friede mit *Frankreich* und eine Verständigung mit *England* – oder der Wahnwitz eines Zweiten Weltkrieges?

Weltkrieg erst seit 1941

1941 wollte *Hitler*, da der Westen den Frieden verweigerte, dem drohenden Angriff *Stalins* durch einen Präventivkrieg zuvorkommen. Der Sieg über *Stalin* schien im Dezember 1941 unaufhaltsam. Da trieb *Roosevelt Japan* über *Pearl Harbour* zum Krieg, und damit *Deutschland*, das mit *Japan* verbündet war. *Hitlers* Kriegserklärung gegen die *USA* war dann nur noch die de jure-Bestätigung eines faktisch schon bestehenden Kriegszustandes. Sie hatte gegenüber den *USA* nur noch formale Bedeutung, sollte aber den Kriegswillen *Japans*, zur Entlastung *Deutschlands*, stärken. Nun erst, seit dem Dezember 1941 gab es de facto einen Zweiten Weltkrieg – der dann 55 Millionen Opfer gefordert hat. (Der Polenkrieg kostete nur einige Zehntausend Tote.)

Daß *Hitler* in *Europa* 1939 und 1940 friedensbereit war, ist unbestreitbar und daß er keine Ausweitung zu einem Weltkrieg wollte, ist eine der am klarsten bewiesenen Tatsachen der Weltgeschichte. Die westliche Propaganda aber, und Deutsche beteiligen sich daran, behauptet, der Zweite Weltkrieg sei 1939 ausgebrochen.

Dritter Weltkrieg

Die großen deutschen Denker haben sich alle auch mit dem Problem des Krieges auseinandergesetzt. Sie betrachten den Krieg als Mittel zu einem neuen Frieden und sehen ihn nur dadurch gerechtfertigt. *Fichte* hatte gefordert, daß die Führenden mitten im Kriege den Frieden vorbereiten müßten. *Roosevelt* handelte umgekehrt. Als jeder nüchterne Beobachter erkennen konnte, daß die Zerschlagung *Deutschlands* zu keiner gesunden Friedensordnung führen könnte und der Sowjetimperialismus in *Europa* vordringen werde, bereitete er die *USA* nicht auf die Abwehr der Sowjets vor, sondern richtete die psychologische Kriegsführung noch radikaler gegen die Deutschen. Das zusammenbrechende *Deutschland* wurde nun erst recht verteufelt und noch im Untergang beschuldigt, es bereite bereits den *Dritten Weltkrieg* vor. Am 26. August 1944 forderte *Roosevelt*, das deutsche Volk, das sich *„gegen die Zivilisation verschworen"* habe, müsse am Rande des Verhungerns gehalten werden. Warum? Damit *Deutschland* nicht nach dem Ersten und Zweiten auch noch einen Dritten Weltkrieg beginnen könne. Sein Freund und Berater, *Bernard Baruch*, den *Henry Ford* den *„heimlichen Kaiser Amerikas"* genannt hatte, forderte noch am 22. Juni 1945 die Zerstörung der gesamten deutschen Industrie und die Auslieferung der deutschen Wirtschaftsführer zur Zwangsarbeit nach *Rußland*, ausgerechnet an jene Macht, die bereits als der künftige Gegner der *USA* erkannt werden mußte. Noch im Oktober 1945 forderte *Morgenthau*, fünf Millionen deutsche Arbeiter sollten aus *Rhein und Ruhr* ausgewiesen werden. *Deutschlands* wirtschaftliche und militärische Kraft müsse vernichtet werden, weil die Deutschen sonst den *Dritten Weltkrieg* beginnen würden.

Noch fünf Wochen nach der Niederlage am 11. Juli 1945 brachte *„Stars and Stripes"* für die amerikanischen Soldaten die Nachricht, *„daß die Deutschen bereits Pläne für einen Dritten Weltkrieg in Gang gebracht hätten."*

Dieses seelische Giftgas wirkte noch nach der Kapitulation so stark, daß eine Befragung im Februar 1947 ergab, 56 Prozent glaubten daran, *Deutschland* würde erneut ein *„Aggressorstaat"* werden und einen Dritten Weltkrieg wollen. Das in einer Zeit, in der ganz *Deutschland* in Trümmern lag, die Lebensmittelrationen in der US-Zone auf 900 Kalorien gekürzt wurden und in *Berlin* im August 1945 die Hälfte der neugeborenen Kinder verhungerten.

Die Hauptursachen dieser Wahnsinnspolitik und ihrer Lügenpropaganda gehen unleugbar auf den Kriegspräsidenten *Roosevelt* zurück. Langsam verbreitete sich diese Erkenntis auch in den *USA*. *Robert E. Sherwood*, der *Roosevelts* Reden verfaßt und die Dokumente seines Intimus *Hopkins* veröffentlicht hat, bestätigte, daß Roosevelt regelrechten Betrug verübt habe. [9]) *Thomas A. Bailey*, ein *Roosevelt* bewundernder Historiker, gibt in seinem Buch *„The Man in the Street"* bereits 1948 zu, der Präsident habe das Volk mit Tricks in den Krieg getrieben und *„hineingeschwindelt"*.

Wer dürfte leugnen, daß diese Lüge als Waffe furchtbar gewirkt hat. Die gezielte Lüge im Dienste der psychologischen Kriegführung ist eine unheimliche Macht — aber eine Macht zum Bösen, eine Kraft der Destruktion.

---

[9]) Vgl. Colby: Roosevelts scheinheiliger Krieg, S. 20.

DAVID IRVING:

Die deutsch-englischen Beziehungen

Vom Flottenvertrag 1935 bis zum Amtsantritt von Winston S. Churchill aus der Sicht eines britischen Historikers

Das Thema *Deutschland–England* ist immer noch nicht erschöpft. Für mich als Engländer ist das besonders wichtig. Ich bin Jahrgang 1938. Als ich geboren wurde, hatten wir Engländer noch ein Weltreich. Wir hatten ein *Empire.* Wir waren eine Weltmacht. Wir haben alles verloren! Wir sind jetzt eine kleine Insel geworden, mit Nordseeöl, aber sonst nichts. Man muß sich an den Kopf fassen und fragen: „*Wie ist es dazu gekommen?*" War es so beabsichtigt (von wem?) oder war es ein Irrtum, eine Entgleisung der Geschichte? Ich frage mich, wann ist es mir das erste Mal bewußt geworden, daß wir das verloren haben? Die Engländer haben es nämlich immer noch nicht kapiert. Wenn man jetzt nach *London* geht, da benehmen sich die Engländer, als ob sie immer noch ein *Empire* haben, die ganzen Neger, die Touristen aus unserem Empire sozusagen, bestärken sie in dieser Vorstellung. Aber wir haben alles verloren!

Es muß vielleicht vor zehn Jahren gewesen sei, als ich mit den Akten von *Lord Cherwell* zu tun hatte – das war der ehemalige Professor *Friedrich Lindemann,* ein gebürtiger Deutscher. [1]) Er war kein Jude, er war ein englischer Professor – und später dann *Lord Cherwell.* Er war *Churchills* wissenschaftlicher und wirtschaftlicher Berater. *Lindemann* hat eine maßgebliche Rolle in der Initiative für die Atombombenforschung gespielt. Seine ganzen Akten liegen jetzt im *Norfield-College* in *Oxford.* Das habe ich durch Zufall erfahren, ich bin nach *Oxford* gegangen und habe den Bibliothekar wegen dieser Papiere befragt, der mir sagte: „*Ach ja, Herr Irving, die haben wir, glaube ich, hier im Keller, hier sind die Schlüssel, da sind drei große Stahlschränke, wir machen um 17.00 Uhr zu.*" Und ich gehe in den Keller, mache die Schränke auf – und da sind die ganzen Kabinettssitzungsprotokolle, die bei uns damals noch streng geheim waren, die Verteidigungsausschußprotokolle, sein ganzer Briefwechsel mit *Churchill.* Der *Morgenthau-Plan* im Original mit *Churchills* Unterschrift, *Morgenthaus* Unterschrift, *Roosevelts* Unterschrift. Alles in diesen Stahlschränken.

Aber das, was uns heute angeht, das war eine Denkschrift von *Cherwell* als wirtschaftlich-wissenschaftlicher Berater *Churchills,* an *Churchill* gerichtet, etwa im November 1944, in der *Cherwell* schreibt, „*Mister Churchill, wir müssen uns über eines klar werden, wir werden den Krieg gewinnen, aber wir haben alles verloren. Der Krieg hat uns bisher mehr als eintausendein-*

Einige der Zitate im Text sind sinngemäß, nicht in jedem Fall wörtlich zu verstehen. Der Referent sprach weitgehend frei. Der Text folgt der Abschrift der Tonbandaufzeichnung.

[1]) Friedrich Alexander Lindemann, geb. 1886 in Baden-Baden, gest. 1957 in Oxford, seit 1919 Professor in Oxford. Später Frederick Alexander Lindemann Viscount Cherwell.

hundert Millionen Pfund gekostet an ausländischen Investitionen, die wir haben verkaufen müssen, um den Krieg zu finanzieren. Das weiß unser Volk noch nicht. Wir müssen das irgendwie glaubhaft machen, was wir getan haben, wir müssen aber auch Vorbereitungen treffen für die Nachkriegszeit." Das war dann die große Frage, was man nun mit *Deutschland* machen würde, ob man *Deutschland* so zerschlagen, zerstückeln würde, daß es nie wiederauferstehen könnte. Aber wenn man das einmal tut, dann kann *Deutschland* die Kosten für den Krieg nicht mehr zahlen. Das war die große Frage in *England* damals. Ich habe dieses Blatt drei- bis viermal gelesen: Also eintausendeinhundert Millionen Pfund hat der Krieg uns gekostet.

Wozu denn eigentlich? Ja, die Propagandathesen wußten wir: Man mußte den Teufel ja vernichten. Das mußte man tun, wir hatten keine Alternative – oder hatte man vielleicht doch eine Alternative?

War Hitler je eine Bedrohung für England?

Das ist nun die Frage, die man untersuchen muß. War der Krieg zu vermeiden gewesen? War *Hitler* je eine Bedrohung für *England?* Denn man muß ja die ureigensten Interessen vertreten, nicht einmal Rücksicht auf *Frankreich* nehmen, auf unseren Verbündeten. Es kommt der Punkt, wo wir Engländer hätten fragen müssen: „*Kämpfen wir weiter oder machen wir Schluß?*" Machen wir das, was *Richard Nixon* in *Vietnam* noch rechtzeitig hatte machen können, sich rechtzeitig aus dem Schlamassel herausziehen? Diese große Frage ist bisher von den Historikern noch nie untersucht worden. Man untersucht noch immer die ganz kleinen nebensächlichen Fragen. Ich habe gerade vor ein paar Tagen eine Rezension in der „*Frankfurter Allgemeinen Zeitung*" über mein neues Buch „*Hitlers Weg zum Krieg*" gelesen, verfaßt von Professor *Andreas Hillgruber*. Die Überschrift des Artikels lautete „*Hitler nie eine Bedrohung für England?*" Also unglaubwürdig! Wer will denn behaupten, *Hitler* ist nie eine Bedrohung für *England* gewesen? Da kann ich nur sagen: „*Herr Hillgruber, ab heute wird zurückgeschossen!*" Denn es ist jetzt der Nachwuchs an Historikern da, die eben solche Fragen neutral und nüchtern untersuchen wollen. Die Unterlagen liegen uns vor. Die Leute aus der NS-Zeit, die damals über die Unterlagen verfügt und immer noch die privaten Aktensammlungen gehamstert haben, die haben manchmal lange Zeit gewartet, aber nun endlich diese Akten herausgegeben.

Hewels Tagebücher

Frau *Hewel* zum Beispiel, die Witwe von Botschafter *Walther Hewel*. Sie hat mir als erstem die Tagebücher ihres Mannes gegeben. *Hewel* war in den zwanziger Jahren Student, er ist mit *Hitler* 1923 mitmarschiert, er saß mit *Hitler* zusammen in *Landsberg* in der Landsberger Festung. 1924 wurde er freigelassen, er ging dann einige Jahre zusammen mit den Nationalsozialisten, um dann zwölf Jahre im Ausland zu verbringen, im heutigen *Indonesien*. Das macht schon einige Schwierigkeiten. Denn immer, wenn er etwas Böses über *Hitler* oder *Ribbentrop* schreiben will, dann schreibt er das in seinem Tagebuch indonesisch. Das hat mir zuerst einiges Kopfzerbrechen bereitet, ich habe gedacht, das war chiffriert, ich habe alle Dechiffriermaßnahmen versucht, also Buchstaben verschoben usw.

Frau *Hewel* lebt jetzt bei *Bielefeld* und hat nochmals geheiratet, denn *Hewel* hat am gleichen Tag wie *Hitler* Selbstmord begangen. So eng war die Beziehung der beiden. *Hewel* war *Ribbentrops* Vertreter im Führerhauptquartier, d. h., er war ein sehr enger Beobachter von *Hitlers* ganzer Handlungsweise und seinem Denken. *Hewel* hat in seinem Tagebuch einiges über *Hitlers* Ansichten, vor allem über *England*, festgehalten. Denn *Hewel* kannte die Engländer sehr gut, er hatte viele englische Freunde.

Hitler zum Kriegseintritt der USA

Kurz nach dem japanischen Angriff auf *Pearl Harbour*, als es dann zum Krieg zwischen *Deutschland* und den *Vereinigten Staaten* gekommen ist, hat *Hewel* aufschlußreiche Eindrücke notiert. Zunächst ist *Hitler* hocherfreut darüber. Am 8. Dezember 1941 schreibt *Hewel* in sein Notizbuch: *„Kriegseintritt Japans und große Erfolge werden bekannt. Führer sehr guter Stimmung, er sagt: ‚Wir können den Krieg gar nicht verlieren, wir haben jetzt einen Bundesgenossen, der in 3000 Jahren nicht besiegt worden ist‘.“* (Das ist *Japan* – und einen, der immer besiegt worden ist, aber schließlich immer auf der richtigen Seite stand, nämlich die Italiener). Aber dann acht Tage später wird *Hitler* nachdenklich. *„16. Dezember 1941. Ankunft in der Wolfsschanze. Führer über Japan: ‚Seltsam, daß wir mit Hilfe Japans die Positionen der weißen Rasse in Ostasien vernichten und daß England mit den bolschewistischen Schweinen gegen Europa kämpft‘.“* Das hätte er ja gar nie gewollt, das war überhaupt nicht sein Konzept.

Hitlers Stellung zu England

Wir werden sehen, was *Hitlers* Konzept war. Nicht einmal in den Zwanziger Jahren war das, was dann eintrat, sein Konzept! Wenn man *„Mein Kampf“* oder auch sein *„Zweites Buch“* liest, sieht man, wie wohlwollend er *England* immer gegenübergestanden hat. Zwei Tage nach der Machtergreifung läßt er Admiral *Raeder* zu sich kommen. *Raeder* war nicht einmal Nationalsozialist, er war ja 1933 schon Oberbefehlshaber der deutschen Kriegsmarine. *Raeder* wollte selbstverständlich wissen, was für eine Kriegsflotte die Deutschen zu bauen haben. Denn man muß lange im voraus wissen, wer der mutmaßliche Gegner sein wird. Ein Schlachtschiff zu bauen ist wie eine Großstadt zu bauen. Es dauert sechs Jahre von Anfang bis Ende. Man muß also schon lange im voraus wissen, gegen wen die Kanonen gerichtet werden müssen, damit die Schlachtschiffe sich messen können, ob gegen *Frankreich*, *Deutschland*, *England* oder wen. Was *Hitler* damals zu Admiral *Raeder* sagte, hat *Raeder* nachher in seinen privaten Aufzeichnungen niedergeschrieben, die jetzt in *Washington* aufbewahrt werden. *Hitler* sagte zu *Raeder*, *„da brauchen Sie sich keine Sorgen zu machen, Herr Raeder, ich werde es nie zu einem Krieg mit England kommen lassen.“* Also die Marineaufrüstung brauchte zu diesem Zeitpunkt nur auf *Frankreich*, höchstens auf *Frankreich* abgestimmt zu werden, auf die neue *Dunkerque-Klasse* der Schlachtschiffe.

Diese Rüstungsfragen sind doch wichtig, wenn man wissen will, was die inneren Absichten einer Staatsführung sind. Was ein Mann in seinen Proklamationen im Sportpalast sagt, ist eine Sache, auch was er vor der Generalität sagt, also wenn er zwanzig oder dreißig Generäle vor sich sammelt, das brauchen auch nicht unbedingt seine inneren Absichten zu sein. Das hat mir sein Luftwaffenadjutant einmal etwa so gesagt. *„Manchmal waren die Generäle so langsam und faul, da mußte Hitler ihnen etwas Dampf in die Hosen machen und so hat er dann eben diese feurigen Ansprachen gehalten, damit die Generäle einen Schock bekamen und sofort in die Bendlerstraße liefen und die entsprechenden Anordnungen erteilten.“* Das braucht aber nicht unbedingt zu heißen, daß *Hitler* tatsächlich das gemeint hat, was er da gesagt hat, das muß man immer wissen. Ich bin immer für den richtigen Maßstab!

Keine Vorbereitungen Hitlers gegen England

Der richtige Maßstab, um zu wissen, was *Hitlers* Absichten waren, das sind die konkreten Vorbereitungen. Was hat er getan? Was hat er gebaut? Was für Flugzeuge, was für Panzer? Seine Luftwaffe: Er hat Anordnungen gegeben, eine kleine taktische Luftwaffe zu bauen, aber nicht zahlenmäßig klein – die Flugzeuge sollten klein sein. *Hitler* hatte diesen berühmten Fehler begangen, keine viermotorigen Bomber bauen zu lassen. Den Befehl haben wir in *England* erteilt – schon 1936. Die Deutschen haben den Befehl viel später gegeben, viel zu spät. *Hitler* hat seine Luftwaffe auf die kleinen ein- und zweimotorigen Sturzkampfflugzeuge konzentriert, auf die Mittelstreckenbomber vom Typ *Heinkel III*, die nur für Angriffe gegen Nachbarstaaten oder für taktische Heeresunterstützung geeignet waren, aber nie nicht *einmal* nach *England* fliegen konnten. Diese Erfahrung mußte dann *Hitler* im Sommer 1938 während der Sudetenkrise machen, als es ihm nun endlich klar wurde, daß wahrscheinlich *England* auf der gegnerischen Seite stehen würde. Da hat *Göring* dann eine Studie in der Luftwaffe erstellt: *Was können wir nun unternehmen gegen England, wenn es soweit ist?* Die Studie kommt zu der Antwort: *„Gegen England können wir überhaupt nichts unternehmen, denn zwischen England und den deutschen Luftstützpunkten liegen Holland und Belgien. Die kann man gar nicht überfliegen.“* So eng begrenzt haben damals die Deutschen gedacht. Wir Engländer haben keinen Augenblick gezögert, über *Holland* und *Belgien* zu fliegen. Aber die Deutschen haben gedacht, sie könnten gar nicht über *Holland* und *Belgien* fliegen: Wir können *England* gar nicht erreichen. Nicht einmal nach *Schottland* kommen wir, wo die englische Flotte liegt. Wir können nicht einmal an die westlichen Gewässer kommen. Die deutsche Luftwaffe war überhaupt nicht ausgerüstet für einen Angriff gegen *England*, auch die deutsche Flotte nicht. Was hat *Hitler* dann eigentlich im Schilde geführt? Das kann man auch sehr konsequent verfolgen, wenn man einmal die authentischen, glaubwürdigen Quellen aussondert, wenn man einmal die absoluten Fälschungen beiseiteliegen läßt. Es sind Fäschungen in den Archiven, das habe ich schon in vielen Vorträgen zum Ausdruck gebracht.

Die berühmteste Fälschung ist das inzwischen leider vom Institut für Zeitgeschichte veröffentlichte Tagebuch (nur wird das nicht als *„Tagebuch“*, sondern als „*Aufzeichnungen*" veröffentlicht) von General *Engel*. Mir hat Professor *Broszat* in einem Privatbrief nun zugegeben: Sie haben gewußt, daß das eine *Fälschung* war, und zwar vor der Veröffentlichung. Aber trotzdem war es „*interessant*", sagten sie. Sie haben sich nun beschwert, daß ich in einem Interview in Spanien das als eine Fälschung bezeichnet habe und daß die deutsche Presse das aufgegriffen hat. Aber sie geben zu, „*das haben wir gewußt, das haben wir mit wissenschaftlichen Mitteln festgestellt, daß das eine Fälschung war und haben es trotzdem veröffentlicht.*"

Blickrichtung Osten

Wenn man einmal diese verseuchten Quellen aussondert und sich nur anhand der authentischen Quellen ein Bild macht, da sieht man konsequent, was *Hitler* im Schilde geführt hat. Das sagt er gleich am Anfang, am 2. Februar 1933, als er die Generäle in *Hammersteins* Wohnung in *Berlin* zusammenkommen läßt und ihnen eine kleine Ansprache hält. Darin sagt er ganz klar, sobald er die neue Wehrmacht aufgebaut hat, wird er gegen den Osten losschlagen, um neuen Lebensraum zu gewinnen. Das hat er auch schon in Kapitel 14 von „*Mein Kampf*" gesagt. Das wiederholte er 1936 mit einer eigenhändigen Denkschrift über den Vierjahresplan: „*Unsere Wirtschaft, unsere Kriegswirtschaft muß so aufgebaut werden, daß wir innerhalb der nächsten vier Jahre in der Lage sein werden, gegen die Sowjetunion vorzugehen.*" Also etwa bis 1940. Das begründet er, indem er sagt: „*Wenn es einmal der Sowjetunion gelingt, in Deutschland einzumarschieren, dann wird es mit der Ausrottung des Deutschen Volkes enden*", d. h. also mit der vollkommenen Entmachtung des Deutschen Volkes als Weltmacht. Das wollte er nun verhindern, wenn er sich nach Osten wendet.

Im Juni 1937 – das ist wieder eine konkrete Vorbereitung – fährt Hitler nach *Ostpreußen* und hat ein Gespräch mit dem dortigen Gauleiter, Oberpräsident *Erich Koch*. In den Akten der Seekriegsleitung findet man dann einen Privatbrief des dortigen Marinehafenkommandanten von *Pillau* in *Ostpreußen:* Hitler habe klar zum Ausdruck gebracht, daß dieser kleine Hafen *Pillau* bald ausgebaut werden wird, um ihn als Marinestützpunkt gegen die *Sowjetunion* verwenden zu können. Der dortige Marinehafenkommandant hat selbstverständlich sofort einen Brief an seinen Vorgesetzten, Admiral *Raeder*, geschickt, damit *Raeder* auch im Bilde ist über die Ansichten *Hitlers*. Das ist also wieder eine konkrete Vorbereitung.

Konkrete Vorbereitungen dieser Art gegen *England* findet man nicht! Man kann dann weitergehen bis schließlich zum Jahr 1939 und sehen, daß *Hitler* einen Krieg gegen *England* nie beabsichtigt hat! Er sagt sinngemäß: „*Was sollen wir gegen England? Wenn wir England besiegen, was wird aus dem englischen Empire? Das wird zerfallen. Unsere Konkurrenten, unsere Gegner werden den Nutzen davon haben, wir können das englische Empire gar nicht regieren, wir haben keine Seemacht. Wir können das gar nicht. Das liegt also absolut nicht in unserem Interesse.*" *Hitler* sagt das immer wieder – bis mitten in den Krieg hinein.

Doch Krieg gegen England?

Wann hat *Hitler* zum ersten Mal erkannt, daß er wahrscheinlich doch einen Krieg mit *England* bekommen würde? Ein allererster Hinweis in diese Richtung findet sich am 24. Mai 1938, also mitten in der tschechoslowakischen Krise. Einige Tage zuvor haben die *Tschechen* zwei deutsche Bürger im *Sudetenland* erschossen, dadurch kommt es dann zu einer *„kleinen Wochenendkrise"*, *Hitler* hat sich auf den *„Berghof"* zurückgezogen, läßt sämtliche wichtigen Wehrmachtsleute zu sich kommen und läßt dann eingehend die Möglichkeit eines sofortigen Einmarsches in die *Tschechoslowakei* untersuchen. Der Einmarsch hat keine Erfolgsaussicht, alle Leute raten davon ab. Aber trotzdem ergeht ein Telegramm mit Unterschrift von Korvettenkapitän *von Puttkamer* (*Hitlers* Marineadjutant, der heute in *München* lebt) an die Seekriegsleitung in *Berlin*. Inhalt: *„Der Führer hat heute die Ansicht geäußert, daß bei einem kommenden Krieg wahrscheinlich die Möglichkeit zu berücksichtigen ist, daß England doch auf der Gegenseite stehen wird."* Das ist für *Hitler* in vielerlei Hinsicht eine traurige Angelegenheit. Er muß nun, im Mai 1938, überlegen: Ich habe dafür keine Vorbereitungen getroffen, ich habe nicht die notwendige Luftwaffe, ich habe nicht die notwendige Kriegsflotte. Er hat dann einige Wochen später Befehl erteilt, innerhalb der nächsten drei oder vier Jahre die deutsche Flotte erheblich zu erweitern und auszubauen. Das war der berühmte *Z-Plan*, der aber nie erfüllt wurde, denn mitten hinein platzten dann die Ereignisse von 1938. *Hitler* hat also nie eine kriegerische Absicht gegen *England* gehegt.

Um auf jene Überschrift aus der FAZ zurückzukommen, *„Hitler nie eine Bedrohung für England?"* Viele von Ihnen wissen vielleicht, daß ich schon vor vier Jahren eine Prämie von eintausend Dollar angeboten habe für denjenigen, für irgendeinen Historiker oder ein Institut, der nachweisen kann, daß *Hitler* von *Auschwitz*, von der Judenvernichtung gewußt hat. Interessant, nicht, daß ich das sagen kann? Alle schweigen. Sie haben ja *„Holocaust"* gesehen. Alle Leute wissen jetzt, was die Wahrheit ist. Alle haben *„Holocaust"* gesehen. Aber seit vier Jahren habe ich das nun im amerikanischen Fernsehen, im englischen Fernsehen und in *Deutschland* gesagt. Eintausend Dollar für jedermann, der mit einem Beweis kommen kann, einem Kriegsdokument, einer einzigen Zeile eines Privattagebuches oder Privatbriefes, die nachweist, daß *Hitler* angeordnet hat, daß die Juden zu vernichten sind. Ich meine die westeuropäischen Juden in *Frankreich, Ungarn* usw. Daß sie zu vernichten sind, daß er auch nur davon gewußt hat. Dann zahle ich dem Mann aus meiner eigenen Tasche eintausend Dollar. Und da sind die Kommissionen dann in die Luft gegangen, sie sind nach *Warschau* geflogen, sie sind nach *Moskau* gefahren, alle haben die Unterlagen gesucht. Es ist ihnen aber nicht gelungen. Ich wiederhole den Versuch mit einer Prämie heute zum ersten Mal an diesem historischen 1. September — 1 000 Dollar für den ersten Mann oder das erste Institut, für den Nachweis, daß *Hitler* ein einziges Mal eine kriegerische Absicht gegen *England* und unser *Empire* gehegt hat. Um einmal reinen Tisch zu machen stelle ich diese Frage, diese Forderung auf. Ich weiß, die Historiker werden wieder kommen und sagen: *„Das sind doch Ihre bekannten schäbigen Mittel."* Unwürdig, mit

Geldscheinen zu winken! Aber man muß mit solchen Mitteln vorgehen, um einmal endlich ernstgenommen zu werden. Denn es war nicht eine Frage von tausend Dollar, ich wiederhole, es war für uns eine Frage von *eintausendeinhundert Millionen Pfund*, die wir in dieser Geschichte verloren haben. Man hat nur so geflüstert, warum das so gewesen und wie es dazu gekommen ist. Man weiß wahrscheinlich heute noch nicht, wie es dazu gekommen ist, daß wir Brudervölker uns bekämpft haben.

Das Merkwürdige ist, daß zwischen Engländern und Deutschen die wenigsten Unterschiede bestehen. Wenn man einmal *Hitler* und *Churchill* vergleicht, da sind die Ähnlichkeiten enorm. Das meine ich gar nicht zynisch. Die beiden Männer, die hatten nicht nur Hand und Fuß, sie waren sich sehr ähnlich in vielen Charaktereigenschaften. Der eine war selbstverständlich himmelhoch über dem anderen, das ist klar. Aber beide waren sehr peinlich besorgt um ihre persönliche Gesundheit und Sauberkeit. Beide waren gute Maler, gute Künstler, beide haben den Krieg irgendwie genossen. Ich schreibe jetzt eine *Churchill-Biographie*, das wird Sie sehr freuen.

Töten machte Churchill Spaß

Sie haben den Krieg irgendwie genossen. *Churchill* ist einmal im Frühjahr 1944 in das *Londoner* Ostend, ins Londoner Arbeiterviertel gekommen, nach dem kleinen *„Babyblitz"*, nachdem die deutschen Luftangriffe wieder aufgehört hatten. Er hat dort eine zerstörte Straße besichtigt und hat die armen, obdachlosen Arbeiter besucht. Wochenschaukameras surrten und haben aufgenommen, was *Churchill* da gesagt hat. Churchill sagt zu diesen Arbeitern: *„Ach, ist das nicht herrlich, das ist genau wieder wie in den alten Zeiten"*. Er meinte also wie 1914. Man sieht an den Wochenschauaufnahmen, wie er ausgepfiffen wurde. Aber *Churchill* hat das gar nicht kapiert. Die Völker mögen den Krieg gar nicht.

Der merkwürdige Unterschied zwischen *Churchill* und *Hitler* war: *Churchill* hat getötet. Wer unter uns hat getötet? Ich habe es nicht, vielleicht einige von Ihnen haben es tun müssen. Das ist schon ein kleiner Unterschied. *Churchill* hat getötet mit seinen eigenen Händen. In *Indien* hat er auf Farbige geschossen, hat sie abgeknallt. Das hat ihn gefreut. Das schreibt er in seinen Briefen an seine Mutter. Das ist der Unterschied, denn *Hitler* hat, soweit ich weiß, wahrscheinlich ist das auch eine feststehende Tatsache, *Hitler* hat mit seinen eigenen Händen nie getötet. Befehle hat er schon gegeben, aber getötet hat er nicht. Es sind also Unterschiede, die man da merken kann, aber interessant ist da auch eine Ähnlichkeit zwischen den beiden, *Hitler* und *Churchill*. *Churchill* war das, was man heute als Rassist bezeichnen kann.

Angelsächsische Supermenschen

Im Mai 1943 ist er in *Washington* und nimmt an einem Mittagessen im *Weißen Haus* teil. Anwesend sind auch Präsident *Roosevelt* und Vizepräsident *Henry Wallace*, ein liberal denkender Mann. *Wallace* ist es sehr aufgefallen, was *Churchill* bei diesem Mittagessen gesagt hat, denn *Churchill* hat an dem Tag sehr viel getrunken und, wie *Wallace* dann sagt, *„wenn Churchill getrunken hat, dann wird er sehr offen."* *Wallace* schreibt: *„Nach dem Mittagessen fing Churchill an, über sein Lieblingsthema zu plaudern. Er hat es ziemlich klar zum Ausdruck gebracht, viel klarer als beim Mittagessen am Samstag, daß er erwartete, daß England und die Vereinigten Staaten die ganze Welt beherrschen würden. Ich sagte ihm ziemlich offen, daß seine Idee einer angelsächsischen* – nicht etwa einer anglo-amerikanischen – *Vorherrschaft, daß diese Idee, die in Churchills Vorgehen zum Ausdruck kam, viel Anstoß unter den vielen Völkerschaften der Welt sowie unter vielen Völkern in den Vereinigten Staaten erregen würde. Churchill hatte sehr viel Whisky getrunken, was allerdings die Nüchternheit seines Denkens nicht beeinträchtigte, wohl aber seine Offenheit gesteigert hat. Er sagte: ‚Warum sollten wir diese Tatsache der angelsächsischen Überlegenheit nicht laut aussprechen. Wir sind doch die Überlegenen . . .*' ". Das ist die Idee der Supermenschen, sie ist nicht unbedingt anders als das, was manche Deutsche damals gedacht haben.

Wir werden uns mit der Frage befassen müssen, wie man in den Vorkriegsjahren in Richtung Krieg gerutscht ist. Für uns in *England* ist es ja immer ein Problem gewesen, man hat uns *Hitler* als einen unzuverlässigen Mann bezeichnet, einen Mann, dessen Wort nicht geglaubt werden konnte und das hat er auch einmal selbst anerkannt. *Hitler* war ja sehr offen, er war so aufrichtig. Das habe ich einmal in der Universität in *Dublin* gesagt, als mir vorgeworfen wurde, *„wollen Sie nun behaupten, daß Hitler aufrichtig und anständig gewesen ist?"* Ich sagte, er war so aufrichtig und anständig, daß er zugegeben hat, wie unaufrichtig er manchmal war. Eine Quelle ist das Tagebuch von *Walther Hewel: „2. Juni 1941. Führer: Als Privatmann würde ich niemals mein Wort brechen, als Politiker für Deutschland, wenn es notwendig ist, tausendmal."*

Das ist von *Hitler* ziemlich offen. Aber für uns in *England* ist es nun ein Problem gewesen, daß man um diese Offenheit nicht immer gewußt hat, da konnten leider die Gegner *Hitlers* mit der Vermutung arbeiten und sagen: *„Er hat uns schon ein Stück Papier gegeben, aber wie wertvoll ist ein Stück Papier mit seiner Unterschrift darauf? Das hat er schon unzählige Male gebrochen. Es ist in München passiert, das ist in Prag passiert. Das wird uns auch diesmal passieren!"* Die Gegner *Deutschlands* haben leider damit arbeiten können. Zu seinen Ungunsten.

Nur der Sieg ist wichtig

Hier ist noch ein Zitat aus dem *Hewel*-Tagebuch, vielleicht für den heutigen Tag nicht uninteressant: 1. September. *Hitler* begründet, warum er fortan nur Überfälle machen und keine Kriegserklärung mehr abgeben wird. *Hewel* ist ein sehr guter Chronist. Er beginnt diese Seite am 5. Juli 1941 mit einer ironischen Bemerkung: *„Churchill, Stalin und Roosevelt als Kämpfer für die Freiheit!!!"* Dann kommt *„Führers Tischgespräch": „Warum Angriff ohne Zwischenfall oder Kriegserklärung? Vor der Geschichte wird man niemals fragen, welche Veranlassung!* (Das ist also auch ein typischer Gedankengang von Hitler gewesen.) *Warum Alexander nach Indien, Römer Punischen Krieg, Friedrich der II. zweiten Schlesischen Krieg? Vor Geschichte nur der Erfolg. Er nur verantwortlich gegenüber sich* *und seinem Volk. Wegen einer theoretischen Frage Hunderttausende zu opfern wäre verbrecherisch. Vor der Geschichte werde ich als Vernichter des Bolschewismus stehen, ob mit oder ohne Grenzzwischenfall.*" Diese Geschichte mit *Gleiwitz*, die vor ein paar Tagen in der *„Welt"* wieder aufgebauscht worden ist, war für *Hitler* absolut unbedeutend, das waren die Spielereien von verschiedenen untergeordneten Beamten. Ich weiß, es gibt sogar in den Akten des *Propagandaministeriums* eine Anordnung, daß man auf diese angeblichen Grenzzwischenfälle bei *Hochlinden* und *Gleiwitz* in der Presseberichterstattung überhaupt keinen Bezug nehmen sollte. Irgendwie lag das eigentlich nicht in Hitlers Konzept in den letzten Tagen.

Hewels Aufzeichnungen überliefern, wie *Hitler* den Gedanken fortsetzte: *„Nur der Erfolg wird hier gewertet, wenn ich verliere, werde ich mich nicht mit Umfragen herausreden können. Z. B. Norwegen 1940 wäre nicht gelungen bei Voranmeldung und ist doch für das Schicksal Deutschlands entscheidend. Umgekehrt, wenn Churchill und Reynaud, der französische Ministerpräsident, nicht gequatscht hätten, hätte ich Norwegen wahrscheinlich nicht gemacht.*" Acht Tage vorher schickte *Churchill* seinen Neffen *Romilly* nach Norwegen. *Hitler: „Typisches Zeichen jüdisch-amerikanischen Journalisten-Geistes. Landesverrat.*" Anlaß dieser Bemerkung über *Norwegen* war, daß der deutsche Geheimdienst eine Leitung zwischen *Paris* und *Helsinki* angezapft hatte. Man wußte aus abgehörten Telefongesprächen und Telegrammen, daß *Churchill* den Finnen gesagt hatte, er würde sehr bald in *Norwegen* einmarschieren. Das wurde gegen Ende März 1940 mitgehört und gab *Hitler* dann den letzten Anstoß zur Landung in *Norwegen*.

Hitler und seine Vorliebe für England

Das, was Sie nun alles hören, ist neu. Neu leider deshalb, weil das alles seinerzeit in meinem Hitlerbuch [2]) geschrieben, aber vom *Ullstein*-Verlag wieder aus dem Text entfernt wurde. Herr *Siedler* schrieb mir einen Brief, er finde es etwas zuviel, daß man so viele Zitate und Beweise dafür bringen wollte, daß *Hitler* nie etwas gegen *England* im Schilde geführt hat.

„11. Juli 1941. Er sagte voraus: Aus diesem Kampf, bei dem ich von Etappe zu Etappe gezwungen wurde (so nicht ganz richtig) *wird Deutschland als größter Machtstaat der Erde hervorgehen. Er glaubt, daß Churchill einmal ganz plötzlich fallen wird. Dann wird in England ein ungeheurer Antiamerikanismus entstehen und England wird das erste Land sein, das in die Reihen des Kampfes Europas gegen Amerika eintreten wird. Er ist unendlich siegesgewiß. Die Aufgaben, die ihm heute bevorstünden, seien an Schwere nicht zu vergleichen mit denen, die er in der Kampfzeit hatte. Besonders mit der größten, besten Armee der Welt.*" Und dann kommt er wieder auf die Bündnisfrage zu sprechen, etwa in dem Sinne *„Was sind das alles für komische Länder, mit denen ich mich nun habe verbünden müssen?*"

---

[2]) David Irving: Hitler und seine Feldherren. Frankfurt/M. u. Berlin 1975. (vergriffen)

„8. September 1941. Abends Führertafel! Führer: ‚Es sind alles Zweckbündnisse! Deutsches Volk weiß z. B., daß das Bündnis mit Italien nur ein Bündnis zwischen mir und Mussolini ist. Sympathien haben wir Deutsche nur zu Finnland, könnten sie für Schweden haben und natürlich für England. Ein deutsch-englisches Bündnis wäre ein Bündnis von Volk zu Volk. Die Engländer brauchten nur ihre Finger vom Kontinent zu lassen, ihr Empire und die Welt könnten sie behalten' ".

Das behaupte ich immer wieder! Und diese Bemerkung fällt im September 1941, der Krieg ist schon längst im Gange, aber trotzdem sagt *Hitler* das, er sagt: *„Was wollen denn die Engländer? Kapieren sie immer noch nicht, daß ich nichts gegen sie vorhabe?"* Aber das englische Volk hat das nicht gewußt! Sie hören heute sehr viel von der Fairneß der BBC usw., aber was Sie nicht wissen ist, daß es der BBC durch Parlamentsbeschluß untersagt wurde, im Krieg oppositionelle Strömungen, Antikriegsstimmen, zu erwähnen. So hat man nur die eine Stimme, und meistens war es die Stimme von *Churchill* persönlich, laut gehört.

Die Frage ist, wie es nun zu diesen Mißverständnissen gekommen ist, die dann schließlich zum 1. September, heute vor 40 Jahren, geführt haben. *Hitler* hat ja von Anfang an versucht, die Freundschaft zwischen *England* und *Deutschland* auszubauen und zu untermauern. Er hat 1935 dieses sehr großzügige Flottenabkommen zwischen *England* und *Deutschland* unterzeichnen lassen. Da hat er eingeräumt, daß *England* seine Flotte haben durfte und *Deutschland* nie eine gegnerische Flotte aufbauen würde, daß *Deutschland* ein Heer aufbauen würde und daß die beiden Länder als friedliche Nachbarn weiterleben könnten. Das war die Absicht dieses Flottenabkommens. Dieses Abkommen hat *Hitler* auch eingehalten, hat es ausbauen lassen und hat dann Ende 1938, nach diesem von mir erwähnten Telegramm von *Puttkamer*, ein förmliches Gesuch bei den Engländern eingereicht, damit er die deutsche U-Bootwaffe auf die Hundertprozentzahl bringen konnte, wie es in diesem Abkommen vorgesehen war. Er hat das Flottenabkommen buchstabengetreu eingehalten. Im August 1936 hat *Hitler* *Ribbentrop* nach *London* geschickt, das war aus *Hitlers* Sicht als ein ausgesprochener Friedenswink zu interpretieren: Der Botschafter *Hoesch* in *London* war verstorben und *Ribbentrop* bekam von *Hitler* den Auftrag, auf alle Fälle die Freundschaft zwischen *Deutschland* und *England* zu untermauern. *Ribbentrop* ging nach *London*, er fand aber dort schon große Schwierigkeiten vor. Die antideutsche Kriegshetze in England lief schon und man braucht nun nicht zu fragen, wer alles sie inszeniert hat.

Hysterie in London

Über die verschiedensten Geheimdienstkanäle sickerten nach England Angaben über bevorstehende Abenteuer *Hitlers* gegen die westlichen Länder, gegen England, gegen Frankreich, gegen Holland, Belgien usw. ein. Das weiß man längst. Beispielsweise aus dem Privattagebuch des englischen Unterstaatssekretärs *Sir Cadogan*, das seit einigen Jahren veröffentlicht ist, aber sehr wenig beachtet wurde. *Cadogan* war sozusagen der zweite Mann nach dem englischen Außenminister. Lange Zeit war er ständiger Berater verschiedener Außenminister. Er war nicht etwa Politiker, sondern Beamter und führte ein sehr ausführliches Privattagebuch. Er notierte am 15. Dezember 1938: Hinter uns haben wir den österreichischen Anschluß, *Sudetenlandeinmarsch*, aber man weiß, daß noch etwas kommt: *„Kirkpatrick,“* das war der englische Botschafter in *Berlin*, der später eine große Rolle in *Nürnberg* gespielt hat, *„ist von Berlin kommend erschienen. Ihm ist von seinem Freund K. gesagt worden“* – man weiß nicht, wer *K.* ist, man weiß nur, daß *K.* ein im Ruhestand lebender deutscher Beamter oder Offizier ist, der aus dem Kreis um *Beck* stammt, – *„daß Hitler in Kürze – im März – London bombardieren wird.“* Dezember 1938! *„Ich habe daraufhin sofort Halifax* (den Außenminister) *besucht und habe ihm diesen Bericht von K. weitergegeben. Er war dann um 19.00 Uhr beim Premierminister und letzterer hat eine Sitzung der Minister für 10.00 Uhr vormittags einberufen.“* Wegen dieser Nachricht hat das englische Kabinett Flakverstärkung und Steigerung der Rüstung angeordnet. Man sieht nun, wie ein Stein ins Rollen kommt. Irgendein namenloser Mann mit dem Anfangsbuchstaben *K.* löst diese Reaktion aus, man kann einfach nur kombinieren, wer das ist. Am 24. Januar 1939, dieser einzige Hinweis genügt, um viele Gerüchte und große Nervosität hervorzurufen.

Am 24. Januar 1939 haben dann der englische Ministerpräsident *Chamberlain* und Außenminister Lord *Halifax* ein Telegramm an die Botschaft in *Washington* geschickt, um sie über diese prekäre Lage aufzuklären. *„Seit November 1938 weisen Berichte darauf hin, daß Hitler, der durch Ribbentrop, durch Himmler und andere ermuntert wird, sich mit einem Angriff gegen die Westmächte als Vorspiel für eine Großaktion gegen den Osten befaßt. Viele dieser Berichte stammen von hochgestellten Deutschen von unantastbarer Glaubwürdigkeit. Andere Berichte stammen von Ausländern, die bisher Deutsche waren, die aber in engem Kontakt mit führenden deutschen Persönlichkeiten stehen.“* Und wiederum wird erwähnt, daß *Hitler* wahrscheinlich einen plötzlichen Luftüberfall auf *England* machen will. *„Deswegen hat die Regierung Seiner Majestät die Lage in Anbetracht dieser Berichte sehr genau analysiert und den Entschluß gefaßt, soweit wie möglich die Rüstungs- und Gegenangriffsmaßnahmen der Engländer zu beschleunigen.“*

Überlegen wir also. Da kommen ein paar Berichte von deutschen Kreisen um *Beck* oder von ehemaligen Deutschen, die in *England* wohnen, und schon fassen die Engländer den Entschluß, die eigene Rüstung zu steigern und Abwehr- und Gegenangriffsmaßnahmen zu ergreifen. Am 3. Februar kommen dann schon die ersten Meldungen und Berichte, daß *Hitler* einen Angriff gegen *Holland* vorbereite. Daraufhin schickt *England* ernste Warnungen an die Deutschen. *„Also tun Sie das nicht!“* Die Deutschen müssen sich an den Kopf fassen und fragen, *„Warum bekommen wir denn von England solch' eine Warnung? Wir haben überhaupt keine solchen Absichten.“* Dann, am 29. März 1939, kommt der berühmteste Fall überhaupt, als der junge, etwa 25 bis 27 Jahre alte englische Journalist, *Ian Colvin*, der in *Berlin* tätig und eine etwas zwielichte Persönlichkeit war, am 29. März eilends nach

London fliegt und persönlich in *Downing Street* haarsträubende Einzelheiten über einen unmittelbar bevorstehenden deutschen Vorstoß gegen *Polen* berichtet. Am 29. März! Nun, heute ist der 40. Jahrestag, wir schreiben nicht etwa den 30. März.

Englands Blankoscheck für Polen

Was ist nach dem 29. März, dem Tag, als der Bericht von *Colvin* in *London* eintraf und sofort dem englischen Ministerpräsidenten vorgelegt wurde, *(„Halifax seems impressed" – „Halifax war sehr beeindruckt")* passiert? Zwei Tage später sahen sich die Engländer gezwungen, wegen dieser ganzen nervösen Maßnahmen eine Garantie für *Polen* auszusprechen. In der Quelle heißt es *„Halt machen, wenn Hitler noch einen Schritt macht, dann werden wir angreifen müssen,"* zugunsten der *Polen.* Wir haben gegenüber *Polen* eine Garantie ausgesprochen, aber nicht nur für *Polen*, sondern auch für *Griechenland, Rumänien* und unzählige andere kleine Länder, denen wir nie hätten helfen können. Das ist eine Wahnsinnsaktion geworden, wir sind wie hysterische Frauen herumgelaufen wegen dieser Abwehrberichte und wir haben dann Garantien wie Konfetti verteilt. Am 31. März haben wir diesen verhängnisvollen Schritt getan.

Von dem Augenblick an haben die *Polen* gewußt: *„Wir können nun alles unternehmen, was wir wollen, die Engländer werden uns Rückendeckung geben."* Das ist für uns verhängnisvoll gewesen. Am 3. April hat das englische Auswärtige Amt den Bericht eines V-Mannes erhalten, der in Verbindung mit dem OKW stand und der bekanntgab, daß die deutsche Luftwaffe einen Blitzangriff gegen die englische Flotte vorbereite. Daher hat man auch an diesem Tag die ganze Flakverteidigung in Alarm versetzt. Selbstverständlich liest man kein Wort davon in den nach dem Krieg veröffentlichten englischen Geschichtsbüchern, denn das liest sich alles heute ungeheuer peinlich, wenn man vergegenwärtigen muß, daß das gar nicht so gewesen ist, wie man es dargestellt sehen möchte.

Hitler in den letzten Friedenstagen

Wenn man nun vorschreitet bis August 1939: Man weiß, wie es dazu gekommen ist, man kann das alles nicht in ein paar Minuten schildern. Aber die zweite Quelle, die ich vorhin erwähnt habe, gibt einen guten Einblick in Hitlers Gedankengänge in diesen letzten Kriegstagen, heute vor 40 Jahren. Ihm wurde nämlich in diesen Tagen als Verbindungsoffizier des Heeres ein Oberstleutnant *Nicolaus von Vormann* zugeteilt. *Von Vormann* hat kein eigentliches Tagebuch geführt, aber er hat jeden Tag seiner Frau Briefe geschrieben.

Hitler hat beabsichtigt, am 25. August den Befehl zu erteilen, schon am nächsten Tag in *Polen* einzumarschieren. Seine Geduld war erschöpft. *„12.30 Uhr Meldung bei Hitler"*, schreibt *von Vormann* am 25. August, am nächsten Tag sollte es losgehen. *„Starke Spannung, da bis 14.00 Uhr der Befehl für ‚Fall Weiß' gegeben sein muß. Oberbefehlshaber des Heeres erklärt sich einverstanden, wenn der Befehl erst um 15.00 rausgeht"*, man erwartete noch verschiedene Meldungen. *„13.15 Uhr Frühstück im engsten Kreis. Sehr schnell, hastig, Hitler sehr nervös, steht nach 10 Minuten auf, um Henderson, den englischen Botschafter, zu empfangen. Gespräch dauert bis 14.40 Uhr. Inzwischen kommt der italienische Botschafter, um Antwort auf das lange Telegramm an Mussolini vom Vormittag zu bringen.* (Man will Mussolini vom Bündnisfall überzeugen.) *Viele Rücksprachen mit Ribbentrop – dazwischen der französische Botschafter, 15.02 Uhr befiehlt Hitler ‚Fall Weiß', also morgen gehts los! Gegen 16.00 Uhr wird bekannt, daß England Polenvertrag ratifiziert hat."* Das ist eben die Garantie. Das kam für *Hitler* völlig unerwartet. Das hat er gar nicht bedacht, daß wir Engländer so dumm sein würden, tatsächlich unser ganzes Empire aufs Spiel zu setzen. Dann hat er das überlegt. Vielleicht müssen die Engländer das tun, die sind ja anständige, feine Leute, die müssen es ja ratifizieren, tun das aber nur zum Schein, sie werden nicht schießen. Wir werden ja sehen, ob ich recht habe oder nicht. *„Große Erregung, klar, England marschiert, Frankreich dito., Italien macht nicht mit. Brauchitsch schickt mich zum Chef des Generalstabes, Halder. ‚Kein Beginn der Feindseligkeiten!' Es mußte alles abgestoppt werden."* Es wurde auch fast alles abgestoppt, nur ein paar Reitertruppen sind dann am folgenden Morgen, 26. August, über die Grenze geritten.

Steht England zu Polen?

Am 28. August schreibt *von Vormann: „Hitler glänzender Laune, hofft zuversichtlich, England so weit zu bringen, daß wir mit Polen allein zu tun haben. Großes Rätselraten, was Henderson (Botschafter), Abflug London 16.30 Uhr, mitbringt. Bisher nichts durchgesickert."* Am nächsten Tag aber muß dann *von Vormann* schreiben, *„Henderson hat nicht das gebracht, was erwartet wurde. So sagt man wenigstens. Was nun kommt, ‚liegt in der Zukunft dunklem Schoße'."* Am 31. August: *„0.30 Uhr hatte Hitler seinen Entschluß gefaßt. Um 3.00 Uhr bin ich nach Benachrichtigung des Oberkommandos tiefsinnend ins Hotel gegangen. Hitler glaubt fest, daß Frankreich und England nur so machen werden, als ob sie Krieg führen wollen."* Das ist es eben. Die werden nur so tun als ob! Den berühmten Scheinkrieg führen. 1. September – heute vor 40 Jahren: *„Natürlich ist noch nicht alles klar. Die große Frage: ‚Wird England wirklich zu Polen stehen?' ist ganz offen. Jetzt, 18.00 Uhr, tagt das englische Parlament und soeben haben sich nacheinander der englische und französische Botschafter angemeldet."*

3. September: *„Hochstimmung gegen Abend, daß es gelingen würde, England und Frankreich zu einer zumindest zweifelhaften Haltung zu bringen. Nun ist es heute doch geschehen. Um 9.00 Uhr erschien der Engländer mit dem Ultimatum bis 11.00 Uhr und um 11.00 Uhr der Franzose mit dem Ultimatum bis 17.00 Uhr. Ich mache nichts mies und sehe nicht schwarz, aber sehe sehr ernst in die Zukunft. Das wollten wir nicht! Bis heute früh herrschte der Glaube, irgendwie Zeit gewinnen und die Entscheidung hinziehen zu können. Der Führer glaubt auch heute noch, daß die Westmächte den Krieg sozusagen nur andeuten werden. Deshalb habe ich 13.50 Uhr dem*

Heer den Befehl übermitteln müssen, die Feindseligkeiten nicht von unserer Seite zu beginnen (im Westen). Ich kann diesen Glauben nicht teilen", so schreibt Oberstleutnant *von Vormann.*

„Das ist eine Verkennung der englischen und französischen Psyche. Da ich heute weiß, was Krieg ist, stehe ich den Ereignissen anders gegenüber als 1914." Am 4. September, am nächsten Tag, kommt dann eine Wende: *„Im Westen ist inzwischen ein Propagandakrieg ausgebrochen. Sollte der Führer doch recht behalten? Bei Saabrücken sollen die Franzosen ein Schild gezeigt haben: ‚Von uns fällt der erste Schuß nicht!' Da wir befohlen haben, auf keinen Fall die Feindseligkeiten zu eröffnen, bin ich gespannt, wie es weitergeht?"*

Das ist die Lage in der Reichskanzlei in *Berlin* in diesen Tagen vor dem Kriegsausbruch. Man hat erwartet, daß *England* nicht schießen würde. Wir haben auch nicht geschossen. Wir haben Gewehr bei Fuß gestanden, monatelang, haben nichts unternommen und der einzige Mann, der dann etwas unternommen hat, ist *Churchill.* Als *Churchill* dann die Möglichkeit hatte, Schaden anzurichten, hat er losgeschlagen. Er hat zunächst diesen Schlamassel in *Norwegen* verursacht. Wegen dieses Skandals ist er dann irgendwie an die Spitze gekommen. Das hat er selber verursacht, aber dadurch ist sein Premierminister zu Fall gebracht worden und *Churchill* wird Premierminister. Nun, das, was man in *England* nicht erwartet hatte, ist, daß *Frankreich* und die *Niederlande* so schnell besiegt werden würden. Daß wir dann plötzlich mutterseelenallein dastehen würden!

Die letzte Friedenschance im Juli 1940

Und es ist nun interesant zu sehen, wie gegen Ende Juli 1940 die letzte Chance für uns Engländer, rechtzeitig Frieden zu bekommen, verspielt wurde. Auf der deutschen Seite ist zu dieser Zeit *Hitler* immer noch der alte englandfreundliche Führer.

Am 2. Juni 1940 schreibt beispielsweise der Generaloberst *von Weichs*, ein Armeeführer im Westen, in seinen Aufzeichnungen über einen Besuch *Hitlers* bei den Oberbefehltshabern in *Frankreich* (in *Charleville)*: Hitler sagte da, er wolle an England *„keinerlei Forderungen"* stellen, *„da dieser Staat in seiner Mission für die weiße Rasse von niemandem, auch nicht durch Deutschland, ersetzt werden könne."* Das ist *Hitlers* Ansicht durchgehend gewesen.

Auf der englischen Seite waren inzwischen auch Stimmen der Vernunft da. *Churchill* ist bereits Premierminister geworden, aber aus dem englischen Kriegskabinett und aus dem englischen Auswärtigen Amt kommen schon die ersten Stimmen des Zweifels. *„Tun wir recht, sollen wir denn weiterkämpfen?"* Am 17. Juni 1940 läßt der Unterstaatssekretär im Auswärtigen Amt, *Butler*, der heutige *Lord Butler*, den schwedischen Gesandten zu sich kommen und sagt zu ihm, der Krieg müsse nicht bis zum bitteren Ende ausgefochten werden. *„England sei an einem Kompromißfrieden interessiert, falls dieser vernünftige Bedingungen enthalte. ‚Unentwegte Fanatiker'*, damit zielte *Butler* namentlich auf *Churchill*, *„dürften einer solchen politi-*

schen Lösung nicht im Wege stehen.' Und *Halifax*, der Außenminister, bestätigte: „*Gesunder Menschenverstand und nicht Großsprecherei werden Englands Politik bestimmen.*" So hat man dann von englischer Seite versucht, am 17. Juni 1940 zwischen *England* und *Deutschland* Kontakt aufzunehmen.

Churchill war wütend, wollte auf alle Fälle solche Kontakte torpedieren und tat das dann tatsächlich auch dadurch, daß er die englische Flotte, die ihm ziemlich loyal gegenüberstand, in die nördlichen Gewässer hinausschickte und vier schwedische Frachter kapern ließ. Er hat sie aus irgendeinem fadenscheinigen Grund aufbringen lassen, sie waren nämlich vor ein paar Wochen von den Italienern an die Schweden verkauft worden. So hat *Churchill* den Schweden mit der Faust aufs Auge geschlagen, so daß die Schweden danach keinesfalls geneigt waren, als Vermittler zwischen *Deutschland* und *England* zu dienen. So hat *Churchill* immer weiter die Verbindungswege zerschlagen.

Hitler hat bekanntlich seinen letzten Appell an die englische Vernunft in seiner Reichtagsrede am 19. Juli 1940 vorgebracht. Einige Tage zuvor hat seine Privatsekretärin *Christa Schröder* einen Privatbrief geschrieben, den sie mir gegeben hat. Ich muß das leider rückübersetzen, denn das deutsche Original liegt mir hier nicht vor, aber sie schreibt am 25. Juni: „*Hitler wird im Reichstag bald sprechen, er macht wohl seinen letzten Appell an England. Ich glaube, es tut ihm weh, immer noch England angreifen zu müssen.*" Der „*letzte Appell*" wurde auf den 19. Juli festgelegt.

Die ganze Welt erwartete *Hitlers* Rede mit Hochspannung, vor allem *England. Churchill* wollte gar nicht, daß die Engländer ernsthaft auf diesen letzten Appell reagieren. Die erstaunlichsten Maßnahmen wurden in *England* ergriffen. Man hat den Belagerungszustand ausgerufen, man hat Sondergerichte mit nur einem Richter eingerichtet, etwas ganz Einmaliges in der englischen Geschichte. Diese Sondergerichte wurden mit dem Recht ausgestattet, Todesurteile gegen Leute auszusprechen, die der Sabotage, des Verrats und anderer politischer Delikte schuldig waren. Man hat ein Streikverbot ausgesprochen, denn man wußte, daß die englischen Arbeiter längst des Krieges müde geworden waren.

Trotzdem hat *Hitler* im Reichstag am 19. Juni sein Angebot gemacht. Das war die berühmte Sitzung, als er elf Generale zu Feldmarschällen befördert, als er *Göring* zum Reichsmarschall ernannt hat. Es war eine nicht sehr geschickt formulierte Ansprache, das ist klar, denn *Hitler* war sehr ungeduldig geworden.

Dieser letzte Appell *Hitlers* wurde zurückgewiesen, bezeichnenderweise nicht etwa von der englischen Regierung, sondern gleich eine Stunde nach der Übertragung von *Hitlers* Ansprache kam die Antwort von der BBC mit der Stimme eines Mannes, der fließend Deutsch sprach und auf deutsch sagte: „*Wir weisen Ihren Appell zurück! Unsere Vernunft, unsere nationale Stärke, unser Gefühl für Ehre und Gerechtigkeit, unsere Verantwortung gegenüber der Welt fordern von uns, daß wir mit allen unseren Kräften für die Freiheit kämpfen, die Sie vernichten wollen!*' Mit dieser brutalen Antwort war es Hitler eine Stunde nach seiner Ansprache ganz klar, daß die letzte Möglichkeit einer Verständigung zwischen *England* und *Deutschland* aus seiner Hand geschlagen wurde. Die Stimme war die des berühmten Engländers *Sefton Delmer* und fortan war es in der BBC – wie gesagt – verboten, die Antikriegsbewegungen auch nur zu erwähnen. Die Engländer haben weiterkämpfen müssen.

Der *Herzog von Windsor*, der damals noch in *Lissabon* weilte und der inzwischen sehr nüchtern geworden war, er wartete sehnlichst auf ein Kriegsende, hat dem amerikanischen Botschafter in *Lissabon* (eine unanfechtbare Quelle) gesagt, *„daß das englische Volk leider in die Hände von wahnsinnig gewordenen Politikern geraten ist, die nur an ihrer eigenen Zukunft interessiert sind."*

Und so kam es dazu, daß heute vor vierzig Jahren unsere beiden Völker in einem Krieg aneinandergeraten sind, der wenigstens uns, den Engländern, nie etwas hat nützen können. Wir haben nur verloren. Wir haben unseren Krieg mit amerikanischen Geldern finanziert, das haben die Engländer bis heute nicht begriffen. Die ganzen Verständigungsversuche, die von englischer Seite ausgingen, sind in den englischen amtlichen Geschichtswerken verschwiegen worden. *Churchill* erwähnt sie mit keinem Wort, er deutet nur an, daß die Deutschen ab und zu solche Fühler ausgestreckt hätten, aber immer sei ablehnend oder gar nicht geantwortet worden. Die Tatsache, daß auch von vernünftigen Engländern solche Fühler ausgestreckt wurden, wird schweigend übergangen. Die entsprechenden Akten, Kabinettakten und Akten des Premierministers, die sich in englischen Archiven befinden, sind bis zum Jahre 1990, zum Teil sogar bis zum nächsten Jahrhundert gesperrt. Man darf also nicht wissen, daß ein großer Teil des englischen Volkes mit dem ganzen Vorgehen nicht einverstanden war.

Jetzt ist die Geschichte umgeschrieben worden, jetzt weiß man nachträglich, warum man mitgefochten hat. Man wird immer wieder von den Hollywood-Produzenten erfahren, warum der Krieg geführt wurde und deshalb muß man auf die tatsächlichen Geschichtswerke zurückgreifen. Man muß auf diese Werke zurückgreifen, um endlich, heute nach 40 Jahren, an die Wahrheit zu kommen.

DANKWART KLUGE:

Die Schlüsseldokumente und die Kriegsschuldfrage

Nürnberg 1. Oktober 1946. Lord-Richter *Lawrence* verkündet die Urteilsformel. Die Angeklagten *Göring, Raeder, Keitel, v. Neurath* u. a. werden wegen Verbrechens gegen den Frieden verurteilt. Die deutsche Staatsführung wird für schuldig befunden, unter der Leitung *Adolf Hitlers* den zweiten Weltkrieg vorsätzlich entfesselt zu haben.

„Der Krieg gegen Polen kam nicht plötzlich aus heiterem Himmel; das Beweismaterial hat klar ergeben, daß dieser Angriffskrieg wie auch die Besetzung Österreichs und der Tschechoslowakei wohl überlegt und eingehend vorbereitet war, und er wurde erst begonnen, nachdem der geeignete Zeitpunkt gekommen schien, in dem er als bestimmter Teil eines im voraus festgelegten Plans ausgeführt werden konnte." [1])

So wurde unter den makabren Klängen einer juristischen Posse eine neue Kriegsschuldlüge eingeläutet. Das angebliche Beweismaterial bestand aus den sogenannten Schlüsseldokumenten. Dabei handelt es sich um verschiedene Berichte über vier „geheime Konferenzen" *Hitlers* mit der höchsten Generalität am 5. 11. 1937, 23. 5., 22. 8. und 23. 11. 1939, auf denen der Krieg beschlossen worden sein soll. Man fühlt sich an die Legende vom kaiserlichen Kronrat aus dem ersten Weltkrieg erinnert. Damals beschuldigten die Alliierten die deutsche Regierung in gleicher Weise. Erstmalig war von einer „Verschwörung" die Rede. Doch dieser von *Morgenthau sen.* [2]) angeheizte Schwindel wurde alsbald entlarvt und richtig gestellt. [3]) Anders bei den Schlüsseldokumenten. Die Einwände der Verteidigung verhallten ungehört. Die deutsche Historikerschaft folgte ihr nicht. Entweder, weil sie selbst im Sold der Sieger stand, oder weil sie zu feige war, den ihr hingeworfenen Fehdehandschuh aufzunehmen. Rühmliche Ausnahmen, wie etwa die immer noch grundlegende Studie von *Dr. Seraphim* [4]) oder die Forschungen von *Brennecke* [5]) wurden totgeschwiegen. Die Arbeit von *Walendy* [6]) befindet sich als jugendgefährdend bereits auf dem Index. Wer gegen das Credo der deutschen Alleinschuld verstößt, hat heutzutage wahrlich nichts zu lachen. Opportunistische Geschichtsschreiber, die sich nicht der Forschung und Wahrheit, sondern einer öffentlichen Meinung verpflichtet fühlen, beherrschen das Feld. Knechte des Zeitgeistes, die sich im Rahmen einer international angelegten Umschreibung der deutschen Geschichte dazu hergeben, nicht ihrem Gewissen, sondern den Direktiven einer etablierten Hoch-

[1]) IMT Bd. I, S. 207.
[2]) AMBASSADOR Morgenthau's STORY, New York 1918, S. 82–89.
[3]) Montgelas: Leitfaden zur Kriegsschuldfrage, Berlin/Leipzig 1923, S. 170–172.
[4]) Nachkriegsprozesse und zeitgeschichtliche Forschung in Festschrift für Herbert Kraus, Kitzingen 1954, S. 436–455.
[5]) Die Nürnberger Geschichtsentstellung, Tübingen 1970, S. 114–154.
[6]) Wahrheit für Deutschland, Vlotho 1970, S. 442–462.

finanz zu folgen. Dabei sollte eine quellenkritische Auseinandersetzung mit den Schlüsseldokumenten doch eigentlich eine Selbstverständlichkeit sein. Wer ohne die Beweismittel zu prüfen, eine Behauptung aufstellt, wirkt unglaubwürdig, ganz gleichgültig, ob er nun Historiker ist oder nicht. Da während des Nürnberger Prozesses bekanntermaßen häufig erpreßte Zeugenaussagen und gefälschte Dokumente vorgelegt wurden, erscheint besondere Vorsicht geboten.

Ein Beispiel vorweg: Dokument L–3 über die Besprechung vom 22. 8. schließt mit den Worten: *„Die Rede wurde mit Begeisterung aufgenommen. Göring stieg auf den Tisch. Blutrünstiger Dank und blutrünstiges Versprechen. Er tanzte wie ein Wilder herum. Die wenigen Bedenklichen schwiegen.“* [7]) Schon der gesunde Menschenverstand sagt uns, daß hier etwas nicht stimmen kann. Dieser Bericht ist so offenkundig unglaubhaft, daß jede ins einzelne gehende Quellenkritik reine Zeitverschwendung wäre. Selbst die alliierte Anklagevertretung hat es nicht gewagt, das Dokument besonders herauszustellen. [8]) Interessant ist jedoch folgendes: L–3 ist einige Tage nach der Veranstaltung, aber noch vor Kriegsausbruch, im Auftrag des Widerstandes – Generaloberst *Beck* – dem gerade in Berlin weilenden Korrespondenten der „Associated Press“, *Louis P. Lochner*, übergeben worden, um die Engländer von *Hitlers* Kriegsabsichten zu überzeugen. [9]) Eine etwas ungewöhnliche Verfahrensweise!

Wie steht es aber mit den übrigen Dokumenten? Ihnen allen ist zunächst eines gemeinsam. Es handelt sich um keine Protokolle, sondern durchweg um nachträgliche Niederschriften, die von niemandem überprüft worden sind. Sie beinhalten daher lediglich eine subjektive Darstellung des jeweiligen Verfassers, bieten aber keine Gewähr für die Richtigkeit des Geschehensablaufes. Die dem Referenten in den Mund gelegten Äußerungen brauchen also durchaus nicht zuzutreffen, wie bereits die Verschiedenartigkeit der Berichterstattung beweist. Schon nach einigen Tagen ist es praktisch kaum noch möglich, eine wortgetreue Wiedergabe einer Besprechung niederzuschreiben. Liegt das Ereignis aber Monate oder gar noch länger zurück, so ist der Fehlerquelle Tür und Tor geöffnet. Jeder verantwortungsbewußte Quellenforscher wird schon an dieser Stelle zu besonderer Zurückhaltung mahnen. Weittragende Behauptungen wird er auf solche Dokumente allein nicht stützen wollen.

Bei den Ausführungen *Adolf Hitlers* kommt nun noch hinzu, daß er nicht immer aussprach, was er dachte, sondern seine Argumente häufig der von ihm verfolgten Absichten unterordnete. Diejenigen, welche sich ständig in seiner Umgebung aufhielten, stimmen etwa in folgender Beurteilung überein.

Hitler . . . „holte sehr weit aus, er verfolgte vor allem mit jeder Rede einen besonderen Zweck je nach dem Zuhörerkreis, den er vor sich hatte. Er war, ebenso wie er ein Meister der Dialektik war, ein Meister des Bluffs. Er brauchte starke Ausdrücke ebenfalls nach dem Zweck, den er verfolgte, er

---

[7]) ADAP, Serie D, Bd. VII, S. 172.
[8]) IMT Bd. II, S. 321.
[9]) Eidenstattliche Versicherung Lochners vom 3. August 1949 im Manstein-Prozeß, MA 113/6, IFZ.

ließ seiner Phantasie außerordentlich starkes Spiel, er widersprach sich auch häufig in aufeinanderfolgenden Reden. Man wußte nie, welches seine echten Ziele und Absichten waren. Das war am Ende einer solchen Rede außerordentlich schwer festzustellen." [10])

Dieser Gesichtspunkt ist bei einer Analyse der Schlüsseldokumente in hervorragendem Maße mit zu berücksichtigen, denn er betrifft *Hitlers* grundsätzliche Einstellung bei allen seinen Reden. Daraus ergibt sich, daß *Hitlers* Ausführungen nicht ohne weiteres seine wirklichen Gedanken und Ziele widerspiegeln.

Ausgehend von diesen beiden Grundüberlegungen wollen wir uns nun der Quellenlage im einzelnen zuwenden.

1) 5. 11. 1937. *Hoßbach-Niederschrift.* [11])

Das Original dieses Dokuments ist verschollen. Die im Auftrage des *Grafen Kirchbach* gefertigte und von *v. Martin* den Alliierten übergebene Abschrift ist angeblich nicht mehr auffindbar. Der von der Abschrift hergestellte Mikrofilm ist ebenfalls nicht zugänglich. Vorhanden ist lediglich eine Kopie des Mikrofilms, also ein Dokument vierter Hand. *Hoßbach* hat es in Nürnberg abgelehnt, die wörtliche Übereinstimmung zwischen Kopie und Original zu bestätigen. Nach *Kirchbach* und *v. Martin* ist die vorliegende Fassung der Niederschrift *„gefälscht"*. [12]) Sämtliche Besprechungsteilnehmer — mit Ausnahme von *Fritsch*, der bereits 1939 gefallen war — haben der Auffassung, daß seinerzeit ein Angriffskrieg geplant worden sei, entschieden widersprochen. *Hoßbach* selbst — ein Mann des Widerstandes und daher kaum geneigt, zugunsten *Hitlers* zu sprechen — urteilt rückschauend:

„Gerade die Tatsache, daß Hitler den Teilnehmerkreis der Sitzung am 5. 11. 1937 auf den Reichsaußenminister und die vier höchsten Soldaten beschränkte, zeigt, daß Beschlüsse akuter und konkreter Art hinsichtlich der Vorbereitung eines Angriffskrieges nicht gefaßt werden konnten ... An diesem Tage ist kein „Kriegsplan" als Grundlage gemeinsamen Denkens und Handelns für die durch die politischen, militärischen, wirtschaftlichen usw. Stellen zu treffenden Vorbereitungsmaßnahmen aufgestellt worden." [13])

2) 23. 5. 1939 — *Schmundt-Bericht.* [14])

Die in Nürnberg vorgelegte Fassung weist handschriftliche Verbesserungen auf, die nicht von der Hand *Schmundts* stammen. Das Dokument trägt kein Datum. Es ist also ungewiß, wann der Bericht geschrieben wurde. Verschiedene Bemerkungen *Hitlers* deuten auf Anfang/Mitte 1940 hin. Wie dem auch sei, der Inhalt des Dokuments spricht nicht für, sondern gegen die Anklage. Am Schluß heißt es nämlich:

---

[10]) Raeder, IMT Bd. XIV, S. 44; ebenso Halder, Fall XII (OKW-Prozeß) S. 1863/2068 und v. Below, zitiert bei Irving: Hitlers Weg zum Krieg, München/Berlin 1979, S. 25.

[11]) IMT Bd. XXV, S. 402–413. Eine ausführliche Arbeit des Verfassers zu diesem Dokument wird voraussichtlich im Frühjahr 1980 erscheinen.

[12]) Unterlagen im Besitz des Verfassers. Wie hier Henrikson: Das Nürnberger Dokument 386-PS in: Probleme deutscher Zeitgeschichte (Lund Studies in International History) Stockholm 1971, S. 151 (161).

[13]) Hoßbach: Zwischen Wehrmacht und Hitler, Wolfenbüttel 1949, S. 192/193.

[14]) IMT Bd. XXXVII, S. 546–556.

[15]) IMT a.a.O., S. 556.

„Auf Anfrage des Feldmarschalls Göring bestimmt der Führer ... die Rüstungsprogramme sind auf 1943 bzw. 1944 abzustellen." [15])

Danach war ein Krieg für 1939/1941 aber gerade nicht geplant, sondern allenfalls für einen späteren Zeitpunkt in Aussicht genommen. Kein einziger Besprechungsteilnehmer verließ die Sitzung in der Überzeugung, der Krieg sei eine beschlossene Sache. Weder *Halder*, noch *Keitel*, weder *Raeder* noch *Bodenschatz*, weder *Milch* noch *v. Brauchitsch* usw.

3) 22. 8. 1939 – *sog. „Schweinehund"-Rede* [16])

Von dieser Besprechung existierten nicht weniger als 6 Fassungen, die mitunter erheblich voneinander abweichen. L–3 haben wir bereits kennengelernt. Zwei weitere, ebenfalls in Nürnberg vorgelegte Berichte 798-PS [17]) und 1014-PS [18]) tragen kein Datum, keine Unterschrift, sind ohne Kopf und ohne Geheimvermerk. Wir haben also nicht mehr, als einige zusammengeheftete Schreibmaschinenseiten, von denen nicht einmal sicher ist, wo sie aufgefunden wurden. Dafür ist ihr Inhalt umso markiger. Aus dieser anonymen Quelle stammt der berühmt-berüchtigte Ausspruch *Hitlers:*
„Ich habe nur Angst, daß mir noch im letzten Moment irgendein Schweinehund einen Vermittlungsplan vorlegt."

Dieser Satz ist eine reine Erfindung. Daß *Hitler* sich so nicht ausgedrückt hat, haben übereinstimmend die Zeugen *Raeder, v. Manstein* und *Boehm* bekundet. In den übrigen drei Fassungen fehlt dann auch eine solche Bemerkung. Von diesen drei Dokumenten können wir sogleich den Bericht *Greiners* außer acht lassen, denn *Greiner* war bei der Zusammenkunft nicht zugegen, hat sein Wissen nur vom „Hören-Sagen". [19]) Bleibt die Niederschrift des Admirals *Boehm* [20]) und die Tagebucheintragung von *Halder.* [21]) Beide Dokumente beweisen aber nicht, daß *Hitler* einen deutsch-polnischen oder gar einen Weltkrieg geplant hätte. Das bezeugen neben den zuvor genannten Teilnehmern auch *Keitel, Küchler, Leeb* u. a. Geben wir abschließend wieder einem Vertreter des Widerstandes das Wort.

Halder erklärte im OKW-Prozeß:

„Die Besprechung endete damit, daß Hitler sagte, Polen ist isoliert, die Verhandlungen gehen weiter." [22])

4) 23. 11. 1939 – *sog. Dschingis-Khan-Rede* [23])

Die Besprechung fand erst während des Krieges nach Beendigung des Polenfeldzuges statt. Rückschlüsse auf die Zeit vor dem Kriege sind nicht ohne weiteres zwingend, denn im nachhinein ergibt sich häufig eine andere Beurteilung als vorher.

[16]) Vgl. zum Stand der Forschung, wenn auch mit gegenteiligem Ergebnis: Baumgart: Zur Ansprache Hitlers vor den Führern der Wehrmacht im August 1939 in VJfZ 1968, S. 120–149.
[17]) IMT Bd. XXVI, S. 338–344.
[18]) IMT Bd. XXVI, S. 523–524. Danach haben zwei verschiedene Besprechungen stattgefunden.
[19]) Kriegstagebuch des OKW 1940–1945, Frankfurt/Main 1965, Bd. 1, S. 947.
[20]) IMT Bd. XLI, S. 16–25, der voraussichtlich zuverlässigste Bericht.
[21]) Halder: Kriegstagebuch, Stuttgart 1962, Bd. 1 S. 22–26.
[22]) Fall XII S. 1863.
[23]) IMT Bd. XXVI, S. 327–336. Quellenkritisches, wenn auch weitgehend überholt bei Jacobsen: Fall Gelb, Wiesbaden 1957, S. 59–64.

Überliefert sind verschiedene Fassungen. Das in Nürnberg vorgelegte Dokument trägt wiederum kein Datum, keine Unterschrift, keinen Kopf usw. Die anderen Berichte bestätigen seinen Inhalt nur teilweise. Im Tagebuch des Feldmarschalls *von Leeb*[24]) z. B. ist nichts, aber auch gar nichts enthalten, was auf eine „nachträgliche" Verschwörung schließen ließe. Bleibt fast überflüssig zu betonen, daß auch die Besprechungsteilnehmer die Nürnberger Version ablehnten. Von ihnen sei hier lediglich *v. Manstein* angeführt: *„Der Führer wollte uns in der Besprechung klar machen, daß die Westoffensive unbedingt notwendig sei und wollte uns überzeugen davon, daß sie auch erfolgreich sein würde. Im übrigen war die ganze Rede ein einziger Angriff gegen die Generäle . . ."*[25])

Zusammendfassend können wir folgendes feststellen:

Kein einziges Dokument hält einer quellenkritischen Überprüfung stand. Die Einwände sind durchweg so erheblich, daß es sogar bedenklich erscheint, solchen Unterlagen überhaupt irgendwelchen Wert beizumessen. Für die Frage der Kriegsursachen des 2. Weltkrieges geben sie jedenfalls nichts her. Sie beweisen insbesondere nicht, daß deutscherseits der Krieg planmäßig vorbereitet und entfesselt wurde. Wer die Schlüsseldokumente kritiklos übernimmt, verbaut sich den Weg zu wirklicher historischer Erkenntnis.

Geben wir der Wahrheit die Ehre!

---

[24]) Tagebuchaufzeichnungen und Lagebeurteilungen aus zwei Weltkriegen, Stuttgart 1976, S. 202.
[25]) Aussage vom 4. 7. 1946 zitiert nach Brennecke a.a.O. S. 153.

WILFRED VON OVEN:

Die deutsche Propaganda am Vorabend des Zweiten Weltkriegs

Wenn man – wie ich – persönlicher Pressereferent des ehemaligen Reichspropagandaministers gewesen ist, so hat das seine Vor- und Nachteile. Die Nachteile sind offenkundig. Ich brauche sie Ihnen, von denen viele KZ, Illegalität und jahrzehntelange Verfolgung erlebt haben, nicht zu schildern. Zu den Vorteilen gehört, daß ich auch in diesem Jahr wieder, wie schon in den beiden vorhergehenden, bei diesem Kongreß unserer *Gesellschaft für freie Publizistik* in Ihrer Mitte weilen darf. Ich soll Ihnen über *„Die deutsche Propaganda am Vorabend des Zweiten Weltkrieges“* berichten. Den ehrenvollen Auftrag verdanke ich meiner einleitend erwähnten Stellung bei *Dr. Goebbels.* Aber ich bekleidete sie nicht am Vorabend des *Zweiten Weltkrieges,* sondern in dessen Endphase, den beiden letzten und dunkelsten Jahren, als die totale Niederlage über uns hereinzubrechen begann, deren Folgen wir alle heute noch zu tragen haben, wenn auch vielleicht nicht materiell, so doch moralisch und politisch. So gut ich auch die Propaganda des *Dritten Reiches* und ihren anerkannten Meister, *Dr. Joseph Goebbels,* zu kennen glaube, so habe ich doch aus eigener Erfahrung und eigenem Erleben zu meinem Thema nur persönliche Eindrücke vom Kriegsbeginn beizutragen. Blenden wir also 40 Jahre zurück:

Sommer 1939. Im Mai war die *Legion Condor,* der ich als Freiwilliger angehört hatte, siegreich aus dem *Spanischen Bürgerkrieg* zurückgekehrt. Im Juni hatte der Führer auf der Ost-West-Achse von *Berlin* ihre Parade abgenommen. Der *Scherl-Verlag* in *Berlin* hatte mich mit Arbeit reichlich eingedeckt, nun die Tarnung der deutschen Beteiligung am antikommunistischen Befreiungskampf auf der Pyrenäenhalbinsel gefallen und mit der Rückkehr der *Legion Condor* die Berichterstattung über ihren dreijährigen Einsatz freigegeben war. Ich schrieb mir, wie man so sagt, die Finger wund. Ich glaubte, mir einen Sommerurlaub mit meiner Familie verdient zu haben. Mein Chefredakteur war zum Glück derselben Meinung. Nach *Madeira* oder zu sonstigen aufwendigen Urlaubs-Fernzielen fuhren einfache Volksgenossen wie wir damals nur mit KdF: Kraft durch Freude. Wir wollten nach so langer Trennung von der kurz vor meinem *Spanien-Einsatz* begründeten Familie unter uns sein. Es war ein wunderschöner Sommer, den wir am Strand von *Vitte* auf *Hiddensee,* dem heutigen Erholungsparadies für „DDR“-Bonzen, in vollen Zügen genossen.

Unser Urlaub neigte sich schon seinem Ende zu, als die Fischerfrau, bei der wir wohnten, Post aus *Berlin* überreichte. Es war eine Postkarte, vorgedruckt, knallrot und nichts Gutes verheißend: mein Einberufungsbefehl. „Sie haben sich ...“ Ort und Zeit meiner Gestellung waren mit der gleichen militärischen Genauigkeit und Kürze angegeben wie die mitzubringenden persönlichen Utensilien. Auch der Zweck wurde nicht verheimlicht. Es sollte sich um eine *„militärische Übung“* handeln. Voraussichtliche Dauer derselben: 14 Tage. Auch das war präzis vermerkt. Es wurden — alles in allem — fast ebenso viele Jahre daraus. Für mich endete diese „militärische Übung“ erst, als ich nach Krieg und langer Illegalität, Amnestierung und Entnazifizierung 1951 mit meiner Familie in *Buenos Aires* an Land ging.

Damals, am 16. August 1939, ließ ich Frau und Kind mit allem Notwendigen versehen am Ostseestrand zurück und meldete mich in einer Kaserne in *Needlitz* bei *Potsdam*. Da wurde eine der Propagandakompanien aufgestellt, die sich die Führung angesichts des immer kritischer werdenden Konfliktes mit *Polen* aus dem Boden zu stampfen entschlossen hatte. 14 Tage später bereits überschritten wir mit den Spitzen der 4. Armee die deutsch-polnische Grenze im damaligen *Warthegau*. Man sagt immer, die Deutschen könnten zwar organisieren, aber nicht improvisieren. Nun, etwas Improvisierteres als diese unsere Propagandakompanie ist schwer vorstellbar. An ihr waren eigentlich nur die Uniformen und die ihr mitgegebenen Waffen und Geräte kriegsmäßig in Ordnung. Es waren die des Heeres. Äußerlich unterschieden wir uns kaum von den Zehntausenden von Kameraden, die mit uns an diesem frühen Morgen des 1. September 1939 in einen furchtbaren Krieg geschickt wurden. Von dem Fachpersonal, Wort- und Bildberichtern, Rundfunksprechern, Kameramännern, Laboranten, Pressestenographen, ja sogar Kriegsmalern- und -zeichnern, einige von ihnen mit ehrfurchterregendem Professorentitel, hatten nur die wenigsten jemals zuvor ein *Gewehr 98 K* in der Hand gehabt oder eine Uniform getragen, jedenfalls nicht die feldgraue. In wenigen Tagen wurden ihnen die Grundbegriffe militärischen Daseins beigebracht, Umgang mit der Waffe, Grüßen (mit und ohne Kopfbedeckung) und was so alles dazugehört. Unsere Fahrzeuge — wir waren vollmotorisiert — hatte man ebenso überstürzt bei Privatleuten requiriert, in vielen Fällen mit den dazugehörigen Chauffeuren.

Ich erzähle Ihnen diese an sich unwichtigen persönlichen Erlebnisse vom Kriegsanfang als Beitrag zu der Feststellung, daß dieser Krieg zumindest zu diesem Zeitpunkt und in diesem Umfang für die deutsche Führung eine Überraschung war, mit der jedenfalls das Propagandaministerium nicht gerechnet hatte. Tatsache ist, daß die auch vom Feind anerkannte einzigartige Waffe der Propagandakompanien bei Kriegsbeginn nur ein kümmerlicher, kaum lebensfähiger Embryo war. Am 1. September 1939 bestand die Armee, von der *Goebbels* auf dem Höhepunkt des Krieges, als sich schon die ersten Rückschläge eingestellt hatten, voller Stolz sagen konnte, sie sei *„die einzige, die bisher immer siegreich war“*, nur in ihren allerersten Anfängen. Das war keine Schlamperei, kein Versehen, kein Mangel an Voraussicht. *Hitler* und *Goebbels* wußten um die *kriegsentscheidende Wichtigkeit* der Propagandawaffe. Hätten sie, was heute bei vielen sogenannten Zeitgeschichtlern als *„erwiesene Erkenntnis“* gilt, von allem Anfang an den Krieg vorbereitet und zielstrebig auf ihn hingearbeitet (statt nur mit ihm zu bluffen), hätte es das in *Nürnberg* konstatierte Verbrechen der *„Verschwörung zur Vorbereitung eines Angriffskrieges“* tatsächlich gegeben (statt nur den Vorwand, um einen 85jährigen Greis heute noch hinter den Mauern von *Spandau* zu quälen), dann wäre die Propagandawaffe, das kann ich Ihnen versichern, schon 1939 so schlagkräftig und einsatzbereit gewesen wie unsere Panzer und Stukas, mit denen die Blitzsiege der ersten Kriegsjahre errungen wurden. Sie war es nicht, sondern über das Stadium erster zaghafter Versuche noch nicht hinausgelangt.

Die ersten fünf Propagandakompanien, von denen es schließlich allein beim Heer die dreifache Zahl geben sollte (Luftwaffe, Kriegsmarine und Waffen-SS hatten ihre eigenen PK's), wurden erst im September 1938 aufgestellt. Beim Sudeteneinmarsch wurden sie, den verschiedenen Armee-Oberkommandos zugeteilt, erstmalig probeweise eingesetzt. Erst nach den dabei gemachten Erfahrungen erhielt die Kriegsstärkenachweisung für die Propagandakompanien des Heeres am 1. März 1939 ihre endgültige Fassung. Lange Verhandlungen zwischen der militärischen und der politischen Führung waren ihr vorangegangen. Die *„Goebbels-Soldaten"*, wie wir — nicht ohne hämischen Unterton — genannt wurden, waren keine Erfindung des Reichspropagandaministers. Der Mann, der sich in der damals manchmal nicht zu vermeidenden Uniform todunglücklich fühlte (und dem sie auch — besonders die riesige Mütze — denkbar schlecht stand), sträubte sich mit Händen und Füßen dagegen, daß seine Berichter, Journalisten wie er, in Uniform gesteckt und einem militärischen Kommando unterstellt würden. Der erste Einsatz von Kriegsberichtern *überhaupt*, bei den Herbstmanövern von 1936, erfolgte noch auf ziviler Basis. Aber die bei dieser Gelegenheit und bei den Manövern des nächsten Jahres sowie die von mir persönlich im Spanischen Bürgerkrieg gesammelten Erfahrungen verhalfen auch im Propagandaministerium (und das war ganz und gar nicht militärfromm) der Erkenntnis zum Durchbruch, daß ein ziviler Kriegsberichter von der Truppe als Außenseiter betrachtet wurde und daß er, um für voll genommen zu werden und das Kampfgeschehen unmittelbar zu erleben, nicht nur militärischen Status haben, sondern auch dem kämpfenden Soldaten in Ausbildung, Uniform und Dienstgrad ebenbürtig sein mußte. Das war die revolutionär neue Idee der Propagandakompanien, die von Goebbels als dem zuständigen Fachminister in Zusammenarbeit mit dem Oberkommando der Wehrmacht verwirklicht wurde. Sie hat sich glänzend bewährt.

Die Übereinkunft zwischen militärischer und politischer Führung wurde am 27. September 1938 in einer Verfügung des OKW über *„Grundsätze für die Führung der Propaganda im Kriege"* festgelegt. Sie unterstellte die Propagandakompanien dem OKW, das dafür eine eigene Abteilung (später Amtsgruppe) Wehrmacht-Propaganda (WPr) unter dem damaligen Oberstleutnant (später General) *Hasso von Wedel* einrichtete, anerkannte aber die politische Führung des Propagandaministers, dem es obliegen sollte, die *„Übereinstimmung des Propagandakrieges mit dem Waffenkrieg"* herbeizuführen. Der eine wurde dabei wörtlich als der *„Vorläufer"* des anderen bezeichnet. Und diesen *„Vorläufer"*, der doch eher als Panzer und Stukas hätte dasein müssen und auch dasein können, den sollten *Hitler* und *Goebbels*, wenn sie zum Krieg entschlossen waren, erst organisiert haben, als der Krieg bereits im Gange war? Das hieße doch wohl die Tüchtigkeit der beiden unterschätzen, die — was man ihnen auch sonst nachsagen mag — unbestritten ist. Sie hatten — und das will ich versuchen, in meinen weiteren Ausführungen nachzuweisen — bis zu dem Augenblick, als die ersten Schüsse des Zweiten Weltkrieges fielen, gehofft, ihn vermeiden zu können. Ja, selbst als die Niederwerfung der größenwahnsinnig gewordenen polnischen Staatsführung durch die englische Garantieerklärung unausweichlich geworden war, und sogar noch nach der englisch-französischen Kriegserklärung vom 3. September 1939 glaubten sie, den Krieg auf *Europa* beschränken und durch einen Verhandlungsfrieden der Vernunft beenden zu können. Ich werde Ihnen die Beweise dafür im einzelnen anführen.

Propaganda, um den Frieden zu retten

Hitler und *Goebbels* waren sich wie niemand anders über die Bedeutung der Propaganda im Krieg im klaren. Sie wußten genau, was zu tun war. Aber sie ließen sich Zeit damit. Sie schmiedeten ihre Propagandawaffe erst im allerletzten Augenblick. Das kann nur eine Erklärung haben: sie hielten es nicht für nötig, weil sie im Gegensatz zu *Churchill* und *Roosevelt* einen Weltkrieg nicht herbeiführen, sondern unter allen Umständen vermeiden wollten. Das Vorhandensein von Panzern und Stukas konnte in diesem Sinn auf die andern abschreckend wirken. Darum baute man sie nicht nur, sondern stellte sie bei jeder Gelegenheit zur Schau. Die Propagandawaffe dagegen, die für einen langen, harten und vor allem siegreichen Krieg vielleicht ebenso wichtig war, hätte niemand sonderlich beeindruckt, da ihre ungeheure Wirkung sich erst viel später im Einsatz selbst erweisen sollte (etwa durch die Demoralisierung der Franzosen in der *Maginotlinie* oder durch das Überlaufen Hunderttausender von Rotarmisten). Darum unterließ die deutsche Führung ihre Aufstellung bis zuletzt, bis ihr der Krieg, wenige Tage vor seinem Ausbruch, wirklich unvermeidlich erschien.

Hitler hat sich schon 1923 im 6. Kapitel seines Buches *„Mein Kampf"* sehr eingehend mit dem Thema *„Kriegspropaganda"* beschäftigt. Ich möchte nicht zur Lektüre dieses Werkes anreizen, weil das bekanntlich verboten ist, aber doch allen Zeitgeschichts- und Kriegsursachen-Forschern angelegentlich empfehlen, gerade dieses Kapitel sehr genau zu lesen. *Hitler* bezeichnet darin die deutsche Propaganda im Ersten Weltkrieg zutreffend als *„in der Form ungenügend, im Wesen psychologisch falsch"*. Erinnern wir uns doch nur daran, daß *Hindenburg* — ganz im Gegensatz zu seinem Stabschef *Ludendorff*, der das Wesen der Propaganda im Krieg rechtzeitig und richtig erkannt und darüber sogar ein gleichfalls höchst lesenswertes Buch veröffentlicht hat — ausgesprochen propagandafeindlich war, eine Einstellung, die viele alte Reichswehroffiziere z. T. in hohen und höchsten Stellen der neuen Wehrmacht mit ihm teilten und lange bewahrten. *Hindenburg* hatte sogar das Abwerfen von Flugblättern über den feindlichen Linien als unmilitärisch ausdrücklich verboten, während gleichzeitig der geniale Kriegspropagandist der Alliierten, *Lord Northcliff* (1865—1922) nicht nur die Zeitungen seines eigenen Konzerns, sondern alle damals verfügbaren Nachrichtenmittel dafür einsetzte, um u. a. durch die Verbreitung des klassischen Greuelmärchens von den durch Deutsche in *Belgien* abgehackten Kinderhänden in der ganzen Welt eine Welle des Hasses gegen die *„deutschen Barbaren“* auszulösen und damit ganz wesentlich zum Sieg der Entente beizutragen. Dieser *„Sieg“* im Ersten Weltkrieg war ja zunächst nicht viel mehr als ein Patt aus gegenseitiger Erschöpfung, das erst durch die von *Northcliff* erstmals in großem Stil angewandte psychologische Kriegführung in einen Sieg verwandelt werden konnte. Das sollte den Alliierten nicht noch einmal gelingen. Hitler hatte es sich geschworen. Und *Goebbels* war der ideale Mann, seinen Schwur zu verwirklichen. Gewiß, die feindliche Propaganda war auch im Zweiten Weltkrieg gut. Aber unsere war besser. Das Deutsche Volk hat in seiner überwältigenden Mehrheit bis zum bitteren Ende hinter seiner Führung gestanden und mehr als seine Pflicht getan. Diesen Erfolg machte *Goebbels* nicht zuletzt auch durch seine Propagandakompanien möglich, die allein auf dem Gebiet der Berichterstattung (d. h. neben der ähnlich wichtigen Aktivpropaganda und der Truppenbetreuung) 80 000 Wortberichte, 2 Millionen Einzelfotos und 5 Millionen Meter Wochenschauaufnahmen erstellten. Ich habe sie einmal als *Goebbels'* genialste Erfindung und als die wahre Wunderwaffe des Zweiten Weltkrieges bezeichnet.

Es gehört zu den Paradoxien der Weltgeschichte, daß es der jüngere Bruder und Nachfolger *Lord Northcliffs* in der Führung des von ihm geschaffenen Pressekonzerns (*„Daily Mail“*, *„Daily Mirror“* und später die *„Times“*), daß es der *Lord Rothermere* war, der *Goebbels* den Vorschlag machte, eine von ihm organisierte Vortragsreise durch *England* zu unternehmen. Der Reichspropagandaminister sollte nicht in dieser Eigenschaft, sondern gewissermaßen als persönlicher Bekannter des Lords — der sich dieser Verbindung damals keineswegs schämte — in verschiedenen exklusiven Klubs und privaten Zirkeln so zwanglos und offen sprechen, wie sie beide das bei einem der frühen Besuche *Rothermeres* im Dritten Reich getan hatten. Der Zeitungslord, *Hitler* und *Goebbels* waren davon überzeugt, daß das in *Englands* Führungsschicht eine Welle von Verständnis, ja vielleicht sogar Sympathie für *Deutschland* ausgelöst und die von der deutschfeindlichen Propaganda bewußt herbeigeführten Mißverständnisse verhindert hätte, die schließlich dazu führten, daß sich die beiden Mächte bei ihrem gemeinsamen Feind, dem Sowjetimperialismus, dem keine von beiden *allein* Paroli zu bieten vermochte, den Rang abzulaufen versuchten und *Stalin* so zum lachenden Dritten machten. *Rothermeres* mit voller Begeisterung gefaßter und ebenso aufgenommener Plan scheiterte schließlich allein an *Goebbels'* völliger Unkenntnis der englischen Sprache (sowas gab es damals noch in Deutschland!). *„Hätte ich in meiner Jugend statt eines humanistischen Gymnasiums ein Realgymnasium besucht“*, sagte er mir, *„vielleicht wäre alles ganz anders gekommen“*.

Goebbels vor dem Völkerbund

Hitler und *Goebbels* wußten jedenfalls — wie *Northcliff*, *Rothermere* und *Beaverbrook* — um die Macht der Propaganda. Daß sie sie nicht gemeinsam und für das gleiche Ziel, nämlich die Bewahrung unserer westlichen Welt vor dem Bolschewismus, sondern dafür einsetzten, einander zu zerfleischen, ist für mich die eigentliche Tragik dieses Jahrhunderts. *Goebbels* wollte sie unter allen Umständen verhüten. Aber dafür reichte seine Macht als Propagandaminister nicht aus. Darum drängte er auf das Gebiet der Außenpolitik, auf dem der eben erst (am 13. März 1933) ernannte Reichsminister für Volksaufklärung und Propaganda seinen ersten großen politischen Erfolg zu verzeichnen hatte. Im September des gleichen Jahres hatte ihn *Hitler* zusammen mit Reichsaußenminister *von Neurath* als Mitglied der offiziellen deutschen Delegation auf die letzte Vollversammlung des *Genfer Völkerbundes* geschickt, an der *Deutschland* teilnahm, ehe es ihn am 19. Oktober 1933 unter Protest verließ. Dieser Auftrag hatte bei vielen Berufsdiplomaten – und nicht nur bei diesen – Befremden, ja Kopfschütteln erregt. Und doch wurde *„der wilde Mann aus Deutschland“*, wie der Chefdolmetscher des *Auswärtigen Amtes, Paul Schmidt*, in seinen Erinnerungen Goebbels nennt, zur *„Sensation der Vollversammlung“*. Man hatte dort offenbar einen Volkstribunen mit aufgekrempelten Ärmeln erwartet und war nun erstaunt, einen – wie *Schmidt* schreibt – *„völlig normalen, von Zeit zu Zeit liebenswürdig lächelnden Typ eines Völkerbundsdelegierten“* vor sich zu sehen. Wie er da, von seinem Adjutanten, dem Angehörigen eines ehemals regierenden deutschen Fürstenhauses, begleitet, beide im „Stresemann“, den runden, steifen Hut und Handschuhe in der Hand, durch die Gänge des Völkerbundspalastes schritt, als sei das eine für ihn ganz alltägliche Angelegenheit, glaubten die internationalen Beobachter, *„nicht zu Unrecht“*, wie *Schmidt* meint, an eine *„gefährliche, täuschende“* Maskerade. Trotzdem muß der gleiche *„Statist auf diplomatischer Bühne“* wenige Zeilen weiter zugeben, daß *Goebbels* bei seiner abschließenden Pressekonferenz am 28. September 1933 in der überfüllten Halle des *Genfer Carlton-Hotels*, mit *„meisterhafter Dialektik“* die *„delikatesten Fragen“* beantwortend, *„bei den für derartige Dinge sehr empfänglichen internationalen Journalisten vielfach wenn auch widerwillig Anerkennung“* fand. *Goebbels'* Adjutant *Prinz Friedrich Christian zu Schaumburg-Lippe* ist aufrichtiger, wenn er in seinen Erinnerungen über die gleiche Veranstaltung berichtet (ich zitiere wörtlich), *„wie der zunächst zaghafte Beifall sich immer mehr steigerte und schließlich zu einer einzigartigen Demonstration wurde.“* *Goebbels* hielt das für den *„bisher größten Erfolg seines Lebens“*. Mit Recht. Er hatte dem Weltfrieden einen großen Dienst erwiesen. Daran änderte selbst die Tatsache nicht, daß viele seiner freimütigen Äußerungen vor den internationalen Journalisten, die er mit völliger Kollegialität behandelte, entstellt wiedergegeben wurden. Man brachte z. B. in Bezug auf die heikle Judenfrage zwar in großer Aufmachung sein Eingeständnis, daß *„im Verlauf der nationalen Revolution in Deutschland gelegentlich Übergriffe seitens unkontrollierbarer Elemente geschehen sind“*, doch gibt *Schmidt* zu, daß sein nächster Satz *„verschämt weggelassen“* wurde.

Dienst am Weltfrieden

Schmidt selbst notierte ihn sich. Er lautete: *„Unverständlich aber scheint uns, daß sich das Ausland weigert, den von Deutschland abwandernden jüdischen Überfluß aufzunehmen.“* Auch die Kunst der Propaganda besteht – das ist ein Ausspruch von *Goebbels* – im Weglassen. Seine Feinde wußten das so gut wie er.

Mir hat *Goebbels* eine weitere kennzeichnende Episode dieses seines *Genfer* Abenteuers erzählt. Unter den zahlreichen privaten Veranstaltungen am Rande der *Völkerbunds-Vollversammlung* gab es auch einen Empfang im Salon einer spleenigen Engländerin, die es sich in den Kopf gesetzt hatte, das bestaunte Wundertier der Tagung, den nationalsozialistischen Propagandaminister *Goebbels,* mit dem damaligen Außenminister Seiner Britischen Majestät, dem stockkonservativen *Sir John Simon* (1873—1954), zusammenzubringen. Der damals erst 36jährige *Goebbels* nahm — im Sinn der von *Hitler* und ihm gewünschten Zusammenarbeit — die Einladung an und war von dem *„alten Herrn"*, wie er sagte, entzückt. Die Sympathie beruhte ganz offensichtlich auf Gegenseitigkeit. Aber immer, wenn das Gespräch wärmer wurde und sich so etwas wie gegenseitiges Verständnis oder gar eine Übereinstimmung der Meinungen ergeben wollte, insbesondere über die ihnen gemeinsam aus *Moskau* drohende Gefahr, warf *Simons* Begleiter, den *Goebbels* nicht kannte, und dessen Name er bei der Vorstellung nicht verstanden hatte, eine oft gar nicht zum Thema gehörende und meist ausgesprochen gehässige Bemerkung dazwischen, die sofort ein spürbare Abkühlung der Atmosphäre herbeiführte. Natürlich blieb *Goebbels* dem unerwünschten Zwischenrufer keine Antwort schuldig. Aber sie fiel vielleicht schärfer aus als beabsichtigt, da der Ton des unbekannten Engländers hochfahrend, feindselig und provozierend war. Trotz aller Annäherung endete daher das Gespräch *Simon-Goebbels* ohne die erhofften konkreten Ergebnisse. Als *Goebbels* danach mit *Neurath* allein war, fragte er diesen: *„Wer war eigentlich dieser ekelhafte, schwarzhaarige, geschniegelte Laffe, den Simon da mitgebracht hatte?"* *Neurath* antwortete: *„Sein Sekretär. Er heißt Anthony Eden"*. Zwei Jahre später war *Eden* an Stelle von *Sir John Simon* britischer Außenminister, nachdem der alte noch (am 18. Juni 1935) das so vielversprechende deutsch-englische Flottenabkommen unter Dach und Fach gebracht hatte. Dann senkte sich die Kurve der deutsch-englischen Beziehungen steil nach unten, bis die englische Kriegserklärung an *Deutschland* das Schicksal der beiden Völker besiegelte.

Goebbels und England

Die Abweisung und Feindschaft, die *Goebbels* von *Eden* entgegengeschlagen waren, konnten ihn wohl zu scharfen Antworten, aber nicht dazu verleiten, die Grundlinie seiner Propaganda zu ändern, die auf Verständigung mit *England* abgestimmt war. Sie blieb sogar noch nach der englischen Kriegserklärung bestehen. Natürlich wurden die *Londoner Regierung* und viele ihrer Maßnahmen kritisiert und angegriffen, und wenn es sich um die Machenschaften der *Churchill-Eden-Vansittard-Clique* handelte, so war der Ton dabei heftig, manchmal sogar recht rüde. Aber *Goebbels* und die Nachrichtenmittel des Dritten Reiches, soweit sie unter seiner Kontrolle standen — was nicht bei allen der Fall war (ich werde noch darauf zurückkommen) — hüteten sich, die Gefühle des englischen Volkes (und ebenso des französischen) zu verletzen. Die Angriffe der deutschen Propaganda richteten sich gegen die *„Kriegstreiber"* und — vorzugsweise — die *„Plutokraten"*, insbesondere die jüdischen, aber nie gegen die beiden Völker. Am Abend der französischen Kapitulation (22. 6. 40) konnte *Goebbels*, wie sein Adjutant

Prinz Schaumburg berichtet, mit Befriedigung und Stolz feststellen, daß es im deutschen Vol keinerlei Haßgefühle gegen *England* und *Frankreich* gäbe. Mit Stolz deswegen, weil *Goebbels* diese in einem uns aufgezwungenen Krieg erstaunliche Tatsache – gewiß nicht zu Unrecht – auf seine Propaganda zurückführte. Ihre Früchte glaubte er noch jetzt für sein Land ernten zu können. Er hatte damit – so meinte er – die Voraussetzung geschaffen, um nun mit den Westmächten zu der friedlichen Übereinkunft zu gelangen, die das Reich bisher vergeblich angestrebt hatte. Er sah jetzt – wie *Hitler* – die große Möglichkeit, den Völkern *Europas* und natürlich vor allem dem deutschen all das Grauen zu ersparen, das die nächsten fünf Jahre ihnen bringen sollten. Das Dritte Reich hatte die Ziele erreicht, die *Hitler* ihm gesetzt hatte. Das Unrecht von *Versailles* war wiedergutgemacht. Die durch brutale Gewalt vom Reich abgetrennten Teile des deutschen Volkes waren wieder in seinen Grenzen vereint. *Deutschland* nahm die Stellung als beherrschende Ordnungsmacht im Herzen *Europas* ein, die ihm nach seiner Lage, seiner Volkskraft und seinen Leistungen zukam. Die *Münchner Konferenz,* der *Wiener Schiedsspruch* und die Errichtung des *Reichsprotektorats Böhmen und Mähren* hatten den als Keil in dieses europäische Herz vorgetriebenen Retorten-Staat der *Tschecho-Slowakei,* eines der Irrsinnsprodukte der Sieger des Ersten Weltkrieges, beseitigt. Das Problem *Danzig* und des *Polnischen Korridors,* das mit ein wenig Vernunft und gutem Willen nach den deutschen Vorschlägen friedlich zu lösen gewesen wäre, hatte von den Waffen entschieden werden müssen. Die skandinavische Flanke hatte *Hitler,* der englischen Besetzung um Stunden zuvorkommend, militärisch gesichert. Und jetzt hatte unser einziger europäischer Festlandsgegner mit der Kapitulation nach nur sechswöchigen Kampfhandlungen die Konsequenz aus seiner von *England* erzwungenen Kriegserklärung ziehen müssen. Wäre die deutsche Führung so kriegslüstern und machtbesessen gewesen, wie ihr das nachgesagt wird, dann hätte sie sich jetzt, auf dem Gipfel ihrer Erfolge, nach dem nächsten Opfer ihres Eroberungsrausches umsehen müssen. Ein mir befreundeter argentinischer Admiral, der sich jahrzehntelang mit der Geschichte des Zweiten Weltkrieges und besonders seinen seestrategischen Aspekten beschäftigte, hielt es für *Hitlers* schwersten, ja kriegsentscheidenden Fehler, in diesem Augenblick anders gehandelt zu haben. Erst die totale Besetzung *Frankreichs* und notfalls auch der *Iberischen Halbinsel* hätte – so meinte der Admiral – den verbleibenden Gegnern, den Seemächten *England* und *USA,* jede Unterstützung auf dem europäischen Kontinent entzogen, das *Mittelmeer* und damit *Nordafrika* in die Gewalt der Achsenmächte gebracht, die englischen Machtpositionen im *Vorderen Orient* einstürzen lassen und damit die Voraussetzungen für einen Verhandlungsfrieden mit den Westmächten geschaffen, ohne deren Bundesgenossenschaft die *Sowjetunion* eine kriegerische Auseinandersetzung mit *Deutschland* nicht hätte wagen und jedenfalls nicht gewinnen können. Die deutsche Führung handelte – wie wir wissen – anders. Sie wollte auch jetzt noch Frieden, nichts als Frieden. Obwohl die konkreten Beweise dafür in Gestalt der stets erneuerten Friedensangebote *Hitlers* vorliegen, die freilich von der gängigen Zeitgeschichtsschreibung und ihren Nachschwätzern wie *Albert Speer* u. a. als Heuchelei oder hinterhältige Tricks beiseitegeschoben werden, scheint mir der tiefe und ehrliche Friedenswille durch nichts überzeugender bewiesen zu sein als durch die Schilderung, die *Prinz Schaumburg* in seinem bereits zitierten Buch von dem Abend der französischen Kapitulation im Hause *Goebbels* gibt, von dem dieser auch später noch gern erzählte.

Die Macht für den Frieden

Es war draußen auf dem Landsitz des Ministers im Norden *Berlins,* dem üppigen, aber angemessenen Geschenk des deutschen Films für seinen Chef und Förderer, wo sich *Goebbels*, den ich noch bis in die letzten Wochen des Krieges häufig dorthin begleitete, besonders wohlfühlte. Er hatte die drei Verbindungsoffiziere zu den verschiedenen Wehrmachtsteilen zum Abendessen nach *Lanke* eingeladen· Die Stimmung war in Anbetracht der Meldungen vom Kriegsschauplatz gehoben. Man saß in der lauen Sommernacht auf der Terrasse, die in den Park und die liebliche märkische Landschaft harmonisch übergeht. Es mag gegen 23 Uhr gewesen sein, berichtet der Prinz, als *Goebbels* ans Telefon gerufen wurde. Er kehrte so beschwingt zurück, daß ich annehme, er habe damals mit *Hitler* selbst gesprochen. Ich kannte das an ihm. Solche Gespräche, und waren sie auch nur kurz und über den Draht, wirkten auf ihn wie ein Schluck Sekt. Und tatsächlich bestellte der Minister jetzt zum Erstaunen seines Adjutanten, der das noch nie erlebt hatte, Champagner. Er meinte das offenbar dem ehrenvoll geschlagenen Gegner schuldig zu sein. Alle Anwesenden waren sich des Außergewöhnlichen des Augenblicks bewußt. Und als dann der Sekt in den Gläsern perlte, sagte *Goebbels* mit einer gewissen Feierlichkeit: *„Meine Herren — es ist fast sicher, daß der Krieg zu Ende ist — eine bessere Nachricht kann es meines Erachtens für uns nicht geben.“* Jetzt komme es darauf an, fuhr er fort, der Welt mit Großzügigkeit zu beweisen, *„daß wir nicht nur uns, sondern allen einen gerechten und dauerhaften Frieden sichern wollen.“* Jetzt solle die Welt erleben, was *Hitler* wirklich wolle: *„Er wollte die Macht nur, um wirklich Frieden zu stiften und Gutes tun zu können — wir werden es jetzt beweisen, denn nun haben wir die Macht dazu.“* Ich kann das, was *Prinz Schaumburg* da geschildert hat, voll und ganz bestätigen. Wie oft kam *Goebbels* in unseren ausgedehnten, oft stundenlangen Gesprächen der Jahre 1943 bis 1945 — meist zwischen Abendbrot und erstem Fliegeralarm — auf jene glücklichen Zeiten zurück. Was er dabei erzählte, war — wie an jenem Abend in *Lanke* — keine Propaganda und auch ganz gewiß nicht für die Nachwelt gesagt. Es war das, was *Hitler* und er — und das war fast immer dasselbe — wirklich fühlten und wollten.

Goebbels glaubte daran

Doch das ist nicht das Thema meines Referats. Ich soll über die deutsche Propaganda am Vorabend des Zweiten Weltkriegs berichten. Aber diese ist von dem soeben Geschilderten insofern nicht zu trennen, als jemand mit seiner Propaganda andere nur überzeugen kann, wenn er selber daran glaubt. Ich bin oft von Freunden gefragt worden: Wie konnte uns Dein Minister bloß den Bären von den rettenden Wunderwaffen aufbinden? Sehr einfach: weil er daran glaubte. Er wußte, daß wir dem Geheimnis einer furchtbaren

Vernichtungswaffe auf der Spur waren, die uns die Yankees dann über gewissenlose Verräter vor der Nase wegschnappten, um sie an *Hiroshima* und *Nagasaki* auszuprobieren. Vergessen wir doch nicht, daß es ein deutscher Nobelpreisträger war, dem in Deutschland die erste Kernspaltung gelang. *Goebbels* wußte auch – von *Speer* – mit welcher Intensität unsere Forscher und Ingenieure an der Entwicklung der Weltraumraketen arbeiteten, deren erste als *V 2* tatsächlich noch vor Kriegsende zum Einsatz gelangte. Er überschätzte die uns verbliebenen Möglichkeiten, sie noch zu einer kriegsentscheidenden Waffe zu machen, wie er den Vernichtungswillen unserer Feinde *unterschätzte*, der nicht gegen ein politisches Regime, ja nicht einmal gegen dessen neue Ideologie, sondern gegen unser Volk gerichtet war. Er glaubte an den Frieden wie an die Wunderwaffen, und darum wußte er diesen seinen Glauben an beides auch dem deutschen Volk zu vermitteln.

Für den Frieden niemals zu spät

Der Frieden wurde so ganz eindeutig das Leitmotiv seiner Propaganda bis weit in den Krieg hinein. Was er zu Beginn des ersten Kriegsjahres (am 25. 2. 39) in der von ihm gegründeten, als sein ureigenstes Kind betrachteten und bis heute von ähnlichen Publikationen des demokratischen Establishments als Vorbild benutzten Wochenzeitung *„Das Reich"* in einem seiner wöchentlichen Leitartikel schrieb, galt für ihn auch noch nach Beendigung des Frankreichfeldzuges: *„Es ist für den Frieden niemals zu spät"*, hieß es in diesem Leitartikel. Darum sollten die Demokraten nach vernünftigen Lösungen für die Probleme Europas suchen. *„Sie würden damit nicht nur Deutschland, sondern auch ihren eigenen Völkern einen großen Dienst erweisen. Denn die Völker wollen den Frieden. Auch das deutsche Volk will ihn"*. Dem Wort Frieden begegnen wir in vielen seiner folgenden Leitartikel. Sie wirken oft wie Paraphrasen über das die damalige deutsche Politik und ihre Propaganda ganz und gar beherrschende Thema. Als *Hitler* dann am Abend des 28. April 1939 seine zweieinhalbstündige Monstre-Rede vor dem Deutschen Reichstag gehalten hatte, in der er mit *Roosevelt* abrechnete, das deutsch-englische Flottenabkommen und den Vertrag mit *Polen* von 1934 kündigte, seinen Abscheu vor dem Krieg erneut versicherte und erklärte, er wüßte nicht, *„für welchen Zweck ich ü b e r h a u p t einen Krieg führen sollte"*, griff *Goebbels* angesichts der sich überschlagenden Kriegshysterie der Alliierten das Friedensthema in einem Leitartikel erneut auf: *„Wir betonen noch einmal"*, – schrieb er am 20. 5. 39 – *„daß es unserer Ansicht nach in Europa kein Problem gibt, das einen Krieg notwendig machte. Der Führer will den Frieden. Aber er will einen Frieden, in dem die deutschen Lebensrechte gesichert und geachtet sind. Sollten die Einkreiser in London es trotzdem fertigbringen, die Geister ihrer Völker endgültig zu verwirren, dann werden wir dafür sorgen, daß diese Völker auch zu wissen bekommen, wo die Schuldigen zu suchen sind ... Aber noch ist genug Hoffnung vorhanden, daß die Vernunft unter den Völkern zurückkehrt und Europa sein schwerstes Verhängnis erspart bleibt ..."* Die Hoffnung trog. Die Vernunft kehrte nicht zurück. Das Verhängnis nahm seinen Lauf.

Denn während die deutsche Propaganda in diesen letzten Monaten vor dem Zweiten Weltkrieg, wie wir gesehen haben, ganz auf Frieden abgestellt war, muß man auf der Gegenseite das genaue Gegenteil feststellen. Es wurde da *„von einem kommenden Krieg gesprochen, als sei das das Selbstverständlichste von der Welt“*. Mit dieser Feststellung leitete *Goebbels* seinen Leitartikel im *„Reich“* am 1. April 1939 unter der Überschrift *„Wer will den Krieg?“* ein. Die gerade in den letzten Wochen in *London, Paris* und *New York* verbreitete Kriegspsychose, schrieb er, überschreite jedes Maß. Dahinter müsse *„irgendeine anonyme Macht“* stehen. Er ließ seine Leser nicht lange rätseln, wer das sein könne: *„Die Juden sind schuld!“* schrieb er. *„Wenn einmal in Europa in einer schwarzen Stunde ein neuer Krieg ausbrechen sollte, so müßte dieser Ruf über unseren ganzen Erdball erschallen ... Sie wollen den Krieg, und sie tun alles, was in ihren Kräften steht, um die Völker zum Krieg zu treiben ...“* Das war mehr als eine bequeme antisemitische Floskel aus dem NS-Vokabularium. *Goebbels* hätte viel massiver werden, sich auf eine Fülle evidenter Tatsachen berufen können, etwa auf den detaillierten Bericht des *„Daily Express“*, des von seinem Verehrer *Lord Beaverbrook* gegründeten *Londoner* Massenblattes, das seine Ausgabe vom 24. März 1933 mit der siebenspaltigen Balkenüberschrift *„Juda erklärt Deutschland den Krieg“* versehen hatte. Er tat es nicht. Er war gewiß kein Freund der Juden, im Gegenteil. In der Kampfzeit war die Judenfrage eines seiner bevorzugten Themen gewesen. Jetzt klammerte er sie bewußt aus seiner Propaganda aus. Wenn er sie überhaupt erwähnte, dann – wie in diesem Leitartikel – nur am Rande. Er wußte warum.

Goebbels und die Juden

Schon 1933 vertraute er dem *Prinzen Schaumburg* an: *„Viele unserer Leute gehen ja heute in der Judenfrage viel zu weit – daran sind diese Streicher und Konsorten schuld und auch Hitler selbst bis zu einem gewissen Grade, weil er diesen grauenhaften Kerl* (er meinte *Streicher*, den Herausgeber des *„Stürmer“*) *nicht kaltstellt, wie ich es schon oft verlangt habe“*. Tatsächlich stand der *„Frankenführer“* mit seiner ekelhaft primitiven Wochenschrift, die er schon 1923 gegründet hatte, im Dritten Reich gewissermaßen unter Denkmalschutz. Er genoß absolute Narrenfreiheit. Dem Reichspropagandaminister, der doch vermeintlich in der deutschen Presse tun und lassen konnte, was er wollte, waren die Hände gebunden, irgendetwas gegen *Streicher* und seinen *„Stürmer“* zu unternehmen, von dem er – mit vollem Recht – überzeugt war, daß er uns viel mehr Schaden zufügte als den Juden. *„Was wir wollen“*, sagte er *Schaumburg*, *„ist doch nach wie vor nichts anderes, als eine weitere biologische Ausweitung des Judentums auf Kosten unseres Volkes zu verhindern, und der numerus clausus. Im übrigen sind für uns die Juden Menschen wie alle anderen auch. Ich bin überzeugt, daß man diese Forderungen durchsetzen kann, ohne einen riesigen Wirbel zu machen. Es gibt manche führende Juden, die uns dabei absolut recht geben und sogar helfen würden ... Was wir im Kampf um die Macht verlangen mußten, um gegen den Willen und die Methoden der Juden zur Regierung zu kommen, das müssen wir jetzt – wo die Juden politisch doch fast ausgeschaltet sind bei uns – vorsichtig abbauen, denn in dieser Beziehung haben wir das Ziel der Revolution erreicht. Alles Mehr wäre nur ein Weniger, auch laufen wir Gefahr, die Juden zu Märtyrern zu machen, und das* *wäre das Allerdümmste ...“* Aber gerade dies Allerdümmste wurde dann in der Praxis getan, mit dem Erfolg, den wir alle kennen. Erst kurz vor Kriegsende wurden *Streicher* und sein *„Stürmer“* endlich in die Ecke gestellt, ohne daß uns das zu diesem Zeitpunkt noch irgendetwas genutzt hätte.

Keine gute Propaganda

Ich muß in diesem Zusammenhang noch einmal auf die Behandlung der Judenfrage in der Propaganda des Dritten Reiches zurückkommen. Es gilt heute als *„erwiesene zeitgeschichtliche Erkenntnis“*, daß Goebbels die *„Reichskristallnacht“*, jene schauderhaften, einer Kulturnation unwürdigen judenfeindlichen Ausschreitungen vom 9. und 10. November 1938 nach der Ermordung des deutschen Legationsrates *vom Rath* durch den Juden *Herschel Grynszpan* in Paris, organisiert, veranlaßt oder doch wenigstens durch seine Propaganda begünstigt habe. Selbst der sorgfältige, uns wohlgesinnte englische Historiker *D. Irving*, den wir gestern hier gehört haben, meint, er habe sie „angezettelt“. In Ermangelung irgendwelcher Beweise dafür habe ich mir die Mühe gemacht, sämtliche Reden und Leitartikel des Propagandaministers und auch die *„Tagesparolen“* des Reichspressechefs, die dessen Stellvertreter *Helmut Sündermann* gesammelt und von ihm kommentiert 1973 herausgegeben hat, vor und nach der *„Reichskristallnacht“* auf judenfeindliche Hetze durchzusehen. Das Ergebnis war absolut negativ. In all diesen Unterlagen — und es sind die einzigen, die ein Urteil darüber erlauben — begegnen wir dem jüdischen Problem nie anders als in völlig marginalen Bemerkungen, wie sie damals gang und gäbe waren, ohne jede Scharfmacherei oder gar direkte Aufforderung zu Gewalttätigkeit. Das gibt auch *Sündermann* in Bezug auf die *„Tagesparolen“* zu, auf deren Formulierung *Goebbels* so gut wie keinen Einfluß hatte, obwohl sie ihm vor ihrer Ausgabe vorgelegt werden mußten. Das war jeden Mittag der Fall, wenn der Adjutant und ich mit knurrenden Mägen den Minister in seinem Vorzimmer erwarteten. Dort stand ein besonderes kleines Tischchen, auf dem neben irgendwelchen Schriftstücken, die der Minister im letzten Augenblick noch zu unterschreiben hatte, stets eine Durchschrift der eben aus dem *FHQ* eingelangten *„Tagesparole“* lag, wie sie der Reichspressechef *Dr. Otto Dietrich*, eine der von *Goebbels* bestgehaßten Persönlichkeiten aus der Umgebung *Hitlers*, bzw. dessen Stellvertreter, sehr oft nach wörtlichen Weisungen des Führers formuliert hatte. Während ihm die SS-Ordonnanz in den Trenchcoat half und Hut und Handschuhe für ihn bereithielt, warf *Goebbels* einen schnellen (und nie wohlwollenden) Blick auf die *„Tagesparole“*, deren Kenntnisnahme auf ihn wie das Einnehmen einer bitteren Pille (mit entsprechender Verschlechterung seiner Stimmung) wirkte und seine Begleiter noch länger auf die Einnahme des kargen (und stets verspäteten) Mahles warten ließ. Aber auch diese *„Tagesparolen“* handelten, wie *Sündermann* bezeugt hat, *„so gut wie niemals davon“*.

Aber nicht nur das bewußte Kurztreten in der von *Goebbels* gelenkten Propaganda in der jüdischen Frage vor und nach dem 9./10. November 1938 scheint mir seine behauptete materielle Urheberschaft, ja auch nur seine intellektuelle Verantwortung für die *„Reichskristallnacht"*, die leider selbst in nationalen Publikationen oft als gegeben vorausgesetzt wird, zu widerlegen, sondern auch und vor allem der gesunde Menschenverstand. Die katastrophalen Auswirkungen der Ausschreitungen auf die öffentliche Meinung der ganzen Welt (einschließlich unserer Freunde, die damals noch gar nicht so wenige waren), konnte sich ein Meister der Massenbeeinflussung, der *Goebbels* zugestandenermaßen war, leicht errechnen. Es gehörte nicht seine Intelligenz dazu, um sie vorherzusehen. *„Wir konnten"*, sagte er damals, *„der gegnerischen Propaganda gar keinen größeren Dienst erweisen. Unsere Leute haben ein Dutzend Juden totgeschlagen* (tatsächlich waren es 36), *aber für dieses Dutzend müssen wir vielleicht mal mit einer Million deutscher Soldaten bezahlen!"* Und nicht nur mit einer, sondern mit mindestens sechs Millionen, nicht nur Soldaten, sondern unschuldigen Frauen, Kindern und Greisen, die zu Opfern des Bombenterrors und der Vertreibungsverbrechen wurden, hätte *Goebbels* hinzufügen können, als er diese von *Prinz Schaumburg* verbürgten Worte dem Berliner Polizeipräsidenten Graf *Helldorf* unmittelbar nach den Ereignissen sagte. *„Verstehen Sie, warum ich mich so wahnsinnig darüber aufrege?"* fuhr *Goebbels* gegenüber *Helldorf* fort, um mit dem Ausruf zu enden: *„Es ist zum Verzweifeln, sage ich Ihnen!"* Kann sich ein Schuldiger derartig verstellen? In einer so kritischen Situation, wie sie für das Reich im November 1938 zwischen der *Münchner Konferenz* und dem Einmarsch in *Böhmen und Mähren* bestand, durfte *Deutschland* sich ein Pogrom, das selbst durch den jüdischen Mord an *vom Rath* nicht gerechtfertigt war, aus politischen Gründen einfach nicht leisten. *Goebbels* machte – *Helldorf* gegenüber – *Ribbentrop* für die *„Reichskristallnacht"* verantwortlich – zu Unrecht nach meinem Dafürhalten. *„Früher hat er mit dem Juden Weizmann Brüderschaft getrunken"*, soll er nach *Schaumburgs* wörtlichem Zitat zu *Helldorf* gesagt haben, *„jetzt will er sich mit Antisemitismus den Reichsleiterrang erkämpfen. Herr von Ribbentrop braucht Parteilorbeeren, verstehen Sie!?"*

Wer war verantwortlich?

Hier irrte *Goebbels,* wie sich *Ribbentrop* irrte, als er seinerseits den ungeliebten Propagandaminister für das Geschehene verantwortlich machte. Aber als sich am 20. Juli 1944 herausstellte, daß an der Verschwörung nicht nur eine verschwindend kleine Offiziersclique, wie *Hitler* ursprünglich annahm, teilgenommen hatte, sondern auch *„alte Kämpfer"* wie der Freikorpsoffizier und SA-Führer Berlin-Brandenburg von 1931, Graf *Helldorf*, zog *Goebbels* die Möglichkeit in Erwägung, daß dieser die dem Reich so schädliche *„Reichskristallnacht"* wenn auch vielleicht nicht selbst organisiert, so doch ihre Durchführung geduldet und im Einvernehmen mit seinen Mitverschwörern unterstützt und erleichtert haben könnte. Was *Goebbels* 1938 *Ribbentrop* zugetraut hatte, nahm er jetzt von *Helldorf* an. *„Dann werden einige idiotische Gauleiter"*, sagte er, *„am Schnürchen gezogen, und schon ist ein Schaden angerichtet, den kein Mensch mehr gutmachen kann."* Nach *Schaumburgs* Darstellung sagte *Goebbels* damals zu *Helldorf*: *„Das ganze ist grober Unfug. – So kann man das Judenproblem auf keinen Fall lösen. So nicht. Man macht sie ja nur zu Märtyrern. Und dann? – Vor* *der ganzen Welt haben wir uns blamiert, Helldorf. Aber bringen Sie das mal jenen I-d-i-o-t-e-n da in München, jenen Dickschädeln, jenen Streicher und Genossen bei.*" Und sein Adjutant fügt der von ihm geschilderten ungewöhnlichen Szene die Feststellung an, die ich nach meinen später gemachten Erfahrungen nur voll bestätigen kann: „*Jede Art von Antisemitismus, die die Juden zu Märtyrern machen konnte, lehnte er prinzipiell und aus tiefster Überzeugung ab — sowohl aus Gründen der Menschlichkeit wie auch aus Gründen der Politik*", wobei ich der Ansicht bin, daß das letztere das für ihn maßgeblichere Argument war.

Verheerende Reichskristallnacht

Die „*Reichskristallnacht*" und ihre verheerenden Auswirkungen auf den Propagandakrieg, den „*Vorläufer des Waffenkrieges,*" ist m. E. von so ausschlaggebender Bedeutung, daß ich ihrer Geschichte nachgegangen bin. Sie wurde ja im vergangenen Jahr anläßlich ihres 40. Jahrestages in den Massenmedien weidlich breitgetreten, ohne daß dabei ein einziger neuer Gesichtspunkt zutage trat. Die alte Platte von der *Goebbels-Urheberschaft* ist nun schon so abgespielt, daß ihre monotone Wiederholung die wenigen zu diesem Komplex vorhandenen Dokumente in ihrer Aussagekraft nicht verstärken konnte. Unter denen des Nürnberger Tribunals befindet sich eines, das gern als Beweis herangezogen wird, ohne ein solcher zu sein. *Schallermaier* ein Subalternoffizier aus dem Stab Himmlers) bezeugte unter Eid, der *Reichsführer SS* habe eine Aktennotiz für sein Archiv diktiert, in der es u. a. hieß, er „*vermute*", daß *Goebbels* „*aus Machthunger und Hohlköpfigkeit*" diese Aktionen ausgelöst habe. Nun ja, solche Vermutungen gab es soviele wie *Goebbels* Feinde hatte und das waren nicht wenige.

Quelle eines Mißverständnisses

Unseren Zeitgeschichtlern wurde *Himmlers* (und anderer) Vermutung über die *Goebbels-Urheberschaft* erst zur Gewißheit, als der ehemalige DNB-Korrespondent in London und spätere Vortragende Legationsrat im *Auswärtigen Amt, Fritz Hesse*, aus dessen Buch wir hier Auszüge hörten, schon bald nach Kriegsende seine Erinnerungen vorlegte, die in englischer Sprache unter dem Titel „*Hitler and the English*" in einer nicht autorisierten Ausgabe erschienen. Darin beschreibt er die von *Hitler* unmittelbar nach den judenfeindlichen Ausschreitungen einberufene Pressekonferenz, zu der er auf Anordnung *Ribbentrops* eigens von *London* nach *München* reiste. *Hitler* bezog sich dabei mit keinem Wort auf die Vorgänge, ja vermied sogar jede Erwähnung des Judenproblems. Aber *Hesse* will bei dem Bankett ein Gespräch zwischen *Hitler* und *Goebbels*, die ihm gegenüber saßen, belauscht haben. Ein Adjutant habe *Goebbels* etwas ins Ohr geflüstert, woraufhin dieser mit *Hitler* zu tuscheln begann. *Hesse* bekam alles mit. *Goebbels* habe *Hitler* die für diese Nacht und den nächsten Morgen von ihm vorbereiteten Maßnahmen gegen die Juden, ihre Geschäfts- und Gotteshäuser geschildert. *Hesse* schlußfolgert wörtlich: „*Es war unmißverständlich, daß Goebbels einen neuen großen Schlag gegen die Juden inszeniert hatte, der den Beifall Hitlers fand*". Damit war eine neue „*zeitgeschichtliche Erkenntnis*" konstatiert, die bis heute von allen sogenannten Zeitgeschichtlern übernommen wurde. Selbst ein so erfolgreicher, wenn auch umstrittener Historiker wie der Nordamerikaner *John Toland* hat *Hesses* Version in sein 1976 erschienenes Hitler-Buch übernommen. Die Sache hat nur einen Haken. Die Pressekonferenz, im Anschluß an welche Hesse das fragliche Flüstergespräch mitgehört haben will, fand nicht am 8. November statt, wie *Hesse* schreibt, und auch nicht am 9. November, wie *Toland* irrtümlich annimmt, sondern erst am 10. November 1938, als die Reichskristallnacht bereits vorbei und das Pogrom längst gestopt worden war. *Max Domarus*, dessen vierbändiges Hitler-Werk man in seiner Ausdeutung des Geschehens anzweifeln und kritisieren mag, dessen wissenschaftliche Genauigkeit aber gerade in Bezug auf Daten, Namen, Orte usw. unanfechtbar ist, hat die *„berühmte Pressekonferenz"* und das Bankett, auf die *Hesse* sich bezieht, ganz eindeutig (auf Seite 973) auf den *„Abend des 10. November in München"* festgelegt.

Ein weiterer Zeuge

Ich kann Ihnen heute eine mir zuverlässiger erscheinende Quelle zum gleichen Thema anführen. Es ist der höchste noch lebende SS-Dienstgrad, Obergruppenführer und General der Waffen-SS a. D. *Karl Wolff*. Als damaliger Chefadjutant des Reichsführers SS und dessen Verbindungsoffizier zum Führer ist er der zwar nicht unumstrittene, aber wohl kompetenteste lebende Zeuge der Vorgänge jener Tage innerhalb der deutschen Führung. Er hat sie mir in einem langen persönlichen Gespräch, das wir kürzlich führten, in allen Einzelheiten geschildert. Was mich dabei neben den Tatsachen am meisten beeindruckte, war das geradezu phänomenale Gedächtnis des 79jährigen, dessen Gesundheit durch langjährige Haft schwer angegriffen ist, dessen „Computer-Gehirn" aber, wie er es selber nennt, beneidenswert gut funktioniert. Nach *„Wölffchens"* Darstellung (seine Freunde und *Himmler* selbst nannten ihn so) war es in München am Abend des 9. November, lange vor der mitternächtlichen Vereidigung der SS-Rekruten vor der Feldherrnhalle und jedenfalls nach der Durchgabe der Nachricht über den um 16.30 Uhr in einer Pariser Klinik eingetretenen Tod des Legationsrates I. Klasse *vom Rath*, daß ihn *Heydrich*, der Chef des Reichssicherheits-Hauptamtes, dringend zu sprechen wünschte. Er habe soeben einen Anruf seines Amtschefs IV, *Heinrich Müller*, bekommen, der eine sofortige Unterrichtung des Reichsführers notwendig mache. Es seien auf die Nachricht vom Tod des deutschen Diplomaten judenfeindliche Unruhen in verschiedenen Städten des Reiches ausgebrochen, die zu Gewalttätigkeiten, Synagogenbränden usw. geführt hätten. *Vom Rath* war am 7. November im Gebäude der deutschen Botschaft in *Paris* von dem Juden *Grynszpan* über den Haufen geschossen worden und nach zweitägigem Todeskampf soeben verstorben. Das Ereignis war im Kreis der im Münchner Rathaus versammelten Parteiführerschaft besprochen worden, wobei *Goebbels* u. a. die Ansicht vertreten haben soll, man dürfe sich nicht alles gefallen lassen, Deutsche im Ausland — wie vorher schon *Wilhelm Gustloff* — seien kein Freiwild für jüdische Mörder, dem müsse ein Riegel vorgeschoben werden, usw. *Heydrich* wollte angesichts der sich ausbreitenden Ausschreitungen so schnell wie möglich einen Befehl von höchster Stelle herbeigeführt wissen, wie sich die Polizei und SS zu verhalten hätten.

„Um Gottes willen“

Als *Wolff Himmler* die entsprechende Meldung machte, faßte sich der Reichsführer mit allen Anzeichen der Bestürzung an den Kopf und sagte dabei etwas wie *„um Gottes willen“*. Der Führer müsse sofort unterrichtet werden, um darüber zu entscheiden. Das war nicht einfach. Trotzdem gelang es *Wolff*, diesen in seiner Münchner Privatwohnung am Prinzregentenplatz aufzustöbern und in Begleitung *Himmlers* zu ihm vorgelassen zu werden. *Hitlers* Reaktion auf die Meldung war ähnlich wie diejenige *Himmlers*: fassungsloses Entsetzen. Er ließ sich die Meldung nochmals wiederholen. Dann begann er, wie er das bei schweren Entschlüssen zu tun pflegte, die Hände auf dem Rücken, den Blick nach oben gerichtet, im Zimmer auf und ab zu gehen. Auf und ab. *Himmler* und *Wolff* warteten schweigend, bis *Hitler* seine ruhelose Wanderung beendet hatte und seinen Entschluß kundtat. *Wolff* faßte diesen mir gegenüber in zwei Hauptpunkte zusammen: 1. *„Meine SS“*, wie *Hitler* sich wörtlich ausdrückte, dürfe nichts damit zu tun haben und müsse sich unter allen Umständen von allen judenfeindlichen Ausschreitungen fernhalten. 2. Die Synagogenbrände seien auf das ursprünglich betroffene Objekt zu beschränken, so daß nach Möglichkeit keine nicht jüdischen Gebäude und Vermögenswerte in Mitleidenschaft gezogen würden. In diesem Sinn formulierte *Wolff* dann einen entsprechenden Befehl, der nicht nur aktenkundig und als Beweis vorhanden, sondern auch tatsächlich im allgemeinen befolgt worden ist. Ein ähnlicher Befehl besteht auch vom Stabschef der SA, *Viktor Lutze*, der — wie *Toland* erklärend (und ironisch) hinzufügt — wohl *„Goebbels falsch verstanden“* haben müsse. Beide Befehle wie auch eine ähnlich energische Anweisung des Stellvertreters des Führers an die Partei konnten bis heute an der Legende nichts ändern, daß der böse Goebbels im Einverständnis mit *Hitler* die *„Reichskristallnacht“* angezettelt habe.

Der Krieg war nicht sein Werk

Nach der *„Reichskristallnacht“* war jedenfalls die von *Goebbels* in seiner Propaganda meines Erachtens aufrichtig vertretene Friedenspolitik unglaubwürdig geworden. Sie wird als Tatsache nicht einmal von einem so erbarmungslosen Kritiker, ja Hasser des ehemaligen Reichspropagandaministers wie *Helmut Heiber* geleugnet, der in der Einleitung zum 2. Band der von ihm herausgegebenen *„Goebbels-Reden“* schreibt: *„... dieser Krieg war nicht sein Werk gewesen. Er wäre, hätte der Propagandaminister darüber zu befinden gehabt, sehr wahrscheinlich nicht oder zumindest damals nicht ‚ausgebrochen‘“*. *Goebbels* — und nicht *Göring* — war der Erfinder des schon bei Rückgewinnung der Wehrhoheit (am 16. 3. 35) anläßlich einer Rede in *Halle* erstmalig gebrauchten Wortes *„lieber Kanonen als Butter“*. Aber er erläuterte (bei einer Rede zur Eröffnung des Reichstags-Wahlkampfes in der *Reichenberger* Messehalle am 19. 11. 38): *„Man hat uns vielfach entgegengehalten: Ihr Nationalsozialisten droht mit dem Krieg! Dadurch, daß wir mit Krieg gedroht haben, haben wir den Krieg vermieden!“*

Propaganda sollte Waffen ersetzen

Mit diesen Worten hat *Goebbels* den Rahmen seiner Propaganda in diesen entscheidenden letzten Friedenswochen und -monaten ganz eindeutig abgesteckt. Sein Propagandakrieg sollte den Waffenkrieg unnötig machen. Er sah – nach der Formulierung des OKW in seiner Verfügung vom September 1938 – im Propagandakrieg nicht nur den *„Vorläufer"* des Waffenkrieges, sondern die Möglichkeit, diesen durch jenen blutsparend zu ersetzen. Jede Anstrengung, die in dieser Richtung gemacht wurde, konnte der Menschheit – und nicht nur dem deutschen Volk – ungeheure Opfer und Leiden ersparen. Die deutsche Führung scheute diese Mühe nicht. Während auf dem Gebiet der Diplomatie und der Rüstung alles getan wurde, um das letzte noch nicht wiedergutgemachte Unrecht des *Versailler Diktates*, den Raub *Danzigs* und des *Polnischen Korridors*, auf friedliche Weise aus der Welt zu schaffen, ein Problem, das ab März 1939 mit der halsstarrigen Haltung *Warschaus* aufgrund des geheimen englischen Garantieversprechens immer schwieriger wurde, bemühte sich die deutsche Propaganda, jeden dieser Schritte nach Kräften zu unterstützen.

Große Zurückhaltung

Goebbels hat die Propaganda oft mit dem Klavier verglichen, einem Instrument, das er wie jene meisterhaft beherrschte. Es mußte jetzt ganz sanft und behutsam gespielt werden. Jeder schrille Klang war zu vermeiden. Diese Tendenz spiegeln alle vertraulichen Weisungen an die Presse, wie sie *H. Sündermann* kundgetan hat, in jenen Tagen wider. Das ging so weit, daß der Presse der Gebrauch des Begriffes *„Großdeutsches Reich"* zwar nicht verboten, aber als unerwünscht bezeichnet wurde (was auf dasselbe herauskam). Die Verfolgung der Deutschen in *Polen*, die mit der hemmungslosen Hetze der von *Englands* Kriegstreibern offenbar um den Verstand gebrachten polnischen Politiker und Meinungsmacher ein unerträgliches Ausmaß anzunehmen begannen, durften – wie schon im vergangenen Sommer auf ausdrückliche Weisung *Hitlers* – in den deutschen Nachrichtenmitteln weder gemeldet noch kommentiert werden, wie aus verschiedenen vertraulichen Weisungen der Monate April und Mai 1939 hervorgeht. Eine Erwiderung auf die sich überschlagende Polemik polnischer Leitartikler und Kommentatoren oder gar eine Antwort im gleichen Ton wurde der deutschen Presse ausdrücklich verboten. Wie einfach wäre es für jemand gewesen, der zum Krieg drängte, der an einer *„Verschwörung gegen den Weltfrieden"* beteiligt war, wie es in *Nürnberg* hieß, unter diesen Umständen die Erregung auch auf deutscher Seite bis zur Siedehitze zu steigern. *Goebbels* tat das genaue Gegenteil. Er trat mit aller Kraft auf das schalldämpfende Pedal seines Propagandainstrumentes. Er wiegelte nicht auf, sondern ab. Nicht nur gegenüber dem Hauptstörenfried *Polen* und *England*, das diesen zu seinen selbstmörderischen Attacken gegen *Deutschland* aufgestachelt hatte, sondern auch gegenüber der *Sowjetunion*, die den englischen Einkreisungsbemühungen die kalte Schulter zu zeigen begann und immer deutlicher erkennen ließ, daß sie einem Arrangement mit dem Reich nicht abgeneigt wäre. Die in der NS-Presse gewohnten erbitterten Auseinandersetzungen mit dem Bolschewismus klangen ab. Sie hörten ganz auf, als *Stalin* seinen jüdischen Außenminister *Litwinow* am 3. Mai 1939 durch *Molotow* ersetzte und *Goebbels* zwei Tage darauf jede Polemik gegen die *Sowjetunion* untersagte. Und als sich mit der *Moskau*-Reise des Reichsaußenministers der *Ribbentrop-Molotow-Pakt* zu konkretisieren begann, gab *Goebbels* in seinem Propagandakrieg das Feuer auf *Polen* frei. In der vertraulichen Weisung vom 16. August 1939 – dem Tag meiner Einberufung zu einer PK – hieß es: *„Nun ist es an der Zeit für die deutsche Presse, aus der Reserve herauszutreten"*. Jetzt erst erfuhr der deutsche Nachrichten-Normalverbraucher, was seine Volksgenossen im vergangenen halben Jahr in *Polen* auszustehen hatten. Die deutsche Führung erwartete, daß *Polen*, zwischen die Feuer seiner Erbfeinde geraten, die es schon einmal aufgeteilt hatten, Vernunft annehmen und auf die deutschen Friedensvorschläge eingehen würde. Das jetzt von *Goebbels* entfachte Trommelfeuer gegen *Polen* sollte diese Entwicklung unterstützen.

Den Konflikt auf Polen begrenzen

Aber dem Westen und besonders England gegenüber blieb sein Propagandainstrument weiterhin auf piano gestimmt. Auch wenn *Hitler* sich in diesen hektischen Tagen auf ein militärisches Vorgehen gegen *Polen* einstellte und schließlich – nach dem Abschluß des allein und ausdrücklich gegen *Deutschland* gerichteten englisch-polnischen Paktes und der allgemeinen Mobilmachung in *Polen* am 30. August – den generalstabsmäßig vorbereiteten *„Plan Weiß"* durchzuführen befahl, blieb das Ziel seiner Politik, die *Goebbels* mit seinem Propagandakrieg getreulich befolgte, die örtliche Begrenzung des Polenkonfliktes und die Vermeidung eines allgemeinen europäischen oder gar Weltkrieges. Alles, was die deutsche Propaganda in diesen letzten Wochen und Monaten des Friedens unternahm – und es gibt nach *Helmut Sündermann* und anderen Veröffentlichungen wohl keinen ihrer Schritte, der der Öffentlichkeit verborgen geblieben wäre – beweist mit unabweisbarer Klarheit, daß ihr und der deutschen Führung Bestreben allein auf die Erhaltung des Weltfriedens gerichtet war.

Die Feinde wollten Krieg um jeden Preis

Es war vergeblich. Dieser Weltkrieg war nicht mehr zu vermeiden. Weil unsere Feinde ihn nicht nur – lange vor dem 3. September 1939 – bereits erklärt hatten (siehe *„Daily Express"*), sondern weil sie auch fest entschlossen waren, ihn zu führen, koste es, was es wolle. Am 30. Januar 1945, dem letzten Jahrestag der nationalsozialistischen Erhebung, der festlich begangen wurde, hielt *Hitler* von der Reichskanzlei in *Berlin* aus seine letzte (und gewiß nicht beste) Rundfunkrede. *Goebbels* und ich hörten sie gemeinsam an. *„Nur sechs Jahre des Friedens sind uns seit dem 30. Januar 1933 vergönnt gewesen"*, sagte *Hitler* u. a. *„In diesen sechs Jahren ist Ungeheures geleistet und noch Größeres geplant worden; so Vieles und so Gewaltiges, daß es aber erst recht den Neid unserer demokratischen nichtskönnenden Umwelt erweckte."* Auf diesen Satz bezog sich *Goebbels*, als er in einer anschließenden langen Unterhaltung bis zum Morgengrauen ein Bild jener Welt entwarf, wie sie hätte entstehen können, wäre die von ihm propagierte Friedenspolitik – aus welchen Gründen auch immer – nicht gescheitert. *„Warum"*, fragte er, *„mußte England bloß damals die Hand des Führers ausschlagen? Wenn irgendein Politiker je ein ehrliches und ernstgemeintes*

Angebot gemacht hat, so war es das des Führers zu einer Verständigung und friedlichen Zusammenarbeit mit England. Welche Möglichkeiten hätten sich damals geboten! Wir beherrschten Europa vom Nordkap bis zum Mittelmeer, vom Atlantik bis zum Kaspischen Meer. Die Auslöschung des Bolschewismus war nur noch eine Frage kurzer Zeit."

Wenige Tage später (am 7. Februar 1945), als *Goebbels* sich angesichts der Erfolge der Sowjetoffensive auf *Berlin* darüber klar geworden war, daß dieser Krieg weder politisch noch militärisch mehr zu einem günstigen oder auch nur glimpflichen Ende gebracht werden konnte, und daß jetzt nichts anderes übrig bleibe, als anständig unterzugehen, um der Nachwelt ein Beispiel und den Beweis zu liefern, daß nichts unversucht gelassen worden ist, um *Deutschland* und damit *Europa* vor der Bolschewisierung zu bewahren, setzte er seine Zukunftsprognosen fort: „*Ich bin mir völlig klar*", sagte er, „*wie jetzt alles kommen wird ... Fünf Jahre nach unserem Zusammenbruch — dessen bin ich gewiß — steht Sowjet-Eurasien, ein in der bolschewistischen Ideologie geeinter und von Stalin zielbewußt geführter Block von vielen Hundert Millionen Menschen aller Rassen und Nationalitäten bereit, den letzten Kampf um die Weltherrschaft anzutreten.*"

Wieder irrte *Goebbels. Stalin* starb 1953, ohne sein zweifellos erstrebtes und von *Goebbels* richtig erkanntes Ziel erreicht zu haben, und unter seinen weniger großen Nachfolgern begann der für monolithisch gehaltene Sowjetblock so tiefe Risse zu zeigen, daß sich zunächst das Fast-Tausend-Millionen-Volk der Chinesen von ihm abspaltete, das heute, wenn auch vielleicht noch nicht zu einer ernsten Gefahr, so doch zu einer wirkungsvollen Bremse für das *Moskauer* Weltherrschaftsstreben geworden ist, die von den Bedrohten nur richtig benutzt werden müßte, um den Vormarsch des Sowjetimperialismus in aller Welt aufzuhalten. Aber die fünf Jahre, von denen *Goebbels* mir gegenüber sprach, tauchen auch noch etwas später, bei der letzten Begegnung auf, die der ehemalige *Goebbels*-Adjutant, der seit Juli 1944 bei *Hitler* in Ungnade gefallene und seitdem vom SD überwachte *Prinz Schaumburg*, mit dem Minister hatte. „*Mindestens fünf Jahre hindurch*", sagte *Goebbels* bei dieser Gelegenheit, „*wird die Feindpropaganda sich in Deutschland austoben und alles zu vernichten suchen, was im Guten an uns und unser Werk und an unsere Idee erinnern könnte. Es ist selbstverständlich, daß d i e das tun — aber höchst bedauerlich wird es sein, wie manche Deutsche ihnen dabei helfen.*" *Goebbels* kannte seine Volksgenossen, nicht nur die Masse der anständigen, auf die er sich verlassen konnte, sondern auch die kleine Minderheit, die von den Siegern an die Schaltstellen unserer Meinungsbildung gesetzt wurde wie *Sefton Delmer* und sein Umerzieher-Schüler, die sich nicht schämten, Erfüllungshilfe zur sogenannten Umerziehung unseres Volkes zu leisten. Ihre Terrorherrschaft dauerte nicht bloß fünf Jahre. Sie hält noch heute an.

Diese Terroristen des Geistes mit den weißen Handschuhen, die sich die Finger nicht mit Pulverdampf und Blut beschmutzen, aber genauso rücksichtslos und grausam sind wie die Bombenleger und MPi-Schützen der RAF, wüten bei uns nun schon fast 35 Jahre lang, ohne daß es bisher gelang, sie unschädlich zu machen. Aber ihre Terrorherrschaft beginnt zu wanken. Wir dürfen nur in unserem Kampf für die Wahrheit nicht nachlassen. Wir müssen ihn, kein Opfer, kein persönliches Risiko scheuend, immer intensiver führen, die Risse, die sich im Fundament des Gegners immer deutlicher zeigen, erweitern, bis sein Lügengebäude eines hoffentlich nicht mehr zu fernen Tages endgültig zusammenbricht.

Ich bin der Ansicht: *„Auf die Dauer aber wird die Wahrheit stärker sein und unserem Volk helfen."*

Nur sie kann ihm *das* bringen, was wir heute wie vor vierzig Jahren glühenden Herzens ersehnen:

den *Frieden!*

Verzeichnis der wichtigsten benutzten Literatur

Ortwin Buchbender: Das tönende Erz/Deutsche Propaganda gegen die Rote Armee im Zweiten Weltkrieg, Stuttgart, 1978

Georg Schmidt-Scheeder: Reporter der Hölle/Die Propaganda-Kompanien im 2. Weltkrieg, Stuttgart, 1977

Hans-Leo Martin: Unser Mann bei Goebbels, Neckargemünd, 1973

Erich Ludendorff: Kriegshetze und Völkermorden in den letzten 150 Jahren, 1935 (Span. Übersetzung, Buenos Aires, 1964)

Wilfred von Oven: Finale Furioso/Mit Goebbels bis zum Ende, Tübingen, 1975

David Irving: Hitlers Weg zum Krieg, München-Berlin, 1979

Fritz Hesse: Das Vorspiel zum Kriege, Leoni, 1979

Friedrich Christian Prinz zu Schaumburg-Lippe: Dr. G./Ein Porträt des Propagandaministers, Wiesbaden, 1963

Joseph Goebbels: Die Zeit ohne Beispiel/Reden und Aufsätze aus den Jahren 1939/40/41, München 1941

Joseph Goebbels: Das eherne Herz/Reden und Aufsätze aus den Jahren 1941/42, München, 1943

Helmut Heiber: Goebbels-Reden, Band I (1932–39) und II (1939–45), Düsseldorf, 1972

Helmut Sündermann: Tagesparolen/Deutsche Presseweisungen 1939–45/Hitlers Propaganda und Kriegsführung, Leoni, 1973

John Toland: Adolf Hitler (Span. Übersetzung, Madrid, 1977)

Max Domarus: Hitler/Reden 1932 bis 1945/Kommentiert von einem deutschen Zeitgenossen, 2. Bd., Wiesbaden, 1973

REINHARD POZORNY:

Vom Münchner Abkommen zur Märzkrise 1939

Die Wochen nach der Befreiung des *Sudetenlandes* im Oktober 1938 brachten in dem von deutschen Truppen besetzten Teil der Länder *Böhmen, Mähren* und *Österreichisch-Schlesien* eine Fülle Neuerungen, die mit dem Neuaufbau der Verwaltung und der Umstellung auf die Verhältnisse des Reiches verbunden waren. In dieser vielfach hektischen Aufbauentwicklung gingen die Vorgänge jenseits der neuen Grenzen in der Öffentlichkeit fast unter. Diese neuen Grenzen, die durch die Verhandlungen im September von den europäischen Westmächten veranlaßt und von der *tschechischen Beneschregierung* zustimmend zur Kenntnis genommen worden waren, sind in ihren Einzelheiten noch im November und Dezember 1938 von einer Grenzziehungskommission sachlich begründet und überprüft worden. Die Kommission tagte im Innenministerium in *Berlin* und bestand aus deutschen und tschechischen Experten, die sich die Arbeit nicht leicht machten.

Den deutschen Experten wurde wiederholt in Einzelgesprächen eindringlich nahegelegt, jegliche Unkorrektheiten zu unterlassen, nur die volkstumsmäßigen, ethnographischen, wirtschaftlichen und kulturellen Voraussetzungen gelten zu lassen und niemals gleichgeartete Zusammenhänge zu zerschneiden. Diese sehr ernst vorgetragene Forderung gipfelte jeweils in der Feststellung, daß hier das *„Modell einer Grenze auf Dauer"* gestaltet werden sollte und daß es die ernste Absicht der Reichsführung sei, mit dieser Grenzziehung einen endgültigen Schlußstrich unter die deutsch-slawischen Auseinandersetzungen der letzten Jahrhunderte zu ziehen. In diesem Zusammenhang wurden in diesen Wochen auch die ersten technischen Voraussetzungen geschaffen, um eine Umsiedlung von Deutschen aus dem neu gebildeten und verkleinerten Tschechenstaat in das Reich und ungekehrt von Tschechen aus dem deutschen *Sudetenland* die Rückreise in den tschechischen Volksraum zu ermöglichen. Hier war noch im November 1938 nichts von einer beabsichtigten Veränderung der durch *München* gegebenen Verhältnisse zu spüren, im Gegenteil, auch in den Parteidienststellen bis auf Kreisebene hinab sind Maßnahmen dieser Art zu beobachten gewesen.

Das Deutsche Volk sann auch nirgends auf Rache und war von einem ausgeprägten Glücksgefühl erfüllt, da es einfach keine Notwendigkeit sah, an den ehemaligen tschechischen Unterdrückern Vergeltung in irgendeiner Form zu üben.

Tiefe Trauer erfaßte weite Kreise der Tschechen darüber, daß man sie über die wahren Verhältnisse in *Mitteleuropa* so belogen und betrogen hatte. Maßlose Empörung brach gegen die bisherigen Verbündeten aus, Demonstrationen gegen *Frankreich* und *England* wurden durchgeführt, tschechische

Offiziere schickten ihre französischen Orden nach *Paris* zurück, die tschechische Universität brach ihre Verbindung mit den französischen Hochschulen ab und das Entscheidendste: Die noch im Tschechenstaat verbliebenen Völker begannen sich zu regen. Sie verlangten die Autonomie, die ihnen seit 1918 vorenthalten wurde. Am 6. Oktober 1938 mußte *Prag* eine autonome *Slowakische Regierung* unter *Dr. Tiso* anerkennen, die sich in *Preßburg* gebildet hatte, worauf drei Tage später die *Karpatho-Ukraine* ebenfalls eine autonome Regierung zu bilden begann. Mit den *Polen,* die sich in *Ostschlesien* im allgemeinen Wirrwarr ein Stück wertvolles Industrieland gesichert hatten, bestand eine Art Kriegszustand ohne Kriegsausbruch.

Die Slowaken melden sich

Bereits im Februar 1939 wandte sich der Führer der Slowaken, Prof. *Tuka,* an den deutschen Reichskanzler und bezweifelte die Möglichkeit eines weiteren Zusammenlebens von *Tschechen* und *Slowaken,* wobei er so weit ging, bereits die Selbständigkeit der *Slowaken* zu fordern. Er schloß seine Ausführungen mit den Worten: *„Ich lege das Schicksal meines Volkes in Ihre Hände, mein Führer. Mein Volk erwartet von Ihnen seine volle Befreiung"*. Das sagte der Führer der *Slowaken,* der ohne jedes deutsche Zutun und natürlich ohne jeden deutschen Druck die Unterredung mit dem *Deutschen Reichskanzler* gesucht hatte.

Die *Deutsche Reichsregierung* hielt sich in dieser Frage weitgehend zurück. Sie hat auch später diese Entwicklung eher gehemmt als gefördert, denn sie ermöglichte es zu einem späteren Zeitpunkt, daß Teile der *Slowakei* bei ihrem Schiedspruch in *Wien* an *Ungarn* abgetreten wurden. Die *Tschechen,* die immer noch glaubten, die Einheit des Staates sichern zu können, setzten am 11. März 1939 eine slowakische Regierung ein, die völlig unter dem Einfluß der *Prager Burg* stand und noch einmal versuchen sollte, das slowakische Freiheitsstreben zu unterdrücken und den Rest einer staatlichen Einheit zu sichern. Die *Slowaken* wehrten sich und es kam zu ungezählten Zusammenstößen, die von tschechischen Militär- und Polizeieinheiten gewaltsam unterdrückt wurden. Diese blutigen Zusammenstöße offenbarten eine Entwicklung, in der das Rad nicht mehr zurückzudrehen war. Zu allem kam noch hinzu, daß sich die wirtschaftliche Lage des tschechischen Reststaates immer problematischer entwickelte, denn die sudetendeutschen Randgebiete, die trotz aller Tschechisierung noch immer ein entscheidender Wirtschaftsfaktor waren, fehlten und die Umstellung auf neue Gegebenheiten war schwieriger, als man wahrhaben wollte.

Unmittelbar nach den ersten Demonstrationen in der *Slowakei* und den durch die Blutopfer hervorgerufenen Entrüstungsstürmen kam der bisherige slowakische Ministerpräsident am 13. März 1939 nach *Berlin* und führte Verhandlungen mit *Adolf Hitler* und der Reichsregierung. Während die Verhandlungen stattfanden wurde bekannt, daß die *Ungarn* im Begriffe waren, in die *Karpatho-Ukraine* einzumarschieren und auch Vorbereitungen zur Besetzung slowakischer Bezirke trafen. Am gleichen Tage, nämlich am 14. März 1939, verkündete die amtierende slowakische Regierung in *Preß-*

burg die Unabhängigkeit der *Slowakei* und forderte das von den *Slowaken* besiedelte Gebiet als Territorium des neuen Staates. *Prag* setzte aus den mährischen Grenzgarnisonen Truppen in die Richtung *Slowakei* in Marsch. Die Hauptstadt der *Slowakei, Preßburg*, sollte durch den Kommandanten der tschechischen Garnison unter Standrecht gestellt werden.

In dieser Situation eines allgemeinen Bürgerkrieges und der Gefahr der Errichtung einer tschechischen Militärdiktatur in der *Slowakei* richtete *Tiso* – am 15. März 1939 – an *Adolf Hitler* das Ersuchen, den Schutz des slowakischen Staates zu übernehmen. Auch hier mußte von deutscher Seite nicht das Geringste unternommen werden, um etwa eine Entwicklung voranzutreiben oder Leidenschaften anzustacheln: Der zwanzig Jahre lang mühsam unterdrückte Widerstandsgeist der *Slowaken* war entfacht und forderte im Sinne des Selbstbestimmungsrechtes Tribut. In dieser Phase versuchte zwar die englische Regierung eine Schwenkung zu Ungunsten *Deutschlands* vorzunehmen, konnte aber infolge der geschickten taktischen Verhaltensweise der deutschen Regierung nichts unternehmen.

Englische Beobachter mußten auf amtlichem Wege feststellen, daß keinerlei Anzeichen einer deutschen Intervention vorlägen und daß, im Gegenteil, slowakische Gebiete an *Ungarn* fallen würden, was sich dann im *Wiener Schiedsspruch* bewahrheitete. Schließlich habe *Adolf Hitler* bis heute, den 13. März, da bereits die Willensbildung der *Slowaken* unmißverständlich vorliege, in keiner Weise Anzeichen erkennen lassen, in diesem Falle einzugreifen, obwohl *Dr. Tiso* dem Reichskanzler die flehentliche Bitte um Unterstützung vorgetragen hatte. Diese Feststellungen der englischen Regierung sind deshalb bedeutungsvoll, weil sie in der darauffolgenden Zeit sich noch ganz anders verhalten sollte und das Gegenteil von dem wahr zu sein hatte, was zwei Tage vorher amtlich bestätigt wurde.

Die Resttschechoslowakei zerfällt

Als die *Slowaken* ihre Selbständigkeit erklärt hatten, sich vom Tschechenstaat lösten und einen eigenen Staat bildeten, als die *Karpatho-Ukraine* diesem Beispiel folgte, die *Ungarn* Teile des Staates, die von *Ungarn* besiedelt waren und einmal zur ungarischen Krone gehörten, für sich in Anspruch nahmen, sowie polnisches Militär sich bereitstellte, das *Mährisch-Ostrauer* und *Witkowitzer Industrierevier* zur Gänze zu okkupieren, entschloß sich der tschechische Staatspräsident *Hacha* unmittelbar unter dem Eindruck dieser Ereignisse, den Deutschen Reichskanzler um eine persönliche Unterredung zu bitten.

Man muß wissen, daß *Benesch* unterdessen sein Land verlassen hatte. Ihm waren eine große Anzahl Militärs und Politiker gefolgt, deren Emigrantentätigkeit in der nächsten Zeit noch sehr fühlbar werden sollte. Tatsache ist weiter, daß die tschechische öffentliche Meinung sich in leidenschaftlichen Demonstrationen und Kundgebungen gegen *Benesch* äußerte und daß *Benesch* damals von den Riesendemonstrationen in *Prag, Brünn* und *Königgrätz* zum *„Verräter und Verderber des tschechischen Volkes“* gestempelt wurde. *Hacha*, sein Nachfolger, ein integerer, hochgebildeter Staatsbeamter der altösterreichischen Schule, nahm nun das auf sich, was in diesem Falle die einzige Möglichkeit für einen verantwortungsvollen Tschechen gewesen ist. Wenn dies auch heute die sogenannte Zeitgeschichtsforschung anders darzustellen beliebt: Das war ein Stück Realismus und, wenn man will, auch ein Stück Verantwortungsbewußtsein und persönliche Selbstverleugnung!

Prag in der Klemme

Denn von *England* und *Frankreich* vollkommen in Stich gelassen, ohne ausreichende Möglichkeit wirtschaftlicher Art, weiterzubestehen, war die bisher betriebene überhebliche Großmachtpolitik der *Tschechen* einfach unmöglich geworden. Es ist auch wichtig zu wissen, daß es *Chamberlain* war, der am 14. März an *Henderson* in *Berlin* telegrafierte, er als Botschafter *Englands* möge der *Deutschen Reichsregierung* umgehend mitteilen, daß sich die britische Regierung *„nicht unnötigerweise in Angelegenheiten einmischen wolle, an denen vielleicht andere Regierungen unmittelbarer interessiert seien, als England“. — „Vielleicht“ ... „unmittelbar“ ...*

Dies tat er und bekundete damit die Einstellung der englischen Regierung zum tschechischen Reststaat und *Chamberlain* konnte am 15. März 1939 immerhin als Chef der englischen Regierung die offizielle Feststellung abgeben, daß die unterdessen erfolgte Regelung zwischen *Adolf Hitler* und dem tschechischen Staatspräsidenten *Hacha* keinen Bruch des *Münchner Abkommens* darstellte und *Großbritannien* sich nicht mehr an seine Verpflichtungen gegenüber der *Resttschechoslowakei* gebunden fühle. Diese heute noch sensationell wirkende Erklärung schließt mit den Worten: *„Dieser Staat, dessen Grenzen zu garantieren wir beabsichtigen (?) zerbrach von innen heraus und fand so sein Ende“.*

Was war unterdessen geschehen? Der englische Botschafter traf *Hacha* in *Berlin* mit seiner Begleitung im Gespräche mit *Adolf Hitler* und der *Deutschen Reichsregierung* bei den entscheidenden Gesprächen an. Sein kurzes Dazwischentreten offenbarte die Mitteilung des erwähnten offiziellen Desinteressentements der englischen Regierung und machte so, in Übereinstimmung mit *England*, den Weg zu einer weiteren Lösung frei. *Hacha* schilderte ausführlich und bewegt die Situation seines Volkes, appellierte an das Verantwortungsbewußtsein aller Beteiligten, weitere Vorkommnisse zu verhindern und zu versuchen, *Mitteleuropa* wieder in eine Landschaft der Ordnung und des Friedens zu verwandeln.

Er legte dem deutschen Staatsoberhaupt nach einigen Fragen und Gegenfragen die Entscheidung vor, ob das Reich bereit sei, *Böhmen und Mähren* als Protektorat dem *Deutschen Reich* anzugliedern. Dies war auch kein einsamer Entschluß, den man nachher abwertend als Korrektur der Ereignisse hochzujubeln versuchte, *Hacha* hatte vorher ausdrücklich die telefonische Zustimmung seiner Regierung erbeten und erhalten. Sie mag einzelnen Mitgliedern schwer gefallen sein, aber die blutigen Zusammenstöße, Demonstrationen in allen Teilen des Reststaates und die sichtbaren Zeichen des Zerfalls der inneren Ordnung ohne Fortbestand einer äußeren aber entschieden, nachdem kein anderer Ausweg gefunden war.

Wollten *verantwortungsbewußte Tschechen* damals nicht bereits völlig unter sowjetischen Einfluß geraten, sahen sie in dieser Phase keinen anderen Ausweg. Schon die ersten Vereinbarungen sahen eine Reihe wichtiger Bestimmungen vor, die bis zum Schluß von deutscher Seite strikt eingehalten wurden. So wurde festgelegt, daß kein Tscheche, weder im Frieden, noch im Krieg, zum Militärdienst eingezogen werden dürfe. In Erinnerung an das Verhalten der Tschechen im *Ersten Weltkrieg* hat dieser Punkt der Vereinbarung bestimmt keine großen Schwierigkeiten auf deutscher Seite verursacht, obwohl immer wieder während der *Protektoratszeit* Versuche unternommen wurden, von deutschfreundlichen, nationalen Tschechen Freiwilligeneinheiten für das *Reich* aufzustellen und obwohl die tschechischen nationalen Jugendorganisationen sehr ernsthaft versuchten, sich in dieser Beziehung zumindest vormilitärisch im Sinne des Reiches einzuschalten. Ein weiterer wichtiger Punkt der Vereinbarungen besagte, daß die *Deutschen*, die in diesem Staate noch lebten, deutsche Reichsangehörige würden und daß die Tschechen als Protektoratsangehörige nicht Bürger des Reiches zu werden hätten, daß also kein Angehöriger der tschechischen Nation gezwungen werden sollte, „Deutscher" zu werden.

Das *Protektorat Böhmen und Mähren*, als ein dem Reich angegliederter Teil mit weitgehender Autonomie und ebensolchem Eigenleben, war Inbegriff dieser Absichten. In dem Dokument, das kurz vor vier Uhr am 14. März unterzeichnet wurde, wurde zum Ausdruck gebracht, daß *Hacha* das Schicksal des tschechischen Volkes und Landes vertrauensvoll in die Hände des Führers des *Deutschen Reiches* gelegt und daß der Führer diese Absicht zur Kenntnis genommen habe. Er sei bereit, das tschechische Volk unter den Schutz des *Deutschen Reiches* zu nehmen und ihm eine, seiner Eigenart entsprechende, autonome Entwicklung seines völkischen Lebens zu gewährleisten.

Am Morgen des anderen Tages zogen deutsche Truppen über die vereisten Straßen *Böhmens* und unter den Generalen *List* und *Blaskowitz* durch Schneestürme in Richtung *Prag*. Von tschechischer Seite ist kein Schuß gefallen. Nur eine einzige Garnison – *Freiberg in Mähren* – versuchte Widerstand zu leisten, gab aber denselben nach energischen Befehlen ihrer vorgesetzten Stelle beim Herannahen der ersten deutschen Vorkommandos schnell wieder auf. So wurde in wenigen Stunden *Prag*, die Stadt mit der ältesten Hochschule auf deutschem Kulturboden, einstmals Hauptstadt des alten Reiches, unter deutsche Oberhoheit gestellt.

Die Tschechen lieferten auch ihre gesamte Rüstung ab, die für die damalige Zeit sehr beträchtlich war. Es handelte sich um die Ausstattung von zwanzig Divisionen. 1582 Flugzeuge, 469 Panzerwagen, 2175 Geschütze und 44 000 Maschinengewehre fielen in die Hand der Deutschen, die feststellen mußten, daß die Tschechen eine wesentlich umfangreichere Ausrüstung besaßen, als ihnen durch den *Friedensvertrag von Versailles* 1919 zugestanden worden war. Ihr Wert betrug 24 Millionen Kronen und Liegenschaften mit Einrichtungen ergaben 11 Millionen Kronen. Nicht zu vergessen ist aber, daß die Rüstungszentren von *Pilsen, Mährisch-Ostrau, Brünn* und *Königgrätz* von großer Bedeutung waren und eine wesentliche Stärkung der deutschen Rüstungskapazität darstellten.

Die diplomatische Zurückhaltung *Englands* und *Frankreichs* änderte sich aber sehr schnell, als es der Opposition in *London* gelang, die Stimmung gegen *Deutschland* zu entfachen. Es dauerte nicht lange, dann brach ein Proteststurm aus, der sich gegen *Deutschland* wandte. Zum ersten Male habe *Hitler* den Volksgedanken der eigenen Deutschen nicht beachtet und nichtdeutsches Gebiet in Anspruch genommen. Die Tatsache, daß er einer Hilfeleistung entsprochen, daß *Hacha* ihn um Einschreiten gebeten hatte, ließ man nicht gelten, obwohl es ausgerechnet *England* war, das sich in der gleichen Zeit bemühte, die *Baltischen Staaten* und *Rumänien* ebenfalls zur Annahme von Hilfeleistungen zu bewegen.

Beginn der Neuordnung

Die ersten Wochen der beginnenden Neuordnung waren einerseits von tiefer Depression weiter Kreise der tschechischen Bevölkerung gekennzeichnet, andererseits von devotem Diensteifer der Behörden und vor allem der Polizei. An einigen Orten kam es zu kleinen Mißfallenskundgebungen tschechischer Demonstranten, die aber keinerlei Ausdruck der Volksmeinung waren, große Teile des tschechischen Volkes spielten die interessierten Beobachter und bestaunten die Ausrüstung und Haltung der deutschen Soldaten. Sie sparten auch nicht mit Anerkennung, als die NSV begann, eine große Hilfsaktion vom Kreis der deutschen Hilfsbedürftigen auf die Tschechen auszudehnen und mit hier bisher unbekannt gewesener Planmäßigkeit ein soziales Hilfswerk ohnegleichen aufzubauen.

Entgegen allen heute anders lautenden Erklärungen, entgegen dem Legendenkranz vom Massenwiderstand der Tschechen muß betont werden, daß es sich im ersten Jahr höchstens um unbedeutende örtliche Versuche handelte, die auf Hochtouren gebrachte Rüstungsindustrie und da und dort das Verkehrswesen zu stören. Seit dem Abkommen mit der *Sowjetunion* war es auch für die tschechischen Kommunisten bis zum Kriegsausbruch schwer, eine Tätigkeit gegen einen Staat zu entfalten, dessen Verbündeter die Unabhängigkeit der *Slowakei* anerkannt und mit *Deutschland* einen Nichtangriffsvertrag abgeschlossen hatte.

Der 28. Oktober war der Tag, an dem im Jahre 1918 die Staatsgründung der *CSR* erfolgte. Vorsorglich waren die öffentlichen Kundgebungen für diesen Tag untersagt worden, woran sich auch die Masse der Tschechen hielt. Nur in *Prag* und *Brünn* kam es zu Demonstrationen tschechischer Hochschüler.

Die Tschechen arbeiteten mit

Heute steht bereits fest und tausende Wissensträger vermögen dies zu bezeugen, daß nicht einmal der Mordanschlag auf den neuen Reichsprotektor *Reinhard Heydrich* und die darauf folgenden Gegenmaßnahmen in der

Lage waren, Massensabotage oder einen Partisanenkrieg zu entfachen, obwohl die in *Böhmen* abgesetzten Fallschirmjäger, die eingeschleusten Saboteure und Unmengen Waffen dies hätten vermuten lassen müssen. Die Tschechen fanden sich in weitesten Kreisen mit der Situation ab, sie waren bereit, mitzuarbeiten, anerkannten die Gerechtigkeit der Sozialgesetzgebung, die in der Lohnpolitik eingeführt worden war, billigten die Vorzüge einer geordneten Ernährungswirtschaft, die sich vom *Ersten Weltkrieg* wohltuend unterschied, und arbeiteten in den Rüstungsbetrieben derart fleißig mit, daß deren Ergebnisse bald über dem Reichsdurchschnitt lagen. Von einem Widerstand war weithin und zeitweilig nichts zu spüren.

Erst als nach dem Mord an *Reinhard Heydrich* die Folgen sichtbar wurden und, nach tschechischen Angaben, im Zusammenhang mit dem Mordkomplott und den damit zusammenhängenden Aktionen 1357 Personen hingerichtet wurden und mit *Lidice* ein Exempel statuiert wurde, kam Unruhe unter die Massen, die aber trotzdem immer wieder bereit waren, sich unterzuordnen und den durch den Krieg bedingten Ausnahmezustand anerkannten.

Wäre dies nicht der Fall gewesen, dann hätten die hauchdünne deutsche Verwaltung und die zahlenmäßig geringen Polizei- und Wehrmachtskräfte, die zeitweilig im Protektorat waren, niemals vermocht, den Ablauf der Dinge so mühelos zu gewährleisten. Dazu kommt etwas, was man heute auch nicht gerne hört: Die Zahl der tschechischen Konfidenten, die ihre eigenen Landsleute verrieten, dies oft aus den niedrigsten Gründen, die mit Politik nicht das Geringste zu tun hatten, war derart groß, daß die deutschen Polizeistellen Warnungen herausgeben mußten und die verantwortlichen Angehörigen der Dienststellen nur mit Ekel von diesen miserablen Erscheinungen sprechen konnten. Die Zahl der Anzeigen von *Tschechen* gegen *Tschechen* war so groß, daß die Behörden zeitweilig nicht in der Lage waren, die Untersuchungen durchzuführen. Dabei ging es in der Masse der Fälle um solche, die sogar ein Todesurteil bedingten.

Kaum politischer Widerstand im Protektorat

Kommunistische Befehlsstellen und die Führung der Moskauer KP rügten wiederholt die Tatsache, daß *„die weite Masse der Tschechen hofft, daß die Befreiung von außen kommt."*

In der illegalen, kommunistischen Zeitung *„Rude Pravo"* vom 9. Juli 1943 steht das Eingeständnis: *„Es ist uns bisher nicht gelungen, die strafende Hand des Volkes nach dem Vorbild unserer jugoslawischen und bulgarischen Brüder zu organisieren. Eine nationale Partisanenbewegung haben wir nicht, eine revolutionäre, nationale Volksarmee haben wir nicht und darin besteht die Schwäche unseres Kampfes"*. Erfahrene Beobachter bestätigen auch übereinstimmend, daß die Zahl der Einzelkämpfer des politischen Widerstandes im Vergleich zu *Polen* oder *Jugoslawien* geradezu auffallend klein war.

Das deutsche Rüstungskommando in *Prag* meldete in seinem Bericht von 1944: *„Die Arbeitsdisziplin ist, wenn man die Verhältnisse im fünften*

Kriegsjahr in Betracht zieht, zufriedenstellend und Verstöße gegen dieselbe sind verhältnismäßig gering." Daß noch im Jahre 1944 die *Brünner Waffenwerke* 30 000 Karabiner, 3 000 Maschinengewehre und 10 800 Pistolen auslieferten und daß in der Flugzeugindustrie des Protektorates mehr als 120 000 Tschechen arbeiteten, an deren Arbeitsergebnis nichts ausgesetzt werden konnte, wird natürlich dort geflissentlich verschwiegen, wo man den Widerstand gegen das Reich berufsmäßig hochstilisieren muß und sich bemüht, dort Helden aufzubauen, wo solche absolut nicht zu finden waren.

„*Natürlich mit Gewalt!*" wird man einwenden. „*Die brutale Gewalt der Nazis hat das ermöglicht!*" Moment! In *Pilsen* arbeiteten in den *Skodawerken*, einer der wichtigsten Waffenschmiede des Reiches, 35 000 Arbeiter, es waren fast nur Tschechen. Die Zahl der Angehörigen im Werkschutz für diesen Riesenbetrieb betrug 170 Mann, in der Mehrzahl auch Tschechen. Erst mit dem Ende 1944 sank die Arbeitsmoral, Gegenaktionen oder Widerstandszeichen aber unterblieben noch immer. Die illegale KPC erließ im Januar 1945 noch einen Aufruf, in dem es heißt: „*Es darf nicht dazu kommen, daß unser Volk untätig seine Befreiung durch die Rote Armee erwartet. Das tschechische Volk muß endlich mit all' seinen Kräften zur Befreiung beitragen*".

Ein spätes und blutiges Alibi

Der Alibismus ist dann so weit gegangen, daß Menschen, die vier Jahre lang eindeutig und klar durch ihre Haltung und Arbeit die Regierung des Protektorates unterstützten und der deutschen Sache nützten, plötzlich wilde Partisanen und Widerstandskämpfer geworden sein sollten. Bei den einzelnen Sabotageaktionen handelte es sich vielfach um schlau durchdachte, meist durch äußerliche Loyalität gut getarnte Aktionen von Einzelpersonen oder kleinen Gruppen. Wie ein guter Sachkenner der tschechischen Szene feststellte, ähnelten diese Aktionen nicht von ganz ungefähr den „*sehr vorsichtigen, heimlichen und immer passiven Sabotagen im Jahre 1968 während der Liquidierung des politischen Prager Frühlings.*"

Als die Dämme brachen und die Kriegsfurie von Ost und West in das Land drang, wurde die Gasse rebellisch. Plötzlich tauchten die Gestalten auf, die die kommenden Monate und Jahre dem Lande das Gepräge geben sollten. Es kam so weit, daß Sowjetsoldaten Deutsche vor den Ausschreitungen tschechischer Partisanen, Freiheitskämpfer, Untergrundsoldaten, Paraschutisten und plötzlich uniformierten und bestens ausgerüsteten Soldaten schützen mußten. Das Grauen war unbeschreiblich. Zu Tausenden wurden deutsche Flüchtlinge, die auf der Durchfahrt überrascht wurden, Wehrmachtsangehörige, Insassen aus Lagern der Kinderlandverschickung, NSV-Heiminsassen, Verwundete in Lazaretten und Spitälern, Alte und Junge, Frauen und Kinder, Männer in Uniform oder Zivil, niedergemacht, geschändet, erschlagen oder in todbringende Haft genommen, wo sie verhungern oder an Seuchen zugrundegehen mußten. Die Zustände waren entsetzlich!

Die genaue Zahl der Opfer ist nicht feststellbar und das Rote Kreuz nur auf Schätzungen angewiesen. Auch die zuständigen Stellen der Vertriebenen schätzen die Zahl „nur". Sie liegt aber bei etwa zwei Millionen. Das waren alles Menschen, die nach der Kapitulation als Nichtsoldaten ums Leben kamen, die dem Haß und einer entfesselten Meute zum Opfer fielen.

Die Ursache dieser Erscheinungen, die mit der völkerrechtswidrigen Vertreibung der dreieinhalb Millionen *Sudetendeutschen* ihren Abschluß fand, ist die Tatsache, daß hier ein Volk angesichts der neuen Sieger und seiner neuen Bundesgenossen sein Gesicht wahren wollte, etwas vorzutäuschen hatte. Man wollte darstellen, daß man immer schon bereit gewesen sei, gegen die Deutschen aufzutreten und ihre „Barbarei" zu bekämpfen.

Zum Schluß sei vermerkt, daß die Tschechen die einzige Nation *Mitteleuropas* waren, die während der Kriegsjahre erheblich steigende Geburtenzahlen aufzuweisen hatte (die Zahl der Geburten stieg von 103 642 im Jahre 1938 auf 150 414 im Jahre 1943) und daß die Deutschen *Böhmens*, genaugenommen die Sudetendeutschen, im *Zweiten Weltkrieg* und durch die Vertreibung acht Prozent der Bevölkerung einbüßten. Die Tschechen aber haben im gleichen Zeitraum nur ein halbes Prozent ihres Bestandes verloren und sind somit mit einer der niedrigsten Verlustquoten aller Völker dieses Kontinents über diese Jahre hinweggekommen. In diesem halben Prozent sind auch alle Opfer in Konzentrationslagern, zum Tode Verurteilte und Soldaten, die in den Heeren *Englands, Frankreichs* und der *UdSSR* gegen *Deutschland* kämpften, enthalten.

Legenden statt Wahrheit

Eine Unsumme von Rechtfertigungsschriften, blutrünstiger Romane, Illustriertenkolportagen, von Filmen und Abhandlungen verschiedenster Institute ist über diese Jahre erschienen und versucht, die Vorkommnisse so darzustellen, wie sie angeblich waren. Es sind Versuche, die sich an der vollen Wahrheit vorbeidrücken und die nachträglich etwas gut machen oder ändern wollen, was durchaus nicht so verlaufen war, wie es dem Tenor des heutigen Zeitgeistes entspricht.

Mehrere Male schon war *Böhmen* das Schicksalsland für *Europa*. Viele große Ereignisse haben von hier aus ihren Ausgangspunkt genommen, andere gingen hier zu Ende. Es muß nicht stimmen, daß der Herr *Böhmens* der Herr *Europas* ist, aber als Nachbarland können uns die Ereignisse in diesem Raum nicht gleichgültig bleiben und werden weiterhin bestimmend für uns in der Zukunft sein. Das schicksalhafte Wechselspiel zwischen den Deutschen und den Slawen, das sich hier in Teilen dieses Landes offenbart, wurde ein Stück europäischer Geschichte und ist dadurch gekennzeichnet, daß Größe und Reichtum des Reiches sich auch im Wohlstand der Bürger dieses Landes offenbarten und daß die Not der Deutschen gleichzeitig die der Slawen, also der Tschechen war. Diese Problematik ist um so größer geworden, seitdem die Landesgrenze gleichzeitig die Grenze nicht nur zweier Staaten wurde, sondern zweier Systeme, die sich zwar abwartend, aber gnadenlos gegenüberstehen.

RUDOLF TRENKEL:

Hintergründe des deutsch-polnischen Konflikts

Da ich *Thorner* und ehemaliger Volksdeutscher aus dem polnischen *Korridor* bin, glaube ich, besonders berufen zu sein, über die Geschehnisse von damals berichten zu können; und zwar über die beweisbaren Wirklichkeiten des *Versailler Polenstaates*, insbesondere über *Polens* schwere Mitschuld am Zweiten Weltkrieg. Gerade in diesen Tagen gedenken wir der volksdeutschen Blutopfer von *Weichsel, Warthe* und *Drewenz*, die vor 40 Jahren, im Sommer 1939 dem Totentanz des Zweiten Weltkrieges als erste zum Opfer fielen. Diese auf selbsterlebter Geschichte basierenden Zeugnisse habe ich in den beiden Schriften: *„Der Bromberger Blutsonntag im Sept. 39"* und *„Polens Schuld am Zweiten Weltkrieg"* in die Öffentlichkeit gebracht.

Es sei vorweg gesagt: diese Geschichtsdarstellungen mit ihrem die wirklichen Vorgänge im Polenstaat desmaskierenden Inhalt sind in unserem Bundesstaat kaum oder gar nicht bekannt. Daraus aber ergibt sich ganz zwangsläufig die Frage: woher sollte die Masse der Deutschen – infolge ihres Nichtwissens – die erforderlichen Argumente nehmen, um der ebenso niederträchtigen wie abgrundtief verlogenen Schuldlüge die Stirn bieten zu können? Das erste dieser Werke trägt den Titel: *„Wolnomularstwo w II. Rzeczypospolitej'*, zu deutsch: *„Die Freimaurerei in der II. Republik Polen in den Jahren 1918–1939"*, verfaßt von Prof. Leon Chajn.

Zunächst können wir diesem bedeutenden Informationswerk entnehmen, daß polnische Freimaureraktivitäten – weitgehend beeinflußt vom *Pariser* Großorient – die polnische Innen- wie die Außenpolitik von 1920–1939 erkennbar mitgestaltet haben. Sie haben besonders nach *Pilsudskis* Tod im Jahre 1935 im Spiel gegen *Deutschland* eine nachweisbare Rolle gespielt. Der einzig namhafte Gegenpol hierzu war der gegenüber den Logen wie auch gegenüber der Katholischen Kirche geistig unabhängige Marschall *Josef Pilsudski,* der nie einer Loge angehörte. Dies hat seine Frau *Aleksandra* in ihren Erinnerungen eindeutig bestätigt.

Es muß daher betont werden, daß ohne diese politische Unabhängigkeit des Marschalls der deutsch-polnische Freundschafts- und Nichtangriffspakt von 1934 nie zustandegekommen wäre.

„Fremde Agenturen"

Pilsudski hat in seiner polterigen Art verschiedentlich die unheilvolle Einmischung in- und ausländischer Logen in die polnische Politik als diejenige *„fremder Agenturen"* öffentlich gebrandmarkt und zurückgewiesen. Sehr deutlich wurde *Pilsudski*, als er im Jahre 1934 zu *Dr. Goebbels* in *Warschau* wörtlich sagte: *„Herr Minister, wir* (Polen und Deutsche) *werden doch nicht so verrückt sein und uns gegenseitig die Schädel einschlagen."*

Es versteht sich von selbst, daß der damalige — zur Entspannung in *Osteuropa* beitragende — deutsch-polnische Vertrag allen Kriegshetzern ein unerträglicher Dorn im Auge war und daß mit dem reichlich mysteriösen Tod des polnischen Marschalls die Jahre von 1935—1939 nur noch eine *‚Abwartezeit'* für die internationalen Kriegstreiber waren, — gemäß der Voraussage des britischen *Lord Vansittart:* [1]) *„Wenn Hitler fehlschlägt, wird sein Nachfolger der Bolschewismus sein; wenn er Erfolg hat, wird er innerhalb von fünf Jahren einen europäischen Krieg bekommen."*

Nach dem Tode *Pilsudskis* wurde immer deutlicher, daß die antideutsche Verratspolitik am Ende des nationalorientierten Marschall *Pilsudskis* auf jenen Hintergrund-Aktivitäten beruhte, die vor und im Ersten Weltkrieg zur Wiederherstellung eines selbständigen *Polen* in intriganter Weise ins Spiel gebracht worden waren.

Versailles, die Ursache des Konflikts

Wie *Italien* mit *Südtirol* war *Polen* 1919 mit den deutschen Gebieten von *Westpreußen, Posen* und *Oberschlesien* reich belohnt worden. Außerdem hatten die damaligen Drahtzieher das geradezu wahnwitzige *Danzig-* und *Korridorproblem* geschaffen, wo man mit leichter Hand jederzeit die große Krise inszenieren konnte. — 1939 war es dann soweit! Zwar hatten die in den Jahren 1920/21 angesetzten Volksabstimmungen *in Ostpreußen 97,9 v. H., in Westpreußen 92,4 v. H., in Niederschlesien 97,6 v. H. und in Oberschlesien 62,0 v. H.,* für das Verbleiben beim *Deutschen Reich* gebracht, doch war das von den Siegern so hochgepriesene Selbstbestimmungsrecht derartig mit Füßen getreten worden, daß das erschütterte Osteuropa nicht mehr zur Ruhe kam.

In wilden Fehden und Rebellionen versuchten sogenannte „befreite" Volksteile, wie Ukrainer, Deutsche, Weißrussen, Litauer, Slowaken, Slowenen, Kroaten u. a. sich sogleich von dem sie bedrückenden *Versailler* Joch zu befreien.

Während in den ehemals deutschen Provinzen *Posen* und *Westpreußen* bis 1920 1 200 000 Deutsche gelebt hatten, sank diese Zahl nach zehnjähriger Polenherrschaft auf 350 000. — Gleich zu Beginn der Polenherrschaft, im Jahre 1919, errichteten die neuen Machthaber in der Provinz *Posen,* und zwar in den Orten *Szczypiorno* und *Stralkowo,* die ersten Konzentrationslager in *Europa,* wo ca. 16 000 Deutsche als *„Staatsfeinde"* hinter Stacheldraht gesetzt wurden. Später kamen zwei weitere KZ's hinzu.

[1]) 1933 in „Even now", London, S. 69.

Die meisten deutschen Schulen wurden geschlossen, deutscher Grundbesitz beliebig enteignet. Das in *Versailles* mitunterzeichnete Minderheitenschutzabkommen war in der Praxis nur ein Fetzen Papier. So blieb es in *Polen* bis zu seinem Untergang im September 1939. –

Zu den bisherigen Zeugen und Stimmen zur Geschichte des *Versailler* Polenstaates komme ich jetzt auf ein höchst aufschlußreiches Buch des sicherlich noch vielen bekannten *Dr. Hermann Rauschning* zu sprechen, der als Kronzeuge und Ankläger polnischer Entdeutschungspolitik sowie als antihitleristischer Agitator nach seiner Emigration aus *Danzig* im Jahre 1935 weltweit bekanntgeworden ist. *Rauschning* wurde 1887 in *Thorn a. d. Weichsel* geboren. Die Jahre der Entdeutschung nach 1920 erlebte er in *Posen* und gab aufgrund des in dieser Zeit gesammelten vielfältigen deutschen und polnischen Materials im Jahre 1930 in *Berlin* seinen damals aufsehenerregenden Dokumentarband: *„Die Entdeutschung Westpreußens und Posens. 10 Jahre polnischer Politik“* heraus.

In jener Zeit der Zwanziger Jahre schrieb der *Posener „Dziennik“* wörtlich: *„Das einzige Verhältnis, das zwischen uns und den Deutschen obwalten kann, ist das des Hasses und des Kampfes“* – und *Dr. Rauschning* bemerkte dazu:

„Die Ohnmacht Deutschlands ist der Anreiz zu der polnischen Entdeutschungspolitik gewesen, sie unterstützt den polnischen Imperialismus. Die Minderheitenbewegung im Osten seines Reiches hat die polnische Presse als Bolschewismus hingestellt. Aber auf der Linie Wilna–Lemberg führt Polen einen Eroberungskampf gegen andere slawische Volksstämme. Nicht anders ist es an der Westgrenze! Bis jetzt führt Polen seinen Eroberungskrieg im eigenen Lande. Es geschieht durch die erfolgreiche Entdeutschungspolitik im abgetretenen Gebiet. Die jagiellonische Idee eines Großpolens, das Rußland in seiner politischen Rolle im Osten ablösen soll, ist es, die letzten Endes auch ihr den Anstoß gegeben hat.“

Verfolgung der Deutschen in Posen und Westpreußen

Und offenherzig schrieb am 13. 6. 1926 die *„Gazeta Gdanska“* zum Thema der Entdeutschung: *„Der sicherste Panzer Pommerellens sind die Millionen polnischer Ansiedler. Alles Land, das noch im Besitz der Deutschen ist, muß den deutschen Händen entrissen werden.“* Jedes Mittel konnte angewandt werden, um die deutsche Volksgruppe in *Polen* zu schwächen und zu dezimieren. Die deutschen Zeitungen in *Polen* durften die volle Wahrheit über die Bedrückung und Entrechtung der Volksdeutschen nicht bringen.

Am Beispiel der *Bromberger „Deutschen Rundschau“* sei dies verdeutlicht: *„Von 1920–1939 hatte diese Zeitung 872 Strafverfahren. Die Schriftleiter wurden zu insgesamt 5 Jahren, 11 Monaten und 20 Tagen Gefängnis sowie 24 000 Zloty Geld- und 38 000 Zloty Gerichtsstrafen verurteilt. – 546mal unterlag diese deutsche Zeitung der Beschlagnahme. Gesamtverluste: ungefähr 700 000 Zloty. Keiner volksdeutschen Zeitung in Polen blieb ein ähnliches Schicksal erspart!“* Hinzu kam eine permanente Deutschenhetze!

In dieser Hinsicht hat es von der ersten bis zur letzten Stunde des *Versailler* Polenstaates keine Atempause gegeben. Als Ende 1933 ein deutscher Diplomat in *Warschau* mit *Pilsudski* verhandelte, sagte der Marschall wörtlich: *„Sagen Sie Ihrem Führer, ich glaube es gern, daß er ehrlich bemüht ist, alle Probleme zwischen Polen und Deutschland vernünftig zu lösen. Er möge aber nicht übersehen: Der Haß meines Volkes gegen alles Deutsche ist abgrundtief!"* –

Pilsudski wußte sehr genau, daß das Werben *Hitlers* um *Polens* Gunst ehrlich gemeint war. Zur Sicherung *Europas* gegen *Asien* war im Rahmen des europäischen Schutzwalles *Polen* ein besonderer Platz im späteren *Antikominternpakt* zugedacht, der des besonderen militärischen Schutzes durch das *Deutsche Reich* hätte ganz sicher sein können.

„Goldene Brücken" für Polen

Es ist daher eine der infamsten Lügen, wonach *Hitler* schon seit langem geplant habe, *Polen* zu zerstören. Genau das Gegenteil davon ist wahr und richtig, was dadurch bewiesen wird, daß das *Deutsche Reich* in der Zeit von 1934–1939 mit Hilfe zahlreicher großartiger Angebote unablässig versucht hat, *Polen* wahrhaft *„goldene Brücken"* zu bauen. Wenn diese ehrlichen Bemühungen mit einem Fehlschlag geendet haben, so sollten wir Deutschen endlich begreifen, daß dies verheerende Ergebnis nicht dem *Deutschen Reich*, sondern dem imperialistisch ausgerichteten *Polen* von damals sowie den internationalen Kriegstreibern der Dreißiger Jahre angelastet werden muß.

Um nun den politischen Ablauf im *Versailler Polen* während der Dreißiger Jahre ergänzend darzustellen, komme ich jetzt auf einen Dokumentarband zu sprechen, der unter dem Titel *„Geheime Ostfront"* von dem ehemaligen deutschen Abwehroffizier *Oscar Reile* 1963 herausgegeben wurde. Wie der Pole *Chajn* und der Thorner *Dr. Rauschning* war auch Oberstleutnant *Reile* (als Mitarbeiter und enger Vertrauter von Admiral *Canaris*) ein entschiedener Gegner des Nationalsozialismus. Ohne die zum Teil sensationellen Aussagen *Reiles* über die Hintergründe der gegen *Deutschland* gerichteten polnischen Aggressionspolitik wäre vieles im Dunkel der Geschichte geblieben. Oberstleutnant *Reile* hat in verdienstvoller Weise den eindeutigen Nachweis erbracht, daß sich *Rydz-Smigly* wie auch sein Außenminister *Josef Beck* nach *Pilsudskis* Tod – also vom Sommer 1935 bis in den Sommer 1939 hinein – als hemmungsloser Kriegstreiber gegen *Deutschland* betätigt haben.

Daher ist ohne Umschweife die Feststellung berechtigt: Diese im Fahrwasser internationaler Kriegstreiber agierende *Warschauer* Verschwörergruppe strebte zielbewußt den Krieg mit *Deutschland* an. Die Zielsetzung war dabei rein imperialistischer Natur, woraus in der Öffentlichkeit kein Hehl gemacht wurde.

Sie bestand vor allem in der festen Absicht der gewaltsamen Eroberung der deutschen Ostgebiete und deren Einverleibung in den geplanten großpolnischen Staatsverband. Der kenntnisreiche Abwehrexperte *Reile* bestätigt dies: *„Mehr und mehr entschied sich Josef Beck für die Thesen des polnischen Historikers Adolf Bochenski, der eine Politik des Blutvergießens als die einzig richtige für Polen verkündete. Ihm schwebte vor, mit Hilfe der Westmächte Europa erneut in einen großen Krieg zu stürzen. Da der erste Welt-*

krieg die Selbständigkeit und einen Teil der ursprünglich polnischen Gebiete gebracht habe, sei zu hoffen, daß ein zweiter großer Krieg Polen auch noch die restlichen Gebiete bescheren werde, auf die es Anspruch erheben könne."[2]) — Gemeint waren die von allen polnischen Chauvinisten seit 1920 geforderten deutschen Provinzen *Ostpreußen* und *Danzig, Pommern* und *Schlesien.* Über fast alle diese internen Vorgänge in *Warschau* war die Deutsche Reichsregierung in den dreißiger Jahren bestens informiert. Es kann als erstaunlich gelten, daß *Hitler* trotz des Wissens um die verhängnisvollen Betrugsmanöver in *Warschau* nie die Nerven verloren hat und mit einer Langmut ohnegleichen immer wieder versucht hat, mit *Polen* ins reine zu kommen. Um der geschichtlichen Wahrheit willen muß gesagt werden, daß nicht alle Polen damals zum politischen Selbstmord bereit waren.

Polen war zum Krieg entschlossen

Die damals verheerenden, auf einen Krieg mit *Deutschland* abzielenden Machenschaften der *Beck-Rydz-Smigly-Gruppe* wurden restlos bestätigt, als beim Einmarsch deutscher Truppen in *Warschau* im September 1939 fast die gesamten Akten des polnischen Außenministeriums wie auch des polnischen Geheimdienstes in deutsche Hände fielen. Überdies ist der kürzlich vom britischen Außenministerium veröffentlichte Geheimbericht sehr aufschlußreich, der — als Ergebnis einer Erkundungsfahrt durch *Polen* im Mai 1939 — von den britischen Deutschlandexperten *William Strang* und *Gladwyn Jebb* am 9. Juni 1939 dem *Londoner Außenministerium* vorgelegt wurde. Hier sein Fazit: in Gesprächen mit hohen polnischen Offizieren und Beamten am Vorabend des Zweiten Weltkrieges konnten die beiden Briten in Erfahrung bringen, wie sehr bereits der Krieg mit *Deutschland* in die polnischen Planungen einbezogen war. — Dazu kam die erhoffte Rückgewinnung der deutschen Ostgebiete, die Vertreibung der deutschen Bevölkerung und die Teilung *Deutschlands.* [3])

Für die hinterhältige Politik *Polens* in den Dreißiger Jahren zeugen die folgenden 3 historischen Tatsachen, die niemand aus der Welt zu reden vermag:

1) Im Jahre 1933 versuchte *Polen* einen Präventivkrieg gegen das Reich mit Unterstützung *Frankreichs* in Gang zu bringen.
2) Im Jahre 1936 bemühte sich *Josef Beck* in *Paris* und *London* um einen Krieg gegen *Deutschland.*
3) *Polen* erzwingt im Sommer 1939 mit Hilfe terroristischer Gewaltakte — gemäß der damaligen Provokationsstrategie — den Krieg mit *Deutschland.*

Mehr als 50 000 Volksdeutsche waren damals inhaftiert oder befanden sich auf den Verschleppungsmärschen. Mehr als 76 000 Volksdeutsche waren bis Anfang August 1939 nach *Deutschland* geflüchtet. Tausende von volksdeutschen Frauen und Kindern, Männern und Greisen wurden bestialisch umgebracht.

---

[2]) Reile: Geheime Ostfront, S. 213.
[3]) Näheres darüber ist in der Stellungnahme von Dr. Alfred Schickel nachzulesen, die im Ostpreußenblatt, Nr. 31, vom 4. 8. 79 veröffentlicht wurden.

Auch muß mit aller Deutlichkeit gesagt werden, daß es weder in den 20 polnischen Jahren noch speziell im Sommer 1939 eine „fünfte Kolonne" der Volksdeutschen in *Polen* gegeben hat, außer im Vokabular weltweiter polnischer Rechtfertigungspropaganda.

Ende Mai 1938 fand in meiner Heimatstadt *Thorn* an der *Weichsel* die größte polnische Militärdemonstration mit deutlichem Affront gegen das *Deutsche Reich* statt: Im *Thorner* Rathaus wurden dem Marschall *Rydz-Smigly* die Ehrenbürgerrechte der alten Ordensveste verliehen. Beim Verlassen des Rathauses sah ich *Rydz-Smigly* aus der Nähe – und ich möchte heute, nach 40 Jahren, meine Eindrücke von damals wiederholen:

Dieser glühende Deutschenhasser mit seinem mongoloiden Gesichtsausdruck, der sich gern mit *Napoleon I.* verglich, war niemals ein Mann, mit dem ein deutscher Staatsmann hätte vernünftig reden können. Immerhin, am zweiten Kriegstag, am 2. September 1939, als sich die polnische Katastrophe klar abzeichnete, wollte *Rydz-Smigly* den Krieg beenden. Er hat wenig später in Rumänien erklärt, die Engländer hätten ihn beschworen, er dürfe auf keinen Fall mit *Deutschland* Frieden schließen! Sie – die Engländer – würden den *Polen* zu Lande, zu Wasser und in der Luft zur Hilfe kommen! Im Mai 1939 war der polnische Kriegsminister *Kasprzycki* in *Paris* und wurde von den Franzosen nach den polnischen Befestigungsanlagen an der polnischen Westgrenze gefragt. Der polnische General erklärte selbstsicher, sie hätten an ihrer Westgrenze so gut wie keine Befestigungen und brauchten auch keine, denn *Polen* würde von Anbeginn eines Krieges mit *Deutschland* einen offensiven Bewegungskrieg führen und mit seinen zahlreichen Kavalleriebrigaden die deutschen Ostgebiete überrennen.

Ein weiteres wichtiges politisches Geschehnis aus dem Frühjahr 1939: Der damalige französische Spitzendiplomat und Botschafter Graf *Ferdinand de Brinon* sagte am 5. November 1940 in *Paris* in einem Interview mit dem Pariser Vertreter der amerikanischen Agentur *New Service, Louis P. Harl,* über die Kriegsursachen von 1939 wörtlich: *„Ich erinnere mich noch sehr gut an eine Zusammenkunft in meinem Hause zu Beginn des Frühjahrs 1939 zwischen Pierre Laval und dem polnischen Botschafter Lukasiewicz. Herr Laval beschwor den polnischen Botschafter, seinen Einfluß dahin auszuüben, um seine Regierung zu der Fortführung einer klugen und vorsichtigen Politik zu veranlassen. Der polnische Botschafter in Paris – ein altbewährter und eingeweihter Geheimbündler – erwiderte verächtlich: ‚Wir werden Sie (gemeint war das kriegsunlustige Frankreich) zwingen, Krieg zu führen!' "*

Und schließlich legte im Juni oder Juli 1939 der polnische Marschall *Rydz-Smigly* seinen Kriegswillen vor einer Offiziersversammlung in folgendem Geiste dar: *„Polen will den Krieg mit Deutschland und Deutschland wird es nicht verhindern können, selbst wenn es das wollte!"*

Ein weiteres eindeutiges Bekenntnis zur Kriegsabsicht mit *Deutschland* legte *Rydz-Smigly* Mitte Juli 1939 in einem Interview mit der amerikanischen

Journalistin *Mary Heaton Vorse* ab, das am 19. Juli 1939 im *„News Chronicle"* veröffentlicht wurde.

Rydz-Smigly sagte zur *Danzigfrage* u. a. folgendes: *„Sofern die Deutschen weiter bei ihren Anschlußplänen beharren werden, wird Polen den Kampf aufnehmen, sogar wenn es allein und ohne Bundesgenossen sich schlagen sollte ... Aus diesem Grunde habe ich vor vier Monaten die Mobilisierung angeordnet ... Glauben Sie mir bitte, daß die Mobilisierung nicht nur eine Demonstration war. Wir waren damals zum Kriege bereit, wenn das notwendig gewesen wäre."* Mit anderen Worten: *Rydz-Smigly* war bereits im März 1939 bereit, in *Deutschland* einzumarschieren.

Diese im Jahre 1939 offen zur Schau gestellte Kriegsbereitschaft *Polens*, die jede vernünftige Einigung mit dem Reich unmöglich machte, findet ihre letzte Erklärung in der den Polen bereits in *Versailles* — und hier besonders von den Franzosen — zugewiesenen Aufgabenstellung gegen *Deutschland*. Bereits 1922 begann in *Polen* eine zielstrebige psychologische Kriegführung gegen *Deutschland*, über die Oscar Reile folgendes schreibt:

„Die Polen gingen daran, halbamtliche Propagandainstitutionen aufzubauen, die ihr ganzes Land mit einem Netz von Tausenden von Ortsgruppen überzogen und Publizisten, Schriftsteller, Offiziere und vor allem Hunderte von Zeitschriften in ihren Dienst stellten. In unzähligen Büchern und in Tausenden und Abertausenden Zeitungsartikeln wurde nun der ‚Nachweis' geführt, daß Danzig, ferner ganz Westpreußen und Teile Pommerns und Ostpreußens ursprünglich zu Polen gehört hätten ... Verfälschung historischer und ethnologischer Forschungsergebnisse, gefälschte Statistiken und Umdeutungen geschichtlicher Ereignisse mußten dazu herhalten, diesen sogenannten ‚Beweis' zu führen ... Die bedeutendsten Träger dieser halbamtlichen über ganz Polen gespannten Organisationen waren das sogenannte Baltische Institut, ferner der polnische Westmarkenverband und die Liga der Polnischen Seefahrt. Der letzteren allein gehörten in den Dreißiger Jahren über 6000 Ortsgruppen mit über 800 000 Mitgliedern an." — Deutsche Anliegen wurden von der polnischen Hetzpresse mit äußerst rüder Tonart behandelt.

Deutsche Vorschläge für friedliche Einigung

Demgegenüber standen deutscherseits die in meinen Schriften näher umrissenen und hier nochmals genannten Angebote an *Warschau*, mit denen *Polen* wahrhaft *„tausend goldene Brücken"* gebaut wurden:

1) Die Aufnahme *Polens* in den Antikominternpakt und militärischer Schutz für *Polen* im Falle eines sowjetischen Angriffs.

2) Rückkehr *Danzigs* zum *Deutschen Reich* und Bau einer exterritorialen Autobahn durch den Korridor.

3) Endgültiger Verzicht auf den Korridor zugunsten *Polens*.

4) Garantie der polnischen Grenzen!

5) Der deutsch-polnische Vertrag wird von 10 auf 25 Jahre verlängert.

Die Antwort *Polens* bestand in einer nie dagewesenen Deutschenhetze und in kaum faßbaren, bewußt provozierten Herausforderungen in unbekannter Zahl. Seit Juli 1939 befand sich das Leben eines jeden einzelnen Volksdeutschen — und das waren immerhin 1,2 Millionen Menschen — in Bedrohung und Gefahr. Somit lag für das *Deutsche Reich* ein im Völkerrecht anerkannter übergesetzlicher Notstand vor, der dadurch begründet war, daß die damalige polnische Regierung und ihre Organe weder willens noch fähig waren, den Schutz der volksdeutschen Staatsbürger Polens überhaupt noch wahrzunehmen.

Folglich war der deutsche Einmarsch in *Polen* am 1. September 39 genau genommen nichts anderes als eine Polizeiaktion gegen Terroristen, die ganz sicher vielen tausend Deutschen das Leben gerettet hat. Es sei hierbei unbestritten, daß in begründeter Reaktion auf diese Welle blutigen Terrors der erste kriegsauslösende Schwertstreich deutscherseits erfolgte.

Darauf aber hatten die internationalen Kriegstreiber geradezu brennend gewartet, um der ohnehin unwissenden Welt und vornehmlich später den umerzogenen Deutschen einbleuen zu können, der *„Aggressor Deutschland habe das friedliebende Polenvolk vorsätzlich und brutal überfallen.“*

Diese Weltlüge im Jahrhundertmaßstab wurde nach 1945 für alle Deutschen zu einer Art Geschichtsdogma erhoben, dessen Zweck der *Tübinger* Professor *Theodor Eschenburg* so charakterisierte: *„Wer die Alleinschuld Deutschlands am Zweiten Weltkrieg bezweifelt, zerstört die Grundlage der Nachkriegspolitik.‘* —

Literatur zum Thema: Hintergründe des deutsch-polnischen Konflikts vor dem Zweiten Weltkrieg

Leon Chajn: Wolnomularstwo w II. Rzeczypospolitej (Die Freimaurer in der II. Republik) 1975 im Warschauer Verlag „Czytelnik“ 624 Seiten. Liegt — soweit bekannt — nur in polnischer Sprache vor.

Prof. Bolko von Richthofen: Kriegsschuld 1939–1941. Der Schuldanteil der anderen.

Dr. Hermann Rauschning: Die Entdeutschung Westpreußens und Posens — 10 Jahre polnischer Politik — ersch. 1930 in Berlin. Nur leihweise: in der Bücherei des deutschen Ostens in Herne/Westfalen.

Oscar Reile: Geheime Ostfront. Die deutsche Abwehr 1921–1945. Ersch. im Verlag Welsermühl 1963. 475 Seiten.

Wladyslaw Kozaczuk: Bitwa o tajemnice. Zu deutsch: Der Kampf um die Geheimnisse. Die Nachrichtendienste Polens und des Reichs in den Jahren 1922–1939; 1969 in Warschau. Liegt nur in polnischer Sprache vor. 465 Seiten.

Leszek Gondek: Wywiad Polski wtrzeciej Rzeszy.

Colonel Frederick Winterbotham: Aktion Ultra. Ersch. 1976 im Ullstein-Verlag. 226 Seiten.

Patrick Beesly: Geheimdienstkrieg der britischen Admiralität 1939–1945. Ersch. 1978 im Ullstein-Verlag, 327 Seiten.

2. Teil

Verrat und Widerstand im Dritten Reich

Referate und Arbeitsergebnisse des 2. zeitgeschichtlichen Kongresses der Gesellschaft für Freie Publizistik in Kassel

DR. GEORG FRANZ-WILLING:

Verrat und Widerstand aus ethischer und theologischer Sicht

Verrat hat zu allen Zeiten bei allen Völkern und Staaten als eines der schändlichsten Verbrechen gegolten und ist immer als solches bestraft worden. Der Verrat bedroht und zerstört durch Treu- und Eidbruch die sittlichen Grundlagen jeder Gemeinschaft, ähnlich wie Meuterei, Fahnenflucht, Feigheit vor dem Feinde, deren Wurzel der Verrat an der eingegangenen Bindung gegenüber der Gemeinschaft ist. Grundsätzlich ist zu unterscheiden zwischen Hoch- und Landesverrat: der Hochverrat richtet sich gegen die innere Verfassung eines Staates mit dem Ziele, sie gewaltsam zu ändern. Er ist das einzige Verbrechen, das nur bei Mißlingen bestraft werden kann. Im Kriegsfalle sind allerdings die Grenzen zwischen Hoch- und Landesverrat so fließend, daß sie kaum auseinandergehalten werden können. Die innere Bedrohung der Verfassung gefährdet die Möglichkeit der Selbstbehauptung gegen die äußeren Feinde; auch ist die Gefahr einer geheimen Zusammenarbeit zwischen den Hochverrätern mit dem Landesfeind so groß, daß der Hochverrat dann in Landesverrat übergeht.

Die Verräter und ihre Hintermänner versuchten und versuchen deshalb immer, der Schändlichkeit ihrer Handlungsweise bewußt — soweit nicht niedrige Geldgier und Gewinnsucht alleinige Triebfeder ihres Handelns war und ist —, zusammen mit ihren Auftraggebern den Verrat irgendwie zu begründen, mindestens zu verniedlichen oder zu beschönigen, zu entschuldigen und darüber hinaus sogar zu verherrlichen. So wurde beispielsweise der Landesverrat *August Bebels,* des Führers der sozialdemokratischen Partei Deutschlands in der kaiserlichen Zeit, den er von 1910—1913, bis zu seinem Tode, zugunsten Englands ausübte, als „Strategie der Kriegsverhütung" beschönigt und verherrlicht. Unter diesem Titel *„August Bebel und die Strategie der Kriegsverhütung 1904—1913"* ist in einem Buch [1]) anhand der Quellen *Bebels* landesverräterische Tätigkeit dargestellt. Es ist nicht die Aufgabe dieses Referats, die ideologischen Beweggründe Bebels, seinen Haß gegen den „preußischen Junkerstaat", seine Voreingenommenheit für England als Hort der Demokratie herauszustellen und zu schildern; dieses Buch wird in diesem Falle nur benützt, um auf die Sprachregelung, in diesem Falle die sozialdemokratische Sprachregelung, für den Landesverrat des bedeutendsten Führers der Sozialdemokratie vor dem Ersten Weltkrieg hinzuweisen.

So wird auch in dem auf dieser Tagung behandelten Fall der laufende Landesverrat und militärische Verrat, der mit dem Hochverrat verbunden war, als „Widerstand" beschönigt und verherrlicht, ja, die „Widerstandsidee" wurde zur geistigen Grundlage der Bundesrepublik Deutschland gemacht.

---

[1]) Verfaßt von Helmut Bley, Göttingen 1975, Verlag Vandenhoeck & Ruprecht. Mit einem Vorwort von Gustav W. Heinemann.

Der Nachweis des „Widerstandes“ gegen das nationalsozialistische Regime stand somit an der Wiege des von den Alliierten aus ihren drei westlichen Besatzungszonen gebildeten westdeutschen Satellitenstaates. Später wurde die „geistige“ Grundlage der Bundesrepublik Deutschland um das an die Stelle des Nationalbewußtseins gesetzte Wohlstandsbewußtsein erweitert. Die Verleugnung der geschichtlichen Vergangenheit des deutschen Volkes und die „Gnade des Nullpunktes“ für einen absoluten Neuanfang verbinden „Widerstand“ und Wohlstandsbewußtsein.

Widerstand gegen eine usurpatorische oder eine zum Schaden des Gemeinwohls mißbrauchte Staatsgewalt durch den Alleinherrscher, den Tyrannen, ist schon aus der Antike bekannt. Antike Philosophen wie *Plato, Aristoteles, Cicero, Seneca* hielten den Widerstand in diesem Sinne für gerechtfertigt. Die Griechen kannten den Begriff der *Epieikeia*, lateinisch *Aequitas*, wörtlich übersetzt: Anständigkeit, Schicklichkeit, Billigkeit. Gemeint ist damit die Regel für das sittliche Verhalten, wenn ein geltendes Gesetz sittlich nicht verpflichtet. *Aristoteles* bewertete die *Epikie*, dieses sittliche Verhalten, höher als das gesetzliche Verhalten. *Thomas von Aquin* übernahm von *Aristoteles* diesen Begriff als gleichsam höhere Regel für die menschliche Handlungsweise.

Zwischen „Widerstand“ und „Verrat“ ist streng zu unterscheiden, dem Verwischen der Begriffe zur Abdeckung, Beschönigung und Verherrlichung des Verrats als „Widerstand“ mit Berufung auf das Gewissen entschieden entgegenzutreten.

Die christliche Sicht

Zu Beginn der christlichen Ära haben wir den Widerstand der ersten Christen gegen die kaiserliche Staatsgewalt. Es handelt sich um einen rein passiven Widerstand, indem die göttliche Verehrung des Staatsoberhauptes abgelehnt, aber sonst dem Staate gegenüber Gehorsam geübt wurde, bis in den Tod, bis zum Märtyrertod, nach dem Worte Christi: *„Gebt dem Kaiser, was des Kaisers und gebt Gott, was Gottes ist.“* Christus lehnte, wie sein Märtyrertod zeigt, Widerstand gegen die Staatsgewalt ab, getreu seinem Grundsatz: *„Mein Reich ist nicht von dieser Welt.“* Auf die Worte des Pilatus: *„Weißt Du nicht, daß ich Macht habe, Dich freizulassen oder Dich zu töten“*, erwiderte Christus: *„Du hättest keine Macht über mich, wenn sie Dir nicht von oben gegeben wäre.“*

Da maßgebliche Gruppen des „Widerstandes“, der *„Kreisauer Kreis“* und die Militäropposition, sich besonders auf ihre christliche Überzeugung und ihr christliches Gewissen gegenüber Hitler beriefen, ist es notwendig, den Standpunkt der christlichen Kirchen in Theorie und Praxis genau herauszuschälen. Nächst den zitierten Äußerungen des Stifters der christlichen Religion ist vor allem der heilige *Paulus* anzuführen; er schrieb im *Römerbrief (13, 1–10):*

„Jede Seele unterwerfe sich den obrigkeitlichen Gewalten; denn es ist keine Obrigkeit außer von Gott, und diese, welche sind, sind von Gott verordnet. Wer sich daher der Obrigkeit widersetzt, widersteht der Anordnung Gottes ...; denn sie (die Obrigkeit) ist Gottes Dienerin ... Darum ist es not-

wendig, untertan zu sein, nicht allein der Strafe wegen, sondern auch des Gewissens wegen ...“
Das obrigkeitsstaatliche Denken des protestantisch-lutherischen Staates beruhte ebenso auf den zitierten Stellen des Neuen Testamentes wie auch das der katholischen Kirche. So hat auch Pater *Leiber,* Privatsekretär und Beichtvater des Papstes *Pius XII,* auf einer Tagung die Frage eines Teilnehmers, ob ein gläubiger Christ als Bürger des bolschewistischen Rußland oder eines anderen kommunistischen Staates verpflichtet sei, der atheistischen Obrigkeit Gehorsam zu leisten, eindeutig mit „*Ja*“ beantwortet.

Die Kirchenväter haben daher mit Berufung auf *Jesus Christus* wie auf den heiligen *Paulus* jeden aktiven Widerstand gegen die heidnische Staatsgewalt abgelehnt, denn der Inhaber der staatlichen Gewalt hatte seine Macht „von oben“. *Thomas von Aquin,* der bedeutendste geistige Vertreter der Kirche im Mittelalter, ließ aktiven Widerstand nur gegen eine usurpatorische Staatsgewalt zu.

Grundsätzlich ist der religiöse Widerstand vom politisch-militärischen zu unterscheiden. Der religiöse Widerstand ist von *Christus* und *Paulus* her immer nur ein passiver, wie ihn während des Dritten Reiches die *Zeugen Jehovas* wohl am konsequentesten praktizierten, aber auch nicht wenige Priester und Bischöfe der katholischen und evangelischen Kirchen. Der religiöse Widerstand, dem niemand seine Hochachtung versagen darf und kann, ist deshalb sorgfältig von dem Thema „Verrat und Widerstand“ auszusparen.

Das Recht auf aktiven Widerstand ist im christlichen Mittelalter verschiedentlich auch von einzelnen Vertretern der Kirche verfochten worden, einschließlich des Rechtes auf Tötung des Tyrannen. Die Kirche hat in ihrer obersten Autorität solche Ansichten zeitweise wohl geduldet, sie aber nie grundsätzlich anerkannt. Besonders die sogenannten *Monarchomachen* des 16. Jahrhunderts haben sich für den Tyrannenmord vom naturrechtlichen Standpunkt aus eingesetzt, an ihrer Spitze der spanische Jesuit *Mariana.* Es gab auch protestantische *Monarchomachen,* und *Leibniz* wie *Grotius* verfochten *Marianas* Standpunkt.

Luther selbst anerkannte nur ein passives Widerstandsrecht im Falle des Amtsmißbrauchs, gegen den Usurpator das aktive Widerstandsrecht der Stände und Behörden. Gegenüber dem „apokalyptischen“ Tyrannen vertrat er eine zwingende Widerstandspflicht.

Die naturrechtliche Rechtfertigung des aktiven Widerstandes stützte sich auf den Gedanken der Volkssouveränität und des Herrschaftsvertrages; sie wurde schon im Mittelalter Ende des 11. Jahrhunderts verfochten. Auch ist seit dem 14. Jahrhundert ein Widerstandsrecht der Landstände im Reich als Privileg anerkannt. Es hängt innerlich mit dem vorchristlichen germanischen Widerstandsrecht zusammen und beruht auf dem Begriff der gegenseitigen Treue und Treueverletzung, während das kirchliche im Gehorsam verankert ist. Doch hat das germanische Widerstandsrecht niemals eine förmliche Verurteilung des Herrschers als Grundlage für seine Bestrafung oder gar Absetzung gekannt.

Auf den von seiten der christlichen Kirchen geleisteten passiven Widerstand während des Dritten Reiches wies bereits im Jahr 1946 die amerikanische Zeitschrift *„Thought"* hin. Dieser religiöse, dem Christentum gemäße passive Widerstand ist, wie schon gesagt und wie noch einmal betont werden muß, von dem politisch-militärischen Verrat, der sich mit der Maske des verantwortungsbewußten Handelns aus „christlichem Gewissen" tarnte, grundsätzlich zu unterscheiden.

Das fragwürdige Gebäude des Widerstandes

Im Jahre 1948 erschien aus der Feder eines jüdischen Emigranten, Professor *Hans Rothfels,* in den Vereinigten Staaten von Nordamerika ein Buch mit dem Titel: *„The German Opposition to Hitler"*.[2]) Pünktlich zur Gründung der Bundesrepublik Deutschland unter amerikanischer Patronanz kam im Jahre 1949 die deutsche Übersetzung dieses Buches heraus. Damit wurde die weltanschauliche Grundlage für das von den westlichen Alliierten errichtete westdeutsche Staatsgebilde geschaffen. Der summarische Buchtitel faßt alles zusammen, was aus irgendeinem Grunde, zu irgendeiner Zeit vor und während des Dritten Reiches sich als Gegner Hitlers und des Nationalsozialismus bekannte. Ob *„Rote Kapelle"* oder *„Schwarze Kapelle"*, ob Verrätergruppe um den Abwehrgeneral *Oster* oder die Verrätergruppe unter dem Decknamen *„Werther"* im Führerhauptquartier, ob *„Kreisauer Kreis"* oder *„Bekennende Kirche"*, ob bürgerliche oder sozialdemokratisch-kommunistische Oppositionelle, alles ist in diesem Buch einheitlich als „Opposition" gegen den „Tyrannen" *Hitler,* gegen den „Teufel in Menschengestalt" verherrlicht. In pauschaler Weise ist alles gerechtfertigt, was unter antifaschistischem Vorzeichen getan oder unterlassen wurde. Demnach war alles richtig, was angeblich oder wirklich gegen *Hitler* und seine Regierung getan wurde, alles falsch, verwerflich, verbrecherisch, was durch ihn, von ihm, in seinem Namen geschehen ist. Mit dieser negativen Tabuisierung der nationalsozialistischen Herrschaft, abgestempelt als „Gewaltherrschaft", als „Unrechtsstaat", wird alles gerechtfertigt und verherrlicht, was angeblich oder wirklich gegen den nationalsozialistischen Staat und seinen obersten Repräsentanten getan wurde, alles verflucht und verdammt, was zu seinen Gunsten geschah oder für ihn spricht. Mit dieser Schwarz-Weiß-Malerei wurde und wird auch von seiten der amtlichen und halbamtlichen Geschichtsschreibung gearbeitet. Die Entstellung, Verzerrung und Verfälschung hat Ausmaße angenommen, die beispiellos in der Geschichtswissenschaft sind. So wurde auch jede Verrätertat verherrlicht, gleichgültig, ob sie dem deutschen Volke nützte oder schadete. Und Landesverrat kann niemals nützen, sondern dem Gemeinwohl nur schaden. Nun gilt für das Widerstandsrecht nach christlicher Auffassung, daß der Widerstand dem Staat und Volke nützen muß durch die erfolgreiche Bekämpfung einer entarteten und mißbrauchten Staatsgewalt, die dem Gemeinwohl schadet. Ist Verrat überhaupt ein angemessenes Mittel in diesem Sinne? Wird durch Verrat dem Gemeinwohl genützt? Ist Widerstand durch Verrat berechtigt? Diese Grundfragen müssen beantwortet werden durch eine eindeutige Klä-

---

[2]) Hinsdale, Illinois.

rung des Widerstandsrechtes: Man unterscheidet zwischen legaler und legitimer Staatsgewalt. Legal (= gesetzmäßig) ist sie, wenn und weil sie gemäß dem ungeschriebenen oder geschriebenen Verfassungsgesetz begründet ist. Legitim (= rechtmäßig) ist sie, wenn und soweit sie, ihrem inneren Sinn entsprechend, dem Gemeinwohl dient, der Verwirklichung des Gemeinwohls entspricht. Legalität und Legitimität können auseinanderfallen. Sowohl der illegalen wie der illegitimen Staatsgewalt gegenüber ist Widerstand, passiver, wie unter Umständen auch aktiven erlaubt und zuweilen geboten, und zwar dann, wenn sie gegen ihren inneren Sinn, den Dienst am Gemeinwohl, angewandt wird.

Nun steht fest, daß *Hitler* legal, das heißt gesetzmäßig, der Verfassung entsprechend, zur Macht gekommen ist, es steht aber auch fest, daß seine Machtausübung, dem inneren Sinn der Staatsgewalt entsprechend, legitim war, weil er das Gemeinwohl förderte in einem Maße, daß seine inneren und äußeren Feinde aus Neid und Eifersucht ob seiner beispiellosen Erfolge seinen Sturz mit allen Mitteln, auch dem des Krieges anstrebten. Der Krieg und die Zerstörung Europas haben dann auch dazu geführt, daß von Philosophen und Dichtern der Tyrannenmord, bezogen auf Hitler, als gerechtfertigt verteidigt und verherrlicht wurde. So erschien 1950 von *Albert Camus* in deutscher Erstaufführung in Zürich ein Theaterstück: *„Die Gerechten"*, durch das der Tyrannenmord gerechtfertigt wurde. Und der emigrierte jüdische Dichter *Karl Zuckmayer* errang mit seinem Drama *„Des Teufels General"* (1945) große Erfolge. Der „Teufel", damit ist *Hitler* gemeint; der General mit dem blinden Gehorsam war auf *Ernst Udet* bezogen.

Verrat ist Treu- und Eidbruch. Offiziere und Beamte, die den Verrat ausübten, hatten alle den Eid auf das Staatsoberhaupt geleistet und haben, wie sie angeben, aus „Gewissensgründen" den Eid gebrochen, vielmehr, nach ihrer Auslegung, ihn nicht mehr für bindend erachtet, weil er *Hitler* gegenüber nicht bindend sein konnte. Die Begründung der Militäropposition wie der zivilen Opposition geht davon aus, daß Hitler zum Krieg getrieben, daß er den Zweiten Weltkrieg bewußt „entfesselt" habe. Darin liegt die Wurzel des sogenannten Widerstandes und damit des Verrats. Dienten die Widerständler mit dem Verrat einer besseren Sache? Wenn in Hitler nach ihrer Überzeugung das „Böse", das „Verbrecherische" verkörpert war, dann war in seinen außenpolitischen Gegenspielern und den militärischen Feinden des Reiches demnach wohl das „Gute" verkörpert, jenes „Gute", zu dessen Gunsten sie Verrat übten, zugunsten Englands, Amerikas, der Sowjetunion!? Die ganze Fragwürdigkeit des durch Verrat ausgeübten „Widerstandes" wird mit dieser Frage- und Beweisführung klar. Während das deutsche Volk einen Existenzkampf durchfocht und aus tausend Wunden blutete, während täglich Tausende von deutschen Soldaten ihr Leben opferten, um Volk und Reich zu schützen, hielten die Widerständler es für richtig, dieses Opfer sinnlos zu machen, indem sie für die Feinde Deutschlands arbeiteten, die wichtigsten Staats- und militärischen Geheimnisse verrieten, um den Feindmächten zum Sieg zu verhelfen. Sie haben ihre landesverräterische Tätigkeit gegen Deutschland bewußt betrieben, in der klaren Erkenntnis, daß eine schwere Niederlage des Reiches die Folge sein würde, daß die nationale Unabhängigkeit und Einheit des deutschen Volkes und Reiches verloren gehen würde. *„Wir wissen"*, so sagte das Oberhaupt des *„Kreisauer Kreises"*, *Helmut J. Graf von Moltke* schon 1942, *„daß der Erfolg unseres Kampfes wahrscheinlich unseren vollkommenen Zusammenbruch als nationale Einheit bedeuten wird. Aber wir sind bereit, dem ins Auge zu sehen."* [3]) Unter diesen Voraussetzungen übten die Oppositionellen bewußt den Verrat und führten den Staatsstreich mit dem Attentat auf das Staatsoberhaupt vom 20. Juli 1944 durch, in der klaren Erkenntnis, daß sie das Reich und das Gemeinwohl des deutschen Volkes in unabsehbarer Weise schädigen würden.

Nach theologischer Auffassung haben die moralischen Kriterien des Widerstandes den Bedingungen hinsichtlich der Doppelwirkung einer Handlung zu entsprechen. Die Doppelwirkung wäre im vorliegenden Fall der versuchten Ermordung des Staatsoberhauptes dessen gewaltsame Beseitigung als beabsichtigte „gute" Folge, nach Auffassung der Widerständler, die „schlechte" Folge wäre nach Aussage des oben zitierten *Moltke* der vollkommene Zusammenbruch des Reiches. Da jedoch die Förderung des Gemeinwohls die ethische Voraussetzung für die Berechtigung des Widerstandes ist, spricht in diesem Falle die Doppelwirkung gegen die Widerständler.

Waren die Widerständler legitimiert, gegen die bestehende Staatsgewalt vorzugehen als die wahren Vertreter der Interessen von Volk und Reich? Sie wären nicht einmal legitimiert gewesen, wenn die Behauptung, *Hitler* habe bewußt den Krieg vom Zaun gebrochen, stimmen würde. Diese Behauptung ist aber eine reine Unterstellung. An Katastrophen wie den beiden Weltkriegen ist niemals ein Volk, ein Staat, oder gar ein einzelner Mann allein schuld, sondern *alle* Mitbeteiligten sind mitschuldig. Es ist plumpe Siegerargumentation, den Besiegten als den Alleinschuldigen am Ausbruch des Krieges abzustempeln. Als im Jahre 1914 der Erste Weltkrieg ausbrach, brüstete sich der ehemalige russische Außenminister, damaliger russischer Botschafter in Paris, *Iswolski,* in den Petersburger Salons wörtlich: *„Dies ist mein Krieg! Dies ist mein Krieg!"* Es ist niemand eingefallen, den Ersten Weltkrieg deshalb als *„Iswolskikrieg"* zu bezeichnen oder Rußland die Alleinschuld anzulasten. Die Karte von der Alleinschuld Hitlers sticht nicht: Den Sack schlägt man – und der „Sack" heißt in diesem Falle *Hitler* –, den Esel meint man. Der Esel, der die Belastung mit der Kriegsschuldlüge zu tragen hat, ist das deutsche Volk! Hinsichtlich der Kriegsschuldfrage des Zweiten Weltkrieges sei in diesem Zusammenhang nur auf folgende Werke verwiesen: *David Hoggan: „Der erzwungene Krieg"*, *Bolko Freiherr von Richthofen: „Kriegsschuld 1939–1941. Der Schuldanteil der anderen"*, (1975) sowie auf die neueste britische Veröffentlichung anhand von Geheimakten aus der Feder von *Simon Newman: „March 1939. The British Guarantee to Poland"* (1977).

---

[3]) Zit. nach: Krausnick/Graml: „Der deutsche Widerstand und die Alliierten", in: „Aus Politik und Zeitgeschichte", Beilage zur Wochenzeitung „Das Parlament", B 29/61 v. 19. Juli 1961, S. 424.

Auf der falschen Behauptung von der Alleinschuld Hitlers am Ausbruch des Zweiten Weltkrieges beruht das ganze fragwürdige Gebäude des „Widerstandes“, aus ihr folgert erst der zweite Grund: nämlich die Kriegsverbrechen. Nun wird niemand behaupten, daß deutscherseits keine Kriegsverbrechen geschehen sind, aber ebenso kann niemand behaupten, daß von seiten der Feinde Deutschlands keine Kriegsverbrechen begangen wurden. Das Ausmaß der alliierten Kriegsverbrechen *nach* der totalen Kapitulation der Wehrmacht am wehrlosen deutschen Volk übertrifft allerdings alles, was während des Krieges auf beiden Seiten an Kriegsverbrechen verübt wurde. So urteilt der berühmte amerikanische Ozeanflieger *Charles Lindbergh* über die Kriegsverbrechen der Amerikaner wie folgt: [4])

„Wir, die wir behaupten, die Deutschen hätten durch ihre Behandlung der Juden die gesamte Menschheit beschmutzt, haben mit unserer Behandlung der Japaner bewiesen, daß wir um kein Haar besser sind.“

Für Verrat als Mittel des Widerstandes gibt es aus den geschilderten Gründen weder eine ethische noch eine theologische Rechtfertigung, denn der Verrat zerstört die sittlichen und religiösen Grundlagen der Gemeinschaft.

Die Sache mit dem Gewissen

Die Widerständler beriefen sich als Verräter auf die *„Vollmacht des Gewissens“*, auf den *„Geist der Freiheit“*, wie die Titel zweier maßgeblicher Bücher zur Verteidigung des „Widerstandes“ lauten. Was versteht man unter Gewissen? In der Bundesrepublik Deutschland können junge, gesunde, wehrpflichtige Männer sich unter Berufung auf ihr Gewissen der demokratischen Wehrpflicht entziehen, wofür man beispielsweise in der anscheinend weniger demokratischen Schweiz kein Verständnis hat. Nach theologischer Auffassung erlaubt das Gewissen, eine Handlung als „gut“ oder „böse“ zu erkennen. Ein Gewissensurteil kann jedoch als Verstandesurteil objektiv wahr oder irrig sein, subjektiv sicher oder zweifelnd. Das Gewissen ist demnach nur eine *„vermittelnde Instanz, nicht autonom im Sinne der Selbstfindung oder gar der Selbstbildung sittlicher Normen ... Sogenannte Gewissensautonomie im Sinne von Selbstwahl, Selbstbindung, Eigenverfügung über Gut oder Böse widerspricht der Wirklichkeit des Gewissens.“* [5])

Und kein Begriff ist durch ständigen Mißbrauch in der Nachkriegszeit so entwertet worden, wie der der „Freiheit“. Schon *Goethe* schrieb darüber: *„Alle Freiheitsapostel, sie waren mir immer zuwider: Willkür suchte doch nur jeder am Ende für sich.“ (Venezianische Epigramme).* Und *Nietzsche* ließ sich folgendermaßen kritisch darüber aus: *„Frei nennst Du Dich? Deinen herrschenden Gedanken will ich kennen, nicht, daß Du einem Joche entronnen bist! Bist Du ein solcher, der einem Joche entrinnen durfte? Manch einer warf seinen letzten Wert weg, als er seine Dienstbarkeit wegwarf.“*

„Freiheit“, auf kürzeste Weise definiert, ist eine Funktion der Abhängigkeit; absolute Freiheit gibt es nicht, sie ist reine Willkür. Und das Maß der

---

[4]) Kriegstagebücher 1938–1945, 1970, S. 524.
[5]) Lexikon für Theologie und Kirche, Bd. 4, S. 859 ff.

Freiheit, das eine Gemeinschaft einem einzelnen gewähren kann, steht immer im umgekehrten Verhältnis zu dem politischen und militärischen Druck, der auf den Grenzen der Gemeinschaft lastet. Aus dieser Warte wird verständlich, warum ein Volk und Land wie das deutsche Volk und Reich viel weniger persönliche Freiheit gewähren kann, als ein Gemeinwesen auf einer Insel oder auf den Bergen.

Diese Begriffsbestimmungen zeigen, auf wie brüchigem Boden die Widerständler standen, als sie mit Berufung auf „Gewissen“ und „Freiheit“ Verrat übten. Für den Verrat gibt es keine Berufung auf „Gewissen“ oder „Freiheit“.

Triebfedern des Widerstands

Aus angeblichen Gewissensgründen hatte die Opposition gegen Hitler Stellung genommen, *gegen* einen Sieg, *für* eine Niederlage Deutschlands und für den Sieg der Feinde Deutschlands Verrat geübt. Waren, so muß man fragen, die *Alliierten* und *Stalin* die Hüter von Recht, von Sittlichkeit, des Christentums? Waren *Hitlers* Gegenspieler *Churchill, Roosevelt, Stalin,* moralisch besser als er? *Churchill* schrieb im Jahre 1944 an *Stalin: „Ich führe einen dreißigjährigen Krieg gegen das deutsche Volk.“* Er schrieb nicht: *„gegen Hitler“*, oder gegen die *„Nazis“!* Nicht wenige der Generäle, die in russische Gefangenschaft fielen, bekannten sich im *„Nationalkomitee Freies Deutschland“* gegen *Hitler,* für Stalin, angeblich im Sinne der *Tauroggen*überlieferung für eine Freundschaft zwischen *Rußland* und *Deutschland.* Hielten sie *Stalin* für sittlich höherstehender und vertrauenswürdiger als *Hitler?*

Neid und Eifersucht auf die beispiellosen Erfolge *Hitlers* in wirtschaftlicher, sozialpolitischer, innenpolitischer und ab 1938 auch in außenpolitischer Hinsicht waren die entscheidenden Triebfedern seiner innen- und außenpolitischen Gegner, nachdem der Propaganda- und Wirtschaftskrieg gegen das nationalsozialistische Deutschland gescheitert war, nun zum „heißen“ Krieg zu treiben, um der beispiellosen Glücksserie, die in Hitler verkörpert schien, ein endgültiges Ende zu setzen. So stachelten die Widerständler ab 1938 England zum Krieg gegen Deutschland an, um zu verhindern, daß auf dem letzten Feld der Revisionsansprüche Deutschlands, dem der deutsch-polnischen Grenzen und Beziehungen, eine gütliche Einigung erzielt wurde. Wäre *Hitler* es auch noch geglückt, den gewünschten und angestrebten Dauerausgleich mit Polen zu erreichen, so wäre er als Friedensfürst Europas auf dem geplanten „Parteitag des Friedens“ im September 1939 erschienen. Dies mußte nach der Überzeugung und dem Willen seiner Feinde auf jeden Fall und mit allen Mitteln hintertrieben werden. Dem außenpolitischen Verrat folgte von Kriegsbeginn an der militärische in sich immer steigerndem, solch beispiellosem Ausmaß, daß er entscheidend zur totalen Niederlage, zum Verlust der nationalen Unabhängigkeit und der staatlichen Einheit beitrug.

„Die Opposition glaubt“, sagte *Adam von Trott,* Oppositioneller im Auswärtigen Amt, *„daß die entscheidende Entwicklung in Europa auf sozia-*

lem Gebiet, nicht auf militärischem Gebiet stattfinden wird.“ [6]) Nun, diese Voraussage stimmte in gewisser Hinsicht: die Schicht der ostelbischen Gutsbesitzer, die Junker, die die wesentlichen Träger der Opposition waren, wurde nach der militärischen Entscheidung von den Siegern, vor allem von den Russen, ausgerottet. Das war die soziale Folge des verlorenen Krieges für Deutschland. Sie war, sozial gesehen, vielleicht die wesentlichste, weil die überlieferte Führungsschicht Preußens auf diese selbstmörderische Weise ihr Ende fand, mit ihr auch das preußisch-deutsche Offizierkorps.

Über die Gründe der Opposition sagte *Graf Yorck,* Mitglied des *„Kreisauer Kreises“*, vor dem Volksgerichtshof aus: *„Das Wesentliche ist der Totalitätsanspruch des Staates gegenüber dem Bürger unter Ausschaltung seiner religiösen und sittlichen Verpflichtungen.“* [7]) Im totalen Krieg, bei dem die Gegner Deutschlands von Anfang an entschlossen waren, mit allen Mitteln bis zum *„Sieg um jeden Preis“ (Churchill)* zu kämpfen, bis zur totalen Kapitulation des Deutschen Reiches und zur Zerstörung der nationalen Existenz des deutschen Volkes, diktierte die Unerbittlichkeit der Feinde Deutschlands den Zwang zum totalen Anspruch des Staates auf jeden einzelnen im Abwehrkampf. Die Krankheit des *„Totalitarismus“* war in Deutschland eine Folge, eine Reaktion auf das Verhalten seiner Gegner, vor allem auf die größte Bedrohung Deutschlands und Europas, gegen die Hitler 1919 angetreten ist und deren Bekämpfung der Inhalt seines Lebenskampfes war, das bolschewistische Rußland. Die Opposition aber besorgte die Geschäfte des Bolschewismus und der Feinde Deutschlands, indem sie *Hitler* zu beseitigen suchte. Dabei hatte keiner der Staatsstreichplaner und Attentäter den Mut, im Kampf um sein Gewissen, seine religiösen und sittlichen Verpflichtungen, gegen den totalen Staat, durch ein Pistolenattentat das Staatsoberhaupt zu töten und sich dann selbst zu entleiben. Die Tatsache, daß alle gegen Hitler geplanten, versuchten und durchgeführten Attentate mit Bomben erfolgten, spricht eine klare Sprache bezüglich der Attentäter, ihrer Haltung und Gesinnung. Es fehlte ihnen der persönliche Mut zum bewußten Selbstopfer. Sie haben mit ihrer Gewissensentscheidung dem Gemeinwohl nicht gedient, sondern es schwerstens geschädigt und sich damit selbst gerichtet. Über sie hat bereits der Gründer des kleindeutschen Kaiserreiches, *Bismarck,* das Urteil gefällt. Er führte in seiner Rede im Preußischen Herrenhaus am 12. April 1886 über Stellung und Haltung des Offiziers folgendes aus:

„Denken Sie sich die uns näher liegende Stellung eines Offiziers des Königs von Preußen, der von der Ungerechtigkeit des Krieges, in dem er fechten soll, voll überzeugt ist. Es wird darauf gar nicht ankommen; er wird tun, was befohlen ist, und er würde als Offizier ehrlos, seine Stellung nicht haltbar sein, wenn er seiner, in seinen Augen besseren und richtigeren Überzeugung über den Dienst, den er zu leisten hat, Ausdruck geben sollte.“

---

[6]) Hans Rothfels: „20. Juli 1944“, in „Aus Politik und Zeitgeschichte“, Beilage zur Wochenzeitung „Das Parlament“, B 29/60 v. 20. Juli 1960.
[7]) Ebda.

DR. KARL OTTO BRAUN:

Die Kriegsschuld des Widerstandes

„Der Angreifer ist derjenige, der seinen Gegner zwingt, zu den Waffen zu greifen."

Friedrich der Große

Wenn wir von *Helena* absehen, die *Homer* für den Ausbruch des trojanischen Krieges verantwortlich macht, ist die Kriegsschuldfrage ein moderner Begriff. Zum ersten Mal ist er im § 231 des *„Versailler Friedensvertrages"* fest verankert. Dabei hat er weniger mit einer schönen jungen Frau als mit haßerfüllten, alten Männern zu tun, die an seiner Wiege standen.

Wie wir wissen, handelte es sich damals nicht um wissenschaftliches, ehrliches Streben nach historischer Wahrheit, sondern um eine zweckbedingte, politische Behauptung, eine *F a l s c h* aussage, um den Besiegten moralisch zu diffamieren und an ihn erpresserische Forderungen zu stellen: übertriebene Gebietsabtretungen und vor allem finanzielle Kontributionen. In vorliegendem Fall sollten sie von 1920 bis 1988 laufen, wenn *Adolf Hitler* das ausbeuterische Spiel in den 30er Jahren nicht jäh unterbrochen hätte. [1])

Die alliierte Versailler Kriegsschuldkommission behauptete in ihrem Bericht vom 29. März 1919: „Der Krieg ist von den Mittelmächten und ihren Verbündeten, der Türkei und Bulgarien, mit *V o r b e d a c h t* geplant worden und das Ergebnis von Handlungen, die *v o r s ä t z l i c h* begangen wurden, um ihn unabwendbar zu machen."

Nach Protesten der Reichsregierung erklärten die Siegermächte am 16. Juni: „Der Weltkrieg sei das größte Verbrechen gegen die Menschheit und gegen die Freiheit der Völker, das eine sich für zivilisiert a u s g e b e n d e Nation jemals mit Bewußtsein begangen habe. Die Regierenden des Deutschen Reiches hätten, getreu der preußischen Tradition, seit langem die Vorherrschaft in Europa angestrebt, um es ebenso zu tyrannisieren wie das Reich selbst. Sie hätten ihren Untertanen die Lehre eingeschärft, Gewalt sei Recht. Das Reich habe Österreich-Ungarn ermuntert, an Serbien innerhalb 48 Stunden den Krieg zu erklären. Das Deutsche Reich habe durch den Krieg seine Leidenschaft für Tyrannei befriedigen wollen."

Diese drohenden, wahrheitswidrigen Worte waren durch ein militärisches Ultimatum unterstrichen worden, den Versailler Vertrag sofort *„en bloc"* anzunehmen. [2])

Die Briten z. B., die damals die Vorherrschaft in der Welt besaßen, ausgerechnet sie, warfen Deutschland das Wagnis vor, die „Vorherrschaft in

---

[1]) Diese und alle folgenden Quellenangaben am Ende dieses Beitrags auf S. 30.

Europa angestrebt zu haben"! Eine solche Dreistigkeit fordert das Wort „Chuzpe" als Antwort geradezu heraus! Das britische Weltreich herrschte über 40 Mio. km², Deutschland besaß rund 550 000 km², wovon es 70 000 km² in Versailles verlor.

Ich gab die Argumente von Versailles bewußt wörtlich wieder. Es ist dieselbe Melodie, die vor einer noch viel düstereren Szene – vor den Galgen von Nürnberg – abgespielt wurde. Aus der „vorsätzlichen Planung" von Versailles wurde die Nürnberger „Verschwörung".

Allerdings existierte jetzt keine Reichsregierung mehr, die Protest erheben konnte, kein Graf *Brockdorf-Rantzau* – deutscher Delegationsleiter 1919 –, der sagte, *„ein Bekenntnis zu Deutschlands Alleinschuld würde in meinem Munde eine Lüge sein"*. [2]) Auch *Hindenburg* war tot, der vor nunmehr 51 Jahren bei der Einweihung des Tannenbergdenkmals ausgerufen hatte:

„Das Andenken derer, die für die Befreiung der Heimat gefallen sind, aber auch die Ehre meiner noch lebenden Kameraden verpflichten mich dazu, an dieser Stätte feierlich zu erklären: Die Anklage, daß Deutschland schuld sei an diesem größten aller Kriege, weisen wir, weist das deutsche Volk in allen seinen Schichten einmütig zurück! Nicht Neid, Haß oder Eroberungslust gaben uns die Waffen in die Hand. Der Krieg war uns vielmehr das äußerste mit den schwersten Opfern verbundene Mittel der Selbstbehauptung einer Welt von Feinden gegenüber. Reinen Herzens sind wir zur Verteidigung des Vaterlandes ausgezogen, und mit reinen Händen hat das deutsche Heer das Schwert geführt. Deutschland ist jederzeit bereit, dies vor unparteiischen Richtern nachzuweisen." [3])

Die Niederlage des zweiten Weltkriegs und die makaberen Begleitumstände deutscher Massenvernichtungen im gnadenlosen Ostkrieg hatten allen anständigen, führerlos gewordenen Deutschen die Stimme verschlagen. Es sprachen nur mehr diejenigen, die niederen Verrat in hohes Heldentum verfälschten und sich dessen brüsteten.

Die Alleinschuld-Lüge

Wohl haben wir den Schutt unserer zerbombten Städte weggeräumt, aber den Schutt der Verleumdung unserer Geschichte und der neuerlichen Alleinschuldlüge haben wir unangetastet liegen gelassen und .. Soziologie studiert. Das kostete uns Milliarden. Ja, wir haben als apolitische Deutsche diesen Trümmerhaufen *nach* 1945 noch eigenhändig durch feindhörige Institute, Zeitschriften und Medien aufgestockt. Das kostete uns weitere Milliarden! Man kann Geschichte als „gewesene Politik" bezeichnen, in unserem Fall jüngst gewesene Politik. Sie wirkt in tausend Fasern auf die politischen Aufgaben unserer Gegenwart zurück. Ihr Studium ist gerade für eine geschlagene Nation Gebot!

Aber niemand in Westdeutschland wagte, wie 1921 *Dr. Alfred von Wegerer*, eine *„Zentralstelle für Erforschung der Kriegsursachen"* neu zu gründen. Masochistisch wird heute mit der *Allein*schuld Hitlerdeutschlands ein wahrer Kult getrieben. So schrieb z. B. am 26. Januar 1976 *Rudolf Augstein* in seinem Blatt: *„Noch einmal und ein* *letztes Mal soll daran erinnert werden, daß Polen* n i c h t d i e g e r i n s t e *Handlung begangen hat, die Hitler hätte zum Kriege herausfordern können. Manischer Zerstörungs- und Vernichtungswillen des deutschen Führers war die* a l l e i n i g e *Ursache der polnischen Tragödie.*" Damals standen die zweiten, milliardenschweren, Polenverträge an; und da mußte Herr *Augstein* sinnigerweise vergessen, daß z. B. bis Mitte 1939 hunderttausende Deutsche aus Posen-Westpreußen und Ostoberschlesien wegen der polnischen Bodenreform unter Verlust ihrer Äcker abgewandert waren. [4]) Schreckenerregend haben die deutschen Konsulate in *Kattowitz, Thorn, Lodz* und *Bromberg* darüber berichtet. Sollte die deutsche Presse nicht die Interessen derer vertreten, von denen sie lebt? Weit gefehlt! Welches andere Volk in der Welt, durch über 1000 km Tötungsanlagen von einander getrennt, läßt sich von seinen Schreiberlingen jahrelang geduldig eine Fata-Morgana-Entspannung vorgaukeln? Laufen inzwischen nicht immer mehr Sowjetpanzer vom Band, um blitzschnell von der heutigen Dauerspannung auf Hochspannung schalten zu können?

Im Gegensatz zu *Lenin* haben die Sowjets 1945 k e i n e russischen Dokumente veröffentlicht, die damals die Versailler Alleinschuld-These zuerst ins Wanken brachten. Ich nenne hier nur den zaristischen Außenminister *Aleksandr I s w o l s k i j*, der durch Bestechungen antideutscher Blätter in Frankreich ein Aktivist der lang eingefädelten Einkreisung Deutschlands gewesen ist. [5]) Hauptregisseur war der britische Außenminister Sir Edward G r e y, Onkel jenes Lord Halifax, der – wie er 1914 – uns 1939 mit der englischen Kriegserklärung bedachte. [6]) Hier läßt sich eine Tradition in der außenpolitischen Vorstellungswelt innerhalb der gleichen Familie nicht verleugnen.

Seit 1945 hielten sich Entstellung, Fälschung, Lüge, Ungewißheit über Einzelheiten des Kriegsausbruchs wie zäher Nebel fast solange, wie der 30jährige Vernichtungskampf gegen Europas Herz, das Deutsche Reich, von 1914–1945 gedauert hatte. Wenn von „vorsätzlich" – Formulierung der erwähnten Versailler Kommission – gesprochen werden kann, so war es der wütend am Kochen gehaltene *„A n t i g e r m a n i s m u s"*, verkörpert durch seine Leitbilder wie: *Sir Edward Grey, Lord Robert Vansittard, Lord Halifax, Anthony Eden, Winston Churchill, Ilja Ehrenburg, Woodrow Wilson, Colonel Edward Mandell House, Franklin Delano Roosevelt* mit seiner Frau *Eleanor, Felix Frankfurter, Alger Hiss, Roosevelts* Berater in *Yalta* und gleichzeitig *Stalins* Spion, sowie als Krönung: *Henry Morgenthau!* War es nicht *Morgenthaus* schriftlich niedergelegter Vorsatz, aus Deutschland ein reines Agrarland zu machen? Nur *Stalins* brutale Unersättlichkeit rettete Westdeutschland vor diesem Schicksal, keineswegs etwa kluge Einsicht der Angelsachsen. [7])

Die Vereinigten Staaten haben als Waffenarsenal zweimal entscheidend dazu beigetragen, Deutschlands Niederlage zu besiegeln. 1917 nach einer ziemlich fadenscheinigen Kriegserklärung, 1939/40 durch *„Cash & Carry"*, Lieferung von 50 Zerstörern, *„Lend & Lease"*, was alles einer getarnten Kriegsteilnahme und einem offenen Bruch erklärter Neutralität gleichkam. Umso höher muß das Verdienst um die Erforschung der Wahrheit jenen revisionistischen amerikanischen Historikern angerechnet werden, die in die Bresche der verstummten deutschen Forscher sprangen. Sie hatten schwer gegen Roosevelts Hagiographen und seine Verlegerclique anzukämpfen.

Vielleicht noch schwerer wog die Wahrheitsfindung für britische Historiker, welche die *Churchill-Legende* zerstören mußten, denn Hand in Hand damit ging die Erkenntnis, daß gerade durch dessen Politik England sein Weltreich verloren hatte. In der Westminster Abbey findet man ein Ehrenbuch mit den Namen der in der Luftschlacht um England 1940 Gefallenen. *Churchill* schrieb von *„their finest hour"*. Was würden die Tapferen von damals dazu sagen, daß ihr „Empire" schneller zerbrach als das römische?

Hitler am 6. Oktober 1939 nach dem Sieg über Polen: *„Das Schicksal wird entscheiden, wer recht hat. Nur eines ist sicher: Es hat in der Weltgeschichte noch niemals zwei Sieger gegeben, aber oft nur Besiegte. Schon im letzten Krieg scheint mir dies der Fall gewesen zu sein. Mögen diejenigen Völker und ihre Führer nun das Wort ergreifen, die der gleichen Auffassung sind, und mögen diejenigen meine Hand zurückstoßen, die im Kriege die bessere Lösung sehen zu müssen glauben."*

Wieder im Reichstag, am 19. Juli 1940 nach seinem Siege über Frankreich, als Hitler vergebens auf eine Geste der englischen Regierung gewartet hatte, sagte er in einem letzten Appell: *„Es tut mir fast weh, wenn mich das Schicksal dazu ausersehen hat, das zu stoßen, was durch diese Menschen zum Fallen gebracht wird ... Und Herr Churchill sollte mir diesmal ausnahmsweise glauben, wenn ich als Prophet jetzt folgendes ausspreche: Es wird dadurch ein großes Weltreich zerstört werden, ein Weltreich, das zu vernichten oder auch nur zu schädigen niemals meine Absicht war ... In dieser Stunde fühle ich mich verpflichtet vor meinem Gewissen, noch einmal einen Appell an die Vernunft, auch in England, zu richten. Ich glaube dies tun zu können, weil ich ja nicht als Besiegter um etwas bitte, sondern als Sieger nur für die Vernunft spreche. Ich sehe keinen Grund, der zur Fortsetzung dieses Kampfes zwingen könnte."*

Der Oxforder Geschichtsprofessor *Alan Bullock* bemerkt in seiner Hitlerbiographie 1964 zu diesem, von ihm ausgewählten Zitat: *„Hitler war als Redner in bester Form, er sprach mit größerer Beherrschung als sonst und gab sich in dem, was er sagte, ungewöhnlich aufrichtig."* [8])

Entzauberter Widerstand

Dies zur Einleitung: Die Kulissen, der historische Hintergrund sind aufgebaut. Kommen wir zum eigentlichen Drama: *„All the world a stage and all the men and women merely players!"*

Ich kann mich jetzt nicht mit der Kriegsschuldfrage des Zweiten Weltkrieges im allgemeinen befassen. Lesen Sie darüber bitte bei *David L. Hoggan*, *„Der erzwungene Krieg" (1. Auflage 1961)* nach. Wenn man mit Recht *Stalins* Sieg bei Stalingrad (heute verschämt Wolgograd) als die militärische Wende des deutschen Krieges gegen die Sowjetunion bezeichnet, so möchte ich – selbst wenn man mich der Übertreibung bezichtigt – *Hoggans* historisches Werk als das *„Stalingrad der alliierten Richter von Nürnberg"* aufgefaßt wissen. Er hat die deutsche Alleinschuld am Zweiten Weltkrieg dokumentarisch an den Galgen gebracht!

Er hat aber auch die Vergötterung des deutschen Widerstandes gegen Hitler entzaubert, die von der irrigen Voraussetzung ausgeht, daß alles, was gegen den „bösen Hitler" unternommen wurde, zwangsläufig gut sein muß und in eine Walhalla gehört. Dem ist nicht so. Quod est demonstrandum:

Die Zentralfigur in der neudeutschen Walhalla ist Oberst *Graf Stauffenberg*, früher Anhänger Hitlers, dann Gegner. Zweifellos hatte er eine idealistische Ader. Als Kollege des hingerichteten Mitverschwörers *Adam v. Trott zu Solz* fragte ich nach dem Kriege dessen engsten Freund *Dr. Alexander Werth*, ob denn keine Möglichkeit bestand, *v. Trott* vor dem Galgen zu retten? Die Antwort: „Nein, da waren die von der Gestapo beschlagnahmten Fahrtenbücher." *Werth* erläuterte, daß Stauffenberg ständig mit dem Dienstwagen des OKH zu *Trotts* Wohnung in Dahlem gefahren war und Ziel, Tag, Stunde und Dauer der Fahrt selbst abgezeichnet hatte. *Stauffenberg* hat hier, genauso wie bei seiner voreiligen Meldung, das Attentat sei geglückt, extrem fahrlässig gehandelt. Dem schlichtesten jugoslawischen Gastarbeiter wäre niemals eingefallen, zur Konspiration laufend militärische Dienstwagen zu benutzen. Damit hat sich *Stauffenberg* am Tode vieler seiner Kameraden schuldig gemacht!

Ein noch dunklerer Schatten fällt auf ihn, wenn wir in *Fabian v. Schlabrendorffs* Erstausgabe *„Offiziere gegen Hitler"* 1946 lesen: *„Graf Stauffenberg wurde nach Frankreich zu General Speidel, Chef des Stabes bei Generalfeldmarschall Rommel geschickt, um ihm (Speidel) vorzuschlagen, dafür zu sorgen, daß durch falsche Befehlserteilung ein Loch in der Westfront aufgerissen werde, um einen Durchbruch der Alliierten zu ermöglichen."* Falsche Befehlserteilung! Heimtücke! [9])

Immerhin konnten — nach Stalingrad, für das *Hitler* selbst die Verantwortung übernommen hatte [10]) und angesichts des mit Feuerschrift an die Wand geschriebenen Menetekels der Niederlage — vaterländische Motive für ein Attentat gegen ihn nicht ausgeschlossen werden. Mußten aber deshalb zuerst die eigenen Soldaten in den Tod geschickt werden, statt gegen den Diktator Auge in Auge vorzugehen und sich selbst zu opfern? Damals war Krieg. Es fielen täglich Tausende, Frauen und Kinder erstickten unter dem Schutt ihrer Häuser. Wenn man schon sagt, Hitler hatte keine Moral, gut; wo aber war die Moral bei den Verschwörern?

Man sage mir nicht, es habe damals keine Beispiele gegeben. Japanische *Kami-kaze*-Flieger hatten sich am 10. Dezember 1941 auf die modernsten britischen Schlachtschiffe *„Prince of Wales"* und *„Repulse"* gestürzt und sie blitzschnell versenkt. Die Welt hielt den Atem an. Zwischen Leben und Tod stand hier eben *kein* fingierter Telefonanruf! Wären die Leute des 20. Juli von solchem Offensivgeist nur gestreift worden, wie ständen sie heute da!

Leider hat diese landesverräterische Heimtücke des indirekten Angriffs auf die Person Hitlers von Anfang an die Geister des deutschen Widerstandes zersetzt. Sie verachteten kalt die damals enthusiastisch breite Zustimmung des Volkes und fielen Hitler bereits bewußt in den

Rücken, als er begann, gegen das Unrecht von Versailles anzukämpfen, ein legitimes Unterfangen für einen Deutschen Reichskanzler. Dabei verbanden sie schon im Frieden skrupellos Hochverrat mit Landesverrat. Sie ordneten die Außenpolitik bewußt ihren innerpolitischen Zielen unter, ein verderbenbringender Kurs für jeden Staat. Erfolgreiche Außenpolitik kann immer nur auf einer innerpolitisch gefestigten Grundlage betrieben werden. Dabei sollte die Außenpolitik stets die erste Rangstufe einnehmen. In einem gesunden Volkskörper tut sie dies auch. Daß ausgerechnet deutsche Berufsdiplomaten gegen diese Grundregel verstießen, rechtfertigt Hitlers — wohl instinktives — Mißtrauen gegenüber der *„Wilhelmstraße"*, das ich sooft damals bedauert habe.

Verrat in der Wilhelmstraße

Als ich im Dezember 1940 von Japan in das *Auswärtige Amt* nach Berlin zurückberufen worden war, sagte Herr Unterstaatssekretär *Ernst Woermann* zu mir: *„Wir haben Sie der Politischen Abteilung, Referat Ostasien zugeteilt. Denken Sie aber nicht, daß hier Politik gemacht wird! Diese behält sich der ‚Führer' und sein Stab im Sonderzug des Reichsaußenministers vor. Wir sind sozusagen nur sein Archiv."* So war es auch! Meine offiziell wichtigste Aufgabe bestand darin, an den jährlichen Festessen zum Geburtstag des *‚Drei-Mächte-Pakts'* von 1940 teilzunehmen, war dies doch die einzige Gelegenheit, Herrn *v. Ribbentrop* zu sehen. Fairneß gebietet hier zu sagen, daß Herr *Woermann* nicht zu den Verschwörern gehörte.
An ihrer Spitze im Auswärtigen Amt stand vielmehr Staatssekretär *Ernst v. Weizsäcker*, gefolgt von *Dr. Erich Kordt*, den wir den „Busybody" nannten. Im Ministerbüro im Kriege gab er sich als treuer Paladin *Ribbentrops* aus. Ihm verdankte er auf jeden Fall seine schnelle Karriere. Als Adenauer *Kordts* Buch *„Nicht aus den Akten"* 1950 gelesen hatte, stellte er ihn nicht wieder ins neue *Auswärtige Amt* ein, aus Besorgnis, er könnte von ihm genauso hintergangen werden. *Erich Kordt* war von *Ribbentrop* als Gesandtschaftsrat 1936 (also zwei Jahre vor dem Anschluß Österreichs) nach London mitgenommen worden. *„Alles Wichtige"*, gesteht Kordt in seiner Verschwörer-Apologie, *„reichte er sofort an seine „Freunde" weiter, die meist dem „Foreign Office" angehörten"*. [11])
Leckerbissen für die Briten waren Ribbentrops geheime Berichte an Hitler, die Kordt kostenlos lieferte und jeweils umgehend in ihre Hände spielte. [12])
Solche „Kaviarbrötchen" bekam die Wilhelmstraße aus dem Stab des Britischen Berliner Botschafters *Nevile Henderson* niemals serviert. Nur in der Amerikanischen Botschaft in London, unter *Joseph Kennedy*, hatte die britische Abwehr in der Wohnung des Chiffrierbeamten *Tyler Kent* Durchschläge des 1939 begonnenen Telegrammwechsels *Roosevelt-Churchill* gefunden, der — laut *Churchills* Wunsch — nicht über britische Kanäle lief! Auf *Roosevelts* persönliches Drängen wurde *Kent* hart, zu 7 Jahren, nach britischen Kriegsgesetzen 1940 verurteilt. Er wollte die Durchschläge einem isolationistischen Kongressabgeordneten persönlich geben. Das hätte vielleicht ein *„Pre-Watergate"* zur Folge gehabt, weil es hier um die Lieferung von 50 amerikanischen Zerstörern ging, eine flagrante Ver-

letzung des Washingtoner Neutralitätsabkommens. *Kent* wurde in dem Geheimverfahren unter *Earl Jowitt* nicht wegen Landesverrat verurteilt, sondern wegen Bedrohung britischer Sicherheit. Die Akten ergeben, daß der Verurteilte – im Gegensatz zu seinem Präsidenten – sein Land nicht in den europäischen Krieg hineingezogen sehen wollte. [13]) Er hat, wenn auch mit den falschen Mitteln, als junger amerikanischer Patriot gehandelt. Er ist die Kontrastfigur zu den Brüdern *Kordt*. Brüder, weil auch *Dr. Theo Kordt* Mitverschwörer war. Er wurde im April 1938 zum Botschaftsrat in London ernannt und hatte dafür zu sorgen, daß die Sabotage der deutschen Außenpolitik in London nicht abriß. [14]) So legte z. B. *Theo Kordt* in der Nacht vom 7. auf 8. September 1938 in *Downing Street 10* – heimlich durch den Garteneingang kommend – *Lord Halifax* persönlich eine von *Weizsäcker* formulierte Erklärung vor. Sie lautet u. a.: *„Nach unserer genauen Kenntnis plant Hitler einen Angriff gegen die Tschechoslowakei und nimmt an, daß der daraus entstehende Krieg lokalisiert werden könnte ... Die politischen und militärischen Kreise, für die ich spreche, widersetzen sich aufs schärfste dieser Politik. Wir glauben, daß, wenn man Hitlers Gewaltpolitik freie Bahn läßt, dies bedeutet, daß endgültig der Weg versperrt wird für eine Rückkehr zu den Begriffen von Ehre und Anstand unter europäischen Nationen."*

Wie gesagt, war Außenminister *Halifax* schon von der Familie her Antideutscher, dem das Memorandum des Diplomaten *Sir Eyre Crowe*, in Leipzig geboren (Mutter und Frau waren Deutsche), seit 1907 Maxime war: *„England dürfe sich unter keinen Umständen mit Deutschland verbünden. Die „Balance of Power" in Europa würde damit zerstört werden."*

Hitler hatte 1935 im Flottenabkommen mit Großbritannien die eigene Flottenstärke auf 35 % der britischen beschränkt, was sich 1940 für ihn verhängnisvoll auswirkte. Er wollte Rücksicht auf das englische Trauma nehmen, denn er strebte ein weitergehendes Bündnis an. Im krassen Gegensatz dazu hatte *Halifax*, nach eigenen Worten, bereits Anfang 1936 einen englisch-deutschen Krieg für unvermeidbar erklärt! [15])

Lord Halifax hielt sich daneben auch für einen frommen Christen. Was mochte er wohl von dem eidbrüchigen deutschen Staatssekretär gehalten haben, der ihm durch das Gartentor ein landesverräterisches Dokument zustellte und darin von „Ehre und Anstand" spricht? *Weizsäcker* forderte diesem Dokument nach dann, daß die britische Regierung eine öffentliche Warnung an Deutschland richte, die nicht *„unzweideutig und fest genug"* sein könne, und fährt wörtlich fort: *„Wenn die erbetene Erklärung gegeben wird, sind die Führer der Armee bereit, gegen Hitlers Politik mit Waffengewalt aufzutreten. Eine diplomatische Niederlage würde einen sehr ernst zu nehmenden Rückschlag für Hitler in Deutschland bedeuten und würde tatsächlich das Ende des nationalsozialistischen Regimes herbeiführen."* [16])

Man sieht hier deutlich das dilettantische Bemühen, die Außenpolitik innerpolitischen Zielen unterzuordnen. Die Engländer sollen handeln, damit der deutsche Staatschef gestürzt wird, weil man es allein nicht schafft. *Halifax* wird zum „Hannemann, geh Du voran!" degradiert. Er hat das auch erkannt. In einem Bericht des „Foreign Office"-Beamten Roberts lesen wir zwei Tage später, am 10. September 1938: *„Man erwartet von uns, das Spiel der Antinazis in Deutschland zu spielen, die einen allgemeinen Krieg ganz gerne sähen, um dadurch das Naziregime loszuwerden!"* [17])

In Wirklichkeit wollte England *zu diesem Zeitpunkt* in der Frage des „Selbstbestimmungsrechts für die Sudetendeutschen" nicht „unzweideutig fest" bleiben. Einmal wäre es rundum unpopulär gewesen: In Preßburg, in Warschau, Budapest, Rom, ja in London selbst, viel wichtiger aber: England mußte Zeit gewinnen, weil vor allem seine Luftrüstung fast zwei Jahre im Rückstand war. Auch fehlte noch Polen als Bundesgenosse. Das waren die tieferen Gründe, warum sich *Chamberlain* am 13. September für den 15. bei Hitler ansagte und nach Berchtesgaden flog. Er kam ohne *Halifax,* um dadurch den unbequemen *Ribbentrop* ausschalten zu können, den die Verschwörer seit Jahr und Tag verleumdet hatten. Er verlangte eine Tête à Tête-Unterhaltung mit Hitler, an der nur sein Dolmetscher *Paul Otto Schmidt* teilnahm, der auch zum Verschwörerkreis gehörte. Ergebnis: Am 19. September forderte England gemeinsam mit Frankreich vom tschechischen Ministerpräsidenten *Eduard Benesch* ultimativ die Abtretung der sudetendeutschen Gebiete. *„München"* war dann nur ein Durchführungs-Abkommen über die Folgen dieses den tschechoslowakischen Staat gefährdenden Eingriffs. Hitler war es gelungen, die Amputation der Tschechei durch ihre einstigen Schöpfer selbst vornehmen zu lassen! *Weizsäcker* war, wie er selbst sagte, „niedergeschmettert"! [18])

Dazwischen lag noch *Godesberg,* lag die Mobilisierung der tschechischen Armee — von *Chamberlain* hinterrücks gebilligt und vor Hitler schauspielerisch „bestürzt" aufgenommen. Dazwischen lag auch die Mobilisierung der britischen Flotte. Gemäß *Weizsäckers* Geheimbotschaft vom 8. September und dem Ratschlag *Erich Kordts,* der, in Kenntnis temporärer britischer Schwäche, empfohlen hatte, die militärische Stärke des „Empire" herauszustellen und die Deutsche Regierung hart zu treten (*„kick them and kick them hard"* [19]) wollte *Chamberlain* in letzter Minute *Hitler* noch einen Gesichtsverlust beibringen, zumal für den 27. September in Berlin ein Staatsstreich angesetzt war. [20])

Durch *Hitlers* geschickte Verhandlungstaktik, seine Sportpalastrede am 26. und durch *Mussolinis* Dazwischentreten scheiterte der „show-down". Hitler erkannte *Chamberlains* Falschheit, wenn er kurz danach zu General *Guderian* sagte, *„die Engländer wollen keine aufrichtige Versöhnung"*. *Hitler* erkannte jedoch nicht, daß treulose deutsche Spitzenbeamte dabei mitspielten. [21])

Der Jubel der Sudetendeutschen, endlich tschechischer Unterdrückung entronnen zu sein, hinderte die Verschwörer nicht daran, ihre reichsschädigenden Pläne weiter zu verfolgen. Was ihnen im Falle Tschechoslowakei nicht gelang, gelang ihnen mit Polen. Hier liegt die Wurzel für den deutschen Schuldanteil am Ausbruch des Krieges.

Weizsäcker unterstand zwei Oberverschwörern: dem ehemaligen Oberbürgermeister von Leipzig und Preiskommissar *Karl Goerdeler* und dem mächtigen Abwehrchef Admiral *Wilhelm Canaris*. Mit der Tatsache, daß ein Abwehrchef im Kriege und Frieden für die arbeitet, die er abwehren soll, steht Deutschland über allen. *„The incredible Story of William Canaris, who while Hitler's chief intelligence was a secret ally of the British"* ist der Buchtitel seines englischen Biographen *Jan Colvin.* [22]) Das ist einsame Spitze deutscher Blamage!

Zunächst trat Goerdeler mit einem Memorandum an das *„Foreign Office"* heran, das von London an Präsident Roosevelt, Ministerpräsident *Paul Reynaud* und den König der Belgier weitergeleitet wurde. Darin forderte er, England und Frankreich sollten Hitler vorschlagen, über Abrüstung und Kolonien zu verhandeln, dabei aber fordern, *„daß Gewaltpolitik in internen Fragen sofort aufhört"*. Sollte Berlin das nicht annehmen, seien die diplomatischen Beziehungen sofort abzubrechen. In diesem Fall garantiert *Goerdeler*, so wörtlich, *„daß die bestimmte Aktion innerhalb Deutschlands beginnen würde, eine Regierung einzusetzen, die diese Bedingungen annehmen würde"*. [23]) Ansicht des *„Foreign Office"* demgegenüber wörtlich: *„Wir sollen Hitler alles verweigern, dagegen all das, worum er bittet, einer deutschen Regierung geben, die ihn stürzt, aber nicht deshalb, weil sie notwendigerweise gegenüber Großbritannnien freundlicher sein wird. Können wir annehmen, daß wir mit einer solchen Regierung besser ständen? Eine fähige Militärdiktatur könnte sogar noch gefährlicher sein als das Naziregime, das mit wirtschaftlichen Schwierigkeiten mühsam zu kämpfen hat."* [24])

Am *4. Dezember 1938* wurde dann der sogenannte *9-Punkte-Plan Goerdelers* vorgelegt, der die Liquidierung des ganzen polnischen Korridors vorschlägt. Dagegen bietet man sofortigen Stopp jeder deutschen Rüstung und deutscher Aktivität im Südosten an. *„Polens Zugang zum Meer kann auf andere Weise sichergestellt werden"*, heißt es dann lapidar, aber mehr nicht! [25])

Ashton-Gwatkin trat für Verhandlungen ein, sein Kollege *William Strang* kritisiert: „Goerdeler verlangt den Korridor hinter Polens Rücken zu verkaufen", der Vorgesetzte Unterstaatssekretär *Cadogan* notiert am Rand: „Wir sollten nicht das Geringste mit diesem Plan zu tun haben!" Er wußte nämlich längst, daß Ribbentrop am *24. Oktober 1938* dem polnischen Botschafter in Berlin, *Lipski,* einen viel gemäßigteren Vorschlag gemacht hatte:

1.) Die freie Stadt Danzig kehrt aus der Völkerbundsverwaltung ins Deutsche Reich zurück

2.) Durch den Korridor wird eine exterritoriale Reichsautobahn und Eisenbahn gelegt. (Es war an eine Breite von 1 km gedacht)

3.) Polen erhält im Gebiet von Danzig das Gleiche sowie einen Freihafen mit Absatzgarantie für seine Waren

4.) Die Grenzen werden garantiert, und der Deutsch-Polnische Vertrag (Nichtangriffspakt) wird auf 25 Jahre verlängert. [26])

Die Verschwörer kamen nicht recht vorwärts. Da platzte eine besonders niederträchtige Meldung in der *„Downing Street"*. *Erich Kordt* hatte der Britischen Botschaft in Berlin gemeldet, *„Hitler werde im März 1939 London bombardieren"*. *Chamberlain* berief am 16. Dezember sein Kabinett ein, gefolgt von drei Sitzungen des Empire-Verteidigungsausschusses. Ergebnis: Die englischen Kriegspläne sind bis 31. März 1939 in Bereitschaftszustand zu versetzen. [27]) Das Beispiel zeigt, wie s t a r k sich der englische Premier von der deutschen Verschwörung beeinflussen ließ, obwohl ihn sein treuer Botschafter in Berlin ständig davor warnte. Dafür verschrie man Henderson als „Nazi"!

Der schwedische Kronprinz — vor Weihnachten in London — schreibt: *„Chamberlain ist optimistisch, daß das Naziregime zusammenbricht."* [27])

Am 16. Januar 1939 schrieb Lord Vansittart an Außenminister Halifax: *„Sowohl Dr. Schacht als auch Graf Schwerin v. Krosigk haben Hitler erklärt, daß die interne Lage in Deutschland verzweifelt sei. Die Katastrophe stehe bevor."* [28])

Goerdeler machte sich am 20. Januar 1939 mit einer Falschmeldung interessant, Hitler wolle Holland und die Schweiz angreifen, um ein Pfand gegen die Westmächte in der Hand zu haben. Daraufhin wurde am 6. Februar die amerikanische Regierung vom Britischen Auswärtigen Amt gebeten, Deutschland den K r i e g zu erklären, falls es zu einer Invasion Hollands kommen sollte. [29]) Churchill war es, der Roosevelt gleichzeitig ermahnte — wörtlich — „die Kriegstrommel zu rühren und die Diktatoren zurückzuweisen." [30])

Man kann von einer deutschen Verratsbesessenheit sprechen, findet man doch in den englischen Akten die unwahrscheinlichsten Meldungen: „Hitler hat Beißanfälle"; *Canaris* macht seinem Admiralsrang „Ehre", wenn er erfindet: „Hitler plane einen Blitzangriff gegen die britische Flotte o h n e vorheriges Ultimatum!" [31])

Die schicksalsschwerste Stunde war aber der 29. März 1939. Um 18 Uhr 10 hatte Churchill den englischen Spitzenagenten *Jan Colvin* beim Ministerpräsidenten angemeldet. *Colvin* war eben von den Verschwörern aus Deutschland zurückgekehrt. Er sagte, *„Hitler werde in aller Kürze Polen angreifen, wenn wir nicht deutlich machen, daß wir ihn dann angreifen werden. Es besteht eine gute Chance, daß deutsche Generäle ihn stoppen oder revoltieren. Diese seien General Ludwig Beck, General v. Witzleben, Herbert v. Bismarck (AA) und Major v. Kleist-Schmenzin, die während der Sudetenkrise England definitive Staatsstreichangebote gemacht hätten."*

„Was können diese Deutschen uns h e u t e anbieten?", fragte *Chamberlain*. *Colvin* wußte keine direkte Antwort. Er verwies auf ihre Aussagen vom Vorjahr. *Chamberlain* weiter: *Würde es diese Leute beeinflussen, wenn wir Polen eine G a r a n t i e geben?"* *Colvin* erwiderte: *„Das würde helfen!"*

Chamberlain, der sich schon seit 6 Tagen mit diesem Gedanken trug, entschloß sich jetzt zur s o f o r t i g e n Garantieerklärung, um Polen den Rücken gegen Deutschland zu stärken! *Cadogan* schrieb am 31. März in sein Tagebuch: *„Diese Garantie Polens ist ein fürchterliches Hasardspiel"*, obwohl sie — wohlgemerkt — nur gegenüber Deutschland, nicht gegenüber Stalin galt!

Mit 25 Jahren Abstand schrieb derselbe *Cadogan*: *„Natürlich konnten wir Polen keinen, nur irgendwie möglichen, Schutz geben. Aber Chamberlain hatte sich festgelegt. Im Falle eines deutschen Angriffs auf Polen würden ihm Zweifel erspart bleiben. Vielleicht war dies für Polen grausam. Ich möchte dem nicht ganz zustimmen, weil ihnen unsere militärische Lage gegenwärtig gewesen sein sollte. Man könnte sagen, daß das zynisch war. Vielleicht war es das, aber es brachte uns in den Krieg, den wir und unsere Verbündeten gewonnen haben. Natürlich kann man von den armen Polen nicht verlangen, daß sie selbst ein solches Resultat zu schätzen wissen."* [32])

Am Kern der Schuldfrage angelangt, müssen wir kritisch sein. Nochmals: „Natürlich konnten wir keinen nur irgendwie möglichen Schutz geben ..."; ist es wirklich „natürlich" Polen eine Garantie ohne Schutz zu geben? Anders ausgedrückt: Wäre es für Mr. *Cadogan* unnatürlich gewesen, eine Garantie mit echtem Schutz zu geben, d. h. einen gedeckten Blancoscheck statt eines ungedeckten?

Diese peinliche Selbstenthüllung eines britischen Diplomaten ist erstaunlich. Sie grenzt an politischen Masochismus und ließ mich deshalb sofort nach deutschen Vorfahren suchen. Verwunderlich, daß ich bis jetzt noch keinen fand!

Hitlers Polen-Politik war zielstrebig auf Ausgleich gerichtet, obwohl in seiner Partei die *„Annaberg-Kämpfer"* keine Freunde dieses Landes waren. Bereits 1934 schloß er gegen den Rat des Auswärtigen Amtes, das an Stresemann festhielt, einen Nichtangriffspakt mit Marschall *Pilsudski* ab, damals von England enttäuscht, weil es seine Präventivkriegspläne gegen Berlin im März 1933 abgeschlagen hatte. Bald wurde *Pilsudski* von Hitler immer stärker eingenommen. Hitler empfand seinen Krebstod 1935 als ebenso schicksalsschwer wie den Rücktritt des englischen Königs *Edward VIII* ein Jahr später. Er weicht auch ohne Pilsudski nicht von seiner Linie ab. Als er die Entmilitarisierung des Rheinlandes aufgehoben hatte, sagte er am 7. März 1936 im Reichstag: „Ich möchte, daß das deutsche Volk die inneren Beweggründe der nationalsozialistischen Außenpolitik versteht, die z. B. es auch als sehr schmerzlich empfindet, daß der Zugang eines 33-Millionen-Volkes zum Meer über einstiges Reichsgebiet führt, die es aber als unvernünftig, weil unmöglich erkennt, einem so großen Staat den Zugang zum Meer einfach abstreiten zu wollen. Es kann nicht Sinn und Zweck einer überlegenen Außenpolitik sein, Zustände herbeizuführen, die dann zwangsläufig sofort nach ihrer Veränderung schreien würden".

Inzwischen hatte der ehrgeizige Oberst *Jozef Beck* das außenpolitische Ruder Polens ergriffen und machte zur gleichen Zeit in London den Vorschlag eines erneuten Präventivkrieges, scheiterte aber an König Edward. Wieder ein Herumwerfen des polnischen Steuers: Am Tag der Münchener Konferenz richtet *Beck* an Prag ein Ultimatum, die Stadt *Teschen* übers Wochenende an *Warschau* abzutreten! Auf seine Bitte hin hatte er von Deutschland ein Hilfsversprechen erhalten, falls die UdSSR zugunsten der Tschechen eingreifen sollte. Zudem erhob er eine Nachforderung auf die Stadt *Oderberg. Göring* will sie gegen eine Danzigzusage der Polen tauschen. Hitler entscheidet gegen ihn, gegen das Auswärtige Amt und Einwände der Deutschen Oderbergs: Polen erhält *Oderberg* ohne Gegenleistung! Ja, *Beck* drängt im Januar 1939 Hitler in Berchtesgaden, die Resttschechei unter keinen Umständen zu garantieren. In *„München"* war nämlich eine Garantie für die Rumpf-Tschechoslowakei in Aussicht gestellt worden, falls Prag seine Probleme mit Polen und Ungarn geregelt haben würde.[33])

Beck, der eben so viele Vorteile von *Hitler* erhalten hatte, reißt das polnische Steuer zum vierten Mal herum. Von *Duff-Cooper* und *Chamberlain* beeinflußt, erklärt Polen aus heiterem Himmel am 23. März seine Teilmobilisierung! *Hitler* reagiert mit Verzögerung und maßvoll am 28. April. Trotz Kündigung des Nichtangriffspaktes mit Polen und des Flottenabkommens mit England, bietet er *Beck* Verhandlungen an. *Beck* antwortet nicht, denn er hatte seit 31. März die britische Garantie auch schriftlich in der Tasche.

Da schlägt am 23. August 1939 der Nichtangriffspakt *Hitler-Stalin* wie eine Bombe ein. Die monatelangen Verhandlungen britischer und französischer Militärmissionen in Moskau scheiterten. Trotz dieses diplomatischen Erfolges widerruft *Hitler* auf Drängen Ribbentrops den bereits erteilten Vormarschbefehl gegen Polen am 25. August und bittet England um Vermittlung. Der Vormarschbefehl war erteilt worden, nachdem *Chamberlain* in seinem Brief an *Hitler* vom 22. August englische Mobilmachungsmaßnahmen zugegeben hatte. *Halifax* treibt dabei ein doppeltes Spiel: Er nimmt die Vermittlung an, rät aber den Polen ab, einen Unterhändler nach Berlin zu entsenden; all das, obwohl z. B. *Churchill* bereits 1932 die Rückkehr „Dantzigs" ins Reich gefordert hatte.[34])

Hätte *Hitler* die Franzosen, vor allem *Georges Bonnet,* um Vermittlung gebeten, wäre sein großzügiges Verhandlungsangebot nicht übelwollend verzögert, sondern wohl befürwortend nach Warschau gegeben worden. Der Anschluß Danzigs wäre dem von Memel ähnlich gewesen! So aber erklärte *Beck* am 29. August die Generalmobilmachung, die Hitler zu seinem Einmarsch in Polen völkerrechtlich berechtigte. Heute wird von dieser polnischen Generalmobilmachung nie mehr gesprochen. Ebenso unterdrückt man, daß *Mussolini* einen Vermittlungsvorschlag machte: Am 3. September mittags sollten die Kampfhandlungen eingestellt werden. Deutschland und Frankreich hatten bereits zugestimmt, aber England lehnte ab! Die Konferenz war für Montag, den 4. September angesetzt!

Weizsäckers Irrtum

Zwei Dinge müssen noch genannt werden:

1) Der vorher erwähnte Major *v. Kleist-Schmenzin* meldet am 30. August früh, im Büro des Britischen Militärattachés in Berlin, die neueste Aufstellung unserer Divisionen an den polnischen Grenzen und alle schwachen Punkte des Westwalls – nackter Verrat, gratis geliefert. Die Zeche hatte

der deutsche Frontsoldat zu zahlen, denn Oberst *Beck* hatte diese Meldung am 31. August in Warschau in seiner Hand. London wollte damit die Polen ermuntern, niemand nach Berlin zu entsenden! [35])

2) Nach dem Zusammenbruch seines Landes gab der polnische Staatspräsident *Mościcki* in Rumänien zu — so wörtlich: *„Polen hat schließlich die Bedingungen Deutschlands annehmen wollen, aber es ist von England daran gehindert worden. Weil meine Minister auf englische Hilfe rechneten, ließen sie es schließlich zum Kriege kommen.“* [36])

Wir müssen uns von der stark propagierten Vorstellung lösen, daß die Person Hitlers für Englands abweisende Haltung ausschlaggebend war, obwohl sich die Verschwörer alle Mühe gaben, ihn zu verteufeln. Ausschlaggebend war allein die weitere Erstarkung des Reiches zu verhindern. Hitlers Judenhaß war den ideologischen Deutschfeinden eine willkommene Beigabe, ihre Propagandasuppe am Kochen zu halten. Das ist bis heute so!

Die *Weizsäckers* irrten, wenn sie annahmen, die *Churchills* hätten gesagt: *„Ceterum censeo Hannibalem esse delendam.“* Nein, *Churchill* hat immer *„Carthaginem“!,* das Deutsche Reich gemeint, bis hin zu seinem Befehl 1945, Dresden anzuzünden, damit die Ostflüchtlinge mitverbrannten. [36a]) Dieser Rachegeist von *Jalta*, der uns nun seit 33 Jahren einen Friedensvertrag verweigert, ist auch heute nicht nur im *Kreml* virulent. Betrachtet man gewisse amerikanische Filmproduzenten, könnte man meinen, der Propagandafeldzug für den „Dritten *Punischen Krieg*“ habe bereits begonnen, um das noch freie Restdeutschland gleichfalls der Sowjetdiktatur zu unterwerfen.

Selbst wenn das Deutsche Reich 1939 von Herrn *Maier,* Herrn *Müller,* ja Herrn *Schmidt* regiert worden wäre, immer wäre man vor dem Wort gestanden, das *Winston Churchill* als Botschaftsgast in London 1937 Ribbentrop ins Gesicht sagte:

„Wenn Deutschland zu stark wird, wird es wieder zerschlagen werden.“ [37]) Als man in Nürnberg dies Wort anführte, sagte Sir *Maxwell-Fyfe*, einer der britischen Hauptankläger: *„Es ist unwichtig, was mein Freund Churchill in diesem Gespräch gesagt hat.“* [38])

Drei Jahre vorher hatte Churchill bereits gegenüber dem ehemaligen Reichskanzler Heinrich Brüning ausgeführt, die Welt werde ausschließlich vom Kampf um die Vorherrschaft beherrscht. Wörtlich weiter: „Deutschland muß wieder besiegt werden und dieses Mal endgültig. Sonst werden Frankreich und England keinen Frieden haben.“ 1936 meinte er zum damaligen Kriegsminister Duff Cooper: „Stresemann habe im Grunde nichts anderes gewollt als Hitler, es gebe nur ein Heilmittel gegen die „deutsche Gefahr“, die in Versailles versäumte Aufteilung des Reiches.“ [38a])

Der Entschluß *Chamberlains,* den Zweiten Kreuzzug gegen Deutschland am polnischen Nagel aufzuhängen, wurde dadurch erleichtert, daß die Verschwörer ein in seiner Führungskraft völlig geschwächtes Deutschland an die Wand malten und immer wieder eine Revolte versprochen hatten.

Chamberlain am 10. September 1939 an seine Schwester: *„Was ich erhoffe, ist nicht der militärische Sieg, von dem ich bezweifle, ob er je zu erringen ist, sondern ein Kollaps der deutschen inneren Front."* [39])

Der polnische Botschafter *Lipski* erklärte Ende August 1939 dem Schweden *Dahlerus* in Berlin: „Ich bin überzeugt, daß im Falle eines Krieges Unruhen im Lande ausbrechen und die polnischen Truppen erfolgreich nach Berlin marschieren." [40]) Der französische Generalstabschef Maurice *Gamelin* bemerkte in diesen düsteren Augusttagen:
„Am Tage unserer Kriegserklärung an Deutschland wird Hitler gestürzt! In Berlin werden Unruhen ausbrechen. Die Deutschen in den Westfestungen werden wenig Widerstand leisten. Wir werden in Deutschland so leicht eindringen, wie ein Messer Butter durchschneidet." [41])

Gamelin wiederholte emphatisch: *„Beim ersten Kanonenschuß wird das Hitlerregime zusammenbrechen, und wir werden in Deutschland eindringen, wie in Butter, ja wie in Butter!"*

Seinem kritischen Zuhörer, *Jaques Benoist-Méchin*, der ein Buch über *„Die Geschichte der Deutschen Armee"* geschrieben hatte, erzählte der Generalstabschef unbekümmert weiter: Ob die Wehrmacht über 100 oder 200 Divisionen verfügt, ist gleichgültig, denn wenn wir Hitler den Krieg erklären (!), so werde ich voraussichtlich niemals etwas mit der deutschen Armee zu tun haben." [41])

Wie kommt der höchste französische Offizier zu dieser totalen Fehleinschätzung? Auch *Gamelin* hat – wie *Chamberlain* – auf die realistischeren, offiziellen Berichte seines Botschafters in Berlin nicht gehört, aber den Tatarennachrichten der *Goerdelers* blind vertraut! Sie sind die wahren Schuldigen! Ihre Wirkung auf das Ausland war reichszerstörend.

Teile unserer Führungsschicht wollten die neue Autorität des „Selfmade man" *Adolf Hitler* niemals anerkennen. Von Anfang an schauten sie auf ihn als, nur zunächst willkommenen, *„Trommler"* verächtlich herab. Ja, sie glaubten, ihm gegenüber selbst einen Meineid verantworten zu können. Die Zersetzung der Oberschicht war zu weit fortgeschritten.

Zwei Denkmäler sind vom Sockel gestürzt worden:
Chamberlain, der *„Peace-Maker"*, steht vor der Geschichte als betrogener Betrüger. Die deutsche Generalsrevolte blieb aus! Auf dem Marmorsockel idealistischer Tyrannenmörder aber steht nur ein *„Deutscher Ephialtes"*, ein nackter Verräter.

☆

Das Facit, das wir zu ziehen haben, lautet: Das Londoner *„Foreign Office"* – nicht das presseverhetzte, unschuldige englische Volk – hat die beiden Weltkriege an zwei Nägeln aufgehängt: dem belgischen und dem polnischen.

Die belgische Neutralität, deren Bruch durch Deutschland damals die englische Kriegserklärung hergab, war 1914 längst fragwürdig geworden, nachdem die Generalstäbe in London und Brüssel 1912 graphische Fahrpläne über englische Truppentransporte an die belgische Westgrenze geheim ausgearbeitet hatten.

Der polnische Nagel konnte 1939 eingeschlagen werden, weil man *Hitlers* deutsch-polnischen Ausgleich heimtückisch sabotiert hatte, damit der englische Blancoscheck zum Tragen kam. Belgien verlor jahrelang seine Unabhängigkeit, Polen hat sie b i s h e u t e nicht wiedererlangt. Meisterhaft können wir diese Diplomatie wahrlich n i c h t nennen!

Worin lag die englische Fehlentscheidung? *Ribbentrop* schreibt: *„Adolf Hitlers Standpunkt war es, daß die These des Sir Eyre C r o w e von 1907, der „Balance of Power“ zuliebe, niemals mit Deutschland zu paktieren – überaltert sei und auch als Theorie n i c h t mehr im englischen Interesse liege. Den Grund dafür sah er in der Möglichkeit einer großen Machtentfaltung des Ostens und in der Gefahr einer Bolschewisierung Europas, Englands und damit der ganzen Welt, wie sie sich in unserem Zeitalter der sozialen Umwälzungen abzeichne. Die Auffassung Hitlers ging dahin, daß England ein sehr viel stärkeres Deutschland als bisher begrüßen und sogar ein besonderes Interesse an einem solchen haben müsse! Die alte englische These vom Gleichgewicht der Kräfte werde sich h e u t e niemals mehr für England, sondern n u r noch zugunsten R u ß l a n d s auswirken.“* [42])

Wir dürfen uns durch den Streit über die M o t i v e des deutschen Widerstandes niemals verwirren lassen. Das ist eine z w e i t rangige Frage. Sie kann leicht zur Verhüllung historischer Wirklichkeit mißbraucht werden. E r s t r a n g i g aber ist die m a c h t politische Frage um die Neugestaltung und Stärkung Mitteleuropas zur Hitlerzeit.

Versailles hatte im Osten erstmalig eine Tschechoslowakei als Vielvölkerstaat geschaffen und das 1916 wiedererstandene Polen, mit deutscher Hilfe wiedererstanden – einseitig von Frankreich stützen lassen. Beide Länder sollten eine Doppelfunktion haben: die Sowjets von Europa abhalten und Deutschland niederhalten. Abhalten – niederhalten. Diese Doppelrolle war umso schwerer zu spielen, je mehr Deutschland und die UdSSR erstarkten.

Fürst *Bismarck* hielt die „Bastion Böhmen“ zur Verteidigung des Reiches für unerläßlich. 1000 Jahre lang war Böhmen an Deutschland gebunden. Ich verstehe daher das „O-wei-Geschrei“ deutscher Historiker nicht, weil *Hitler* auf dem Hradschin erschien. Sollte etwa *Stalin* – damals eigentlich Verbündeter der Tschechen – bereits *vor* 1939 dort eintreffen? Ein böhmisches Vakuum hat es nie gegeben und wird es – geopolitisch – nie geben. Wir müssen uns in die Weltlage von 1939 hineindenken. Das Reich war im Osten und Westen von Sturmtiefs umgeben. Das Wetterleuchten reichte bis Washington. Die böhmische Bastion in letzter Minute in die deutsche Scheuer zu fahren, war staatsmännisches und defensivstrategisches Gebot! Mir ist Kaiser *Karl IV.* in Prag lieber als Stalins Satrapen, die den tschechischen Außenminister 1948 aus dem Fenster stürzen ließen. *Hitler* hatte die Tschechen vom Kriegsdienst f r e i gestellt, heute müssen sie für den Roten Zaren marschieren. Wenn sie nicht parieren, marschiert er selbst ein, er und seine Puppen, einschließlich der sowjetdeutschen.

Bismarck sagte von P o l e n : *„Indien wird am besten an der polnischen Grenze verteidigt.“* Welch' wahres Wort, durch die Geschichte bestätigt! Hitler betrieb seine Politik mit Prag und Warschau im Sinne dieser Bismarckschen Erkenntnisse.

Das Reich p l u s Polen wären in der gefährdeten norddeutschen Tiefebene ein stabiler Block gewesen. *„Jede polnische Division an der Grenze gegen Rußland ist ebensoviel wert wie eine deutsche“*, sagte *Hitler* noch im Januar 1939 zu Oberst *Beck*. Besserwisser *Augstein* hat das wohl überhört! Die NATO wird noch einmal bitter daran denken müssen ... [43])

Die Verschwörer, die sich „national“ gebärdeten, wollten *Bismarcks* Schlußfolgerungen nicht wahr haben. Sie strebten blind nur nach eigener Macht gegen die damalige Strömung im Volk, alle Deutschen vereint zu sehen.

München war das letzte rein europäische Abkommen über Europa. *Roosevelt* und *Stalin* waren ausgeschlossen. Auch das lag auf Bismarcks Linie. Die Renegaten dagegen arbeiteten von Anfang an zwangsläufig in *Stalins* Hände, g e g e n deutsche Interessen, ja selbst gegen englische, gegen das „Empire“. Das Resultat erweist es. Ihre kriegstreibende Politik lieferte England *Roosevelt* aus. Er war ebenso ein Feind des Britischen Reiches wie Stalin. Zu spät, wenn überhaupt, hat Roosevelts „ardent lieutenant“, wie sich *Churchill* selbst nannte, dies erkannt. W e i l ein erstarktes Deutsches Reich zugrunde ging, steht heute Resteuropa, bei steigender Sowjet-Rüstung, immer ungeschützter im nachbarlichen Zugriff Moskaus. *„Es kann der Frömmste nicht in Frieden leben, wenn es dem bösen Nachbarn nicht gefällt!“*.

Der amerikanische Princeton-Historiker *Martin S h e r w i n* gab – im Gegensatz zu Henry *Kissingers* Buch über den Wiener Kongreß, betitelt *„A World Restored“*, – seinem Buch über die Konferenz von Potsdam 1945 den Kontrasttitel *„A World Destroyed“*. [44])

Zerstörte, statt neugeordnete Welt! Das ist die Welt, in der wir leben!

Amerikas Hilfe, Mittel- und Osteuropa zu zerstören, wirkte w e l t weit! Wer hat die Verantwortung dafür, daß in unseren Tagen die Sowjets mit *K u b a* neuaufgebügelten Kolonialismus betreiben können? Wer hat die Verantwortung dafür, daß *Kuba* – vor 80 Jahren durch Amerika den Spaniern abgerungen – Satellit des fernen Kreml wurde?

Die *Monroe*-Doktrin, einst aufgestellt, um Rußland von der pazifischen Küste fernzuhalten, wurde jetzt von der gleichen Macht an der atlantischen Seite durchbrochen. Wer hat p r i m ä r die Verantwortung dafür, wenn nicht der V a t e r sowjetischer W e l t macht: *Franklin Delano R o o s e v e l t?*

Blenden wir zurück zu Hitlers Friedensappellen an England: *„Es hat in der Weltgeschichte noch niemals zwei Sieger gegeben, aber oft n u r Besiegte.“* Und Churchill persönlich beschwörend: *„Es wird ein Weltreich zerstört werden, das zu vernichten oder auch nur zu schädigen niemals meine Absicht war“!* Halten wir dagegen: Sechs Jahre nachher, Sommer 1945, die Potsdamer Konferenz:

Den späteren „Karlspreisträger“ *Churchill* befällt wie ein Alptraum der Gedanke, einsam auf dem Kontinent 600 Sowjetdivisionen gegenüberzustehen. Er beschwört nun seinerseits den amerikanischen Präsidenten *Truman*, Europa nicht ganz zu entblößen, sonst werde – so wörtlich –

„eine verzweifelte europäische Situation eintreten. Während die Sowjets ihre Positionen einnehmen, werden unsere Völker sich damit befassen, Deutschland zu bestrafen. Deutschland, das total ruiniert einem russischen Vormarsch zur Nordsee und zum Atlantik wehrlos offen liegt."

Der Ostexperte Ribbentrops, *Peter Kleist*, schreibt 1971 dazu: *„In Potsdam war es zu spät für dieses Wehgeschrei, es war auch zu spät für eine sehr bedeutsame Feststellung Churchills. Als er nämlich von dem ersten Zusammentreffen Truman-Stalin ausgeschlossen werden sollte, zählte er wütend alle seine Verdienste an der Erringung des Sieges auf und bemerkte, ‚daß er die Formel der bedingungslosen Kapitulation 1943 unterschrieben habe, obwohl er zu jeder Zeit mit Hitler hätte Frieden schließen können!'"* [45])

Die Mitschuld des Widerstands

Hier taucht die Frage nach dem „Warum" auf. Warum diese Opfer? Wegen Danzig? Wegen Polen?? Der amerikanische Historiker Professor *Harry Elmer Barnes* schrieb zu Recht: *„Hitlers Forderungen an Polen waren konzilianter, als Stresemann und die Weimarer Republik es je in Betracht gezogen hatten"*. Lassen Sie mich hier einfügen: *„einschließlich der Verschwörer, die laut Londoner Dokumenten ohne neue Ideen ganz auf der Weimarer Linie lagen."* Weiter *Barnes: „Der Britische Außenminister Halifax und sein Botschafter in Warschau waren weit verantwortlicher für den Krieg von 1939 als Samsonow, Iswolski und Poincaré für den von 1914."* [46])

Nach den vorgelegten Beweisstücken, nicht nach meiner Auslegung, möchte ich es Ihrer Urteilskraft und Ihrem Gewissen überlassen, zu entscheiden, wer an diesem verhängnisvollen europäischen Bürgerkrieg Hauptschuld und wer Mitschuld trägt.

Das Resultat in der Kriegsschuldfrage scheint mir mit dem von 1914 fast identisch zu sein. Onkel *Grey* und Neffe *Halifax* sind sich ihrer antideutschen Tradition treu geblieben.

Die in Nürnberg Gehenkten hat die Geschichte schon längst von der dort zusammengebastelten Alleinschuld freigesprochen! Niemand hat je an Alleinschuld geglaubt, am wenigsten Erntehelfer *Stalin* mit den ermordeten Polen von *Katyn*.

Vor der Geschichte muß jedoch die Deutsche Reichsregierung die Hauptschuld der britischen anlasten. Gleichzeitig bedauert die Reichsregierung, daß soviele hohe – ihr feindlich gesonnene – deutsche Beamte und Offiziere, sich zweifelsfrei am Kriegsausbruch 1939 mit schuldig gemacht haben. Sie gossen vorsätzlich Öl ins Feuer, um den von ihr bis zuletzt verfolgten Ausgleich mit England und Polen zunichte zu machen!

Blicken wir heute auf die Trümmer des zerbrochenen Reiches, müssen wir Deutsche uns an die eigene Brust schlagen: Aus *„discordia"*, wie sie Tacitus als germanischen Wesenszug geschildert hatte, haben wir den Anspruch, als Großdeutschland ein starkes Europa zu führen, verspielt.

Das tragischharte deutsche Schicksal kommt nicht aus dem Nichts, nicht von ungefähr. Alle Faktoren zu ergründen, die daran beteiligt sein mögen, stößt an die Grenzen menschlicher Erkenntnis.
Sicher ist nur eines: Dies Schicksal kam nicht u n verdient.

„Das eben ist der Fluch der bösen Tat,
daß sie fortzeugend Böses muß gebären!"

Quellenhinweise:

[1]) Der Große Brockhaus, Leipzig 1933, Reparationen S. 627 und 1935, Youngplan S. 516, Bände 15 und 20.
[2]) Der Große Brockhaus, Leipzig 1931, S. 617–620.
[3]) „Münchner Neueste Nachrichten" Nr. 255 v. 19. 9. 1927.
[4]) „Die poln. Greueltaten an den Volksdeutschen in Polen" Auswärtiges Amt Berlin, 1940, S. 16.
[5]) Friedrich Stieve „Deutschland & Europa 1890–1914", Berlin 1927. Der Große Brockhaus Leipzig 1931 Iswolskij S. 262, Bd. 9.
[6]) Edward Grey „25 Jahre Politik", 2 Bde. 1926.
[7]) M. L. Adams „The Morgenthau Plan. A study in bureaucratic depravity", Austin (Texas) 1971, 2 Bde.
[8]) Alan Bullock „Hitler, eine Studie über Tyrannei" Fischer Bücherei 1964, S. 635.
[9]) F. v. Schlabrendorff, „Offiziere gegen Hitler" Askona/New York 1946 (Erstausgabe) S. 38.
[10]) Erich v. Manstein „Verlorene Siege" Bonn 1955, S. 437.
[11]) E. Kordt „Nicht aus den Akten", Stuttgart 1950, S. 94.
[12]) Annelies v. Ribbentrop „Die Kriegsschuld des Widerstands" 1974, S. 91.
[13]) The Earl Jowitt „Some were Spies", London Hodder & Stoughton 1955, S. 40 ff.
[14]) wie 11) S. 104.
[15]) Earl of Halifax „Fullness of Days", New York 1957, S. 200.
[16]) „Dokumente der Dt. Politik und Geschichte", Berlin 1951, Bd. 4, S. 447 und H. Rothfels „Die dt. Opposition geg. Hitler" Krefeld 1951, S. 74.
[17]) Foreign Office, London, 371/21738 C 9934.
[18]) E. v. Weizsäcker „Erinnerungen", München 1950, S. 183.
[19]) Foreign Office 371/21657, C 7461 22. 7. 1938.
[20]) H. Rönnefahrt „Die Sudetenkrise i. d. intern. Politik", Wiesbaden 1961.
[21]) H. Guderian „Erinnerungen eines Soldaten", Heidelberg 1951, S. 52.
[22]) Jan Colvin „Masterspy, The incredible Story . . .", London 1951.
[23]) FO 371/21665 C 14809, 22/11/1938 Streng Geheim.
[24]) Wie bei 22).
[25]) FO 371/21659, C 15084.
[26]) J. v. Ribbentrop „Zwischen London u. Moskau", 1961, S. 155.
[27]) Alexander Cadogan „Tagebücher", 2. u. 22. 12. 38 pp. 127 u. 132.
[28]) Aus 11) S. 216.
[29]) Cadogan „Tagebücher", S. 147, 6./7. Febr. 39.
[30]) F. D. Roosevelt Nachlaß PSF Agriculture W. Stix Wassermann 27/2/39 Hyde Park N. Y.
[31]) Cadogan „Tagebücher", S. 169.
[32]) Hervorhebung „brachte" im Original, Cadogan an Jan Colvin 26. 1. 1964; Cadogan „Tagebücher", S. 167.
[33]) David Hoggan „Der erzwungene Krieg", S. 162 Hilfsversprechen geg. UdSSR, S. 183 Oderberg, S. 308 ff Garantie f. Resttschechei.
[34]) Churchill im Unterhaus 23. 11. 1932, Akten House of Commons.
[35]) Aus 11) S. 358 ff.
[36]) Aus 11) S. 383 u. DNB Auslandsdienst.
[36]a) Dietrich Aigner „Winston Churchill", Göttingen 1975, S. 103.
[37]) Aus 25) S. 97.
[38]) Aus 25, S. 97.
[38]a) David J. Irving „Der Untergang Dresdens", Deutsche Ausgabe Gütersloh 1964, S. 115, S. 168. Vgl. auch Hans Rumpf „Das war der Bombenkrieg", Oldenburg 1961, S. 109 (Nach Irving 135 000 Getötete; Hiroshima 92 000).
[39]) Keith Feiling „The Life of N. Chamberlain", London 1948, S. 418.
[40]) Birger Dahlerus „Der letzte Versuch" S. 110, Neuaufl. Münch. 1973.
[41]) Aus 11) S. 385.
[42]) Aus 25) S. 75; Margret Boveri „Sir Edw. Grey & das Foreign Office", Berlin 1933, S. 111 betr. Sir Crowe.
[43]) „Dokumente zur Deutschen Außenpolitik" D, Band 5, Nr. 119. Dt. Hilfsversprechen an Polen, Band 5, Nr. 54 und 55.
[44]) Martin J. Sherwin „A World Destroyed, The Atomic Bomb a. the Grand Alliance", A. Knopf New York 1975.
[45]) Peter Kleist: „Die Europäische Tragödie". Preuß. Oldendorf 1971. S. 216 und „Documents on Germany 1944–61", For. Rel. US Senate Department of State, Washingt. 1961.
[46]) H. E. Barnes: „Perpetual War for Perpetual Peace", Caldwell Id. 1953, in deutsch Wiesbaden 1961 unter dem Titel „Entlarvte Heuchelei".

DR. WERNER KOEPPEN:

Berlin, 20. Juli 1944

Der Tatzeugenbericht von Dr. Hans W. Hagen

Die Explosion der Bombe mit englischer Spezialzündung und besonderem Sprengstoff, die am 20. Juli 1944, einem glühend heißen Sommertag, um 12 Uhr 42 die Baracke 18 im Führerhauptquartier *„Wolfsschanze“* zerstörte, die an diesem Tage zur militärischen Lagebesprechung diente, zeigte nur die Spitze eines Eisberges, dessen Ausmaße in den vorstehenden Beiträgen bereits behandelt worden sind. Nun aber trat aus dem Dunkel von Konspiration und Intrige vor das Bewußtsein des deutschen Volkes der ganze Umfang des Verrats und die dilettantischen, sich teilweise aufhebenden Ziele der sich aus ganz verschiedenen Gruppen zusammensetzenden Verschwörer.

Dr. Hans W. Hagen – als schon 1940 bei der Erzwingung des *Aisne*-Übergangs im Frankreichfeldzug als Pionier schwer verwundeter Leutnant – von der Wehrmacht ins Propaganda-Ministerium abkommendiert und militärisch dem „Wachregiment“, einem Teil der Division „Großdeutschland“, unterstellt – ist wohl der einzige Tatzeuge des ganzen Geschehens in Berlin, der Zentrale der militärischen Verschwörung im OKH in der Bendlerstraße, der die Möglichkeit als Offizier und die Fähigkeit als Schriftsteller hatte, dieses Ereignis, seine Voraussetzungen und seine unmittelbaren Auswirkungen zu erkennen und sie mit der Gewissenhaftigkeit eines Historikers im *Ranke*schen Sinne zu schildern und zu bewerten. Deshalb wird sein 1958 in der ersten Auflage erschienenes Buch *„Zwischen Eid und Befehl“* immer der wichtigste Schlüssel für die Ereignisse des 20. Juli 1944 bleiben. Zunächst soll ganz kurz der zeitliche Ablauf dieses dramatischen Tages ins Gedächtnis zurückgerufen werden.

Wegen des Zusammenbruchs der Heeresgruppe Mitte im Juni 1944 und Bereitstellung von Ersatz war *Claus Graf Schenk von Stauffenberg* als Ia des Befehlshabers des Ersatzheeres, Generaloberst *Fritz Fromm,* für den 20. Juli zur Berichterstattung ins Führerhauptquartier befohlen worden. Er startete um 7 Uhr mit einer Sondermaschine, die ihm General *Eduard Wagner* als Generalquartiermeister des Heeres, der ebenfalls zu den Verschwörern gehörte, zur Verfügung gestellt hatte, vom Flugplatz *Staaken* nach *Rastenburg,* wo er kurz nach 10.30 Uhr auf dem dortigen Feldflughafen landete und sich in Begleitung von Oberleutnant *Werner von Haeften* sofort in den Sperrkreis I des Führerhauptquartiers begab. Um 12.30 Uhr begann, wie üblich, die militärische Lagebesprechung, an jedem Tage ausnahmsweise in Baracke 18. Diese Baracke hatte nicht, wie die übrigen Bunker, einen betonierten Fußboden; auch die Außenwände waren nur mit einer dünnen Betonschicht gegen Splitter verkleidet. (Dies war der Grund, daß bei der folgenden Explosion bei den meisten der anwesenden Personen nur ein Platzen der Trommelfelle eintrat, nicht aber die erwarteten tödlichen Lungenrisse.)

An der Lagebesprechung nahmen an diesem Tage außer *Adolf Hitler*, der Chef des OKW, General-Feldmarschall *Wilhelm Keitel,* der Chef des Wehrmacht-Führungsstabes OKW, Generaloberst *Alfred Jodl,* der Chef der Operations-Abteilung des Generalstabs des Heeres, General *Adolf Heusinger,* der Chef des Luftwaffenführungsstabes General *Günther Korten,* Konteradmiral *Voss* als Vertreter von Großadmiral *Dönitz,* Generalmajor *Schmundt* als Chefadjutant *Hitlers,* sowie eine Reihe anderer Offiziere und der Reichstagsstenograf *Dr. Berger* teil. Als *Stauffenberg,* der sich wegen der Lösung der ersten Sicherung der in seiner Aktentasche verborgenen Bombe etwas verspätet hatte, den Lageraum betrat, war *Heusinger* bereits beim Vortrag. *Adolf Hitler* und seine Offiziere standen um den Kartentisch, der aus einer 6 m langen und 1 $^{1}/_{2}$ m breiten Eichenplatte bestand, die auf 4 Eichensockeln lag. Auf diese Platte stellte *Stauffenberg,* nachdem er sich bei Hitler kurz gemeldet hatte, seine Aktentasche mit der Spezialbombe, keine 3 m von Hitler entfernt. Wie vorher abgesprochen, rief *Haeften* Stauffenberg nach kurzer Zeit zu einem angeblichen Ferngespräch aus dem Lageraum. Beim Aufstehen – die Herren hatten sich inzwischen auf Hocker um den Lagetisch gesetzt –, stützte sich der beim Afrikafeldzug schwer verwundete Stauffenberg absichtlich auf seine Aktentasche und löste damit den Zünder aus, so daß die Explosion in 3 Minuten erfolgen mußte.

In diesen 3 Minuten, kaum daß Stauffenberg den Raum verlassen hatte, vollzog sich die schicksalhafte Umgruppierung der Männer um den Kartentisch. Es wurde auf der Karte die Lage einer Stadt gesucht, auf der zufällig die Aktentasche mit der Bombe stand. *Schmundt* nahm die Tasche herunter, stellte sie auf den Boden an der von Hitler abgewandten Seite der Eichenplatte, wo sie *Voß* vollends an den Eichensockel heranschob. Im nächsten Augenblick erfolgte die Detonation. *Stauffenberg* konnte im Weggehen noch feststellen, daß Marine-Adjutant Konteradmiral *von Puttkamer*, der auf dem Fensterbrett gesessen hatte, durch das geöffnete Fenster ins Freie geschleudert wurde. Er nahm daher an, daß innerhalb des Raumes alle getötet wurden. Tatsächlich starben sofort oder an den Folgen ihrer Verletzungen durch die furchtbare Detonation nur drei Offiziere, nämlich *Schmundt, Korten* und der Oberst i. G. *Brandt,* der Goldmedaillengewinner bei der Olympiade 1936 im Reiterwettkampf, sowie der Stenograf *Dr. Berger.* Adolf Hitler wurde nur am Arm und an der Stirn leicht verletzt, außerdem war ihm, wie allen anderen Anwesenden, das Trommelfell geplatzt. Überdies wurden noch neun Offiziere verletzt.

In der allgemeinen Verwirrung gelang es *Stauffenberg* und seinem Begleiter, mit ihrem Wagen den Sperrkreis zu verlassen und zu der bereits wieder startklar gemachten Sondermaschine auf dem Flughafen zurückzukehren, mit der sie nach 15 Uhr auf dem Flugplatz *Berlin-Rangsdorf* lan-

deten. Er verständigte von dort sofort telefonisch seine Mitverschworenen in der *Bendlerstraße,* die damit die erste Nachricht von dem angeblich gelungenen Attentat erhielten. Um 16.10 Uhr wurde somit erst der Alarm *„Walküre"* vom *OKH* ausgelöst. Der vorbereitete Befehl dafür war von *Fromm* als dem Befehlshaber des Ersatzheeres und „für die Richtigkeit" von seinem Ia *Stauffenberg* unterzeichnet. „Walküre" war das Stichwort für einen Alarm, der bei eventuellen Unruhen ausländischer Arbeiter in Berlin oder bei der Landung feindlicher Fallschirmeinheiten ausgelöst werden sollte.
Zu diesem Zeitpunkt (ca. 16 Uhr) befand sich Leutnant *Hagen,* der um 14.30 Uhr einen kurzen militärischen Lagebericht vor den Unterführern des *„Wachregimentes"* gegeben hatte, bei Leutnant *Siebert,* dem Adjutanten von Major *Otto Ernst Remer,* in der Kommandantur des „Wachregimentes" in Berlin-Moabit, Rathenower Str. 10. *Remer* war seit dem 15. Mai 1944 Kommandeur des „Wachregimentes" und gleichzeitig *Hagens* militärischer Vorgesetzter.

Nachdem Siebert den Befehl zur Auslösung des Alarms „Walküre" telefonisch entgegengenommen hatte, begab sich *Remer* sofort befehlsgemäß zum Stadtkommandanten von Berlin, Generalleutnant *Paul von Hase,* und kam gegen 16.45 Uhr mit dem Befehl zur Zernierung des Regierungsviertels innerhalb der Bannmeile zurück. Niemand durfte passieren, auch kein Minister oder General.
Nach Ausgabe der Befehle an die versammelten Offiziere des *„Wachregiments"* meldete *Hagen Remer* als „besonderes Vorkommnis" unter vier Augen, daß er auf seinem Wege zur Kommandantur gegen 13.45 Uhr General-Feldmarschall *Walther von Brauchitsch,* der seit dem 19. 12. 1941 zur Disposition gestellt war und kein militärisches Amt mehr bekleidete, in voller Uniform und mit Stander am Dienstwagen durch die Friedrichstraße habe fahren sehen. Da *Hase* Remer auf seine Fragen über das Attentat nur ganz allgemein geantwortet hatte: *„Attentat auf den Führer. Ausgang ungewiß. Das Heer übernimmt die Regierungsgewalt.",* wurde beschlossen, daß *Hagen* zu Reichsminister *Dr. Josef Goebbels* ins Propaganda-Ministerium fahren sollte, um sich dort Klarheit zu verschaffen.

Hagen traf gegen 17.25 Uhr den Minister in seiner Wohnung und erfuhr dort, daß Hitler das Attentat nur leicht verletzt überlebt hatte. Die Auslösung des Alarms *„Walküre"* durch das OKH war *Goebbels* unbekannt, ebenso, daß er verhaftet werden sollte und daß dazu schon Soldaten der *Feuerwerkerschule Lichterfelde* unterwegs waren. Auf jeden Fall befahl *Goebbels* nun telefonisch die Alarmierung und Bereitstellung der *„Leibstandarte Adolf Hitler",* die ebenfalls in Berlin-Lichterfelde stationiert war. Gleichzeitig erhielt Hagen den Auftrag, Major *Remer* sofort zu Goebbels zu bringen.
Obwohl *Hase* Remer die befohlene Meldung bei *Dr. Goebbels* strikt verbot, begab dieser sich nach kurzer Inspizierung seiner das Regierungsviertel zernierenden Kompanien mit seinem Adjutanten ins Propaganda-Ministerium, um sich endlich Klarheit über die wirkliche Lage zu verschaffen. Es war inzwischen etwa 18.55 Uhr geworden.

Durch seinen Pressereferenten, Oberleutnant *Wilfred von Oven*, wurde die historische telefonische Verbindung mit *Adolf Hitler* vermittelt, in welcher dieser *Remer* den Befehl gab, den Putsch mit allen Mitteln niederzuschlagen. Bis zum Eintreffen des Reichsführers SS *Heinrich Himmler* in Berlin habe er keinen Vorgesetzten und könne selbständig so handeln, wie er es nach Lage der Dinge für notwendig erachte.

Die von Seiten der Verschwörer unverständliche Tatsache, daß der sich im Hauptquartier befindliche und zu den putschenden Offizieren gehörende General *Erich Fellgiebel*, Chef des Heeresnachrichtenwesens im OKH, nicht, wie vereinbart, eine Nachrichtenübermittlung von der *„Wolfsschanze"* nach Berlin unmöglich machte, hing wohl mit dem Eindruck der an ein Wunder grenzenden Rettung Adolf Hitlers zusammen. Statt seine Kameraden im OKH zu verständigen, fand *Fellgiebel* sich, wie der gesamte Wehrmachts-Führungsstab, umgeschnallt zur Gratulationskur bei Hitler ein. Hierbei hätte er noch ohne weiteres die Möglichkeit gehabt, das Schicksal zu korrigieren und den verhaßten Gegner mit seiner Pistole zu erschießen. Aber zu diesem Selbstopfer war der General nicht bereit.

Remer hob sofort nach dem Ferngespräch mit *Hitler* die Zernierung des Regierungsviertels auf und hielt nur das Gebäude der Berliner Stadtkommandantur, Unter den Linden 1, weiterhin für alle Fälle umstellt. Inzwischen hatten im OKH *Stauffenberg* mit General *Friedrich Olbricht*, dem Chef des Allgemeinen Heeresamtes (AHA) und weiteren Verschwörern, wozu Generaloberst *Ludwig Beck*, von 1935 bis 1938 Chef des Generalstabs des Heeres, Generaloberst *Erich Hoepner*, Oberst i. G. *Albrecht Ritter Mertz von Quirnheim* von der Organisations-Abteilung des Generalstabs des Heeres sowie die betreffenden Adjutanten gehörten, versucht, den nicht eingeweihten Befehlshaber des Ersatzheeres für die Teilnahme am Putsch zu gewinnen. Dieser Plan mißlang zwar, aber der völlig zusammengebrochene *Fromm* wurde gegen Ehrenwort, nicht zu fliehen, in ein Zimmer eingesperrt und damit ausgeschaltet. Seinem ebenfalls arretierten Adjutanten gelang dagegen mühelos die Flucht aus dem Gebäude.

Das Versagen der Verschwörer

Durch das durch die Entschlußlosigkeit der Verschwörer verursachte Durcheinander in der Nachrichtenübermittlung kam gegen 19 Uhr ein Ferngespräch, in dem der mit der Besetzung des Funkhauses in der *Masurenallee* beauftragte Offizier Vollzugsmeldung machte, die natürlich für das OKH bestimmt war, bei *Dr. Goebbels* an, und der dort noch anwesende Major *Remer* konnte sofort die entsprechenden Gegenbefehle zum Schutz des wichtigen Senders geben. Kurz vor 19 Uhr erfolgte dann über diesen Sender die erste offizielle Unterrichtung des deutschen Volkes über das fehlgeschlagene Attentat. Auch die Besetzung des Deutschlandsenders *Königswusterhausen* durch die im Rahmen des Planes *„Walküre"* vorgesehene Inbesitznahme durch die Ersatzbrigade *„Großdeutschland"* konnte verhindert und in eine Abschirmung gegen die Putschisten umgewandelt werden.

In der *Bendlerstraße* mußten sich in dieser Abendstunde des 20. Juli die Verschwörer damit abfinden, daß das Führerhauptquartier über alle Nachrichtenmittel verfügte, und daß Adolf Hitler nicht ums Leben gekommen war. Der Eidträger lebte somit noch, eine Tatsache, die auf viele an der Verschwörung beteiligten Offiziere belastend wirkte. General-Feldmarschall *Erwin von Witzleben*, seit 1942 aus dem aktiven Dienst vorzeitig in den Ruhestand versetzt, war zu keinem Entschluß mehr fähig, verließ das OKH und fuhr nach Hause, als wäre nichts geschehen. Es gelang ferner nicht, General *Joachim von Kortzfleisch*, den Kommandierenden des in Berlin liegenden III. Armeekommandos, der jetzt eingeweiht werden sollte, auf die Seite der Verschwörer zu ziehen. Als er *Stauffenberg* offen als Verräter bezeichnete, wurde er verhaftet. Aber er ließ sich nicht willenlos einsperren wie *Fromm*. Es gelang ihm, sich mit dem diensttuenden Oberleutnant *Schlee* vom „*Wachregiment*" zu verständigen und ihn über die Geschehnisse aufzuklären, worauf *Schlee* sich und seine Männer ihm unterstellte. Die Verschwörer waren so kopflos, daß sie dies nicht verhindert hatten. Zusammen mit dem jetzt ebenfalls eintreffenden Generalleutnant *Specht*, dem Generalinspekteur für den Führernachwuchs, der in seinem Wagen auf der Fahrt von Potsdam nach Berlin die Radiomeldung vom Scheitern des Attentats gehört hatte und nicht bereit war, mit den Verschwörern gemeinsame Sache zu machen, wurden nun *Olbricht* und die in seinem Zimmer versammelten Verschwörer – es waren *Beck*, *Hoepner*, *Stauffenberg* und *Quirnheim* – von diesen drei eidtreuen Offizieren und den Männern des „Wachregimentes" verhaftet, ohne daß sie Widerstand leisteten. Nur Major *von der Lanken*, Adjutant von *Olbricht*, gelang es, in dem Durcheinander zu entkommen. Aber auch sein Versuch eines bewaffneten Widerstandes zusammen mit einigen anderen jungen Offizieren wurde im Keim erstickt.

Jetzt wurde auch *Fromm* „befreit", und angesichts der Tatsache, daß der Putschversuch gescheitert war, schlug seine bisherige völlige Lähmung in hektische Betriebsamkeit um. Er bildete gegen 22 Uhr ein Kriegsgericht – wozu er seiner Stellung nach berechtigt war –, welches die seiner Befehlsgewalt unterstehenden Offiziere *Olbricht*, *Stauffenberg*, *Quirnheim*, *von der Lanken* und *von Haeften* zum Tod durch Erschießen verurteilte. Im Scheinwerferlicht eines LKW wurde das Urteil bereits gegen 23 Uhr im Hof der Bendlerstraße durch Soldaten des „*Wachregiments*" unter dem Befehl des Leutnant *Schady* sofort vollstreckt. Ein Versuch *Remers*, der nach der Gefangennahme von *Olbricht* und seinen Mitverschwörern durch einen Anruf seines Wachoffiziers Oberleutnant *Schlee* von den Geschehnissen im OKH verständigt worden war, die Erschießungen zu verhindern, kam zu spät. *Fromm* wußte zu diesem Zeitpunkt ja auch noch nicht, daß *Remer* von *Hitler* die gesamte vollziehende Gewalt in Berlin übertragen worden war.

Die Generäle *Beck* und *Hoepner*, beide aus dem aktiven Militärdienst ausgeschieden, unterstanden nicht der Befehlsgewalt von *Fromm*. *Beck* machte von der ihm gewährten Möglichkeit, sich mit einer Pistole selbst zu erschießen, Gebrauch. *Hoepner* hatte einen Selbstmord abgelehnt und wurde daher mit den anderen Offizieren des *Witzleben*-Prozesses am 8. August 1944 in Plötzensee gehängt.

Von Hase und *Fromm* wurden beide ins Propaganda-Ministerium befohlen, wo sie von *Dr. Goebbels* und dem inzwischen in Berlin eingetroffenen SS-Obergruppenführer und Chef des Reichssicherheitshauptamtes, *Ernst Kaltenbrunner,* verhört wurden. *Fromm* wurde nicht der Mitwisserschaft am Komplott beschuldigt, sondern „wegen mangelnder Dienstaufsicht" und „Unentschlossenheit und Feigheit vor dem Feind" erst am 12. April 1945 erschossen. Die „mangelnde Dienstaufsicht" wurde — wohl nicht zu Unrecht — u. a. auch damit begründet, daß ausgerechnet in *Fromms* Panzerschrank die Schlüsselpläne für die Verschwörung aufbewahrt wurden. „Denn dort schaut er bestimmt nicht nach", bemerkte *Stauffenberg* —, womit er auch recht hatte!

Inzwischen war auch durch *Dr. Hagen* im Auftrag von *Remer* die Fühlungnahme und Verständigung mit der aus Döberitz anrückenden Panzer-Ersatzbrigade unter Oberst *Bollbrinker* nach einigen Schwierigkeiten gelungen. Die Spitzenpanzer dieser Brigade waren auf der Ost-West-Achse schon bis zum *„Großen Stern"* vorgedrungen mit dem Auftrag, den Putsch im *Bendlerblock* niederzuschlagen und die Zernierung des Regierungsviertels durch das *„Wachregiment"* aufzubrechen, da man dort noch annahm, daß das *„Wachregiment"* dem Befehl der Verschwörer gehorche. Damit war gegen Mitternacht dieses turbulenten Tages die militärische Seite des Putsches bereits restlos erledigt. Um 2 Uhr nachts traf dann auch Reichsführer SS *Heinrich Himmler* in Berlin ein, dem *Remer* befehlsgemäß die vollziehende Gewalt in der Reichshauptstadt übergab.

Soweit die Schilderung des zeitlichen Ablaufs der militärischen Aktionen des Putsches, vor allem in Berlin, durch Dr. Hans W. Hagen.

Goerdelers Geschwätzigkeit

Die Vorgänge des 20. Juli, wie sie uns *Hagen* schildert, befassen sich ausschließlich mit der militärischen Seite des Umsturzversuches. Zu diesem Zeitpunkt ahnte niemand auf der Regierungsseite, auch *Remer* und *Hagen* nicht, wie groß der Kreis der Verschwörer wirklich war, und welche Personengruppen er umfaßte. Dies wurde erst klar nach der Festnahme des Kommunalpolitikers *Karl Friedrich Goerdeler,* die am 10. August 1944 erfolgte, also zwei Tage nach Beendigung des Offizierprozesses. Auf die Frage des Untersuchungsrichters, wie es denn möglich gewesen wäre, daß ein Mann seiner Kenntnisse sich in ein hochverräterisches Unternehmen einer *„Handvoll mißvergnügter Offiziere"* eingelassen habe, dessen Ausgang von vornherein zum Scheitern verurteilt gewesen wäre, reagierte *Goerdeler* spontan mit der Behauptung, *„es sei keine Clique von Desparados und Mißvergnügten gewesen, sondern viele Dutzend, ja Hunderte und Aberhunderte von verantwortungsbewußten Männern und besten Patrioten."* Nicht ahnend, in welche Falle er gegangen war und wie viele seiner Mitverschwörer er durch seine törichte Geschwätzigkeit und Wichtigtuerei dem sicheren Tod überliefert hatte, diktierte er seitenlang deren Namen als Beweis seiner Behauptung. Man wußte nun, daß die Verschwörer sich aus folgenden Gruppen zusammensetzten, die — ihrer Herkunft und ihren Zielen nach völlig verschieden – nur im Haß gegen *Adolf Hitler* einig waren. Im wesentlichen waren es zehn Gruppen:

1. Offiziere in und außer Dienst, die mit Generaloberst *Beck* in Verbindung standen, wie *Witzleben, Olbricht, Hoepner, Treskow, Stauffenberg* und *Schlabrendorff;*
2. Verwaltungsbeamte außer Dienst um *Goerdeler;*
3. Mitglieder des Auswärtigen Amtes unter Leitung von *Adam Trott zu Solz* unter ausdrücklicher Billigung des Staatssekretärs *Ernst Freiherrn von Weizsäcker;*
4. Offiziere und Beamte der Abwehr und des Auslandsnachrichtendienstes wie Admiral *Walther Wilhelm Canaris, Hans Bernd Gisevius* und *Hans Oster;*
5. Industrielle wie *Ewald Loeser* und *von Philipp;*
6. Großgrundbesitzer wie die Familien *Kleist, Hardenberg* und *Marona-Redwitz;*
7. Sozialdemokraten und Gewerkschafter wie *Wilhelm Leuschner, Julius Leber und Theodor Haubach;*
8. ehemalige Nationalsozialisten wie der Polizeipräsident von Berlin *Wolf Heinrich Graf von Helldorf* und der SS-Gruppenführer *Arthur Nebe;*
9. protestantische und katholische Geistliche, wie *Eugen Gerstenmaier, Hans Asmussen,* Jesuitenpater *Alfred Delp* u. a. m.;
10. Intellektuelle im Rahmen des *„Kreisauer Kreises"* von *Helmuth von Moltke.*

Die Meinungen, was nach einem gelungenen Staatsstreich zu tun sei, gingen naturgemäß weit auseinander. Dazu kam vor allem der Unterschied in der Beurteilung, ob man sich außenpolitisch der UdSSR oder den westlichen Alliierten anschließen sollte. Der linke Flügel befand sich in einer schwierigen Lage, denn die Voraussetzung für alles – die gewaltsame Beseitigung Adolf Hitlers und des nationalsozialistischen Systems – war nur über die Militärs möglich. Und die waren traditionell „reaktionär" eingestellt.

Noch 1972, also fast 30 Jahre später, kam es bei einer Feierstunde des *„Zentralverbandes demokratischer Widerstandskämpfer und Verfolgtenorganisationen"* zu einem Bruch zwischen den Ost- und Westgruppen. Selbstverständlich hat *Hagen* die Beurteilung der Motive der vielen Beteiligten nicht pauschal durchgeführt: Es befanden sich unter ihnen Landesverräter, Feindagenten und Idealisten! Gerade *Hans W. Hagen* hat das in seinem Tatsachenbericht immer wieder mit aller Deutlichkeit betont. Auch auf der Gegenseite sind schon einige Berichterstatter über ihren Schatten gesprungen, so z. B. der jüdische ehemalige Historiker der Universität Erlangen, *Professor Hans-J. Schoeps,* wenn er schreibt: *„Die Gerechtigkeit gebietet es aber auch, noch ein kurzes Wort über die Motive jener Männer auf der Gegenseite zu sagen, die ebenfalls ehrenwert gewesen waren"*, und weiter *„Also nicht nur die Verschwörer, auch die gegenüber Hitler loyal gebliebenen Offiziere, die den Eidbruch ablehnten, können ethischen Maßstäben standhalten."*

Damit kommt Hagen in seiner Betrachtung zum Kernpunkt, warum die Verschwörung scheitern mußte. Es gibt natürlich eine ganze Reihe von Gründen, die man hier mit anführen könnte. Es war ja nicht das erste Attentat auf *Adolf Hitler,* sondern mindestens das sechste bekanntgewordene. Die geplanten Attentate wurden meist „umständehalber" im letzten Augenblick abgeblasen oder blieben erfolglos, wie die berühmte, in das Führerflugzeug geschmuggelte Kognacflasche des Herrn Oberleutnant *Fabian von Schlabrendorff* oder die schließlich im Lokus des Berliner Zeughauses wieder entschärfte Bombe des Herrn *Rudolf von Gersdorff.* Durch besondere Rücksichtslosigkeit aber zeichnete sich der nicht zur Ausführung gekommene Plan des Generalmajors *Helmuth Stieff* aus, der am 15. Juli 1944 vorsah, bei der Vorführung neuer Uniformen eine Bombe in den Tornister eines ahnungslosen Soldaten zu schmuggeln, um ihn zusammen mit Hitler bei der Besichtigung in die Luft zu sprengen. Die Besichtigung wurde dann aber im letzten Augenblick abgesagt.

Allen diesen gescheiterten oder unterbliebenen Attentatsversuchen war eines gemeinsam: Es fehlte die Bereitschaft zum Selbstopfer als sühnender Beitrag für die Ermordung des Eidträgers. Daran scheiterte auch das anscheinend so gut vorbereitete Attentat in der Lagerbaracke des Führerhauptquartiers „*Wolfsschanze*". Wäre *Stauffenberg* geblieben, so hätte er die am Kartentisch nach seinem Weggang eingetretene Veränderung mit seiner Aktenmappe leicht korrigieren können, und *Adolf Hitler* hätte die Explosion sicher nicht überlebt. Die Begründung für *Stauffenbergs* Weggang, er wäre für die Fortführung der Verschwörung unersetzlich gewesen, stellt den übrigen hohen Offizieren, die sich zur Rettung des Vaterlandes berufen fühlten, ein erbärmliches Zeugnis aus.

Dadurch, daß Hitler nur leicht verletzt am Leben blieb, mußte der Umsturzversuch mit der Lüge begonnen werden, Hitler sei von der SS ermordet worden, die Wehrmacht trete sein Erbe an, sie müsse deshalb die Regierungsgewalt übernehmen, um die SS bekämpfen zu können. Diese Lüge mußte spätestens nach der Radioansprache *Hitlers* von jedermann durchschaut werden. Sie lähmte auch die Tatkraft eines Teils der Verschwörer, die sich nun sofort zurückzogen (wie *Witzleben* in Berlin) oder garnicht in Aktion traten (wie General-Feldmarschall Günther von Kluge in Frankreich).

Remer: „Ich stand im Eid"

Für Soldaten wie Major *Remer* oder Leutnant *Hagen* war für ihr Verhalten die Frage, ob der Eidträger noch lebte oder nicht, auch schon vor der Radioansprache von alles entscheidender Wichtigkeit. Nach dem Ferngespräch mit Hitler und den ihm dort vom Eidträger erteilten Befehlen war es für Remer klar, daß die befohlene Aktion „*Walküre*" jeglicher Berechtigung entbehrte.

Die weiteren damit zusammenhängenden Umstände des Verrats ahnten zu diesem Zeitpunkt ja weder *Remer* noch *Hagen.* Alle nachher vom Gegner vorgebrachten Einwände, wie unnötige Verlängerung des Krieges, weitere

Unterstützung eines „Verbrechers", usw., gehen daher völlig an der Sachlage vorbei. Wie *Hagen* und mit ihm seine Kameraden über den Soldateneid dachten, hat er in seinem Buch bei der Schilderung seiner Spruchkammer-Vernehmung vom 10. bis 14. März 1950 dargelegt. Lassen wir ihn selbst zu Worte kommen:

„Auf meiner ersten Spruchkammer-Verhandlung glaubte der Vorsitzende mich in die Enge treiben zu können mit seiner Frage: ‚Sind Sie überzeugt, daß Sie richtig gehandelt haben?' Ich hätte ihm ohne weiteres auf seine Ebene, um nicht zu sagen „Platt"-Form, folgen und ihm sogar mit Kants kategorischem Imperativ oder den „Pflichten des Soldaten" Widerpart bieten können. Ich habe ihm geantwortet: ‚Ob ich richtig gehandelt habe? Ich weiß es nicht. Aber, vor die gleiche Situation mit den gleichen Vorbedingungen gestellt, werde ich immer wieder so handeln. Denn ich stand im Eid'.

Diesen Eid des Soldaten, den Fahneneid, habe ich geschworen. Ich wurde nicht zum Schwur gezungen, aber ich fühlte mich gezwungen, den einmal geleisteten Schwur dann zu halten.

Der Fahneneid wächst zu seiner letzten Größe und Erhabenheit erst im Augenblick des Krieges. Dort habe ich mein bisher als Wille zur Bereitschaft gegebenes Wort nicht nur in die Tat umzusetzen, sondern es tritt für denjenigen, der eine der höchsten sittlichen Entfaltungen und Ereignisse des Krieges, die Kameradschaft, erlebt hat, etwas hinzu: ihm wächst der Eid jedes an seiner Seite gefallenen Kameraden als Eidstärkung und Eidverpflichtung zu. Man soll über diese heiligen Dinge nicht viel reden. Hier, in diesem Kreise, weiß ich, wie diese Worte aufgefaßt werden. Mit anderen darüber zu sprechen, damit sie womöglich diese Gedanken in einer Diskussion sezieren, verbietet mir die Scheu.

Mein Eid wächst in der Treue zu meinen Kameraden. So ist der Fahneneid im Augenblick, da seine Erfüllung durch die Treue eines Kameraden im Tod besiegelt wurde, die stärkste Bindung, in der sich ein Soldat im Feld überhaupt zu empfinden vermag.

Die letzte Frage des Vorsitzenden in der Beweisaufnahme meines Prozesses an mich lautete: ‚Wie stehen Sie zum Eid?' Schon die Frage war ja bezeichnend für die Gedanken- und Gefühlswelten, mit denen man an ein Problem wie das des 20. Juli von dieser Seite eines rückwirkenden Rechtes heranging. Nach meiner Antwort: „Der Eid ist unabdingbar", war keine weitere Beweiserhebung mehr nötig."

Einige Seiten weiter fährt Hagen zu diesem Zentralthema fort: *„Immer steht so der Tod über dem Eid, — und der Eidbruch ist stets nur mit dem Tod zu sühnen. Der mittelalterliche Gedanke des „Bauopfers" klingt an. Zugegeben, die Verschwörer des 20. Juli wollten eine neue Welt bauen, — dann mußte sich der Erste, der sich mit seinem Eidbruch aus der alten Welt löste, als Bau-Opfer in diese neue Welt einbauen.*

Aber der Attentäter opferte sich nicht selbst, — und der eine Augenblick, als er die Bombe allein ließ, genügte, um den Eidträger am Leben zu erhalten. Als ob das Schicksal eine solche Inkonsequenz nicht annehmen wollte. Es fehlte das Selbstopfer!"

Daß *Hans W. Hagen* mit dieser seiner Verurteilung des Attentats nicht allein stand, mag der Bericht von Generaloberst *Hans Friessner* erhärten, der in seinem Buch „*Verratene Schlachten*" die Aufnahme der Nachricht vom Putschversuch bei den Soldaten der Ostfront wie folgt schildert: „*Ich begab mich nach der Übertragung sofort zu meinen Truppen, um die Wirkung dieser überraschenden Nachricht festzustellen. Überall, wo ich hinkam, bei den Kommandostäben sowohl als auch in der vordersten Linie und im rückwärtigen Gebiet, gab es nur eine Stimme: Empörung und Verurteilung des Attentats!*

Ich gebe hier die mir an der Front übereinstimmend zum Ausdruck gebrachte Meinung der Frontsoldaten wieder. Keiner konnte es verstehen, daß eine Gruppe von Verschwörern nach dem Leben des „Obersten Kriegsherrn" trachtete, während draußen an der Front jeder Soldat wirklich sein Letztes hergab, um den Feind von den Grenzen der Heimat abzuwehren."

Attentäter ohne außenpolitische Alternative

Zwei Tatsachen waren es, die das Attentat in den Augen des ganzen deutschen Volkes, vor allem aber der deutschen Soldaten, wenigstens damals als besonders verächtlich erscheinen lassen mußten: Das waren die vielen Auszeichnungen, Beförderungen und Dotationen, die die meisten der Verschwörer aus der Hand *Adolf Hitlers* entgegengenommen hatten. Und das waren ihre laufenden Kontakte zum Feind, vor und auch nach dem Ausbruch des Krieges. Die hohe Generalität hatte, mit Ausnahme von Generaloberst *Beck*, die Schlachten des Polen-, Frankreich- und den Großteil des Ostfeldzugs an leitender Stelle geplant und gewonnen, sie hatten ihre Dotationen schließlich ja nicht umsonst bekommen! Solange sich der Sieg an die deutschen Fahnen heftete, hatten sie fast alle bedenkenlos mitgemacht. Jetzt, wo das Kriegsglück ausblieb, versuchten sie auszusteigen. So mußte unweigerlich der Eindruck entstehen, daß sich ihr Vorgehen weniger gegen die Person Hitlers und die Weltanschauung des Nationalsozialismus richtete, sondern ausgelöst wurde durch das Scheitern eben dieser Pläne, die sie bisher mitvertreten hatten.

Dr. Hagen hat das in seiner klaren Sprache so ausgedrückt: „*Die Gegner hatten alle bis zu einem individuell verschiedenen Augenblick, und zwar jeder an seinem Platz, mehr, wie es im Gesetz heißt, ‚zur Stärkung der NS-Gewaltherrschaft beigetragen' als mein Kommandeur und ich zu jener Stunde.*"

Schon vor der ersten Reise *Chamberlains* nach Deutschland am 13. Sept. 1938 hatten Gespräche zwischen *Theodor Kordt*, dem deutschen Geschäftsträger in London, und Außenminister *Halifax* stattgefunden, die ebenso ergebnislos blieben wie die zwischen *Trott zu Solz* und den Engländern kurz vor Beginn des zweiten Weltkrieges. Auch Bemühungen von *Dr. Heinrich Brüning*, deutscher Reichskanzler von 1930 bis 1932, Ende 1939 die amerikanische Regierung für die Verschwörergruppe um Generaloberst *Beck* zu interessieren, waren vergeblich. Im Mai 1942 verhandelte Pfarrer *Klaus Bonhoeffer* mit *Dr. Bell*, dem Bischof von Chichester, in Schweden unter

Überreichung einer Namensliste der Beteiligten. Von *Churchill* erfolgte nie eine Antwort. Auch die Bemühungen *Trotts zu Solz'* 1943/44 bei Zusammenkünften mit alliierten Vertretern in der Schweiz und in Schweden die Zustimmung zu erlangen, daß die Bestimmungen der Konferenz von *Casablanca*, die vom 14. bis 26. Januar 1943 tagte und wo die bedingungslose Kapitulation als Kriegsziel beschlossen wurde, nach dem Sturz *Adolf Hitlers* nicht für Deutschland gelten sollten, führten zu keinerlei Ergebnis. Das Scheitern all dieser Versuche veranlaßte *Stauffenberg* zu der bitteren Bemerkung, daß das Einzige, was die Alliierten zur Unterstützung der Verschwörer getan hätten, die Lieferung der Bombe für das Attentat in der *„Wolfsschanze"* gewesen sei, – und die habe versagt!

Trott zu Solz und mit ihm der *„Kreisauer Kreis"* unter *Helmuth von Moltke* kamen immer mehr zu der Überzeugung, daß man nun Unterstützung im Osten suchen müsse. Er stattete auch der russischen Botschaft in Stockholm einen Besuch ab. Es ist daher anzunehmen, daß die Sowjetregierung nähere Kenntnisse über das geplante Attentat hatte. Auch der britische Historiker *J. F. Taylor*, bestimmt kein Freund der Deutschen, hat in seiner 1968 erschienenen Schrift *„Der 20. Juli 1944"* auf diese Zusammenhänge hingewiesen.

„Mord an den kämpfenden Kameraden"

Daß diese wiederholt versuchten Verbindungen mit dem Feind nach ihrem Bekanntwerden nicht nur auf die schärfste Ablehnung bei weiten Kreisen des deutschen Volkes stießen, sondern auch von einsichtigen Persönlichkeiten der Gegenseite verurteilt wurden, dafür mögen die Ausführungen des ehemaligen österreichischen Bundeskanzlers *Dr. Gorbach* dienen, die er in einer österreichischen Fernsehsendung machte, in der er den Tyrannenmord zwar für gerechtfertigt hielt, jedoch eine Verbindungsaufnahme mit dem Feind, während Volk und Staat sich im Kriegszustand befinden, entschieden ablehnte. Ebenso verwarf er es, die innerpolitischen Verhältnisse mit Hilfe des Feindes zu verändern. Verrat und Sabotage müßten als Mord an den kämpfenden Kameraden für einen anständigen Menschen ausscheiden. *Dr. Gorbach* war immerhin sechs Jahre in einem Konzentrationslager eingesperrt, kann also kaum als Sympathisant Adolf Hitlers gelten!

Auch die Männer, die sich vom Standpunkt der Gegenseite aus mit den Problemen des 20. Juli beschäftigen, müssen zugeben, daß *„keine Armee existieren kann, die nicht auf Einhaltung des Soldateneides und auf striktem militärischem Gehorsam aufgebaut ist"*. Mit diesen Worten umschreibt der von 1933–1945 amtierende, frühere Stuttgarter Oberbürgermeister *Karl Strölin* in seiner 1952 erschienenen Schrift *„Verräter oder Patrioten?"*, in der er sich als langjähriger Freund und Gesinnungsgenosse *Dr. Goerdelers* darstellt, das Problem des Fahneneides. Aber dann wird, um mit *Hagen* zu sprechen, aus „postkatastrophaler" und daher zwangsläufig schiefer Sicht hinzugefügt, daß es sich für die Männer des 20. Juli um eine ganz besondere Situation gehandelt habe, die einmalig gewesen sei, und hier wäre aus echter christlicher und politischer Verantwortung ein Bruch des Fahneneides und eine gewaltsame Beseitigung des Staatsoberhauptes auch mitten im Kriege ethisch gerechtfertigt gewesen.

Wie anders lautete doch der kurze militärische Bescheid von General-Feldmarschall *Erwin Rommel,* den er *Stauffenberg* im Frühjahr 1944 gab, als dieser versuchte, ihn für eine Ermordung Hitlers zu gewinnen: *„Während des Angriffs schießt man den Kompanieführer nicht ab."*

Hans W. Hagen hat aus echter soldatischer Haltung heraus es stets vermieden, das Geschehen des 20. Juli für irgendwelche Propagandazwecke auszunutzen. So schrieb er einleitend zu seinen *„Notwendigen Bemerkungen zur Bewältigung des 20. Juli"*, die im Juli 1959 in den *„Klüter Blättern"* erschienen: *„Der 20. Juli und seine Problematik kann niemals mit Rechthabereien des kleinen Augenblicks und mit tendenziösen Darstellungen aus diesem Geist bewältigt werden."* Er hatte sich schon im Herbst 1944 zusammen mit anderen hitlertreuen Offizieren gegen eine Vorführung des Films über den Witzleben-Prozeß, in dem übrigens keine Szenen von den Hinrichtungen in Plötzensee gezeigt werden sollten, erfolgreich gewandt. Die Aufführung des Films unterblieb daraufhin; lediglich einige Aufnahmen erschienen im Rahmen der *„Wochenschau"*.

Und er schließt seine *„Notwendigen Bemerkungen"* mit den Worten: *„Um der Größe und tragischen Gewalt jenes Augenblickes willen, befreien wir sie aus den Händen und Tendenzen von Leuten, die hinterher sich in das historische Geschehen einschleichen wollen und es nun nicht immer mit der Verantwortung tun, die der Größe und Problematik jener Stunden würdig und gemäß ist. Überlassen wir das Urteil der Geschichte."*

Die Schrift von *Hans W. Hagen „Zwischen Eid und Befehl"* wird als einziger, wirklicher Tatzeugenbericht immer ihre entscheidende Bedeutung behalten für alle, die sich mit Tatsachen und dem Ablauf des 20. Juli 1944 befassen wollen. Ich glaube, in seinem Sinne nicht besser schließen zu können als mit den Worten *Adalbert Stifters:*

> *„Denn was auch immer auf Erden besteht,*
> *besteht durch Ehre und Treue.*
> *Wer heute die alte Pflicht verrät,*
> *verrät auch morgen die neue!"*

WILFRED VON OVEN:

Der 20. Juli 1944 – erlebt im Hause Goebbels

Daß ich in Ihrem Kreis dies Referat halten darf, verdanke ich dem Umstand, einer der wenigen Überlebenden zu sein, die an einem bedeutenden, ja vielleicht entscheidenden Ereignis der Zeitgeschichte handelnd teilnahmen. Ich spreche vom 20. Juli 1944. Auf welcher Seite ich damals stand, brauche ich niemand zu erklären, der mich und meine publizistische Arbeit kennt.

Ich betone das deswegen, weil das nicht bei allen am 20. Juli Beteiligten klar war und z. T. heute noch umstritten ist. Denken Sie nur an Herrn *Speer,* der mir an jenem Tag in meinem Arbeitszimmer im Hause *Goebbels,* das unmittelbar an dasjenige des Ministers angrenzte, stundenlang gegenübersaß, wohlgemeinte Ratschläge für die Niederschlagung der Generalsrevolte gab, seine guten Dienste anbot und auch bereitwillig leistete, dessen Name aber gleichzeitig auf der Liste des Putschisten-Kabinetts stand, jenen Herrn *Speer,* der sich nach dem Attentat im Führerhauptquartier um *Adolf Hitler* und sein Wohlergehen rührend besorgt zeigte und der trotzdem seinen Richtern in Nürnberg den Bären aufbinden konnte, er habe diesen gleichen *Adolf Hitler* durch Zuleitung von Giftgas durch den Entlüftungsschacht des Bunkers in der Reichskanzlei umbringen wollen. Nun, wir dürfen dies alberne Märchen wohl in das Kapitel jener Konjunkturritter einreihen, die ihren „Widerstand" gegen das Dritte Reich erst entdeckten, als alles vorbei war, als es kein Risiko mehr bedeutete, „dagegen gewesen" zu sein, sondern ihnen im Gegenteil nur noch Vorteile eintrug. *Speer* war gewiß nicht der einzige von ihnen.

Aber seien wir ehrlich: ist nicht vielen von uns Älteren, die wir, auf welchem Platz auch immer, das Dritte Reich erlebten und mitgestalteten, damals manches gegen den Strich gegangen? Ich frage Sie: waren Sie immer und mit allem einverstanden, was sich in dieser Zeit zutrug? Ich spreche hier nicht von den Judenmorden, angeblichen und wirklichen. Von denen wußten Sie und ich sowenig wie jeder Durchschnittsdeutsche. Ich denke an andere Handlungen und Unterlassungen an hoher und höchster Stelle, die wir oft mit den Worten *„Wenn das der Führer wüßte"* zu kommentieren pflegten. Ich denke an ein anderes Wort, das gerade unter Frontsoldaten gang und gäbe war und oft zwischen zusammengebissenen Zähnen vorgestoßen wurde: *„Laß uns erst einmal den Krieg gewinnen, dann räumen wir auf!"* Ich habe es als Offizier des Heeres besonders häufig von den Kameraden der *Waffen-SS* gehört. Denn ich war während meines Kommandos zu *Goebbels* fast nur von solchen umgeben. Und ich kann Ihnen versichern: Wir hätten aufgeräumt! Nein, so war es ganz gewiß nicht, daß wir, die damals Jungen, die wir am 20. Juli gegen die Verschwörer und zu unserem auf *Adolf Hitler* geleisteten Treueid standen, zu allem, was dieser und die von ihm eingesetzten Minister, Reichs-, Gau-, Kreis- und sonstigen Leiter taten, bedingungslos Ja und Amen gesagt hätten. Das wäre gegen unsere Art und Überzeugung gewesen.

Das Hitler-Bild, das sich mit der lawinenartig anschwellenden Literatur darüber immer weiter abrundet, zeigt eindeutig, daß der Führer Widerspruch nicht nur duldete, sondern achtete und ihn sich oft genug zu Herzen nahm. Einer, der das wußte und in seinen Erinnerungen bezeugte, war Generaloberst *Heinz Guderian.* Er hatte den Mut, Hitler seine ehrliche Meinung zu sagen. Das war nicht leicht und oft nicht ohne Konsequenzen. Guderian zog sie. Aber nach dem 20. Juli 1944 holte ihn Hitler wieder und machte ihn zu seinem Generalstabschef. Weil ihm ein General, der Nein sagen kann, lieber war als einer, der stets Jawoll sagt, aber hinter seinem Rücken das Messer für ihn schleift. So hat das, was *Guderian* am Schluß seines Kapitels über den 20. Juli zu sagen weiß, ganz besondere Gültigkeit: *„Wer anderer Ansicht war als Hitler, hatte die Pflicht, ihm das offen zu sagen, wann immer sich ihm die Gelegenheit darbot. Dies gilt in erster Linie und ganz besonders für die Zeit, als es noch Zweck hatte, nämlich für die Zeit vor dem Krieg. Wer sich darüber klar zu sein glaubte, daß Hitlers Politik zu einem Krieg führen mußte, daß ein Krieg verhindert werden mußte, daß er zu einem Unglück für unser Volk werden mußte, der hätte v o r dem Krieg die Gelegenheit suchen und finden m ü s s e n , dies Hitler und dem deutschen Volke in unmißverständlicher Deutlichkeit zu sagen ... Ich habe die deutschen Soldaten in zwei schweren Kriegen gesehen und hatte im Zweiten Weltkriege die Ehre, sie zu führen. So wie sie gekämpft haben, treu bis in den Tod, treu ihrem Eid bis in die drohende Niederlage, so treu sollen sie bleiben. Nur aus Treue, aus diesem Opfermut, aus diesem unausgesprochenen Heldentum kann die Wiedergeburt eines starken und gesunden Volkes und Staates hervorgehen. Gebe Gott, daß es der jungen Generation gelinge, auf dieser edlen Grundlage ein neues Deutschland in Frieden aufzubauen, ein Deutschland, vor dem die anderen Völker wieder Achtung haben, wie einst.“*

Hier deutet sich bereits der wahre und tiefe, ja durchaus tragische Konflikt an, der den ganzen Komplex des 20. Juli kennzeichnet. *Ernst Friedländer* hat ihn schon 1950 in *„Die Zeit“* so ausgedrückt, *„daß Hitler und Deutschland während des Krieges fast untrennbar zusammengespannt waren“*. Er benutzt diese absolut zutreffende Feststellung — wie könnte es anders sein — als Rechtfertigung der Attentäter und Putschisten. Sie waren gegen *Hitler,* und indem sie ihn zu beseitigen versuchten, hätten sie zwangsläufig gleichzeitig gegen ihr Land handeln müssen. Weil sie dies wagten, mißt er ihnen den Rang von „Helden“ bei. Er sagt: *„Es wird immer nur eine Minderheit sein, die, auch um den Preis einer Niederlage des eigenen Volkes, ein System beseitigen will ...“* Diese Glorifizierung einer — nach *Friedländers* Meinung — „heldenhaften“ Minderheit ist meines Erachtens die beste Rechtfertigung der in diesem Sinn bestimmt nicht „heldenhaften", aber anständigen, treuen und pflichtbewußten Masse unseres Volkes und vor allem seiner Soldaten in allen Rängen, die in jenem schweren und so wenig hoffnungsvollen Augenblick des Krieges alle vielleicht vorhandenen Bedenken und Einwände gegen das Regime zurückstellten und ihrem Volk und ihrem Land treu blieben und weiter ihre Pflicht taten, „bis zum bittren Ende", wie es einer der Verschwörer, der Herr *Gisevius*, genannt hat.

Kulminationspunkt 20. Juli

Der Konflikt, vor den wir damals alle gestellt waren, spiegelt sich im Verhalten einiger prominenter Akteure des 20. Juli besonders deutlich. Ich nannte schon *Speer* und *Guderian*, von denen sich der eine – post festum – gegen *Hitler*, der andere – mit mehr Mut – für sein Volk bekannte. Ganz anders liegt der Fall des Generalobersten *Friedrich Fromm*. Er war als Befehlshaber des Ersatzheeres eine Schlüsselfigur in dem mit dem Attentat gekoppelten Putschplan vom 20. Juli. Die Vorbereitungen dafür können wohl kaum ohne sein Wissen und ohne seine zumindest stillschweigende Duldung erfolgt sein. Sie wissen, daß der Attentäter, Oberst *Claus Graf Schenk von Stauffenberg*, sein Chef des Stabes und eigens auf diese Stellung lanciert worden war (seit dem 1. 7. 1944), um jederzeit Zutritt beim Führer zu haben. *Fromm* selbst hatte ihn Hitler vorgestellt. Er war es, der *Stauffenberg* noch am Nachmittag des 20. Juli, als er Gewißheit über das Mißlingen des Attentates hatte, zusammen mit den anderen wichtigsten Mitwissern im Hof der Bendlerstraße standrechtlich erschießen ließ. Sie waren die einzigen, die jeden Zweifel hätten beseitigen können, ob *Fromm* wirklich, wie er emphatisch und standhaft bis zu seinem Tode behauptete, gegen die Verschwörung war, oder ob er zumindest mit einem Bein, vielleicht auch mit beiden, in ihrem innersten Kreis stand. Gerade sein eigenmächtiges Standgerichtsurteil und dessen eilige Vollstreckung machten *Kaltenbrunner* und *Himmler* mißtrauisch, so daß *Fromm* am 20. Juli das Haus in der Hermann-Göring-Straße, wo er – wie *Speer* – an diesem Tag lange an meinem Schreibtisch saß, als Gestapo-Häftling verließ.

Daß *Speer* sich für ihn einsetzte, nützte ihm nichts. Im Gegenteil. *Fromm* wurde vom Volksgerichtshof, der ihm Verrat sowenig nachweisen konnte wie die Gestapo, wegen Feigheit zum Tode verurteilt. Immerhin billigte man ihm statt des Stricks die Kugel zu. Ehe sie ihn traf, rief er (laut *Domarus) „Heil Hitler!"* Seitdem ich das weiß, bin ich in meiner am 20. Juli gefaßten Ansicht über seine Schuld schwankend geworden. An ihm könnte sich eine der vielen menschlichen Tragödien vollzogen haben, an denen dieser Tag so reich war.

Goebbels hat mir gegenüber den 20. Juli einmal als den Kulminationspunkt zweier entgegengesetzter Bewegungen bezeichnet. Die eine, sagte er dem Sinn nach, arbeitete zäh und verbissen darauf hin, diesen Krieg trotz all seiner glänzenden Erfolge während der ersten beiden Jahre in eine deutsche Niederlage zu verwandeln. Die andere tat das Gegenteil und ließ sich trotz aller Schwierigkeiten, ja Rückschläge, die sich seit dem ersten Kriegswinter in Rußland häuften, und die mit *Stalingrad,* dem Rückzug aus Nordafrika, dem Inferno des Bombenkrieges gegen die Heimat und schließlich der westalliierten Invasion katastrophalen Charakter annahmen, ihren Glauben an die Gerechtigkeit der eigenen Sache, an die moralische Stärke unseres Volkes und an die ihm damals noch zur Verfügung stehenden materiellen Hilfsquellen nicht rauben und setzte alles daran, doch noch eine Wendung des Kriegsglücks zu unseren Gunsten herbeizuführen. *Goebbels* sah — zu Recht oder Unrecht — sich als den Repräsentanten dieser letzteren, den Grafen *Stauffenberg* als den der erstgenannten an. Er glaubte, es sei kein Zufall, daß am gleichen Tag, eben dem 20. Juli 1944, im Führerhauptquartier die für Hitler bestimmte Bombe und die Denkschrift eintrafen, in der *Goebbels* die sofortige Durchführung eines wirklich totalen Kriegseinsatzes und seine Ernennung als dessen Reichsbevollmächtigter verlangte. Die Bombe explodierte, ohne ihr eigentliches Ziel zu treffen. Die von *Goebbels* mit seiner Denkschrift im FHQ gelegte Bombe aber erreichte ihren Zweck. Hitler schob alle bisher von *Bormann* und anderen vorgebrachten Bedenken beiseite und erteilte *Goebbels* unter dem Eindruck der Ereignisse die verlangten Vollmachten. So wurde der 20. Juli auch in seinem äußeren Ablauf recht eigentlich zu einem Duell zwischen den beiden Exponenten der entgegengesetzten Bewegungen.

Hermann-Göring-Str. Nr. 10

Das alles spielte sich im Amtssitz des Reichspropagandaministers ab, der am nächsten Tag auch Reichsbevollmächtigter für den totalen Kriegseinsatz wurde, im Haus *Hermann-Göring-Straße Nr. 10* von Berlin. Ich war als sein persönlicher Pressereferent vom ersten bis zum letzten Augenblick dabei. Darüber möchte ich Ihnen das Wichtigste berichten.

Es war um 4 Uhr morgens am 21. Juli, als sich die schwere Doppeltür zwischen dem Arbeitszimmer des Ministers und dem meinen öffnete. *Goebbels,* gefolgt von *Himmler,* trat heraus. Sein Gesicht, das ich in den vorausgegangenen zwölf Stunden in allen Abstufungen von fassungslosem Staunen bis zu tiefer Besorgnis und verbissener Wut gesehen hatte, zeigte ein strahlendes Lachen, wie ich es nur von den Augenblicken seiner größten Erfolge kannte. *„Meine Herren“*, sagte er, eine Hand — in für ihn typischer Bewegung — unternehmungslustig in die Hosentasche gesteckt, *„der Putsch ist beendet.“* Es war, so kommentierte er später, als er im ersten Morgengrauen Himmler zum Wagen begleitet und verabschiedet hatte und mit seiner Begleitung, dem Staatssekretär *Naumann,* dem militärischen Adjutanten, SS-Hauptsturmführer *Schwägermann,* und mir die Treppe zu den Schlafzimmern emporstieg, der sechste Putsch gegen Hitler, den er miterlebte. Keiner sei so gefährlich wie dieser gewesen, sagte er, aber auch keiner sei so blitzartig niedergeschlagen worden.

Das ist richtig. Ich muß aber hinzufügen, daß *Goebbels* in diesem Augenblick das ganze Ausmaß der Verschwörung keineswegs kannte. Auch *Hitler* wird man glauben müssen, als er in seiner kurz nach Mitternacht über alle deutschen Sender ausgestrahlten Ansprache die Verschwörer *„eine ganz kleine Clique ehrgeiziger, gewissenloser und zugleich verbrecherischer, dum-*

mer Offiziere" nannte. An diesem 20. Juli war nur die Spitze eines Eisberges sichtbar geworden. Diesen selbst, das heißt jene Zusammenballung von Verrat, Sabotage, Intrigen und heimtückischen Machenschaften, die z. T. schon vor dem Krieg darauf gerichtet waren, einen solchen herbeizuführen und zu einer deutschen Niederlage werden zu lassen, erkannte man erst im Lauf der nach dem 20. Juli einsetzenden Untersuchungen, d. h. in einem Augenblick, als es — wie wir heute wissen — bereits zu spät war, die „eigene Niederlage" zu verhindern, auf die es die Verschwörer abgesehen hatten, wie einer der Chronisten des 20. Juli, *Fabian v. Schlabrendorff,* in seinem Buch „*Offiziere gegen Hitler*" ganz offen bekannt hat.
Das wußte *Goebbels* in jener Nacht noch nicht. Er sah die Realität der beiden erwähnten entgegengesetzten Bewegungen. Seine eigene, die auf den Sieg bedachte, hatte sich durchgesetzt, die andere, die die Niederlage herbeiführen wollte, war niedergeschlagen worden. Was konnte dem Endsieg jetzt noch entgegenstehen? Er sei überzeugt, sagte er uns, daß dieser jetzt sehr bald folgen werde. Er irrte, wie wir wissen. Aber ich möchte ihm zubilligen, daß er ehrlich daran glaubte, nicht nur weil er in der tatsächlich ans Wunderbare grenzenden Errettung des Führers einen Wink des Schicksals sah, sondern weil er zwar den Putsch, aber nicht den Umfang, die Intensität und die Dauer des hinter diesem stehenden Verrates kannte.
Wie wenig und schlecht *Goebbels* über die Verschwörung unterrichtet war, geht schon daraus hervor, daß er noch am Mittag des 20. Juli, als die Bombe im FHQ bereits explodiert und er davon in Kenntnis gesetzt war, daß der Führer am Leben und nur leicht verletzt worden sei, nicht die leiseste Ahnung von dem mit dem Attentat zusammenhängenden Umsturzversuch hatte. Wir aßen an diesem 20. Juli wie stets im ersten Stock der *Hermann Göringstraße Nr. 10* gemeinsam Mittag, der Minister, Adjutant *Schwägermann* und ich. Mir fiel auf, daß *Goebbels* im Gegensatz zu sonst wenig mitteilsam, ja verschlossen war. Während Diener *Emil* das karge Mahl auf erlesenem Geschirr auftrug, sprach der Minister kaum und wenn, so nur über belanglose Alltagsangelegenheiten. Selbst bei der Nach-Tisch-Zigarette, die ihn für gewöhnlich zur Erörterung wahrlich genug vorhandener aktueller Probleme, ja oft zu langen Monologen anregte, blieb er schweigsam. Wir kannten solche Stimmungen bei ihm und respektierten sie. Ich weiß heute, daß ihn natürlich das mißglückte Attentat auf Hitler beschäftigte, daß er aber nicht darüber sprechen wollte, weil er nicht mehr wußte, als was ihm gerade eben der Reichspressechef *Dr. Dietrich* in einem Führungsblitzgespräch mitgeteilt hatte. Das war reichlich wenig. Bei der Lagebesprechung in der sogenannten *Speer*-Baracke habe ein Attentat stattgefunden. Hitler sei am Leben. Über den oder die Täter nur Vermutungen — falsche, wie sich herausstellen sollte. Während unseres schweigsamen Essens beschäftigte sich *Goebbels* weniger mit den möglichen Folgen des Attentates — es war ja mißlungen und daher für ihn erledigt — als mit Überlegungen, wer die Bombe gelegt haben könnte. Die Wirklichkeit, daß es ein hoher Generalstabsoffizier war, der noch dazu nicht als Einzelgänger, sondern im Auftrag einer ganzen Offiziersverschwörung handelte, war so phantastisch, daß sie selbst *Goebbels,* dem man alles andere als Phantasielosigkeit vorwerfen kann, nicht in den Sinn kam.

Auch *Hitler* hatte nicht daran gedacht. Sein erster Verdacht richtete sich auf die Hunderte von Arbeitern der Organisation *Todt*, die damals gerade mit Erweiterungsbauten an den Bunkern im Sperrkreis I des FHQ beschäftigt waren. Das soll jedenfalls *Dietrich* bei dem fraglichen Telefongespräch *Goebbels* gesagt haben. Ich kann es nicht bestätigen. Aber wenn *Speer*, von dem die Wiedergabe dieses von ihm mitangehörten Telefongespräches stammt, recht hat, dann waren *Goebbels'* grimmige Miene und die Sorgen, die er sich machte, nur zu verständlich. Er stand ja auf dem sogenannten „linken Flügel" der Bewegung. Er traute der Arbeiterschaft mehr als den Intellektuellen, die in seinen ministeriellen Zuständigkeitsbereich gehörten. Und er brauchte die Masse der deutschen Werktätigen, ihren in langen Kriegsjahren und unzähligen Bombennächten bewiesenen guten Willen, ihre Einsatz- und Opferbereitschaft, um diesen Krieg zu einem guten Ende zu bringen. Er sträubte sich gegen den Gedanken, daß einer aus ihren Reihen die Hand gegen den Führer erhoben haben sollte. Er paßte nicht in sein Konzept. Er belästigte ihn. Er zwang ihn, sich jetzt schon Gedanken darüber zu machen, wie man ein Attentat von dieser Seite der Bevölkerung erklären könnte.

Und da war noch etwas anderes. Die *Organisation Todt* unterstand *Speer* als Reichsminister für Bewaffnung und Munition, nachdem er 1942 die Nachfolge des bei einem mysteriösen Flugzeugunfall ums Leben gekommenen *Fritz Todt* angetreten hatte. Das Attentat fand in der sogenannten *Speer*baracke statt, die dem Rüstungsminister bei seinen häufigen Besuchen in der *„Wolfsschanze"* als Unterkunft zur Verfügung stand. *Goebbels*, der dort nur selten Zutritt hatte, verfügte über keine eigene Baracke. Das kränkte ihn, denn er war – wie alle Körperbehinderten – hochgradig empfindlich. Anderseits kannte er *Speers* Bemühungen, eine Art „Unterdikdator" im Dritten Reich zu werden, wie dieser sich in seinen Memoiren auszudrücken beliebte, der zweite Mann im Staat, welcher Platz seit dem England-Flug von *Rudolf Hess* und nach dem Versagen *Görings* im Luftkrieg verwaist war, und den *Goebbels* selbst eines Tages einzunehmen hoffte und tatsächlich, wenn auch erst nach *Hitlers* Tod, erreichte. Daß das Attentat in der *Speer*-Baracke stattfand, konnte ein reiner Zufall sein. Und war es auch, wie heute feststeht. Ein Zufall dazu, der *Stauffenberg* einen Strich durch die Rechnung machte. Aber Goebbels müssen all diese vagen Hinweise und Kombinationsansätze bei seinem Nachdenken über den möglichen Attentäter durch den Kopf gegangen sein. Er äußerte sie mir und anderen gegenüber erst, als er wenige Stunden später erfuhr, daß *Speers* Name (wenn auch mit einem Fragezeichen) auf der Liste für das in Aussicht genommene Putschistenkabinett stand.

Bei unserem schweigsamen Mittagessen wußte Goebbels nicht nur nichts davon, sondern er dachte weder an *Speers* Beteiligung am Putsch, noch überhaupt an die Möglichkeit eines solchen. Sonst wäre es unbegreiflich, ja unverzeihlich gewesen, daß er sich ohne den geringsten Hinweis, ja ohne das Attentat überhaupt zu erwähnen, nach dem Essen von Schwägermann und mir verabschiedete, um seine gewohnte Siesta zu halten. Im Hause *Goebbels* kehrte die übliche totale Nachmittagsruhe ein, während ein paar hundert

Kilometer weiter östlich, in der *„Wolfsschanze“* bei Rastenburg in Ostpreußen, der Teufel los war und der Bestand des Staates an einem seidenen Faden hing. In dieser vielleicht kritischsten Stunde, die das Dritte Reich in seiner ganzen Geschichte durchmachte, zwischen 2 und 3 Uhr nachmittags des 20. Juli 1944, schlief sein Propagandaminister den Schlaf des Gerechten. Und ich muß gestehen, ich tat es auch. *Schwägermann,* dessen Schreibtisch in der Ministerwohnung meinem gegenüberstand, hatte sich, dringende Dienstgeschäfte vorschützend, zurückgezogen. Ich hütete inzwischen auch sein Telefon und benutzte die vollkommene Ruhe, die sich über das Haus legte, zu einem Nickerchen in meinem Schreibtischsessel. Die Nächte pflegten damals für uns kurz und außerdem von Bombenangriffen unterbrochen zu sein.

Unsere Siesta wurde rauh unterbrochen. Linkerhand von meinem Schreibtisch stand ein eindrucksvolles Telefonschaltbrett mit einer verwirrenden Fülle von Hebeln und bunt leuchtenden Lämpchen. Eines derselben gehörte zu einer direkten Leitung, die *Goebbels* stets mit dem jeweiligen Führerhauptquartier verband. Es leuchtete jetzt auf, als mich das dezente Schnarren des Telefons geweckt hatte. *Lorenz* von der Dienststelle des *Reichspressechefs* meldete sich und wollte dringend den Minister sprechen. Als ich ihm wahrheitgemäß gesagt hatte, daß das jetzt nicht möglich sei – in dem Privatraum neben seinem Arbeitszimmer, wohin sich *Goebbels* zur Siesta zurückzuziehen pflegte, gab es nur einen Hausanschluß, so daß ich das Gespräch nicht hätte durchstellen können – erklärte er mir, um was es sich handelte. Erst jetzt erfuhr ich überhaupt von dem Attentat, das nur das äußerste Ende eines ganzen Knäuels von Verwicklungen war, die in den nächsten Stunden aufgerollt werden sollten. *Lorenz* gab mir den Text einer kurzen Verlautbarung über das Attentat durch. Der Führer habe sie selbst entworfen und wünsche, daß sie so bald wie möglich über alle deutschen Sender ausgestrahlt werde.

Er wußte warum, wir nicht. Auch *Goebbels* nicht, dessen düstere Mittagsstimmung durch die abrupte Unterbrechung seiner Siesta nicht verbessert worden war. Mein Hinweis, daß die ihm vorgelegte Pressenotiz aus der Feder des Führers stamme, beeindruckte ihn offenbar so wenig wie die Weisung von gleicher Seite für schnellste Verbreitung zu sorgen. Mißmutig las er den Text durch, schüttelte den Kopf und meinte, nein, so gehe das nicht. Man könne dem Volk nicht einfach mit einer solchen nackten Tatsache ins Gesicht springen. Die allgemeine Lage sei so heikel, daß man sich keine propagandistischen Paukenschläge leisten dürfe. Das müsse alles sehr genau überlegt, sorgfältig abgewogen und gründlich vorbereitet werden. Man müsse den Schock, den eine solche Nachricht für die gesamte Bevölkerung bedeute, irgendwie abfangen, mit geschickten Kommentaren dämpfen. Er werde sich das Ganze durch den Kopf gehen lassen. Ich solle ihn inzwischen mit *Fritsche* (Leiter der Rundfunkabteilung und Chefkommentator des großdeutschen Rundfunks) verbinden. Auf eine Stunde mehr oder weniger komme es nicht an.

Die Stunde, auf die es in diesem Augenblick – wie wir heute wissen – sehr wohl ankam, war noch nicht vergangen, als das Lämpchen der FHQ-Leitung an meiner Seite erneut aufleuchtete. *Lorenz* war längst nicht so gelassen und kollegial wie bei seinem ersten Anruf. Ob ich die Nachricht nicht weitergegeben hätte, der Führer habe wie sie alle das Radio eingeschaltet und warte mit wachsender Ungeduld von Minute zu Minute auf die Durchgabe. *„Augenblick, ich verbinde mit dem Minister."* Sollte der doch den allerhöchsten Unwillen über sich niedergehen lassen. Auch dieser Anruf konnte *Goebbels* in seiner Auffassung nicht wankend machen, eine sorgfältige Bearbeitung und Kommentierung der Attentats-Meldung sei wichtiger als ihre sofortige Ausstrahlung. Ob Lorenz und sein Chef *Dietrich* in diesem Augenblick volle Kenntnis der Entwicklung hatten, weiß ich nicht. Wenn es der Fall war, gaben sie sie jedenfalls *Goebbels* nicht weiter, der erst bei einem dritten Anruf aus dem FHQ, diesmal durch *Hitler* persönlich, genau unterrichtet wurde. Daß diese Anrufe überhaupt noch erfolgen konnten, war eine der wunderbaren Fügungen des Schicksals, an denen dieser 20. Juli 1944 so reich war.

Denn die Bombenexplosion in der Wolfsschanze hatte die Kettenreaktion des Putsches ausgelöst, die wir in der *Hermann-Göring-Straße* von Berlin sehr bald zu spüren bekommen sollten. Die Fenster meines Arbeitsraumes im ersten Stock der Ministerwohnung gingen auf die Hermann-Göring-Straße, auf deren anderer Seite sich der Tiergarten erstreckte. Und dort, im Schutz der Bäume sah ich jetzt ein Schauspiel, das mir von der Front höchst vertraut war: ein gefechtsmäßig vorgehender Zug Infanterie, die Waffen schußbereit, Handgranaten in die Koppel und Schäfte der Knobelbecher gesteckt und die MG-Munitionsgurte um den Hals gehängt. Für Berlin war ein solcher Anblick ungewöhnlich. Mein Interesse wurde noch wacher, als sich drei Mann mit einem leichten Maschinengewehr aus der Gruppe lösten und vor dem Eingang zu unserem Haus in Stellung gingen. Ich unterrichtete den Minister, der ebenfalls zum Fenster humpelte, um die Szene mit dem gleichen Interesse zu beobachten. Er sah mich fragend an. Jetzt wurde die Sache offenbar ernst. Er ging an seinen Schreibtisch und holte aus der Schublade ein lächerliches kleines Ding von Pistole heraus, an der er zu meinem Schrecken herumzufummeln begann, ohne offenbar recht zu wissen, was damit anzufangen. Ich lud sie ihm durch, sicherte und gab sie ihm mit kurzer Erklärung zurück.

Auch *Speer*, der ebenso wie der kurz zuvor bei uns erschienene Gaustabsamtsleiter *Schach* dabei war, hat diese Szene in seinen Memoiren beschrieben. Er berichtete dabei allerdings ein mir unbekanntes Detail: *Goebbels* habe sich aus dem angrenzenden Zimmer (wo er Siesta gehalten hatte) eine Schachtel mit „Pillen" (vermutlich die berühmten Zyankali-Kapseln, mit denen alle Prominenten des Dritten Reiches versehen worden waren) geholt und sie mit den Worten: „So, dies für alle Fälle" in die Rocktasche gesteckt. Ich weiß davon, wie gesagt, nichts. Möglich wär's. Ich möchte *Speer* – zumindest in diesem Fall – nicht der Unwahrheit zeihen. Das von ihm angeblich Beobachtete kann sich zugetragen haben, als, wie *Speer* schreibt, „wir durch einen Adjutanten feststellen ließen, welche Befehle die Posten vor der Tür hatten." Der „Adjutant" war ich, der persönliche Pressereferent. Das Ergebnis meines in Zivil (aber mit schußbereiter Pistole in der Hosentasche) durchgeführten Erkundungsvorstoßes war entmutigend.

Ich brauchte nur einen Spalt der dicken eisernen Pforte in der Mauer vor unserem Haus zu öffnen, damit sich mir ein Gewehrlauf vor die Nase schob. Mein Auskunftsersuchen, was das zu bedeuten habe, wurde mit dem keineswegs unfreundlichen, aber bündigen Hinweis beantwortet: *„Hier kommt keiner raus noch rein."* Wir saßen in der Falle. Und diese war soeben zugeschnappt. *Goebbels'* Worte, mit denen er die von mir geladene Pistole in Empfang genommen hatte, waren nur zu berechtigt: *„Wollen Sie sich bitte auch darauf einrichten, meine Herren, daß wir, wenn es soweit kommen sollte, unser Leben so teuer wie möglich verkaufen."*

Das muß gegen 17 Uhr gewesen sein. Der mit dem Attentat gekoppelte Putsch, dessen Möglichkeit *Bormann* in einem Fernschreiben an alle Gauleitungen angedeutet hatte, war in vollem Gange. Was war inzwischen im Führerhauptquartier und in der Bendlerstraße, dem Sitz des OKW, vor sich gegangen? Die Ereignisse sind in großen Zügen bekannt, wenn auch die Darstellungen der einzelnen Zeugen in manchen Einzelheiten voneinander abweichen. Im großen ganzen hat sich der Ablauf der Vorgänge bestätigt, wie ich ihn nach eigenem Erleben, nach den Hinweisen und Erläuterungen von Dr. Goebbels und den detaillierten Auskünften des Generaloberst *Fromm* in meinen Tagebüchern geschildert und in *„Finale Furioso"* [1]) veröffentlicht habe. Ich kann mich hier auf eine kurze Zusammenfassung beschränken.

Führerhauptquartier „Wolfsschanze"

Die Lagebesprechung fand an diesem Mittag wegen des am Frühnachmittag erwarteten *Mussolini*-Besuches etwas früher als gewöhnlich und, wie wir wissen, wegen Bauarbeiten nicht im Lagebunker, sondern in der sogenannten *Speer*baracke statt. Sie war bereits im Gange, als *Stauffenberg* mit der Bombe in der Aktentasche unter dem Arm erschien. Er stellt sie nicht gleich, wie zunächst angenommen wurde, an den Fuß des Tisches, also Hitler gewissermaßen vor die Füße, sondern er legte sie vor sich auf den Kartentisch. Das hatte seinen Grund. Am Eingang der Baracke hatte er beim Ablegen von Mütze und Handschuhen die Tasche geöffnet und darin kurz und unauffällig hantiert, um die erste Sicherung der Bombe zu lösen. Jetzt bedurfte es nur noch eines Druckes von außen auf die Tasche, um die Zündungsmechanik in Gang zu setzen. Stauffenberg tat es, indem er sich auf die vor ihm liegende Mappe stützte, nachdem sein Adjutant *Haeften* ihn zu einem fingierten Telefongespräch gerufen hatte. Jetzt fraß sich die Säure durch den Verzögerungssatz. In drei Minuten mußte die Bombe explodieren. *Stauffenberg* beschleunigte deswegen seine Schritte nicht im geringsten. Niemand schenkte ihm und seiner verhängnisvollen Aktentasche Beachtung. Da wollte es der Zufall — ein weiterer der vielen unerklärlichen Zufälle dieses Tages — daß General *Heusinger* bei seinem Vortrag den Namen einer Ortschaft auf dem östlichen Kriegsschauplatz nannte, die Hitler — bekanntlich kurzsichtig — auf der Karte suchte, indem er sich dicht über die Tischplatte beugte.

---

1) Finale Furioso, Grabert-Verlag, Tübingen.

Wäre die Bombe in diesem Augenblick explodiert, sie hätte ihm den Kopf abgerissen. Denn die gesuchte Ortschaft lag genau da auf der Karte, wo Stauffenberg seine Mappe hingelegt hatte. *Schmundt* nahm sie weg und stellte sie an den Fuß des Tisches, so daß sich jetzt zwischen der Bombe und dem Opfer, dem sie galt, eine massive, acht Zentimeter dicke Eichenplatte befand.

Auch damit hatte *Stauffenberg* – wie mit so vielem an diesem Tag – bei seinem wohlvorbereiteten und kaltblütig durchgeführten Verbrechen nicht gerechnet. Als er, der den Sperrkreis I zu Fuß passiert hatte, im bereitgestellten Wagen die Explosion vernahm, gab er Befehl, zum Flugplatz zu fahren. Obwohl er von Sprengstoff so viel wissen mußte, daß die Wirkung seiner Bombe in einer leicht gebauten Baracke nicht die gleiche sein konnte wie in einem massiven Bunker, war er berechtigt, ein Gelingen seines Attentates als sicher anzunehmen. Dichter konnte er die Bombe nicht an sein Opfer heranbringen. Daß sie noch im letzten Augenblick ihren Standort noch einmal wechseln würde, war nicht vorauszusehen. Er glaubte sich seinen Mitverschworenen gegenüber zu der Lüge berechtigt, Hitler sei tot, er habe selbst gesehen, wie er aus der Baracke herausgeschleudert wurde und in zerfetzten Kleidern und blutüberströmt dagelegen habe. Wer das Führerhauptquartier bei *Rastenburg* kannte, weiß, daß das vom Sperrkreis II aus, wo er sich zur Zeit der Explosion (12.42 Uhr) befand, nicht möglich ist. Der dichte Baumbestand, in den die Bunker und Baracken eingebettet waren, verhinderte auf diese Entfernung jede Sicht. Trotzdem wird man *Stauffenberg* wohl zubilligen müssen, daß es nicht Feigheit war, die ihn sich so schnell wie möglich „aus dem Staube machen" ließ (im wahrsten Sinn des Wortes). Er wußte, daß er nicht nur das Attentat, sondern auch den anschließenden Putsch selbst in die Hand nehmen mußte. Er kannte die Großzahl seiner Mitverschwörer, die zu dem einen wie dem andern einfach unfähig waren.

Einer von ihnen, der General *Erich Fellgiebel,* Chef des Nachrichtenwesens im FHQ, stand am Wagen *Stauffenbergs,* als die Bombe explodierte. Er hatte innerhalb der Verschwörung die Aufgabe, die Nachrichtenmittel des FHQ im entscheidenden Augenblick zu lähmen. Selbst das gelang ihm nur teilweise. Die direkte Leitung vom FHQ zu *Goebbels* in Berlin beispielsweise hörte, wie ich bezeugen kann, nicht einen einzigen Augenblick auf zu funktionieren und sollte, wie wir sehen werden, bei der Niederschlagung des Putsches eine, vielleicht die entscheidende Rolle spielen.

Was aber tat der General *Fellgiebel* in dem ausschlaggebenden Moment, als die Bombe explodiert und *Stauffenberg* verschwunden war? Er nahm nicht die ihm anvertrauten Nachrichtenmittel in der Führungszentrale des Reiches in die Hand, sondern er eilte zum Tatort, der *Speer*baracke, wo er zu seinem Entsetzen feststellen mußte, daß der Führer – entgegen *Stauffenbergs* Annahme – keineswegs tot, sondern nur leicht verletzt und damit dem Putsch die wesentliche Voraussetzung entzogen war. „Weshalb zieht er jetzt nicht die Pistole und schießt?", fragte Kriminalrat *Högl,* als er zusammen mit dem Chef des Sicherheitskommandos, SS-Brigadeführer *Rat-*

tenhuber, dem Architekten des Führers, *Hermann Giesler,* in *Hitlers* Auftrag die Einzelheiten des Attentates erläuterte. Die Frage ist berechtigt. *Fellgiebel* sah, daß *Stauffenberg* sich verrechnet hatte. Das Komplott war in seinem ersten Anfang gescheitert. Er gehörte zur Verschwörung. Sein Leben, das mußte er wissen, war verwirkt. (Er wurde am 5. 9. 1944 hingerichtet.) Hätte er sein Leben jetzt nicht für die Idee, die diese Verschwörer doch angeblich hatten, opfern müssen, indem er das, was *Stauffenberg* mißlang, nachholte?

Niemand hätte ihn in der allgemeinen Aufregung, wie *Högl* ganz richtig sagte, daran hindern können. *Fellgiebel* war in der Verschwörung einer der eifrigsten Verfechter der These vom sogenannten „Tyrannenmord" gewesen, das heißt der physischen Beseitigung Hitlers als Voraussetzung für das Gelingen aller weiteren Pläne. Jetzt hätte er nicht nur eine glänzende Gelegenheit, sondern geradezu die Verpflichtung dazu gehabt. Er tat es nicht, sondern ging zu Hitler, nahm Haltung an und beglückwünschte ihn zu seiner wunderbaren Rettung.

Als er weg war, fragte Hitler mit dem feinen Gespür für Echtes und Unechtes, seine Begleiter: *„Was will der Fellgiebel hier?"* und schöpfte den ersten Verdacht. Aber ehe der General bald darauf verhaftet werden konnte, hätte er seine Komplizen in der *Bendlerstraße* über das wirklich Vorgefallene unterrichten und sie warnen können. Auch das unterließ er, während *Goebbels* in der für ihn zugeschnappten Mausefalle in Berlin mit *Lorenz* und *Hitler* und Gott und der Welt auf *Fellgiebels* Leitungen telefonieren konnte. *Goebbels* war zu der Frage berechtigt, über was man sich mehr wundern solle, über die Verworfenheit oder die Unfähigkeit dieser Verschwörer, ein Wort, das *Freisler* in einer der Volksgerichtshof-Verhandlungen wiederholte. Weder *Stauffenberg,* noch *Fellgiebel,* um nur von diesen beiden unmittelbar Beteiligten zu sprechen, war bereit, bei dem geplanten Mord an Hitler das eigene Leben zu riskieren.

Das Selbstopfer fehlte

Hierin sieht ein wichtiger Zeuge der Vorgänge, der Kulturhistoriker Prof. *Hans W. Hagen,* den eigentlichen Grund für das Scheitern des 20. Juli. *„Der Eidbruch ist stets nur mit dem Tod zu sühnen"*, stellt er in einer schon 1951 als Sonderheft der Zeitschrift *„Der Weg"* in Buenos Aires erschienenen Untersuchung des Themas fest. Er zieht den mittelalterlichen Gedanken des *„Bauopfers"* heran. Er billigt den Verschwörern edle Motive, d. h. die Absicht zu, eine neue Welt zu bauen, eine Welt ohne Hitler. Aber, so fährt er fort, *„dann mußte sich der erste, der mit seinem Eidbruch sich aus der alten Welt löste, als Bauopfer in diese neue Welt einbauen."* Dazu aber war keiner bereit. Stauffenberg wäre es vielleicht gewesen, wenn er sich nicht — zu Recht oder Unrecht — für unersetzlich bei allem Weiteren gehalten hätte. Ihm muß die Einsicht von der Unerläßlichkeit des Selbstopfers beim Tyrannenmord in dem Augenblick gekommen sein, als er erkannte, daß alles, aber auch alles mißlungen und verloren war. Sonst wäre es unverständlich, daß er sich von *Fromm* schließlich widerstandslos verhaften und an die Wand stellen ließ, ja seinem Adjutanten *Haeften*, der zu seiner Rettung die Pistole gezogen hatte, befahl, die Waffe wegzustecken.

✫

Wir sind damit der Entwicklung der Dinge um einige Stunden vorausgeeilt. Lassen Sie uns in die Hermann Göring-Straße von Berlin zurückkehren. Noch vor 17 Uhr, als *Speer*, von *Goebbels* telefonisch darum gebeten, dort erschien, hatte sich bei mir ein Oberleutnant des Wachregiments *Großdeutschland* gemeldet. Es war ein mir bis dahin unbekannter Angehöriger unseres Hauses, der als Reserveoffizier die Stellung eines nationalsozialistischen Führungsoffiziers (NSFO) beim Wachregiment einnahm: der vorhin erwähnte *Prof. Hans W. Hagen*. Ihm war auch in Uniform der Gelehrte noch anzumerken. Hinzu kam, daß er zwar mit Stahlhelm, aber ohne Koppel erschienen war, ein unter diesen besonderen Umständen entschuldbares, aber für eine militärische Meldung beim Minister von mir als ungehörig gerügtes Versehen. Er meinte — natürlich mit Recht — es ginge um Wichtigeres, und wurde nach sorgfältiger Kontrolle seiner Papiere unverzüglich bei *Goebbels* gemeldet und vorgelassen. Er konnte dem Minister die eigenartige militärische Bewachung unseres Hauses erklären. Was *Goebbels* bisher als Ungeheuerlichkeit nicht glauben wollte, bestätigte sich als Wirklichkeit: ein Putsch war im Gange. Das Wachregiment (tatsächlich damals nur ein durch zwei Kompanien verstärktes Bataillon) hatte unter seinem Kommandeur, *Major Otto Remer*, den Befehl bekommen, das Regierungsviertel in seine Gewalt zu bringen und weitere Befehle abzuwarten.

Das war geschehen. Aber die Begründung des Befehls hatte *Remer* und *Hagen* stutzig gemacht. Der Führer sei tot, hatte es geheißen, das Heer habe die Regierungsgewalt übernommen. Das Heer? Wieso? Noch nie und nirgends hat das Heer regiert. Wenn *Hitler* tot war, wer stand dann jetzt an seiner Stelle? *Hagen* und *Remer* hatten, wie jeder Soldat, ihren Treueid auf Hitler geschworen. Wer war jetzt der Eidträger? Hier stimmte doch irgendetwas nicht. *Hagen* war schon gegen 13.45 auf einer Straße im Zentrum Berlins ein Wagen mit gesetztem Feldmarschall-Stander aufgefallen, in dem er ganz einwandfrei den *Generalfeldmarschall von Brauchitsch* erkannt hatte, der 1941 von Hitler als Oberbefehlshaber des Heeres abgesetzt worden war. Sollte *er* vielleicht „das Heer“, der neue Eidträger sein? *Hagen* schlug vor, seine Beziehungen zu *Goebbels*, der als Gauleiter gleichzeitig Reichsverteidigungskommissar für Berlin war, auszunutzen, um sich bei ihm Rat und Aufklärung zu holen. *Remer* war einverstanden. *Hagen* bekam von Goebbels alle erwünschten Auskünfte. *Hitler*, mit dem *Goebbels* soeben erst (wegen der ausgebliebenen Rundfunknachricht) ein durchaus „lebhaftes“ Telefongespräch geführt hatte, sei alles andere als tot, der Befehl zur Zernierung des Regierungsviertels ein Teil des Putsches und höchste Eile daher geboten. *Hagen* solle alles tun, um *Remer* so schnell wie möglich hierher zu bringen.

Nun war *Remer* zwar ein guter Nationalsozialist — er trug außer dem Ritterkreuz auf seiner Uniform auch das goldene Ehrenzeichen der HJ — aber in erster Linie war er doch Soldat, der die Befehle seines Vorgesetzten, in diesem Fall des Stadtkommandanten von Berlin, Generalleutnant *Paul v. Hase,* ausführte. Das hatte er getan. Das Regierungsviertel befand sich fest in seiner Hand. Gleichzeitig aber war er dem Befehl seines Gewissens gefolgt und hatte *Hagen* zu *Goebbels* geschickt. Beide waren von diesem über die Hintergründe der Vorgänge aufgeklärt worden. *Remer* blieb korrekt, indem er sich erneut bei *Hase* meldete und diesen von der Aufforderung, zu *Goebbels* zu kommen, unterrichtete. *Hase* verbot ihm das. Und nun handelte *Remer* sozusagen als erster *„Bürger in Uniform"*, der einen militärischen Befehl oder ein ebensolches Verbot nicht blind befolgt, sondern erst sein Gewissen befragt. Er befragte nicht nur dieses, sondern auch seinen Adjutanten, der – auch dieses pikante Detail verdanken wir den Aufzeichnungen Hagens – nicht nur im Zivilberuf evangelischer Geistlicher, sondern auch Mitglied der bekennenden Kirche war. Und die beiden wurden sich einig: *Remer* mußte jetzt – trotz *Hases* Verbot – zu *Goebbels,* um sich persönlich Gewißheit über die wirkliche Lage zu verschaffen.

Die Szene dieser Begegnung zwischen Goebbels und Remer ist oft im großen ganzen übereinstimmend, wenn auch mit abweichenden Details geschildert worden. Ich habe die Vorgänge und Ereignisse in der Umgebung *Remers* u. a. auch deswegen so ausführlich geschildert, weil es einfach nicht stimmt, wenn *Speer* in seinen Memoiren schreibt: *„ungläubig starrte Remer uns alle an"*, als er erfuhr, daß Hitler nicht tot, sondern nur leicht verletzt sei. Das wußte Remer ja längst im Gegensatz zu dem von *Stauffenberg* belogenen Kopf der Verschwörung. Er starrte uns keineswegs ungläubig, sondern ausgesprochen glücklich darüber an, daß der Führer wie durch ein Wunder gerettet worden war und er jetzt Gelegenheit bekommen sollte, mit ihm persönlich am Telefon zu sprechen. Der Inhalt dieses Gespräches ist bekannt und auch von Speer in großen Zügen richtig wiedergegeben. An Stelle *von Hase* wurde *Remer* mit der vollziehenden militärischen Gewalt in Berlin betraut. Er sollte trotz seines niedrigen militärischen Ranges auf direkten Befehl *Hitlers,* des Obersten Befehlshabers der Wehrmacht, handeln. *„Jawoll, mein Führer!"*

Witzleben empfahl sich auf französisch

Nun ging alles Schlag auf Schlag. *Goebbels* entwickelte eine geradezu hektische Aktivität. Um 18.30 Uhr ging die Meldung über das Attentat und die Errettung *Hitlers* endlich über die Sender. Eine bevorstehende kurze Ansprache des Führers wurde angekündigt, die freilich erst kurz nach Mitternacht ausgestrahlt werden konnte. Einen Begriff von den damit verbundenen Schwierigkeiten gibt die Tatsache, daß im FHQ nicht einmal ein Funkaufnahmewagen vorhanden war. Der nächstverfügbare befand sich in *Königsberg* und mußte mit seinem Personal erst alarmiert und nach Rastenburg in Marsch gesetzt werden. Aber schon die Nachricht vom Überleben Hitlers genügte, um den Putsch zusammenbrechen zu lassen. *Stauffenberg, Olbricht, Mertz von Quirnheim* und *Haeften* wurden von *Fromm* verhaftet, verurteilt und im Hof der Bendlerstraße erschossen.

Generaloberst *Beck*, der von den Putschisten vorgesehene Reichspräsident, hatte zweimal vergeblich versucht, sich eine Kugel in den Kopf zu schießen. *Fromm* ließ dem Schwerverwundeten erst später den Gnadenschuß geben. *Hoepner*, der auch vor dem Volksgerichtshof noch behauptete, er sei „in die Sache nur so hineingeschliddert", zog seine Uniform als Generaloberst, die ihm, schon 1942 aus der Wehrmacht ausgestoßen, zu tragen verboten war, die er aber in einem Handkoffer zur Bendlerstraße mitgebracht hatte, wieder aus und bat, nach Hause gehen zu dürfen. *Fromm* ließ ihn laufen. Er wurde später doch verhaftet, verurteilt und hingerichtet. Nicht anders ging es *Witzleben*, der sich im kritischen Moment auf französisch empfohlen und wieder auf sein Landgut im Kreis Kalau begeben hatte. Die Einzelheiten sind ebenso bekannt wie unerfreulich.

Bleiben wir in der *Hermann-Göring-Straße*. Dort waltete *Dr. Goebbels* seines Amtes als Reichsverteidigungskommissar. Diese Funktionen waren ihm am 20. Juli durch die Ingangsetzung des Planes *„Walküre"* zeitweilig entzogen worden. *„Walküre"* war eine Erfindung der Verschwörer. Der Plan sah vor, daß die regionale Exekutivgewalt von den politischen Organen, also den jeweiligen Gauleitern und gleichzeitigen Reichsverteidigungskommissaren, an die örtlichen militärischen Kommandostellen überging. In Berlin trat also an die Stelle von Goebbels der Stadtkommandant, *General v. Hase*. Der Plan *„Walküre"* war für den Fall feindlicher Fallschirmlandungen, Fremdarbeiteraufstände oder ähnliche Notstände im Reichsgebiet vorgesehen. Er wurde durch Führererlaß vom 13. Juli 1944 grundsätzlich angeordnet. Seine Auslösung sollte durch den Befehlshaber des Ersatzheeres, Generaloberst *Fromm,* erfolgen. Dieser Plan zusammen mit der Ermordung Hitlers war die wesentliche Voraussetzung für den Putsch. Es ist bezeichnend, daß *Speer* in seinen Memoiren die Urheberschaft an dem Plan beansprucht. Er habe ihn im Mai 1944 *Jodl* vorgeschlagen, und dieser habe ihn bei *Hitler* durchgedrückt. Mit scheinbarer Ehrlichkeit gibt er zu, daß der Plan und sogar seine Bezeichnung *„Walküre"* bereits aus dem Jahr 1942 stamme. Aber nun sei — durch ihn und *Jodl* — *„Hitlers Interesse geweckt"* worden. Sein unglaubwürdiger Giftgasplan zur Ermordung Hitlers scheint ihm nicht Widerstandsverdienst genug. Er möchte auch an *„Walküre"*, dem Putsch-Instrument, beteiligt gewesen sein. So wird er auch nicht müde, das Mißtrauen zu betonen, das *Goebbels* an diesem 20. Juli ihm gegenüber gezeigt habe, indem er ihn z. B. nicht über das mit *Hitler* geführte Telefongespräch informierte.

Das stimmt. Nun war aber Mißtrauen gegenüber allem und jedem eine der hervorstechendsten Eigenschaften von *Goebbels*. Er hatte es selbst mir gegenüber. Als eine meiner Cousinen ersten Grades als ehemalige Privatsekretärin des Generalfeldmarschalls *von Brauchitsch* im Zuge der Untersuchungen über den 20. Juli verhaftet wurde und im Keller der *Prinz-Albrecht-Straße* bei der Gestapo landete, stand auch mein Schicksal als sein persönlicher Pressereferent auf des Messers Schneide, zumal ich als Angehöriger des deutschen Adels zusätzlich durch meinen Parteiaustritt im Mai 1932 belastet erschien. So unberechtigt sein Mißtrauen mir gegenüber war, so guten

Grund hätte es gegenüber *Speer* gehabt, der sich tatsächlich dem Widerstand einreihte, wenn auch erst nach 1945.

Aber an diesem Tag überwand *Goebbels* sein Mißtrauen gegen *Speer*. Ja, als im Lauf des Abends herauskam, daß *Speers* Name auf der Liste des Putschistenkabinetts gestanden hatte, wurde von beiden darüber gelacht, auf *Speers* Seite so herzlich, wie das nur ein ganz gewiefter Schauspieler fertigbekommen hätte, wäre er wirklich mit im Komplott gewesen. Speer war es nicht, sondern am 20. Juli 1944 und noch lange danach trotz aller nachträglichen Versuche, das Gegenteil zu beweisen, einer der treuesten und tüchtigsten (und freilich auch ehrgeizigsten) Gefolgsleute des Führers – aus Opportunismus, wie wir jetzt wissen.

Vom Komplott zur Kapitulation

Daß seine und *Goebbels'* vereinte Bemühungen, den Krieg nach dem 20. Juli zu einem für Deutschland glücklichen Ende zu bringen, schließlich doch nicht zum Erfolg führten, hatte andere Gründe. Beide haben es – und ich glaube dies als Pressechef des Reichsbevollmächtigten für den totalen Kriegseinsatz, zu dem ich mit der Beauftragung *Goebbels* als solcher unmittelbar nach dem 20. Juli ernannt wurde, beurteilen zu können – an Energie und Einfallsreichtum nicht fehlen lassen. Aber es war zu spät. Der Verrat, seit langen Jahren, auf allen Gebieten und von den verschiedensten Gruppen, ultrakonservativen bis kommunistischen, betrieben, hatte die Weichen der Niederlage unkorrigierbar gestellt.

Wenn der ehemalige Generalstabschef *Halder* im sogenannten *Huppenkothen*-Prozeß in Augsburg, bei dem es um die Schuld am Tod des im April 1945 im KZ Flossenbürg hingerichteten Admiral *Canaris* ging, die gezielte Frage des Oberstaatsanwaltes, ob *„der militärische Landesverrat, also die Mitteilung über bevorstehende Angriffshandlungen an den Feind, irgendeinen Einfluß auf den Ausgang des Krieges gehabt"* habe, mit *„einem klaren Nein"* beantwortete, dann kann man sich nur wundern, daß Zeitgeschichtler, die Anspruch auf Ernsthaftigkeit erheben, wie der *Prof. Max Domarus*, ein solches Argument zur Exkulpierung der Widerständler akzeptieren. Wenn ihr Landesverrat, der in unzähligen Fällen erwiesen, ja von ihnen selbst als Verdienst in Anspruch genommen wurde, keinen Einfluß auf den Ausgang des Krieges hatte, warum begingen sie ihn dann? Hat der *Admiral Canaris* etwa nicht bei Kriegsausbruch erklärt: *„Wenn wir diesen Krieg verlieren, wird es fürchterlich, aber wenn ihn der Nationalsozialismus gewinnt, wird es noch schlimmer?"* [2]) Sollte etwa ein Erfolg *Hitlers* nicht unter allen Umständen und mit allen Mitteln „verhindert werden, auch auf Kosten einer schweren Niederlage", wie *Fabian von Schlabrendorff* wörtlich in der Zürcher Erstausgabe seines Buchs *„Offiziere gegen Hitler"* von 1946 bekannt hat?

Nein, es war schon so, wie *Goebbels* uns das in der Morgendämmerung des 21. Juli 1944 auseinandersetzte: In den letztvergangenen Stunden hatten sich im deutschen Schicksalsdiagramm zwei verschiedene Kurven überschnit-

---

2) Nach J. K. Peter: „Der 20. Juli", Buenos Aires 1951.

ten. Der einen Zielpunkt war der Sieg, der anderen die Niederlage. Die erstgenannte war im Koordinatensystem des Zweiten Weltkrieges zunächst steil hochgeschnellt, flachte in den Jahren 1940 und 1941 ab und begann sich 1942, nach dem Kriegseintritt der USA, abwärts zu senken. 1943 wurde mit den Niederlagen in *Stalingrad* und Nordafrika und der Intensivierung des Bombenkrieges als Vorbereitung für die Eröffnung der zweiten Front im nächsten Jahr diese Entwicklung so rasant, daß *Churchill* und *Roosevelt* in Erwartung des unmittelbar bevorstehenden deutschen Zusammenbruches in *Casablanca* die Forderung auf *„bedingungslose Kapitulation"* erheben zu können glaubten. Sie brauchten noch mehr als zwei Jahre, ehe sie dies Ziel erreichten. Am 20. Juli 1944 schnitten sich die beiden Kurven. Der Widerstand wurde bis auf geringe Reste ausgemerzt. Aber die von *Goebbels* erhoffte Aufwärtsentwicklung trat nicht mehr ein. Der von der Gegenseite jahrelang betriebene Verrat (nicht nur sämtlicher Angriffstermine, sondern auch kriegsentscheidender Geheimwaffen wie V-Geschosse und Atombomben) hatte Auswirkungen, die nicht mehr rückgängig zu machen waren.

Und schließlich, vergessen wir das nicht, war auch Hitler nach dem 20. Juli 1944 nicht mehr der gleiche. Die physischen Schäden, die er beim Attentat erlitt, waren nichts im Vergleich zu den psychischen und moralischen. Wie sollte ein Mann, der sich bis in seine engste Umgebung von Verrätern umgeben sah, noch das Zutrauen besitzen, ein Land aus dieser Bedrängnis, in die es geraten war, herauszuführen? *Goebbels* sagte es mir wieder und wieder: Der Führer ist nicht mehr der alte. Seine Entschlüsse, sonst intuitiv und stets im richtigen Augenblick blitzartig durchgeführt, wurden zaudernd und unsicher. Es fehlte ihm von nun an das, was man „fortune" nennt. Die Bombe, die ihm einer seiner Offiziere, Mitglied eines angesehenen alten Geschlechts, Angehöriger eines im Dritten Reich privilegierten Standes, unter Ausnutzung des ihm als solchem geschenkten Vertrauens vor die Füße legte, versehrte ihn äußerlich nur leicht. Aber sie zerbrach ihn innerlich.

☆

Das deutsche Volk mußte seinen unter ihm freiwillig angetretenen Weg zu Ende gehen. Daß es das aufrecht, stolz und bis zum letzten Augenblick, als alles, aber auch alles verloren war, *kämpfend* tat, hat ihm die Achtung seiner Feinde eingetragen, von denen viele heute seine Freunde sind, und hat die moralische Grundlage für seinen Wiederaufstieg geschaffen. Für mich ist der 20. Juli 1944 der Beweis, daß Geschichte mehr als das Zusammenwirken materieller Fakten und Zufälligkeiten ist, nämlich das Walten eines höheren Schicksals, das die Völker nach den ihnen innewohnenden Gesetzen durch Höhen und Tiefen führt. Wir haben sie durchmessen. Und wer dabei sich und seinem Volk treu geblieben ist, gerade auch an jenem 20. Juli 1944, darf den gefallenen Kameraden, deren Tod vielen sinnlos erschien, bestätigen: Und ihr habt doch gesiegt! Er braucht vor niemandem den Kopf zu senken und die Augen niederzuschlagen. Und er kann den neuen Generationen unseres Volkes zurufen: Es ist vielleicht nicht besser, aber auch ganz gewiß nicht schlechter als die anderen! Verzehrt eure Kraft nicht mit der Bewältigung unserer angeblich dunklen Vergangenheit! Bewältigt die Gegenwart, damit uns die Zukunft gehört!

HEINRICH HÄRTLE:

Was die Kaltenbrunner-Berichte enthüllen

Das Thema *„Kaltenbrunner-Berichte"* [1]) habe ich gewählt, weil ich den Herausgeber, *Karl Friedrich Peter,* noch selbst kannte und nach seinem Tode sein Archiv durchforschte. Schließlich fühlte ich mich dazu durch meinen Freund *Dr. Hans W. Hagen* gedrängt, mit dem ich mich über diese Berichte und alle anderen Schicksalsfragen des 20. Juli immer wieder besprechen und Ereignisse erfahren konnte, die er nicht veröffentlicht hat. *Hagen* war befreundet mit *W. v. Kielpinski,* Leiter der 400 Beamte umfassenden Kommissionen, die für *Kaltenbrunner* jene Vernehmungsberichte zusammenfaßten, die dieser vom 21. Juli bis 15. Dezember 1944 fast täglich Hitler vorlegen ließ.

Diese Berichte sind erstaunlich objektiv und wirken teilweise wie eine Selbstkritik des Hitlerismus.

Vergeblich aber sucht man darin nach einer neuen innen-, außen- oder wehrpolitischen Idee der Verschwörer.

Außenpolitische Illusionen

Im Vordergrund steht außenpolitisch die Freundschaft mit England und damit mit den USA. Was wäre daran neu? Hitler hat in allen seinen Stellungnahmen zur Außenpolitik von 1920 bis in den Krieg hinein die Freundschaft mit England in den Mittelpunkt gerückt, und die Geschichte wird einst feststellen, daß seine Konzeption die Führungsrolle Europas und der Weißen Rasse hätte retten können. Seit sich aber *Churchill* mit *Roosevelt* und *Stalin* verschworen hatte, waren solche Hoffnungen unerfüllbare Utopien und gefährliche Illusionen. Die Verschwörer haben eine solche Konzeption noch 1944 vertreten, als es längst keine selbständige englische Außenpolitik mehr gab und sich *Churchill* bereits von *Morgenthau* dirigieren ließ.

Daneben tauchen immer wieder Pläne auf, man müsse sich mit den Sowjets verständigen und hofft auf die Bekanntschaft *Schulenburgs* mit *Stalin.* Als ob ausgerechnet *Stalin* einem durch die Revolte geschwächtem Deutschland gegenüber eher zu Konzessionen bereit gewesen wäre, als einem Deutschland mit ungebrochener Kampfmoral.

---

[1]) Spiegelbild einer Verschwörung. Die Kaltenbrunner-Berichte an Bormann und Hitler über das Attentat vom 20. Juli 1944. Herausgegeben vom Archiv Peter für historische und zeitgeschichtliche Dokumentation. 599 Seiten, Ln. Seewald-Verlag, Stuttgart 1961. Die Seitenangaben beziehen sich auf diese Ausgabe.

Die gründlichste Enthüllung des „Widerstandes" verdanken wir dem Buche von Karl Balzer: „Der 20. Juli und der Landesverrat" (K. W. Schütz Verlag) H.H.

Faulhaber und Hitler

Zu gewissen Hoffnungen berechtigten die Kirchen. Zu katholischen und protestantischen Klerikern liefen sehr früh konspirative Verbindungen, die *Gerstenmaier* schon für 1934 angibt. Die kirchlichen Auslandsbeziehungen wurden in den Dienst der Verschwörer gestellt, und ein *Dr. Müller („Ochsensepp")* konnte als Agent von *Canaris* mit dem Jesuitenpater *Leiber*, dem engsten Vertrauten des Papstes, jahrelang gegen das Reich intrigieren. *Canaris* und *Oster* hielten engste Verbindung zum Vatikan, wie auch in den Aussagen des Botschafters *von Hassell* bestätigt wird. Die *Kaltenbrunner-Berichte* faßten zusammen: *„Das Hinausströmen oppositioneller Elemente ins Ausland, die im Ausland aus ihrer gegnerischen Haltung kein Hehl machen und ausländische Kreise über die bestehenden Gegnergruppen in Deutschland eingehendst unterrichten, haben die Hoffnungen der Feinde auf einen inneren Zusammenbruch Deutschlands immer wieder genährt und wachgehalten und damit die Hoffnung des Gegners auf einen schnellen Sieg ohne entscheidenden Endkampf immer wieder zum Schaden des Reiches gestärkt." (S. 510).*

Wie weit. die Kirchenhörigkeit einzelner Verschwörer reichte, zeigt *Major von Leonrod. Stauffenberg* suggeriert ihm, er sei gerade als Katholik gewissensmäßig verpflichtet, seinen Eid zu brechen. In seiner Gewissensnot sucht *Leonrod* seinen Beichtvater auf, der den Major beruhigt. Er tröstet ihn, daß es *„keine Sünde sei, um dieses Attentat zu wissen." (S. 262)* Der Kaplan und sein vorgesetzter Pfarrer haben diesen Mordplan nicht gemeldet, wie es ihre Pflicht gewesen wäre.

Als der Mordanschlag gegen *Hitler* mißglückte, läuteten die Kirchenglokken, und es stiegen Dankgebete gen Himmel für die Errettung des Führers.

Goerdeler hatte auch mit Faulhaber konspirative Gespräche geführt. Aus der Befragung des Kardinals wegen der Verbindung zu Goerdeler bezeugen die Berichte: *„Faulhaber überschlug sich dabei geradezu in der Ablehnung und Verurteilung des Anschlags vom 20. 7. und in seinem Treuebekenntnis zum Führer." (S. 304)*

Beck als Prophet

Um die Meineidstat vom 20. Juli zu rechtfertigen, wird uns erzählt, daß jener Offizier, der Hitler ersetzen und Staatsoberhaupt der Verschwörer-Regierung werden wollte, *General Beck,* in seinen Denkschriften genau vorausgesagt habe, der Zweite Weltkrieg müsse verloren werden. Entscheidend ist aber nicht, ob Beck die Niederlage prophezeit, sondern ob er die wirklichen Gründe des Zusammenbruchs erkannt hat. Und da muß allgemein festgestellt werden: Jene Ursachen, die *Beck* für die Niederlage verantwortlich machte, haben sich nicht ausgewirkt, und die wahren Gründe der eingetretenen Niederlage hatte er nicht erkannt.

Militärisch dachte er noch in den Kategorien des Ersten Weltkriegs, und er hat die entscheidenden Waffen des Zweiten Weltkriegs, die Möglichkeiten des Luftkriegs wie des Panzerkrieges, total verkannt, wie mir besonders *Guderian* in Gesprächen nach dem Krieg bestätigt hat.

Beck hatte den Polenkrieg nicht richtig eingeschätzt und sich über den Sieg im Westen gründlich getäuscht. *Oster* bestätigt bei seiner Vernehmung: *„Vor allem nach der Beendigung des Polenfeldzuges waren wir der Überzeugung, daß der geplante Westfeldzug nicht zu einem Erfolg führen könnte." (S. 430)* Man habe *„daher alle Hebel in Bewegung gesetzt, um seine Durchführung zu verhindern." (S. 430)* Man kennt diese Hebel inzwischen: Sabotage, Konspiration mit dem Feinde, Landesverrat. *Osters* eigener Landesverrat ist dafür kennzeichnend. Der Westfeldzug ging trotz *Oster* und *Beck* nicht verloren, sondern wurde zu einem größten Sieg der Kriegsgeschichte.

Die Verräter behaupten, die katastrophale militärische Lage hätte sie zu Verschwörern werden und den Führermord planen lassen. Sie verschweigen aber, daß sie durch Sabotage, Verrat und Ungehorsam entscheidend daran schuld geworden sind, daß diese Zwangslage entstehen konnte. Sie reden sich auf militärische Niederlagen aus und unterschlagen, daß sie diese mitverschuldet hatten, ja verschulden wollten.

Im Osten wie im Westen ist bewiesen, was Schlabrendorff der Verschwörung bestätigt hat: „diesen Erfolg Hitlers unter allen Umständen und mit allen Mitteln zu verhindern, auch auf Kosten einer schweren Niederlage des Dritten Reiches, war unsere dringlichste Aufgabe." („Offiziere gegen Hitler" S. 38)

Churchills Nein

Man könnte sicher unterscheiden zwischen bewußtem Hoch- und Landesverrat. Im Kriege aber gibt es nur subjektive Unterschiede, die objektive Wirkung bleibt die gleiche.

Aus den Berichten wird bewiesen: man war darüber unterrichtet, daß keine Verständigung mit England mehr möglich war, mit der man doch den Führermord außenpolitisch rechtfertigen wollte. *Goerdeler* hat bis zuletzt diese unverantwortbare Utopie verbreitet. Tatsächlich jedoch wird in den Berichten nachgewiesen, daß *Goerdelers* schwedischer Gesprächspartner, der Bankier *Jakob Wallenberg*, bei *Churchill* selbst erkundet hat und bereits im Herbst 1943 erfahren mußte, daß *„sich die Engländer nicht mehr davon würden abhalten lassen, das Luftbombardement gegen Deutschland zu verstärken." (S. 505)* Trotz dieses völlig negativen Ergebnisses von *Wallenberg* hielt *Goerdeler* an seiner Illusion fest, *„England würde nach einer Beseitigung des nationalsozialistischen Regimes Deutschland weitgehende Zugeständnisse machen". (S. 505)* Auch der Mitverschworene *Bismarck-Schönhausen*, ein Freund *Wallenbergs* seit 1924, bestätigt, *„daß Wallenberg keine Verständigungsmöglichkeiten zwischen England und Deutschland gesehen habe." (S. 505)*

Judenfrage

Auch mit der Judenfrage befaßt sich eine programmatische Denkschrift, die der Hauptmann *Kaiser* für den Widerstand niedergeschrieben hat. Er unterscheidet klar zwischen Juden und Deutschen und behauptet, daß das

„jüdische Volk einer anderen Rasse angehört“, sei *„eine Binsenweisheit“*. Ein Jude könne also nicht deutscher Staatsbürger sein, nicht Beamter sein noch in die Volksvertretung gewählt werden. Als Patentlösung empfiehlt *Kaiser*, in Kanada oder Südamerika einen Judenstaat zu gründen, dem dann auch die in Deutschland noch lebenden Juden als Staatsbürger angehören sollten.
Dieser Wunschdenker vergißt jedoch, die Frage zu beantworten, wie man Kanada oder Südamerika dazu zwingen könnte, einen solchen Judenstaat zuzulassen. *Kaiser* scheint nicht bemerkt zu haben, daß sich nahezu alle Länder, auch die demokratische Schweiz und das englische Mandatsgebiet Palästina, schon gegen die Zuwanderung einzelner Juden gesperrt hatten.

Die Patentlösung der Judenfrage, die die Verschwörer vorschlagen, war übrigens bereits überholt durch den *Madagaskarplan*, der — nach dem Sieg über die Besitzmacht Frankreich — eine reale Möglichkeit eines kommenden Judenstaats geboten hätte, und zwar im Gegensatz zu Palästina auf einer zehnfach größeren fruchtbaren Insel und ohne feindliche Nachbarn. Das wäre eine wirkliche Endlösung der Judenfrage geworden. Daß dies nicht nur Theorie war, sondern praktisch vorbereitet wurde, konnte ich im Frühjahr 1978 in den *„National Archives“* in *Washington* feststellen, wo die Mikrofilme der amtlichen Aktenvorgänge um das *Madagaskar*-Projekt in zahlreichen Exemplaren nachprüfbar sind.
Die Ausweitung des Krieges brachte auch diesen Plan zum Scheitern. Wer mit unseren Feinden für die Niederlage Deutschlands konspirierte, trägt auch dafür die Mitverantwortung, daß der *Madagaskarplan* nicht mehr verwirklicht werden konnte.
Der Widerständler *Baron Uexküll* bestätigt: *„Am Rassegedanken sollte festgehalten werden, soweit dies möglich war.“ (S. 449)* Verschwörer *Popitz* erklärt: *„Die Auseinandersetzung mit der Judenfrage, die Ausscheidung aus dem Staats- und Wirtschaftsleben war unvermeidbar.“ (449)* Nur über die Methoden war man gegensätzlicher Meinung.

Militärdiktatur

Oberst i. G. Sauerbruch erklärte gegenüber *Stauffenberg*: *„Dagegen hielt ich die Idee, durch den Wechsel der Regierung zu einem besseren Frieden zu kommen, für einen verbrecherischen Wahnsinn.“ (S. 397)*

Doch das ist eine Ausnahme. Die Mehrzahl der Konspiratoren wollte mitten im Kriege, zwischen der Invasionsfront im Westen und dem Ansturm der 600 Divisionen Rotarmisten im Osten, den Sturz der politischen und militärischen Führung. Als Ersatz hatten sie nur eine Militärdiktatur mit dem Endziel der Wiedereinführung der Monarchie anzubieten. Es ist einfach paradox, wenn man die Vertreter einer solchen Reaktion heute der Bundeswehr als demokratische Vorbilder anbietet.

Nicht die Demokratie sollte den Führerstaat ablösen, sondern eine autoritäre Erbmonarchie, die geschichtlich längst gescheitert war. Soweit dieses Ziel in den nebelhaften Vorstellungen der Verschwörer erkennbar ist, gingen sie dabei von einer falschen Vorstellung vom Nationalsozialismus wie des Hitlerismus aus. Tatsächlich war Hitlers Diktatur nicht das Ideal der nationalsozialistischen Staatsauffassung, sondern eine, von 1933 bis 1938 durch den innenpolitischen Notstand und von 1939 bis 1945 durch die Gefahren des Krieges erzwungene Hilfskonstruktion. Ihre Vorbedingung war die geschichtlich einmalige Erscheinung Hitlers, seine Genialität und sein diktatorischer Charakter. Weder das Programm der NSDAP noch die selbständig denkenden Männer in Hitlers Umgebung wollten diese zeitbedingte Diktatur verewigen.

Im Gegenteil, noch mitten im Kriege gab es Reformpläne höchster Parteidienststellen, der SS, der Parteikanzlei und der Dienststelle *Rosenberg. Alfred Rosenberg* als bedeutendster Programmatiker der nationalsozialistischen Bewegung hat in der Nürnberger Todeszelle eine Zusammenfassung dieser Reformbestrebungen niedergeschrieben. Er stützte sich dabei auf Pläne, die er in einem noch unveröffentlichten zweiten Band seines *„Mythus des 20. Jahrhunderts"* aufgezeichnet hatte.

In den von mir veröffentlichten Nürnberger Aufzeichnungen Rosenbergs sind diese Reformideen nachgewiesen [2]).

Rosenberg geht klar davon aus, daß nach dem Erringen der inneren Sicherheit und der äußeren Freiheit Hitlers Diktatur in einen wirklichen Führerstaat umgebaut werden müsse. Zwar wollte man keine Parteiendemokratie nach dem Weimarer Muster eines in 32 Parteien zerstrittenen Parlamentarismus. Doch bekannte sich Rosenberg zum Prinzip der Volkssouveränität. Dieser demokratische Grundwille sollte seine Ausprägung finden in der freien Wahl des Staastoberhauptes bei zeitlicher Begrenzung, in der Ergänzung des Führerprinzips durch das Ratsprinzip in allen Gliederungen der Volksordnung, Ablösung des Einparteiensystems durch Neugründung mehrerer Parteien, freigewählter Reichstag, Versammlungsfreiheit usw.

Dies nur als Andeutung, um darauf hinzuweisen, daß man für die Nachkriegszeit besonders durch den führenden Programmatiker Rosenberg eine Umwandlung der Hitlerdiktatur in einen demokratischen Führungsstaat erstrebte. Die Verschwörer dagegen, soweit ihre Ziele überhaupt erfaßbar sind und wo sie über den Führermord hinaus dachten, waren Reaktionäre, rückwärtsgewandt zur Militärdiktatur und zu einer christlich verbrämten Erbmonarchie.

Vansittarts Informanten

Die Hauptschuldigen der Fronde haben bereits 1933 begonnen, mit dem Widerstand gegen Hitler zugleich hemmungslos Landesverrat zu verüben. Sie haben dies auch dann noch fortgesetzt, als sie erfahren hatten, daß vom Ausland keine Zusage erreichbar war, die für eine Regierung der Verschwörer günstigere Bedingungen erhoffen ließ.

Goerdeler, der als Kanzler der Putschisten Hitlers Nachfolger werden wollte, hat jahrelang die halbe Welt bereist, um gegen die Reichsregierung zu agitieren und *England* zum Krieg gegen Hitler-Deutschland zu drängen.

---

[2]) **„Großdeutschland, Traum und Tragödie. Rosenbergs Kritik am Hitlerismus". 308 S. Ln. München 1969.**

Er scheute und schämte sich nicht, beim pathologischen Deutschenhasser *Vansittart* die deutsch-englischen Verhandlungen zu sabotieren. Zu diesem Erzfeind alles Deutschen pilgerte *Goerdeler*, um im *Foreign Office* und in *Vansittarts* Privatwohnunng zu konspirieren.

Es war einer der Tiefpunkte dieser reichsfeindlichen Umtriebe, als sogar der Haupttreiber der Londoner Kriegspartei, *Vansittart*, bei den Ausführungen *Goerdelers* ausrief: *„Solche Reden sind ja Landesverrat."* Das hat *Goerdelers* Eifer nicht gedämpft!

Vollendeter Hoch- und Landesverrat

Am 25. Mai 1939 beschwor er seinen englischen Partner: *„Die einzige Chance, Hitler und die Armee zu trennen, wäre die, Deutschland und Italien in einen Krieg zu verwickeln." (Vgl. A. v. Ribbentrop: „Die Kriegsschuld des Widerstandes" S. 280)*

Goerdelers Freund, *Kleist-Schmenzin*, war bereits im August 1938 in London, um mit Wissen von *Beck*, *Canaris* und *Oster* bei Lord *Lloyd*, *Churchill* und *Vansittart* zu intrigieren. Also begannen auch die Militärs mit landesverräterischen Umtrieben. General *Ludwig Beck* und General von *Witzleben* haben während der Tschechenkrise England definitiv den Staatsstreich in Deutschland versprochen. Der Engländer *Colvin* bestätigt in seinem Buche über *Canaris*, daß dieser gleichzeitig Deutschlands Abwehrchef und heimlicher Verbündeter der Briten gewesen ist. Traurigster Erfolg von *Canaris* war es, *Franco* daran zu hindern, *Hitlers* Angebot zu akzeptieren und die Engländer in Gibraltar aus dem Mittelmeer auszusperren, was kriegsentscheidend hätte werden können.

Halders und seiner Komplizen Landesverrat muß nicht mehr im Einzelnen nachgewiesen werden. Es genügt zu zitieren, mit welcher Begründung der Generalstabschef der Verschwörer sich 1948 entnazifizieren ließ. *Halders* Anwalt stellte vor der Spruchkammer fest: *„Das Verhalten Halders 1938 war jedenfalls vollendeter Hoch- und Landesverrat."*
Landesverrat betrieb man aber nicht nur im Westen, sondern auch gegenüber dem Feind im Osten. Im Herbst 1943 haben *Goerdeler* und von *Tresckow*, der vermutlich Hauptschuldige am Zusammenbruch des Mittelabschnitts der Ostfront, mit dem Plan gespielt, den ehemaligen Botschafter *von der Schulenburg* durch die Linien der Ostfront zu schleusen, damit er *Stalin* über die Putschpläne informieren könnte. *„Wenn Schulenburg mit Stalin zu einem Ergebnis kam, sollte eine militärische Aktion den Umsturz in Deutschland herbeiführen." (S. 308)*
Auch heute noch kann man nur mit kaltem Entsetzen lesen, was der englische Historiker des Widerstandes, *J. F. Taylor*, über die Sabotage an der Ostfront vor und nach Stalingrad berichtet: *„Der frühere Generalstabschef Beck hat schon 1943 dem als Vizekanzler Goerdelers vorgesehenen Wilhelm Leuschner erklärt: ‚Man verfüge jetzt über genügend Vertrauensleute in Kommandostellen der Ostfront, so daß man den Krieg bis zum Zusammenbruch des Regimes regulieren könne. Diese Vertrauensleute arrangierten z. B. Rückzüge ihrer Einheiten, ohne jeweils die Nachbareinheiten zu be-*

nachrichtigen; die Folge sei, daß die Sowjets in die so entstandenen Frontlücken einbrechen und die Front nach beiden Seiten aufrollen könnten.“
Taylor schließt mit der Feststellung: *„Daß ein solches Vorgehen hohe Verluste an Menschen und Material zur Folge hatte, liegt auf der Hand.“* Zu den Mitteln der Putschisten hätte der politische Mord gehören können ... *„aber nie die Sabotage und der Verrat der deutschen Siegesmöglichkeiten ... (Taylor „Der 20. Juli“ S. 78 ff)*

Verschwörer gegen Verschwörer

Oster, seit 1939 des Landesverrats überführt, bezeichnet vor dem Gericht *Beck* als die treibende Kraft der Umsturzpläne, *„die bis zum Frankreichfeldzug verfolgt und nach Beginn des Feldzugs gegen die Sowjetunion wieder aufgenommen worden sind.“ (S. 431)*
Schulenburg bezeichnet *Beck* als *„einen Gelehrtentyp, dem es aber an jeder Initiative gefehlt“* habe (365)
Der ehemalige preußische Finanzminister und Frondeur *Popitz* urteilt über das kommende Reichsoberhaupt: *„Ich habe ihn (Beck) nie für einen tatkräftigen Menschen gehalten. Er war nicht in der Lage, selbst was zu unternehmen. Ich hielt ihn für einen völlig gebrochenen Mann,“ (S. 365)*
In der Stunde der Entscheidung erweist sich *Beck* tatsächlich als absolut entschlußunfähig. Eine solche Gestalt maßte sich an, im Kulminationspunkt des Krieges einen *Hitler* ersetzen zu können!
Auch im innersten Kreis der Verschwörung bestand keine Einigkeit über Ziel und Methode und man wertete sich gegenseitig selbst ab. Den Generalquartiermeister *Wagner*, der hauptschuldig daran war, daß den Soldaten der Ostfront die Winterausrüstung fehlte, bezeichneten die Generale *Hoepner* und *Heusinger* als einen von Ehrgeiz und Eitelkeit getriebenen Offizier, den man wegen seiner Selbstherrlichkeit und Rücksichtslosigkeit den *„Nero“* genannt habe. (S. 368) *Heusinger* wirft auch Generalmayor *Stieff* vor, geltungssüchtig gewesen zu sein: *„Charakterlich habe ich ihn nie für besonders fest gehalten.“ (S. 368)*
Tresckow, vielleicht der verhängnisvollste Verräter an der Ostfront, wird von Generaloberst *Heusinger* geschildert als sehr kluger, aber auch sehr ehrgeiziger Offizier, ein Typ des Intellektuellen *„und zwar im schlechtesten Sinne.“ (S. 368)*
Ähnlich urteilt *Schlabrendorff* über seinen Mitverschwörer: *„Allgemein schimpfte man über von Treskow, weil man ihn für sehr ehrgeizig hielt und glaubte, daß er sich nach oben anbiedern wollte. Persönlich habe ich das Empfinden, daß er ein Karrieremacher war.“ (S. 478)*

Utopist Goerdeler

Dr. Carl Götz, Direktor der *Dresdner Bank*, urteilt über den kommenden „Reichskanzler“ *Goerdeler:*
„... so bedeutungslos und unsachlich erachte ich seine militärisch-politischen Meinungen, um so mehr, als seine Prophezeiungen in der Regel seit 1939 falsch waren.“ (S. 490)

Oberst Staehle bescheinigt *Goerdeler: „Die Beharrlichkeit und Besessenheit, mit der er seine Meinungen auf andere zu übertragen versuchte, sei geradezu unheimlich gewesen." (S. 490)*
Der Oberbürgermeister von Hannover, *Dr. Menge*, bekundet: *„Goerdeler ist nämlich trotz seiner unzweifelhaften Begabung ein Mann, der leicht Prophezeiungen und Behauptungen aufstellt, die sich bei Nachprüfung als unrichtig erweisen," (S. 490)*
Ein anderer Bekannter *Goerdelers* bestätigt: *„Die Pläne, die er ... entwickelte, waren oft so grotesk und unpolitisch gedacht, daß man sich nur wundern konnte über die Instinktlosigkeit der Goerdelerschen Auffassung der Gesamtlage." (S. 490)*
Gutsbesitzer von *Zitzewitz-Muttrin* bescheinigt *Goerdeler: „Sein Hang zum Pessimismus verführte ihn selbst ... zu Fehlbeurteilungen und Voraussagen, die sich niemals erfüllten." (S. 490)*
Selbst *Stauffenberg* scheint kein allzu großes Vertrauen zu diesem seinem Reichskanzler gehabt zu haben, denn als *Goerdeler* mit ihm noch am 18. Juli in Berlin sprach, hat ihm *Stauffenberg* mit keinem Wort verraten, daß er in 2 Tagen Hitler ermorden wollte.
Erst am 21. Juli erfuhr Goerdeler in seiner Privatwohnung vom Attentat, das allerdings gescheitert war und seine Karriere als Reichskanzler beendete, ehe sie beginnen konnte. (S. 218)

Stauffenberg im Zwielicht

Stauffenberg dürfte noch am ehesten das Zeug zum Revolutionär in sich getragen haben. Sein Bruder, *Berthold Graf Stauffenberg,* beschreibt seine weltanschaulichen Grundlagen: *„Auf innerpolitischem Gebiet hatten wir die Grundideen des Nationalsozialismus zum größten Teil durchaus bejaht: Der Gedanke des Führertums, der selbstverantwortlichen und sachverständigen Führung, verbunden mit dem einer gesunden Rangordnung und dem der Volksgemeinschaft, der Grundsatz ‚Gemeinnutz geht vor Eigennutz', und der Kampf gegen die Korruption, die Betonung des Bäuerlichen und der Kampf gegen den Geist der Großstädte, der Rassegedanke und der Wille zu einer neuen, deutsch bestimmten Rechtsordnung erschien uns gesund und zukunftsträchtig." (S. 447/448)*

Am 30. Januar 1934 setzte sich der Leutnant *Stauffenberg,* dem Verbot zuwider, in Uniform an die Spitze des Gedenkmarsches in Bamberg. Alle loben seine Intelligenz, Beredsamkeit und mitreißende Überzeugungskraft. Nach seiner schweren Verwundung in Afrika wandelt sich seine positive Haltung in blinden Haß gegen Hitler. In seinem Fanatismus verkennt er die außenpolitischen Möglichkeiten fatal. *Von Trott* berichtet, er habe unter einer *„absoluten Psychose"* gehandelt, dabei die Realität soweit verkannt, daß er sich auf bestimmte Inspirationen der Gegenseite einließ, oder er habe, wie *v. Trott* feststellt, *außenpolitisch ins Nichts gehandelt." (S. 111, 198).*

Auf die Heldengestalt, zu der man ihn seit 1945 hochstilisieren möchte, fallen dann doch auch dunkle Schatten. Das ist sein Offizierswort gegenüber Feldmarschall *Rommel,* auf das Attentat zu verzichten, weil man, wie

Rommel ihn mahnte, mitten im Gefecht nicht den Kompagnieführer abschießen dürfe. *Stauffenberg* hat sein Wort gebrochen und wurde so mitschuldig am tragischen Ende des Feldmarschalls. Dann seine peinlich wirkende Selbstbeförderung. Nach der Tat meldete er sich nicht mehr als Oberst, sondern als *„General Stauffenberg"*. Und da lastet weiter der vierfache Kameradenmord vom 20. 7. 44 auf ihm. Dennoch, er fiel mit dem Ruf: *„Es lebe das ewige Deutschland"*.

Klägliche Haltung

Hätte *Stauffenberg* die klägliche Haltung anderer Verschwörer vor dem Volksgerichtshof erlebt, wäre er wohl enttäuscht gewesen.

Eine Ausnahme bietet der junge Hauptmann *Klausing*. Er bekennt abschließend – angesichts des erbärmlichen Auftritts von *Stieff, Hoepner* und *Witzleben* – *„wenn er gewußt hätte, was für Männer an der Spitze des Komplotts gestanden haben und mit führenden Stellungen betraut werden sollten, wäre er von vornherein zu der Überzeugung gelangt, daß aus einem Umsturz niemals etwas habe werden können." (S. 182)*

Das trifft vor allem *Witzleben*. Durch Vermittlung meines Freundes *Dr. H. W. Hagen,* habe ich an der betreffenden Verhandlung vor dem Volksgerichtshof teilgenommen. Noch heute läuft es mir kalt über den Rücken, wenn ich mich erinnere, wie *Witzleben* sich vor dem Präsidenten des Volksgerichtshofs *Freisler* aufbaute und ihm mit erhobener Hand den Hitlergruß entbot. Seit 1943 wollte er *Hitlers* Ermordung, und nun grüßte er in dessen Namen. Wir Frontsoldaten konnten das einfach nicht fassen.

Witzleben leugnete zunächst alles, wurde Zug um Zug überführt und stand wie ein armer Sünder vor dem tobenden *Freisler*. Uns war zwar auch *Freislers* überflüssige Demagogie zuwider, seine Verbalinjurien gegen Wehrlose. Wir haben ihm das auch vorgeworfen, und er entschuldigte sich damit, daß die erbärmliche Haltung der Angeklagten ihn zu solchen Maßlosigkeiten gereizt hätte.

Dieser *Witzleben* wollte das Oberkommando in einem Kriege übernehmen, der ein totaler, also ein durch und durch politischer war. *Witzleben* aber beteuerte: *„Ich verstehe von den ganzen politischen und zivilistischen Dingen nichts." (S. 180)*

Man wird gedrängt, zu vergleichen, wie sich jene Männer im Nürnberger Prozeß verhalten haben, die ein Witzleben und seine Frondeure ablösen wollten. Es sei erinnert an das Duell *Hermann Görings* mit dem amerikanischen Hauptankläger *Jackson,* dem Vertreter der amerikanischen Weltmacht gegen einen wehrlosen deutschen Angeklagten; Jackson wurde dabei nur zweiter Sieger. Oder erinnern wir uns an die ehrbewußte Haltung von Keitel und Jodl, die, den Tod vor Augen, zu ihren Taten standen. Man sollte einmal unseren jungen Offizieren die Filme des Tribunals von Nürnberg und die vom Volksgerichtshof in Berlin gleichzeitig zeigen und sie dann selbst urteilen lassen.

Das eigentliche Urteil über die Revolte vom 20. Juli aber haben sich die Angeklagten selbst gesprochen. Nach der Verkündung der Todesstrafe, als es nichts mehr zu verlieren oder zu gewinnen gab, bekannten sie die Wahrheit. Es ist eine erschütternde Tatsache und dennoch unwiderlegbar: Am 4. Dezember 1944 berichtet *Kaltenbrunner: „Unter den bisher vorliegenden Abschiedsbriefen findet sich nicht einer, der das Urteil des Volksgerichtshofes nicht als gerecht anerkannt und in dem sich der Betreffende nicht selbst als schuldig bekannt hätte." (S. 516)*

Schuldbekenntnisse

Nur einige seien zitiert. *Graf Helldorf* erklärt: *„In meiner Vernehmung habe ich meine Schuld eingestanden, die in der Treulosigkeit gegenüber dem Führer und der Bewegung besteht. Die Folgerungen aus meiner Handlungsweise sind mir klar, und ich muß sie tragen."*

Der katholische *Major von Leonrod: „Ich bin nicht wert gewesen, ein Leonrod zu sein. Hoffentlich werde ich in die Familiengeschichte nicht aufgenommen, denn für diese bin ich ein Schandfleck ..."*

Oberstleutnant Smend: „So scheide ich als ehrloser Mensch aus dem Leben und habe alles, aber auch alles verspielt."

Generaloberst Stieff: „Mein Leben ist zerstört. Gestern und heute hat die Hauptverhandlung stattgefunden. Der Antrag lautet auf Tod, und er kann auch nicht anders ausfallen. Er ist gerecht. Was habe ich für Leid und Schande über Dich gebracht. Das ist der schlimmste Gedanke, der mich peinigt. Ich gehe ruhig und gefaßt in den Tod, den ich mir selbst schuldbeladen zugezogen habe." (S. 515)

Goerdelers „Gottesurteil"

Nur *Goerdeler* stand nicht zu seiner Schuld. Major *Eckhardt* bezeugt: *„Goerdeler habe ihm mit Worten und Gesten sein Schaudern über das Attentat ausgedrückt." Freifrau von Palombini* bekundet: *„Als wir über die Tat, die ich sehr verurteile, sprachen, erklärte Goerdeler ebenfalls, daß es eine unchristliche Tat sei und daß er so etwas auf das Entschiedenste ablehnte und ebenfalls verurteilte."* Sein Vetter bestätigt: *„Goerdeler verurteilte das Attentat sehr scharf und meinte, daß das keine Grundlage für eine neue Regierung sei. Er gab zu, daß durch das Attentat die politische und militärische Lage noch schwieriger geworden sei."*

Er blieb auch noch in der Haft ein pathologischer Illusionist, der sogar auf eine Wiederverwendung hoffte und seitenlang Namen seiner Mitverschwörer verriet. In einer Eingabe schreibt er: *„Ich habe dem Attentat widersprochen ... Das Scheitern des Attentats hat mich als eine Antwort der Vorsehung auf die Verletzung eines göttlichen Gebotes nicht überrascht."*

Er, der seit 1937 Hitler an das feindliche Ausland verraten hat, predigt nun: *„Wenn wir das Vaterland über alles stellen, was doch unser Glaube ist, so haben wir den 20. Juli 1944 als ein endgültiges Gottesurteil zu achten, ... Gott hat nicht gewollt, daß Deutschlands Bestand, um*

dessentwillen ich mich beteiligen wollte und beteiligt habe, mit einer Bluttat erkauft wird, er hat auch dem Führer diese Aufgabe weiter anvertraut ... Jeder Deutsche in den Reihen der Umsturzbewegung ist nunmehr verpflichtet, hinter den von Gott geretteten Führer zu treten ...“ (S. 513/514)
Wenn es ein Gottesurteil war, dann hat dieses *Goerdeler* vernichtet!

In Lügen erstickt der Aufstand. Auch alle Hoffnungen, die „der Widerstand“ auf das Ausland setzte, scheitern vor der Wirklichkeit. Dort begrüßt man den Putsch und – verhöhnt die Putschisten. Von Moskau bis London und Washington wird ihnen kein Pardon gegeben. Der Vernichtungswille des *„unconditional surrender“* wird nicht gemildert, sondern verstärkt.

Aus Lüge und Verrat wird keine neue Kraft geboren. Die Eidbrecher scheitern an den Eidtreuen, die Treulosigkeit zerschellt an der Treue. Nur dadurch werden Chaos und Bürgerkrieg verhindert.

Ethos der Treue

Der Putsch hat zwar dem Vernichtungswillen der Feinde genützt, das deutsche Volk aber arbeitet und kämpft härter und zäher als zuvor, trotz Luftterror und verzweifelter Lage der Fronten in West und Ost. Unsere Soldaten wanken nicht in ihrer Treue zu Volk und Führer, wie Generaloberst Friessner, damals Führer der Heeresgruppe Nord, melden kann.

Generaloberst *Guderian,* der wie fast alle Generäle seinem Fahneneid gehorcht, verkündet als neuer Chef des Stabes: *„Ich bürge dem Führer und dem deutschen Volke für die Geschlossenheit der Generalität, des Offizierskorps und der Männer des Heeres in dem einzigen Ziel der Erkämpfung des Sieges und unter dem Wahlspruch, den der ehrwürdige Generalfeldmarschall von Hindenburg uns oft einprägte: Die Treue ist das Mark der Ehre! ...“*
Das Ringen zwischen Treue und Untreue war das Schicksalsmotiv des inneren Dramas der deutschen Seele vom Nibelungenlied, den germanischen Sagas bis in die Tragödien der letzten Jahrhunderte. Die Treue hat dennoch auch am 20. Juli gesiegt!

Das sollten wir bedenken, wenn wir seine ethische Bedeutung abzuwägen versuchen. Wer nur die Figuren der Eidbrüchigen im Vordergrund betrachtet, sieht perspektivisch falsch. Im Hintergrund stehen die Eidtreuen an der Front und in der Heimat. Wir wollen den Umfang des Verrats nicht unterschätzen, aber es trifft auf hunderttausend treue Soldaten kaum ein treuloser; auf tausend eidtreue Offiziere kam ein Eidbrecher.
Die Treue als ethischer Hochwert kann und muß auch künftig die Grundlage der Wehrkraft bleiben.

Ohne die absolute Geltung des Eides vermöchten keine technische Rüstung und keine Wehrpsychologie auszureichen, um eine geschichtliche Bewährungsprobe bestehen zu können.

Treue und Untreue sind die ethischen Kontrapunkte auch der Tragödie vom 20. Juli, und es bedürfte wohl eines *Kleist* oder *Shakespeare,* um deren Tiefen und Untiefen auszuloten.

DAVID IRVING:

Das Ende einer Legende:

Der Fall Speidel

Die beiden Generale, um die es sich heute handelt, *Erwin Rommel* und *Hans Speidel,* spielten eine maßgebliche Rolle auf dem westlichen Kriegsschauplatz, d. h. in Frankreich, in der Normandie. Wir sprechen über das Jahr 1944, genauer über die Zeitspanne April 1944 bis Oktober 1944.

Im April 1944 nämlich erschien eines Tages im Hauptquartier *Rommels* als neuer Generalstabschef der Generalleutnant *Hans Speidel.* Im Oktober desselben Jahres mußte *Rommel* Selbstmord verüben.

Was passierte zwischen diesen beiden Daten? Darum geht es: War *Rommel* wirklich ein führendes Mitglied der deutschen Widerstandsbewegung, wie nach Kriegsende 30 Jahre lang erzählt wurde? Oder war er unbeteiligt daran, war er nur Soldat? Welche Rolle spielte *Speidel?* Warum mußte *Rommel* sterben, warum hat *Speidel* überlebt?

Diese Fragen habe ich z. T. Speidel selbst von Angesicht zu Angesicht gestellt. Ich habe ihn vor nunmehr zwei Jahren in seiner Wohnung in Bad Honnef aufgesucht. Meine Forschungsarbeiten waren damals zu Ende. Ich hatte geforscht in den Archiven Englands, Deutschlands und in den Vereinigten Staaten. Ich hatte schon ein ziemlich klares Bild über die wahren Begebenheiten. Ich mußte ihm das – fairerweise – sagen. Als ich von München nach Bad Honnef fuhr, da habe ich mir genau überlegt, wie ich den ersten Satz auszusprechen habe. Die deutschen Sprachkenntnisse reichen nicht immer, und ich weiß noch, als ich vor zwanzig Jahren Stahlarbeiter war in Mülheim, da befand ich mich einmal in einer ähnlichen Lage. Da mußte ich nämlich den Vorarbeiter darum bitten, daß er mich an eine andere Stelle versetzt! Und ich wußte nicht, wie man so eine Sache am besten vorbringt. Ich wußte aber, daß, wenn man einen Satz nicht richtig ausspricht, man in einer Fremdsprache sofort in Verlegenheit kommt: Man bekommt einen roten Kopf und man wird mißverstanden, und dann gleitet das Gespräch ins Uferlose ab. So überlegte ich, als ich zu Speidel fuhr, wie ich das Gespräch am besten anfange. Und ich sagte zu Herrn Speidel: *„Ich muß Ihnen sagen, wenn Sie mein Buch über Rommel lesen, dann werden Sie zunächst feststellen, daß ein erfreuliches Bild über Sie entwickelt wird. Dann werden Sie aber mit jedem weiteren Kapitel sich zunehmend schwarz ärgern".* [1]) Und er antwortet ganz freundlich: *„Weshalb, Herr Irving?"*

Seine Familie saß im Halbkreis um mich herum. Ich war allein und sagte zu *Speidel: „Ich habe an Ihrer Person fünf Angriffsflächen identifiziert. Diese nehme ich im Buch mir rücksichtslos vor."* Er sagte: *„Welche Angriffsflächen sind das?" „Zuerst einmal, daß Sie überhaupt Widerstand ge-*

[1]) Dieses Zitat und zahlreiche folgende sind sinngemäß, nicht unbedingt wörtlich zu verstehen. Der Referent sprach weitgehend frei. Vorlage war die Tonbandaufzeichnung. NE

trieben haben; das war nicht Sache eines Generalstabsoffiziers in Ihrer Lage." Das traf ihn fassungslos, wohl deshalb, weil ein Engländer ihm sagte, daß ein General nicht Widerstand zu treiben habe.

☆

Um hier einen kleinen Abstecher zu machen: Ich habe in den Akten hier in Deutschland ein äußerst interessantes Dokument gefunden von einem dritten General am französischen Kriegsschauplatz. Das war *Günther Blumentritt,* eine etwas umstrittene Figur. Er hat zahlreiche Notizen gemacht und diese im Archiv des *„Instituts für Zeitgeschichte"* in München deponiert. Darunter ein Blatt Papier, handschriftlich mit Datum 15. Februar 1947. Dabei handelt es sich um ein Gespräch mit Herrn Speidel. *Blumentritt* sitzt im Gefangenenlager. Das ist klar, denn er war ja „Nazi-General". Herr Speidel darf ihm einen Besuch abstatten. Er ist ja Gast der Amerikaner. Bei seinem Besuch erläutert er Blumentritt erstmalig, daß er, Speidel, viel mehr über das Attentat (am 20. Juli 1944) wußte, als er bisher zugegeben hat. *Blumentritt* setzt sich hin und macht Aufzeichnungen, auf die ich auch noch am Ende dieses Vortrags zurückkommen werde. Es geht darin nicht direkt um Herrn Speidel. Es sind die Auffassungen *Blumentritts* als Soldat, der in beiden Weltkriegen gekämpft hat und an dessen Grundauffassung sich nichts geändert hat. So schreibt *Blumentritt: „Ich ehre die Toten des 20. Juli, kann aber meine Auffassung über den Eid nicht ändern. Eid ist und bleibt Eid. Gerade in unmöglichen und aussichtslosen Lagen großer Tragik soll ja der Eid sich bewähren. Denn in leichten klaren Lagen, wenn es gutgeht, braucht man keinen Eid. Priester, Richter und andere halten auch Eide, auch in schwerer innerer Gewissenslage. Wenn die Truppe kämpft"*, so schreibt Blumentritt weiter, *„dann gehört der Befehlshaber erst recht zu ihr. Wenn die Truppe Treue und Eid hält, dann erst recht ihr Vorgesetzter. Wenn die Truppe ausdauert, dann darf auch ihr Offizier nicht krank werden, weil er erkennt, daß die Sache jetzt schiefgeht. Verrat bleibt noch immer Verrat. Und Eidbruch eben Eidbruch."* Das ist auch meine Auffassung.

☆

Fangen wir unsere Untersuchung mit April 1944 an. *Rommel* ist in Frankreich. Er ist der Befehlshaber einer Heeresgruppe, der Heeresgruppe B. Diese Heeresgruppe hat die Befehlsführung über die ganzen Armeen, die im Falle einer englisch-amerikanischen Invasion zur Verteidigung Frankreichs und Westeuropas eingesetzt werden sollen. Rommel soll den taktischen Oberbefehl dort ausüben, wo die Invasion erfolgt. Am 16. April erscheint Speidel als sein neuer Generalstabchef. Der alte, General *Gause,* ist abgelöst worden. Es ist nämlich zu Meinungsverschiedenheiten zwischen Frau *Rommel* und Frau *Gause* gekommen. Frau Rommel, die eine sehr starke Persönlichkeit war, hat die Versetzung von Herrn *Gauser* an die Front sozusagen durchzusetzen vermocht. Und so kommt der Herr *Speidel.* Rommel soll viel später in seinem allerletzten Brief an Hitler am 1. Oktober 1944 schreiben: *„Speidel wurde mir zugeteilt."* Er hat einen sehr guten Eindruck von Speidel gehabt. Rommel war ja schwäbisch – in der Nähe von Ulm geboren –, Speidel war auch schwäbisch: Heimatstadt Freudenstadt. Man kann wohl vermuten, daß die Widerständler im Generalstab den Feldmarschall *Rommel* absichtlich *Speidel* aufoktroyiert haben. Sie haben zwar auf ihrer Liste zwei Namen vorgeschlagen. An erster Stelle *Speidel*, an zweiter einen anderen General. Aber nur Speidel war schwäbisch, und da lag es auf der Hand, daß eben *Speidel* gewählt werden sollte. Was *Rommel* nicht weiß, ist, daß *Speidel* sozusagen eine Vergangenheit hat. Er ist Chef des Stabes bei *Stülpnagel* in Paris gewesen in den frühen 40 er Jahren. Er ist später als Chef des Stabes einer Armee an der Ostfront gewesen, ist vor kurzem aus Hitlers eigener Hand mit dem Ritterkreuz ausgezeichnet worden und kommt direkt vom Berghof, vom Führerhauptquartier also, an die Westfront. Er hat aber an der Ostfront schon Widerstandsgedanken gehegt. Jedenfalls behauptet er, sich Gedanken gemacht zu haben, wie man *Hitler* stürzen kann. Er hat auch mit verschiedenen anderen Armeeführern im Osten Gespräche geführt. Er ist also keineswegs „politisch unbelastet". Das weiß Rommel alles nicht. Er interessiert sich garnicht dafür. Er freut sich, ein Feldmarschall zu sein, der jetzt wieder die Gunst Adolf Hitlers genießen kann.

Wie Rommel wirklich dachte

Ich sage das nicht von ungefähr, denn es ist mir durch die inzwischen verstorbene *Lucie Rommel* erlaubt worden, die ganzen Privatbriefe ihres Mannes zu lesen. Erwin Rommel hat Tag für Tag an seine Frau Briefe geschrieben. Sogar mitten in den schwersten Afrika-Kämpfen hat *Rommel* ihr ein oder zwei Briefe täglich geschrieben. Alle handschriftlich: 2000 Blatt Papier, jetzt aufgestapelt in der Wohnung *Manfred Rommels* in Stuttgart. Diese Briefe durfte ich durchlesen und abschreiben. Ich glaube, daß, wenn man eine derartige dokumentarische Quelle benutzt hat, schon einen Einblick in die Seele eines Menschen gewinnt. Um es gleich vorweg zu sagen: Es erscheint in dieser Zeitspanne über Adolf Hitler kein abfälliges Wort. Ganz im Gegenteil! Als sich dann die Lage an der Westfront, in der Normandie, verschlechtert, geht die Kritik Rommels nicht etwa gegen Hitler los, sondern gegen das OKW, gegen *Jodl*, gegen *Keitel*, gegen die führenden OKW-Generale, die Rommel als verantwortlich betrachtet. Seine Briefe sind, was Adolf Hitler anbetrifft, absolut positiv. Auch seine privaten Gespräche in dieser Zeit sind genauso positiv gehalten. Das weiß man. Denn Marine-Verbindungsoffizier in seinem Stabe war Vizeadmiral *Friedrich Ruge*, der später Kommandeur der Deutschen Bundesmarine wurde, sozusagen im Doppelgespann mit Speidel, der ja führender General der Bundeswehr war. *Ruge* hat stenographisch Tagebuch geführt. Er stenographierte in Gabelsberger. Dieses Tagebuch hat der alte Admiral in Tübingen mir zur Einsicht gegeben und gleichzeitig seine Abschriften davon. Da hat er manche Gespräche mit *Rommel* stenographisch zwar nicht sofort mitgeschrieben, aber gleich hinterher festgehalten. An manchen Tagen hat Ruge 4, 5 oder 6 Blatt *DIN A 4* aus diesen Gesprächen mit Rommel nachträglich getippt. Weil es stenographisch war, hat er alles notiert, was Rommel sagte. Da hat man also den zweiten Einblick in die Seele Rommels, wie er wirklich dachte.

Ich komme auf das Tagebuch später noch zurück. Aber etwas darf ich gleich sagen: Am 16. Juli, vier Tage vor dem Attentat gegen Hitler, führt *Rom-*

mel ein Gespräch mit *Ruge* und einem anderen Stabsmitglied. Und da sagt Rommel, der Hitler einen gewissen Vorschlag machen wollte, zu ihm unter anderem: *„Aber der Führer ist ja so ein genialer Feldherr, ich bin überzeugt, er wird selbst auf diese Idee kommen.“* Nun, ein Mann, der das schreibt oder das sagt, privat zu einem Kollegen, am 16. Juli, hat keine blasse Ahnung von dem, was diese Herren hinter seinem Rücken für den 20. Juli planen. Das vorweg.

Speidel – der „entscheidende Kopf“

Speidel also kommt Mitte April 1944 im Hauptquartier Rommels an. *Rommel* ist nicht der alte Rommel, nicht der alte Wüstenfuchs mehr. Er ist etwas dicklich geworden. Er ist zwar nicht faul geworden, aber er wohnt nicht mehr im Wüstenzelt, sondern im feinen französischen Schloß, wie – leider – alle Generale seinerzeit in Frankreich. Das ist eine von den schönsten Anlagen in Frankreich, Schloß *La Roche-Guyon,* und das Leben dort ist sehr angenehm. Er hat einen kleinen Stab um sich: *Speidel, Ruge,* so zwanzig bis vierzig andere kleinere Leute bis zum Feldwebel herunter. *Speidel* führt eine Generalstabsabteilung dort, d. h. Speidel ist für die Unterrichtung Rommels verantwortlich für alles, was Abwehr, Geheimdienstsachen, Nachrichten, Nachschub, Personal, usw. angeht. Für jedes dieser Gebiete ist ein Offizier da. Nachrichtenoffizier z. B. war Oberstleutnant *Anton Staubwasser,* der jetzt noch in München lebt.

Speidel war ein sehr ruhiger Mensch. Das wird von allen seinen damaligen Kameraden hervorgehoben. Er war nicht ein Mann, der das Leben damals sehr ernst nahm, was die Zukunftsaussichten in der Normandie oder im Westen überhaupt anbetraf. Es gibt eine Schilderung der Persönlichkeit Speidels, von *Ernst Jünger,* damals Hauptmann der Reserve in Frankreich. Er war auch ein Mann des Widerstandes. Er war maßgeblich an der Papierarbeit des Widerstandes und der Verschwörung beteiligt. Wie überhaupt die Verschwörung zu 99 % nur in Papierarbeit bestand. Er, der *Hans Speidel* häufig besuchen darf, schildert in seinem Tagebuch am 13. Mai 1944 einen Besuch bei *Speidel.* Interessant aber ist die Tatsache, daß diese Besuche der Widerstandsleute bei Speidel immer nur an den Tagen stattfinden, wo „der Alte“ (Rommel) nicht da ist. Diese Behauptung kann man ja nur aufstellen, wenn man sehr präzise arbeitet und einen genauen Ablauf der Tätigkeit beim Hauptquartier zusammenstellt und auch die Tagebücher der Widerstandsleute mit diesen vergleicht. Dann sieht man, daß *Speidel* die Mitverschwörer nur einlädt, wenn Rommel nicht da ist. Wobei Rommel ja größere Inspektionsreisen am Atlantikwall durchzuführen hatte. Er war oft 4 oder 5 Tage weg in *Brest* oder in der *Normandie* oder oben am *Pas de Calais.* Dann rief *Speidel* blitzschnell an: Leute wie *Jünger* und *Max Ross,* seinen eigenen Schwager, und andere Leute aus der Pariser Verschwörung und ließ sie kommen. Es gab dann eine nette Abendgesellschaft, auf der man über die schlechte Lage Deutschlands und über die aussichtslose Lage der Deutschen Wehrmacht usw. sprach.
„Speidel ist wohl bei den kommenden Gängen, deren Vorbereitungen sich immer deutlicher abzeichnen, auf deutscher Seite der entscheidende Kopf.“

– So schreibt *Jünger* (Tagebuch 13. Mai. Rommel ist zu dieser Zeit zu Besuch bei der 1. Armee an der Mittelmeerfront), über *Speidel: „Schön, daß er nicht die Manieren der anderen Chefs des Generalstabes hat, die noch in der Nacht mit dicken Mappen von einigen Eingängen beladen sich auf ihr Zimmer zurückziehen. Es herrscht in seiner Nähe viel mehr die Ruhe, die Windstille, die der Achse des großen Rades, dem Inneren des Wirbelsturms angemessen ist. Ich beobachte ihn am Schreibtisch, wie er eine Blume betrachtet, eine Bemerkung über das Seinetal macht, das man unten mit seinen Wiesen und blühenden Bäumen sieht. Das Telefon klingelt. Er nimmt den Hörer ab und legt ihn wieder auf, nachdem er eine kurze Entscheidung gegeben hat. ‚Eine Panzerdivision ist kein Fuhrunternehmen, bestellen Sie das', so sagt Speidel. ‚Wie? Das kann der Führer nicht beurteilen!' "*

Das ist der gute Herr *Speidel.* Allerdings hat der Führer oft viel richtiger geurteilt als der Herr Speidel. Das kann ich anhand von Dokumenten mehrfach belegen. Zum Beispiel hat *Hitler* – angefangen im Februar 1944 – immer wieder darauf hingewiesen, daß die feindliche Invasion in Frankreich kommt. Und nicht nur das. Er hat gesagt, sie kommt in diesem Frühjahr. Und nicht nur das. Hitler hat gesagt, sie kommt entweder in der Normandie oder in der Bretagne. Später, so anfang Mai, sagt Hitler sogar: *„Jetzt bin ich überzeugt, die Invasion kommt in der Normandie mit der strategischen Absicht, die Halbinsel Cherbourg abzuschnüren."* Das sind nicht etwa blasse Erinnerungen, die Soldaten jetzt erzählen. Diese Aussagen Hitlers sind dokumentarisch belegt. Da sind die Fernschreiben, die aus dem Führerhauptquartier an die Heeresgruppe B hin zu diesem schönen Schloß in Frankreich gingen.

Hitlers richtige Prognose

Es existiert in den Papieren von Rommel, die *Manfred Rommel* mir freundlicherweise gegeben hat, ein Stenogramm über die Ansprache Hitlers an die führenden Westgenerale am 20. März 1944, also zwei Monate vor der Invasion. Da sagt Hitler wieder: Die Invasion kommt in diesem Frühjahr. Sie kommt in der Normandie. Da müssen Sie darauf vorbereitet sein. Aber *Speidel* und leider auch *Rommel,* die wußten es besser. Die haben die Invasion wohl so bei Calais erwartet. Man erwartete wohl, daß die Engländer mit der Fähre von *Dover* übersetzen würden, um auf kürzestem Weg direkt ins Ruhrgebiet hineinstoßen zu können.

Jetzt ist allerdings in der Geschichtsschreibung alles anders dargestellt. Vor allem von Herrn Speidel selbst. Speidel sagt: Wir alle haben nur die Invasion in der Normandie erwartet, aber dieser verrückte Herr auf dem Berghof, der hat uns das alles anders befohlen, und wir mußten unsere Reserven also an der falschen Stelle halten.

Nun, in den Dokumenten, die ich in meinem im Herbst dieses Jahres erscheinenden Buch [1]) alle zitiere, werden wir sehen, wer die Wahrheit gesagt

[1]) David Irving: Rommel. Eine Biographie, ca. 544 S., 32 Bildseiten, Karten, Lin. 36,– DM. Hoffman u. Campe, Hamburg 1978.

hat. Die Reserven wurden zwar dort gehalten, im *Pas-de-Calais,* hinter der 15. Armee, wo sie nicht gebraucht werden würden – aber aus ganz anderem Grunde! Darauf habe ich Herrn Speidel auch direkt angesprochen, als ich ihn in Bad Honnef aufsuchte. Die 106. Panzerdivision, die stärkste Panzerdivision im Westen überhaupt, vollausgestattet mit 350 Panzern usw., wurde bis 19. Juli hinter der 15. Armee von Herrn Speidel in Schach gehalten. Er hat sie nicht bewegt, sie nicht an die Normandie-Front schicken lassen, hat nicht beantragt, daß sie in die Kämpfe um den Brückenkopf eingreift. Sie blieb untätig. Danach fragte ich ihn. Ich wußte schon die Antwort. Denn er schrieb selbst in der ersten Fassung seiner Memoiren 1947: *„Ich habe die beiden besten Panzerdivisionen für alle Fälle zurückgehalten, um sie für einen etwaigen politischen Machtkampf in der Hand zu behalten."*

Das leugnet *Speidel* jetzt. Aber ich weiß von General *Graf von Schwerin,* der auch nicht gerade rechts eingestellt ist und der der Kommandeur eben dieser 106. Panzerdivision war, daß *Speidel* ihm das seiner Zeit selbst gesagt hat. Deswegen habe er sie zurückbehalten. Und *v. Schwerin* sagte mir ferner: *„Wenn Herr Speidel das heute nicht mehr zugeben will, dann hat er bestimmt seine Gründe."* Das habe ich schriftlich. Aber *Speidel* leugnet das jetzt. Man muß jedoch darauf hinweisen: Diese Division blieb dort untätig bis zum 19. Juli, wo die Aussichten in der Normandie schon hoffnungslos waren. Der 19. Juli war ein wichtiger Tag, denn zwei Tage vorher war *Rommel* durch einen Tiefflieger-Angriff ausgeschaltet worden. Es kam ein neuer Befehlshaber in sein Hauptquartier, Feldmarschall *von Kluge.* Zwischen *Kluge* und *Speidel* bestanden nicht mehr die freundschaftlichen Beziehungen wie zwischen Speidel und Rommel. *Kluge* hat sich sofort gegenüber Speidel durchsetzen können und hat diese Division noch in derselben Nacht in Richtung Normandie in Marsch gesetzt. Die Telefongespräche sind alle in den Kriegstagebüchern erhalten geblieben. Man kann also nur eine Vermutung anstellen, weshalb Speidel jetzt leugnet, was er seinerzeit in seinen Memoiren selbst zugegeben hat.

Aber es kommt noch schlimmer. Wir kommen jetzt zur erstaunlichen Tatsache, daß am 1. Juni 1944, also 6 Tage vor Invasionsbeginn, der Sicherheitsdienst in Paris aus Agentenfunksprüchen der Engländer die Feststellung getroffen hat, daß in den nächsten zwei Wochen eine Invasion erfolgen wird – und zwar in der Normandie!

Das war die Vorhersage des Sicherheitsdienstes, nicht des ehemaligen Abwehrdienst des Herrn *Canaris,* sondern des Sicherheitsdienstes der SS von Herrn Himmler. Die Telegramme liegen vor. *„Der Reichsführer SS, Reichssicherheitshauptamt, militärisches Amt, Bericht vom 2. Juni, Leitstelle 3 S West Paris meldet: Am 1. Juni 1944 wurden von Radio London in der Nachmittagssendung etwa 125 Sprüche durchgegeben, von denen 28 als Voralarmsprüche erkannt sind. Das bedeutet, daß die vorhandenen bzw. dem Gegner vorgetäuschten Agententruppen, an die die Sprüche gerichtet sind, den Befehl erhalten haben, sich von sofort ab einsatzbereit zu halten und den Auslösungsbefehl abzuwarten, der täglich durch Radio London mit dem vereinbarten Stichwort gegeben werden kann."*

Es gibt noch weitere Telegramme dieser Art, so das vom *Reichssicherheitshauptamt, Militärisches Amt*, vom 2. Juni, in dem mitgeteilt wird, daß *„nach vorliegenden Erkenntnissen“* mit dem Beginn der Invasion bis 15. Juni gerechnet werden müsse.
In der Lagebesprechung im Führerhauptquartier am selben Tage wird besprochen, daß der Sicherheitsdienst gemeldet hat, daß die Invasion wahrscheinlich in den nächsten zwei Wochen erfolgen wird. *Percy Schramm*, der die Kriegstagebücher des OKW herausgegeben hat, hat diese Dokumente überhaupt nicht benützt. Wenn man das tut, bekommt man ein wirklich merkwürdiges Bild, denn es steht hier ein Telegramm aus dieser Lagebesprechung von Herrn *Assmann*, damals Marineoffizier bei Hitler: *„Telegramm geht an die Seekriegsleitung. Punkt drei: Westraum. Auftrag: Britische Führung an französische Terrororganisation zur laufenden Beobachtung britischer Sendungen zwecks Aufnahme. Stichwort für Auslösung Terror- und Sabotagemaßnahmen deutet auf Auslösung unmittelbar bevorstehender Invasionsunternehmungen. Da Aktionen im Zusammenhang mit Anlandungen erfolgen sollen, vom Wehrmachtsführungsstab als günstiger Landungstermin 5.–13. Juli angesehen.“* Wir wissen ja, die Invasion erfolgte am 6. Juni 1944.
Hier steht es also schwarz auf weiß. Man weiß im Führerhauptquartier, die Invasion kommt mit aller Wahrscheinlichkeit in der Zeit zwischen dem 5. und 13. Juli, in der jederzeit mit Landungen zu rechnen ist. Der Sicherheitsdienst hat aber auch gesagt, Landungen in der Normandie und Bretagne, denn dort sind diese Terrorgruppen der Franzosen alarmiert worden.
Wir haben jetzt den 2. Juni 1944. Man weiß im Führerhauptquartier, die Landung kommt wahrscheinlich ab 5. Juni. Man weiß wahrscheinlich auch wo, Normandie oder Bretagne; Hitler hat ja auch immer gesagt, sie kommt dort. Dieses Telegramm ging dann an *„Fremde Heere West.“* (Ich komme dann auf diese *„Fremde Heere West“* später zurück; dort saßen nämlich einige Leute der Widerstandsbewegung.)

„Der Alte ist weg“ ...

Ob es auch bei Rommel angekommen ist, das kann ich nicht sagen. Das ist auch unwesentlich, ob es bei ihm angekommen ist. Denn eines ist sicher: drei Tage später, am Nachmittag und am Abend des 5. Juni, also am Vortage der Invasion im Westen, kommen die zweiten Meldungen, also die Auslösungsbefehle für Sabotagehandlungen. Das fängt um 21.15 Uhr an. BBC sendet einen Strom getarnter Auslösungsbefehle. In diesem Falle war es so: Der Voralarm wurde ausgelöst durch eine Zeile aus einem französischen Vers von *Verlaine*. Der Auslösungsbefehl selbst war die Durchgabe der zweiten Zeile dieses Verses. Die Agentengruppen wußten, jetzt kommt die Invasion in den nächsten 24 Stunden. Die Deutschen haben aber 28 dieser Gruppen schon mit ihren eigenen Agenten infiltriert. Das war der Sicherheitsdienst. Man hat dort also auch diese Funksprüche mitgehört. Der Sicherheitsdienst in Paris wußte also, die Invasion erfolgt morgen.
Was hat *Rommel* getan? Rommel tat zunächst nichts. Auf Veranlassung seiner Generalstabsabteilung, die sagte, die Invasion kommt in den nächsten

zwei Wochen wahrscheinlich nicht, hat er Frankreich am 4. Juni verlassen, um sich nach Hause nach Deutschland zu begeben. Er hatte eine Veranlassung: Seine Frau *Lucie* feierte ihren 50. Geburtstag ausgerechnet am 6. Juni, und er wollte dabei sein. Rommel hatte das schon einen Monat voraus geplant. Er hatte für seine Frau Schuhe gekauft. Er hat sogar telefonisch die Größe der Schuhe durchgeben lassen. Er wollte auf jeden Fall dort sein.

Die Verantwortung liegt bei Speidel

Ob die Engländer von diesem Geburtstag auch gewußt haben, weiß ich nicht. Tatsache jedenfalls ist, daß am 5. Juni 1944 Rommel nicht mehr da war. Man hat Rommel nicht davon unterrichtet, daß schon am 1. und 2. Juni die Voralarme durch die BBC gesendet worden sind. Man weiß nicht, wer die Verantwortung für diese Unterlassung trägt. Für die Unterlassungen, die in Rommels Abwesenheit entstanden sind, ist die Verantwortung aber eindeutig: Sie liegt bei *Speidel.*

Was tat Speidel an diesem 5. Juni? Zunächst läuft alles wie üblich bei *Speidel: „Der Alte“ ist weg.* Er beginnt an diesem 5. Juni, seine Kumpels der Widerstandsbewegung in Frankreich anzurufen. Als erster wird *Wilhelm Ritter von Schramm* angerufen, der als Presseoffizier im Stabe *Rundstedts* tätig war. Er gehörte zwar nicht der Widerstandsbewegung an, wurde wahrscheinlich aber von *Speidel* umworben, weil er ja auch begabter Presseoffizier war. Er bekommt am frühen Morgen einen Telefonanruf *Speidels,* den er aus früheren Jahren flüchtig kennt. Speidel sagt: „Ich mache heute abend eine kleine Gesellschaft; der Alte ist nämlich weg.“ Ich weiß das von Herrn *Schramm.* Er hat mir das so wörtlich auf das Tonband diktiert.

Eine merkwürdige Gesellschaft

Als Schramm an diesem Abend im Hauptquartier Rommels ankommt, findet er eine merkwürdige Gesellschaft vor: einige Leute, die er aus Paris kennt, aber die an der Widerstandsbewegung vollkommen unbeteiligt sind, und eine kleinere Gruppe von vier oder fünf Leuten, darunter auch wieder *Ernst Jünger. Jünger* hat im Auftrag Speidels eine Friedensdenkschrift geschrieben. Mit solchen Denkschriften befaßt sich *Speidel* jetzt am Vorabend der Invasion im Westen, derselbe Speidel, der verantwortlich für die Verteidigung Frankreichs ist! Man muß *Rommel* bedauern, daß er ausgerechnet jetzt in die Hände eines Herrn *Speidel* gefallen ist.

Die Party dauert an, weit über Mitternacht hinaus. *„Um 1 Uhr“*, schreibt *Ruge* in sein Tagebuch, *„geht C“* (das ist Marinejargon für Chef) *„in die Koje“*. Um 1 Uhr erst geht dieser militärische Befehlshaber, der an die Stelle Rommels getreten ist, ins Bett. Es ist viel Wein und Cognak geflossen an diesem Abend. Aber vorher hat sich etwas Merkwürdiges ereignet: Ein Telefongespräch traf ein, vom Hauptquartier der 15. Armee. Die 15. Armee liegt nicht in der Normandie; die 15. Armee liegt oben an der *Pas-de-Calais-Front.* Unten in der Normandie liegt die 7. Armee. Die 15. Armee ruft um 10.15 Uhr an, um laut Tagebuch der 15. Armee zu melden: *„Am 1., 2. und 3. Juni ist durch die Nachrichtenabwehrstelle ... “ (s. o.) „Um 21.15 Uhr“*, so heißt es weiter in diesem Kriegstagebuch der 15. Armee, *„zweite Hälfte des Spruches wird durch Nachrichtenabwehrstelle abgehört“*, d. h. also die Invasion steht unmittelbar bevor. *„21.20 Uhr, Spruch an 1 C und Abwehroffizier durchgegeben. Danach mit Invasionsbeginn ab 6. Juni Mitternacht, also jetzt innerhalb weniger Stunden, zu rechnen. 22 Uhr Meldung an Oberbefehlshaber und Chef des Generalstabes. 22.15 Uhr Weitergabe gemäß Fernschreiben an Generalkommandos mündliche Weitergabe an 16. Flakdivision.“* Die 15. Armee hat diese BBC-Meldungen mitgehört und sofort weitergegeben. Das heißt: Was sollen wir tun? Sollen wir alarmieren oder nicht?

Staubwasser gibt die Meldung an *Speidel.* Staubwasser ist ja Geheimdienstoffizier bei Speidel. Speidel sitzt noch mit seinen Gästen auf der Party zusammen. Er hört sich das so an, sagt *„Ja, da rufen Sie mal Paris an und fragen die Leute dort, was sie davon halten.“* Zurück kommt die Antwort: *„Paris sagt: garnichts machen.“* Man unternimmt also garnichts. Man hat die 7. Armee gar nicht alarmiert, die dort lag, wo die Invasion erfolgen sollte. Um 1 Uhr geht C in die Koje. Um 1.25 Uhr laufen die ersten Meldungen ein über Fallschirmtruppen.

Noch einmal zurück nach Paris. Dort hat man zwar telefonisch gesagt „nichts machen“, aber daraufhin doch sofort ein Telegramm abgeschickt. Ich habe es vor wenigen Monaten in den Akten in Freiburg gefunden. Das Telegramm ging von OB-West – also von Paris aus – und an erster Stelle der Empfänger stand die Heeresgruppe B, also Speidels Hauptquartier: *„Mehrere ... bekannte Sprüche, die den Beginn der Invasion kurzfristig ankündigen sollen, wurden heute erstmals vom englischen Rundfunk durchgegeben. Es muß damit gerechnet werden, daß die für den Invasionsfall vorbereiteten Sabotagen des Verkehrs- und Nachrichtennetzes – unter Umständen auch Aufstandsbewegungen – durch diese Sprüche ausgelöst werden sollen.“*

Invasion verschlafen?

Speidel hat aber nichts unternommen. Die 7. Armee wurde nicht alarmiert, er ging in die Koje. Um 1.25 Uhr liefen die ersten Meldungen über Fallschirm-Truppenabsetzungen ein. Gerade auf der Halbinsel *Cotentin,* wo Hitler vorher gesagt hat, das sei das erste Ziel der Invasion, wenn sie kommt. Speidel tut nichts. Er steht auf, er will nicht glauben, daß das tatsächlich eine große Invasion ist. „Das kann doch keine große Invasion sein, denn der Feldmarschall Rommel ist gar nicht da.“ Er kommt in eine kleine Verlegenheit. Er ist Schreibtischoffizier. Er betrachtet gerne Blumen und Seine-Täler. Für ihn war es ein Schrecken, daß sein Oberbefehlshaber Rommel überhaupt nicht zur Stelle ist. So sitzt jetzt Speidel am Kommandopult. Er sitzt da und tut stundenlang nichts. Man kann dieses stundenlange Nichtstun anhand der vorhandenen Telefontagebücher der verschiedenen untergeordneten Dienststellen verfolgen, vor allem anhand des Telefontagebuchs

von *Meier-Detring*, damals Oberstleutnant und Nachrichtenoffizier bei Rundstedt in Paris. Da kommen also immer wieder Anweisungen: *„Der Generalstabschef – also Speidel – glaube nicht, daß das eine Invasion ist, sondern hält alles für ein Ablenkungsmanöver."* Also abwarten, abwarten ...
Nun komme ich zur dritten Angriffsfläche, die Speidel bietet. Zwischen 6.40 Uhr und 9.40 Uhr morgens am 6. Juni geschieht nach dem Kriegstagebuch von Speidels Heeresgruppe nichts: Für drei Stunden gibt es überhaupt keine Eintragung ins Kriegstagebuch. Ich sage zu Speidel: Da ist eine Lücke, als ob nichts passiert. Speidel sieht mich an und entgegnet: *„Ja, ich erinnere mich nicht mehr, was passierte denn in dieser Zeit?"* Ich sage: *„150 000 Mann gingen in der Normandie an Land, Herr Speidel. Und Sie haben das mit keinem Wort im Kriegstagebuch erwähnt."* Er sagt: *„Ja, es sind Auslassungen vorgekommen."* Und weiter: *„Ja, was vermuten Sie denn?"* Ich sage: *„Eins ist klar, die 7. Armee in der Normandie hat quer durch Frankreich angerufen, bei der 15. Armee, um sich zu orientieren, was inzwischen an diesem Morgen schon passiert ist. Und die 15. Armee fragt: „Was ist nun aus dieser großen Invasion geworden?"*, und *für die 7. Armee antwortet laut Telefontagebuch General Pemsel: „Ja, bei uns ist inzwischen an der Küste eine riesige Invasionsflotte mit Kriegsschiffen und Truppentransportern." Dann kommt die Gegenfrage: „Sind Landungsboote schon an Land gegangen?"* [Inzwischen war es hell geworden, und man glaubte aus alter Erfahrung zu wissen, daß die Engländer nie bei Tageslicht, sondern in jedem Fall in der Dunkelheit landen werden. Allerdings hatten die Engländer dieses Verfahren erstmals geändert.
Aber die Deutschen erwiesen sich als etwas stur in dieser Hinsicht.]

Es kommt die Antwort: *„Nein, es ist bisher kein Landungsschiff an Land gegangen." Salmuth*, der Befehlshaber der 15. Armee, schreibt in seinen privaten Aufzeichnungen, die seine Witwe mir gezeigt hat: *„Als ich dieses Telefongespräch mitgehört habe, da drehte ich mich zu meinem Generalstabschef und sagte: ‚Also ist die Invasion nun schon mißglückt.' Ich habe mich daraufhin hingelegt."*
Ich sagte zu Speidel: *„Ich glaube, Sie haben auch den Anruf der 7. Armee bekommen, daß kein Landungsboot an Land gegangen ist, und Sie haben sich auch hingelegt drei Stunden lang."* Er sagt: *„Herr Irving, ich glaube, Sie haben recht."*

Um 9.25 Uhr kommt aber dann die nächste Meldung durch von der 7. Armee, also vom Brennpunkt der Invasion: Inzwischen sind schon 38 Panzer an Land gegangen, eine Kleinstadt ist in Feindes Hand gefallen und einige 100 000 Soldaten sind schon da. Das ist die nächste Meldung, die *Speidel* bekommt. Jetzt erst ruft er Feldmarschall *Rommel* an. Es ist 10.15 Uhr. In seinen Memoiren steht allerdings: *„Ich habe Feldmarschall Rommel um 6 Uhr morgens angerufen."* Das stimmt nicht. Erst um 10.15 Uhr hat er Feldmarschall Rommel angerufen. So ist also die englisch-amerikanische Invasion Frankreichs geglückt. Speidel hat geschlafen; der Kommandeur der Panzerdivision *Feuchtinger* (21. Panzerdivision) hat sich mit seinem 1 A nach Paris begeben, um dort auch zu feiern an diesem Abend des 5. Juni

1944. Er war auch erst in den frühen Mittagsstunden des 6. 6. wieder bei seiner Panzerdivision.

Schlamperei oder Widerstand?

Eine echte Schwierigkeit besteht darin, zwischen Widerstandstätigkeit und Schlamperei zu unterscheiden! Die Widerstandstätigkeit ist manchmal nur Schlamperei, und Schlamperei wurde später nicht selten als Widerstandstätigkeit hingestellt!

Hitler hat sofort eine Untersuchung dieser Begebenheiten angeordnet. Vor allem wurde er dadurch aufgeschreckt, daß BBC am nächsten Tag bekanntgegeben hat, man habe bei der Invasion die deutschen Soldaten – die armen Soldaten der nicht alarmierten 7. Armee – in ihren Unterhosen vorgefunden, also im Schlaf geweckt. Der Stab Rommels hat diese Untersuchungskommission, diese große Anfrage aus dem Führerhauptquartier, lapidar abgetan als „die Unterhosenanfrage aus dem Führerhauptquartier." Man hat sie dann auf die lange Bank geschoben, wie nur Generalstäbler so etwas auf die lange Bank schieben können. Anfang Juli 1944 konnte Generalmajor *Hans-Georg von Tempelhoff,* der 1 A Rommels war, dann die 7. Armee beruhigen: Die Untersuchungskommission war inzwischen im Sande verlaufen. Man hat also nichts getan, und *Adolf Hitler* hatte sich um andere Sachen zu kümmern.

Das also war die Geschichte der geglückten Invasion. *Rommel* hatte gehofft, in der Normandie seinen wirklich großen strategischen Sieg zu erringen. Er hatte ja in Nordafrika eine Niederlage erlitten. Er wollte den großen Feldherrnruhm in der Normandie zurückgewinnen. Das geht aus seinen ganzen Briefen hervor. Er sagt: *„Ich bin zuversichtlich, diesmal wird es uns gelingen."* Das ist wieder ein Beweis dafür, daß dieser Mann nichts mit der Widerstandsbewegung zu tun hatte.

Nun steht er vor der Tatsache, daß der Feind mit hunderttausenden englischer und amerikanischer Truppen gelandet ist. Der Brückenkopf kann aber vorerst klein gehalten werden. Denn die deutschen Soldaten haben dort ruhmvoll gekämpft, vor allem die jungen Soldaten der 12. SS-Panzer-Division. Rommel hat diese jungen Soldaten über alles gelobt.

Rommel falsch informiert

Rommel leidet noch unter einer zweiten Begebenheit. Das ist jetzt die vierte Angriffsfläche, die ich Speidel vorgehalten habe: Rommel muß aufgrund der Informationen seiner Generalstabsabteilung daran glauben, daß jetzt binnen weniger Tage eine zweite Landung erfolgen wird, wahrscheinlich bei dem *Pas de Calais,* wo er es immer befürchtet hat. Warum muß Rommel daran glauben, daß die zweite Landung erfolgen wird und daß die Normandielandung nur eine Vorlandung ist? Seine Generalstabsabteilung hat ihm vorgegaukelt, daß *Montgomery* und der amerikanische General *Patton* über etwa 60 Divisionen Reserve auf dem englischen Festland verfügen, die nur auf den Einsatzbefehl für die zweite Landung warten. Rommel muß also einen wesentlichen Teil seiner Reserven – eben die besagten 2. Panzerdivision und die 116. Panzerdivision und auch die ganzen Infanteriedivisionen der 15. Armee – zurückhalten. Die kann er jetzt nicht in die Schlacht um die Normandie werfen. Denn es ist ja eine Frage der Zeit: Auch ein Feind, der an Land gegangen ist, kann nur in den schönen Monaten kämpfen; denn kommen einmal der Herbst und die Stürme im Kanal, dann kann er diese Divisionen nicht mehr so gut mit Nachschub versorgen. Also wenn man nur die Kämpfe im Brückenkopf so lange durchhalten kann, dann haben die Deutschen doch den Sieg im Westen davongetragen. Dann nämlich kann man mit den Infanteriedivisionen diesen Brückenkopf aufreiben.

Aber Rommel glaubt nicht an die günstige Lage. Denn man hat ihm gesagt: 60 Divisionen warten noch auf dem englischen Festland, er müsse also seine eigenen Divisionen dafür in Reserve halten. Und er wartet und wartet. Aber die zweite Landung erfolgt nie.

Schlamperei oder Widerstandstätigkeit? Aus dem Rückblick kann man zusammenstellen, was passiert ist. Man weiß heute, daß zu dieser Zeit *Montgomery* auf dem englischen Festland nur noch über 12 Divisionen verfügte, im Brückenkopf selbst waren etwa 26 oder 27. Das war die Verteilung der Streitkräfte Mitte oder Ende Juni 1944.

Nun haben wir zwar in England – und das gebe ich zu – mit bestimmten Täuschungsmitteln gearbeitet, haben absichtlich die Anwesenheit einer zweiten Heeresgruppe von 25 Divisionen zusätzlich vorgetäuscht durch Funkgespräche, Truppenbewegungen und Agentenmeldungen. Die Deutschen sollten glauben, es ist noch eine zweite Gruppe da. Man hat also 12 tatsächliche plus 25 fiktive, zusammen also 37 Divisionen auf dem englischen Festland. Das konnten die Deutschen glauben.

Irreführung durch „Fremde Heere West"

Was sagt die *Abteilung Fremde Heere West?* Die Abteilung Fremde Heere West steht ja unter Leitung des Oberst *Alexis Freiherr von Roenne,* der im August 1944 auch hingerichtet wird wegen seiner Widerstandstätigkeit. Er schraubt einfach die Zahlen höher. Am 28. Juni beziffert er die englischen Truppen auf dem englischen Festland wie folgt: für Montgomery 12, für Patton – also die fiktive Gruppe – 33, andere 5. Das sind zusammen 47. Er kommt also statt auf 40 auf 47.

Was sagt aber Herrn *Speidels* Abteilung am 26. Juni, also zwei Tage davor? Sie beziffert die Divisionen in England auf 57!

Vergegenwärtigen wir uns das einmal: In Wirklichkeit 12, Rommel wird gesagt: 57. Tatsächlich müßte Rommel nur noch mit 12 Divisionen auf dem englischen Festland rechnen! Jetzt muß Rommel aber seine ganze zukünftige Strategie darauf aufbauen, daß beim Feind 57 Divisionen in Reserve stehen. Die Engländer haben durch Täuschung 25 Divisionen dazugeschwindelt. Seine eigenen Leute – der *von Roenne* in Berlin, der *Speidel* in Frankreich – haben zusätzlich noch 20 Divisionen dazugezaubert und in die Lagebeurteilung einbezogen. *Rommel* muß seine Reserven dafür zurückhalten. Er tut es und wartet auf die zweite Landung, die nie kommt. Er kann es nicht glauben.

Hitler selbst kommt am 17. Juni 1944 nach Frankreich. Er kommt, um die

beiden Westbefehlshaber *Rommel* und *Rundstedt* zu ermuntern. Denn inzwischen sind sie pessimistisch geworden. Das war auch eine Eigenschaft Rommels, dessen Stimmung schwankte.
Sehen wir zunächst mal, was Speidel zu dieser Begegnung sagt. Er sagt: *„Wir haben versucht, Hitler zu überzeugen, daß keine zweite Landung kommt. Er war aber fest in seiner Meinung."*

Was steht aber wirklich im Protokoll dieser Sitzung, das ich unter den Papieren Rommels in Washington gefunden habe? *„Der Führer wies eindeutig darauf hin, daß die allerbesten Divisionen im Brückenkopf Normandie schon identifiziert worden sind und nach seiner Erfahrung schon deswegen nicht mit einer zweiten Landung zu rechnen ist."*

Einmal ist festzustellen, daß Hitler recht gehabt hat. Daß seine Generale an Ort und Stelle anderer Meinung gewesen sind, ist ihr gutes Recht. Wer aber nach dem Kriege versucht, die Tatsachen zu verdrehen, um sich selbst ins gute Licht zu setzen, begeht eine große Gemeinheit.

Hinter dem Rücken Rommels

Zurück zum Kriegsschauplatz: Die Invasionsschlacht scheint nicht mehr zu gewinnen, *Rommel* wird immer deprimierter. Er fängt an, pessimistische Gespräche mit seinem eigenen Stab zu führen. Ironischerweise hatte *Speidel* von *Hitler* und auch *von Jodl* im April 1944, als er zu Rommel geschickt wurde, den Auftrag erhalten, *Rommel* aufrecht zu halten, denn man wußte schon, daß Rommel sehr leicht pessimistisch werden konnte, wenn die Lage sich gegen ihn wendet. *Jodl* hat zu *Speidel* gesagt: „Wenn etwas passiert, stehen Sie an seiner Seite, und geben Sie ihm eine Mutspritze." Ausgerechnet Speidel sollte das tun. Nun passiert aber genau das Gegenteil. *Speidel* macht nur dumme Witze über *Hitler*, und *Rommel* sieht immer schwärzer. Er kann im Westen keinen guten Ausgang sehen. Denn es warten nach seiner Meinung ja drüben die 57 Divisionen. „Wie soll ich nur mal mit denen fertig werden, wenn sie kommen?" Das war aber nicht seine Schuld, daß er so schwarz sieht, er muß schwarz sehen, denn ihm ist von seinen Generalstabsleuten eingegeben worden, ungeheure Massen von Feinden warteten auf dem englischen Festland auf ihren Einsatz. Und so fängt Rommel an mit den Gedanken zu spielen, den Kampf an der Westfront irgendwie einzustellen, um dann zusammen mit *Montgomery* und *Eisenhower* gegen die Russen zu marschieren. Und er spricht darüber, so wie man sonst vielleicht mit engsten Vertrauten über Wunschträume spricht. *Ruge* notiert diese Gespräche in seinem Tagebuch im Juli 1944: Man müsse eben ein Mittel finden, um mit *Montgomery* zu einer Verständigung zu gelangen und dann gemeinsam mit ihm nach Osten zu marschieren. Und weiter: Der Führer sei ein so genialer Feldherr, daß er zum richtigen Zeitpunkt bereit sein werde, eben diesen Schritt zu tun. Das sagte Rommel am 16. Juli 1944.

Vorher aber hat *Speidel* die ersten dunklen Schritte getan, um Rommel in Verbindung mit der Widerstandsbewegung zu bringen. Speidel hat ja laufend hinter Rommels Rücken mit den Widerstandsleuten verkehrt, ist selbst unter verschiedenen Vorwänden häufig in Paris gewesen, um dort mit Widerstandsleuten zu verhandeln. Nun soll der Oberstleutnant *von Hofacker* kommen, der später auch hingerichtet wurde. Er besuchte das Hauptquartier Rommels am 9. Juli 1944. *Rommel* wird aus dem Mann nicht klug. Man redet über Politik. Rommel interessiert sich dafür nicht. *v. Hofacker* erwähnt mit keinem Wort eine Verschwörung oder ein Attentat. Er geht unverrichteter Dinge wieder zurück. Er sieht, daß mit Rommel nichts zu machen ist. Allerdings redet *von Hofacker* in Paris ganz anders. Er sagt, es sei ihm gelungen, er habe Rommel gewonnen, der sei Feuer und Flamme, kaum zu halten gewesen. Kein Wort davon stimmt! Kein Wort davon kann stimmen. Denn damals wie nachher bekennt sich Rommel in seinen privaten Briefen genauso treu zu Hitler wie früher. *v. Hofacker* hatte die Pläne des Widerstandes Rommel nicht offenbart. Denn nach dem Attentat dreht sich *Rommel* zu seinem Ordonnanz-Offizier *Lang* um und sagt: *„Jetzt weiß ich, was dieser Hofacker eigentlich wollte, jetzt wird mir erst klar, wovon er redete.“* Aber Rommel liegt inzwischen in einem Lazarett. Er ist bei einem Tiefflieger-Angriff am 17. Juli 1944 verwundet worden. Am 20. Juli erhält er da die Nachricht vom Attentat. Er schreibt einen erschütternden Brief an seine Frau *Lucie,* wie erfreut er ist, daß diese Gemeinheiten nun mißglückt sind. Auch dieser Brief ist ein Beweis dafür, daß er nicht daran beteiligt war. Er erfährt immer mehr Einzelheiten: Einige Leute aus seiner engsten Umgebung werden verhaftet. Anfang September wird auch Speidel verhaftet. Er kommt ins Gestapo-Gefängnis. Was er dort gesagt hat, weiß man bisher nicht. Aber sein eigener Schwager hat mir gesagt, daß ihm ein Blatt, ein Zeugnis von den Gestapo-Offizieren und mit Unterschriften auf der letzten Seite von Speidel und Hofacker vorgelegt wurde. Also etwas haben die beiden unterzeichnet. Was, weiß man nicht, es existiert in den alliierten und den deutschen Akten nichts. Das einzige, was man weiß, ist, daß es am 4. Oktober 1944 zu einer Sondersitzung des Ehrenhofes des Heeres kam: gegen Herrn Speidel. Bisher hat Speidel immer gesagt — denn er wußte nichts von einer Existenz eines Papieres über diese Sitzung —: *„Ja, soll ich denn der Gestapo gesagt haben, ich und Herr Rommel haben von dem Attentat vorher Kenntnis bekommen? Dann müßte ich auch daran glauben, dann wäre ich auch hoch gegangen.“* Das ist die Argumentation Herrn Speidels.

Wie Speidel sich rein wusch ...

Die Behörden hatten versucht, Speidel aburteilen zu lassen. Aber er war Heeresoffizier. Ein Heeresoffizier aber konnte dem Volksgerichtshof erst überantwortet werden, wenn er zuvor von einem Ehrenhof des Heeres aus dem Heer ausgestoßen worden war. Eine solche Ehrenhofsitzung fand am 4. Oktober statt. Sechs Generale waren die Richter, Generale des Heeres wohlgemerkt: General *Guderian,* ein absolut unpolitischer General, General *Heinrich Kirchheim,* der selbst Afrika-Kämpfer war, General *Specht,* General *Kriebel,* ein Fünfter und Generalfeldmarschall *Keitel:* Er führte den Vorsitz.

Kirchheim schrieb in den ersten Nachkriegsjahren 1946/47 eine Aufzeichnung über diese Ehrenhofsitzung. Diese ist äußerst interessant. Er schildert, wie er überhaupt dazu gekommen sei. Er war ja kein Richter, aber man hat einfach Heeresgenerale dafür eingeteilt. Er sagt: *Kaltenbrunner* führte die Anklage gegen *Speidel.* Speidel war zwar nicht anwesend, Kaltenbrunner zitierte aber die Verhöre, die Vernehmungsberichte Speidels. Er sagte, Speidel habe zugegeben, daß ein Offizier vom Stab *Stülpnagels* aus Paris ins Hauptquartier *Rommels* gekommen sei – das war *von Hofacker* – und Mitteilung gemacht habe von einem bevorstehenden Attentat auf den Führer.

„Nun, das ist ja für Speidel belastend", sagt Kaltenbrunner. Und er fährt dann fort, Speidel habe ausgesagt, er habe sofort seinem unmittelbaren Vorgesetzten davon Kenntnis gegeben. Dieser Vorgesetzte aber ist der arme Feldmarschall *Rommel.* Speidel hat ihm das also zugeschoben! Darauf entsteht eine lange Debatte in der Ehrenhofsitzung: Hat Herr Speidel damit seiner Pflicht genügt oder nicht? Faktisch ja, schließlich habe er ja seinem Vorgesetzten auf Dienstwege davon Mitteilung gemacht, daß gegen den Führer etwas geplant ist. Das sei nicht seine Schuld, wenn Rommel das für sich behalten hat. (Wir wissen, daß Speidel kein Wort darüber zu Rommel gesagt hatte, denn für Rommel kam das Attentat am 20. Juli aus absolut heiterem Himmel.)

„Bei uns herrscht ein beklommenes Schweigen", schreibt *Kirchheim* weiter, *„denn wir wußten ja, daß nun das Ganze auf Rommel gehen würde."* *Guderian* setzt sich dafür ein, daß *Speidel* eigentlich mit seiner Behauptung recht habe, und man müsse den Fall zunächst näher untersuchen. Also man hat die Entscheidung wieder einmal, wie Generalstäbe das tun können, auf die lange Bank geschoben. *Speidel* wurde in Ehrenhaft versetzt.

Rommel zu Unrecht belastet

Rommel kommt jetzt an die Reihe. Das war am 4. Oktober 1944. Nun fangen die Anrufe bei Rommel zuhause an. *„Ist er inzwischen genesen?" „Wie geht es ihm und kann er sich wieder zum Dienst melden?" „Zwei Generale werden ihn am 14. Oktober aufsuchen."*

Rommel weiß nicht, was die beiden Generale vorhaben. Er sagt zu seinem Ordonnanz-Offizier: *Ich glaube, es geht um die Schweinerei in Frankreich, da habe ich aber absolut recht gehabt. Ich habe immer darauf hingewiesen, wir brauchten Reserven und Verstärkung dort und dort. Holen Sie mir die ganzen Berichte und Meldungen, die ich gemacht habe, damit ich für alle Fälle eine Mappe zusammenstelle, wenn die beiden Generale kommen.*

Das ist der erste Gedanke, den Rommel hat: Es geht um die Schweinerei in Frankreich. Sein Sohn *Manfred* sagte mir: „Wir gingen spazieren, ich weiß noch, mein Vater ging am Stock mit furchtbaren Schädelverletzungen, und in seiner Tasche hatte er immer die wichtigsten dieser Meldungen, damit er sich jederzeit verteidigen kann."

Die beiden Generale *Meisel* und *Burgdorf* kommen am 14. Oktober mittags. Sie werden vorgelassen zum privaten Gespräch. *Burgdorf* ist tot. *Meisel* lebt noch in Berchtesgaden. Ich habe mit ihm korrespondiert. Er hat mir den ganzen Vorgang geschildert. Man liest Rommel alles vor, auch die Berichte von *v. Hofacker* ...

Als Rommel herausgelassen wird, darf er sich nur 20 Minuten Zeit nehmen, um sich von seiner Frau zu verabschieden. Er ist verblüfft und fassungslos und sagt zu seiner Frau *Lucie: „Mein Generalstabschef Speidel hat mich belastet."* Er nennt auch *Stülpnagel* und *v. Hofacker. „Speidel hat gesagt, daß, wäre ich nicht am 17. verletzt worden, ich eine führende Rolle beim Attentat gespielt hätte."* Soweit die Aussage von Frau Rommel.

Dann holt Rommel seinen Ledermantel, findet in den Taschen die Hausschlüssel. Die braucht er nicht mehr und gibt sie an Sohn *Manfred.* Desgleichen seine Geldtasche. Manfred fragt: *„Was ist denn?"* Rommel antwortet: *„Speidel hat mich belastet und auch Stülpnagel und Hofacker."* Manfred Rommel berichtet das auch in einer Aufzeichnung vom 27. April 1945. Jetzt mag er wohl anders denken, aber damals in frischer Erinnerung, nur 6 Monate später, schrieb er diese Worte nieder.

Rommel opfert sich

Rommel steigt in den kleinen Wagen, in dem er Selbstmord verüben will, macht das Fenster auf und sagt: *„Manfred, ich glaube, ich kann den Speidel nicht retten. Er ist schon verloren. Aber kümmere Dich bitte um Frau Speidel."*

So ein Mann war Rommel. Er hat dem Speidel das gar nicht nachgetragen! Warum aber hat *Rommel* Selbstmord verübt, wenn er nicht beteiligt war? Das ist wohl die größte Tragik überhaupt. Er konnte kaum zum Volksgerichtshof gehen – das war die Alternative – und sagen: *„Meine Herren, Sie haben sich absolut geirrt in dieser Hinsicht. Was, ich gegen den Führer etwas geplant? Keinesfalls! Ich war absolut Hitler treu. Ich wollte nur die Westfront aufmachen."*

Das aber konnte er nicht sagen. Er war also verloren, hat sich verloren geben müssen. So konnte er wenigstens Speidel, seinem alten Freund, das Leben retten. *Rommel* hat nicht gewußt, was in seinem Hauptquartier alles hinter seinem Rücken gespielt wurde. So mußte er sterben.

✡

Und so kommt man dann eben auf die Worte von *Blumentritt* zurück. Diese treffen haarscharf auch auf Speidel und Rommel zu: *„Eid ist Eid und bleibt Eid, gerade in unmöglichen, in aussichtslosen Lagen. Und Verrat bleibt noch immer Verrat und Eidbruch eben Eidbruch."*

DR. RUDOLF ASCHENAUER:

Probleme des Landes- und Hochverrats im Zweiten Weltkrieg

So schwierig das Thema ist, leicht ist es, juristisch zu dem gegebenen Sachverhalt Stellung zu nehmen.

Es darf klar sein, daß aufgrund der juristischen Bestimmungen im strafrechtlichen Sinne Hochverrat und zum großen Teil auch Landesverrat vorliegen. Militärische Geheimnisse wurden preisgegeben. Einer im Kriegszustand befindlichen Macht wurden militärische Geheimnisse übermittelt, wodurch die feindliche Kriegsführung begünstigt wurde.

Vorsatz ist gegeben.

Es wurde kaum gegen ein Staatsoberhaupt und einen obersten Befehlshaber so systematisch gearbeitet, wie gegen Adolf Hitler.

Prüfenswert erscheinen uns nur folgende Fragen:
– das Motiv,
– die einzelnen Handlungen von 1933 bis 1944,
– außenpolitische Sachverhalte.

General Speidel versucht in seinem Buch „*Invasion 1944*" den 20. Juli zu rechtfertigen. Er benutzt hierzu Sätze, die angeblich Feldmarschall Rommel wiederholt während seiner abendlichen Parkspaziergänge in seinem Hauptquartier in Frankreich zitiert haben soll, die Adolf Hitler einmal prägte:
„*Wenn durch die Hilfsmittel der Regierungsgewalt ein Volkstum zum Untergang entgegengeführt wird, dann ist die Rebellion eines jeden Angehörigen eines solchen Volkes nicht nur Recht, sondern Pflicht ... Menschenrecht bricht Staatsrecht.*"

Und
„*Eine Diplomatie hat dafür zu sorgen, daß ein Volk nicht nur heroisch zugrundegeht, sondern praktisch erhalten wird. Jeder Weg, der hierzu führt, ist dann zweckmäßig und sein Nichtbegehen muß als pflichtvergessenes Verbrechen bezeichnet werden.*"

Aus den Ausführungen des Generals Speidel ist zu schließen, daß er die Auffassung vertritt, daß der Gehorsam für den Feldherrn seine Grenze finden muß in dem Gefühl der Verantwortung für das Schicksal der Nation und dort, wo das menschliche Gewissen den Aufstand befiehlt.

Speidel macht einen Unterschied des Gehorsams gegenüber Gott und gegenüber den Menschen.

Aus den Ausführungen *Speidels* müssen wir entnehmen, daß um des Volkes willen „*Außergewöhnliches auf sich zu nehmen ist, wenn alle anderen Mittel erschöpft waren.*"

Vorher müsse jedoch versucht werden, dem Staatsoberhaupt die Möglichkeit zur Umkehr zu geben.
Wenn das Staatsoberhaupt diesen Ruf zur Umkehr ungehört verschallen läßt, verpflichtet der geleistete Eid auf ihn zu nichts mehr – nach Speidels Auffassung.
Dann war nach Speidel die Pflicht zur Tat gegeben, die eine Pflicht gegenüber dem Vaterland bedeute.
Speidel führt aus, daß zu einer solchen Tat und zur metaphysischen Verantwortung nur oberste militärische Führer befähigt, berechtigt und verpflichtet sein konnten – nicht der einzelne Soldat und Offizier, der solch hohe Einsichten nicht besitzen konnte.
Hinsichtlich *Rommels* bemerkt er:
„Er wollte seinem Vaterland und der Welt weitere Blutopfer ersparen, die Heimat selbst aber vor dem Untergang ihrer schönen Städte und der Vernichtung ihrer fruchtbaren Gefilde bewahren."
Speidel schließt mit den Worten:
„Nie sollte in solcher Lage der Kampf auf deutschem Boden ausgetragen werden, an diesem Entschluß hätten auch die härtesten Bedingungen eines schonungslosen Gegners nichts zu ändern vermocht. ‚Gesegnet das Volk, das einen Mann findet, der Frieden machen kann, wenn sein Führer nicht einmal als Träger einer weißen Fahne annehmbar ist', hat einst Talleyrand gesagt."
Irving setzt sich mit dem Thema *„Rommel und Speidel"* auseinander.

☆

Meine Aufgabe ist es, den Weg des Widerstandes aufzuzeigen, der zum 20. 7. 1944 führte.
Der 20. Juli bedeutet das Ende eines Weges, den die Verschwörer seit dem Jahre 1937 gegangen sind.

Das Hossbach-Protokoll

Winston Churchill schreibt in seinen Memoiren *„Der 2. Weltkrieg"* (Erster Band: *„Der Sturm zieht auf")*:
„Wir haben gesehen, wie Hitler im Juni 1936 den deutschen Generalstab mit der Ausarbeitung militärischer Pläne beauftragte, um Österreich zu besetzen, wenn die Stunde schlüge. Diese Operation trug die Bezeichnung ‚Fall Otto'. Ein Jahr später, am 24. Juni 1937, kristallisierte er diese Pläne durch eine besondere Anweisung. Am 5. November entwickelte er seine Zukunftsabsichten vor den Befehlshabern seiner Streitkräfte. Deutschland brauchte mehr ‚Lebensraum'. Dieser ließ sich am besten in Osteuropa finden – in Polen, Weißrußland und der Ukraine. Dieses Ziel erforderte einen großen Krieg und nebenbei die Ausrottung der in jenen Gebieten lebenden Bevölkerung."
Diese Sätze beziehen sich auf ein vor dem *„Internationalen Militärgerichtshof"* vorgelegtes amerikanisches Anklagedokument unter Ps 386.
Durch diese Urkunde sollte die Aussprache zwischen *Hitler, von Blomberg, von Neurath, von Fritsch, Dr. h. c. Raeder* und *Göring* am 5. 11. 1937 in der Reichskanzlei umrissen werden.

Über diese Sitzung fertigte der damalige Oberst *Hossbach* aus dem Gedächtnis einen handschriftlichen Bericht über die Sitzung vom 5. 11. 1937 an.

Zum Gegenstand derselben legt *Hossbach* nieder:

a) Sicherung und Erhaltung der Volksmasse; b) Lösung der Raumnot durch Gewinnung landwirtschaftlich nutzbaren Bodens.
Hossbach prägte das Wort „Gewalt unter Risiko". Er stellt drei Alternativen bei Gewinnung des österreichischen und tschechoslowakischen Gebietes in den Raum:
1. Zeitpunkt 1943/1945 nach vollständiger Aufrüstung; 2. Durchführung des Planes, wenn die soziale Krise in Frankreich ihren Höhepunkt erreicht hat; 3. bei Fesselung Frankreichs durch einen Krieg.

Dieses Protokoll ist mehr als umstritten. Hossbach selbst erklärt in einer eidesstattlichen Erklärung, daß ein Protokoll am 5. 11. 1937 nicht geführt wurde. Er sagt, daß er aus dem Gedächtnis eine Niederschrift gemacht habe.
Weiter bestätigt er, daß die Niederschrift durch keinen Sitzungsteilnehmer durch Namensunterschrift anerkannt worden sei.
Das *Hossbach-Protokoll* wirft die interessante Frage auf: Auf welche Weise sind eine oder mehrere Schreibmaschinenabschriften seiner einmaligen handschriftlichen Niederschrift zustande gekommen? Denn in Nürnberg wurde eine Urkunde vorgelegt, bei der es sich um eine in Washington beglaubigte Photokopie einer unauthentischen Abschrift eines verschollenen Originals handelt.
Festgestellt darf werden, daß *Hossbach* im Gegensatz zu der eidesstattlichen Erklärung vom 18. Juni 1946 in seinem Buch *„Von der militärischen Verantwortlichkeit in der Zeit vor dem 2. Weltkrieg"* hervorhob, daß er sich stichwortartige Notizen über die Sitzung gemacht habe.
Wir wissen heute, daß das sogenannte *Hossbach-Protokoll* nicht in den Archiven der deutschen Regierung aufbewahrt und erbeutet wurde, wie vor dem Internationalen Militärgerichtshof dargestellt wurde. Oberst *Graf Kirchhoff* fand es in den ausgelagerten Akten des Oberbefehlshabers des Heeres in Liegnitz. Er ließ eine Abschrift fertigen, die er einem Verwandten zu treuen Händen übergab.

Um wen handelt es sich bei den Verschwörern?

Claus Graf Schenk von Stauffenberg, am 15. November 1907 in Jettingen geboren, stammte aus einem alten schwäbischen Adelsgeschlecht.
Sein Vater war Hofmarschall des württembergischen Königs Wilhelm II. Seine Mutter war die Urenkelin des Feldmarschalls August Neidhardt Graf von Gneisenau. Verheiratet war er mit der Tochter eines bayerischen Diplomaten, Nina Freiin von Lerchenfeld.

General Ludwig Beck, vor Halder Chef des Generalstabs, stammte aus einer Industriellenfamilie in Hessen,
nach dem Besuch des humanistischen Gymnasiums in Wiesbaden war er 1898 als Fahnenjunker in das 15. Feldartillerieregiment eingetreten. Während des 1. Weltkrieges gehört dieser konservative nationalbewußte

Mann dem Stab der Armeegruppe des Kronprinzen Rupprecht von Bayern an. Nach Kriegsende blieb er bei der Reichswehr.

General Erich Fellgiebel, Chef der Nachrichtentruppe und des Wehrmacht-Nachrichtenverbindungswesens im OKW, war ein enger Freund des Generaloberst Beck.
Als überzeugter Monarchist — 1886 als Sohn eines Gutsbesitzers in Schlesien geboren — lehnte er *Hitler* nicht nur aus gesellschaftlichen oder moralischen Gründen ab. Hitlers Politik erklärte er als strategischen Wahnsinn.
Ulrich von Hassell, früher Botschafter in Rom, war überzeugter Monarchist. Er war Schwiegersohn des am 6. März 1930 verstorbenen Großadmirals *Alfred von Tirpitz,* der im Herbst 1917 mit *Kapp* die deutsche Vaterlandspartei gründete und auf *Hindenburg* 1925 einwirkte, die Kandidatur zur Reichspräsidentenwahl anzunehmen.

Generaloberst Erich Hoepner, der bereits mit *von Witzleben* als Kommandeur einer Panzerdivision bei der Planung eines Putsches im Jahre 1938 eine Rolle spielt.

General Hans Oster, der mit dem späteren Staatsminister *Dr. Josef Müller* enge Verbindungen hatte.

Oberst Alexis Freiherr von Roenne, ein Baltendeutscher, dessen Familie in Kurland Besitzungen gehabt hat, ist 1902 geboren. Sein Vater diente während des Ersten Weltkrieges bei dem vornehmsten Regiment der kaiserlichen Armee, dem ersten Preußischen Garderegiment zu Fuß in Potsdam. Die Tradition dieses Regimentes setzte das Infanterieregiment 9, dessen Chef Reichspräsident von Hindenburg wurde, fort.

1939/40 leistete er in Verbindung mit dem Polen- und Frankreichfeldzug hervorragende Arbeit. Bis zu seiner Verwundung machte *Rönne,* der hoffte, die Güter seiner Familie in Lettland zurückzuerhalten, freiwillig Truppendienst im Nordabschnitt der Front. Bei Tukkum wurde er schwer verwundet. Roenne, der mit *Oster* eng verbunden war, wurde Chef der Abteilung *Fremde Heere West.* Bei der Invasion im Jahre 1944 war er ausschlaggebend für die Niederlage des deutschen Westheeres.

In diesem Zusammenhang ist auch Oberstleutnant *Roger Michael* zu nennen, der bei Fremde Heere West die Abteilung England führte.
General Karl Heinrich von Stülpnagel, in Rußland Kommandeur der 17. Armee, später zum Militärbefehlshaber in Paris ernannt, stammte aus einer bekannten preußischen Adelsfamilie. Seit dem Ersten Weltkrieg war er kameradschaftlich verbunden mit *Friedrich Oberg,* der zur selben Zeit Höherer SS- und Polizeiführer von Frankreich war. Die enge Verbindung mit *Oberg* zeigt der Umstand, daß dieser Karl Heinrich von Stülpnagel im Lazarett von Verdun besuchte, als dieser sich angeschossen hatte, um sich das Leben zu nehmen.

Oberst Hennig von Tresckow, geboren am 10. Januar 1901 in Magdeburg diente im ersten preußischen Garderegiment zu Fuß. 1932 kam er auf die Kriegsakademie. Seit 1936 war er im Generalstab des Heeres tätig.

Es wäre noch eine Anzahl von Personen im Zusammenhang mit dem Widerstandskreis des 20. Juli zu nennen, wie zum Beispiel Generalfeldmarschall *Erwin von Witzleben*. Ich will jedoch abschließen mit Admiral *Wilhelm Canaris* und *Carl Friedrich Goerdeler*.
Der verstorbene Staatssekretär *Ernst Freiherr von Weizsäcker*, schreibt über *Canaris:*
„Man kann an dieser Erscheinung nicht vorübergehen. Sie ist eine der interessantesten der Epoche, wie eben Diktaturen sie zutage bringen und zur Vollkommenheit entwickeln.“
Canaris war seit 1935 in einem Alter von 48 Jahren Chef der Abwehr geworden. Das Vorbild seines Dienstes war der britische Geheimdienst.
Kapitän Franz Liedig sagt über ihn: *„Die ‚Canaris-Gruppe', ein Kreis innerhalb der Abwehr, war die erste entschlossene Gruppe von Militärs, die mit einem festen Plan gegen Hitler vorging. Diese Gruppe versuchte immer wieder, die militärischen Dienststellen, Oberkommandos usw. zu beeinflussen und sie von der Notwendigkeit des Sturzes Hitlers zu überzeugen.“*
Heute dürfte feststehen, daß Canaris den Engländern bewußt eine Reihe von Nachrichten zuspielte. Am 9. April 1945 starb Admiral Wilhelm Franz Canaris im Konzentrationslager Flossenbürg.
Der ehemalige Oberbürgermeister von Königsberg und Leipzig und spätere Preiskommissar, *Dr. Goerdeler,* Kanzler eines Schattenkabinetts, versuchte, den Generaloberst *Heinz Guderian* für den Widerstand zu gewinnen. Im März 1943 kam ein Treffen zwischen den beiden zustande. In diesem setzte *Goerdeler* dem Generaloberst auseinander, daß Hitler seiner Aufgabe als Reichskanzler und oberster Befehlshaber der Wehrmacht nicht gewachsen und es daher geboten sei, ihn in seinen Befugnissen zu beschränken. Bei dieser Unterhaltung bat der frühere Oberbürgermeister den damaligen Generalinspekteur der Panzerwaffe, bei den Frontreisen Erhebungen anzustellen, ob und welche Generale seinen Ideen zu folgen bereit wären. Guderian lehnte ab und bat Dr. Goerdeler, von seinem Vorhaben abzusehen.
Mit *Goerdeler* war *Graf York von Wartenburg* eng verbunden.

Verbindungen nach England

Winston Churchill erinnert sich in seinen Memoiren:
„Jan Colvin, der Sohn des bekannten Leitartiklers der ‚Morning Post', war als Korrespondent der ‚New Chronicle' in Berlin tätig. Er knüpfte Beziehungen höchst geheimer Natur mit einigen der führenden deutschen Generäle an, aber auch mit unabhängigen, charaktervollen und tüchtigen Deutschen, die in der Hitlerbewegung den drohenden Untergang ihres Vaterlandes erkannten.“
Anthony Cave Brown nennt in seinem Buch *„Bodyguard of lies“ Jan Colvin* als Verbindungsmann zwischen Canaris und den Briten. Colvin selbst hebt in seiner Arbeit *„Master spy“* hervor, daß er *von Beck* und *Canaris* instruiert wurde, den Briten mitzuteilen, *„die britische Regierung würde durch eine nachgiebige Haltung gegenüber Hitler im Generalstab und im deutschen Volk zwei Verbündete verlieren. Wenn Sie mir den klaren Beweis*

bringen können, daß die Briten den Krieg erklären, wenn wir in die Tschechoslowakei einfallen, werde ich (d. h. Generaloberst Beck) *diesem Regime ein Ende bereiten.*"

Was war nun für Generaloberst *Beck* ein klarer Beweis? *„Ein Schriftstück"*, hatte *Beck* seinem Boten *von Kleist-Schmenzin* aufgetragen, *„aus dem hervorgeht, daß die Tschechoslowakei im Kriegsfall nicht allein gelassen wird."*

Kleist-Schmenzin traf mit *Lord Lloyd*, dem Präsidenten der *Navy League* des Britischen Empire und früheren Hochkommissar im Sudan, dem späteren glücklosen Außenminister im Kabinett *Eden*, zusammen. Am 17. 8. 1938 suchte der Deutsche *Winston Churchill* auf.

Churchill skizzierte in einem persönlichen Schreiben seine Meinung:
„Ich bin sicher, wie ich es Ende Juli war, daß England und Frankreich marschieren werden, und genau so sicher sind die Vereinigten Staaten jetzt antinationalsozialistisch eingestellt. Für Demokratien ist es schwer, im voraus und kaltblütig genaue Erklärungen abzugeben, aber das Schauspiel eines Angriffs auf einen kleinen Nachbarn mit Waffengewalt und der blutige Kampf, der sich daraus entspinnen wird, würde das gesamte Britische Empire aufrütteln und zu den schwerwiegendsten Entscheidungen zwingen."

Zu dem Ende August, Anfang September 1938 gegebenen Sachverhalt, schreibt *Churchill* in seinen Memoiren:
„Wir besitzen General Halders Bericht über eine bestimmte Verschwörung, Hitler und seine wichtigsten Spießgesellen zu verhaften ... zweifellos wurden Pläne geschmiedet, aber wie weit sie damals von wirklicher Entschlossenheit getragen waren, läßt sich nicht genau beurteilen ... Immerhin kann nicht bezweifelt werden, daß damals ein Komplott bestand und daß ernsthafte Schritte zu seiner Durchführung unternommen wurden."

Churchill nennt die Männer, die an der Verschwörung beteiligt waren: die Generale *Halder, Beck, Stülpnagel, Witzleben, Thomas, Brockdorf* und *Graf Helldorf.*
Churchill fährt fort:
„Der Beweis liegt vor, daß die dritte Panzerdivision unter dem Kommando des Generaloberst Hoepner zur Zeit der Münchner Krise südlich von Berlin stand. Generaloberst Hoepner hatte den geheimen Auftrag, auf ein Zeichen hin die Hauptstadt, die Reichskanzlei und die wichtigen Nazi-Ministerien und Ämter zu besetzen. Zu diesem Zweck wurde die Division dem Kommando des Generals Witzleben unterstellt. Nach Halders Darstellung traf darauf Helldorf, der Berliner Polizeichef, sorgfältige Maßnahmen zur Verhaftung Hitlers, Görings, Goebbels' und Himmlers ...
Um 16.00 Uhr nachmittags lief — laut Halders Bericht — eine Botschaft in Witzlebens Amt ein, daß Chamberlain im Begriff sei, zu einer Begegnung mit dem Führer nach Berchtesgaden zu fliegen ... Infolgedessen wurde beschlossen, das Vorgehen zu verschieben und die weiteren Ereignisse abzuwarten."

Zur Sudetenkrise („Münchner Krise") ist zu bemerken: Der Führer der Sudetendeutschen *Henlein* forderte in Karlsbad am 24. 4. 38:

– Herstellung der vollen Gleichberechtigung der deutschen und der tschechischen Volksgruppe sowie
– Anerkennung der Volksgruppen als Rechtspersönlichkeit.

Die Forderungen wurden abgelehnt.

Der sozialdemokratische deutsche Minister *Zcech* im Kabinett *Hodscha* erklärt seinen Rücktritt mit der Begründung, er könne sich den Autonomiebestrebungen der Sudetendeutschen nicht widersetzen.

Zwielichtig ist vor diesen Ereignissen das Verhalten *Goerdelers.* Vor der Bank von England erklärte er, es werde bald zu einem Putsch gegen Hitler kommen, er habe Fühlung mit *von Brauchitsch* aufgenommen.

Daher wurde *Goerdeler* nach Rückkehr aus England aufgefordert, sich dem Generalstaatsanwalt zur Verfügung zu halten. *Hjalmar Schacht* „vermittelte“ in dieser Angelegenheit, so daß Goerdeler nichts passierte. In London hatte Goerdeler, der zu diesem Zeitpunkt von Göring sehr gefördert wurde, den englischen Staatssekretär *Vansittard* aufgesucht. Als dieser sagte, man müsse für die Sudetendeutschen eine Art Autonomie im Rahmen des tschechischen Staates finden, widersprach *Goerdeler* und erklärte klar, die Sudetendeutschen würden an der Grenze des Deutschen Reiches leben. Es wäre nur gerecht, sie in das Reich einzugliedern.

Bei dem Einmarsch Hitlers nach Prag müssen wir feststellen, daß *Benesch* von London aus in den Jahren 1938 und 1939 Weisungen gab, die zum Ziel hatten, General *Siroky* zu veranlassen, den früheren Zustand der Tschechei wieder herzustellen. *Siroky* führte das Kommando über 150 000 Mann. Seine Armee verfügte über 582 Flugzeuge, 2 175 schwere und leichte Geschütze, 468 Panzerkampfwagen und 785 Minenwerfer. In den Kasernen wurden Flugblätter verteilt, in denen es hieß:

„Der Tag, an dem die französischen, englischen und russischen Streitkräfte Euch erlösen, rückt näher.“ Die meisten Flugblätter stammten von *Gottwald.*

☆

Es wurde aufgezeigt, daß die Opposition gegen Hitler schon vor 1939 in Verbindung mit England stand. Diese wurde zu Kriegsbeginn fortgesetzt: Die Opposition wollte eine Offensive an der Westfront verhindern und zugleich eine Vereinbarung mit der englischen Regierung treffen, die vorsah, daß die Alliierten eine revolutionäre Situation nicht zu Offensivmaßnahmen benützen würden. Sie wollte auch Zusicherungen hinsichtlich Friedensbedingungen erhalten. Die Gruppe um *Hans Oster,* der im Einverständnis mit Ludwig Beck handelte, gewann als Mittler Papst *Pius XII.* Der *Venlo*-Zwischenfall (die britischen Geheimdienstoffiziere Captain Best und Captain Stevens wurden durch Schellenberg gefangengenommen) trug erheblich dazu bei, daß der römische Kontakt nicht zum Ziele führte.

Die Alliierten bezweifelten die Ernsthaftigkeit der Bestrebungen.

Bekannt ist auch, daß vom Widerstand Informationen über die deutsche Offensive im Westen gegeben wurde. Da diese wiederholt verschoben werden mußte, wurde nicht an die Mitteilung des holländischen Militärattachés *Sass* geglaubt, der seine Information von General *Oster* erhalten hatte.

Zu nennen im Widerstandskreis ist auch *Erich Kordt,* der bis zu Kriegsbeginn an der Londoner Botschaft und Mittelpunkt der Oppositionsgruppe im Auswärtigen Amt war. Erich Kordt arbeitete mit *Hasso von Etzdorf* eine Denkschrift aus unter der Teilüberschrift *„Das drohende Unheil"*. In ihr wird zum Ausdruck gebracht, daß das Reich vom Chaos und vom Bolschewismus bedroht gewesen sei. 20 Millionen Menschen seien an den Grenzen Deutschlands der bolschewistischen Herrschaft ausgeliefert. Was den Friedensschluß betreffe, erwarte man Mäßigung seitens der Alliierten. Man könne Friedensbedingungen auf der Grundlage des Münchner Abkommens erwarten. Zusätzlich sollte Deutschland eine Landverbindung mit Ostpreußen und die Angliederung des oberschlesischen Industriereviers gewährt werden.

Ein weiterer Mittelsmann ist zu nennen: *Bischof Berggravs,* der vermitteln wollte. Staatssekretär *v. Weizsäcker* übergab *Berggravs* eine Botschaft an den britischen Außenminister *Halifax.* Im Januar 1940 gab der Bischof diese dem englischen Minister. Sie enthält die bemerkenswerten Sätze:

„Es muß fortgesetzt für den Frieden gearbeitet werden. Steter Tropfen höhlt den Stein. Es ist nicht gesagt, daß etwas vergebens ist, weil es vielleicht heute so ausschaut. Das Maßgebende ist die ungeheure Verantwortung, die wir dadurch auf uns nehmen, daß wir nicht das versucht haben, was wir hätten versuchen können, ohne daß es einen Schaden gebracht hätte."

Dieses Kapitel kann nicht abgeschlossen werden, ohne *Adam v. Trott zu Solz* zu erwähnen. Von 1931—33 war er „Rhodes Scolar" in Oxford. In den ersten 8 Monaten des Jahres 1938 reiste er dreimal nach England, wo er u. a. mit *Lord Halifax* Gespräche führte. Er stand in enger Verbindung mit *Goerdeler, Beck* und *Leuschner.*

In den U.S.A. verfaßte er mit dem deutsch-amerikanischen Schriftsteller *Paul Scheffer* eine Denkschrift, die einerseits die Befürchtung aufzeigt, die wachsende Kriegsstimmung auf alliierter Seite könne dazu führen, daß man alle Deutsche in einen Topf werfe und einen Vergeltungsfrieden verlange. Andererseits kam die Sorge zu Ausdruck, daß die „appeasement"-Stimmung möglicherweise noch stark genug sei, London und Paris zu einem voreiligen Friedensschluß mit Hitler zu verleiten.

Im August 1943 trafen sich in Berlin der schwedische Bankier *Jacob Wallenberg* und *Dr. Goerdeler.* Wallenberg wurde gebeten, die Briten zu überreden, einen geeigneten Kontaktmann nach Stockholm zu schicken, der sich mit einem Mitglied des Widerstandes, z. B. *Fabian von Schlabrendorff,* treffen könnte. Wallenberg erwiderte, er werde das gern tun, sobald der geplante Staatsstreich stattfände. Er werde dann den Alliierten mitteilen, daß ein deutscher Vertreter der neuen Führung in Stockholm sei, und zwar nicht nur um zu verhandeln, sondern auch, um die Anweisung der Alliierten darüber entgegenzunehmen, was die neue Regierung unternehmen solle, um einen Frieden abschließen zu können.

Goerdeler hatte eine Denkschrift über die Absichten des Widerstandskreises zur Vorlage bei Churchill verfaßt. Er erhielt freilich keine Antwort von der britischen Regierung.

Auch *Ulrich von Hassell* hatte nach Beratungen mit Generaloberst *Beck* eine Denkschrift verfaßt. In ihr war die Errichtung einer konstitutionellen Monarchie als Planung hervorgehoben. Während einer Übergangsperiode sollte nach ihr *Beck* den Vorsitz im Regentschaftsrat übernehmen. Als Regent wurde der Hohenzollernprinz *Louis Ferdinand*, der mit der Großfürstin *Kira* von Rußland verheiratet war, in Aussicht genommen.

Völlige Verkennung der Lage

Es ist verwunderlich, daß die Männer des 20. Juli glauben konnten, daß die britische Regierung ein Bündnis mit ihnen eingehen könnte. Sie mußten sich darüber im klaren sein, daß Großbritannien einen totalen Krieg führte. Sie mußten sich weiter im klaren sein, daß die Engländer darauf bedacht waren, strategische Vorteile zu erringen.

Sefton Delmer, der in der Abteilung für politische Kriegführung im Außenministerium arbeitete, schrieb dazu:
„Hätten wir die Generäle mit einer List dazu bringen können, sich gegen ihren obersten Kriegsherrn zu erheben, ich hätte es nicht bedauert. Ein Putsch der Generäle, ob er nun Erfolg hatte oder nicht – oder sogar nur der Verdacht, daß es in ihren Kreisen eine Verschwörung gab – hätte die Niederlage Hitlers beschleunigt."
Die Verschwörer waren bereit, die Geheimnisse des Dritten Reiches preiszugeben, um ihre Aufrichtigkeit zu beweisen. Sie waren gute und nützliche Nachrichtenquellen. In Großbritannien wurde der Widerstandskreis nicht als Instrument für die Beendigung des Krieges durch Verhandlungen, sondern als eine Waffe zur Aushöhlung des Deutschen Reiches von innen betrachtet.
Der 20.-Juli-Kreis verkannte vollständig die Lage. Zu Unrecht ging er von der These aus, man könne durch Öffnung der Front am Atlantikwall die anglo-amerikanischen Truppen veranlassen, in Richtung Osteuropa zu marschieren, um Mitteleuropa vor den Sowjets abzuschirmen.
Auf *Winston Churchill* konnte dabei kein Verlaß sein. Sein Verhalten zur Zeit der bolschewistischen Revolution zeigt dies. Es spricht viel dafür, daß Churchill neben *Lenin* und *Trotzki* der Retter des bolschewistischen Systems war, eines Systems, das ihn später so sehr peinigte und ihn zu Anschauungen verführte, die zwischen giftigstem und erbittertstem Haß und überschwänglichstem Lob schwankten.

Genau so verhielt er sich übrigens gegenüber Hitler. Im Jahre 1935 schrieb er in seiner Abhandlung *„Hitler und seine Gefolgschaft"*:
„Man kann Hitlers System mit Abneigung gegenüberstehen, aber trotzdem seine patriotischen Großtaten bewundern. Sollte unser Land einmal besiegt werden, so hoffe ich, daß wir einen Vorkämpfer des gleichen Schlages finden, der imstande ist, unseren Mut neu zu beleben und uns auf den Platz zurückzuführen, der uns unter den Nationen gebührt."

In seinen Memoiren (erster Band) dagegen steht zu lesen:
„Es war ein langer Kampf gewesen ... Adolf Hitler war endlich am Ziel, aber er war nicht allein gekommen. Aus den höllischen Tiefen des Abgrunds

hatte er die dunklen und wilden Furien heraufgerufen, die in der zahlreichsten, dienstfertigsten, unbarmherzigsten, widerspruchsvollsten und unglücklichsten Rasse Europas schlummern. Er hatte das fürchterliche Götzenbild eines alles verschlingenden Molochs heraufbeschworen, dessen Priester und dessen Verkörperung er selber war."

Der britische Außenminister *Eden* führte im Unterhaus am 19. Juli 1944 aus, daß *„Hitler nicht eine zufällige Erscheinung, sondern ein Symptom der deutschen Mentalität sei."* Derselben Auffassung war auch Präsident Roosevelt, zu dessen Freundeskreis *Theodore Nathan Kaufman* gehörte, der Verfasser des berüchtigten Planes *„Germany must perish"*.

Die Verschwörer konnten nicht wissen, welche Rolle *Kim Philby*, der 1943 in der Hierarchie des britischen geheimen Nachrichtendienstes zum Chef der Unterabteilung Iberien der Sektion V aufgestiegen war, in England spielte. In dem Buche *„The Philby conspiracy"* wird die Aufgabe *Philbys* als sowjetischer Agent in Großbritannien dahingehend umschrieben, *„auf jede mögliche Weise zu verhindern, daß in Großbritannien der Eindruck entstand, es gäbe eine praktische Möglichkeit, die Deutschen anders zu behandeln, als sie zu vernichten ..."*

Nicht mit Unrecht wird von *Anthony Cave Brown* gesagt, daß Philby nicht nur alle Geheimnisse des britischen Geheimen Nachrichtendienstes an die Sowjetunion verriet, und alle geheimen englischen und amerikanischen Informationen weitergab, die er bekommen konnte, sondern auch versuchte, die Glaubwürdigkeit aller Berichte, die die Möglichkeit von Verhandlungen mit dem deutschen Widerstandskreis eröffneten, abzulehnen oder zumindest in Frage zu stellen.

Kim Philby, der heute in Moskau lebt, arbeitete unter dem Gegenspieler von *Canaris*, General *Sir Stewart Graham Menzies.*

Die Verschwörer mußten aber wissen, daß in Osteuropa eine Macht – verbündet mit England – Krieg führte, deren Grundhaltung auf den Satz *Lenins* aufgebaut war: *„Moral ist nur das, was der Revolution dient."*

☆

Mit Recht stellt *Guderian* in seinem Buche *„Erinnerungen eines Soldaten"* fest:

„Das Ergebnis des Attentats vom 20. Juli 1944 ist furchtbar. Die Vorbereitungen waren völlig unzulänglich, die Auswahl der Persönlichkeiten für die wichtigsten Stellungen unverständlich. Die treibende Kraft war ursprünglich Dr. Goerdeler, ein Idealist, der glaubte, den Staatsstreich ohne Attentat ausführen zu können. Er und seine Mitverschworenen waren zweifellos von dem Gedanken beseelt, das beste für ihr Volk zu tun ... Feldmarschall von Witzleben war ein kranker Mann ... Generaloberst Hoepner war ein tapferer Frontsoldat; ich bezweifle aber, ob er sich der Tragweite seiner Handlungen am 20. Juli voll bewußt geworden ist ...

Wer anderer Ansicht war als Hitler, hatte die Pflicht, ihm das offen zu sagen, wann immer sich ihm die Gelegenheit darbot. Dies gilt in erster Linie und ganz besonders für die Zeit, als es noch Zweck hatte, nämlich für die Zeit vor dem Kriege.

Wer sich darüber klar zu sein glaubte, daß Hitlers Politik zu einem Kriege führen mußte, daß ein Krieg verhindert werden mußte, daß er zu einem Unglück für unser Volk werden mußte, der hätte vor dem Kriege die Gelegenheit suchen und finden müssen, dies Hitler und dem deutschen Volke in unmißverständlicher Deutlichkeit zu sagen, wenn nicht im Inland, dann aus dem Auslande."

Haben die seinerzeit Verantwortlichen dies getan?

Der Einwand, das sei nicht möglich gewesen, stimmt nicht. Ich habe als Anwalt zwei Feldmarschälle vertreten, die bezeugten: *„Man konnte mit Hitler reden, allerdings unter vier Augen."*

Der Verrat an Peenemünde

Eisenhower schreibt in seinem Buch *„Kreuzzug in Europa":*

„... Wenn es den Deutschen gelungen wäre, diese neuen Waffen, d. h. die Raketen-Waffen, *6 Monate früher zu vervollkommnen und zum Einsatz zu bringen, als sie es konnten, so ist wahrscheinlich, daß unsere Invasion Europas auf ungeheure Schwierigkeiten gestoßen, ja, unter Umständen unmöglich geworden wäre. Ich bin dessen gewiß, daß nach 6-monatigem Einsatz das Unternehmen „Overland"* (der Angriff auf den europäischen Kontinent von England aus) *hätte abgeschrieben werden müssen."*

Im 3. Band des amerikanischen von der Universität Chicago herausgegebenen Geschichtswerkes *„Die Armee-Luftmacht im Zweiten Weltkrieg"* ist folgende frei übersetzte Darstellung enthalten:

Für die Alliierten war das Unternehmen ... eine teils vom Glück begünstigte, größtenteils durch überlegene Zusammenarbeit und Entschlossenheit erreichte Eroberung. Die Deutschen hätten zu noch bedeutungsvoll später Stunde den Lauf des Krieges ändern können.

In der englischen Kriegsführung läuft das Unternehmen gegen die Raketenwaffe unter dem Begriff *Crossbow.*

Es sind Maßnahmen, die in Verbindung mit der Bombardierung von Peenemünde stehen.

Welche Gründe hatte die kriegsentscheidende Verspätung des Einsatzes von V 1 und V 2? Ich bin mir darüber im klaren, daß Hitler die Bedeutung der Rakete 1939 noch nicht erkannt hatte. Im März 1939 sah Hitler zum ersten Mal die Arbeiten auf dem Flüssigkeitsraketen-Gebiet. Bei seinem Besuch in Peenemünde sprach er von dem Südtiroler *Max Vallier* und erzählte, daß er ihn in München näher kennengelernt habe und von ihm über die Zukunftshoffnungen der Raketenentwicklung unterrichtet worden sei. Im März 1939 nannte Hitler Vallier einen Phantasten.

Erst am 7. 7. 43 entschied das deutsche Staatsoberhaupt, daß Peenemünde an die Spitze der Dringlichkeitsleiter der deutschen Rüstungsprogramme zu setzen sei. 1943 erklärte Hitler gegenüber *Dr. Walter Dornberger:*

„Ich danke Ihnen. Warum habe ich nicht an den Erfolg Ihrer Arbeiten glauben können — wenn wir diese Rakete schon 1939 gehabt hätten, dann wäre es nicht zum Krieg gekommen ... Jetzt und in aller Zeit ist Europa und die Welt für einen Krieg zu klein. Mit diesen Waffen wird ein Krieg für die Menschheit untragbar werden."

Am 4. 11. 1939 wurden über die englische Botschaft in Oslo der englischen Regierung Unterlagen zugespielt, die neben anderen technischen Einzelheiten die Beschreibung einer neuen Torpedowaffe enthielt, die durch Magnetismus zum Ziel gelenkt wurde. Außerdem beschrieben die Papiere ein neues System für den blinden Bombenabwurf und Mitteilungen über die modernsten deutschen Radarsysteme „*Würzburg*" und „*Freya*".
Sie enthielten außerdem Angaben über das „*Aggregat-Programm*" — das Raketenprogramm. Nach dem Bericht würden die Deutschen in *Peenemünde* auf der Ostseeinsel *Usedom* Versuche mit Langstreckenraketen anstellen.
Unterschrieben war dieser Bericht von einem „*wohlmeinenden deutschen Wissenschaftler*".
Es ist heute strittig, welche Person auf deutscher Seite die Preisgabe der Geheimnisse veranlaßte.
Von englischer Seite wird vorgetragen:
„*Es erschien durchaus möglich, daß der Bericht von Canaris kam. Wir haben es aber nie beweisen können; und wir haben nie festgestellt, welche andere Persönlichkeit dazu in der Lage war.*"
Außer diesem „*Oslo-Report*" — so wird die Begebenheit genannt — ereignete sich im Jahre 1943 ein Vorgang, der unter dem Begriff „*Lisbon-Report*" bekannt ist. Dieser Bericht enthielt weitere Informationen über das deutsche Raketenprogramm.

Seit Hitler am 5. 11. 37 — nach Antony Cave Browns Ansicht — beschlossen hatte, Krieg zu führen, haben die Verschwörer fast alle Geheimnisse Hitlers verraten . . .

Der Verdacht fällt, wie der eben genannte Historiker schreibt, zunächst auf General *Erich Fellgiebel*, den Chef des Wehrmachtsnachrichtenverbindungswesens im OKW, der am 4. 9. 44 hingerichtet wurde, und auf seinen Stellvertreter, Generalleutnant *Fritz Thiele*, der erschossen wurde. *Hitler* war überzeugt, daß *Fellgiebel* und *Thiele* mit den Briten in Verbindung standen, und er ging so weit, in einem Gespräch mit *Albert Speer* zu behaupten, *Fellgiebel* „*habe einen direkten Draht nach der Schweiz gehabt*".

Anthony Cave Brown vertritt auch die andere Auffassung, daß der Bericht von dem Hauptmann *Ludwig Gehre*, einem Offizier der Abwehr und prominenten Mitglied des Widerstandskreises, stammen könnte.

Das den Alliierten zugespielte Dokument war für die Alliierten von unerhörter Bedeutung. Es wurde das V-Waffenprogramm sehr eingehend geschildert. Mitgeteilt wurde ebenfalls, daß Hitler V 1 und V 2 in Peenemünde besichtigt hat. Hitler habe den Bau von 30 000 V 2 bis zum 20. 10. 43 befohlen. Die Herstellung genösse die erste Priorität. 1 500 Facharbeiter seien aus den Fabriken, in denen Fliegerabwehrwaffen und Geschütze gebaut würden, zu dieser Produktion abgestellt worden.

Die Folge war, daß befohlen wurde, alle mit dem V-Waffen-Programm Hitlers in Zusammenhang stehende Ziele mit starken Kräften anzugreifen. Britische und amerikanische Luftstreitkräfte bombardierten jedes Rüstungswerk, jede Zementfabrik, jede Abschußrampe und jeden mit dem Programm in Zusammenhang stehenden Bahntransport.

Der entscheidende Angriff jedoch erfolgte in der Nacht von 17. auf 18. 8. 43 gegen Peenemünde. *Walter Dornberger* schildert den Angriff in seiner Arbeit *„V 2 – der Schuß ins Weltall“:*

„Kurz nach 24 Uhr ist die erste Welle über Peenemünde ohne Bombenabwurf nach Süden geflogen. Richtung Berlin. Der Flaksender gab daraufhin als vermutliches Angriffsziel die Reichshauptstadt an. Seit 0.15 Uhr fliegt dann Welle auf Welle, von Rügen kommend, Peenemünde an ... Großfeuer färben den alles einhüllenden, durch beißenden Rauch verstärkten Nebel dunkelrot. Aus dem Dach des Konstruktionsgebäudes schlagen an vielen Stellen helle Flammen ... Ununterbrochen fliegen Bomberverbände über das Werk ... Nach Londoner Radiomeldungen sind 1,5 Millionen kg Sprengbomben und eine ungeheure Menge Brandbomben abgeworfen worden. Es dauerte noch Wochen, bis die Zahl der Gefallenen einwandfrei feststand: 735 Tote hatte der Angriff gefordert, davon 178 Bewohner der von 4 000 Menschen bewohnten Siedlung.“

Für die schwarze Nacht von Peenemünde machten *Hitler* und *Göring* den Chef des Generalstabes der Luftwaffe, Generaloberst *Jeschonnek* verantwortlich. Jeschonnek erschoß sich am Morgen nach dem Angriff in seinem Büro.

☆

Irving beschäftigte sich mit der „Invasion“ und dem Thema Rommel und Speidel.

Die „Invasion“ wirft folgende Fragen auf:

Warum wurde die 7. Armee von der bevorstehenden Landung nicht rechtzeitig informiert? Wieso wurden ihr nicht Verbände der 15. Armee zur Verstärkung zugeführt? Wie kam es zu dem Durchbruch von Avranches, der den Kessel von *Falaise* zur Folge hatte?

Aus dem *Kriegstagebuch* der Führungsabteilung der 7. Armee von 1. 1. – 30. 6. 1944 (Nr. 54351/1) ergibt sich, daß das Armeeoberkommando dem LXXXIV. AK, das hauptsächlich den Raum zu schützen hatte, in welchem die Landung stattfand, Ende Mai/Anfang Juni 1944 erhöhte Alarmbereitschaft befohlen hatte. Landungsunternehmen werden für möglich gehalten. Festgestellt wird, daß Flutverhältnisse die Landung in der Normandie in der Zeit vom 1.–4. 6. 1944 begünstigen. Zur Wetterlage wird bemerkt: Gute Sicht oder meist klare Sicht, am 1. 6. 44 und 2. 6. 44 Frühdunst. Herausgestellt wird: Feindflüge, Luftlandeeinsatz und Kleinbootunternehmen ebenfalls begünstigt. Aus dem Kriegstagebuch geht weiter hervor, daß die Wetterbedingungen sich auch am 5. 6. 1944 nicht änderten.

Weiter ist die Angabe im Kriegstagebuch von Bedeutung: *„Seit 30. 5. ist der Gegner zur systematischen Zerstörung der Seine-Brücken aus der Luft zwischen ihrer Mündung und Paris übergegangen, um Truppenverschiebungen von Süden oder Norden auszuschalten.“*

Dazu zeichnet sich in dieser vorbereitenden Phase der Kämpfe im Westen, der mit der lückenlosen Zerstörung der Verkehrszentren begann, der künftige Schwerpunkt von Operationen ab, mit denen der Gegner entweder nördlich oder südlich der Seine seinen Großangriff einleiten konnte.

Aus der Anlage zum *Kriegstagebuch* der Führungsabteilung des AOK 7 – 57351/3 geht hervor, daß Rommel die Besetzung der Bretagne als zu dünn hielt.

Zu einem späteren Zeitpunkt häuften sich die Indizien für eine Großlandung in der Normandie. Die Ic/AOK 7 führt unter dem 30. 4. 1944 geheim (Nr. 2433/44) aus:

„Im Bereich Portsmouth, Southampton und der Insel Wight wurde durch Luftaufklärung Zusammenziehung größeren Landungstransportraumes festgestellt; eine nicht unerhebliche Vermehrung des Transportraumes innerhalb der letzten Zeit ist eindeutig zu erkennen". Bereits am 23. 4. 44 war das wiedergegeben worden, was der Nachrichtendienst ermittelte:

Plymouth: Belegung mit Landungsfahrzeugen für 1 1/4 Landungsdivisionen, ein Schlachtschiff der King George Klasse, zwei alte französische Schlachtschiffe, weiter leichte Seestreitkräfte und etwa 95 000 BRT Schiffsraum.

Die Luftaufklärung über Falmouth berichtet, daß seit 27. 4. eine wesentliche Zunahme an Landungsfahrzeugen festzustellen sei. Erwähnt wird die Vermehrung durch vier Landungstransportschiffe, 7 Kampfwagenlandungsschiffe und 21 Landungsboote.

Es wird wiedergegeben eine Transportkapazität bis 8. 5. 44:

Raum Southampton, Portsmouth für etwa 3 Landungsdivisionen, Raum Salcombe – Dartmouth – Drixhan 2 Landungsdivisionen, Raum Plymouth 1 1/4 Landungsdivisionen, Falmouth 1 1/2 Landungsdivisionen, zusammen 7 3/4 Landungsdivisionen.

Gesagt wird, daß einschließlich des aufgeklärten Schiffsraumes eine Beförderungskapazität für etwa 14 1/4 Landungsdivisionen vorhanden sei.

Ausdrücklich wird betont: *„Es ist jedoch zu berücksichtigen, daß zweifellos ein beträchtlicher Teil des gut getarnten Landungsfahrzeugraumes nicht erfaßt ist ..."*

Die Seekriegsleitung sei der Auffassung, daß 22 Millionen BRT Invasionstonnage vorhanden sei. Davon befänden sich 900 000 BRT in Süd- und Südwestengland, 500 000 im Raum der irischen See, 800 000 in Nordengland und in Schottland.

In AOK 7 Ic/AO – 2521/44 vom 10. 5. 44 wird auf einen baldigen Kampfbeginn hingewiesen. Dies ergebe sich daraus, daß der Postverkehr neutraler Botschaften und der Botschaften mehrerer Verbündeten in London dem zensierten Postverkehr unterworfen worden und sämtlichen Angehörigen derselben die Ausreise verboten worden sei. Die Stillegung des Postverkehrs zu den meisten europäischen Ländern und zu den britischen Kriegsgefangenen sei ebenfalls verfügt worden. In Südengland würden Übungen von Luftwaffenverbänden stattfinden, die anscheinend zur Verschleierung von Aufmarschbewegungen benutzt würden.

Die weitere Verlegung von Funkstellen der britischen Nahkampfverbände aus dem Raum nördlich und südlich London in die Räume Brighton, Portsmouth und Southampton mit Teilen auch in den Raum westlich Dover lasse den Schluß auf ein Großunternehmen zu. Dies gehe auch aus der Feststellung des englischen Führungsschiffes *Bulak im Bereich Portsmouth* hervor. Dieses Führungsschiff habe bisher bei allen Landungsunternehmungen im Mittelmeerraum eine Rolle gespielt. Dazu kämen weitgehende Einschränkungen des Zivilreiseverkehrs in Großbritannien.

Erwähnenswert sei auch die neuerliche Beschlagnahme zahlreicher öffentlicher Gebäude für Lazarette und die Einberufung einer großen Anzahl von Krankenpflegerinnen. Eine Meldung vom 25. 4. 44 hatte die Kräfteverteilung der 21. englischen Heeresgruppe unter General Sir Bernard Montgomery gebracht.

In der Niederschrift des *AOK 7 Ic/AO – 2237/44 geheim vom 25. 4. 44* wird von der Gleichschaltung des Funkverkehrs zwischen den britischen und amerikanischen Nahkampfverbänden und dem Bau von Plattformen für den Einschiffungszweck bei Great Yarmouth (Grafschaft Norfolk) sowie der Konzentration von rollendem Material im Raum von *Bristol* gesprochen. Die Gesamtzahl der anglo-amerikanischen Verbände wird auf 50 – 51 Infanteriedivisionen, 5 selbständigen Infanteriebrigaden, 7 Luftlandedivisionen, 8 Fallschirmjägerbatl., 14–15 Panzerdivisionen und 13 Panzerbrigaden beziffert. An Seestreitkräften seien vorhanden: 5 Schlachtschiffe, 2 Monitore, 5 Flugzeugträger, 15–20 Hilfsflugzeugträger, 28 Kreuzer, 120 Zerstörer und Geleitzerstörer und 1 größere Anzahl kleinerer Seekampfmittel wie U-Boote, Schnellboote, Minensucher und U-Bootjäger. Dazu kämen die US Seestreitkräfte, über deren Stärke keine Anhaltspunkte vorlägen. Die Frachter- und Tankerflotte sei in 3 Pulks eingeteilt. Der Schwerpunkt verlagere sich fortlaufend an die Südwestküste. Der im dortigen Raum St. Brides – Bay – Bristol – Kanal – Barnstaple – Bay angenommene Pulk habe 800 000 BRT; der in den Häfen der Irischen See 600 000 BRT.

In *AOK 7 Ic/AO – Nr. 2940/44 geheim* wird dargestellt, daß der Feind im gesamten Küstenbereich der Armee Aufklärungsflüge unternehme mit dem Schwerpunkt an der Ostküste *Cotentin,* im Raum *Cherbourg* sowie im Küstenraum zwischen *Ploueschat* und *Brest.*

Schließlich weist *AOK 7 Ic/AO – 3297/44 geheim* darauf hin:

„In der Vorbereitung der Invasion konzentrierte sich der Feind auf die schwerpunktmäßige Zerstörung von befestigten Stellungen unter Fortsetzung der Lahmlegung des Verkehrsnetzes.“

In einem Fernschreiben vom 10. 5. 44 findet sich die Auffassung des Generaloberst *Jodl* über die Lage:

1. OKW rechne mit Beginn des Feindangriffs Mitte Mai 1944, vor allem mit dem 18. 5.
2. Als Schwerpunkt komme in erster Linie die Normandie, in zweiter Linie die Bretagne in Frage ...
3. Sehr starke Luftlandungen werden vielleicht auch in der Dunkelheit durchgeführt werden.

Am 28. 12. 1943 hat der Oberbefehlshaber West, Generalfeldmarschall von *Rundstedt,* die Auffassung vertreten, daß die Front des AOK 15 und des rechten Flügels des AOK 7 (Halbinsel Cotentin) bedroht sind. Daher müsse die Masse der verfügbaren Kräfte hinter diesen Fronten versammelt werden.

Auf der Halbinsel *Cotentin* fand auch die Großlandung der Alliierten statt.

Am 6. 6. 44 trägt das AOK 7 in das *Kriegstagebuch* ein:

„Der Feind ist in den ersten Morgenstunden zu einem Großangriff zwischen Seinemündung und Cotentin angetreten. Nachdem ab Mitternacht starke Bombenverbände, insbesondere die Küstenbatterie angegriffen hatten, sind ab 0.30 Uhr größere Fallschirm- und Luftlandeeinheiten in den Räumen beiderseits Ornemündung, Caen — Bayeux, beiderseits Vire sowie um Carentan und St. Malo Eglise abgesprungen. AOK befiehlt 1.15 Uhr sofort Alarmstufe II für Bereich LXXXIV AK und Alarmstufe I für übrige Korpsbereiche und II. Fallschirmcorps. Stab AOK 7 wird gleichfalls alarmiert.

Vorläufige Lageorientierung an Heeresgruppe B: Schwerpunkt feindlicher Luftlandungen zeichnet sich bei 716. I. D. im Südteil der Ostküste Cotentin und in der Carentanenge ab.“

In der Eintragung heißt es weiter: *„Abweichend von Ansicht der Heeresgruppe B und OB West hält Chef des Generalstabes der 7. Armee* (Generalleutnant Pemsel) *die Luftlandungen für Auftakt zu größerer Feindaktion.*

Durch laufende starke Nachlandungen aus der Luft verstärke sich Gegner vor allem im Raum Ornemündung (Caen) und St. Meré Eglise. Nach Ansicht Chef des Stabes scheint Gegner Abschnürung der Halbinsel Cotentin an engster Stelle zu beabsichtigen.

Chef des Stabes schließt auf feindlichen Großangriff gegen die Normandie.“

General *Hans Speidel*, der Chef des Generalstabes der Heeresgruppe B, gibt in seiner Schrift *„Invasion 1944“* eine Lagebeurteilung des Generalfeldmarschalls Rommel wieder, die lautet: *„Wer bei der 1. Landungsphase nicht unverzüglich am Feind ist, kommt bei der enormen Luftüberlegenheit des Gegners niemals mehr zum Zuge ... Wenn es bei unserem Kampfauftrag nicht gelingt, die Alliierten auf See abzuwehren oder in den ersten 48 Stunden vom Festland zu werfen, ist die Invasion geglückt und der Krieg beim Fehlen operativer Reserven und dem totalen Ausfall unserer Kriegsmarine und Luftwaffe verloren.“*

In dem Tätigkeitsbericht des Ic des Oberbefehlshabers der Heeresgruppe D, d. h. des Oberbefehlshabers West vom 1. 4.—30. 6. 44 wird auf Seite 19 festgestellt:

„Von Anfang des Jahres 1944 bis Ende Mai wurden vom Radio London über 20 Sprüche durchgegeben, von denen nach den gewonnenen Erkenntnissen anzunehmen war, daß sie die für die Invasion vorbereiteten Sabotagehandlungen auslösen oder die Invasion selbst ankündigen sollten ... Alle diese Ankündigungen, die sich von Woche zu Woche änderten, waren falsch. Sie waren das beliebteste Täuschungsmittel des Feindes, um Führung und Truppe nervös zu machen.

Am Vorabend der Invasion, 5. 6. um 21.15 Uhr, wurden vom Radio London wiederum mehrere verschlüsselte Sprüche durchgegeben, die die Weisung zur Ausführung von Sabotagehandlungen im Zusammenhang mit be-

vorstehender Invasion enthalten sollten. Von einem dieser Sprüche („Les Sanglots longs des violons de l'automne – blessent mon coer d'une longueur monotone" – aus einer Sonette von *Verlaine) war mit Sicherheit bekannt, daß er sich an die unter scharfer englischer Steuerung stehende Sabotageorganisation ‚french section' richtete. Aus diesem Grunde wurden die Sprüche vom 5. 6. abends trotz der vorhergegangenen monatelangen Täuschung vom Oberbefehlshaber West besonders beachtet. Die unterstellten Verbände, die Kommandostellen der anderen Wehrmachtsteile und die Militärbefehlshaber wurden über Durchgabe und Bedeutung der Sprüche unterrichtet und gewarnt, OKW/WFSt/Op (H) West und OKH/GenSt dH/ Fremde Heere West benachrichtigt."*

Dies kann bewiesen werden. In der Anlage 126 (Oberbefehlshaber West – IC Nr. 3552/44 geheim) Fernschreiben vom 5. 6. 44 an

1) Heeresgruppe B, 2) Armeegruppe G, 3) Luftflotte 3, 4) Marinegruppe West, 5) Militärbefehlshaber Frankreich, 6) Militärbefehlshaber Belgien/ Nordfrankreich, 7) OKH GenSt d. H/Fremde Heere West – nachr., 8) OKH/Wehrmachtsführungsstab Op (H) West, 9) General des Transportwesens West heißt es:

„Mehrere seit Herbst 1943 bekannte Sprüche, die den Beginn der Invasion kurzfristig ankündigen sollen, wurden heute erstmals vom englischen Rundfunk z. T. für ‚french section' durchgegeben."

Die Meldung von einer bevorstehenden Invasion sollte von der Heeresgruppe B an die 7. Armee weitergegeben werden. Es spricht nichts dafür, daß dies geschehen ist.

Im *Kriegstagebuch* (Anlage 21) zu Oberbefehlshaber West, Ia Nr. 5654/44 gK wird dargestellt:

„6. 6. 44

01.40 Uhr Anruf O. v. D.: Absprünge auf Halbinsel Cotentin bei Caen südlich Seinemündung Lastensegler in Ornemündung.

02.05 Uhr: Anruf I a: betrachtet die Lage vorläufig als ruhig. Generalkommando LXXXIV. A K. hat Alarmstufe II.

03.00 Uhr Chef Heeresgruppe B (General Speidel) beurteilt Angelegenheit sehr ruhig. Möglichkeit Verwechslung abgesprungener Flugzeugbesatzungen gegeben.

04.05 Uhr: Anruf Major Dörtenbach bei Fremde Heere West. Major Dörtenbach gibt alles bisher gemeldete bekannt. Lage wird als nicht ernst beurteilt ...

04.30 Uhr für AOK 15 und 7 Alarmstufe II befohlen. Militärbefehlshaber Alarmstufe II, desgleichen Generalkommando XXV ...

6.30 Uhr 100 Lastensegler über Cherbourg. Küstenbatterien bei Cherbourg durch schweren Rauch vernebelt.

6.50 Uhr Anruf bei Oberst Zimmermann (I a) Bitte um Sprachregelung für Meldung nach oben: Lage nicht geklärt. Großes Feindunternehmen im Gange. Zwischen Seine und Cherbourg mit vorläufigem Schwerpunkt zwischen Orne- und Viremündung. 6 Schlachtschiffe vor Le Havre, 20 Zer-

störer, Schiffsansammlungen im Raum vor Barfleur und in der Ornemündung. Rechte Grenze der Unternehmung vorläufig die Seine ...

9.55 Uhr Rundfunküberwachung teilt mit: Aufruf Eisenhower im Rundfunk: Invasion hat begonnen ...

17.20 Uhr Orientierung Oberst von Roenne über Cotentin-Halbinsel. Oberst von Roenne weist auf Bretagne hin, wo er weiteren Feindangriff erwartet."

Zwischen dem Historiker *Anthony Cave Brown* und mir besteht Übereinstimmung darüber, daß die 7. Armee an der Invasionsküste nicht rechtzeitig in Alarmbereitschaft versetzt und damit natürlich auch nicht das LXXXIX. Korps, das die Verantwortung für Utah und Omaha und den größten Teil des britischen Sektors trug.

Erst um 2.15 Uhr, als der Angriff aus der Luft bereits anrollte, ordnete die 7. Armee für ihre Divisionen höchste Alarmstufe an.

Eine interessante Passage aus Browns Buch ist erwähnenswert:

„Oberst Bodo Zimmermann aus Rundstedts Stab behauptete später, alle Truppen im Westen seien in Alarmbereitschaft versetzt worden. Den Amerikanern, die ihn nach dem Krieg verhörten, erklärte er: ‚Am 5. Juni um 21 Uhr 15 brachte (Meyer-Detring, ein Nachrichtenoffizier) die alarmierende Meldung, daß der feindliche Rundfunk mehrere Male ein Stichwort gesendet hatte, das die Widerstandsbewegung in ganz Frankreich zum sofortigen Aufstand aufrief. Das bedeutete praktisch Mobilisierung der Widerstandsbewegung für die kommende Nacht. Die Meldung wurde deshalb sehr ernst genommen. (Rundstedt) ordnete an, daß diese Meldung mit einer allgemeinen Warnung an alle Einheiten und Dienststellen in seinem Befehlsbereich weitergegeben wurde.

Dann fügte er an — und da seine vorzeitige Entlassung aus alliierter Kriegsgefangenschaft in gewisser Beziehung vom Wahrheitsgehalt seiner Aussage abhing, darf man sie als eine Art Zeugenaussage betrachten —: ‚Die Heeresgruppe B, der diese Meldung bekannt war, erhielt (von Rundstedt) den Befehl, Alarmstufe II (höchste Alarmbereitschaft) für ihren Befehlsbereich anzuordnen (Wehrmachtsbefehlshaber Niederlande, 15. Armee und 7. Armee) ..."

Diese Ausführungen stimmen mit Anlage 126 überein.

Unrichtig dürfte dagegen die Geschichte sein, die Oberst *Anton Staubwasser*, Rommels Nachrichtenchef, beim Verhör über jene Nacht des 5. auf 6. 6. 1944 erzählte:

„Gegen 22 Uhr meldete mir der 3. Generalstabsoffizier der 15. Armee telephonisch, daß wieder eines dieser Stichworte abgehört worden sei und daß die 15. Armee deshalb für ihre Einheiten von sich aus den Alarmzustand befohlen habe. Ich machte Speidel sofort Meldung ... und da das Oberkommando der Heeresgruppe B keinerlei Unterlagen besaß, um die Bedeutung des abgehörten Stichworts beurteilen zu können, befahl er mir, eine Entscheidung von Rundstedts Hauptquartier einzuholen, ob die Heeresgruppe und die 7. Armee in Alarmbereitschaft versetzt werden sollten."

Nach meiner Ansicht sind die Angaben des Oberst *Zimmermann* richtig.

Zu überprüfen sind die Einzelheiten, die Anthony Cave Brown in seinem Buch „Bodyguard of Lies“ bringt:
„Die Soldaten an der normannischen Front waren auf ihren Posten. Der Stab des bei St. Lo liegenden LXXXIV. Korps dagegen feierte gerade den Geburtstag seines Kommandeurs ... Ein anderer Teil der Divisionskommandeure war unterwegs zum Kriegsspiel nach Rennes. Ebenso der Oberbefehlshaber der 7. Armee in Le Mans ... Auch Krancke war nicht in seinem Hauptquartier in Paris, sondern unterwegs zur Inspektion eines Unterwasserstützpunktes in Bordeaux.“

Feindstärkemeldungen — absichtlich gefälscht?

Es wird häufig gesagt, daß *Hitler* und das Oberkommando der Wehrmacht in ihrer Einfältigkeit die Auffassung vertraten, daß die Landung in der Normandie nur ein Ablenkungsmanöver sei und die Hauptlandung zwischen Seine und Somme stattfinde, vor allem im Raum von Calais.

Am 17. 6. weilten Oberbefehlshaber West — Generalfeldmarschall v. Rundstedt — und der Oberbefehlshaber der Heeresgruppe B — Generalfeldmarschall Rommel — mit ihren Chefs im Führerhauptquartier. Darüber gibt es eine Niederschrift, in der ausgeführt wird:
„Der Führer ist der Ansicht, daß der Feind nicht seine letzten Kräfte einsetzen wird. Die Tatsache, daß er bereits alle kriegserfahrenen Verbände in der Normandie eingesetzt hat, zeigt, daß er sich dort bereits weitgehend gebunden hat. Es ist möglich, daß der Feind durch den jetzt begonnenen Fernkampf (V-Waffen) gezwungen wird, bei AOK 15 ebenfalls zu landen.“

Ich habe die festgehaltenen Ferngespräche des Oberbefehlshabers West geprüft.
Aus ihnen ergibt sich, daß Oberst *Alexis v. Roenne* die falsche Lagebeurteilung verursacht hat. Unter dem 2. 7. 44 heißt es:
„Major v. Graevenitz: Rückfrage wegen Anzeichen für bevorstehende 2. Landung. Sämtliche Erkenntnisse an Jodl.“
Nach der Eintragung vom 4. 7. 44 führte Oberst *v. Roenne* aus, daß das entscheidende Problem ist, ob der Gegner alles in das Normandie-Unternehmen hereingesteckt hat. Wörtlich heißt es: *„Wir müssen mit einer weiteren Landung rechnen.“*
Im Zusammenhang mit Papieren, die von der 43. englischen Infanteriedivision stammen und erbeutet wurden, weist *Roenne* am 10. 7. 44 darauf hin, daß diese Invanteriedivision ursprünglich für die Landung im Raume *Le Havre — Antwerpen* vorgesehen war. Oberst *v. Roenne* schließt daraus: Zweite Landung geplant.

Im Gegensatz dazu ist der I c des Oberbefehlshabers West, *Meyer-Detring*, der Auffassung, daß die Möglichkeit einer „billigen Täuschung“ bestehe. Er hebt hervor, daß Kartenausstattungen für ganz Frankreich geschaffen wurden.
Bemerkenswert ist, daß Oberst *Michael,* der bei *v. Roenne* die Abteilung der Gruppe England leitete, im Frühjahr 1944 mit der Bitte zu Roenne kam, er möge unterbinden, daß der SD andere Schätzungen über die Stärke der

feindlichen Streitkräfte abgab. *Roenne* erklärte angeblich, er könne nichts machen. Michael schlug daraufhin als Lösung vor, die Abteilung *Fremde Heere West* solle die geschätzte Zahl der in Großbritannien versammelten Divisionen verdoppeln.
Nach anfänglicher Ablehnung stimmte dann später v. Roenne zu.
Es wurden Hitler Berichte geschickt, in denen die Höhe der alliierten Streitkräfte stark übertrieben wurde. Es war schwierig, die Schätzungen durch Tatsachen zu belegen. *Roenne* fand den Ausweg: Die Abteilung Fremde Heere West solle alle Presseverlautbarungen und andere Berichte, die sie über die alliierten Truppenstärken in England erreichten, als zutreffend akzeptieren.
Die Schätzungen *Roennes* wurden beim OKW in die Lagekarten eingetragen. Die Alliierten, die täuschen wollten, hatten einen Verbündeten gefunden. Oberst *v. Roenne* mußte diese Intrige mit dem Leben bezahlen. Er wurde in Flossenbürg hingerichtet.
Oberstleutnant *Michael* kam davon. Frühzeitig wurde er aus der Gefangenschaft entlassen. Michael blieb nicht lange im Westen: Er setzte sich bald in die sowjetische Besatzungszone ab.
Der Gedanke an eine weitere Landung im Raum von Calais ist aber die Ursache für *Avranches* und den Kessel von *Falaise, Niederlagen* von *ausschlaggebender Bedeutung.*

☆

Bei Betrachtung der politischen Ereignisse von 1939 stellt sich die Frage, ob Hitler die Ausweitung des deutsch-polnischen Krieges zu einem Weltkrieg wollte, um Herr auf dem Kontinent zu werden. Heute wird diese Meinung – insbesondere durch die Widerstandskreise – vertreten, die dahingeht, daß Hitler im Machtrausch zielbewußt eine Eroberungspolitik in grenzenloser Weise betrieb. Ich glaube, daß diese Frage die geschichtliche Forschung immer bewegen wird.
Zur Diskussion gestellt werden muß, ob es nicht richtiger ist anzunehmen, daß Hitler im Laufe der Zeit die Initiative verlor und in der machtpolitischen Entwicklung zum Gefangenen oder Getriebenen wurde. Wenn wir die Besprechungen des Oberbefehlshabers der Kriegsmarine mit Hitler heranziehen, sprach letzterer nach der Niederlage Frankreichs davon, daß der Schwerpunkt der deutschen Rüstung in Zukunft auf U-Boote und Flugzeuge zu legen sei.
Dies bedeutet, daß Hitler nur damit rechnete, den Krieg gegen England weiterführen zu müssen. Das Heer sollte rüstungsmäßig nicht mehr den Vorrang vor anderen Waffengattungen haben.
Als die ersten Nachrichten über einen russischen Druck auf Bessarabien eintrafen, spielte noch der Gedanke einer Verminderung des Feldheeres eine große Rolle.
Die Eintragung des Generaloberst *Halder,* des Chefs des Generalstabes des Heeres, im Tagebuch IV vom 28. 5. 40 zeigt, daß Hitler dem General gegenüber seine Absicht der erheblichen Verminderung der Divisionen konkret nach Abschluß des Frankreichfeldzuges zum Ausdruck brachte.
Daß dies richtig ist, ergibt sich daraus, daß am 15. 6. 40 *Halder* in seinem Tagebuch notierte, eine Weisung Hitlers sei eingetroffen, *„daß wir schon*

jetzt an den vorbereiteten Umbau des Heeres auf 120 Divisionen einschließlich 20 Panzerdivisionen und 10 motorisierte Divisionen gehen".
Im *Halder*-Tagebuch IV vom 15. 6. 40 heißt es weiter:
„*Mit dem bevorstehenden endgültigen Zusammenbruch des Feindes die Aufgabe des Heeres erfüllt, ... und wir in Feindesland diesen Umbau als Grundlage für die künftige Friedensorganisation in Ruhe durchführen können. Der Kriegsmarine und der Luftwaffe wird dann die Aufgabe zufallen, den Krieg gegen England allein weiterzuführen.*"
Vollends Klarheit bringt die Eintragung *Halders* vom 16. 6. 40:
„*Aufbau der Küstenverteidigung mit beweglichen Reserven. Für Osten 15 Divisionen ... es bleiben dann von den durch Zusammenlegen aus 160 Divisionen zu bildenden 120 (einschließlich schnelle) in Frankreich etwa 85, darunter 65 Infanteriedivisionen.*"
Eine Änderung der Haltung trat erst in der 2. Hälfte des Monats Juni ein.
Am 25. 6. 40 notierte *Halder* wieder Besprechungen über die Friedensorganisation des Heeres. Jetzt erst taucht das Wort „Schlagkraft im Osten" auf.
Halder schreibt in diesem Zusammenhang:
„*... Rußland will Bessarabien, wir daran uninteressiert. Die von den Russen aufgeworfene Frage der Bukowina ist neu und geht über die getroffenen Abmachungen hinaus. Wir haben aber großes Interesse daran, daß Balkan ruhig bleibt.*"
An diesem Tage drückte *v. Ribbentrop* das deutsche Befremden über das sowjetische Vorgehen gegen Rumänien in einem Telegramm nach Moskau aus.
Ende Juni 1940 beginnt der Osten in starkem Maße Aufmerksamkeit bei Hitler zu fordern. Dem deutschen Staatsoberhaupt dürfte klar geworden sein, welche Entwicklung mit dem Nichtangriffspakt und dem geheimen Zusatzabkommen eingeleitet wurde. Aber bei einem anderen Verhalten Englands hätte die Geschichte eine andere Wendung genommen.
Ende Juni 40 wurde das Interesse Stalins in Südosteuropa durch die Aufnahme diplomatischer Beziehungen zwischen der Sowjetunion und *Jugoslawien* unterstrichen.
Am 2. 7. 40 wünschte *König Carol* von Rumänien eine Garantie der Grenzen. Am 15. 7. erwiderte Hitler das Schreiben des Königs.
Er verlangte vor einer Garantie die Erfüllung von Revisionswünschen Bulgariens und Ungarns und schlug direkte Verhandlungen mit diesen Staaten vor.
Am 21. 7. 40 gab Hitler die Ausarbeitung einer operativen Studie gegen die Sowjetunion in Auftrag.
Am 29. 7. 1940 rief Generaloberst Jodl, der Chef des Wehrmachtführungsstabes, den Chef der Abteilung Landesverteidigung im Wehrmachtsführungsamt, *General Warlimont,* in Bad Reichenhall zu sich und teilte mit, daß Hitler glaube, „*daß eine kriegerische Auseinandersetzung mit Rußland in absehbarer Zeit unvermeidlich sei.*"
Am 13. 10. 40 schrieb *v. Ribbentrop* an *Stalin* einen Brief, der am 17. 10. 40 *Molotow* überreicht worden ist. In ihm wurde Molotow zu einem Besuch nach Berlin eingeladen. Die Einladung wurde angenommen. Am 12. 11. 40 empfing Hitler *Molotow* in der neuen Reichskanzlei.

v. Ribbentrop legte einen Entwurf für einen Vier-Mächte-Pakt vor. Molotow nahm diesen Entwurf unter folgender Voraussetzung an:

1. Rückzug der deutschen Truppen unverzüglich aus Finnland, die einmarschiert waren, um die deutschen wirtschaftlichen Interessen in Finnland (Ausfuhr von Holz und Nickel) zu wahren. (Die Sowjetunion hatte Finnland angegriffen.)
2. Sofern in den nächsten Monaten die Sicherheit der Sowjetunion in den Meerengen durch Abschluß eines gegenseitigen Beistandspaktes zwischen der Sowjetunion und den seiner geographischen Lage nach in der Sicherheitszone der Schwarzmeergrenzen der Sowjetunion liegenden Bulgarien sowie durch Schaffung einer Basis für Land- und Seestreitkräfte der UdSSR im Rayon des Bosporus und der Dardanellen auf der Grundlage einer langfristigen Pacht gewährleistet wird.
3. Sofern als Schwerpunkt der Aspirationen der Sowjetunion der Raum zwischen südlich Batum und Baku in der allgemeinen Richtung auf den Persischen Golf hin anerkannt wird ...

Hitler erkannte, daß es Stalin um die Beherrschung des Balkan und der Ostsee ging, und so kam es im Juni 41 zu der großen Auseinandersetzung mit der Sowjetunion, die mit einer Katastrophe endete.

Im März 41 wurde Prinz Paul in Jugoslawien gestürzt.

Der Staatsstreich in Belgrad wurde im Einvernehmen mit der Sowjetunion inszeniert. In seinen Erinnerungen über den 27. März schreibt einer der Hauptakteure, *Major Zivan Krecevic:*

„Mit dem Gedanken an den Krieg, der jetzt unaufhaltsam kommen wird, erwartete ich die erste Dämmerung einer neuen und fruchtbaren Epoche."

Nach Erhalt der Nachricht über den gelungenen Staatsstreich jubelte *Churchill* vor dem Zentralrat der Konservativen Partei:

„Hier endlich zeigt sich ein greifbares Resultat unserer verzweifelten Bemühungen, eine alliierte Front auf dem Balkan zu errichten."

In der Parteizeitschrift *„Der Kommunist"* 5/1958 heißt es:

„Der Nichtangriffspakt mit Deutschland war darauf berechnet, Zeit zu gewinnen ... Als England und Frankreich, die den Krieg um imperialistischer Ziele willen angefangen und fortgesetzt haben, die ersten schweren Niederlagen erlitten, ... änderten die Kommunisten ihre Einstellung zum Krieg. Sie traten für eine entschlossene Kriegführung ein."

In einem Bericht vom 11. 6. 41 (Auslauf Nr. 212/41 geh. KdoS Chef-S.) teilt *Keitel* mit:

„Es hat sich inzwischen erwiesen, daß die militärischen Maßnahmen der Sowjetunion eindeutig auf die Vorbereitung eines Angriffs auf das deutsche Reich ausgerichtet sind ... Trotz der Beendigung des Polenfeldzuges wurden die Verstärkungen im großen Umfang fortgesetzt ... Die Gesamtstärke der sowjetrussischen Truppen im westlichen Grenzgebiet betrug Mitte März 1940 86—93 Schützendivisionen, 27 Kavalleriedivisionen, 22 mot. und Panzerbrigaden ... Bei der Besetzung der baltischen Staaten durch Sowjetrußland war durch Verträge eine Höchststärke von insgesamt 70 000 Mann vereinbart worden ... Im Frühjahr 40 hatte die Belegung eine

Gesamtstärke von rund 250 000 Mann erreicht, z. Zt. stehen schätzungsweise 650 000 Mann in dem Gebiet der früheren baltischen Staaten ...

In Ziff. VI der Anlage 2 wird der Aufmarsch der Roten Armee im wesentlichen als abgeschlossen erklärt ... 110 Schützendivisionen, 20 Kavalleriedivisionen, 46 mot. und Panzerbrigaden. Im übrigen europäischen Rußland nur 46 mot. und Panzerbrigaden. Im Fernen Osten lediglich 25 Schützendivisionen, 8 Kav. Divisionen, 5 mot. und Panzerbrigaden.“

Die Illusion des Widerstands

Dieser Sachverhalt war den führenden Persönlichkeiten des Widerstands bekannt. Sie mußten wissen, daß bei Hitler keineswegs die Planung bestand, Land um Land in Europa anzugreifen und zu besetzen. Die gegenteilige These wird nicht gehalten werden können.

Ich komme zum Schluß:
Der 20. Juli 1944 zeigt eine unerhörte persönliche und europäische Tragödie. Die Widerstandskreise schreckten vor Hochverrat und Landesverrat nicht zurück.

Wenn wir die großen geschichtlichen Zusammenhänge betrachten, müssen wir sagen, daß auch der 20. Juli 1944 die Folge des Ringens raumfremder und der im mitteleuropäischen Raum beheimateter Kräfte ist.

Versailles hatte ein Vakuum im mitteleuropäischen Bereich gebracht. Deutsche Träume waren zerstört, der Reichsgedanke bedroht, volksdeutsches kulturelles Wirken gehemmt.

Winston Churchill gibt in seinen Memoiren die Vorstellungen des Widerstandskreises gegen Hitler wieder. Er bringt zum Ausdruck, daß dieser Kreis die Absicht verfolgte, die Front am Atlantikwall zu öffnen, wenn sich Großbritannien zu Verhandlungen mit der Oppositionsgruppe bereit erklärt. Die anglo-amerikanischen Truppen sollten durch West- und Mitteleuropa marschieren und den mitteleuropäischen Raum vor den Sowjets abschirmen.

Ich nenne das die große Illusion.

☆

Wir haben versucht, in objektiver Weise Zusammenhänge in den Raum zu stellen. Es ging uns nicht darum, Gräben zu vertiefen.

Wir vertreten jedoch den Standpunkt, daß es an der Zeit ist, große geschichtliche Fragen zu klären.

Wir wissen heute noch nicht genug, um eventuelle Zusammenhänge zwischen Personen des Widerstandskreises 20. Juli und der „*Roten Kapelle*“ aufzuzeigen. Seit langen Jahren fordern wir, das gesamte historische Material – Sie wissen, daß viel unter Verschluß ist – freizugeben, um es zu sichten. Dieses Verlangen erneuern wir heute. Denn nur unter dieser Voraussetzung kann die Vergangenheit bewältigt und die Zukunft gestaltet werden.

PETER STRASSNER:

Betrogene Verräter: Das Nationalkomitee ‚Freies Deutschland'

Der 2. Mai 1945 ist ein folgenschwerer Tag in den Annalen der deutschen Nachkriegsgeschichte. An jenem Tage trafen in Berlin-Lichtenberg zehn schlecht gekleidete Männer ein, die *Wolfgang Leonhard*, der ebenfalls zu dieser Gruppe zählte, später als *„ein getreues Spiegelbild der herrschenden Funktionärstypen des Stalinismus"* bezeichnete. Begleitet war diese Gruppe von sowjetrussischen Politoffizieren aus dem Stabe des Generals *Galadshijew.* Der Gruppe deutscher Emigranten gehörten an: *Walter Ulbricht* als Chef der Gruppe, *Richard Gyptner,* einst viele Jahre zur Leitung der Kommunistischen Jugendinternationale gehörend, *Otto Winzer,* der in Moskau unter dem Pseudonym *„Lorenz"* bekannt gewesen war, *Hans Mahle, Gustav Gundelach, Karl Maron, Walter Köppe, Fritz Erpenbeck* und der bereits erwähnte *Leonhard.* Dieser Gruppe folgte nahezu gleichzeitig eine weitere Gruppe von zehn Personen, später nochmals rund zwanzig Emigranten bzw. Überläufer.

Ulbricht machte sich mit seinen Mannen gemäß dem sowjetischen Auftrag unmittelbar daran, die Verwaltung Ostberlins in den Griff zu kriegen, Vorarbeiten für die spätere Machtübernahme in der Sowjetzone.

☆

Ehe wir zu Betrachtungen zum eigentlichen Thema, dem *„Nationalkomitee ‚Freies Deutschland'"* und dem *„Bund Deutscher Offiziere"* kommen, ist wesentlich, sich ein Bild von der damaligen deutschen kommunistischen Emigration in der Sowjetunion zu machen. Das ist deshalb von Wichtigkeit, da man in der Beurteilung dieser Personengruppe gern geneigt ist, ihre Handlungsweise mit ihrem teilweise jahrzehntelangen politischen Engagement zu entschuldigen. Gewiß, viele von ihnen waren durch die Machtübernahme des Nationalsozialismus aus Deutschland vertrieben worden, der eine früher, der andere später. Aber was sie bald darauf im „Vaterland aller Werktätigen" erleben sollten, hätte sie für immer von ihrem Wahn heilen müssen.

K. I. Albrecht verdanken wir zu diesem Kapitel ein Bild dieser Tragödie. Er erzählt von der Ermordung von *Max Hölz* durch jene Macht, in deren Auftrag er einst das deutsche Vogtland brandschatzte. Er weiß von *Klara Zetkin,* der ehemaligen Alterspräsidentin des Deutschen Reichstags, die zwar im Kreml wohnen durfte, aber doch wohl eines unnatürlichen Todes starb. *Albrecht* selbst, der eine der höchsten Stellen in der Sowjetunion bekleidete, fiel in Ungnade und mußte mit Verbannung büßen, um später reumütig in die deutsche Heimat zurückzukehren, wo ihn das KZ erwartete, das ihn jedoch sehr bald entließ. Der bekannte kommunistische Reichstagsabgeordnete *Heinz Neumann* spielte sich damals im Verfahren gegen *Albrecht* als Ankläger auf. Vier Jahre später wird *Neumann* selbst von der NKWD verhaftet und seine Frau, *Margarete Buber-Neumann* irrte ruhelos durch die Straßen Moskaus, von einem Gefängnis zum andern, um den Aufenthalt ihres Mannes zu ermitteln. Seine Frau hat ihn niemals mehr gesehen. Sie selbst aber wurde ein Jahr später ebenfalls verhaftet, erhielt fünf Jahre Zwangsarbeit und wurde während des deutsch-sowjetischen „Freundschaftspaktes" im Jahre 1940 von der NKWD an die Gestapo ausgeliefert, die sie in das Konzentrationslager Ravensbrück sperrte. Sie selbst formuliert das alles so:

„Eigentlich waren Neumann und ich seit dem Tage unserer Ankunft in Sowjetrußland Gefangene, und so wie wir hatten alle dort lebenden Emigranten keine Möglichkeit, das Land zu verlassen, falls sie nicht in einem ‚Komintern-Auftrag' hinausgeschickt wurden."

Nun, wir kennen eine dieser Persönlichkeiten, die damals mit vielen Katzen in einem Zimmer des Hotel *„Lux"* lebte, die Vorgänge um sich herum entsetzt verfolgend, um dann zu ihrem Glück mit einem solchen Auftrag versehen zu werden . . .

Nur einigen wenigen deutschen Kommunisten gelang es, jene Zeit der Emigration zu überstehen. Es waren jene, die geschickt, aber auch skrupellos genug waren, um auf das Schicksal ihrer alten „Genossen" zu pfeifen. Zu diesen Männern gehört namentlich der damalige „Führer der deutschen Kommunistischen Partei" im Exil und spätere „Staatspräsident" der sogenannten „Deutschen Demokratischen Republik", *Wilhelm Pieck. Wolfgang Leonhard,* damals noch ein junger und gläubiger Kommunist, erlebte das Verschwinden seiner Mutter, die er nicht mehr wiedersah. Er berichtet zu all diesen schrecklichen Ereignissen wie folgt: *„In wenigen Monaten wurden mehr Funktionäre des Kominternapparates verhaftet als vorher in zwanzig Jahren von allen bürgerlichen Regierungen zusammengenommen."*

Er nennt einige dieser Mitglieder des Zentralkomitees der KPD, die damals der Säuberung zum Opfer fielen: *August Kreuzburg, Hermann Schubert, Hugo Eberlein, Hermann Remmele, Willi Leo, Alexander Kippenberger.* Dann noch den ehemaligen Chefredakteur der *„Roten Fahne", Werner Hirsch,* den Generalsekretär der *Roten Hilfe Deutschlands, Willi Koska,* den Führer des berüchtigten *Roten Frontkämpferbundes, Kurt Sauerland.* Leonhard ergänzt in seinen Erinnerungen: *„Und, gemeinsam mit ihnen, Hunderte von deutschen Kommunisten, die glaubten, in der Sowjetunion ein Asyl gefunden zu haben."*

Um die Jahreswende 1938/39 hörte die blutige Säuberung plötzlich und unvermittelt auf. Aber ehe sich die übriggebliebenen deutschen Emigranten noch recht erholen konnten, traf Ende August 1939 die Nachricht ein, die wie eine Bombe wirken mußte: der Abschluß des deutsch-sowjetischen Nichtangriffspaktes. Jetzt gab es plötzlich keine „Faschisten" mehr, Hitler war ein großer Volksführer der Deutschen und die deutschen Kommunisten eigentlich völlig überflüssig geworden. Das änderte sich schlagartig wieder mit dem Ausbruch der Feindseligkeiten. *Ulbricht* schaltete blitzschnell und sprach sofort wieder zu deutschen Emigranten im Gebäude des Zentralkomitees der MOPR von den Verbrechen des Faschismus und über die Notwendigkeit, *„alle Kräfte für den Sieg gegen den Faschismus anzuspannen"*. Wendig waren sie, diese Herren!

Aber die Katastrophe für die deutschen Emigranten sollte über sie erst noch hereinbrechen. Mitte September 1941 lief das Gerücht in den Reihen der deutschen Emigranten um, *„alle Deutschen sollten für die Dauer des Krieges nach Kysil-orda (Kasachische Unionsrepublik) umgesiedelt werden, und zwar schon in den nächsten Tagen. Ausnahmen waren nicht vorgesehen."*

Dieses Gerücht sollte sich bewahrheiten. Nur die Komintern- bzw. die Parteivertretung der KPD nahm einige Kommunisten davon aus, *„deren Anwesenheit in Moskau absolut notwendig sei"*.

Die übrigen aber machten sich mit Sack und Pack auf den Weg in die Verbannung. *„Der umzäunte und bewachte Güterbahnhof in Moskau glich an diesem 28. September 1941 einem Ameisenhaufen. Alle zehn bis fünfzehn Minuten trafen neue Lastwagen mit Deutschen ein, die ebenfalls umgesiedelt werden sollten."*

Die Zwangsumsiedlung nach *Karaganda* hatte begonnen. Alle Städte waren für Deutsche gesperrt, nur die „Privilegierten", darunter *Ulbricht, Pieck, Mahle* und andere, waren ausgenommen. Sie, die längst keine „Genossen" mehr waren, hatten wichtigere Aufgaben für den Kreml zu besorgen: Sie befanden sich auf Reisen in die deutschen Kriegsgefangenenlager, um dort Soldaten, Offiziere und Generale für sowjetische Dienste gegen ihr eigenes Vaterland anzuwerben.

Sowjets: Propagandisten gesucht

Während die deutschen Genossen in Schnee und Eis verdarben oder des Hungertodes starben, aalten sich die Privilegierten der kommunistischen Parteien aller Länder im modernsten und größten Hotel der Stadt *Ufa*, im *„Baschkirija"*. Hier residierten die *Dolores Ibarruri*, die 1977 nach Spanien zurückgekehrte Generalsekretärin der spanischen KP; *Wilhelm Pieck* und *Walter Ulbricht, Koplenig, Fürnberg* und *Fischer* von der österreichischen KP; *André Marty* und *Anna Pauker,* sowie *Manuilski* und *Wilkow* von der russischen Partei, die die allgemeine politische und organisatorische Leitung der Komintern in ihren Händen hatten. Man hielt enge Verbindung mit der nach *Kuibyschew* evakuierten sowjetischen Regierung, aber auch zu Rundfunkstationen und Parteischulen, desgleichen zu allen Kriegsgefangenenlagern, wo Konferenzen vorbereitet oder abgehalten wurden. Hier wurden all jene Pläne geschmiedet und verfolgt, die das „Hauptquartier der Weltrevolution" für nützlich hielt. Unter ihnen befand sich auch das Unternehmen *„Nationalkomitee ‚Freies Deutschland'"*.

Daß die Sowjets die eigentlichen Urheber der Idee dieses Unternehmens waren, steht außer jedem Zweifel. Interessant dabei ist, daß die eigentliche Triebfeder dazu das Versagen der Propaganda war. Die sowjetische Feindpropaganda erwies sich zunächst als viel zu plump, um bei den deutschen Frontsoldaten „anzukommen". Im Gegenteil: Wer sie draußen an der Front erlebte, weiß, wie groß mitunter das Gelächter war über die ersten sowjetischen Flugblätter oder gar über die Auslassungen der Frontlautsprecher. Der junge *Leonhard* bastelte damals unter sowjetischer Aufsicht mit an diesen Bemühungen der Politischen Hauptverwaltung der *Roten Armee*, deren VII. Abteilung für die Propaganda in der Sprache der Achsenmächte zuständig war und die unter der Führung des sowjetischen Generaloberst *Alexander Schtscherbakow* stand. Da aber die Propaganda nach russischen Vorstellungen mehr als mangelhafte Erfolge zeitigte, entschlossen sich die Sowjets, die für Deutschland und die Deutschen bestimmte Propaganda mehr und mehr in die Hand solcher „Genossen" zu legen, die deutscher Nationalität waren und somit der deutschen Mentalität eher gerecht werden konnten. Die kleine, noch verbliebene Gruppe deutscher Emigranten fand so in zunehmendem Maße Beschäftigung.

Das geschickte Vorgehen in Erfüllung des sowjetischen Auftrags entsprach durch und durch kommunistischer Taktik. Die schließliche Bildung des *„Nationalkomitees ‚Freies Deutschland'"* ist geradezu ein Musterbeispiel hierfür. Es ist natürlich barer Schwindel, wenn *Erich Weinert* in seinem nach dem Kriege erschienenen Buch die Vorgeschichte wie folgt schildert:

„Mit der Entstehung einer Kriegsgefangenschaft deutscher Soldaten in der UdSSR entfaltete sich auch hier eine antihitlerische Bewegung, die die Hilfe und Unterstützung der Sowjetbehörden fand, die diese Bewegung als einen Teil des Freiheitskampfes des deutschen Volkes und als Verbündeten im Krieg gegen die deutsche Wehrmacht betrachteten." Es mußte im Gegenteil erst lange fleißig nach solchen Männern geangelt werden, die sich aus welchen Gründen auch immer zur Mitarbeit bereit fanden. Hier halfen die Antifa-Arbeit in den Kriegsgefangenenlagern, die Bemühungen der Kursanten der Kominternschule und nicht zuletzt die Arbeit der sowjetischen Politruks, die bereits bei den ersten Vernehmungen sondierten, inwieweit der eine oder andere Offizier geneigt zu sein schien, sich durch Verrat ein besseres Leben in der Kriegsgefangenschaft zu erkaufen. Und es ist vor allem wichtig, zu wissen, auf welche Weise die erste Broschüre des *Dr. Hadermann* und das erste Flugblatt des *Heinrich Graf von Einsiedel*, das sich an die deutschen Kriegsgefangenen wandte, entstanden sind. In letzterem Falle wurde *Einsiedel* nach körperlichen Mißhandlungen im Zuge der „Vernehmung" durch Angehörige der Roten Armee gezwungen, einen Brief zu schreiben, aus dem dann später das Flugblatt entstand. Hierbei wurde erstmals auch Oberst *Tulpanow* tätig, einer der sowjetischen Regisseure des Nationalkomitees im Hintergrund.

Die Gründung einer ersten antifaschistischen Offiziersgruppe durch den Studienrat aus Kassel, *Dr. Ernst Hadermann*, der als Hauptmann und Kommandeur der III./AR 152 im Juli 1941 verwundet in sowjetische Gefangenschaft geriet, im Winter 1941/42 im Lager *Jelabuga* sollte der Auftakt sein. Um diese Zeit bemühten sich die Emigranten verzweifelt um Mitstreiter und Mitläufer aus den Kreisen der einfachen Soldaten. Es fanden sich Überläufer, Deserteure und Opportunisten, aber auch solche, die nur nach einem „Nachschlag“ schielten. Bei der Masse stießen diese Umtriebe auf eisige Ablehnung. Hatte man nun in einem der Lager eine Handvoll solcher Elemente gefunden, mußte sofort eine Resolution oder ein Aufruf formuliert und verabschiedet werden, der dann in den übrigen Lagern verbreitet wurde. Im Januar 1942 erfolgte sodann ein Aufruf der Emigranten, der genaue Anweisungen gab, wie mit Hilfe illegaler Organisationen der Kampf zum Sturz *Hitlers* geführt werden müsse. Hatten die Sowjets also bisher die deutschen Soldaten und Offiziere zur Einstellung der Kampfhandlungen und zur Gefangengabe aufgefordert, war die Propaganda der Emigranten auf den Sturz Hitlers gerichtet. Dies sollte dann auch die bestimmende Linie des Nationalkomitees und des ihm angeschlossenen *„Bundes Deutscher Offiziere“* sein.

Es liegt auf der Hand, daß alle sowjetisch gesteuerten Bemühungen um die Bildung einer solchen Organsiation von den jeweiligen Ereignissen bestimmt und gesteuert wurden. Die Ereignisse an der Front, so etwa der Kampf um Stalingrad, die Konferenzen der Alliierten, auch die Auflösung der Komintern und schließlich die sich abzeichnende Niederlage Deutschlands bestimmten die Entwicklung. In meinem Buche *„Verräter — Das Nationalkomitee ‚Freies Deutschland‘ als Keimzelle der sog. DDR“*, das 1960 erschien [1]) und mit die erste Darstellung des hier behandelten Komplexes ist, die kaum nennenswerter Korrekturen bedarf, habe ich diese Wandlungen im einzelnen nachvollzogen. Es ist hier nicht Raum, sie näher zu betrachten.

Während des Zeitraums der starken Bedrängnis der Sowjets an den Fronten forderten diese in erster Linie Aktivitäten der weltanschaulichen Überläufer. Bereits die erste Offiziersgruppe *Hadermann,* der sich nach eigenen Angaben im Dezember 1942 auch der Urenkel Bismarcks, *Graf von Einsiedel,* anschloß, betätigte sich schon in dieser Richtung. Etwa der ehem. Fliegeroberleutnant *Augustin,* dem es gemeinsam mit dem Überläufer *Gold* und anderen vorbehalten blieb, als erste deutsche Soldaten mit der Waffe in der Hand aktiv gegen die eigenen deutschen Kameraden zu kämpfen. *Gold* wurde dafür Anfang des Jahres 1944 im Rahmen einer großen Feier in Moskau im Beisein vieler Diplomaten mit dem *„Orden der Roten Fahne“* ausgezeichnet! *Erich Weinert,* der spätere große Dichterfürst der Sowjetzone, faßte diesen Einsatz in die Worte zusammen: *„Diese gemeinsame Arbeit stellte den ersten Schritt zum Zusammenschluß aller antifaschistischen deutschen Kräfte dar.“*

Dennoch und trotz der Niederlage von *Stalingrad* zeigten sich die deutschen Kriegsgefangenen in Masse nicht bereit, den Drohungen und Lockungen nachzugeben. Da streuten die Sowjets über die Kriegsgefangenenzeitung *„Das freie Wort“*, die schon geraume Zeit die von den Sowjets befohlene „Bewegung“ forcierte, eine Meldung von einer angeblichen illegalen *„Friedenskonferenz in Deutschland“* aus, auf der sich Vertreter aller Volksschichten und aller oppositionellen Gruppen auf ein gemeinsames Aktionsprogramm gegen *Hitler* geeinigt haben sollten. Natürlich war dies eine Propaganda-Ente. Aber eben diese Meldung diente als Auftakt zu einer

---

[1]) Das Buch ist derzeit vergriffen, Neuauflage jedoch vorgesehen.

Versammlungswelle in den Gefangenenlagern, in der zum ersten Mal in konkreter Form der Gedanke einer Volksfront gegen Hitler zur Diskussion gestellt wurde.

Nun begann der Abschnitt der „stürmischen Forderungen". In den verschiedenen Lagern wurden Resolutionen formuliert und verabschiedet, die schließlich zur Bildung eines *„Vorbereitenden Ausschusses zur Bildung eines deutschen Nationalen Komitees"* führten. Diese „stürmische Forderung" wurde von zwei kommunistischen Emigranten, *Walter Ulbricht* und *Erich Weinert,* die Mitte Juni 1943 in das Lager 27 gekommen waren, einer kleinen Gruppe von deutschen Offizieren vorgetragen, welche man zu einer Besprechung „geladen" hatte. Sie aber hatten ganz andere Vorstellungen. Trotzdem gelang es den Emigranten, sie zu einem Aufruf zu überreden, der zu einer Konferenz aufrief, auf welcher das gewünschte Komitee gegründet werden sollte.

Einsiedel fährt in seinem Tagebuch fort: *„In einer Versammlung beschließen wir feierlich den Text, und er soll nun im ‚Freien Wort' veröffentlicht werden. Doch da ziehen plötzlich die meisten der Offiziere ihre Unterschrift wieder zurück. Vor so viel ‚Hochverrat' auf einmal haben sie doch wieder Angst bekommen."*

Aber so leicht lassen Kommunisten sich ihren Erfolg nicht entreißen. Der Aufruf erscheint und ist unterzeichnet von *Erich Weinert, Johannes R. Becher, Jakob Eschborn, Dr. Ernst Hadermann, Bernt von Kügelgen, Hans Mahle, Wilhelm Pieck, Herbert Stresow* und *Walter Ulbricht.* Immerhin, vier echte Kriegsgefangene sind darunter. Aber einige von ihnen wissen überhaupt nichts von ihren Unterschriften, denn sie sind zu jener Zeit im Einsatz in anderen Lagern. Die Krone der Verlogenheit aber setzt *Weinert* der Sache in seiner nach dem Kriege erschienenen Chronik auf, wenn er dort schreibt: *„Nach seiner Konstituierung beschloß der Vorbereitende Ausschuß, die Sowjetbehörden um die Genehmigung zur Bildung eines Nationalkomitees in der UdSSR zu bitten. Diese Genehmigung wurde erteilt."*

Getrieben von der Furcht, die Westalliierten könnten der Sowjetunion mit einer solchen Aktion zuvorkommen, entwickelt man hektische Eile. „Delegierte" müssen nun her, doch es herrscht noch immer nahezu einmütige Ablehnung und eisiges Schweigen in den Offiziers- und Mannschaftslagern. Der Fliegeroffizier *Assi Hahn* besitzt sogar den Mut, in einem Gefangenenlager dem Redner *Ulbricht* vor versammelter Mannschaft zu entgegnen, ja ihn lächerlich zu machen und sich kühn zum Antibolschewismus zu bekennen, was ihm rauschenden Beifall bei den zerlumpten Zuhörern einträgt. Der Streit um das Manifest – ohne ein solches tun es die Kommunisten nun einmal nicht – gehört mit zu den köstlichen Details dieser Geschehnisse. Sechzehn Jahre später bekennt *Luitpold Steidle: „So wurden wir damals zum ersten Mal angesprochen – so begann für viele das große Umdenken und der Weg in die Reihen der Antifaschisten, um dann selbst zu versuchen, andere Kameraden für unsere Ziele zu gewinnen."*

Diese deutschen Offiziere, die das Nationalkomitee gemeinsam mit den kommunistischen Emigranten aus der Taufe hoben, trugen dazu bei, die kommunistischen Absichten mit nationalen Phrasen zu verbrämen. Daß sie damit auch die Ziele und Absichten der kommunistischen Hintermänner verändern würden, konnten sich nicht einmal die Dümmsten unter ihnen einbilden.

Der Trick: „Bund Deutscher Offiziere"

Am 12. Juli 1943 war es endlich so weit. Dreihundert bis vierhundert Männer – mit und ohne Uniform – hatten sich in dem mit schwarz-weißroten Fahnen drapierten Saal des Ortssowjets von *Krasnogorsk* versammelt. Unter Vorsitz von *Erich Weinert,* den die Kommunisten als Präsidenten des Nationalkomitees vorgesehen hatten, ergoß sich ein Redeschwall über die Anwesenden, der volle zwei Tage währte. Herr *von Puttkamer,* nach Kriegsende Mitarbeiter am *„Neuen Deutschland"* (Ostberlin), über die *„Süddeutsche Zeitung"* und das SPD-Parteiorgan *„Vorwärts"* Botschafter in Israel und heute Botschafter in Jugoslawien, charakterisierte später diese Gründungsfeier mit der Feststellung, daß sie *„ganz die Mischform von patriotischer Bürgerversammlung und marxistischer Parteidebatte"* zeigte. Die *„Prawda"* würdigte dieses erstaunliche Ereignis mit einer vollen Seite.
Die deutschen KP-Emigranten spielten also hier in *Krasnogorsk* unter Aufsicht ihrer sowjetischen Betreuer gewissermaßen am „Sandkasten" jenes Taktikspiel durch, das später einmal unter dem Namen *„Nationale Front"* blutiger Ernst werden und für die deutsche Sowjetzone das Ende der Freiheit bedeuten sollte.
Der Wortlaut des am zweiten Tage verabschiedeten Memorandums und des „Aufrufs an die deutsche Wehrmacht und an das deutsche Volk", selbstverständlich einstimmig angenommen, ist hier ohne Bedeutung. Man kann ihn sich gut vorstellen. Am Abend des zweiten Tages erfolgte die Wahl der Mitglieder des Komitees, selbstredend wieder einstimmig, doch Namen sind Schall und Rauch. Bleibt nur festzustellen, daß die wenigen Offiziere an der Spitze dieser Liste rangieren und sicher nicht zufällig den Kern des Komitees, die KP-Emigration, mit den niedrigeren Dienstgraden, früheren „Genossen" und Deserteuren, einrahmen. Zum Präsidenten wurde *Erich Weinert,* zu den Vizepräsidenten Major *Karl Hetz* und Leutnant *Heinrich Graf von Einsiedel* gewählt. Während Hunderttausende deutscher Kriegsgefangener, erschöpft von schwerer Tagesarbeit im Bergwerk, in Steinbrüchen und im Urwald zerlumpt und hungernd auf ihre harten Pritschen fielen, widmeten sich die „Auserwählten" einem Gastmahl und feierten mit Wodka ihre „vaterländische Tat". Und der bekannte russische Bassist *Michailow* vom großen Theater in Moskau sang russische Romanzen und deutsche Lieder.
Es ist eine für die Beurteilung des *Nationalkomitees „Freies Deutschland"* ausschlaggebende Tatsache, daß es ein „offizielles" und ein „inoffizielles" Nationalkomitee gab. Das entspricht durchaus kommunistischer Taktik. Beim „inoffiziellen" Nationalkomitee handelte es sich um das *„Institut Nummer 99"*, dem *Wolfgang Leonhard* angehört hat und dem wir interessante Einzelheiten verdanken.

Der Propagandawaffen gab es viele, zumal die „Erfolge", also Manifeste, Resolutionen, Aufrufe etc., die natürlich alles andere als „spontan" erfolgten und in Wahrheit von den sowjetischen Hintermännern sorgfältig durchdacht und formuliert über die Lager-Aktivs „nach oben" gegeben wurden, verbreitet werden mußten. Neben der Zeitschrift, die jetzt *„Freies Deutschland"* hieß und schwarz-weiß-rot umrandet war, gab es einen gleichnamigen Sender, für den der „Genosse" *Ackermann* verantwortlich zeichnete. Natürlich unterstanden sämtliche Sendungen und Rundfunkbeiträge der sowjetischen Zensur.

Wie aber ging es weiter? Als die neugebackenen Mitglieder des Nationalkomitees von der Antifaschule und dem Lager 27 nach *Lunowo* zogen, blieb damals die große Gruppe der Stabsoffiziere und der jüngeren Offiziere, die zwar an allen vorbereitenden Versammlungen teilgenommen hatten, sich aber zu keinem endgültigen Entschluß durchringen konnten, im Lager zurück. Doch schon bald bildete sich eine „Initiativgruppe" — es ist immer wieder das gleiche Spiel —, die sich zum Ziele setzte, in irgendeiner Form Anschluß an das Nationalkomitee zu gewinnen. Schon damals war von der Gründung eines *„Bund Deutscher Offiziere (BDO)"* die Rede, eine Idee, die die Sowjets geschickt lanciert hatten. Und *Graf von Einsiedel* gab später in seinem Tagebuch auch den Grund hierfür an: *„In einem Offiziersbund würden sie Gelegenheit haben, sich erst einmal sehr viel gemäßigter und ‚offiziersmäßiger' auszudrücken. Sie würden sich einbilden, eine selbständige Rolle zu spielen und sich allmählich an unsere Gedankengänge gewöhnen können. So will man ihnen den Entschluß zur Teilnahme an unserer Aktion erleichtern."*

Dieses zynische Eingeständnis des *Grafen Einsiedel* läßt nichts an Offenheit zu wünschen übrig! Es trifft die Situation messerscharf und beweist überzeugend die Tatsache, daß die Sowjets und ihre kommunistischen deutschen Helfershelfer sich des Tricks der Gründung des *BDO* bedienten, um auf diesem Umwege die noch fehlenden deutschen Offiziere und Generale an das Nationalkomitee zu ketten und sie so in ihre Gewalt zu bekommen, aus der sie sich später, wenn die Maske fallen sollte, schwerlich wieder würden befreien können.

Wieder setzt die Agitation in den Lagern ein. Mit Drohungen und Versprechungen werden Generale und Offiziere unter Druck gesetzt, und man läßt sogar durchblicken, daß man sie wegen ihrer „Verbrechen" nicht unter Anklage stellen werde. Aber die Frage des Eides beschäftigt doch viele dieser Männer und steht unerbittlich gegen eine Mitarbeit mit dem Feinde.

Von Puttkamer sollte später dazu sagen: *„Eines der Hauptprobleme, vor das sich die Initiativgruppe bei ihrer Werbung im Lager gestellt sah, war die Frage des Fahneneides. Die Argumentation vieler Offiziere, mit denen sie sprachen, lief immer wieder darauf hinaus, daß sie sagten, wir erkennen ihre politischen Ansichten an, wir sind auch bereit, das Manifest des Nationalkomitees anzuerkennen. Aber diese Leute, die das Präsidium des Nationalkomitees bilden, können uns nicht von unserem Fahneneid entbinden. Wir sind immer noch Offiziere der deutschen Armee und haben nicht das*

Recht, aus der russischen Gefangenschaft heraus gegen die Führung unserer deutschen Armee aufzutreten. Auf Grund dieser Erfahrungen, die von der Initiativgruppe gesammelt wurden, lag es auf der Hand, daß es ohne eine Beteiligung der Generalität nicht möglich sein würde, eine größere Anzahl der gefangenen Offiziere zum Beitritt zu bewegen. In erster Linie aber war die Teilnahme der Generalität erforderlich, damit die Bewegung Freies Deutschland bei der deutschen Truppe Gehör finden konnte."

Dieser Schluß entbehrt ursächlich jeder Logik, denn entweder erkennt der Soldat den einmal geleisteten Eid an, dann kann er nur von dem entbunden werden, auf den er diesen Eid abgelegt hat, oder aber er vertritt den sehr umstrittenen Standpunkt, daß sein Gewissen der letzte Schiedsherr über die Gültigkeit seines Eides ist. Irgendwelche mittel- oder unmittelbare Vorgesetzte können natürlich in keinem Falle den Soldaten von seinem Eid entbinden, den dieser auf seinen Obersten Befehlshaber – auch wenn er *Adolf Hitler* heißt – abgelegt hat. Der optische Eindruck des Auftretens hoher und höchster Generale – so spekulierten also die Sowjets und die deutschen Emigranten – sollte das Heer der Offiziere und Mannschaften nur verwirren und sie zur Preisgabe des Eides verleiten. Wenn im Machtbereich der noch amtierenden deutschen Reichsregierung Generale und Offiziere aus echten Gewissensgründen den Eid aufkündigten (was übrigens niemals geschah, denn zur Aufkündigung bedarf es einer Willenserklärung an die Adresse der Person, auf die der Eid abgelegt worden ist) beziehungsweise brachen, dann stellten sie sich mit diesem Entschluß bewußt gegen das Staatsoberhaupt und gelten nach Recht und Gesetz als Hochverräter. Diese Tatsache allein besagt noch nichts über die Qualität der betreffenden Person und erst recht nichts über die Ehrenhaftigkeit ihres Handelns. In diesen Fällen entscheidet letztlich meist der Erfolg. Der Soldat aber, der sich *außerhalb* des Machtbereichs eines Eidbruches schuldig macht und sich zugleich gegen seine eigenen kämpfenden Kameraden stellt, kann nach keinem soldatischen Gesetz auf ein Verständnis für sein Handeln rechnen. Er wird daher von jeder Armee – ganz gleich, wo sie sich auf dieser Welt befindet – als gemeiner Verräter bezeichnet werden. Jede andere Auffassung bedeutete das Ende jeglichen Soldatentums.

„Seydlitz setzte sich doch" ...

Anfang September hatten sich etwa 100 Offiziere aus den Lagern in *Lunowo* eingefunden. Am 4. September 1943 trafen außerdem überrraschend mit einer Autokolonne eine Gruppe von sechs Generalen ein, an ihrer Spitze *Walther von Seydlitz. Von Einsiedel* bekennt: *„Die Russen haben sie einfach aus dem Generalslager bei Iwanowo hierhergebracht, obwohl sie gar nichts mit uns zu tun haben wollen. Sie grüßen nicht einmal wieder, wenn man ihnen begegnet, und verkehren nur mit ihren persönlichen Bekannten unter den Offizieren. Auf deren Rat hin waren sie wohl auch von den Russen unter den übrigen Generalen ausgewählt worden, obwohl sie ebenfalls unsere Aktion als ‚Verrat' bezeichnen und ablehnen."*

Wie *von Puttkamer* sich erinnert, begann in Lunowo ein hartes Ringen um diese Generale. Die Fälle *Zippel* und *Gold*, beides Deserteure, versetzten *von Seydlitz* in Harnisch. Und *Puttkamer* weiß zu berichten: *„Als er (Seydlitz), erfährt, daß der Sekretär des Nationalkomitees, der Gefreite Zippel, früher Mitglied des kommunistischen Jugendverbandes, ein Überläufer war, da schlägt seine Faust donnernd auf den Tisch, und seine Kommandostimme schallt durch die Tür auf den Korridor: ‚Mit Deserteuren setze ich mich nicht an einen Tisch'!"*. Puttkamer fährt sodann fort: *„Aber er setzte sich dann doch."*

Gerade *von Seydlitz* ging sehr schnell auf Vordermann. Sein Verhalten war erschütternd und trug wesentlich dazu bei, daß es den Sowjets gelang, ihre Idee in die Tat umzusetzen. Wenn man den Erinnerungen des Grafen *Einsiedel* Glauben schenken darf — er stand mit v. Seydlitz immer auf Kriegsfuß —, schilderte Seydlitz *„unter allgemeinem Gelächter"*, wie es kam, daß er sich an der Gründung des BDO beteiligte. *„Ich war hundertprozentig dagegen"*, versicherte er, *‚Als ich aber fünf Minuten mit Weinert und Pieck gesprochen hatte, war ich gewonnen. Meine Reden hat mir ja immer Korfes gemacht, aber die Zitate, die habe ich ausgesucht."* Fünf Minuten also haben genügt, um einen deutschen General zum Verräter werden zu lassen. Ein Meisterstück an Überredungskunst der Herren *Weinert* und *Pieck!*

Seydlitz selbst aber sollte zu Worte kommen mit seinem „weltanschaulichen Bekenntnis", dessen Wortlaut er als Manuskript *Graf Einsiedel* für die Rundfunkredaktion übergeben hat. Der Eindruck, den diese verworrenen Ausführungen auf die Zuhörer machte, hat Einsiedel so geschildert:

„Bei Gott — wie ich diese Rede am Präsidiumstisch überstanden habe, weiß ich nicht. Am liebsten wäre ich unter den Tisch gekrochen, während die übrigen bereits den Saal verlassen haben, weil sie das Lachen nicht mehr zurückhalten konnten. Dabei ist es zum Weinen. Die Russen sitzen mit steinernen Gesichtern. Paulus erklärt sarkastisch: ‚Das Frankfurter Quatschparlament war eine wissenschaftliche Versammlung dagegen!'"

Sonderfall Paulus

Nun, da der Name *Paulus* gefallen ist, soll nur kurz darauf hingewiesen werden, daß die Beurteilung seiner Person unterschiedlich ist. Ich selbst habe im Zuge meiner Vorarbeiten zu meinem Buche den Generalstabsarzt des AOK 6, den inzwischen verstorbenen *Dr. Renoldi,* befragt. Er hat mir versichert, daß *Paulus* bis Anfang August standhaft blieb. Noch am Tor des Lagers 48 habe er auf *Renoldis* Warnung hin erklärt, daß er, Paulus, *„unter keinen Umständen umfallen werde"* und Renoldi *„sich auf ihn verlassen könne"*. Aber *Paulus,* ein kranker Mann, der sich noch dazu schweren Vorwürfen von seiten der Sowjets ausgesetzt sah, hat dann doch, sicherlich halben Herzens, beim *Nationalkomitee* mitgewirkt. Vielleicht kaufte er sich damit von der Anklage vor dem Nürnberger Gericht frei, wo er nur als Zeuge auftrat. Aber bei einer späteren Pressekonferenz vor der internationalen Presse in Ostberlin hat er sich in hervorragender Weise zu den Entschlüssen in Stalingrad bekannt. Er hat damit für immer einer Legendenbildung über Stalingrad Einhalt geboten.

Zur Tatsache, daß *Paulus* sich entgegen seinem Versprechen dann doch zum *BDO* bekannte, berichtete *Dr. Renoldi* mir, daß Anfang August 1944 auf

Wunsch von *Paulus* General *Sixt von Arnim* zu diesem gebracht wurde. *Arnim* erzählte später, daß *Paulus* ihm eröffnet habe, die Sowjets hätten ihm versprochen, der Forderung Polens auf Ostpreußen nicht stattzugeben, wenn er, *Paulus,* beim BDO mitarbeite. *Sixt von Arnim* will *Paulus* daraufhin in seinem Entschluß bestärkt haben. Der in Gefangenschaft verstorbene General hielt zwar – offenbar auf sowjetischen Wunsch – vor seinen Kameraden einen Werbevortrag, versicherte jedoch in gleichem Atemzuge auf eine Anfrage, daß er selber nicht daran denke, an solchen Bestrebungen teilzunehmen. Er hat auch dem *BDO* niemals angehört.

Vereinnahmt à la „Nationale Front"

Nach *Weinert* fand am 11. und 12. September 1943 *„in der Nähe von Moskau in Anwesenheit von über 100 Delegierten aus fünf Offiziersgefangenenlagern sowie von Mitgliedern des Nationalkomitees ‚Freies Deutschland'" und Gästen die Gründung des Bundes Deutscher Offiziere statt. Es sprachen über die Aufgaben General von Seydlitz und andere Offiziere. Für das Nationalkomitee sprachen Präsident Weinert, Vizepräsident Major Hetz und als Vertreter der Mannschaften Gefreiter Zippel. Der Bund bekannte sich in seiner Zielsetzung zu dem Programm der Bewegung ‚Freies Deutschland' und beschloß, sich ihr anzuschließen."*

Diese letzte Feststellung wird bestätigt von den Tatzeugen. Einmal in den Sog der Verschwörung geraten, schwanden alle früheren Vorbehalte, und die „Selbständigkeit" des BDO währte tatsächlich nicht einmal zwei Tage. Die Drahtzieher hatten es auffallend eilig, den „Klub der Reaktionäre" vollends in das Nationalkomitee einzubeziehen. Einsiedel schreibt sarkastisch: *„Seydlitz und seine Kameraden ahnen noch nicht, daß mit ihrem Eintritt in das Nationalkomitee der Offiziersbund bereits seine Aufgabe erfüllt und seine weitere Existenz jeden Sinn verloren hat."*

In einer Vollsitzung des *Nationalkomitees* vom 14. September 1943, also bereits zwei Tage später, erfolgt die Aufnahme der führenden Persönlichkeiten des *BDO* in das Präsidium des Nationalkomitees, das nunmehr als das *„Erweiterte Nationalkomitee"* fungiert. Damit war die Verschmelzung endgültig vollzogen. Nur nach außen hin wird der Schein noch gewahrt, um die Offiziere in den Lagern über den wahren Charakter des BDO täuschen zu können. Und *von Puttkamer* stellt dazu treffend fest:
„So war das Nationalkomitee um den Bund Deutscher Offiziere erweitert worden. Von den ‚Zivilisten' aus Moskau gesehen, war das Modell einer ‚Blockbildung' geschaffen worden, in der auf dem linken Flügel der treibende Motor saß."

In der Tat ist dieses taktische Vorgehen der Kommunisten ein klassisches Musterbeispiel für das Einbeziehen „nationaler Kräfte", die von nun an immer mehr die Rolle der Marionetten zugewiesen erhalten. Man vergleiche nur die Bildung der sogenannten „Volksfronten" in den verschiedenen Satellitenstaaten nach 1945 und der sogenannten „Nationalen Front" in der Sowjetzone, in denen sich schon nach kurzer Zeit die fast immer schwächeren kommunistischen Gruppen zur Herrschaft aufschwingen, um

bei passender Gelegenheit mit Hilfe der inzwischen errungenen Machtpositionen die stärkeren Bündnispartner baldmöglichst auszuschalten oder gar zu liquidieren.
An dieser Stelle muß noch erwähnt werden, daß die Mär des Herrn *Weinert*, die Bewegung *„Freies Deutschland“* sei spontan unter den deutschen Kriegsgefangenen in den Lagern der Sowjetunion entstanden, schon deshalb leicht zu durchschauen ist, weil solche „spontanen“ Regungen auch in den Reihen der Kriegsgefangenen aller übrigen Länder organisiert worden sind, die sich mit der Sowjetunion im Kriegszustand befanden. Das Nationalkomitee „Freies Deutschland“ war also nur eine der zahlreichen „Bewegungen“, die die Machthaber in Regierung und Komintern schufen. Aus diesen Komitees gingen die späteren Machthaber in den Nachkriegs-Satellitenstaaten hervor, wie etwa *Anna Pauker* und viele andere. Im sogenannten Sonderlager 20 und im Lager 27 wurde tatsächlich der Kern der fremden kommunistischen Legionen gebildet.
Das Wirken des Nationalkomitees erschöpfte sich freilich nicht nur in zahlreichen Manifesten und Deklamationen. Es mußten handfeste Unternehmen bestritten werden, um der kämpfenden russischen Front Entlastung zu bringen. Das Nationalkomitee war in Lautsprecher-Aktionen vor den deutschen Gräben unterwegs – selbst *Ulbricht* blies damals in die Tüte – und die Männer bemühten sich, die deutschen Soldaten zum Überlaufen zu bewegen. Der Erfolg aber blieb äußerst gering. Ein Musterbeispiel etwa die Bemühung, den *Tscherkassy*-Kessel zur Aufgabe zu bewegen. Einmütig stellten sich Führung und Truppe gegen dieses Ansinnen. Das deutsche Heer kämpfte in seiner Gesamtheit entschlossen für den Sieg und die Freiheit der Heimat. Aber auch die überwiegende Masse der deutschen Kriegsgefangenen, das muß ganz besonders unterstrichen werden, ließ sich nicht beirren und nahm lieber Hunger und Tod auf sich, als mit dem Gegner zu kollaborieren.

So lange das Kriegsglück auf deutscher Seite stand, sahen ja auch jene Generale und Offiziere, denen Hitler Rang und Auszeichnungen verliehen hatte und die sie auch aus seiner Hand hochgeehrt entgegennahmen, kaum dazu veranlaßt, Front gegen den Reichskanzler und Obersten Befehlshaber der deutschen Wehrmacht zu machen. Wer aus Gewissensgründen Hochverrat übte, unterliegt einer anderen Beurteilung. Wer in deutscher Uniform in sowjetischer Gefangenschaft zum Eidbrecher wurde, mußte wissen, was er tat. Und er mußte wissen, daß man ihn des Verrats beschuldigen würde.
Für die Sowjets aber waren diese Elemente – freiwillig oder verführt und mißbraucht – zweifellos Verräter, von den deutschen kommunistischen Emigranten abgesehen. So lange, wie sie sie brauchen konnten, war ihnen ihre Hilfe willkommen. Aber bereits gegen Kriegsende wurden sie entbehrlich.

Im Frühjahr 1945 barsten die deutschen Fronten an allen Ecken und Enden. Das Furioso des Verzweiflungskampfes um die Verteidigung Deutschlands, der keine Parallele in der neueren Geschichte der Menschheit kennt, erreichte seinen Höhepunkt. Glaube und Verzweiflung gleichermaßen regierten die Stunde. Das Ende des Ringens war gekommen . . .

In *Lunowo* war die Stimmung bis aufs äußerste gereizt. *Seydlitz* ließ sich kaum mehr sehen, und die Genossen *Ulbricht, Pieck* und *Weinert* hatten anderes zu tun und scheuten die offenen Fragen ihrer Mitläufer. Auch die Sowjets waren wie vom Erdboden verschwunden. Am 2. November 1945 wurde auf einer letzten Vollsitzung des Komitees beschlossen, das Nationalkomitee und den Bund Deutscher Offiziere aufzulösen. Seydlitz aber ergriff die letzte Möglichkeit, sich für die *„große Hilfe, die die Behörden der Sowjetunion und die Rote Armee dem ‚Bund deutscher Offiziere' und dem Nationalkomitee ‚Freies Deutschland' haben angedeihen lassen"*, herzlichst zu bedanken.

Der Mohr hat seine Schuldigkeit getan ...

Von der Rückführung der Emigranten und einiger, weniger Offiziere nach Berlin haben wir eingangs gesprochen. Dort gingen sie ihrer eigentlichen Aufgabe nach: der Versklavung der Sowjetzone. Für die Zurückgebliebenen aber war die Verbindung zur Außenwelt abgeschnitten. Die Emigranten waren fort, und die Russen ließen sich nicht mehr blicken. Sogar die *„Iswestja"* wurde ihnen weggenommen.
Am 25. Mai 1946 notiert *Einsiedel* in seinem *„Tagebuch der Versuchung"*:
„Heute morgen wurde uns plötzlich bekanntgegeben, das Haus des Nationalkomitees müsse aufgelöst werden. Die Regierung der Sowjetunion habe die Sondergesetze der Kriegszeit aufgehoben, und das Gebäude, in dem wir wohnen, müsse der Gewerkschaft zurückgegeben werden, der es vor dem Kriege als Erholungsheim gedient hat. Die Insassen des Hauses werden in zwei Gruppen geteilt. Vergeblich versuchen wir, die Gesichtspunkte zu deuten, nach denen diese Einteilung erfolgt. Aber es läßt sich nicht erkennen, ob diese Einteilung etwas mit dem Vertrauen und dem Wohlwollen beziehungsweise mit dem Mißtrauen zu tun hat, das jeder einzelne von uns bei der NKWD genießt ... Unser Bestimmungsort soll das Generalslager 48, 300 Kilometer nordostwärts Moskau in der Nähe von Iwanowo sein. Zwei Lastautos erscheinen vor unserem Haus, auf denen wir wie Heringe zusammengepfercht werden. ‚Die Erretter Deutschlands werden abgekarrt', flüstere ich Puttkamer zu, denn hier hilft nur noch Selbstironie. Die ewig Unentwegten aber unter der Führung von Homann hätten am liebsten auch bei dieser Gelegenheit noch eine Dankadresse an die Sowjets abgefaßt, weil sie uns das Haus ‚für unseren nationalen Befreiungskampf in so großmütiger Weise unentgeltlich zur Verfügung gestellt haben.' Doch auch sie sind wenigstens schweigsam und versuchen, gute Miene zum bösen Spiel zu machen. Nur einer verliert die Beherrschung: der verhinderte Landesvater, General der Artillerie Walter von Seydlitz-Kurzbach. Als der gutmütige russische Hauskommandant, der nun wirklich an der ganzen Sache unschuldig ist, an ihn herantritt und die übliche Frage der Russen stellt, ‚Wie ist die Stimmung?' flüstert Seydlitz: ‚Otschen', und dann schreit er immer lauter, bis seine Stimme sich überschlägt: ‚Otschen, otschen, otschen, karascho — sehr, sehr, sehr gut.'"
Anstatt in die Heimat ging es also wieder in die Gefangenenlager zurück. *Seydlitz* wurde am 23. Mai 1950 nochmals durch die Worte „Dawei —

Transport" aufgeschreckt, um in der *Butirskaja* zu landen. Man muß das im einzelnen in seinen erst kürzlich und nach seinem Tode erschienenen Erinnerungen [2]) nachlesen, dann weiß man, daß ihm nichts erspart geblieben ist. Aber Reue hat er kaum gezeigt. Trotzdem wählte er nach seiner Entlassung den Westen, der ihm dann auch seine Pension gezahlt hat.

Graf von Einsiedel mußte eine vielleicht noch schrecklichere Erfahrung machen. In der Sendung über das *Nationalkomitee* im Deutschen Fernsehen sagte er unter anderem:

„Wir gingen als Frontbevollmächtigte des Nationalkomitees an die Front zur Heeresgruppe Rokossowsky am Narew. In unserem Gepäck befanden sich zehntausende von Flugblättern mit einem weiteren Aufruf von 50 Generalen an das Deutsche Volk. Aber wir wußten schon, daß das alles nur noch Makulatur war. Wir konnten höchstens noch hoffen, abgeschnittene deutsche Einheiten zur Kapitulation zu bewegen, um weiteres unnötiges Blutvergießen zu verhindern. Es zeigte sich auch sehr schnell, als wir an der Front ankamen, daß die Rote Armee keinerlei Interesse mehr an unserer Tätigkeit hatte. Hinzu kam, daß die politische Abteilung dieser Heeresgruppe, von wenigen weißen Schafen abgesehen, ein selten verlotterter und korrumpierter Haufen war. Der Lautsprecherwagen diente im wesentlichen dazu, auf bequemem Wege hinter den voranstürmenden russischen Divisionen hinter der Front herumzukutschieren, zum zweiten Beute zu machen, Frauen zu vernaschen. Ich war nicht gewillt, in Gesellschaft von Marodeuren nach Deutschland zurückzukehren. Ich weigerte mich, an diesen Vergnügungsfahrten weiter teilzunehmen. Es war da noch nicht über mein Schicksal entschieden, als alle Frontbevollmächtigten und alle Mitarbeiter des Nationalkomitees von den Divisionen Rokossowsky's, die nach Ostpreußen eingedrungen waren, abgezogen wurden, um beim Frontstab versammelt zu werden. Deutsche Zeugen bei der jetzt in Ostpreußen sich abspielenden Rache- und Vernichtungsorgie waren unerwünscht. Aber die Männer hatten schon in den ersten Tagen genug gesehen. Ich habe mir nie Illusionen darüber gemacht, daß die Rote Armee, falls sie kämpfend in Deutschland eindringen sollte, ein disziplinierter Sieger sein konnte. Dazu war der Haß auf die Deutschen während der vier Kriegsjahre und nach allem, was sich in der Sowjetunion abgespielt hatte, zu sehr angewachsen. Aber was unsere Leute uns nun erzählten, überstieg doch alles, was man befürchtet hatte und was auch mit bestem Verständnis noch zu erklären und zu entschuldigen war."

✫

Dies ist die wahre Geschichte des *Nationalkomitees ‚Freies Deutschland'* und des ihm angeschlossenen *„Bundes Deutscher Offiziere"*.

Wenn alle daraus lernen würden, dann wäre der Zweck dieses Vortrags erfüllt.

---

[2]) Seydlitz: Stalling Verlag 1977.

3. Teil

Das Sieger-Tribunal

Nürnberg 1945/46

Dreißig Jahre danach

Referate und Arbeitsergebnisse des ersten zeitgeschichtlichen Kongresses der Gesellschaft für Freie Publizistik in Kassel

Nürnberger Prozesse

lautet der Sammelname für das Verfahren des „Internationalen Militärtribunals" der Sieger von 1945 gegen die deutschen sog. „Hauptkriegsverbrecher" des Zweiten Weltkriegs und die Folgeprozesse.

Es gab vier Anklagepunkte: 1. Verschwörung zur Erringung der Weltherrschaft, 2. Verbrechen gegen den Frieden, 3. Kriegsverbrechen, 4. Verbrechen gegen die Menschlichkeit.

Die Hauptankläger waren Shawcross (Großbritannien), Jackson (USA), Rudenko (UdSSR) und Dubost (Frankreich).

23 führende Angehörige der NSDAP, Staatsmänner und Militärs des Deutschen Reiches standen im 1. Prozeß vor diesem Tribunal. Abgeschlossen wurde der „Hauptkriegsverbrecher"-Prozeß durch die Urteile vom 30. 9./1. 10. 1946.

Es ergingen zwölf Todesurteile gegen Göring, Bormann, Ribbentrop, Sauckel, Kaltenbrunner, Frick, Frank, Streicher, Seyß-Inquart, Rosenberg, Keitel, Jodl.

Zehn der Urteile wurden am 16. 10. 1946 durch den Strang vollstreckt. Bormann war in Abwesenheit verurteilt worden, Göring starb zuvor durch Freitod.

Lebenslange Freiheitsstrafen für Heß, Funk, Raeder, 20 Jahre für Schirach und Speer, 15 Jahre für v. Neurath, 10 Jahre für Dönitz lauteten die übrigen Verurteilungen.

Freigesprochen wurden Schacht, v. Papen und Fritzsche. Ley nahm sich vor Prozeßbeginn das Leben, Krupp konnte infolge Krankheit nicht erscheinen.

Es schlossen sich zwölf amerikanische Militärgerichtsverfahren an, die nach dem Modell des „Hauptkriegsverbrecher"-Prozesses geführt wurden (gegen SS, Flick, IG-Farben, Südost-Generale, Rasse- und Siedlungshauptamt der SS, Einsatzgruppen, Krupp, Wilhelmstraße, Oberkommando der Wehrmacht).

Britische Militärgerichtsverfahren wurden durchgeführt gegen die Generalfeldmarschälle v. Kesselring, v. Manstein u. a.

Der „National Council for Prevention of War" in den USA setzte sich im Mai 1949 für die Überprüfung **aller** Urteile aus Nürnberger Kriegsverbrecherprozessen ein.

Revision nach 30 Jahren

Eröffnungsansprache von Dr. Gert Sudholt

Fast 30 Jahre sind es her, daß das Internationale Militärgericht in Nürnberg seine Urteile verkündete und vollstrecken ließ. Und so seltsam es angesichts des ungeheuren propagandistischen Aufwandes, den die damaligen Siegermächte mit dieser Aktion verbanden, auch klingen mag: Trotz der so groß angekündigten Ergebnisse ist heute im Bewußtsein der Öffentlichkeit, aber auch im Bereich der Wissenschaft nichts von der Bedeutung zu spüren, die damals von den Siegermächten ihrer Aktion als Einleitung eines neuen Völkerrechts beigemessen wurde. Ein einziges Monument erinnert noch an diese Zeit der Verurteilung des deutschen Volkes in allen seinen Lebensäußerungen und Organisationsformen: das sogenannte Kriegsverbrechergefängnis von Spandau, in dem der letzte Verurteilte dieses makaberen Gerichtsverfahrens noch heute unter unwürdigen Umständen festgehalten wird.

Die Vorstellung, daß heute noch ein Mann gefangen gehalten wird, weil er gegen einen Teil der „Thesen von Nürnberg" verstoßen haben soll, zeigt deutlicher als jedes Wort Absicht, Inhalt und Ergebnis einer Rechtsprechung auf, die von Anfang an zweckgebunden als ein „Gerichtshof der Sieger" in Erscheinung trat, aber den Anspruch erhob, eine neue Weltordnung zu setzen. Wer sich wie die hier Versammelten mit den Anklageschriften und den Plädoyers des Nürnberger Verfahrens erneut vertraut gemacht hat, ist nicht nur aufs tiefste betroffen von der zynischen Einseitigkeit des Verfahrens, sondern auch von der hochfahrenden Selbstgerechtigkeit, mit der hier im Stile der Umerziehung, im Ton einer höherwertigen Moral und überlegenen Ethik Verdammungsurteile ausgesprochen wurden, deren juristische und menschliche Substanz auch den geringsten Anforderungen der Gerechtigkeit nicht standhalten konnte.

Man hat sich nicht bemüht, das Gefühl der Völker, auch der besiegten Völker, für Gerechtigkeit anzusprechen. Ich darf in die Erinnerung zurückrufen, daß die Information des deutschen Volkes damals fast ausschließlich durch den vorbestraften Betrüger *Gaston Oulman* erfolgte, der allabendlich haßerfüllt die Kommentare über Nürnberg sprach. Wenn ein sachlicher Berichterstatter die wesentlichen Tatsachen in einem verständlichen Deutsch geschildert hätte, wäre in der damaligen Stimmung des Zusammenbruchs, der Verzweiflung und der Hoffnungslosigkeit sicher der eine oder andere Gedankengang bis zum Herzen des deutschen Volkes vorgedrungen, und es wäre durchaus möglich gewesen, daß auch standhafte und von ihrem Recht überzeugte Männer durch die Fülle von einseitigen Verfahrensergebnissen beeindruckt worden wären.

So aber hat der ins Namenlose verschwundene Chefsprecher der Alliierten die Unglaubwürdigkeit seiner Berichte und Thesen so überzeugend dargestellt, daß in dieser Berichterstattung sicherlich eine der Gründe dafür liegt, daß das deutsche Volk die Vorwürfe und die Verurteilungen von Nürnberg, soweit sie die Allgemeinheit betrafen, abgeschüttelt hat wie Tropfen von einem Regenmantel. Dabei handelte es sich weder um einen Mangel an Selbstkritik noch um eine Unbelehrbarkeit im Sinne der Umerziehung. Die Art der Darstellung war an sich so widerlich und so abstoßend, daß das Gegenteil der Wirkung erzielt wurde, die auch von ernsthafter alliierter Seite erhofft wurde.

An diesem Auftakt mag es auch liegen, daß sich die deutsche Geschichtswissenschaft ernsthaft und gründlich bisher nicht mit einem Thema auseinandergesetzt hat, das auf der anderen Seite furchtbarste und bis dahin undenkbare Folgen für unser Volk gebracht hat: die Aufteilung unseres Vaterlandes, die Vertreibung von über 10 Millionen Menschen aus ihrer Heimat, den Raub aller Erfindungen und geistigen Errungenschaften, die Diskriminierung vor der ganzen Welt, die Verschleppung von Hunderttausenden und die Ermordung Tausenden Unschuldiger. Alle diese Verbrechen haben für die Täter ihre Rechtfertigung in den Urteilssprüchen von Nürnberg. In ihnen sollte – kurz zusammengefaßt – nicht mehr und nicht minder nachgewiesen werden, daß das deutsche Volk unter der Führung einer Bande von Gangstern und Verbrechern über eine friedliche und unschuldige Welt mutwillig und blutdürstig hergefallen wäre, wobei sich dann gezeigt hätte, daß der Charakter des deutschen Volkes eben diesen Eigenschaften seiner Führungsschicht entsprach oder mindestens von ihnen besonders angesprochen wurde.

Vielleicht hat diese heute schon grotesk wirkende Einseitigkeit unsere Wissenschaftler davon abgehalten, sich mit Gewissenhaftigkeit der Widerlegung von Thesen und Tatsachen zu widmen, die uns damals als der Weisheit höchster Schluß verkündet wurden. Gewiß war diese Zurückhaltung zum Teil auch dadurch begründet, daß mindestens die westlichen Alliierten einen Teil der Verdammnis, die für 30 bis 50 Jahre bestimmt war, durch ein Verhalten aufhoben, das im diametralen Gegensatz zu den Urteilen von Nürnberg stand. War es damals noch fluchwürdig, seinem Kind auch nur einen Bleisoldaten zu zeigen, so wurde die Wehrkraft des deutschen Volkes sehr schnell wieder mobilisiert, als eine internationale Gefahrenlage entstand, die eine solche Maßnahme erforderte. Und es ist eine vom nationalen Gesichtspunkte aus heute noch schwer begreifliche Tatsache, daß deutsche Offiziere und Soldaten schon zu einer Zeit dem Rufe der Bundeswehr folgten, als ein Teil ihrer Kameraden noch wegen ihrer „kriminellen" militärischen Gesinnung in den Gefängnissen und Zuchthäusern saß, die politische Führung aber nichts zu deren Entlassung unternahm.

Wenn wir heute die positive Wertung verfolgen, deren sich die Bundeswehr in der französischen, britischen und amerikanischen Öffentlichkeit erfreut, kommen uns die Formulierungen vom *„bluttriefenden preußischen Militarismus, von dem knechtischen Kadavergehorsam stumpfer Sklaven unter der Fuchtel aristokratischer Berufsmörder"* nur noch schwer über die Lip-

„Chefkommentator" Gaston Oulman, der in Wirklichkeit Lehrmann hieß und später als internationaler Ganove entlarvt wurde, belog die deutschen Rundfunkhörer über den Prozeßverlauf. Heute gilt dieser Umerzieher, der schon in den Zwanziger Jahren in Berlin im Gefängnis saß, als verschollen . . .

pen. Seien wir uns aber wenigstens in der ersten Stunde unserer historischen Untersuchung darüber klar, daß diese Begriffe aus einem Wortschatz stammen, der noch vor 30 Jahren als natürlich und angemessen galt. Wir sind ja auch nicht mehr erschrocken oder verlegen, wenn es in den Fenstern der Geschäfte von Kinderspielzeug, von amerikanischen Nachbildungen aller Panzer – angefangen vom „Königstiger" – bis zu den Schlachtschiffen wie „Bismarck" nur so wimmelt. Vielleicht sind diese banalen Feststellungen die überzeugendsten Hinweise für die Unehrlichkeit und die Ungerechtigkeit, mit der in Nürnberg gerichtet wurde. Der Unterschied liegt nun eben darin, daß zwar das Nürnberger Urteil seines falschen Wertes entkleidet ist, daß wir aber die Folgen von Nürnberg noch täglich und stündlich zu tragen haben.

Darum ist es an der Zeit, nicht nur die deutsche Öffentlichkeit, die auch den Komplex Nürnberg weitgehend verdrängt hat, auf die Ungeheuerlichkeit dieses Verfahrens und die Unwahrhaftigkeit der Schlußfolgerungen aufmerksam zu machen. Es kommt auch darauf an, die scheinheilige juristische und historische Begründung des Urteils wissenschaftlich zu widerlegen und ernsthaften Kritikern Anhaltspunkte und Hinweise dafür zu geben, wie dieses kombinierte Erzeugnis aus Rache und vermeintlich neuem Recht in seinen Einzelheiten widerspruchsvoll und brüchig ist.

Wir müssen uns bei Beginn unserer Tagung darüber klar sein, daß unsere Beiträge nur ein kleiner Anfang des großen Unternehmens sein können, mit dem der Lügenblock Nürnberg, der auf das Grab der deutschen Geschichte gerollt ist, wieder beiseitegeschoben werden kann. Nicht daß es uns an geistigen Erkenntnissen oder Fähigkeiten fehlen würde, von dem Material ganz zu schweigen. Aber wir befinden uns in einer fast hoffnungslosen Unterlegenheit gegenüber dem gewaltigen Apparat und den unerschöpflichen Mitteln, mit denen damals die Alliierten Material aus aller Welt zusammentrugen, Zeugen aus aller Welt vernahmen, technische Hilfsmittel der Darstellung und Vervielfältigung einsetzten und dafür sorgten, daß die Stimme der Angeklagten und Verurteilten ungehört blieb und den Verteidigern alle Mittel und Möglichkeiten einer gleichberechtigten Abwehr entzogen wurden.

Es kommt aber heute darauf an, wenigstens den Versuch zu unternehmen, die Möglichkeiten abzustecken, die einer kommenden Geschichtswissenschaft möglichst internationaler Prägung gegeben sind, um festzustellen, welches Unrecht damals dem deutschen Volk in seiner Gesamtheit, seiner Wehrmacht und seinen damals führenden Persönlichkeiten angetan wurde, von dem historischen Vernichtungsurteil ganz zu schweigen, durch das die Zerstückelung und Vertreibung des deutschen Volkes begründet werden sollte. 30 Jahre sind eine lange Zeit, und darum begrüßen wir es mit besonderer Dankbarkeit, daß auf unserem Kongreß noch Männer anwesend sind und das Wort ergreifen werden, die Nürnberg nicht nur miterlebt, sondern bei den Verhandlungen mitgewirkt haben.

Wir halten diese „Aussagen“ – wie wir sie mit gutem Recht nennen können – für so wichtig, daß wir sie nach Beendigung unseres zeithistorischen Kongresses veröffentlichen wollen, um damit einen Anfang für eine wirklich intensive und den Geboten der Wissenschaft entsprechende Durchdringung des Gesamtstoffes einzuleiten.

Lassen wir uns durch die Kleinheit unserer äußeren Mittel nicht entmutigen. Die Größe der uns gestellten Aufgabe rechtfertigt es, die systematische Aufklärungsarbeit über Nürnberg, den „Gerichtshof der Sieger“, nach besten Kräften fortzusetzen.

Von Versailles nach Nürnberg

Dr. Georg Franz-Willing

„Bedingungsloser Haß? Die deutsche Kriegsschuld und Europas Zukunft", so lautet der Titel des beachtenswerten Buches des Engländers *Captain Russel Grenfell, R.N*, das 1954 auch in deutscher Übersetzung erschien. Ohne Frage war „bedingungsloser Haß" das entscheidende und treibende Motiv der Rachejustiz der Sieger von 1945.

Grenfell schickte der deutschen Ausgabe seines Buches Äußerungen *Bismarcks* voraus, die sich mit der Behandlung des besiegten und gefangenen französischen Kaisers *Napoleon III.* befaßten. Der Reichskanzler nahm Stellung gegen die von der *„Nationalzeitung"* im September 1870 vertretene Ansicht, *Napoleon III.* sei zu ritterlich behandelt worden und werde nach wie vor zu ritterlich behandelt. So denke die „Öffentliche Meinung", erklärte dazu der Kanzler: *„Die Leute verlangen, daß bei Konflikten von Staaten der Sieger sich mit dem Moralkodex in der Hand über den Besiegten zu Gericht setze und ihn zur Strafe ziehe für das, was er gegen ihn begangen, womöglich auch für seine Sünden gegen Dritte. Das ist aber ein ganz ungebührliches Verlangen"*, stellte Bismarck fest und fuhr fort: *„Die Begriffe Strafe, Lohn, Rache gehören nicht in die Politik. Die Politik darf der Nemesis nicht ins Handwerk pfuschen, nicht das Richteramt üben wollen. Das ist Sache der göttlichen Vorsehung. Die Politik hat nicht zu rächen, was geschehen ist, sondern zu sorgen, daß es nicht wieder geschehe..."* [1])

In diesem letzten Krieg zwischen zwei europäischen Großmächten im 19. Jahrhundert wurde das total besiegte Frankreich noch nach den überlieferten Regeln des ritterlichen Stiles behandelt und der führende Staatsmann der Siegermacht Deutschland lehnte es ab, den Forderungen der „Öffentlichen Meinung" nach Rachejustiz stattzugeben. Was die „Öffentliche Meinung" auf der Siegerseite zwar nicht im Chor, aber doch in einzelnen vernehmbaren Stimmen forderte, scheiterte damals im Abendland an Gesinnung und Haltung der noch maßgeblichen alten, adligen Führungsschicht. Immerhin ist auch zu beachten, daß Napoleon III. selbst erklärte, er habe den Krieg nicht gewollt, aber die „Öffentliche Meinung" Frankreichs habe ihn dazu getrieben. Diese „Öffentliche Meinung", verkörpert in der Presse, war schon von Napoleon I. als neue Großmacht bezeichnet worden. Als kriegstreibende Kraft war sie zum ersten Mal im Krimkrieg besonders in England in Erscheinung getreten. Hinter ihr standen die anonymen Kräfte der Industrie, Bank- und Handelswelt und in ihrem Dienst die käuflichen Intellektuellen als Meinungsmacher, und sie hat seit dieser Zeit in steigendem Maße einen verhängnisvollen Einfluß auf das Völkerleben ausgeübt.

---

[1]) Moritz Busch, Unser Reichskanzler, Leipzig 1884, 2 Bde, I, S. 99 f.

Während sie im Krieg von 1870 auf der Siegerseite durch die überlegene Staatskunst des Kanzlers in Schranken gehalten wurde, hatte sie zu Beginn der sechziger Jahre aber bereits im amerikanischen Bürgerkrieg ihren ersten vollen Triumph feiern können. Dort, in den Prärien, wurde der erste totale Krieg der Moderne geführt, mit gezielter Härte und Unmenschlichkeit gegen die wehrlose Bevölkerung: *„Wir bekämpfen nicht nur feindliche Armeen,“* schrieb der nordstaatliche *General Sherman, „sondern ein feindliches Volk und müssen deshalb alt und jung, reich und arm, die harte Hand des Krieges ebenso fühlen lassen wie die organisierten Armeen“.* [2]) In diesem Sinne hatte auch sein Gesinnungsfreund General Sheridan im Bürgerkrieg gehandelt. Als Schlachtenbummler während des deutsch-französischen Krieges im Hauptquartier des preußischen Königs erklärte Sheridan, man dürfe der feindlichen Bevölkerung nichts übrig lassen als die Augen zum Weinen. [3]) Die sezessionistischen Südstaaten wurden daher von Anfang an als „Rebellen“ betrachtet und behandelt, ihre politischen Führer nach der totalen Niederlage ins Gefängnis geworfen. Dieser Vorgang in der neuen Welt fand damals in der alten kaum Beachtung; im zwanzigsten Jahrhundert machte er jedoch Schule.

Grenfell zog zum geschichtlichen Vergleich als unerläßlicher Voraussetzung für die richtige Bewertung des Wandels im Verhältnis zwischen Sieger und Besiegten außer dem Krieg von 1870 auch noch die Revolutions- und napoleonischen Kriege um die Wende vom 18. zum 19. Jahrhundert heran. Damals hatte das revolutionäre und napoleonische Frankreich 23 Jahre lang (1792–1815) Europa mit Krieg überzogen. Am Verhandlungstisch in Wien aber war das besiegte Frankreich gleichberechtigt als Großmacht vertreten und wurde bewußt von den leitenden Staatsmännern der Siegermächte, *Metternich* und *Castlereagh,* als Großmacht behandelt und erhalten, um das Kräftegleichgewicht in Europa zu retten und eine Übermacht Rußlands zu verhindern.

Es begann mit dem Ersten Weltkrieg ...

Sieht man Nachschlagewerke aus der Zeit vor dem Ersten Weltkrieg durch, so sucht man in ihnen vergeblich nach den Begriffen „Kriegsschuld“, „Kriegsverbrechen“, „Kollektivschuld“. Der Ausdruck „Kriegsverbrechen“ wurde im Jahre 1906 von *Lassar Lawrence Oppenheim* (1858–1919) in die völkerrechtliche Literatur eingeführt. *Oppenheim,* geb. in Windecken, Kreis Hanau, gest. in Cambridge, war Professor des Strafrechts in Freiburg (1885) und Basel (1891) und lehrte seit 1895 an der *London School of Economics*; 1908 wurde er Professor in Cambridge. [4]) Zur Geltung kam der Begriff wie die beiden anderen aber erst im und nach dem Ersten Weltkrieg. Der Begriff: „Kollektivschuld“ ist von der Wurzel her alttestamentarisch. [5]) Das Christentum kennt ihn nicht, sondern betont die

---

[2]) William Sherman, Memoirs, 2 Bde, New York 1875, II, S. 227; ferner Peter Parish: The American Civil War, London 1975, S. 159, 455.
[3]) Bismarck und seine Leute während des Krieges in Frankreich. Nach Tagebuchblättern von Moritz Busch, Leipzig 1878, S. 143 f.
[4]) (Hauptwerke: International law, 2 Bde, 1905/6; „Die Zukunft des Völkerrechts“, 1911; The league of nations, 1919). Herder, Staatslexikon, 6. Auflage, Bd. V., 1960, S. 1277 ff.
[5]) Lexikon für Theologie und Kirche, 2. Auflage, Bd. VI, S. 378 ff.

persönliche Entscheidung; die christliche Ära der abendländischen Geschichte kennt daher juristisch folgerichtig nur die individuelle Schuld und die individuelle Verantwortung. *„Kriegsschuld"*, *„Kriegsverbrechen"*, *„Kollektivschuld"* sind Erzeugnisse des demokratischen, sozialistischen Zwanzigsten Jahrhunderts und kennzeichnen die weitgehende Entchristlichung des Lebens durch Vermassung und Entwertung des Individuums. [6])

Das Gefühl einer mit dem Ausbruch des Ersten Weltkrieges herannahenden, ungeheueren Menschlichkeitskatastrophe fand bereits in der Julikrise 1914 seinen deutlichen Niederschlag in dem Bestreben aller am Kriegsausbruch beteiligten Staaten, in den sogenannten „Farbbüchern" der verschiedenen Regierungen die Schuld am etwaigen Kriegsausbruch vorsorglich und rechtzeitig der voraussichtlichen Gegenseite zuzuschieben. Von Anfang an erwies sich die alliierte Propaganda viel geschickter und erfolgreicher als die Deutschlands und seiner Verbündeten. Die Alleinschuld an Entstehung und Ausbruch des Weltkrieges Deutschland anzulasten, war der Kernpunkt der alliierten Propaganda, die unter der erfolgreichen Leitung von *Lord Northcliffe* stand. Der systematische Feldzug der alliierten Presse, unterstützt durch Film, Flugblatt und gefälschte Fotos, hatte eine weltweite Wirkung, zu der auch die stimmungsmäßige Vorbereitung des Eintritts der USA in den Krieg gegen Deutschland gehörte. Die Entente verwandte bereits in ihrer Antwort auf Wilsons Friedensvermittlungsangebot von Weihnachten 1916 die Kriegsschuldlüge als politisches Beweismittel. Die „Öffentliche Meinung" der Welt wurde in den vier Kriegsjahren so systematisch im antideutschen Sinne bearbeitet, daß nach Kriegsende die für die Friedensgestaltung verantwortlichen Politiker der siegreichen Westmächte gar nicht wagten, angesichts dieser durch den vierjährigen Propagandafeldzug aufgewühlten Leidenschaften der breiten Massen die Vernunft zu Worte kommen zu lassen, ganz abgesehen davon, daß sie selbst weitgehend der eigenen Gehirnwäsche erlegen waren und die Greuellügen ebenso vielfach glaubten, wie sie von der Alleinschuld des besiegten Gegners überzeugt waren. Nicht Vernunft und Weisheit, wie früher bei Friedensschlüssen, sondern ungezügelter Haß und Rachedurst bestimmten das Handeln der Versailler „Friedensmacher". Die wenigen Stimmen der Vernunft gingen im Orkan der entfesselten Leidenschaften des Siegerübermuts unter.

Die Kräfte der Tiefe waren durch diese Art hemmungsloser psychologischer Kriegführung organisiert und entfesselt, die den Feind verteufelt und zur Verkörperung der Hölle gestempelt hatten. Diese entfesselten Kräfte der Tiefe bestimmten nun nach dem Krieg die „Friedensordnung". Der französische Schriftsteller *Alphonse de Châteaubriant* hat aus seinem soldatischen Erlebnis heraus das Wesen und Wirken dieser dämonischen Kräfte mit folgenden Worten treffend gekennzeichnet:

„Ich war zur Genesung in einem Lazarett in Nancy. Am 11. November 1918 erwachte ich von einem furchtbaren Schrei, der meine Fensterscheiben erzittern ließ. Ich fragte meinen Krankenwärter, was denn los sei. Der

[6]) S. a. 2. Vatikanisches Konzil, Kleines Konzilskompendium, S. 355 ff., 538 ff.: Ablehnung von Kollektivschuld, Verurteilung des totalen Krieges.

Mann geht sich erkundigen und kommt vollkommen überwältigt zurück. Waffenstillstand! Sieg! Mich überkam eine furchtbare Traurigkeit. Diese Stimme war nicht mehr menschlich, sie verlangte nicht mehr nach Frieden und Gerechtigkeit für die Feinde von gestern, nach dem Goldenen Zeitalter. ... Frankreichs Schrei hatte nichts Menschliches mehr. Es war der Schrei eines Tieres. Unser Volk hatte zuviel gelitten, und nun ließ es allem Dunkel, das sich sonst in der Erde verbirgt, freien Lauf. Und ... damals enthüllte sich mir zum erstenmal der Bolschewismus. Wir waren bereits bolschewisiert, es handelte sich nicht um ein System, sondern um eine Rationalisierung und Organisierung der negativen Kräfte, die in der menschlichen Seele verborgen liegen. ... Vulkanismus, das ist die Entfesselung aller Kräfte, die zum Wesen des Menschen gehören und die aus dem verschütteten Abgrund der Seele hervorbrechen. Sieg des Bösen über das Gute, des Todes über das Leben.“

Der Ungeist von Versailles

Diese Kräfte gaben den sogenannten „Friedensverträgen“ von *Versailles* und *St. Germain*, die das Nachkriegsschicksal des deutschen Volkes bestimmten, Sinn und Inhalt. Der maßgebliche Paragraph des Versailler Diktats, betreffend die Kriegsschuldfrage, lautet:

„§ 231: „Die alliierten und assoziierten Regierungen erklären und Deutschland erkennt an, daß Deutschland und seine Verbündeten als Urheber für alle Verluste und Schäden verantwortlich sind, die die alliierten und assoziierten Regierungen und ihre Staatsangehörigen infolge des Krieges, der ihnen durch den Angriff Deutschlands und seiner Verbündeten aufgezwungen wurde, erlitten haben.“

Damit wurde Deutschland die moralische Verantwortlichkeit für den Weltkrieg angelastet und die Verpflichtung, für alle materiellen Schäden, die durch den Krieg entstanden, aufzukommen und sie wiedergutzumachen. Der Begriff der „Kriegsschuld“, den das Völkerrecht bis zum Jahre 1919 nicht gekannt hat, wurde somit das moralische Fundament des „Friedensvertrages“, das damit belastete besiegte Volk aus der Völkergemeinschaft ausgestoßen.

Ebenso fand der Begriff des „Kriegsverbrechens“ Eingang in die neue „Friedensordnung“ mit den Paragraphen 227, 228, 229, 230. Das deutsche Staatsoberhaupt, der Kaiser, und eine ganze Anzahl militärischer und politischer Führerpersönlichkeiten sollten ausgeliefert und abgeurteilt werden. Um die Auslieferung zu vermeiden, beschloß die Weimarer Nationalversammlung am 18. Dezember 1919 ein Gesetz zur Verfolgung von „Kriegsverbrechen“, ergänzt durch das Gesetz vom 4. März 1920 und 12. Mai 1921.

Die Grundsätze der Amnestie und Verjährung wurden dabei außer Kraft gesetzt. Im Zuge der „Erfüllungspolitik“ fanden dann vor dem Reichsgericht eine Reihe von Prozessen statt, die meist zum Freispruch führten. Die übrigen Verfahren wurden eingestellt. In Frankreich und Belgien wurden in

Abwesenheit der deutschen Angeklagten Gerichtsverhandlungen mit sehr harten Urteilen durchgeführt.

„Kriegsschuld" und „Kriegsverbrechen" wurden durch die Pariser Vorortsverträge zu Leitgedanken der von den Siegern geschaffenen „Friedensordnung" — einseitig ausgelegt und angewandt nur gegen das besiegte Volk.

Eine leidenschaftliche Auflehnung des deutschen Volkes gegen diese entehrende und entwürdigende Behandlung durch die übermütigen und rachsüchtigen Sieger war die natürliche Folge. Waren die Sieger bemüht, ihren Sieg zu verewigen, und ihre „Ordnung" aufrechtzuerhalten, so war das Bemühen des Besiegten ebenso darauf gerichtet, die Fesseln der beiden Friedensdiktate abzuwerfen und die Freiheit zu erringen. Der Kampf gegen Versailles und St. Germain bestimmte daher die deutsche Politik nach 1919, die Sorge um die Aufrechterhaltung ihres zweifelhaften Friedenswerkes die Politik der Sieger. Diese hatten zwar den Krieg gewonnen, durch ihre Friedensbestimmungen aber den Frieden verloren. Auf ihren Schultern lastet daher die Hauptverantwortung für den Ausbruch des Zweiten Weltkrieges.

Zweiter Weltkrieg als „Kreuzzug für die Demokratie"

Es konnte von Beginn des Zweiten Weltkrieges an kein Zweifel sein, daß der Ungeist des Deutschenhasses die Politik und Kriegsführung der Alliierten im Sinne einer Fortsetzung und Steigerung der Methoden und Ziele des Ersten Weltkrieges bestimmen werde. Und so war es klar, daß von Anfang an die alleinige „Kriegsschuld" an Entstehung und Ausbruch des Zweiten Weltkrieges Deutschland angelastet und daß alle „Kriegsverbrechen" nur von deutscher Seite begangen werden konnten und begangen wurden. In diesem Sinne setzte die alliierte Kriegspropaganda die Tradition der Zeit zwischen 1914 und 1919 fort. Der „Kreuzzug" gegen die „deutschen Hunnen", bereits zwischen 1914—1919 gepredigt, wurde nun wieder aufgegriffen. Von Anfang an wurde der Zweite Weltkrieg als ideologischer Krieg geführt, von angelsächsischer Seite als *„Kreuzzug für die Demokratie"* gegen die *„Nazityrannei"*.

„Ich führe einen dreißigjährigen Krieg gegen das deutsche Volk" schrieb der britische Kriegspremier *Churchill* 1944 an *Stalin*. Churchill hatte schon vor und im Ersten Weltkrieg zu den führenden Persönlichkeiten des Britischen Weltreiches gehört, die die Vernichtung Deutschlands sich zum Ziele gesetzt hatten. Er selbst sah darin seine eigentliche Lebensaufgabe und verkörperte am maßgeblichsten die deutschfeindliche Richtung in England. In diesem Sinne beeinflußte er auch mit Erfolg den amerikanischen Präsidenten Roosevelt, der Churchills strategischen Leitgedanken *„Priority to Germany"*, d. h. „zuerst die Niederwerfung Deutschlands", sich zu eigen machte. Churchill hintertrieb auch 1940 nach dem Zusammenbruch Frankreichs das Aushandeln eines Kompromißfriedens mit Deutschland und unterband die Friedensfühler, die von einer starken friedensbereiten Gruppe des

Foreign Office über Schweden ausgestreckt wurden, entschlossen, mit Hilfe Amerikas den Krieg fortzusetzen bis zur Vernichtung des Großdeutschen Reiches. *„Ich brauchte nur einen Finger zu rühren"*, sagte *Churchill* zu einem Vertrauten, *„und ich könnte den Frieden haben, aber ich will ihn nicht."* [7])

Im August 1941 traf er sich mit Präsident *Roosevelt* an Bord eines amerikanischen und eines britischen Kriegsschiffes. Dieser hatte bereits am 6. Januar 1941 in einer Botschaft an den Kongreß die „vier Freiheiten" verkündet. Churchill hatte diese Botschaft Roosevelts zur Grundlage für eine Fixierung gemeinsamer Ziele genommen, die ihren Niederschlag nun in der *„Atlantik-Charta"* vom 14. August 1941 fand. Der in diesem Zusammenhang entscheidende Punkt der „Atlantik-Charta", an dem Roosevelt und Churchill festhielten, während sie ab 1944 von den übrigen Punkten nichts mehr wissen wollten, lautet:

„6. Nach der endgültigen Vernichtung der nationalsozialistischen Tyrannei hoffen sie, einen Frieden aufgerichtet zu sehen, der allen Nationen die Möglichkeit geben wird, in Sicherheit innerhalb ihrer Grenzen zu leben, und der die Gewähr dafür bieten wird, daß alle Menschen in allen Ländern ihr ganzes Leben lang frei von Furcht und Not leben können."

Die Vernichtung der „nationalsozialistischen Tyrannei" und die Vernichtung des *„preußischen Militarismus"* waren die Kriegsziele Churchills und Roosevelts. Zu diesem Zweck führten sie ihren „Kreuzzug". Die *„Atlantik Charta"* war offensichtlich auch der Ausgangspunkt ihrer beiden Verfasser für den moralischen Feldzug gegen Deutschland. Zum gleichen Datum – am 25. Oktober 1941 – gab jeder von ihnen bekannt, daß sie die Nazis für ihre Kriegsverbrechen und Grausamkeiten, die sie in den besetzten Ländern begingen, bestrafen wollten. Diese Bestrafung der „Kriegsverbrecher" sei, wie *Churchill* vor dem britischen Kabinett erklärte, ein Hauptzweck des Krieges. Es ist beachtenswert, daß der amerikanische Präsident noch zur Zeit amtlicher amerikanischer Neutralität – die USA traten am 8. 12. 1941 in den Krieg ein – ein derartiges gemeinsames Kriegsziel mit dem britischen Premier verkündete.

„Bestrafung der Kriegsverbrecher" als Kriegsziel

Der nächste Schritt auf dem Wege zur Verwirklichung dieses Kriegsziels war der *„Pakt der Vereinten Nationen"*, auch *Washington-Pakt* genannt, ebenfalls von Roosevelt und Churchill ausgearbeitet (*Arcadia-Konferenz).* Präsident Roosevelt ersetzte die Formulierung „Verbündete Mächte" durch „Vereinte Nationen". Am 1. Januar 1942 unterzeichneten *Roosevelt, Churchill,* der chinesische Außenminister *Soong* und der russische Botschafter *Litwinow* das Dokument, ebenso die Vertreter folgender Staaten: Australien, Belgien, Canada, Costarica, Cuba, Tschechoslowakei, Dominikanische

---

[7]) ADAP, Serie D, Bd. IX, 2, 4. Bd., 2. Halbband, 13. 11. 1940–31. 1. 41, S. 661, Nr. 453.

Republik, El Salvador, Griechenland, Guatemala, Haiti, Honduras, Indien, Luxemburg, Niederlande, Neuseeland, Nicaragua, Norwegen, Panama, Polen, Südafrika, Jugoslawien. Unter den aufgezählten Staaten befanden sich die Exilregierungen von acht von den Achsenmächten besetzten Ländern, neun kleine amerikanische Satellitenstaaten der USA, vier Dominien des Britischen Weltreiches, ferner die Kronkolonie Indien. Sinn und Inhalt dieses „Paktes der Vereinten Nationen" war in Punkt eins zusammengefaßt: *„Jede Regierung verpflichtet sich, alle ihre Hilfsmittel, und zwar militärische oder wirtschaftliche, gegen jene Mitglieder des Drei-Mächte-Paktes und seine Anhänger, mit denen sie sich im Kampf befinden, einzusetzen."* In der 26-Nationen-Erklärung heißt es ferner unter Punkt 2: *„Andere Nationen, die in dem Kampf für den Sieg über den Hitlerismus materiellen Beistand oder Hilfe leisten oder leisten werden, können sich der vorgenannten Erklärung anschließen."* Bis Kriegsende schlossen sich noch 21 Staaten an. Der Sinn des Paktes der *Vereinten Nationen* war also der Krieg gegen die Dreier-Pakt-Mächte, ein Hauptzweck des Krieges die Bestrafung der „Kriegsverbrecher". „Kriegsverbrecher" konnten nach dieser Auffassung und Auslegung nur die Feindmächte sein: Deutschland, Japan, Italien.

Präsident *Roosevelt* verkündete im Januar 1943 auf der *Konferenz von Casablanca* die Forderung der „bedingungslosen Kapitulation" nach dem Vorbild des eingangs erwähnten amerikanischen Bürgerkrieges. Damit wurde eine politische Beendigung des Krieges ausgeschlossen, die militärische Vernichtung des Feindes zum Kriegsziel proklamiert.

Der erste „Kriegsverbrecher-Prozeß"

Am 17. Oktober 1943 wurde in London die *„United Nations War Crimes Commission"* gegründet. Im Spätsommer 1943 fand in der Sowjetunion bereits ein erster Kriegsverbrecherprozeß gegen das SS-Panzerkorps unter General *Paul Hausser* statt, das angeblich während der Rückeroberung von Charkow im März 1943 20 000 russische Zivilpersonen ermordet hatte. In diesem „Prozeß" wurden der Führer der Leibstandarte „Adolf Hitler", *Sepp Dietrich*, und fünf weitere Offiziere der Waffen-SS in absentia zum Tode verurteilt. [8])

Zur Vorbereitung des Treffens der „Großen Drei" in Teheran am 1. 12. 1943 fand in Moskau vom 19. 10. bis 1. 11. 1943 die Konferenz der Außenminister Rußlands, Englands, der USA und Chinas statt, die unter anderen Punkten auch die Verfolgung von Grausamkeiten behandelte. Diese *„Moskauer Erklärung"* ist eine wichtige Etappe in der Entwicklung hin zu den kollektiven „Kriegsverbrecher"-Prozessen gegen die besiegten Dreier-Pakt-Mächte, insbesondere gegen Deutschland und Japan. Unterzeichnet

---

8) James Weingartner: Hitlers Guard. The Story of the Leibstandarte SS Adolf Hitler 1933–1945, London 1974, S. 129. – Ungefähr gleichzeitig fand nach der Schlacht bei Kursk ein Prozeß gegen russische Kollaboranten statt, die angeblich an der Ermordung von 7000 Zivilpersonen beteiligt gewesen waren. A. Werth: Rußland im Krieg 1941–1945, München 1965, S. 492.

wurde sie von *Roosevelt, Churchill* und *Stalin* und hat im wesentlichen folgenden Wortlaut [9]):

„Sobald irgendeiner in Deutschland gebildeten Regierung ein Waffenstillstand gewährt werden wird, werden jene deutschen Offiziere, Soldaten und Mitglieder der Nazipartei, die für die obigen Grausamkeiten, Massaker und Exekutionen verantwortlich gewesen sind oder an ihnen zustimmend teilgehabt haben, nach den Ländern zurückgeschickt werden, in denen ihre abscheulichen Taten ausgeführt wurden, um gemäß den Gesetzen dieser befreiten Länder und der freien Regierungen, welche in ihnen errichtet werden, vor Gericht gestellt und bestraft zu werden. Von allen diesen Ländern werden Listen mit allen möglichen Einzelheiten aufgestellt werden. Dabei werden besonders die besetzten Gebiete der Sowjetunion, Polen und die Tschechoslowakei, Jugoslawien und Griechenland, einschließlich Kretas und anderer Inseln, Norwegen, Dänemark, die Niederlande, Belgien, Luxemburg, Frankreich und Italien berücksichtigt werden.

So werden Deutsche, die an Massenerschießungen von polnischen Offizieren oder an der Exekution von französischen, holländischen, belgischen oder norwegischen Geiseln oder kretischen Bauern teilnahmen oder die teilgehabt haben an den Blutbädern unter dem polnischen Volk oder in den Gebieten der Sowjetunion, die jetzt vom Feinde reingefegt sind, damit rechnen müssen, daß sie an den Schauplatz ihrer Verbrechen zurückgebracht und an Ort und Stelle von den Völkern abgeurteilt werden, denen sie Gewalt angetan haben. Mögen sich diejenigen, die ihre Hand bisher nicht mit unschuldigem Blut besudelt haben, davor hüten, sich den Reihen der Schuldigen beizugesellen; denn mit aller Sicherheit werden die drei alliierten Mächte sie bis an die äußersten Enden der Welt verfolgen und sie ihren Anklägern ausliefern, damit Gerechtigkeit geschehe (The three Allied Powers will pursue them to the uttermost ends of the earth and will deliver them to their accuses in order that justice may be done)."

Die USA als treibende Kraft

Es ist jedoch festzuhalten, daß die Initiative und die treibende Kraft zu den Kriegsverbrecherprozessen von Amerika ausging, in erster Linie sekundiert vom britischen Kriegspremier Winston Churchill. Sowjetrußland schloß sich bald an und nützte diese Entwicklung zu seinen Gunsten. Auch der *Jüdische Weltkongreß*, der während des Krieges seinen Sitz von Genf nach New York verlegte, befaßte sich frühzeitig mit dem Gedanken von großen Kriegsverbrecherprozessen. Der Kongreß schuf zu diesem Zweck nach Schilderung seines langjährigen Präsidenten *Nahum Goldmann* [10]) ein *„Institut für jüdische Fragen"*, (wörtlich) *„um auch auf diese Weise durch entsprechende Vorarbeiten dafür Sorge zu tragen, daß die Nazi-Kriegsverbrecher nicht ungestraft davonkommen und ein Maximum an Wiedergutmachung*

---

9) Ploetz, Konferenzen und Verträge, Teil II, 4. Bd. 1914–1959, 2. A. 1959, S. 217.
10) Nahum Goldmann, Staatsmann ohne Staat. Eine Autobiographie, Köln 1970, S. 272 f.

von seiten des besiegten Deutschland sichergestellt" wurde. *„In diesem Kreis,"* so fährt *Goldmann* wörtlich fort, *„tauchte zuerst der Gedanke an eine Bestrafung der nationalsozialistischen Kriegsverbrecher auf, der dann später von großen amerikanischen Juristen, vor allem vom Mitglied des Obersten Gerichtshofes, Robert H. Jackson, aufgegriffen und in den Nürnberger Prozessen verwirklicht wurde. Die Idee, Politiker und Militärs für Verbrechen gegen die Menschlichkeit gerichtlich zu belangen und zu verurteilen, war etwas völlig Neues im Gesichtskreis der internationalen Justiz."*

Ebenso neu und im geltenden Völkerrecht unbekannt war die Idee, *„einen sogenannten souveränen Staat zu zwingen, eine nichtorganisierte Minorität, wie es das jüdische Volk damals war, zu entschädigen — diese Idee war revolutionär. Es gehört zu den unvergänglichen Verdiensten des Jüdischen Weltkongresses, daß er als erster mit dieser Forderung hervortrat."* Die Wiedergutmachung betraf daher einmal *„jene Individuen, deren Familien ausgerottet und deren Vermögen geraubt worden waren. Daneben wurde aber auch das Prinzip der kollektiven Entschädigung gegenüber der jüdischen Gemeinschaft formuliert, das ohne Beispiel nicht nur in der jüdischen, sondern in der gesamten menschlichen Geschichte dasteht."* [11])

Alle Bedenken völkerrechtlicher Art gegen diese Art der geplanten Behandlung des Besiegten, die in der bisherigen Geschichte unbekannt war, *„verloren an Gewicht angesichts der Notwendigkeit,"* wie Goldmann weiter schreibt, *„die ungeheuerlichen Verbrechen des Nazi-Regimes gegen Juden und Nichtjuden zu sühnen und für die Zukunft ein Exempel zu statuieren, daß die Souveränität eines Staates nicht als Entschuldigung für Verstöße gegen die elementarsten Grundsätze der Menschlichkeit und der Gehorsam einem Vorgesetzten gegenüber nicht als Deckmantel für regelrechte Massenverbrechen gelten dürfe."* [12]) Ein bezeichnendes Beispiel für die Annullierung der bisherigen Rechtsauffassung war die bereits Mitte 1944 von den Alliierten verfügte Aufhebung des Rechtes der Berufung auf höheren Befehl für „Kriegsverbrecher", obwohl dieses Recht im britischen *Manual of Military Law* und in den amerikanischen *Rules of Warfare* ebenfalls verankert war.

Für das Ausmaß des Hasses, der durch die alliierten Massenmedien kollektiv gegen das ganze deutsche Volk gepredigt wurde, seien neben dem allgemein bekannten Beispiel des *Morgenthauplanes* das Buch von *Theodore Kaufman: „Germany must perish"* [13]) und das Buch von *Louis Nizer: „What to do with Germany"* [14]) erwähnt. Kaufman ließ sein Buch im Jahre 1941 erscheinen, also zu einer Zeit, als die USA sich noch nicht im Krieg befanden und amtlich neutral waren. Er schlug die Ausrottung des ganzen deutschen Volkes mittels zwangsmäßiger Massensterilisation vor. Dieser Gedanke der Ausrottung des deutschen Volkes wurde in den interventionistischen Kreisen der USA ernsthaft bereits zu einer Zeit erörtert, als die USA noch nicht in den Krieg eingetreten waren, bzw. unmittelbar nach Kriegs-

[11]) Ebda, S. 273 f.
[12]) Ebda, S. 273.
[13]) Erschienen bei: Argyle Press, Newark, New Jersey, 1941.
[14]) Ziff-Davis-Publishing Company, Second Printing, Chicago-New York 1944.

eintritt: *Charles Lindbergh* berichtet in seinem Kriegstagebuch unter dem Datum vom 5. Februar 1942, [15]) also zwei Monate nach Amerikas Kriegseintritt, wörtlich: *„Der erste Vorschlag dieser Verteidiger der Zivilisation war, daß alle männlichen Deutschen zwischen zehn und sechzig Jahren getötet werden sollten. Nachdem sie das diskutiert hatten, entschieden sie, daß es doch nicht gut möglich sei, man schlug also vor, statt sie zu töten, sie einfach zu sterilisieren."* Hält man sich vor Augen, daß die *Wannsee-Konferenz*, auf der angeblich die Ausrottung der Juden im deutschen Machtbereich beschlossen worden war, im Januar 1942 stattgefunden hatte und die ersten Nachrichten über derartige angebliche Ausrottungsmaßnahmen erst im Herbst 1942 nach Amerika zur Kenntnis gelangen konnten, so wird aus dem Vergleich der Daten ersichtlich, daß die in den USA bereits 1941 und 1942 erwogenen kollektiven Rachemaßnahmen und Ausrottungsbestrebungen gegen das deutsche Volk mit der Wannsee-Konferenz und ihren Folgen nichts zu tun haben konnten. Über das Verhalten der USA gegenüber ihren Feinden urteilt *Lindbergh* abschließend: *„Wir, die wir behaupten, die Deutschen hätten durch ihre Behandlung der Juden die gesamte Menschheit beschmutzt, haben mit unserer Behandlung der Japaner bewiesen, daß wir um kein Haar besser sind."* [16])

Louis Nizer schlug folgende Strafmaßnahmen gegen das deutsche Volk vor, [17]) die, wie die Praxis der Sieger bewies, offensichtlich 1943 schon in den Grundzügen festgelegt waren:

1. Aufhebung der nationalen Souveränität des deutschen Volkes. Diese Maßnahme wurde in den USA vorbereitet und dann von den Siegern auch durchgeführt. Dem deutschen Volk wurde durch die völlige Zerstörung des Großdeutschen Reiches 1945 seine staatliche Existenz genommen; es wurde in ein vorstaatliches Sklavendasein zurückgeschleudert.
2. Nach Bestrafung der deutschen Nation als Ganzer sollten die einzelnen Kriegsverbrecher bestraft werden, und zwar teils vor nationalen Gerichtshöfen, teils vor einem internationalen Gerichtshof. — Auch diese Maßnahmen wurden durchgeführt.
3. Die Oberschicht der Alldeutschen und Nazis: die Führer, Minister, Gauleiter, das OKW, die Gestapo, die SA, die Arbeitsfront, die deutschen Volksgerichtshöfe, die SS und andere sollte dem Gesetz gemäß ausgerottet werden.
4. „Der preußische Kriegskult und seine nazistischen Vollstrecker müssen vernichtet werden."

Zu den wirtschaftlichen Strafmaßnahmen, die sich stark an den *Morgenthauplan* anlehnten, zählte nach *Nizer* vor allem auch die Beseitigung der feudalen Klasse in Deutschland. Durch eine entsprechende Agrarreform sollte die Junkerklasse in Preußen entmachtet werden. Dieser Programm-

---

[15]) Charles Lindbergh: Kriegstagebuch 1938–1945, Wien 1970, S. 278 f.
[16]) Ebda, S. 524.
[17]) Nizer, op. cit., S. 191 ff.

punkt wurde dann von den Russen und ihren deutschen kommunistischen Handlangern gründlich durchgeführt. In ihm zeigte der Krieg auch seine gesellschaftliche Seite, nämlich die Absicht der Sieger, durch eine weitgehende Ausrottung der Oberschichten das besiegte Volk nach ihrem Willen manipulieren zu können.

Programm der kollektiven Rache

Im ganzen ist aus den vorgeschlagenen Maßnahmen *Nizers* ersichtlich, daß das Programm der kollektiven Rache und der kollektiven Bestrafung des deutschen Volkes in den wesentlichen Zügen schon im Jahre 1943 ausgearbeitet war; federführend waren die USA, im wesentlichen im Einvernehmen mit *Winston Churchill*, für dessen Einstellung folgendes Gespräch mit *General Mac Lean* kennzeichnend war: Als *Mac Lean* ihn auf die Gefahr einer kommunistischen Herrschaft in Jugoslawien unter Tito hinwies, erwiderte Churchill, von solch langfristigen politischen Überlegungen dürfe er (Mac Lean) sich anläßlich seiner Entsendung zu Tito nicht beeinflussen lassen. Seine Aufgabe sei, jemanden ausfindig zu machen, der die meisten Deutschen töte und Mittel dazu, durch die man ihm helfen könne, noch mehr zu töten. Zu diesem Zweck sei vor keiner Gewaltmaßnahme zurückzuschrekken.[18]) Die letzten britischen Bedenken gegen die geplanten Kriegsverbrecherprozesse räumte *Samuel Rosenman* im Auftrag Roosevelts in London Anfang 1945 aus. Rosenman gab vor seiner Abreise nach London dem Präsidenten Roosevelt auf die Reise nach Jalta ein Memorandum über die Bestrafung der Kriegsverbrecher mit, das die Frucht mehrerer Konferenzen war, die Rosenman über diesen Gegenstand geleitet hatte.[19]) Auch in die *Jalta-Erklärung* vom 12. 2. 45 ist die geplante kollektive Bestrafung durch Kriegsverbrecherprozesse eingegangen. Schließlich wurde die militärische Kapitulation, die *Großadmiral Dönitz* als letztes legitimes Reichsoberhaupt unterzeichnen ließ, von den Siegermächten in eine staats- und völkerrechtliche umgefälscht, nämlich in eine Kapitulation des Reiches. Die Reichsregierung Dönitz wurde am 23. Mai 1945 unter entwürdigenden Begleitumständen gefangengenommen. Die Siegermächte übernahmen darauf die volle Regierungsgewalt in Deutschland aufgrund der Viermächte-Erklärung vom 5. Juni 1945 mittels des von ihnen eingesetzten Kontrollrates. Deutschland wurde somit geköpft und gevierteilt. *„Wir haben es mit einem kopflosen Deutschland zu tun“*, erklärte *Churchill* und ferner: *„Arbeit, Leben und Eigentum aller Deutschen stehen in der vollen Verfügungsgewalt der Sieger.“*

Auf der *Potsdamer Konferenz* der drei Siegermächte USA, Sowjetunion und England vom 17. Juli bis 2. August 1945 gehörte zu den wichtigen Beschlüssen jener über die Aburteilung der Kriegsverbrecher, Verhaftung und Internierung nationalsozialistischer Parteiführer und einflußreicher Anhänger der NSDAP, aller Leiter von NS-Organisationen und Ämtern sowie

---

[18]) Alfred Wedemayer, Reports, New York 1958, S. 90 ff.
[19]) Samuel Rosenman, Working with Roosevelt, New York 1952, S. 518 f.

„aller anderen Personen, die für die Besetzung und ihre Ziele gefährlich sind."

Die juristische Bemäntelung ...

Am 8. August 1945 unterzeichneten die USA, Rußland, England und Frankreich das Londoner Abkommen zur Errichtung eines Tribunals gegen die „Hauptkriegsverbrecher", deren Vergehen geographisch nicht beschränkt waren. Dem Londoner Abkommen schlossen sich neunzehn weitere Regierungen an. In der britischen Hauptstadt wurde auch die pseudorechtliche Grundlage für die Prozesse gegen die Deutschen in Gestalt des sogenannten *„Londoner Statuts"* ausgearbeitet. Das „Londoner Statut" beruhte auf den Vorarbeiten und Memoranden, die in den USA erstellt worden waren, ferner auf den von dem Moskauer Strafrechtler *Professor Trainin* ausgearbeiteten, offensichtlich von *Stalin* selbst beeinflußten Vorschlägen. Trainin hatte i. J. 1944 in seiner Schrift *„Die strafrechtliche Verantwortlichkeit der Hitleranhänger"* den Gedanken der „Komplizentheorie" entwickelt. Danach sollten die deutschen Industrieführer, Gelehrten, Ingenieure, Beamte und Soldaten kollektiv bestraft werden. Das Ziel dieser Vorschläge ging auf die Ausrottung der gesamten deutschen Oberschicht hinaus; sie sollte vor der ganzen Welt als „verbrecherisch" abgestempelt werden.

Im Mai 1946 wurde auch in Japan ein Tribunal, das elf Staaten vertrat, gegen maßgebliche politische und militärische Führer errichtet.

In Deutschland fanden aufgrund des Kontrollratsgesetzes Nr. 10 vom 20. 12. 1945 neben dem erwähnten Verfahren gegen die Hauptkriegsverbrecher zwölf weitere Verfahren statt, darunter die Prozesse gegen das Auswärtige Amt, gegen Industrielle, gegen Ärzte und gegen Juristen. Diese Verfahren gegen die verschiedensten Sparten der deutschen Oberschicht, ausnahmlos von amerikanischen Besatzungsgerichten durchgeführt, machten besonders deutlich, daß die Siegermächte das deutsche Volk durch die Beseitigung seiner Oberschicht vollends zu ruinieren und zu einer kopflosen und willfährigen Masse in ihrer Hand zu machen bestrebt waren. Das entsprach sowohl den jüdisch-amerikanischen wie den russisch-bolschewistischen Zielsetzungen. Allein die Tatsache, daß die Ankläger gleichzeitig auch die Richter waren, verlieh diesen Prozessen den Stempel der berüchtigten Moskauer Schauprozesse Stalins und bedeutete das Ende des bisher gültigen abendländischen Völkerrechts.

Ferner wurde eine große Anzahl KZ-Prozesse in den verschiedenen Besatzungszonen bis zu Beginn der fünfziger Jahre von den Siegermächten durchgeführt. Weitere Gerichtsverfahren vor nationalen Gerichtshöfen gegen Zehntausende von Deutschen und auch Japanern fanden statt: ungefähr zweitausend getrennte Verfahren, davon 950 amerikanische, 550 britische, 275 österreichische. [20]) Da es, wie schon nach dem Ersten Weltkrieg, für Kriegsverbrechen der Besiegten weder Amnestie noch Verjährung gibt, fin-

[20]) S. a.: Encyclopaedia Britannica, vol. 23, London 1964, S. 348 ff., Artikel: War Crimes.

den noch heute — 31 Jahre nach Kriegsende! — „Kriegsverbrecherprozesse" in der Bundesrepublik statt, natürlich auch in den kommunistischen Staaten. Kriegsverbrechen der Siegermächte dürfen nicht verfolgt werden; so bleiben die beiden größten Kriegsverbrechen des Zweiten Weltkrieges, der von Churchill befohlene uneingeschränkte Luftkrieg gegen die wehrlose Zivilbevölkerung und die beiden amerikanischen Atombombenabwürfe in Japan, ungesühnt, nicht zu reden von sonstigen zahlreichen Kriegsverbrechen und von den Verbrechen der Sieger nach der bedingungslosen Kapitulation am wehrlosen deutschen Volk, so besonders die Greuel bei der Massenaustreibung der Deutschen, die die Kriegsgreuel und Kriegsverbrechen noch weit übertrafen.

Siegerwillkür statt Recht

Vae victis! Das „*Wehe den Besiegten*" ist von den Siegern des Jahres 1918 und weit mehr noch von den Siegern des Jahres 1945 in einer Weise praktiziert worden, wie es die abendländische Geschichte in diesem Umfang, in diesem Ausmaß und in dieser zeitlichen Dauer nie gekannt hat. „Kriegsschuld", „Kriegsverbrechen", „Kollektivschuld" als Grundlage von Schauprozessen nach Moskauer Muster zur Ausrottung der Oberschicht des deutschen Volkes konnten keine Grundlage für ein neues Völkerrecht, für einen echten Frieden bilden, wie die Nachkriegszeit eindeutig bewiesen hat und ständig beweist. Siegerhaß und Siegerübermut traten hier im Mantel der Justiz auf, um das besiegte Volk seines Nationalbewußtseins zu berauben und es zum willenlosen Werkzeug der Machtbestrebungen der Siegermächte zu machen. Diese Prozesse wie auch die Entnazifizierung dienten den Siegern als wichtiges Mittel zur „Umerziehung", zur geistigen und nationalen Kastration des deutschen Volkes. Das besiegte Volk hat laut Siegerdiktat sich und seine Geschichte durch die Brille der Sieger zu sehen, indem es sein eigenes Recht aufgibt, das Recht der Sieger, beruhend auf der Macht der Waffen, als das alleingültige anerkennt und sich freiwillig dem Urteil der Rachejustiz der Sieger bedingungslos unterwirft.

Deutschland hat beide Weltkriege verloren; das kann für die weitere Existenz des deutschen Volkes als Nation tödliche Folgen haben. Die Sieger von 1918 und 1945 aber haben beide Male den Frieden verloren. Damit tragen sie die Verantwortung für das Schicksal der ganzen Menschheit mit allen tragischen Folgen. Ein totaler Sieg verpflichtet total: daher sind die Sieger von 1918 und 1945 voll verantwortlich für die von ihnen geschaffene „Friedensordnung". Unter den Siegern fällt die Hauptlast der Verantwortung auf die angelsächsischen Mächte, England und die USA; ihr politisches Versagen ist die eigentliche Ursache für die Folgen der beiden Weltkriege.

Die von den Siegern und ihren deutschen Handlangern gehandhabte politische Justiz schuf kein neues Recht, sondern setzte an die Stelle des überlieferten abendländischen Völkerrechts das Faustrecht rachsüchtiger Sieger.

Dokumentation

KRITIK AM STATUT
für den Internationalen Militärgerichtshof

Erklärung der Gesamtverteidigung vom 19. November 1945

„Zwei furchtbare Weltkriege und die gewaltsamen Zusammenstöße, durch die der Frieden unter den Staaten in der Zeit zwischen diesem großen erdumspannenden Konflikt verletzt worden ist, haben in den gepeinigten Völkern diese Erkenntnis reifen lassen: eine wirkliche Ordnung zwischen den Staaten ist nicht möglich, solange jeder Staat kraft seiner Souveränität das Recht hat, zu jeder Zeit und zu jedem Zweck Krieg zu führen. Die öffentliche Meinung der Welt hat es in den letzten Jahrzehnten immer schärfer abgelehnt, daß der Entschluß zur Führung eines Krieges jenseits von Gut und Böse stehe. Sie unterscheidet zwischen gerechten und ungerechten Kriegen und verlangt, daß die Staatengemeinschaft den Staat, der einen ungerechten Krieg führt, zur Rechenschaft zieht und ihm, wenn er siegen sollte, die Früchte seiner Gewalttat versagt. Ja, es wird gefordert, daß nicht nur der schuldige Staat verurteilt und haftbar gemacht wird, sondern darüber hinaus, daß die Männer, die an der Entfesselung des ungerechten Krieges schuldig sind, von einem internationalen Gericht zur Strafe verurteilt werden. Darin geht man jetzt weiter als selbst die strengsten Rechtsdenker seit dem frühen Mittelalter. Dieser Gedanke liegt der ersten der drei Anklagen zugrunde, die in diesem Prozeß erhoben worden ist, nämlich der Anklage wegen Verbrechen wider den Frieden. Die Menschheit will, daß dieser Gedanke in Zukunft mehr als eine Forderung, daß er geltendes Völkerrecht ist.

Aber heute ist er noch nicht geltendes Völkerrecht. Weder die Satzung des Völkerbundes, dieser Weltorganisation gegen den Krieg, noch der Kellogg-Briand-Pakt, noch irgendein anderer Vertrag, der nach 1918 in jener ersten Welle der Versuche, den Angriffskrieg zu ächten, geschlossen worden ist, hat diesen Gedanken verwirklicht. Vor allem aber ist die Praxis des Völkerbundes bis in die allerjüngste Zeit in diesem Punkt ganz eindeutig. Er hatte mehrfach über Rechtmäßigkeit oder Unrechtmäßigkeit des gewaltsamen Vorgehens eines Bundesmitgliedes gegen ein anderes zu entscheiden. Aber er hat stets das gewaltsame Vorgehen nur als Verstoß des Staates gegen das Völkerrecht verurteilt und nie auch nur daran gedacht, Staatsmänner, Generale und Wirtschaftsführer des gewaltübenden Staates zu beschuldigen, geschweige denn vor ein internationales Strafgericht zu stellen. Und als in diesem Sommer in San Francisco die neue Weltfriedensorganisation errichtet wurde, hat man keinen Rechtssatz geschaffen, nach dem in Zukunft ein internationales Gericht die Männer, die einen ungerechten Krieg auslösen, zur Strafe verurteilen wird.

Der jetzige Prozeß kann sich deshalb, soweit er Verbrechen wider den Frieden ahnden soll, nicht auf geltendes Völkerrecht stützen, sondern ist ein Verfahren aufgrund eines neuen Strafgesetzes, eines Strafgesetzes, das erst nach der Tat geschaffen wurde. Dies widerstrebt einem in der Welt geheiligten Grundsatz der Rechtspflege, dessen teilweise Verletzung in Hitler-Deutschland außerhalb und innerhalb des Reiches erregt mißbilligt worden ist. Es ist der Satz: Bestraft werden darf nur, wer gegen ein zur Zeit seiner Tat bereits bestehendes Gesetz verstoßen hat, das ihm Strafe androht. Dieser Satz gehört zu den großen Grundsätzen der Staatsordnung gerade der Signatarstaaten des Statutes für diesen Gerichtshof, nämlich Englands seit dem Mittelalter, der Vereinigten Staaten von Amerika seit ihrer Geburt, Frankreichs seit seiner großen Revolution und der Sowjetunion. Und als jüngst der Kontrollrat für Deutschland ein Gesetz erließ, das die Rückkehr zu einer gerechten deutschen Strafrechtspflege sichern soll, verfügte er in erster Linie die Wiederherstellung dieses Satzes: Keine Strafe ohne ein Strafgesetz, das zur Zeit der Tat schon galt! Dieser Satz ist eben nicht eine Zweckmäßigkeitsvorschrift, sondern entspringt der Einsicht, daß sich jeder Angeklagte ungerecht behandelt fühlen muß, wenn er nach einem nachträglich geschaffenen Gesetz bestraft wird.

Die Verteidiger aller anwesenden Angeklagten würden ihre Pflicht verletzen, wenn sie das Verlassen des geltenden Völkerrechts und die Zurücksetzung eines allgemein anerkannten Grundsatzes der modernen Strafrechtspflege schweigend hinnähmen und Bedenken unterdrückten, die heute auch außerhalb Deutschlands offen ausgesprochen werden. Dies umsomehr, als die Verteidigung einhellig überzeugt ist, daß dieser Prozeß auch dann, ja gerade dann in hohem Maße dem Fortschritt der Weltordnung dienen könnte, wenn er sich nicht vom geltenden Völkerrecht entfernt. Er müßte sich eben dort, wo gegen Taten angeklagt wird, die zu ihrer Zeit nicht unter Strafandrohung standen, darauf beschränken, umfassend zu untersuchen und dann festzustellen, was geschehen ist, wobei die Verteidigung mit allen Kräften als echte Gehilfin des Gerichts mitarbeiten wird. Die Staaten der Völkerrechtsgemeinschaft müßten dann unter der Wucht dieser richterlichen Feststellung in rechtsschöpferischer Vereinbarung die

Männer, die in Zukunft schuldhaft einen ungerechten Krieg beginnen, mit der Bestrafung durch ein internationales Gericht bedrohen.

Die Verteidigung ist weiter der Anschauung, daß auch andere Normen strafrechtlichen Inhalts in dem Statut den Rechtsgrundsatz „Nulla poena sine lege“ gegen sich haben.

Die Verteidigung ist schließlich verpflichtet, schon jetzt auf eine andere Eigenart dieses Prozesses hinzuweisen, mit der er von allgemein anerkannten Grundgesetzen der modernen Strafrechtspflege abweicht: Die Richter sind nur von Staaten bestellt, die in diesem Krieg die eine Partei gewesen sind. Diese eine Streitpartei ist alles in einem: Schöpfer der Gerichtsverfassung und der Strafrechtsnormen, Ankläger und Richter. Daß dies nicht so sein dürfte, war bisher gemeine Rechtsüberzeugung: wie denn auch die Vereinigten Staaten von Amerika als Vorkämpfer für die Einrichtung einer internationalen Schiedsgerichtsbarkeit und Gerichtsbarkeit stets verlangt haben, daß die Richterbank mit Neutralen oder mit Neutralen unter Zuziehung von Vertretern aller Streitparteien besetzt werde. Im Ständigen Internationalen Gerichtshof im Haag ist dieser Gedanke in beispielgebender Weise verwirklicht worden.

Im Hinblick auf die Vielfalt und Schwierigkeit dieser Rechtsfragen stellt die Verteidigung den Antrag: Der Gerichtshof möge von international anerkannten Völkerrechtsgelehrten Gutachten über die rechtlichen Grundlagen dieses auf dem Statut des Gerichtshofes beruhenden Prozesses einholen.

gez. Dr. Stahmer

Vorstehende gemeinsame Erklärung aller Verteidiger wurde von dem Gericht nur zu den Akten genommen. Ihre Verlesung wurde nicht gestattet. Die meisten Bücher über den Nürnberger Prozeß bringen bezeichnenderweise nicht einmal einen Hinweis darauf.

Wir zitieren nach

Gerhard Brennecke: Die Nürnberger Geschichtsentstellung, 428 S., Verlag der Deutschen Hochschullehrerzeitung, Tübingen 1970.

Der Gerichtshof der Sieger

Dr. Gert Sudholt

Die Anklage, der sich die von den Siegermächten für das Verfahren ausgesuchten Repräsentanten des Deutschen Reiches vor dem Militärgericht in Nürnberg gegenübersahen, brachte in ihrer Gliederung Tatbestände, die bis dahin weder im nationalen Recht noch im internationalen Völkerrecht als strafbare Handlungen anerkannt waren. Sie umfaßten außerdem Tatbestände, die erst nach ihrer Begehung für strafbar erklärt worden waren. Um Verbrechen wie Mord, Mißhandlungen oder Plünderung zu bestrafen, hätte es keiner neuen Rechtssätze bedurft. Sowohl die nationalen Gesetzgebungen als auch das internationale Recht hätten völlig ausgereicht, um die Grundlage für etwaige Verurteilungen zu bilden.

Die Ankläger von Nürnberg wollten aber mehr und anderes als eine Bestrafung von angeblichen Verbrechen. Sie wollten der Welt und den besiegten Deutschen nachweisen, daß das deutsche Volk — von Grund auf schlecht und minderwertig — willig den Parolen einer Gruppe von „Gangstern" gefolgt sei, um eine friedliche Welt heimtückisch zu überfallen und die Herrschaft und die Sklaverei durch ein angebliches „Herrenvolk" zu errichten. Um eine solche Verurteilung der Besiegten durchzuführen, brauchte man neue Begriffe. Dabei spielte es weder für die Ankläger noch für die Richter eine Rolle, daß sowohl die Straftatbestände als auch die Regelung des Verfahrens erst nach Begehung der angeblichen Taten für diese Sonderverfolgung konstruiert worden waren. Man hätte natürlich auch die Form wählen können, die im Laufe der Monate nach dem Zusammenbruch 1945 eingefangenen deutschen Staatsmänner, Generäle, Politiker und Wirtschaftsführer einfach zu erschießen. Das war der Vorschlag von *Stalin* in Yalta gewesen, der 50 000 Offiziere der Wehrmacht nach der Kapitulation zunächst einmal auf diese Weise „à la Katyn" beseitigen lassen wollte. Diesem Vorhaben widersprach *Churchill,* nicht etwa aus Rechtsgefühl, sondern in der Überzeugung, daß ein solcher Massenmord den beteiligten Siegernationen noch lange zur Last gelegt werden würde, weil er allzu sehr mit ihren feierlichen Erklärungen über Gerechtigkeit und die Beseitigung von Willkür im Widerspruch gestanden hätte.

Er drang daher darauf, daß wenigstens äußerlich gewisse Grundsätze eines ordentlichen Verfahrens zur Anwendung gelangen sollten und fand dabei die Unterstützung der USA. Diese Verfahrensregelung war aber so zweckbedingt auf eine Verurteilung der deutschen Angeklagten zugeschnitten, daß im Ergebnis wohl eine Änderung der Form, aber nicht des Inhalts erreicht wurde. Es ist beispielsweise durchaus zu fragen, ob es etwa für die Verurteilten und Hingerichteten der *Malmedy-Prozesse* nicht humaner gewesen wäre, schnell erschossen zu werden, statt nach jahrelanger Quälerei in den Todeszellen doch noch als „Rotjacken“ von dem amerikanischen Henker *Wood* langsam erdrosselt zu werden.

Die geistigen Grundlagen der Anklage – wenn man von einem solchen Begriff im Zusammenhang mit den Methoden von Nürnberg überhaupt sprechen darf – wurden nicht aus dem Völkerrecht oder aus dem Verfahrensrecht einzelner Nationen geschöpft. Sie beruhten im Kern vielmehr auf den Vorschlägen eines sowjetischen Wissenschaftlers, des Völkerrechtlers *Trainin,* der schon während des Krieges seinen westlichen Verbündeten fest umrissene Vorschläge für den Ablauf der sogenannten „Kriegsverbrecher-Prozesse“ gemacht hatte. Sein Gedankengut ist in weiten Teilen der Ausgangspunkt der Nürnberger Anklagen geworden.

Es wurde also in Nürnberg nicht versucht, ein neues Völkerrecht zu schaffen, so sehr man diese Absicht auch betonte. Es wurde vielmehr die Absicht in die Tat umgesetzt, ein ganzes Volk in Gestalt seiner führenden Persönlichkeiten für alleinschuldig am Kriegsausbruch, an den Kriegsverbrechen und an den Verbrechen gegen die Menschlichkeit zu erklären.

Auf diese Weise wollte man die Aufteilung Deutschlands, die Vertreibung von 18 Millionen Deutschen, den Raub des gesamten geistigen Eigentums und die völlige Entrechtung in staatspolitischer und wirtschaftlicher Hinsicht begründen.

Mit den Verurteilungen in Nürnberg sollten alle Verbrechen gegen Menschlichkeit und Völkerrecht gedeckt werden, die die Alliierten nach ihrem Sieg begangen hatten, die systematische Ermordung deutscher Kriegsgefangener und die schrankenlose Diktatur, die damals von jedem Ortskommandanten sowjetischer, französischer, britischer oder amerikanischer Herkunft ausgeübt werden konnte. Der gigantische Beutezug der Besatzungsmächte sollte ebenso gerechtfertigt werden wie die Zerstückelung des Reichsgebiets ohne Berücksichtigung historischer und völkischer Gegebenheiten.

Propaganda statt Information

Um dieses Ziel zu erreichen und um das deutsche Volk für diesen Umformungsprozeß innerlich bereit zu machen, schufen die Alliierten noch vor Beginn des Nürnberger Verfahrens einen umfassenden Propagandaapparat, der die einzige Aufgabe hatte, dem deutschen Volk im Sinne der Anklage ein tiefes Schuldbewußtsein einzuhämmern und zugleich denjenigen neutralen Staaten, in denen noch Reste einer rechtlichen Gesinnung vorhanden waren, die Überzeugung zu vermitteln, daß dieser „Reinigungsprozeß“ im Interesse eines künftigen Völkerrechts notwendig wäre.

Zum Zwecke der Massenbeeinflussung wurde dem deutschen Volk jede Möglichkeit genommen, sich selber ein Bild über die Anklage, ihre Begründung, über den Verlauf des Verfahrens und die Vernehmung der Zeugen zu machen. Es sei nur daran erinnert, welche Rolle in diesem Zusammenhang der Propagandabeauftragte der Alliierten für den Rundfunk, *Gaston Oulman*, spielte. Es gab zu dieser Zeit weder eine von Deutschen herausgegebene Zeitung noch eine unabhängige deutsche Mitarbeit am Rundfunk. Alle Nachrichten und Berichte über den Nürnberger Prozeß waren ohne Ausnahme den Thesen der Anklage gewidmet und brachten einseitige Verdammungen der deutschen Angeklagten. Sie wurden dem deutschen Volk in jämmerlichen Bildern dargestellt. Nach den Schilderungen, die damals das besiegte, auf der Flucht befindliche und in Armut und Hunger dahinvegetierende deutsche Volk erreichten, saß eine Rotte abgefeimter Verbrecher auf der Anklagebank, die alle Untaten abstritten, sich gegenseitig beschuldigten, geistig ein trauriges Niveau zeigten und sich teils verstockt, teils würdelos und kriecherisch benahmen. Wenn wir heute die Äußerungen der Angeklagten im Wortlaut der Protokolle lesen – wobei wir immer noch nicht wissen, ob uns tatsächlich alle Unterlagen zugänglich gemacht werden – finden wir bei den meisten Angeklagten eine würdige und männliche Haltung, eine logische und überzeugende Beweisführung, die Bereitschaft zur Verantwortung und eine ausgesprochene Liebe zu Volk und Vaterland, die noch in den letzten Worten vor der Hinrichtung durch den Strick zum Ausdruck kamen.

Wir haben leider aus jener Zeit nur wenig authentische Zeugnisse, da alle positiv zu wertenden Aussagen unterschlagen wurden. Es ist vom geschichtlichen Gesichtspunkt aus besonders bedauerlich, daß der eine Angeklagte, dem es gelang, seine Gedanken im Gefängnis niederzuschreiben, und der noch in voller Rüstigkeit die Freiheit wiedererlangte, sich nicht von persönlicher Überheblichkeit und von einer manchmal unecht wirkenden Selbstanklage freimachen konnte und sich nicht scheute, kleine Eigenheiten Mitgefangener schonungslos in die Öffentlichkeit zu tragen. Von dieser jetzt gepflegten „überlegenen" Denkweise war allerdings in den Jahrzehnten wenig zu spüren, als er noch als „Lieblingsjünger des Herrn" durch die Gefilde der Macht wandelte.

Die vier Punkte der Anklage

Die Anklage bezog sich auf vier Punkte, von denen mindestens zwei, der *„Anschlag gegen den Frieden"* und die *„Vorbereitung eines Angriffskrieges"*, künstliche Konstruktionen waren, die den Nürnberger Prozeß auch nicht überlebt haben. Im Gegenteil – alle Tatbestände, die damals als „Vorbereitung eines Angriffskrieges" und als „Anschlag gegen den Frieden" gewertet wurden, gelten heute wieder in vielen Staaten als höchste Pflichterfüllung. Ich darf daran erinnern, daß beispielsweise Israel nicht nur allgemein bewundert wurde, weil es den 6-Tage-Feldzug perfekt vorbereitet, sondern später auch Verfahren gegen diejenigen seiner Generale durchgeführt hat, die bei der zweiten Auseinandersetzung die Verpflichtungen zur Vorbereitung eines Angriffskrieges verletzt haben.

Wir brauchen nur die Worte Vietnam oder Korea auszusprechen, um die ganze Hohlheit der in Nürnberg erhobenen Anklage zu erkennen. Es kann ernsthaften Historikern eigentlich kaum zugemutet werden, beispielsweise die Frage zu prüfen, ob nicht doch die Unterzeichnung der Wiedereinführung der Wehrpflicht durch Rudolf Heß eine kriegsvorbereitende Handlung und ein Verstoß gegen seine Friedenspflicht war. Man hat den Angeklagten von Nürnberg besonders vorgeworfen, für den Anschluß von Deutsch-Österreich an das Reich tätig gewesen zu sein, obwohl einige Monate später in der Konferenz von München das Selbstbestimmungsrecht ausdrücklich anerkannt wurde, ohne den davon betroffenen Staat auch nur zu einer Stellungnahme heranzuziehen.

Einige Juristen der Siegermächte erkannten rechtzeitig die Schwierigkeiten eines einseitigen Verfahrens gegen die Besiegten, auch wenn man ihnen den Mantel einer einwandfreien Behandlung der Angeklagten umhängen wollte. Vor der Konstituierung der Nürnberger Anklagebehörde fanden zahlreiche Auseinandersetzungen auf hoher und höchster Ebene über die Zweckmäßigkeit eines „talmigerichtlichen" Verfahrens statt. Die erste Ankündigung der Absicht einer Bestrafung von Kriegsverbrechern erfolgte am 25. Oktober 1941. Sie wurde im Januar 1943 auf der Konferenz von Casablanca im Rahmen der Forderung nach bedingungsloser Kapitulation wiederholt. Am 17. Oktober 1943 wurde die *„United Nations War Crimes Commission"* eingesetzt und auf den alliierten Konferenzen von Moskau am 1. November 1943 und in Potsdam zwischen dem 17. Juli und 2. August 1945 bestätigt. Am 8. August 1945 erfolgte dann die offizielle Einsetzung des Militärtribunals.

Die Richter im Glashaus

Aber auch zu diesem Zeitpunkt verstummten die Bedenken derjenigen Politiker der Siegermächte nicht, denen es auf mehr ankam als auf billige Rache. Sie hatten aus der Geschichte gelernt. Der erste Versuch, deutsche Heerführer und Staatsmänner zu verurteilen, hatte nach dem Ersten Weltkrieg stattgefunden. Er war aber nicht erfolgreich verlaufen. Zum Beispiel hatte die damalige niederländische Regierung die Forderung nach Auslieferung des letzten deutschen Kaisers abgelehnt und in ihrer Note vom 21. Januar 1920 erklärt:

„Wenn in Zukunft durch den Völkerbund eine internationale Rechtsprechung geschaffen werden sollte, die befugt wäre, im Falle eines Krieges über Tatsachen rechtzusprechen, die durch ein vorher ausgearbeitetes Statut zu Verbrechen gestempelt und als solche sanktioniert sind, dann werden die Niederlande sich der neuen Ordnung der Dinge anschließen".

Der Nürnberger Hauptankläger *Jackson* war sich darüber klar, daß *„das Recht, das erstmals auf deutsche Aggressoren angewendet werden sollte, nur dann von realer Bedeutung sein konnte, wenn es auch gegen jene gelten würde, die in Nürnberg als Richter sitzen sollten"*. Dieser Verbehalt verlor in dem Augenblick seine Bedeutung, als man sich entschloß, die Sowjetunion auch für solche Fälle als Richter zu benennen, in denen von dem damaligen Verbündeten nachweisbar größere und grausamere Verstöße gegen die Menschlichkeit begangen worden waren, als sie Deutschland jemals vorgeworfen werden konnten. Man braucht nur auf die Vorgänge beim Einmarsch der Roten Armee in den Balkan oder nach Ostdeutschland zu verweisen, um die geradezu perverse Situation zu kennzeichnen, daß sowjetische Offiziere über Unmenschlichkeiten und Kriegsverbrechen anderer Völker den Stab brechen sollten. Wer besondere politische Delikatessen liebt, braucht nur die deutsch-sowjetische Vereinbarung über die Aufteilung Polens zur Kenntnis zu nehmen, um zu erkennen, daß die bloße Ablehnung sowjetischer Richter wegen Befangenheit noch zu schwach gewesen wäre. Man hätte sie von der Bank der Ankläger direkt auf die Bank der Angeklagten versetzen müssen, wenn man selbst an die Wahrhaftigkeit des eigenen Verfahrens glaubte. Aber alle Beteiligten saßen „im Glashaus".

Vorwurf „Angriffskrieg"

Die Alliierten hatten bei der Vorbereitung der Anklage auch die Frage erörtert, ob auch Einzelpersonen eines Verbrechens beschuldigt werden konnten, wenn sie für einen „Angriffskrieg" verantwortlich oder mitverantwortlich waren. Man wollte in der Anklage auch solche Handlungen berücksichtigen, die zum Zwecke der Vorbereitung eines Krieges begangen wurden, gleichgültig, auf welchen Territorien diese Verbrechen verübt wurden.

Solche *„Verbrechen gegen den Frieden"* waren noch niemals Grundlage einer Anklage gewesen. Als bei der Konferenz von San Francisco (April—Juni 1945) von den vier Hauptmächten der Alliierten Verhandlungen über die Einrichtung eines internationalen Kriegsverbrechertribunals geführt wurden, blieb die Frage offen, welche Einzelpersonen eines Verbrechens gegen den Frieden für schuldig erklärt werden konnten. Nach welchen Maßstäben sollte die strafrechtliche Haftbarkeit dieser Gruppe von Angeklagten bemessen werden? Man entschied sich dann dafür, solche Personen auszuwählen, die an Besprechungen teilgenommen hatten, auf denen Hitler seine Pläne entwickelte. Es ist verständlich, daß man bei solchen Definitionen der Vorbereitung eines Angriffskrieges zu absurden Ergebnissen kam. So wurde bei der Wertung des vom deutschen Volk diesseits und jenseits der deutsch-österreichischen Grenze gleichermaßen ersehnten Anschlusses schon der Wunsch nach einer Zusammengehörigkeit beider Staaten als verbrecherisch bezeichnet, obwohl die Anklage feststellen mußte, daß es in Österreich *„am Widerstand von Seiten der Bevölkerung gegen die militärische Intervention gefehlt habe"*. Welcher Teilnehmer würde jemals den Jubel vergessen, der die Wehrmacht in Österreich empfing!

Schon lange vor Kriegsende schrieb der in den USA tätige Rechtslehrer *Hans Kelsen* in seinem Buch *„Peace Through Law"*, das 1944 erschien, folgende ahnungsvollen Worte:

„Mit der Idee der internationalen Gerechtigkeit ist es unvereinbar, daß nur die besiegten Staaten verpflichtet sein sollen, ihre Staatsangehörigen der

Gerichtsbarkeit eines internationalen Gerichtshofs zur Bestrafung wegen Kriegsverbrechens zu übergeben. Nur wenn sich die Sieger selbst dem gleichen Recht unterwerfen, das sie den besiegten Staaten aufzuerlegen wünschen, wird die Idee der internationalen Gerechtigkeit gewahrt bleiben". (Seite 114)

Die Planung der Angriffshandlungen im Ostfeldzug wurde als Bestätigung der angeblich deutschen Überzeugung aufgefaßt, ein „Herrenvolk" zu sein, das das Recht zur Unterjochung minderwertiger Rassen in Anspruch nehmen dürfe. Diese Unterstellung in der Anklage ließ die tatsächlichen Beweggründe völlig außer Acht. Der damalige Verteidiger *Dr. Aschenauer* hat schon in seinem 1951 erschienenen dokumentarischen Bericht *„Landsberg"* darauf hingewiesen, daß auf die in Nürnberg gefällten Urteile auch Vorstellungen eingewirkt haben, die sich nur aus der gegenüber deutschen und europäischen Tradition völlig andersartigen Einstellung der amerikanischen Richter zur Geschichte, zum Staat und zum Individuum erklären lassen. Er sagte wörtlich:

„Dem deutschen Rechtsstandpunkt war durch den unterstellten Ausschließlichkeitsanspruch eines Weltrechts von vornherein der Boden entzogen. Das von der amerikanischen Verfassung verbürgte Habeas-Corpus-Privileg ist den als Kriegsverbrechern verurteilten Deutschen verweigert worden."

Und er fährt auf Seite 84 fort:

„Es handelte sich um den Mißbrauch der hohlen Form des Rechts, des Gesetzes und des Richters. Nachträglich wurden Gerichtshöfe aus geeigneten Persönlichkeiten für bestimmte Fälle ohne die Möglichkeit der Kontrolle der Bildung der Gerichte und unter Ausschluß der Ablehnungsmöglichkeiten geschaffen. Die Ausfüllung wirklicher oder angeblicher Lücken des bestehenden Rechts erfolgte durch rückwirkende Strafgesetze, die mit Bedürfnissen politischer Art gerechtfertigt wurden".

Angemaßte Weltgerichtsbarkeit

Die Grundsätze zur Sicherung von Wahrheit und Recht wurden bereits vor Beginn der Verhandlungen bewußt ausgeschaltet. Die vorbereitenden Zeugenvernehmungen wurden unter Formen durchgeführt, die man bei aller Beherrschung auch heute noch nicht ohne tiefere, innere Empörung darstellen kann. Ein Teil der Zeugen wurde damit bedroht, sie bei einer für die Angeklagten günstigen Aussage an die Sowjetunion auszuliefern, wie man es ja ohne Skrupel mit den Kosaken getan hatte. Ein anderer Teil der Zeugen machte seine Aussagen aus dem Gefühl der Rache, aus dem Bewußtsein eigener Schuld und Mitbeteiligung an den zur Aburteilung anstehenden Straftaten. Irgendeine Nachprüfung der oft phantasievollen und schon auf den ersten Blick völlig unglaubwürdigen Aussagen erfolgte nicht. Man behandelte sie als erwiesene Tatsachen und empfand es als Zeichen „deutscher Verlogenheit", wenn die Glaubwürdigkeit auch nur angezweifelt wurde.

In der Anklage wurde das Verhalten der Angeklagten nach Maßstäben gemessen, die zur Zeit der Begehung der angeblichen Untaten keine Rechtsverbindlichkeit besaßen. Im Gegensatz zu den bis dahin gültigen Richtlinien des Völkerrechts wurde in Nürnberg vom Einzelnen verlangt, über seine Handlungen persönlich Rechenschaft abzulegen. Auf diese Weise wurden auch Handlungen verfolgt, die auf Befehl des Reiches oder seiner Wehrmachtsführung erfolgt waren.

Zur Begründung der Anklage zog man ein angeblich existierendes „*Weltrecht*" heran, wonach jeder verurteilt werden konnte, der die Gesetze der Menschlichkeit, auch wenn sie nur in allgemeinen Formulierungen vorlagen, in einem der vier Anklagepunkte verletzt hatte. Die Mitglieder des Nürnberger Militärgerichts traten sozusagen als die „Sühneengel" einer verletzten Weltgerechtigkeit auf, die dem eigenen Staat der Angeklagten die Aufgabe der Bestrafung abnahmen.

Dabei ließen sie ungeklärt, was im einzelnen unter dem Begriff „Gesetze der Menschlichkeit" als Grundlage einer strafrechtlichen Verurteilung zu verstehen ist. Man legte sich selber die höchste Autorität bei der Verfolgung angeblicher Verbrechen zu, obwohl keiner der als Richter fungierenden Staaten vorher oder später auch nur andeutungsweise die Bereitschaft geäußert hatte, diese Regeln für das eigene Land, seine Politiker und Generale anzuwenden. Denn das hätte bedeutet, den Sowjets zuzumuten, die Vorgesetzten ihrer mordenden und plündernden Banden für ein internationales Gericht freizugeben.

„Verschwörung gegen den Frieden"

Um die beabsichtigte Verurteilung des ganzen deutschen Volkes zu erreichen, ging man schon bei der Vorbereitung der Anklage dazu über, die einzelnen Teilgebiete nationalsozialistischer Betätigung miteinander zu verflechten. Auf diese Weise konnten die Begriffe der „Verschwörung" und der „Vorbereitung des Angriffskrieges" besonders sichtbar gemacht werden. Neben die Einzeltäter traten die „verbrecherischen Organisationen" wie Generalstab, SS oder Polizei, die nach der These der Anklage in einer raffinierten Zusammenarbeit unermüdlich den Krieg vorbereitet hatten.

Auf die Punkte drei und vier der Anklage, die „eigentlichen" *Kriegsverbrechen* und die *Verbrechen gegen die Menschlichkeit,* wird auf diesem Kongreß noch einzugehen sein. Es geht dabei hauptsächlich um die Behandlung von Gefangenen und um das Vorgehen deutscher Besatzungstruppen gegenüber der Zivilbevölkerung. Denken wir (auch außerhalb des eigentlichen Themas) in diesem Augenblick daran, daß 30 Jahre nach Kriegsende sich die Gefangenen von Gaeta unter Berufung auf Nürnberg ununterbrochen in Haft befinden, weil sie nach einem feigen Überfall roter Partisanen auf eine marschierende und singende Abteilung von südtiroler Landesschützen die dafür nach dem Völkerrecht zulässigen Repressalien auf Befehl durchführten.

Um wenigstens einen Schein des Rechts zu wahren, berief sich der *Internationale Militärgerichtshof* immer wieder auf den *„Briand-Kellogg-Pakt"*. Dieser habe den feierlichen Verzicht auf den Krieg als Werkzeug nationaler Politik bedeutet, ihn als völkerrechtswidrig bezeichnet und denjenigen eine Bestrafung in Aussicht gestellt, die einen solchen Krieg mit allen seinen unvermeidlichen und schrecklichen Folgen planen und führen.

Im Gegensatz zu dieser Anschauung haben die deutschen Verteidiger den Beweis dafür erbracht, daß eine Verletzung der Grundsätze des *Briand-Kellogg-Pakts* nicht als strafbares Verbrechen in das Völkerrecht eingeführt worden ist. Das sogenannte „Verbrechen gegen den Frieden" als krimineller Akt wurde erst im Zusammenhang mit dem *Londoner Statut* in die Vorstellungen der verantwortlichen Staatsmänner eingebracht. Auch die *Haager Landkriegsordnung* gibt keine Grundlage für die kriminelle Verantwortlichkeit für gewisse Handlungen im Kriege. Entweder sind diese schon nach der innerstaatlichen Rechtsordnung der zivilisierten Nationen Verbrechen, wie zum Beispiel Mord und Plünderung, oder sie beruhen auf altem Kriegsgewohnheitsrecht, das in die Kriegsgesetze und Kriegsartikel übernommen wurde. Konkrete Grundlagen für eine kriminelle Bestrafung fehlten bei den sogenannten „Verbrechen gegen den Frieden". Bei ihrer Formulierung dachte keine der Signatarmächte an eine kriminelle Verantwortlichkeit.

Ein Mann, der nicht mehr unter den Lebenden weilt, der mutige Verteidiger Rechtsanwalt *Laternser*, hat die alliierten Richter an die Verurteilung des Generals der Südstaaten *R. E. Lee* erinnert. Er gilt heute als einer der größten Heerführer in der Geschichte der Vereinigten Staaten. Auch er wurde, nachdem der amerikanische Sezessionskrieg mit der Niederlage der Südstaaten geendet hatte, vor ein Gericht gestellt und blieb bis zu seinem Tode Gefangener auf Ehrenwort. Was würde das amerikanische Volk heute dafür geben, wenn es diesen Makel beseitigen könnte! Und wie wird das amerikanische Volk einmal darunter leiden, wenn es das Verhalten seiner Ankläger und Richter in Nürnberg aus historischer Sicht beurteilt!

Politische Folgen der Revision von Nürnberg

Wir sind bei solchen Erinnerungen an einem Punkt unserer Untersuchungen angelangt, wo deutlich sichtbar wird, warum die ernste Wissenschaft sich bisher so wenig mit der Widerlegung der Nürnberger Thesen und den Punkten der Anklage befaßt hat. Es erfordert auf der einen Seite eine große Selbstüberwindung, sich mit Gedankengängen auseinanderzusetzen, die auf reiner Willkür aufgebaut sind. Auf der anderen Seite ist es nicht ungefährlich, Material zusammenzustellen und zu kommentieren, das schon bei einem wahrheitsgemäßen Vortrag für den Historiker die Gefahr in sich birgt, eine Anklage wegen „Verherrlichung des Nationalsozialismus" auf sich zu ziehen, weil er zwangsläufig zu anderen Ergebnissen kommt, als es in der heute gültigen „Nürnberger Sprachregelung" vorgesehen ist.

Dieser Punkt muß zu Beginn unserer Untersuchungen hier ganz klar herausgestellt werden: So wie gerade intellektuelle Täter ein Interesse daran haben, die Spuren ihrer Untaten zu verwischen, so haben die Väter von Nürnberg wichtige Gründe, die Aufklärung über das Zustandekommen der Nürnberger Schuldsprüche zu verhindern.

Käme man nämlich bei einer Revision der Nürnberger Urteile zu der allgemeinen Anerkennung der These, daß die Verurteilungen unrechtmäßig waren, würden sich nicht nur politische und territoriale Probleme neu stellen. Es würden auch viele Institutionen, deren Grundlage das angebliche Unrecht des deutschen Volkes ist, ihre Existenzberechtigung verlieren.

Wir müssen uns deshalb darüber klar sein, daß wir mit unseren Bemühungen, die geschichtliche Wahrheit mit den Nürnberger Urteilen zu vergleichen, keinen leichten Weg einschlagen. Es ist zwar inzwischen weltweit bekannt, daß in Nürnberg Unrecht gesprochen wurde, und es gibt kaum einen ausländischen Staatsmann, der diesen Tatbestand nicht mit Bedauern oder Zynismus zum Ausdruck gebracht hätte. Aber es ist ein wesentlicher Unterschied – jedenfalls nach Anschauung der damaligen Sieger –, ob man sich in eigenen Kreisen über das gemeinsam produzierte Unrecht im klaren ist, oder ob man dem deutschen Volk gestattet, aus diesen Erkenntnissen praktische Folgerungen zu ziehen.

Darum wurde diese gefährliche Schranke eingebaut, die es ermöglicht, in jeder Rechtfertigung einer der Handlungen, die in Nürnberg unter Anklage standen, nun eine Verherrlichung des „Dritten Reiches“, seiner Machthaber und seiner Anschauungen zu sehen. Wenn wir etwa versuchen würden, Lesebücher für unsere Kinder einzuführen, in denen wahrheitsgemäß das Verhalten der Polen oder der Tschechen nach dem Diktat von Versailles geschildert würde, um damit gewisse Forderungen des „Dritten Reiches“ zu begründen, würde sicher ein Verfahren wegen Verhetzung von Jugendlichen gefordert. Es ist ja heute kaum noch gestattet, darauf hinzuweisen, daß etwa Stettin, Danzig, Königsberg und Breslau rein deutsche Städte waren, die man uns gegen alles Selbstbestimmungsrecht geraubt hat. Sie verschwinden mit ihren wahren Namen nach und nach von den deutschen Landkarten und von den Karten der deutschen Bundesbahn. Es ist heute schon fast so, daß nicht nur die Jugend diese Städte nicht mehr kennt, sondern daß die älteren Jahrgänge sich genieren, den deutschen Charakter dieser Städte und Landschaften zu erwähnen, um nicht als „rückständig“ oder „revanchistisch“ zu erscheinen.

Dieser Tatbestand, vor 30 Jahren noch undenkbar, hat seinen Ursprung in Nürnberg. Mit der generellen Anklage, daß das deutsche Volk den Frieden gebrochen, den Krieg systematisch vorbereitet, ihn in verbrecherischer Weise geführt und dabei unzählige Kriegsverbrechen als Alleinschuldiger begangen habe, ist uns nicht nur das moralische, sondern auch das historische Rückgrat gebrochen worden. Jeder Hinweis auf das deutsche Städterecht im Osten, auf die Abstimmungsergebnisse nach 1919, auf die Bauten und kulturellen Leistungen wird auch im eigenen Volk schon mit größtem Mißtrauen aufgenommen. Man spürt auch in Kreisen, die die Wahrheit dieser Behauptungen nicht bestreiten können, das Bestreben, von diesem Unrecht möglichst nicht zu sprechen. Dieselben Kreise haben auch während des „Dritten Reiches“ versucht, Dinge nicht zu sehen oder nicht zu verurteilen, die sie jetzt nicht stark genug anprangern können. Und in der DDR wird in den Schulen nachgewiesen, daß die früheren preußischen Ostprovinzen „Raubland“ waren.

Diese Überlegungen zeigen uns, daß es höchste Zeit ist, die in Nürnberg erhobenen Anklagen auf ihren Wahrheitsgehalt hin zu untersuchen. Sonst werden wir erleben, daß die in Nürnberg erfolgte Diffamierung des deutschen Volkes als „geschichtliche Wahrheit“ bestehen bleibt. Diese Bemühungen können nur vom deutschen Volk ausgehen. Wir müssen zu unserer Freude auf der einen und zu unserer Beschämung auf der anderen Seite feststellen, daß zahlreiche ausländische Wissenschaftler bereits hervorragende Aufklärungsarbeit geleistet haben. Ihnen hat es nicht an Mut gefehlt, auch dem eigenen Volke die Wahrheit über Nürnberg zu sagen. Aber auch sie mußten erleben, daß man sie entweder totschwieg oder abqualifizierte. Diese Bemühungen befreien uns aber nicht von der Verpflichtung, die Hintergründe von Nürnberg aufzuklären. Denn das deutsche Volk und seine damals führenden Männer saßen auf der Anklagebank.

Revision der Nürnberger Geschichtsfälschung

Mein Beitrag beschränkt sich bewußt auf die Kennzeichnung der Anklagepunkte. Dazu gehört aber auch eine Darstellung der Methoden, deren sich die Anklage bediente. Es ist heute nur noch wenigen Augenzeugen des damaligen Verfahrens in Erinnerung, in welch frevelhafter Weise die Anklage die Gesetze der Wahrheit und der Sachlichkeit verletzte. Wenn ich nur an die Einrichtung der sogenannten Affidavits denke, die oft das Rückgrat der Anklage bildeten, so wird die heutige, junge Generation im In- und Ausland es gar nicht mehr für möglich halten, daß aufgrund solcher Unterlagen Anklage erhoben wurde. Haßerfüllte, unkontrollierte und völlig unglaubwürdige Behauptungen wurden in Zehntausenden von „eidesstattlichen Erklärungen“ zusammengetragen, um die Anklage in allen vier Punkten zu untermauern. Es gab keine verbrecherische Phantasie, die sich nicht in diesen Erklärungen ausgetobt hätte. Wer einmal die 42 roten Bände durchstudiert hat, in denen auch ein Teil dieser eidesstattlichen Erklärungen veröffentlicht wurde, kann feststellen, daß die Ankläger anscheinend nicht fürchteten, wegen durchsichtiger Lügen später einmal zur Rechenschaft gezogen zu werden.

Die Kritik an den Thesen der Anklage in Nürnberg hat aber schon seit langem eingesetzt. Ich darf nur an das richtungsweisende Buch von *Telford Taylor*, Professor für Internationales Recht an der Columbia-Universität in New York, erinnern. Er hat untersucht, welches die Rechtsgrundsätze von Nürnberg sind und in welcher Weise sie sich auf das amerikanische Verhalten in Vietnam ausgewirkt haben. Sein bekanntes Wort über diese Zusammenhänge kann nicht oft genug zitiert werden:

„Es ist heute Amerikas Tragödie, daß wir es versäumt haben, die Lektionen selber zu lernen, die wir in Nürnberg gelehrt haben.“

Und der Chef des britischen Generalstabs, der vor kurzem verstorbene und für seine Offenheit bekannte Feldmarschall *Viscount Montgomery*, erklärte schon am 10. Juli 1948 in einer Konferenz mit französischen Befehlshabern in Paris:

„Sie wissen, daß es seit den Nürnberger Verfahren ein Verbrechen ist, einen Krieg zu beginnen und ihn nicht zu gewinnen. Besiegte Generäle werden verurteilt und gehängt.“

Mit solchen Erkenntnissen und solcher Kritik ist es nicht getan. Das Urteil von Nürnberg ist weiterhin – ausgesprochen oder unausgesprochen – die Grundlage für die Aufteilung unseres Vaterlandes, für die Diffamierung der Soldaten des Zweiten Weltkrieges, für die laufende Verächtlichmachung unseres Volkes als einer Masse urteilslose und zu jeder Straftat bereite Mitläufer. Der wahrheitsgetreuen Darstellung der Tatsachen und dem Nachweis der beabsichtigten und unbeabsichtigten Irrtümer von Nürnberg kommt daher entscheidende Bedeutung zu.

Weltgericht — oder Tribunal der Rache?

Heinrich Härtle

Die Sehnsucht nach Frieden ist so alt wie der Krieg. Antike, mittelalterliche und neuzeitliche Denker suchten und forschten nach einer gerechten und damit dauernden Friedensordnung. Der deutsche Geist hat mit *Clausewitz* den Philosophen des Krieges und mit *Kant* den Denker des Völkerfriedens hervorgebracht. *Clausewitz* aber hat die Methoden und Gesetze der Strategie und Taktik des Krieges erforscht und beschrieben, nicht weil ihm der Krieg als Ideal galt, sondern weil er ihn als geschichtlichen Zwang erkannte.

Kants Philosophie des Friedens stand unter der ethischen Voraussetzung der Gerechtigkeit. Weder wollte Kant den Frieden noch Clausewitz den Krieg um jeden Preis. So war es möglich, daß *Kant* ein Bewunderer *Friedrich des Großen* und *Clausewitz* Kantianer werden konnte. Hervorragende deutsche Heerführer haben aus der Erfahrung des Krieges den Frieden erstrebt: Von *Erzherzog Karl,* dem Sieger von Aspern, bis *Helmut von Moltke,* dem Sieger von Sedan. Geistig Kant verbunden, wußte Moltke wie dieser, daß die höchste Menschensehnsucht nicht erfüllt werden könnte ohne eine gerechte Friedensordnung, gesichert durch ein internationales Friedensgericht. In der tragischen Spannung zwischen der Einsicht in die Verderblichkeit des Krieges und die Ohnmacht, ihn zu verhindern, ruft *Moltke* aus: *„Der irdische Richter fehlt!“*

Noch nie war die Menschheit ernster bedroht als im Atomzeitalter. Doch noch nie in der Weltgeschichte verfügten die Sieger auch über eine solche Machtfülle zum Aufbau einer gerechten Friedensordnung wie nach 1945. Die Friedensmacher von 1945 aber haben noch ärger versagt als jene von 1919. Der Genfer *Völkerbund* wurde zum Zerrbild der Forderung Kants, die UNO nur eine Karikatur des Völkerbundes. Seither herrscht ein dreißigjähriger Welt-Unfriede, der mehr Opfer gefordert hat als der Erste Weltkrieg.

Danach muß das *Internationale Militär-Tribunal* von Nürnberg beurteilt werden. Der größte Gerichtshof der Weltgeschichte endete mit den bittersten Enttäuschungen. Daß dort nicht nur haßblinde Vollstrecker des *Morgenthauplanes* ihrer Rachsucht frönten, sondern sich auch Ideologen eines internationalen Rechtes um die juristische Sicherung des Weltfriedens bemühten oder vorspannen ließen, ändert nichts an diesem katastrophalen Ergebnis. Symbolfigur dafür war der amerikanische Chief Justice *Robert Jackson,* früher Berater Morgenthaus. Seine Eröffnungsrede spekulierte auf diese höchste Hoffnung der kriegsmüden Menschheit. Jackson wollte den Krieg endgültig als „verbrecherisch“ verurteilen: *„Jede Zuflucht zu einem Krieg, zu jeder Art von Krieg, ist eine Zuflucht zu Mitteln, die ihrem Wesen nach verbrecherisch sind.“ (II, S. 173 *).*

Über dreißig Kriege seit 1945 sind der blutige Hohn auf dieses Ziel. Mit pathetisch verstärkter Stimme rief *Jackson* in Nürnberg aus: *„Dieses Gesetz wird hier zwar zunächst auf deutsche Angreifer angewandt, es schließt aber ein und muß, wenn es von Nutzen sein soll, den Angriff jeder Nation verdammen, nicht ausgenommen die, die jetzt hier zu Gericht sitzen. . . .“ (II S. 182).*

Jackson hat die Auswirkungen seines Tribunals auf Vietnam nicht mehr erlebt. Doch schon die Kriege in Korea, Palästina, in den „befreiten“ afrikanischen Staaten zeigen das totale Versagen der UNO und jenes neuen internationalen „Rechtes“, in dessen Namen in Nürnberg angeklagt, verurteilt und gehenkt wurde.

Die jetzt mit höchster staatlicher Autorität geförderte „Friedensforschung“ hätte also keine wichtigere Aufgabe als jene, die Ursachen des Zweiten Welt-Unfriedens zu erforschen. Zuerst müßte sie dann die Frage beantworten: Warum hat das *Internationale Militär-Tribunal* so entsetzlich versagt; weshalb konnte gegen keinen der Kriegsschuldigen seit 1945 eines der in Nürnberg konstruierten Gesetze angewandt werden? Für ehrliche Friedensforscher wäre keine Untersuchung wichtiger als diese.

Es wurde niemals eine Revision des Verfahrens und des Urteils gewagt. Man hat eine solche im Statut dieses angeblich internationalen Gerichts vorsorglich verboten.

Kongreß in Washington

Ich war ziemlich überrascht, als ich im März 1975 die Einladung zu einem Kongreß erhielt, der sich in Washington mit den Folgen des Nürnberger Urteils befassen wollte. Etwa 200 Historiker, Völkerrechtler und Soziologen waren der Einladung zu diesem Kongreß gefolgt, der von der *„Conference Group on German Politics“*, vorbereitet worden war. Man wollte untersuchen, wie weit die Nürnberger Prozesse als Präzedenzfälle gelten könnten, und ob diesen Tribunalen eine juristische und moralische Wirkung auf die politische und militärische Entwicklung seit 1945 gefolgt wäre.

Als *„Chairman“* des Kongresses fungierte Professor *K. Romoser* von der Universität New Hampshire. Als der eigentliche Manager trat jedoch bald *Robert Wolfe* auf und bestimmte die Tendenz dieser Konferenz. Als Chef der *„Modern Military Branch“* und der *„Military Archiv Division“* benahm *Wolfe* sich gewissermaßen wie der Hausherr, der den Chairmann *Romoser* bald überspielte. Dieser versprach in der Eröffnungsrede, der Kongreß werde unter dem Motto: *„Die Nürnberger Kriegsverbrecher-Prozesse heute*

* (Römische Ziffern nennen den jeweiligen Band der 42 Bände der Nürnberger Protokolle)

– *Geschichte, Gesetze, Moralität*" diese Probleme – frei von politischen Tendenzen – wissenschaftlich objektiv behandeln. Doch auf Romoser folgte Wolfe, dessen Referat jeden Zweifel darüber ausschloß, daß man hier keine tatsächliche Revision des IMT beabsichtige – oder auch nur dulde.

Es war auch nicht gelungen, prominente Überlebende des Tribunals in Washington zu vereinigen. Von der Verteidigung waren *Dr. Seidl,* der Anwalt von *Rudolf Heß,* und *Dr. Horst Pelckmann,* Verteidiger der SS, eingeladen, angekündigt, doch nicht erschienen. Von deutschen Historikern waren *Professor Winkler* von der Freiburger, Professor *Karl Dietrich Bracher* von der Bonner und Professor *Mommsen* von der Bochumer Universität eingeladen. Nur Mommsen erschien und hielt ein Referat. Von der Anklage stand *Dr. Robert Kempner,* ehemaliger stellvertretender amerikanischer Hauptankläger, früher preußischer Beamter, jetzt Rechtsanwalt in Frankfurt, auf dem Programm. Er hat es vorgezogen, wegzubleiben. Er fühlt sich offensichtlich sicherer hinter dem Bildschirm des deutschsprachigen Fernsehens. So gab es leider keine Gelegenheit, ihn wegen der Erpressung eines Hauptzeugen der Anklage, des Staatssekretärs *Gaus* aus dem Ribbentrop-Ministerium, zu befragen, oder ihn um Auskunft zu bitten über die Tagebücher des ehemaligen Reichsleiters und Reichsministers *Alfred Rosenberg,* die er sich in Nürnberg widerrechtlich „angeeignet" und deren Veröffentlichung er bisher verhindert hat.

Der mit Abstand prominenteste Teilnehmer war der ehemalige amerikanische Chefankläger, Brigadegeneral und heutige Geschichtsprofessor in New York, *Telford Taylor.* Er hielt das bedeutendste Referat und gab in einem wesentlichen Punkte schwerwiegende Fehler zu, und zwar bei der Anklage wegen „Conspiracy", der „Verschwörung", dem pseudo-juristischen Fundament einer deutschen Kollektivschuld.

Ursachenforschung verboten

Am letzten Tage des Kongresses hätte Taylor mit dem Hauptproblem jenes Tribunals konfrontiert werden müssen, der Frage nach den Kriegsursachen. Leider war er nicht mehr erschienen. Wie in jedem gerichtlichen Verfahren die Motiv-Erforschung grundlegend wichtig ist für die Urteilsbildung, so hätte auch im Nürnberger Weltgericht im Mittelpunkt stehen müssen die Untersuchung der Kriegsursachen. Auch Kriegsverbrechen hätten erst dann gerecht angeklagt und bestraft werden können, wäre vorher die zentrale Frage nach der Schuld am Kriege untersucht worden. Denn: Kriegsverbrechen waren nicht die Ursache, sondern die Folgen des Krieges.

In seinem Referat wich *Taylor* diesem Problem aalglatt aus. Sein Eingeständnis „*I have changed my opinion*" (Ich habe meine Auffassung geändert) bezog sich nicht auf die Wertung der Kriegsursachen. Er behauptete wiederholt, es gäbe noch keine juristisch brauchbare Definition des Angriffskrieges. Da aber nur ein Angriffskrieg „verbrecherisch" sein könnte, wäre die Klärung dieser Streitfrage die erste Voraussetzung einer gerechten Urteilsfindung gewesen. Darum manipulierte man an der juristisch-kriminalistischen Oberfläche und verhinderte in Nürnberg wie in Washington jede kausal-historische Untersuchung. Man konstruierte zwar den Straftatbestand *„Verbrechen gegen den Frieden“*, vermied aber jede Untersuchung der Kriegsursachen.

Wie aber könnte zwischen dem „verbrecherischen“ Angriffskrieg und dem erlaubten Präventiv- oder Verteidigungskrieg unterschieden werden, ohne Erforschung der Kriegsursachen, also ohne historisch-kausales Verfahren? *Taylor* stand nach 30 Jahren noch immer vor dem gleichen Dilemma wie sein Kollege *Jackson*. Schon am 19. Juli 1945 hatte dieser den US-Präsidenten *Truman* brieflich davor gewarnt: *„Ich glaube, daß dieser Prozeß viel Schaden anrichten müßte, wenn man die politischen Ursachen dieses Krieges studieren würde.“* War die Klärung der politischen Ursachen aber nicht die Voraussetzung dafür gewesen, einen Krieg für „verbrecherisch“ erklären zu können? Am 8. August 1945 wiederholte *Jackson* gegenüber *Truman: „Wir dürfen uns nicht erlauben, in eine Verhandlung über die Ursachen des Krieges hineingezogen zu werden.“ (Vgl. Glaser „Der Zweite Weltkrieg und die Kriegsschuldfrage“, S. 57).*

Jackson folgte dann in seiner Anklagerede dieser Tendenz. Am 21. November 1945 deklamierte er im Gerichtssaal: *„Es ist für die Dauer und für die Reichweite dieses Prozesses wichtig, daß wir den Unterschied bedenken zwischen unserer Anklage, dieser Krieg sei ein Angriffskrieg gewesen, und einer Behauptung, Deutschland habe keinen Grund zur Klage gehabt. Wir untersuchen hier nicht die Umstände, die dazu beigetragen haben, diesen Krieg hervorzurufen. Sie aufzudecken ist Aufgabe der Geschichte.“ (II S. 175–6)* Der frühere Berater Morgenthaus gestand damit, daß man über Fragen juristisch urteilte, die nur historisch geklärt werden konnten. In Nürnberg wurden also deutsche Generäle und Politiker verurteilt und gehenkt, ohne die entscheidende Frage zu untersuchen, *„welche Umstände dazu beigetragen haben, diesen Krieg hervorzurufen.“*

Niemand kann ernsthaft bestreiten, daß der deutsch-polnische Grenzkonflikt seine Hauptursache im Versailler Diktat hat. Zwangsläufig mußte also die deutsche Verteidigung, wenn sie ihre Pflicht erfüllen wollte, den Kausalzusammenhang zwischen Versailles und dem Danzigproblem nachweisen. So oft sie dies versuchte, wurde sie vom Vorsitzenden des Tribunals daran gehindert. Nur die Anklage durfte sich auf den Versailler Vertrag berufen und seine Verletzung als Schuldbeweis verwerten.

Am 26. 3. 1946 wurde festgelegt: *„Der Gerichtshof hat beschlossen, daß der Beweis über die Ungerechtigkeit des Versailler Vertrages oder ob er unter Zwang abgeschlossen wurde, nicht zulässig ist.“ (X S. 106).*

Daß die Anklage sich auf Versailles stützen konnte, der Verteidigung dies jedoch verboten war, kennzeichnet das ganze Verfahren.

Grenzrevisionen, die nach den Revisionsklauseln des Diktats berechtigt waren, wurden als „Aggressionen“ verurteilt. Seit 1945 dürfen die Supermächte USA und UdSSR ihre Interessen über Zehntausend Meilen militärisch durchsetzen; doch der Einmarsch eines Bataillons deutscher Soldaten in das deutsche Rheinland, der „Blumenkorso“ deutscher Soldaten in das deutsche Österreich, in demokratischer Abstimmung überwältigend bestätigt, galten in Nürnberg als „Angriffskriege“.

Kelloggs Utopien

Sie hätten den *Briand-Kellogg-Pakt* verletzt. Das schwerste Gebrechen des *Kellogg-Paktes* war die Tatsache, daß er keine Definition der Begriffe „Angriffskrieg“ oder „Selbstverteidigung“ enthielt. Jedem der Unterzeichner war es überlassen, souverän darüber zu entscheiden, ob der Tatbestand des Angriffs oder der Selbstverteidigung gegeben sei. *(Vgl. Prof. Dr. Grewe: „Nürnberg als Rechtsfrage“, S. 40).*

Und der Kellogg-Antikriegspakt enthält weder für einzelne Staaten noch für Politiker eines Staates eine strafrechtliche Verantwortlichkeit. Kellogg selbst, auf dessen Namen das Abkommen getauft worden ist, erklärte als amerikanischer Außenminister am 7. Dezember 1928 vor dem außenpolitischen Senat der USA:

„Wie man annehmen kann, daß für die Vereinigten Staaten eine moralische Verpflichtung bestünde, nach Europa zu gehen, um den Angreifer oder die Kriegspartei zu bestrafen . . . das geht über meinen Verstand.“ Eben dieses aber haben sich die US-Richter und Ankläger in Nürnberg angemaßt. Am 15. Januar 1929 stellte der gleiche Senatsausschuß fest: *„. . . daß der Vertrag keine Sanktionen vorsieht.“* Es bestehe *„. . . weder ausdrücklich noch stillschweigend irgendeine Verpflichtung oder Verbindlichkeit, Straf- oder Zwangsmaßnahmen gegen den vertragsbrüchigen Staat zu ergreifen.“ (Vgl. Grewe a.a.O. S. 42–3).*

Weder das Völkerrecht noch der Text dieses Antikriegpaktes enthalten eine verbindliche Entscheidung über „verbotene“ oder „erlaubte“ Kriege. *Professor Dr. Jahreiss*, der führende Völkerrechtler, konnte sich im Prozeß auf eine Note vom 25. Juni 1928 berufen, die *Kellogg* an alle neun Verhandlungspartner gerichtet hatte. Darin stellte der US-Außenminister fest: *„Das Recht der Verteidigung . . . gehört zum Wesen der Souveränität und ist bei jedem Vertrag vorausgesetzt. Jeder Staat . . . ist ganz allein dazu berufen, zu entscheiden, ob die Verhältnisse so liegen, daß er aus Gründen der Verteidigung zum Kriege schreiten muß.“ (XVII, S. 510 f).* Ein großer Teil der Senatoren nannte damals schon diesen Antikriegspakt einen *„fruchtbaren Boden für alle künftigen Kriege, ein gigantisches Stück von Heuchelei, die Garantierung des ungerechten Status quo von Versailles für Frankreich und England.“ (Vgl. XVII, S. 511 und Härtle, „Freispruch für Deutschland“ S. 59–62).*

Das war dann auch die praktische Folge der Kellogg-Heuchelei. Nichts Ernsthaftes wurde darum 1931 unternommen beim japanischen Einmarsch in die Mandschurei, 1934 beim Chaco-Krieg, 1935/36 im Abessinienkrieg, 1936 beim chinesisch-japanischen Konflikt, 1939–40 beim finnisch-russischen Krieg, als der Riese Sowjetunion den Zwerg Finnland zu verschlingen drohte. Zu keinem Zeitpunkt und bei keiner Gelegenheit wurde einer der paktbrüchigen Staaten oder Staatsmänner zur Verantwortung gezogen.

Der *Kellogg-Pakt* hätte zudem 1939 gar nicht mehr gebrochen werden können, denn er existierte de facto längst nicht mehr. Zusammenfassend konnte *Prof. Jahreiss* unwiderlegbar nachweisen: *„Mindestens schon mehrere Jahre vor 1939 gab es in der Wirklichkeit des zwischenstaatlichen Lebens keine wirksame allgemeine völkerrechtliche Regelung über verbotene Kriege. Im Bewußtsein der leitenden Staatsmänner und der Völker hat keine solche allgemeine Regelung existiert." (XVII, S. 517).* Und stellt weiter fest: *„Jeder Staat ist der alleinige Richter darüber, ob er im Einzelfall einen Verteidigungskrieg führt" (XVII, S. 518).*

Tatsächlich haben sich auch England und Frankreich bei ihren Kriegserklärungen gegen Deutschland 1939 nicht auf den *Kelloggpakt* berufen. Den stärksten Beweis für das Fehlen eines verbindlichen Antikriegsabkommens haben schließlich die östlichen und westlichen Richter in Nürnberg dadurch erbracht, daß sie erst eigene Gesetze nachträglich konstruieren mußten. Hätten die bisherigen Verträge, insbesondere der *Kellogg-* und der *Locarnopakt*, juristisch und faktisch Geltung gehabt, wäre es überflüssig gewesen, jene berüchtigten rückwirkenden Gesetze zu erfinden.

„Verschwörung"

Weil sich das Nürnberger Rachegericht nicht auf geltendes Völkerrecht stützen konnte, hat es einen neuen Rechtsbegriff einzuführen versucht, die *„Conspiracy"*, die *„Verschwörung"*. Sie war der europäischen Rechtskultur unbekannt und aus amerikanischen Gesetzen gegen Gangsterbanden und Piraterie abgeleitet. Es war das einzige sensationelle Ergebnis der Washingtoner Konferenz, daß der US-Hauptankläger in 12 Prozessen, *Taylor*, das Eingeständnis wagte, die Anwendung des *„Conspiracy"*-Gesetzes sei *„taktisch und prinzipiell falsch"* gewesen. Nach 30 Jahren kommt dieses Geständnis ziemlich spät, immerhin hat man mit diesem Unrechtsbegriff Millionen ehrenhafter Deutscher wegen Kollektivschuld bezichtigt und verurteilt.

Ein *„gemeinsamer Plan oder die Verschwörung"*, behauptet die Anklage, erstrecke sich über einen Zeitraum von 25 Jahren, von der Gründung der „Nazipartei" im Jahre 1919 bis 1945. Noch im „Urteil" wird dann unterstellt, jede Aktivität in der Regierung oder in der Partei sei der Beweis *„für die Beteiligung an einer an und für sich schon verbrecherischen Verschwörung."*

Die „Conspiracy"-These indes verwickelte die Anklage in unauflösbare Widersprüche. Einerseits behauptete sie, der nationalsozialistische Staat sei eine Monokratie gewesen, die totale Diktatur eines einzigen Mannes, um dann dennoch eine millionenhafte Verschwörung zu konstruieren. Der Verteidiger *Dr. Stahmer* hat auf diesen Treppenwitz der Rechtsgeschichte ironisch hingewiesen: *„... darum ist eine Verschwörung mit einem Diktator* *an der Spitze ein Widerspruch in sich selbst. Der Diktator verschwört sich nicht mit seinen Gefolgsleuten, er schließt kein Agreement mit ihnen, er diktiert." (XVII, S. 553).* Die Anklage beruht also auf einer *„Ein-Mann-Verschwörung"*.

Das selbstgemachte Gerichts-Statut geht in Art. 6 so weit, festzulegen, alle Verschwörer seien mitverantwortlich für jede Tat, die irgendein Verschwörer begehe. Dieser uneuropäische Strafrechtsbegriff einer *„Conspiracy"* diente im IMT nur dem gleichen Ziele, das die *Chicago Tribune* am 10. Juni 1946 öffentlich angeprangert hat:

„Das Statut, in dessen Namen die Angeklagten abgeurteilt werden, ist die persönliche Erfindung Jacksons und widerspricht dem Völkerrecht, so wie es in der zweiten Haager Übereinkunft definiert ist. Durch die Erfindung eines solchen Statuts verleiht Jackson der Lynchjustiz Legalität."

Hätten sich die Deutschen zu einem Krieg verschworen, müßte die militärische Führung die Spitze dieser Konspiration gewesen sein. Im Gegensatz zur Anklage wurden dann im Urteil sowohl das Oberkommando der Wehrmacht wie der deutsche Generalstab von der Verschwörung ausgeklammert. Im Urteil wird festgestellt: *„Der Gerichtshof ist der Ansicht, daß Generalstab und OKW nicht für verbrecherisch erklärt werden sollten." (I, S. 253).* Seltsame „conspiracy"! Generale, Feldmarschälle und Generalstäbler höchsten Ranges sind keine Verschwörer, doch Ortsgruppenleiter und SS-Sturmführer! Der kollektive Schuldspruch über 800 000 Angehörige der politischen Organisationen und der über 500 000 Soldaten des vierten Wehrmachtsteils, der Waffen-SS, ihre Verurteilung und Bestrafung ist und bleibt eine Verleumdung der politisch aktivsten Kräfte des deutschen Volkes und ein absurder Bestandteil dessen, was die *„Chicago Tribune"* als *Jacksons „Lynchjustiz"* gebrandmarkt hat.

Rückwirkende Gesetze

Die *Vereinten Nationen (UNO)* haben am 10. 12. 1948 die Anwendung rückwirkender Gesetze als „Verletzung der Menschenrechte" gekennzeichnet. (Vgl. *Kranzbühler „Rückblick auf Nürnberg").* Diese skrupellose „Verletzung der Menschenrechte" beweist drastisch, welche eigentlichen Ziele in Nürnberg verfolgt wurden. Der redselige *Jackson* hat diese am 26. 7. 1946 verraten, als er enthüllte, *„daß die Alliierten sich technisch immer noch in einem Kriegszustand mit Deutschland"* befänden und daß *„der Nürnberger Gerichtshof als ein Militärgerichtshof eine Fortsetzung der Kriegsanstrengungen der alliierten Nationen"* darstelle. *(XIX, S. 440).*

Das ist hinreichend deutlich. Für einen Augenblick hat er die Maske des Richters abgesetzt und die Fratze des Rächers kam zum Vorschein.

So falsch wie der Name, so einseitig war die Zusammensetzung dieses „Gerichtes". Schon am 19. November 1945 hat die Gesamtverteidigung eine von *Dr. Stahmer* unterzeichnete Erklärung * abgegeben, die dem Tribunal die Legalität bestritt. Entgegen allen anerkannten Grundgesetzen moderner Straf-

* Siehe Seite 22–24.

rechtspflege seien *„die Richter nur von Staaten bestellt, die in diesem Krieg die eine Partei gewesen sind. Diese Streitpartei ist alles in einem: Schöpfer der Gerichtsverfassung und der Strafrechtsnormen, Ankläger und Richter. Daß dies nicht so sein dürfte, war bisher allgemeine Rechtsüberzeugung." (I, S. 188).*

In einige Verlegenheit kam das Gericht, als *Dr. Stahmer* für die Verteidigung den Antrag stellte, man solle ein Gutachten einholen, darin international anerkannte Völkerrechtsgelehrte die rechtlichen Grundlagen des Statuts des Tribunals überprüfen. Das Tribunal wagte keine Auseinandersetzung mit diesen Forderungen. Man drückte sich vor einer Stellungnahme dadurch, daß die Verlesung des Antrags verboten wurde. Der Wortlaut durfte auch nicht veröffentlicht werden.

Um Kriegsverbrechen zu ahnden, hätte es keiner rückwirkenden Gesetze bedurft, sondern nur der Gleichheit vor dem Gesetze in allen am Kriege beteiligten Staaten. Dann hätte vor allem die Frontgeneration die Verurteilung jener Verbrechen gefordert, die den Ehrenschild der eigenen Truppe befleckt haben.

Ausdrücklich sei festgestellt, daß z. B. Dr. Stahmer die Strafbarkeit von Kriegsschuldigen nicht im Prinzip abgelehnt hat. Er forderte sie sogar, doch unter folgenden Voraussetzungen:

1. *Diese neuen Gesetze dürfen ihren Rechtscharakter nicht dadurch selbst vernichten, daß sie rückwirkend und einseitig angewendet werden.*
2. *Es muß vorher eine supranationale Autorität geschaffen werden, die als Weltlegislative und Weltexekutive wirksam werden kann.*

Man tat das genaue Gegenteil. Hätte das Tribunal auf die Barbarei rückwirkender Gesetze verzichtet, wären Kriegsverbrechen in allen beteiligten Staaten nach gleichen Rechtsnormen abgeurteilt worden, würde Nürnberg die Grundlage eines Weltrechtes geworden sein, könnte für die Zukunft der Frieden durch ein objektives Weltgericht gesichert werden. Aus Justizverbrechen aber konnte kein neues Recht geboren, Justizmörder vermochten nicht Vorbilder übernationaler Richter zu werden. Seit drei Jahrzehnten erleben wir die Folgen!

Aggressoren als Richter

Am 8. Juli 1946 hielt der Verteidiger *Dr. Horn* dem „Gericht" folgenden Tatbestand entgegen:
„Herr Richter Jackson hat in der Sitzung vom 19. März 1946 die Anklage dahingehend präzisiert, daß es sich bei der durch die Westmächte herbeigeführten Kriegsausweitung nicht um eine strafbare Angriffshandlung Deutschlands handle. Er befindet sich in dieser Auffassung im Einklang mit seinen allgemeinen Ausführungen über den Begriff des Angriffs. Wollte er sie konsequent durchführen, so müßte er folgerichtig Großbritannien und Frankreich zu Angreifern gegenüber Deutschland erklären, weil sie den Kriegszustand durch das Ultimatum herbeigeführt haben." (XVII, S. 629).

Jackson hatte tatsächlich eingestanden: *„Wir haben nicht behauptet, daß der Krieg gegen England ein Angriffskrieg war." (IX, S. 525).*

Kranzbühler stellt folgerichtig fest: *„Weder der Krieg mit England noch der mit Frankreich noch der mit den USA ist von dem Internationalen Militär-Tribunal als deutscher Angriffskrieg gekennzeichnet worden." („Rückblick auf Nürnberg" S. 346).*

Großadmiral Dönitz deutet das Ergebnis des Prozesses zur Frage des Angriffskrieges also mit Recht folgendermaßen:
„Trotz der Kriegserklärung durch uns hat das Internationale Militärgericht in Nürnberg geurteilt, daß Deutschland keinen Angriffskrieg gegen die Vereinigten Staaten — ebenso wie auch nicht gegen England und Frankreich — geführt hat." (Dönitz „Zehn Jahre und zwanzig Tage", 1958, S. 194).

Verbrecher als Ankläger

Da nach den Gesetzen der Logik doch eine Seite der Angreifer gewesen sein muß, wurden sogar in Nürnberg Frankreich, England und die USA mittelbar mit der Aggression belastet.

Der Schuldige an einem ungerechtfertigten Kriege trägt auch die Hauptschuld an den Kriegsentartungen und Kriegsverbrechen. Wir deutschen Soldaten haben ritterlich gekämpft, wo der Feind sich an die Kriegsgesetze hielt. Im Norden, Süden und Westen unterwarf man sich den überlieferten Kampfregeln. Nur auf dem Balkan und im Osten, wo uns ein Feind gegenüberstand, der weder die *Genfer* oder die *Haager Konvention* noch andere Gesetze der Menschlichkeit beachtete, mußte dem Terror mit Antiterror begegnet werden. Frontfremde Advokaten und ideologisch verstiegene Juristen haben nur die deutsche Erwiderung auf die Brutalitäten stalinistischer Soldateska und kommunistischer Partisanen lauthals angeklagt, die eigentliche Ursache jedoch entweder verschwiegen oder verharmlost.

Dadurch wurde jenes einseitige Zerrbild entworfen, das den Gerichtssaal monatelang in eine Arena der Greuelhetze verwandelte, wo sich die Sieger nicht nur als Richter und Anwälte in eigener Sache aufspielten, sondern auch als Produzenten von Greuellügen. Je fadenscheiniger die Anklage wegen „Aggression" im Laufe des Verfahrens wurde, umso intensiver wurde die Szene mit „Kriegsverbrechen", natürlich nur deutschen, dramatisiert.

Es lohnt sich nicht, heute darauf noch im einzelnen einzugehen. Wichtiger und aktueller ist es, besonders der amerikanischen Anklage Amerikas eigene Kriegsmethoden gegenüberzustellen: überall dort, wo seine Soldaten mit einem ähnlichen Feind von gleicher kommunistischer Brutalität und Unmenschlichkeit gegenüberstanden. *Sir Hartley Shawcross*, der die Shylock-Justiz von Nürnberg als *„Meilenstein in der Geschichte der Menschheit"* gefeiert hatte, mußte 1967 eingestehen: *„Noch trauriger stimmen die zynischen Verletzungen des in Nürnberg geschaffenen Völkerrechts, die wir inzwischen erleben mußten: Korea, Ungarn, Kaschmir, Algerien, Kongo, Viet-*

nam. Unsere Hoffnungen von Nürnberg, wir hätten beim Übergang in eine friedliche Welt unter Herrschaft des Rechts mitgeholfen, hat sich nicht erfüllt." (Vgl. Gründler-Maninowski „Das Gericht der Sieger", S. 20)

Und *Telford Taylor* beteuerte 25 Jahre später: *„Den Feind – vor allem den besiegten – für Handlungen zu bestrafen, die von der rechtsprechenden Nation selbst begangen worden sind, wäre eine solch schreiende Ungerechtigkeit, daß durch sie das Kriegsrecht selbst in Mißkredit gebracht würde." (Nürnberg und Vietnam S. 40).* Der Hauptankläger der USA hat damit präzise jenes Verfahren gekennzeichnet, an dem er von 1945–46 selbst entscheidend mitgewirkt hat. Galt diese „schreiende Ungerechtigkeit" schon für den Zweiten Weltkrieg, dann noch drastischer in jenen Kriegen, die amerikanische Truppen in Asien zu bestehen hatten.

Auf der Washingtoner Konferenz wollte man sich nicht mehr an das von *Jackson* in Nürnberg verkündete Dogma erinnern: *„Jede Zuflucht zu einem Kriege, zu jeder Art Krieg, ist eine Zuflucht zu Mitteln, die ihrem Wesen nach verbrecherisch sind." (II, S. 173).*

Amerikanische Kriegsverbrechen

Seit 1945 haben nun fünf amerikanische Präsidenten solche Kriege geführt, mittelbar oder unmittelbar „Zuflucht" zu solchen „Verbrechen" gefunden. Da gab es nun auch in Asien „Einsatzgruppen", die in Nürnberg als kriegerische Brutalität verteufelt wurden. Es wurde in Nürnberg geleugnet, daß es sich bei diesen nicht um Terror, sondern um Antiterror handelte. Doch zu den gleichen Methoden haben amerikanische Truppen freiwillig oder gezwungen gegriffen, als sie dem gleichen Feind gegenüber standen. Der Partisanenkrieg war in Korea oder Vietnam nicht härter als jener vor 1945 in Osteuropa und auf dem Balkan. Allerdings ein entscheidender Unterschied läßt sich feststellen: Der asiatische Partisanenkrieg vollzog sich Tausende von Meilen von den Grenzen der USA entfernt, gestützt auf die vielfache Übermacht amerikanischer Kriegstechnik und modernster materieller Rüstung. Die deutschen Soldaten jedoch verteidigten sich an der Ostflanke des Reiches gegen die tödliche Bedrohung des eigenen Lebensraumes. In Vietnam sind durch amerikanische Operationen über eine Million Zivilisten, alte Männer, Frauen und Kinder getötet worden; die Verluste der amerikanischen Armee dagegen beschränkten sich auf 56 000 Gefallene. Im europäischen Osten dagegen sind nach sowjetischer Schätzung über 500 000 deutsche Soldaten dem Partisanenkrieg zum Opfer gefallen.

Trotz dieses fundamentalen Unterschiedes suchten die US-Truppen in Korea, Vietnam und Kambodscha die Zuflucht zu den von Jackson überlaut verdammten „verbrecherischen Methoden." Schon 1967 gestand der stellvertretende amerikanische Kriegsminister *John McNaughton: „Es scheint, als kämen wir langsam zu der Annahme, daß der einzige Weg zur Ausradierung (!) des Vietcong die Zerstörung aller Wohnanlagen, die Entlaubung sämtlicher Wälder und die anschließende Asphaltierung der gesamten Oberfläche Südvietnams ist." (Vgl. Taylor a.a.O. S. 209)*

Im bekannten Prozeß gegen US-Leutnant *Duffy* bewies die Verteidigung, daß die Kriegsverbrechen in Südvietnam keine Greueltaten einzelner seien, sondern die Folge allgemeiner Befehle der dortigen Armeeführung. *Taylor* zitiert aus einem Brief von vier US-Unteroffizieren: „... *wir sind drauf und dran, genau das zu tun, wofür japanische und deutsche Generale ins Zuchthaus gebracht und aufgehängt wurden ...*"

Ähnlich wie die Deutschen im östlichen Partisanenkrieg — nur unter ungleich weniger gefährlichen Umständen — haben die Amerikaner im „befreundeten" Südvietnam durch „*search and destroy operations*", durch „*Ausspähen und Vernichten*" alles menschliche Leben in verdächtigen Gebieten „ausradiert". Diese „pervertierte Kriegführung" wurde wirksam ergänzt durch „*free-fire-zones*" mit dem Ziel möglichst hoher Abschußquoten, um in bestimmten Räumen wie Skalpjäger abzuknallen, was lebend anzutreffen war.

Bombenterror erlaubt

Eine objektive Geschichtsschreibung wird nachweisen können, daß diese Brutalisierung der Kriege seit 1945 durch das Internationale Militär-Tribunal mitverursacht wurde. Nicht weil man in Nürnberg gegen Kriegsverbrechen prozessierte, sondern weil dort zwar endlos über einzelne angebliche deutsche Greueltaten deklamiert wurde, doch das grausamste aller Kriegsverbrechen bewußt ausgeklammert worden ist: der Bombenterror. Dieser hat noch die härtesten Exesse des Partisanenkrieges übertroffen. Die Bombardierung der Zivilbevölkerung wurde auch in Asien die Hauptwaffe der amerikanischen Kriegführung.

Auch auf der Konferenz in Washington hat man um dieses Problem nur herumgeredet. Wie *Oberst James A. Donovan* bestätigt, war der Vietnamkrieg „nie ein Krieg auf Leben und Tod zur Verteidigung der Vereinigten Staaten." Man habe diesen Kriegsschauplatz benützt, um „neue Waffen und Strategien, besonders des Partisanenkrieges" zu erproben.

Für diesen Zweck haben die USA über Vietnam die dreifache Zahl Bomben abgeworfen wie im Zweiten Weltkrieg, insgesamt 7,1 Millionen Tonnen. Dieser Massenmord, besonders an Zivilisten, ist allerdings nach dem IMT-Urteil straffrei. *Jackson* hat uns später auch verraten, warum. Er gestand, eine Anklage der Deutschen wegen Bombenterrors „*wäre einer Aufforderung zur Erhebung von Gegenbeschuldigung gleichgekommen, die in dem Prozeß nicht nützlich gewesen wäre.*" *(Vgl. Heydecker-Leeb, a.a.O. S. 96)*

So pragmatisch dachte dieser angebliche Rechtsfanatiker. Und Brigadegeneral *Taylor* behauptete nicht ohne Stolz, im Bombardieren hätten die Alliierten ihre deutschen Feinde „noch weit übertroffen."

So blieb die schlimmste Brutalisierung des Zweiten Weltkrieges, das grausamste aller Kriegsverbrechen, straffrei. Ebenso wie das größte Verbrechen der Menschheitsgeschichte: der atomare Massenmord durch die USA.

Jahrzehnte nach Nürnberg kreisen über der Erde nukleare Vernichtungswaffen, so gefährlich, daß sie die gesamte Menschheit vielfach töten könnten. Amerikanische wie sowjetische Regierungen rühmen sich dieser Zerstörungsmacht und sind also potentiell schuldig an einem künftigen atomaren Massenmord.

Ein objektives Verfahren gegen Kriegsverbrechen hätte den Bombenterror in den Mittelpunkt stellen müssen. Wurde dieser Tatbestand ausgeklammert, fehlte die juristische wie moralische Berechtigung dafür, die anderen, geringeren Vergehen, anzuklagen und zu bestrafen. Zugleich wurde die wichtigste Aufgabe verfehlt, die Völker vor den künftigen Auswüchsen des Bombenangriffs, besonders der Atom- und Raketenwaffe zu warnen und die Verantwortlichen abzuschrecken.

Greuelpropaganda im Gerichtssaal

Um von dieser Hauptaufgabe abzulenken, wurde das Schwergewicht der Anklage immer deutlicher auf kleinere Kriegsverbrechen, ausschließlich deutscher, verlagert. Aus dem Gerichtshof wurde ein Forum der Greuelpropaganda, die vor keiner Verleumdung zurückschreckte. Man müßte mehrere Bücher schreiben, um sich mit dieser Materialschlacht des Antigermanismus auseinandersetzen zu können. Alte Lügen wurden wiederholt, neue erfunden.

Tiefpunkt und kennzeichnend für die Verlogenheit der sowjetischen Ankläger war der Versuch, die Ermordung der 15 000 polnischen Offiziere bei Katyn deutschen Offizieren anzulasten. Mit Zustimmung der westlichen Vertreter wurde dieser Ablenkungsbetrug in die Anklageschrift aufgenommen. (I S. 58)

Die 6-Millionen-Lüge

Doch die Verleumdung der Deutschen mit der Alleinkriegsschuld und die Diffamierung, sie allein hätten Kriegsverbrechen des Zweiten Weltkriegs begangen, erscheinen harmlos gegenüber der *Sechs-Millionen-Legende*. Sie überschattete bereits in Nürnberg alle übrigen Bezichtigungen. Und sie tut es heute noch. Niemand wird die Bonner Regierungen von der Verantwortung dafür entlasten können, bisher nichts getan und alles versäumt zu haben, diese schwerste Anklage nachzuprüfen und die Gegenbeweise auszuwerten. Die Tatsache, daß man dies unterlassen hat, kann heute nur noch so gedeutet werden, daß man Angst hat vor einer solchen Untersuchung. Allein die Akten der „Wiedergutmachung“ böten eine Fülle von Beweisen, daß die Sechsmillionenzahl erschwindelt sein muß. Doch man zahlt und zahlt, ohne jemals den Rechtstitel überprüft zu haben.

Auf der Washingtoner Konferenz hat der jüdische Historiker *Harold Deutsch* die 6-Millionen Ziffer halbiert und erklärt, diese drei Millionen seien aus ganz verschiedenen Gründen Opfer des Zweiten Weltkrieges geworden. Die reale Vernichtungszahl dürfte den zehnten Teil betragen.

Jede dieser Berichtigungen ist zu begrüßen, weil sie beweist, daß die Zahl der Opfer viel geringer ist als bisher angenommen wird. Dies liegt nicht nur im Interesse des deutschen Volkes, sondern auch des jüdischen. Wie schon die kürzlich verstorbene Jüdin *Dr. Hannah Arendt* bestätigt, war an den geheimen Judenliquidierungen nur eine verschwindende Minderheit Deutscher beteiligt, doch eine weitaus größere Zahl Juden. Die Verminderung der Zahl der Opfer reduziert auch die Zahl der Täter, der deutschen wie der jüdischen. Auch *Martin Buber* bezeugt die zionistische Mitschuld. *(Vgl. Härtle, a.a.O. S. 212–14)*

Es konnte noch kein Judenvernichtungsplan vorgelegt werden, doch nachgewiesen sind die Deutschenvernichtungspläne von *Nathan Kaufman, Roosevelt, Morgenthau* und *Lindemann.*

Weltgeschichtliches Versagen

Einen wahrhaften inneren Frieden Europas wird es erst geben, wenn das Urteil des Nürnberger Tribunals und das ihm zugrundeliegende Geschichtsbild revidiert werden. Im Statut hat man zwar vorsorglich eine solche Revision der Urteile verboten. Doch diese Überprüfung wird durch die Zeitgeschichte nachgeholt werden. Vor ihr werden einst die Ankläger als die Angeklagten, die Richter als die Gerichteten dastehen. Man wird ihnen nicht vorwerfen, daß sie Verbrechen gegen den Frieden und Kriegsverbrechen bestrafen wollten, sondern daß sie das Recht mißbrauchten, um neue Ungerechtigkeit und neuen Unfrieden zu schaffen. Damit sind sie mitschuldig geworden an allen Kriegsverbrechen seit 1945. Und wenn der drohende Dritte Weltkrieg ausbrechen sollte, werden sie ihn mitverbrochen haben.

Die Verletzung einzelner Gesetze ist sühnbar, unsühnbar ist diese Schändung der Justiz zu rechtswidrigen Zwecken.

Nie war die Friedenssehnsucht der Völker größer als nach der Katastrophe von 1945, nie die Macht der Sieger, sie zu erfüllen stärker und nie die Enttäuschung grausamer. Sogar die Nürnberger Justizmorde hätten noch einen Sinn bekommen können, wären diese Märtyrer Bauopfer eines echten Weltfriedens geworden. Nun aber „kann unter Galgen kein Gras wachsen".
Nürnberg wurde nicht das Ende politischen Unrechts und militärischer Kriminalität, sondern der Anfang neuer Kriege und neuer Kriegsverbrechen.

Einer der Hauptschuldigen des IMT, *Telford Taylor*, schließt sein Buch „Nürnberg und Vietnam" mit dem Eingeständnis: *„Wir haben es irgendwie nicht geschafft, die Lektion zu lernen, die wir in Nürnberg lehren wollten, und genau dieses Versagen ist die Tragödie des heutigen Amerika." (S. 241)* Doch das ist nicht nur eine amerikanische, sondern die heutige und künftige Tragödie der Menschheit.

Beiträge zur Problematik der sogenannten Kriegsverbrecherprozesse

Eberhard Engelhardt

Mit der sogenannten „Kriegsverbrecher"-Justiz des *Internationalen Militärtribunals,* „IMT" genannt, und mit den Nachfolgeprozessen der sogenannten Militär„gerichte" bekam ich als Anwalt erstmals 1952 zu tun. Weshalb ich von sogenannter „Justiz" spreche und von sogenannten „Gerichten" werden Sie im Laufe meines Vortrages begreifen.

Seinerzeit, 1952, wurde ich von zwölf angeblichen Kriegsverbrechern, die in der amerikanischen Haftanstalt in Landsberg am Lech eingesperrt waren, mit ihrer Verteidigung in ihren Freilassungsverfahren, den sogenannten *Paroleverfahren,* betraut.

Es handelte sich um Fälle eines Gauleiters, eines Generalobersten, eines Reichsanwaltes, einer OT-Ärztin, die Fälle von drei Offizieren und einem Feldwebel der Leibstandarte, ein paar KZ-Bewacher-Fälle, den „Fliegerfall" eines Zivilisten und um den Fall eines Ukrainers, der nach seiner Gefangennahme in der deutschen Wehrmacht als Hilfsfreiwilliger gedient hatte.

Durch diese Mandante bekam ich die Möglichkeit, in der ganzen Bundesrepublik und auch im Ausland neues Beweismaterial zu sammeln. Ich habe davon ausgiebigst Gebrauch gemacht. Ich habe auch Zeugen aus den Nürnberger Prozessen vernommen und vor allem einen Dolmetscher der Übersetzungsabteilung der *War Crimes Group Dachau Detachment.* So bekam ich tiefe Einblicke, wie diese Prozesse geführt worden waren.

Einer meiner Zeugen war ein ehemaliger Insasse des KZ Buchenwald, der Franzose *Paul Rassinier,* einer der mutigsten Kämpfer für Wahrheit und Gerechtigkeit.

Ich bekam Verbindung mit dem Schweizer Völkerrechtler *Professor Pierre Boissier,* dem Verfasser einer hervorragenden Monographie über „Völkerrecht und Militärbefehl". Boissier hat seinerzeit auf meine Veranlassung für einen meiner Fälle ein Gutachten über das Gesetz Nr. 10 des Interalliierten Kontrollrats und über die Kriegsverbrecherprozesse erstattet. Darauf werde ich noch zurückkommen.

Durch meine Verteidigung der Landsberger „Kriegsverbrecher" bekam ich ferner Verbindung mit *Professor Friedrich Grimm,* einem Völkerrechtler und Strafverteidiger in internationalen Prozessen von Weltruf, der trotz Alters und Krankheit bis zu seinem Tode unermüdlich gemäß dem völkerrechtlichen *Tabula-rasa-Prinzip* für eine *Generalamnestie* gekämpft hat. Für eine Generalamnestie, zu welcher den bundesrepublikanischen Regierungen der schwarzen, der schwarz-goldenen und der rot-goldenen Couleur leider bis zum heutigen Tag das Herz und die Zivilcourage gefehlt haben. Professor Grimm gab übrigens Anlaß, daß ich viele Jahre nach seinem Tode 1973 die Verteidigung des Märtyrers von Spandau, des ehemaligen Reichsministers *Rudolf Heß*, in dem noch immer anhängigen Verfahren vor der Europäischen Kommission für Menschenrechte übertragen erhielt.

Doch zurück in das Jahr 1952: Meine Beweiserhebungen in den *Paroleverfahren* hatten ein auch für mich sensationelles Ergebnis: Ich konnte, ja ich mußte mich davon überzeugen, daß alle meine Mandanten im Sinne der gegen sie erhobenen Anklagen völlig schuldlos waren. Auch die OT-Ärztin, Frau *Erika Flocken*, ehemalige Chefärztin des OT-Lazaretts in Schwindegg bei Mühldorf, die ursprünglich zum Tode durch den Strang verurteilt worden war und wochenlang in der Zelle der zum Tode Verurteilten ihrer Hinrichtung entgegengesehen hatte.

Damit sind wir nun mitten im Thema, bei den sogenannten Kriegsverbrecherprozessen angelangt.

Ich werde zunächst aufzeigen,

1.) *daß die materielle Grundlage der sogenannten Kriegsverbrecherprozesse in zahlreichen Punkten gegen das bis dahin geltende Völkerrecht und gegen grundlegende Rechtsprinzipien von Rechts- und Kulturstaaten verstoßen hat.*

Ich werde weiter aufzeigen,

2.) *daß es der sogenannten Militär„justiz" gar nicht darum gegangen ist, Recht zu sprechen, sondern darum, möglichst viele Deutsche aller gesellschaftlichen Schichten als Kriegsverbrecher zu verurteilen.*

    Der Zweck war, wie sich in der Zwischenzeit erwiesen hat, von der Kriegsschuld der Alliierten und von ihren Kriegs- und Nachkriegsverbrechen abzulenken und das deutsche Volk auszubeuten.
    Da mir bezüglich der Judikatur in den Nürnberger Prozessen persönliche Erfahrungen fehlen, werde ich in diesem zweiten Zusammenhang insbesondere auf die amerikanische Militärjustiz in Dachau eingehen.

3.) *Ich werde dann noch kurz auf den Fall Rudolf Heß besonders eingehen und auf den derzeitigen Stand des bei der Europäischen Kommission für Menschenrechte in Straßburg anhängigen Verfahrens.*

Beginnen wir also mit der Betrachtung der sogenannten Rechtsgrundlagen der Nürnberger Prozesse.

I.

Zu den allgemeinen Regeln des Völkerrechts gehörte bis 1945 das sogenannte Tabula-rasa-Prinzip. Es bedeutet, daß nach jedem Krieg mit der Einstellung der Kriegshandlungen *tabula rasa*, reiner Tisch gemacht wird, daß ein Schlußstrich gezogen wird unter alle Vorgänge, die mit dem Krieg zusammenhängen, so schrecklich sie auch gewesen sein mögen.

Das *Tabula-rasa-Prinzip* findet sich erstmals im *Edikt von Nantes* des Königs Heinrich IV von Frankreich vom 13. April 1598, das die blutigen französischen Religionskriege abschloß. Das Edikt lautet:

> *„Das Gedächtnis aller Dinge, die auf der einen oder anderen Seite vorkamen, seit dem Beginn des Monats März 1585 bis zu Unserem Regierungsantritt, auch während der vorausgegangenen Unruhen und bei deren Gelegenheit, soll ausgelöscht und begraben sein wie etwas, das nie geschah; und es ist weder für unsere Staatsanwälte noch für irgendwelche öffentlichen oder privaten Persönlichkeiten zu irgendeiner Zeit oder bei irgendeiner Gelegenheit zulässig oder gestattet, ihrer Erwähnung zu tun und Prozesse oder Verfolgungen von irgendwelchen Gerichtshöfen oder in irgendwie gearteten Rechtsverfahren einzuleiten. Es sei Unseren Untertanen jedes Standes und jeder Art verboten, das Gedächtnis daran zu erneuern, sich gegenseitig anzugreifen, zu beleidigen oder herauszufordern durch den Vorwurf des Vergangenen, aus welchem Grund und unter welchem Vorwand auch immer, sich in Wort oder Tat auseinanderzusetzen, Erörterungen zu beginnen, sich zu streiten oder zu kränken und zu beleidigen, sondern sie sollen sich beherrschen, und friedlich zusammen leben als Brüder, Freunde und Mitbürger, widrigenfalls sie als Friedensbrecher und Störenfriede der öffentlichen Ruhe und Ordnung zu bestrafen sind."*

Dieser Geist beherrschte die folgenden Jahrhunderte ohne Ausnahme. In § 1 des *Friedensvertrages von Münster,* der 1648 den Dreißigjährigen Krieg abschloß, ist das Tabula-rasa-Prinzip zu einem „Heiligen Grundgesetz" erklärt worden. § 2 dieses Vertrages lautet:

> *„Beiderseits soll das ewig vergessen und vergeben sein, was von Beginn dieser Unruhen an, wie und wo nur immer, von der einen oder anderen Seite, hinüber und herüber, an Feindseligkeiten geschehen ist. . . . Vielmehr sollen alle und jede, von hier und von dort, sowohl vor dem Krieg als während des Krieges zugefügten Beleidigungen, Gewalttätigkeiten, Feindseligkeiten, ohne jedes Ansehen der Person derart gänzlich abgetan sein, daß alles, was auch immer der eine von dem anderen unter diesem Namen beanspruchen könnte, in ewiger Vergessenheit begraben sei."*

1871 war Frankreich niedergekämpft; Sieger war das neugegründete Deutsche Reich. Selbstverständlich hielt es – im Gegensatz zu den Siegermächten von 1945 – das Tabula-rasa-Prinzip in Ehren.
Artikel II, Absatz 2 des *Frankfurter Friedens* von 1871 lautet:

> *„Kein Bewohner der abgetretenen Gebiete darf wegen seiner politischen oder militärischen Handlungen während des Krieges in seiner Person oder seinen Gütern verfolgt, beunruhigt oder verhaftet werden."*

Am 12. November 1918, einen Tag nach dem Waffenstillstand, erließ die Volksregierung unter Friedrich Ebert eine Generalamnestie für alle mit dem Krieg zusammenhängenden Verbrechen, einschließlich der Morde und aller Gewalttaten *(RGBl. 1918 S. 1303).*

Auch Artikel VI des Waffenstillstandsvertrages vom 11. November 1918 bestimmte noch, daß kein Bewohner der von den Allierten zu besetzenden

Gebiete wegen Teilnahme an Kriegshandlungen, die der Unterzeichnung des Abkommens vorangingen, verfolgt werden könne.

Erst die Schöpfer des Versailler Vertrages von 1919 brachen, gestützt auf die Macht des militärischen Sieges, Artikel VI Absatz 2 des Waffenstillstandsabkommens und verletzten das durch Jahrhunderte Übung zu einer allgemein anerkannten Regel des Völkerrechts gewordene, von *Hugo Grotius*, dem Begründer des modernen Völkerrechts, bestätigte *Tabula-rasa-Prinzip*, indem sie das Theater der Kriegsverbrecherprozesse einführten, dabei allerdings bemüht waren, die Formen des bestehenden Rechts zu wahren.

Alle diese neuen Bestrebungen waren nicht stark genug, die Idee des Jahrhunderte lang geübten Tabula-rasa-Prinzips im Bewußtsein der Menschen auszulöschen. Das alttestamentarische Prinzip der Rache und Vergeltung vermochte sich nicht durchzusetzen. Auf dem *Londoner Kongreß* vom 1. September 1924 wurde das Tabula-rasa-Prinzip, das Prinzip der Generalamnestie, erneut anerkannt.

Unsere Nachkriegszeit hat die Kraft zu dieser wahrhaft menschlichen und zugleich königlichen Geste noch immer nicht aufgebracht. Aber das vermag die Tatsache nicht aus der Welt zu schaffen, daß das Tabula-rasa-Prinzip eine allgemein anerkannte Regel des Völkerrechts und damit nach unserem Grundgesetz zugleich bindendes innerstaatliches Recht ist, auch ohne formale Generalamnestie.

Friedrich Grimm führt 1953 in seinem Werk *„Politische Justiz — Die Krankheit unserer Zeit“* mit Recht aus:

> *„Daß die Tabula rasa eine Notwendigkeit ist, haben alle verstanden. Man hat nur noch nicht erkannt, daß die normative Kraft des Faktischen sich dahin auswirkt, daß das Tabula-rasa-Prinzip auch ohne ausdrückliche Vereinbarung in einem Friedensvertrag und ohne Gesetz in Rechtskraft erwachsen kann. Dieser Zustand ist aber heute eingetreten. ... Dieses Prinzip ist publici juris. Es entspricht dem öffentlichen Recht.“*

War das Tabula-rasa-Prinzip, wie Friedrich Grimm mit Recht gelehrt hat, aber Bestandteil des allgemeinen Völkerrechts, dann durften Vorgänge, die mit dem Krieg zusammenhingen, weder von den alliierten Militärgerichten noch von der bundesrepublikanischen Justiz strafverfolgt werden.

Unsere damaligen Feinde, die Polen, die Briten, die Franzosen, die Russen, die Amerikaner haben bekanntlich keinen ihrer damaligen Kriegshetzer, keinen ihrer damaligen Kriegsverbrecher und keinen ihrer damaligen Menschlichkeitsverbrecher inkriminiert.

Die Anwendung des Tabula-rasa-Prinzips auch auf Deutsche hätte deshalb allein auch dem die gesamte Völkerrechtsordnung beherrschenden und die Völkergemeinschaft begründenden Grundsatz von der Gleichheit aller Menschen vor dem Gesetz entsprochen.

II.

Gehen wir einen Schritt weiter.
Die sogenannten Kriegsverbrecherprozesse wurden nicht auf der Grundlage bis dahin geltender Strafrechtsbestimmungen durchgeführt, sondern es wurde eine neue sogenannte „Rechts"-Grundlage erst geschaffen.
Beschlossen worden ist das Theater der Kriegsverbrecherprozesse von Roosevelt, Churchill und Stalin in der *Moskauer Deklaration vom 30. Oktober 1943.*

Sie bildete die Grundlage für das von den Amerikanern, den Briten, den Franzosen und den Sowjetrussen ausgeheckte *Londoner Vier-Mächte-Abkommen* vom 8. August 1945 samt dem Statut für das *„Internationale Militärtribunal"* in Nürnberg bzw. für das *Kontrollratsgesetz Nr. 10* vom 20. Dezember 1945 für die sogenannten Nachfolgeprozesse.

Das Londoner Statut hatte Geltung *nur* in Richtung gegen Angehörige der Achsenmächte und gegen ihre Hilfskräfte.

Diese Art der Schöpfung eines Strafgesetzes verstieß von vornherein gegen zwei Grundsäulen jeglicher Strafrechtspflege.

1.) Sie verstieß gegen den fundamentalsten Grundsatz *„Nulla poena sine lege"*. Er bedeutet: Bestraft werden darf nur, wer gegen ein zur Zeit seiner Tat bereits bestehendes Gesetz verstoßen hat, das seine Tat unter Strafe stellt.
Das ist keine bloße Zweckmäßigkeitsvorschrift, sondern beruht auf der Erkenntnis, daß jeder Angeklagte sich ungerecht behandelt fühlen muß, wenn er gemäß einem nachträglich geschaffenen „Gesetz" bestraft wird. Gemäß einem Gesetz, das er bei dem Abwägen des Für und Wider seiner Tat in seine Überlegungen gar nicht aufnehmen konnte.
Der Satz *„Keine Strafe ohne Gesetz"* gehörte schon immer auch zu den Grundsätzen der Strafrechtspflege gerade jener Staaten, welche die Londoner Satzung von 1945 und das Kontrollratsgesetz Nr. 10 geschaffen und unterzeichnet haben,
zu den Grundsätzen der Strafrechtspflege der USA seit ihrer Entstehung,
Großbritanniens seit dem Mittelalter,
Frankreichs seit der Revolution von 1789,
angeblich sogar auch der UdSSR.

Als der *Alliierte Kontrollrat* später ein Gesetz erließ, das in der Bundesrepublik Deutschland die Rückkehr zu einer gerechten Strafrechtspflege sichern sollte, verfügte er in erster Linie die Wiederherstellung des Gesetzes: *„Keine Strafe ohne ein Strafgesetz, das zur Zeit der Tat schon galt."*

Die *Vereinten Nationen* vollends, die UNO, haben am 10. Dezember 1948 die Anwendung rückwirkender Strafgesetze sogar als „Verletzung der Menschenrechte" gebrandmarkt.

Die Vereinten Nationen haben damit — natürlich ungewollt — das Theater der Kriegsverbrecherprozesse von 1946 und der folgenden Jahre trefflich charakterisiert.

2.) Die Beschränkung der Anwendung der neuen angeblichen „Rechts"-Bestimmungen auf Angehörige und Hilfskräfte der Achsenmächte verstieß auch gegen einen anderen fundamentalen völkerrechtlichen Rechtsgrundsatz, nämlich gegen den *Grundsatz der Gleichheit vor dem Gesetz.* Der Grundsatz der Gleichheit aller Menschen und aller Staaten vor dem Gesetz ist von allen Kultur- und Rechtsstaaten anerkannt. Sie finden ihn in den Werken der Lehrer des Völkerrechts in aller Welt.

Wenn eine Bestimmung von vornherein nur gegen die Angehörigen *eines* Volkes angewendet werden soll, wie beispielsweise hier nur gegen die Angehörigen des deutschen Volkes und seiner Verbündeten, nicht aber auch gegen die Angehörigen seiner Kriegsgegner, dann entbehrt solche Bestimmung von vornherein der *Würde des Rechts.*

Ich beziehe mich dazu auf den Rechtsphilosophen und Strafrechtslehrer *Gustav Radbruch* (siehe *Süddeutsche Juristenzeitung* 1947, Nr. 3). Wenn ich einflechte, daß Radbruch nach dem Ersten Weltkrieg auch sozialdemokratischer Justizminister gewesen ist, so nur, um der Bonner Regierungsprominenz und den Demagogen der veröffentlichten Meinung zu zeigen, daß es aussichtslos wäre, ihn in die Ecke der „Rechtsextremisten" zu drängen, wie sie das gegen Freunde der Rechtlichkeit und der Wahrheit heute immer wieder versuchen.

Lassen Sie mich diesen Abschnitt abschließend den Grundsatz der Gleichheit vor dem Gesetz in zugespitzter Weise formulieren:

Wenn eine Bestimmung von vornherein nur gegen die Angehörigen eines Volkes angewendet werden soll, wie beispielsweise hier nur gegen die Angehörigen des deutschen Volkes und seiner Verbündeten, nicht aber auch gegen die Angehörigen seiner Kriegsgegner, dann enthält diese Bestimmung nicht Recht, sondern als Gesetz getarnte Willkür.

Der Jurist würde sagen, sie enthält nicht Recht, sondern „kodifizierte Willkür".

III.

Betrachten wir nun die Strafbestimmungen des *Londoner Statuts* und des *Gesetzes Nr. 10* näher!

Das erstere bildete die Grundlage für die Nürnberger Prozesse des sogenannten Internationalen Militärtribunals, letzteres die Grundlage für die sogenannten Nachfolgeprozesse der amerikanischen Militärgerichte in Dachau, der britischen Militärgerichte in der britischen Besatzungszone, der französischen Militärgerichte in der französischen und so weiter.

Artikel 6 des *Londoner Statuts* zählt folgende Strafbestimmungen auf:

„a) *Verbrechen gegen den Frieden.*
Nämlich: Planen, Vorbereitung, Einleitung oder Durchführung eines Angriffskrieges oder eines Krieges unter Verletzung internationaler Verträge, Abkommen oder Zusicherungen oder Beteiligung an einem

gemeinsamen Plan oder an einer Verschwörung zur Ausführung einer der vorgenannten Handlungen;

b) *Kriegsverbrechen. Nämlich: Verletzungen der Kriegsgesetze oder Kriegsgebräuche.*
Solche Verletzungen umfassen, ohne jedoch darauf beschränkt zu sein, Mord, Mißhandlungen oder Deportation zur Sklaverei oder für irgendeinen anderen Zweck von Angehörigen der Zivilbevölkerung von oder in besetzten Gebieten, Mord oder Mißhandlungen von Kriegsgefangenen oder Personen auf hoher See, Töten von Geiseln, Plünderung öffentlichen oder privaten Eigentums, die mutwillige Zerstörung von Städten, Märkten oder Dörfern oder jede durch militärische Notwendigkeit nicht gerechtfertigte Verwüstung;

c) *Verbrechen gegen die Menschlichkeit. Nämlich: Mord, Ausrottung, Versklavung, Deportation oder andere unmenschliche Handlungen, begangen an irgendeiner Zivilbevölkerung vor oder während des Krieges, Verfolgung aus politischen, rassischen oder religiösen Gründen, begangen in Ausführung eines Verbrechens oder in Verbindung mit einem Verbrechen, für das der Gerichtshof zuständig ist, und zwar unabhängig davon, ob die Handlung gegen das Recht des Landes verstieß, in dem sie begangen wurde oder nicht.*

Hinzu kommen folgende Besonderheiten:

In *Artikel 6:*

„Anführer, Organisatoren, Anstifter und Teilnehmer, die am Entwurf oder der Ausführung eines gemeinsamen Planes oder einer Verschwörung zur Begehung eines der vorgenannten Verbrechen teilgenommen haben, sind für alle Handlungen verantwortlich, die von irgendeiner Person in Ausführung eines solchen Planes begangen worden sind."

In *Artikel 8:*

„Die Tatsache, daß ein Angeklagter auf Befehl seiner Regierung oder eines Vorgesetzten gehandelt hat, gilt nicht als Strafausschließungsgrund, ..."

In *Artikel 9:*

„In dem Prozeß gegen ein Einzelmitglied einer Gruppe oder Organisation kann der Gerichtshof (in Verbindung mit irgendeiner Handlung, deretwegen der Angeklagte verurteilt wird) erklären, daß die Gruppe oder Organisation, deren Mitglied der Angeklagte war, eine verbrecherische Organisation war..."

Die Strafbestimmungen des Gesetzes Nr. 10 waren ähnlich formuliert.
Trotz ihres Umfangs sind die zitierten Bestimmungen nicht scharf umrissen, sondern dehnbar. Das entsprach offensichtlich der Tendenz, möglichst viele Deutsche und Verbündete in das Räderwerk eines Kriegsverbrecherprozesses ziehen und verurteilen zu können.

Betrachten wir nun die einzelnen Bestimmungen, wobei ich insbesondere Artikel 6, Buchstaben a und b, Artikel 8 und Artikel 9 herausgreifen will!

IV.

Ich beginne mit dem „Verbrechen" der *„Planung, Vorbereitung und Durchführung eines Angriffskrieges:*

Hierfür suchte das IMT eine Rechtsgrundlage im *Kellogg-Pakt*, dem Antikriegspakt vom 27. August 1928 zu konstruieren, der seinerzeit von Deutschland, der USA, Belgien, Frankreich, Großbritannien, Italien, Japan, Polen und anderen Staaten unterzeichnet worden ist. Allein der Kellogg-Pakt enthält keinerlei Strafsanktionen.

In einer Note an alle Verhandlungspartner vom 25. Juni 1928 hatte der damalige amerikanische Außenminister Kellogg ausdrücklich festgestellt:

> *„Das Recht der Verteidigung gehört zum Wesen der Souveränität und ist bei jedem Vertrag vorausgesetzt. Jeder Staat ... ist ganz allein dazu berufen, zu entscheiden, ob die Verhältnisse so liegen, daß er aus Gründen der Verteidigung zum Kriege schreiten muß."*

Eine große Anzahl von Mitgliedern des amerikanischen Senats bezeichnete damals schon den *Kellogg-Pakt* als ein *„gigantisches Stück von Heuchelei, die Garantierung des ungerechten status quo von Versailles."*

Bei keiner der folgenden Invasionen und bei keinem der folgenden Kriege kam es auf Grund des Kellogg-Paktes zu irgendwelchen Sanktionen gegen die verantwortlichen Staatsmänner:

weder 1931 beim Einmarsch der Japaner in die Mandschurei,
noch 1935/36 beim Abessinien-Krieg der Italiener,
noch 1939/40 beim russisch-finnischen Krieg.

Faktisch ist also der Kellogg-Pakt nie wirksam geworden.

Er wurde auch nicht angewandt auf den Einmarsch der Sowjetrussen von 1939 in Ostpolen und auf den Einmarsch der Sowjetrussen in die baltischen Staaten.

Seit 1946 vollends haben mehr als fünfzig Kriege stattgefunden, Kriege, die eindeutig von einer Partei als Angreifer verbrochen worden sind, wie beispielsweise der gemeinsame Überfall von Israel, Großbritannien und Frankreich auf Ägypten 1956, oder der Überfall Israels auf die arabischen Staaten im Juni 1967.

Aber nach keinem dieser mehr als fünfzig Kriege kam es zu einer Anklage, geschweige denn zu einer Verurteilung der verantwortlichen Staatsmänner und Heerführer.

Daraus ergibt sich: Die Strafverfolgung von Deutschen und ihren Verbündeten wegen angeblicher *„Verschwörung"* und wegen *„Planung, Vorbereitung und Durchführung eines Angriffskrieges"* war nichts anderes als Willkür.

Im übrigen wurde der Begriff *„Angriffskrieg"* in der Londoner Satzung überhaupt nicht definiert. An einer brauchbaren Definition fehlt es auch heute noch.

Mit dem Problem des Angriffskrieges aufs engste zusammen hängt die Kriegsschuldfrage.

Die Lüge von der alleinigen deutschen Kriegsschuld haben Historiker unserer ehemaligen Feindstaaten längst widerlegt. Ich nenne – nur als Beispiel – die US-Amerikaner *Harry Elmer Barnes, Charles Tansill, David Hoggan, Hermann Lutz,* die Briten *Russel Grenfell, F. J. P. Veale, Peter Nicoll, A. J. P. Taylor, J. F. C. Fuller,* den Franzosen *Benoist-Méchin* und andere mehr.

Seit Völkerrecht existiert, seit Hunderten von Jahren, sind von allen Kriegführenden nur Deutsche und Verbündete wegen der angeblichen Planung und Durchführung eines Angriffskrieges angeklagt und verurteilt worden.

V.

Ich komme zu Einzelheiten der Begriffsbestimmung des „Kriegsverbrechens", die im Londoner Statut und im Gesetz Nr. 10 völlig gleich formuliert sind, zum Beispiel

„Mord an Kriegsgefangenen".

Diese Definition paßt haarscharf auf das Blutbad von *Katyn,* wo auf Stalins Befehl nach Beendigung des Polenkrieges 4 500 polnische Offiziere heimtückisch ermordet worden sind. Ermordet worden sind sie allein deshalb, weil Stalin in der von ihm besetzten und seiner Diktatur unterworfenen östlichen Hälfte Polens die polnische Intelligenz nicht brauchen konnte und sie deshalb ausgerottet hat.

10 500 beim Einmarsch der Sowjetrussen in Ostpolen von ihnen festgenommene Angehörige der polnischen Intelligenz wurden in Lager verbracht und sind seither spurlos verschwunden.

Natürlich haben unsere Kriegsgegner nie im entferntesten daran gedacht, Stalin und seinen Mordbuben hierwegen den Prozeß zu machen.

Die UdSSR hat also bei der Unterzeichnung des Londoner Statuts und des Gesetzes Nr. 10 von vornherein nicht beabsichtigt, internationales Recht zu schöpfen.

Die USA, Großbritannien und Frankreich aber behaupteten wissentlich der Wahrheit zuwider, daß sie geltendes Völkerrecht zum Ausdruck brächten. Sie wußten nämlich sehr wohl, daß einer von ihnen, nämlich die UdSSR, der Auffassung war, in ihrem eigenen Staatsgebiet und im Gebiet der von ihr besetzten Länder in völliger Freiheit und in absoluter Willkür diejenigen Handlungen begehen zu können, die sie in der Londoner Satzung und im Kontrollratsgesetz Nr. 10 als Verbrechen bezeichneten und mit der Todesstrafe ahndeten, falls Deutsche sie begangen hatten.

VI.

Das Londoner Statut und das Kontrollratsgesetz Nr. 10 verletzten auch sonst geltendes Völkerrecht. Das sei anhand von einigen ihrer Straftatbestände aufgezeigt!

1.) Erstes Beispiel:

Beide, die Londoner Satzung und das Gesetz Nr. 10 stellten die „Tötung von Geiseln" unter Strafe.

Erst durch die *Genfer Konvention* von 1949, Artikel 34, wurde für die Zukunft bestimmt:
„Es ist verboten, Geiseln zu nehmen".
Die bloße Tatsache, daß man es für notwendig erachtet hat, dieses Verbot zu erlassen, ist bereits ein Indiz dafür, daß die Rechtslage bis dahin anders gewesen ist.
So haben insbesondere die Militärgesetze der vier Großmächte, welche die Londoner Satzung und das Gesetz Nr. 10 erlassen haben, die Festnahme von Geiseln *ausdrücklich* vorgesehen. Beispielsweise bestimmte das amerikanische *Militärreglement § 358*, Buchstabe d:

> *„Die festgenommenen oder in Haft gehaltenen Geiseln, die erklärt worden sind als zum Schutze bestimmt gegen rechtswidrige Handlungen der feindlichen Streitkräfte oder Einwohner des feindlichen Landes, können bestraft oder getötet werden, wenn die rechtswidrigen Handlungen trotzdem begangen werden."*

Die französische Dienstanweisung vom 12. August 1936 über den taktischen Einsatz der großen Einheiten macht es dem verantwortlichen Kommandeur sogar zur Pflicht, Geiseln festzunehmen, *„wenn die Bevölkerung eine feindselige Haltung einnimmt."*
Ebenso die Artikel 456 ff des englischen Militärreglements.

Hätte ein deutscher Soldat, nachdem er den Befehl zur Erschießung von Geiseln erhalten hatte, wie z. B. im Falle *Lidice* oder im Falle *Oradour*, die Rechtmäßigkeit dieses Vorhabens prüfen wollen, so hätte er in seinen innerstaatlichen Rechtsvorschriften kein diesbezügliches Verbot gefunden, auch nicht in den Gesetzen und Gebräuchen des Krieges, die darüber nichts besagen.

Wenn der deutsche Soldat aber, was kaum vorstellbar ist, die Befürchtung gehabt hätte, nach der etwaigen Niederlage seines Landes von den Gerichtsbehörden des Feindes verfolgt zu werden, und sich nach den innerstaatlichen Gesetzen dieser gegnerischen Staaten erkundigt hätte, so hätte er wiederum feststellen müssen, daß die Festnahme und Erschießung von Geiseln damals erlaubt war.

Groteskerweise hat beispielsweise der amerikanische Militärgouverneur in Deutschland zur gleichen Zeit, da Deutsche wegen der Erschießung von Geiseln zum Tode durch den Strang verurteilt und hingerichtet worden sind, angeordnet, daß für jeden etwaigen ermordeten amerikanischen Soldaten 20 Geiseln zu erschießen sind. Der französische Militärgouverneur sogar, daß für jeden ermordeten französischen Soldaten 100 Geiseln zu erschießen sind.
Es ist, was den Grundsatz betrifft, vollkommen klar, daß die Festnahme und Erschießung von Geiseln bis 1949 völkerrechtlich erlaubt war. Wenn die Londoner Satzung und wenn das sogenannte Kontrollrats-„Gesetz" Nr. 10 daraus, soweit Deutsche und Verbündete beteiligt waren, ein Verbrechen gemacht haben, so war das eine Mißachtung des Völkerrechts. Obendrein enthielt das Gesetz eine eindeutig rückwirkende materielle Bestimmung, die den elementarsten Erfordernissen des Strafrechts widersprach.

Da amerikanische, britische, französische oder sowjetrussische Militärpersonen wegen solcher Handlungen nach ihrem innerstaatlichen Recht nicht bestraft werden konnten, verstießen die Londoner Satzung und das Gesetz Nr. 10 auch in diesem Punkt gegen das geltende Völkerrecht.

2.) Ein anderes Beispiel:

Die Londoner Satzung und das Gesetz Nr. 10 stellen weiter unter Strafe:

> *„die unbegründete Zerstörung von Siedlungen, Städten und Dörfern oder Verwüstungen, die nicht aus Gründen militärischer Notwendigkeit gerechtfertigt sind."*

Boissier sagt dazu:

> *„Es kommt zuweilen vor, daß der Gesetzgeber eine Art bitterer und unfreiwilliger Ironie an den Tag legt."*

Ich ergänze: Das Kriegsverbrechen Nr. 1 war der von unseren Kriegsgegnern begonnene und zu höchster Brutalität gegen die Zivilbevölkerung gesteigerte Bombenterror aus der Luft.

Daß es sich dabei um eine Planung des britischen Juden Lindemann bereits aus dem Jahre 1936 gehandelt hat, hat der britische Luftmarschall *Spaight* uns nach dem Krieg enthüllt.

Lesen Sie, meine Damen und Herren, einmal die Dokumentation von *Axel Rodenberger, „Der Tod von Dresden"* über die Terrorangriffe auf das von Flüchtlingen vollgestopfte Dresden! Dieser Massenmord an Kindern, Frauen, Greisen, Kranken und Verwundeten gehört wohl zum Schauerlichsten, was im Zweiten Weltkrieg geschehen ist.

Aber nur Deutsche und Verbündete sind wegen — ich zitiere —: *„mutwilliger Zerstörung von Städten, Märkten und Dörfern"* und wegen *„durch militärische Notwendigkeit nicht gerechtfertigter Verwüstung"* bestraft worden.

Kein britischer Terrorflieger, kein amerikanischer Terrorflieger, keiner ihrer Vorgesetzten, nicht einmal *Lindemann,* der Verbrecher, der diese schauerliche Kriegführung gegen die Zivilbevölkerung ausgeheckt hat, wurde inkriminiert, geschweige denn bestraft.

3.) Ein drittes Beispiel nur beiläufig:

Einzigartig im internationalen Recht ist die Bestimmung der Londoner Satzung und des Gesetzes Nr. 10 (Artikel 2, Ziffer 2 e), daß dem Täter eines Verbrechens auch schuldlose Mitglieder einer Gruppe, die im Zusammenhang mit der Begehung des Verbrechens stand, gleichzustellen sind.

Auf Grund dieser Unrechtsbestimmung wurde eine Abertausende von Menschen umfassende Gruppe unseres Volkes, wurden nämlich die Angehörigen der SS auf Lebenszeit diffamiert und disqualifiziert.

Solche Diffamierung und Disqualifizierung gilt nach der heutigen Menschenrechtsdeklaration und der Menschenrechtskonvention als ein Verbrechen gegen die Menschlichkeit.

Auch dieses Beispiel zeigt in drastischer Weise, wie unsere Kriegsgegner in der Londoner Satzung und im Gesetz Nr. 10 die Willkür zum Recht erhoben und so mit dem wahren Recht Schindluder trieben.

VII.

Daß das Londoner Statut und das Gesetz Nr. 10 nicht Recht schufen, sondern in der Gestalt von Rechtsbestimmungen getarnte Willkür, ergibt sich eindeutig auch aus der Bestimmung des Artikels 8 des Statuts, nämlich aus der Bestimmung:

„Die Tatsache, daß ein Angeklagter auf Befehl seiner Regierung oder eines Vorgesetzten gehandelt hat, gilt nicht als Strafausschließungsgrund...“

Die für die amerikanischen Streitkräfte geltenden Militärvorschriften über den Landkrieg, Auflage 1940, aber lauteten:

„Die Mitglieder der Streitkräfte werden für diese Verletzungen (des Kriegsrechts) nicht bestraft, wenn sie auf Befehl oder mit Ermächtigung ihrer Regierung oder ihrer Vorgesetzten begangen werden.“

Ebenso die 1936er Auflage des Britischen Handbuchs:

„Mitglieder der Streitkräfte, die auf Befehl ihrer Regierung oder ihres militärischen Vorgesetzten Zuwiderhandlungen gegen die anerkannten Regeln des Kriegsrechts begehen, sind keine Kriegsverbrecher und können infolgedessen vom Feind nicht bestraft werden.“

Fassen wir das bisherige Ergebnis zusammen:

Das Londoner Statut und das Gesetz Nr. 10 haben nicht Recht geschaffen, sondern eine Satzung der Willkür.

Das Ziel war, auf dem Weg scheinbarer Rechtssprüche prominente Deutsche zu liquidieren, das deutsche Volk in allen seinen führenden Schichten als ein Volk von Verbrechern zu diffamieren, es, wie sich inzwischen ergeben hat, auszubeuten und gleichzeitig die eigene, viel größere Schuld an dem grausigen Geschehen des Zweiten Weltkrieges zu kaschieren.

VIII.

Nach Betrachtung der Strafbestimmungen sei nun auf die prozessualen Bestimmungen und deren Handhabung eingegangen.

Bis 1945 war es allgemeine Rechtsüberzeugung, daß im internationalen Gerichtsverfahren die Richterbank durchwegs mit Neutralen besetzt werden muß. Im Ständigen Internationalen Gerichtshof in *Den Haag* war dieser Gedanke in vorbildlicher Weise verwirklicht.

In den Nürnberger Prozessen des Internationalen Militärtribunals, in den amerikanischen, britischen, französischen, polnischen, jugoslawischen, sowjetrussischen Kriegsverbrecherprozessen wurden die Richter ausschließlich von den Staaten gestellt, die im Zweiten Weltkrieg selbst Partei gewesen sind.

Diese *eine* Streitpartei war alles in *einem:*

Sie war Schöpfer der Gerichtsverfassung.

Sie war Schöpfer der neuen, rückwirkenden Strafrechtsbestimmungen.

Sie war Ankläger.

Sie war Richter. (Eine Ablehnung der Richter wegen Befangenheit war nach Art. 3 der Londoner Satzung nicht zulässig.)

Und sie war auch Henker.

Und die Verfahren waren dementsprechend.

Die Rechte der Verteidigung waren beschränkt.

Beispielsweise war es der Verteidigung verboten, im Zusammenhang mit der Beschuldigung der „Verschwörung" und der Beschuldigung des „Angriffskrieges" auf die Ursachen des Zweiten Weltkriegs einzugehen. Die Wurzeln des Zweiten Weltkriegs aber lagen im Vertrag von Versailles.

Der englische Staatsmann Lloyd George hat bereits während der Friedensverhandlungen in Versailles zur beabsichtigten Regelung für Danzig und den Korridor erklärt:

> *„Dies ist die Ursache des kommenden Krieges." (Abetz, „Das offene Problem", Köln, 1951, S. 99)*

Lloyd George hat seinerseit weiter gewarnt:

> *„Die Ungerechtigkeit und die Arroganz, die man in der Stunde des Triumphes übt, werden niemals vergessen und verziehen werden. Ich kann mir keine stärkere Ursache für einen künftigen Krieg vorstellen, als daß das deutsche Volk, welches sich zweifellos als eine der kraftvollsten und mächtigsten Rassen der Welt erwiesen hat, rings von einer Anzahl kleiner Staaten umgeben werden soll, von denen viele aus Völkern bestehen, die noch nie vorher eine stabile Regierung aufgestellt haben, deren jeder aber breite Massen von Deutschen einschließt, die die Vereinigung mit ihrem Heimatland fordern. Der Vorschlag der polnischen Kommission, zwei Millionen einhunderttausend Deutsche der Aufsicht eines Volkes von anderer Religion zu unterstellen, das noch niemals im Laufe seiner Geschichte die Fähigkeit zu stabiler Selbstregierung bewiesen hat, muß meiner Beurteilung nach früher oder später zu einem neuen Krieg in Osteuropa führen." (Peter Kleist: „Auch Du warst dabei", Heidelberg, 1953, S. 24 f.)*

Dazu Universitätsprofessor *Charles Tansill:*

> *„In Nürnberg wurden Männer gehängt, weil sie die Sprengung der mit nationalem Haß legierten Ketten geplant hatten. Kein Wort fiel über die Pseudo-Staatsmänner, die in Versailles den Hexentrank bereitet hatten, durch den die Gemüter der Deutschen vergiftet wurden." (Die Hintertür zum Kriege, 1957, S. 49.)*

Der französische Historiker *Paul Rassinier:*

> *„Wenn aber die Anfänge des Krieges von 1939—1945 tatsächlich im Versailler Vertrag liegen — wer wird dann leugnen, daß die Frage nach der Verantwortlichkeit erneut zu prüfen ist und daß die dreizehn Prozesse in Nürnberg . . . neu aufgerollt werden müssen?"*
> *(Was ist Wahrheit oder Die unbelehrbaren Sieger, 1963, S. 204.)*

Der US-Historiker *Hermann Lutz:*

> *„Für uns ist es eine unumstößliche Tatsache, daß der Zweite Weltkrieg im Vertrag von Versailles wurzelt."*
>
> *(Verbrechervolk im Herzen Europas?, 1958, S. XVII.)*

Endlich aus der Rede des britischen Außenministers *Lord Halifax* am Tag

Dokumentation:

Ein Richter versagt sich . . .

Der amerikanische Richter des IMT in Nürnberg *Wenersturm* hat wegen der von den Anklägern verübten Prozeßführungsmethoden sein Amt als Richter empört niedergelegt und hat in der „*Chicago Tribune*" folgende Erklärung veröffentlicht:

„Punkt 3. Die Mitglieder der Gruppe der öffentlichen Ankläger, anstatt zu versuchen, ein neues, richtungweisendes Rechtssystem zu formulieren und zu erreichen, waren nur von ihrem persönlichen Vorurteil und ihren Rachegefühlen geleitet.

Punkt 4. Die Anklage tat ihr Äußerstes, um in jeder Weise der Verteidigung es unmöglich zu machen, ihren Fall vorzubereiten und Beweise herbeizuschaffen.

Punkt 5. Die Anklage, angeführt durch General Taylor, tat alles in ihrer Macht Stehende, um zu verhindern, daß ein einheitlicher Beschluß des Gerichtes herbeigeführt werden konnte, wie z. B. die Regierung in Washington zu bitten, dem Gericht weitere Dokumente, die im Besitz der amerikanischen Regierung waren, herbeizuschaffen und zur Verfügung zu stellen.

Punkt 6. 90 Prozent des Personals des Nürnberger Gerichtshofes bestand aus voreingenommenen Leuten, die entweder aus politischen oder rassischen Gründen die Sache der Anklage unterstützten.

Punkt 7. Die Anklage wußte genau, weshalb sie alle Verwaltungsposten des Militärgerichts mit ‚Amerikanern' besetzte, deren Einwanderungsbescheinigungen tatsächlich sehr neu waren und die dann entweder im Verwaltungsdienst oder durch ihre Übersetzungen eine feindliche Atmosphäre gegenüber den angeklagten Personen schufen.

Punkt 8. Das wirkliche Ziel der Nürnberger Prozesse war es, den Deutschen die Verbrechen ihrer Führer zu zeigen und das war die Absicht, aus welchem Grunde die Prozesse angesetzt wurden. Hätte ich sieben Monate früher gewußt, was in Nürnberg passierte, dann wäre ich niemals dorthin gegangen".

Mark Lautern: „Das letzte Wort über Nürnberg". S. 56.

der englisch-französischen Kriegserklärung an Deutschland vom 3. September 1939:

> *„Jetzt haben wir Hitler zum Krieg gezwungen, so daß er nicht mehr auf friedlichem Wege ein Stück des Versailler Vertrages nach dem anderen aufheben kann!"*
> *(„NATION EUROPA", 1954, 1, S. 46.)*

Meine Zitate sollen meine Ausführungen schlaglichtartig illustrieren. Die schlüssige Beweisführung haben die von mir erwähnten ausländischen Historiker längst geliefert, die sich eingehendst mit der Kriegsschuldfrage befaßt haben.

Zurück zum Thema:

Die Gefahr, welche der Anklage und dem Ansehen der Alliierten bei Erörterung der wahren Ursachen des Zweiten Weltkrieges drohten, waren dem Ankläger *Jackson* durchaus bekannt. Schon am 19. Juli 1945 hatte dieser US-Präsident *Truman* brieflich davor gewarnt:

> *„Ich glaube, daß dieser Prozeß viel Schaden anrichten müßte, wenn man die politischen Ursachen dieses Krieges studieren würde."*

Am 8. August 1945 wiederholte *Jackson* gegenüber *Truman:*

> *„Wir dürfen uns nicht erlauben, in eine Verhandlung über die Ursachen des Krieges hineingezogen zu werden."*
> *(Vgl. Glaser, „Der Zweite Weltkrieg und die Kriegsschuldfrage", S. 57.)*

So oft die Verteidigung versuchte, im Zusammenhang mit den Beschuldigungen der „Verschwörung" und der „Planung, Vorbereitung und Durchführung eines Angriffskrieges" die Versailler Wurzeln des Zweiten Weltkrieges darzulegen, wurde sie durch den Vorsitzenden des Tribunals daran gehindert.

Am 26. 3. 1946 verkündete das Gericht:

> *„Der Gerichtshof hat beschlossen, daß der Beweis über die Ungerechtigkeit des Versailler Vertrages oder ob er unter Zwang abgeschlossen wurde, nicht zulässig ist."*

Das war klare Rechtsbeugung.

Bei so geknebelter Verteidigung kann die Wahrheit und kann das Recht nicht gefunden werden.

Auch sonst war die Prozeßführung unkorrekt.

Zeugen wurden von den Ermittlern, zumeist Emigranten, in übelster Weise unter Druck gesetzt. Sie wurden mit eigener Strafverfolgung und mit dem Galgen bedroht, falls sie Gewünschtes nicht unterschrieben.

Sie wurden vielfach vor der Verhandlung in eidesstattlichen Erklärungen auf Aussagen festgelegt. Manche gaben in der Angst um das eigene Leben dem Druck nach. Manche hofften, in der mündlichen Verhandlung klarstellen zu können. Dann aber – so hat mir mein Mandant, Reichsanwalt *Dr. Rothaug* berichtet – hielt ihnen der Staatsanwalt ihre frühere Erklärung vor: *„Herr Zeuge, haben Sie nicht am Soundsovielten unter Ihrem* *feierlichen Eid das und das ausgesagt? Wollen Sie heute behaupten, daß Sie unter Ihrem feierlichen Eid Unwahres bekundet haben?"*

In vielen Fällen — so berichtete mir Dr. Rothaug weiter — begnügte sich der Staatsanwalt damit, den Zeugen gar nicht mehr in die Verhandlung zu bringen, sondern nur sein „*Affidavit*" vorzulesen und vorzulegen.

Von Belastungszeugen wurden Meineide geleistet, daß sich die Balken bogen.

IX.

Wir Juristen sind im allgemeinen viel zu trocken, um das, was in den sogenannten „Kriegsverbrecherprozessen" an himmelschreiendem Unrecht, an niederträchtigster Willkür geschehen ist, mit unseren nüchternen Worten schildern zu können.

Einem großen Franzosen, *Maurice Bardèche,* Universitätsprofessor an der Sorbonne in Paris, ist es gelungen, das anschaulich zu machen. In seinem Wert „*Nürnberg oder Die Falschmünzer*", das seinerzeit zunächst nur in der Schweiz in deutscher Sprache erscheinen konnte, verglich er die Justiz der Alliierten mit den Liquidierungsmethoden primitiver Völkerstämme:

> *„Der siegreiche König richtet sich auf seinem Thron ein und läßt seine Hexenmeister rufen: und unter Beisein der auf ihren Absätzen sitzenden Krieger erwürgt man die besiegten Häuptlinge. Wir beginnen zu vermuten, daß alles übrige Komödie darstellt, und die Zuschauerschaft, nach achtzehn Monaten, schon nicht mehr der Getäuschte dieser Inszenesetzung ist. Man erwürgt sie, weil sie besiegt worden sind . . .*
>
> *Ein Gericht, das das Gesetz macht, nachdem es sich auf seinen Sitz gesetzt hat, führt an Anfänge der Geschichte zurück. Zur Zeit Chilperichs wagte man nicht, so zu richten! Das Recht des Stärkeren ist eine anständigere Handlung. Wenn der Gallier Vae victis ausruft, hält er sich wenigstens nicht für Salomon."*

Und von den Richtern sagt *Bardèche:*

> *„Sie haben Millionen von Deutschen, die in ihrem Unglück geflüchtet und an ihrer Niederlage und durch ihr Besiegtenlos gewachsen sind, das Recht gegeben, sie zu verachten!"*

Leider wurde unser deutsches Volk von allen Massenmedien über die Ursachen des Zweiten Weltkrieges und seinen Werdegang derart belogen, daß es sich zu der von *Bardèche* erwarteten Verachtung der Siegerjustiz bis heute noch nicht durchringen konnte.

Staunend fragt der amerikanische Historiker Lutz die Deutschen, ob etwa Ausländer ein lebendigeres Gefühl als die Deutschen selbst dafür haben, was die deutsche Ehre und Würde erheischen. (Siehe Hermann Lutz ‚Verbrechervolk im Herzen Europas?', Tübingen, 1958).

In Rückerinnerung als Verteidiger in Nürnberg:

Nürnberg – keine Quelle des Rechts

Dr. Rudolf Aschenauer

Als ich zur Verteidigung der SA an den *„Internationalen Militärgerichtshof“* gerufen wurde, später am *Amerikanischen Militärgerichtshof* in Nürnberg verteidigte, schließlich am *clemency board* (Nürnberg) und am *modification board* (Dachau) wirkte und zur Entlassung vieler Landsberg-Häftlinge beigetragen habe, dachte ich nicht, daß dem deutschen Volke noch im Jahre 1976 NS-Prozesse beschert werden würden.

Ein Historiker müßte Jahrzehnte Zeit haben, um alle Urkunden und wesentlichen Zeugenaussagen zu überprüfen, die für die Nürnberger und ihre Nachfolgeprozesse, die sog. NS-Verfahren, eine große Rolle spielen. Dem Verteidiger in Nürnberg waren nur Dokumente zugänglich, die durch die alliierte Anklagebehörde gesichtet waren. Wie es sich heute zeigt, blieben wichtige Dokumente, die objektiven Aufschluß über die politische und militärische Lage hätten geben können, unter Verschluß.

Aussagen hochgestellter Persönlichkeiten aus der Epoche von 1933–1945 waren von der Furcht bestimmt, daß ihr Auftreten für sie und ihre Familien negative Folgen nach sich ziehen würde. Dies ist auch heute bei den NS-Verfahren in der Bundesrepublik Deutschland noch der Fall.

Beim Betrachten der Prozesse, die in Verbindung mit dem nationalsozialistischen Staat stehen, habe ich den Eindruck, daß die Wahrheit verzerrt und in unzureichendem Maße dargestellt wird. Der Mantel des Schweigens soll über eine Reihe von alliierten militärischen und politischen Planungen gebreitet bleiben.

Das „Hoßbach-Protokoll“

In Nürnberg wurde vor dem IMT als amerikanisches Anlagedokument *„386 PS“* eingeführt. Diese Urkunde sollte die Aussprache zwischen *Hitler, von Blomberg, von Neurath, von Fritsch, Dr. h. c. Raeder* und *Göring* am 5. 11. 1937 in der Reichskanzlei umreißen. Der damalige Oberst *Hoßbach* nahm an ihr als Wehrmachtsadjutant Hitlers teil. Ein Protokoll wurde nicht geführt.

Fünf Tage später fertigte Hoßbach aus dem Gedächtnis einen handschriftlichen Bericht über die Sitzung vom 5. 11. 1937 an. Der amerikanische Anklagevertreter *Aldermann* erklärte, dieses Schriftstück habe ungeheure Bedeutung. Hoßbach stellt in den Mittelpunkt seiner Aufzeichnungen

a) Sicherung und Erhaltung der Volksmasse

b) Lösung der Raumnot durch Gewinnung landwirtschaftlich nutzbaren Bodens

Hoßbach prägte das Wort „Gewalt unter Risiko“. Er spricht von drei

Alternativen bei Gewinnung des österreichischen und tschechoslowakischen Gebietes:

1.) Zeitpunkt 1943/1945 nach vollständiger Aufrüstung

2.) Durchführung des Planes, wenn die soziale Krise in Frankreich ihren Höhepunkt erreicht hat

3.) Bei Fesselung Frankreichs durch einen Krieg

In einem Affidavit stellt General *Hoßbach* fest: *„Bei der Sitzung am 5. 11. 1937 ist ein Protokoll durch mich nicht aufgenommen worden. Einige Tage später fertigte ich aus dem Gedächtnis ... eine Nachschrift an... Ich habe Hitler von dem Bestehen der Niederschrift Kenntnis gegeben und ihn zweimal gebeten, sie zu lesen, was er mit der Bemerkung, er habe keine Zeit, zurückwies... Der Inhalt der Niederschrift ist durch keinen Sitzungsteilnehmer durch Namensunterschrift anerkannt. Auf welche Weise eine oder mehrere Schreibmaschinenabschriften meiner einmaligen handschriftlichen Niederschrift zustandegekommen sind, entzieht sich meiner Kenntnis."* Hoßbach konnte in seiner eidesstattlichen Erklärung nicht bestätigen, ob es sich bei der Photokopie um eine genaue wörtliche Wiedergabe handelt.

Ich darf feststellen, daß *Hoßbach* im Gegensatz zu der eidesstattlichen Erklärung vom 18. Juni 1946 in seinem Buch *„Von der militärischen Verantwortlichkeit in der Zeit vor dem Zweiten Weltkrieg"* hervorhob, daß er sich stichwortartige Notizen über die Sitzung gemacht habe.

Interessant ist, daß der IMG darlegte, das sog. *Hoßbach-Protokoll* sei in den Archiven der Deutschen Regierung aufbewahrt und auch dort erbeutet worden. Die Wirklichkeit ist, daß *Oberst Graf Kirchhoff* in Liegnitz in den ausgelagerten Akten des Oberbefehlshabers des Heeres die Hoßbach-Niederschrift fand und eine Abschrift anfertigen ließ, die er einem Verwandten zu treuen Händen übergab. Bei der in Nürnberg vorgelegten „Urkunde" handelt es sich um eine in Washington beglaubigte Photokopie einer unauthentischen Abschrift eines verschollenen Originals.

Die Schuld der anderen

Für die Richter des Internationalen Militärgerichtshofes in Nürnberg ist es ohne Bedeutung gewesen, daß am 19. Oktober 1937 *François-Poncet* dem Reichsaußenminister eine baldige Volksfrontregierung vor Augen stellte. Im Mai des Jahres 1935 hatte überdies Frankreich unter Duldung Englands ein Militärbündnis mit Rußland abgeschlossen; am 16. Mai 1935 unterzeichnete die Sowjetunion mit der Tschechoslowakei einen Beistandspakt. Nicht bekannt war, daß nach dem Tode von *Pilsudski* Polen „Studien" für einen Krieg gegen Deutschland anlaufen ließ. Die Bedeutung der am 5. Oktober 1937 in Chicago gehaltenen sog.„ Quarantäne-Rede" *Roosevelts* wurde verkannt. In der Nummer der *„Chicago-Tribune"* vom 6. Oktober 1937 findet sich die warnende Stimme: *„Lockt die Politik Mr. Roosevelts nicht den Tag herbei, wo auch er keine andere Wahl haben könnte, als zu den Waffen zu greifen?"*
Der englische Außenminister *Anthony Eden* unterstützte sowjetische Forde-

rungen. Er regte am 15. Oktober 1937 den sofortigen Rückzug der Freiwilligen in Spanien im Verhältnis 3 : 2 zugunsten der Roten an.

Im Herbst 1937 erklärte *Winston Churchill* gegenüber *Ribbentrop* in der Londoner Botschaft: *„Wenn Deutschland zu stark wird, wird es wieder wie 1914 zerschlagen werden."* Darüber berichtete Ribbentrop nach Berlin. Der Bericht wurde in Nürnberg von der Verteidigung vergeblich angefordert. Churchill sollte zu dem ganzen Komplex als Zeuge geladen werden. Der stellvertretende britische Hauptankläger im Nürnberger Prozeß, *Sir David Maxwell-Fyfe*, widersprach: *„Ich wünsche nicht, daß mein Freund irgendwelchen Mißdeutungen ausgesetzt wird."*

Es ist ein Verdienst des Herrn Kollegen *Dr. Seidl*, zur Enthüllung des geheimen Zusatz-Protokolls zum Deutsch-Sowjetischen Vertrag beigetragen zu haben, in welchem es heißt:

1.) *Für den Fall einer territorial-politischen Umgestaltung in den zu den Staaten Finnland, Estland, Lettland, Litauen gehörenden Gebieten bildet die nördliche Grenze Litauens zugleich die Grenze der Interessensphären Deutschlands und der UdSSR. Hierbei wird das Interesse Litauens am Wilnaer Gebiet beiderseits anerkannt.*

2.) *Für den Fall einer territorial-politischen Umgestaltung der zum polnischen Staat gehörenden Gebiete werden die Interessensphären Deutschlands und der UdSSR ungefähr durch die Linie der Flüsse Narew, Weichsel und San abgegrenzt. Die Frage, ob die beiderseitigen Interessen die Erhaltung eines unabhängigen polnischen Staates erwünscht erscheinen lassen und wie dieser Staat abzugrenzen wäre, kann endgültig erst im Laufe der weiteren politischen Entwicklung geklärt werden. In jedem Falle werden beide Regierungen diese Frage im Wege einer freundschaftlichen Verständigung lösen.*

3.) *Hinsichtlich des Südostens Europas wird von sowjetischer Seite das Interesse an Bessarabien betont. Von deutscher Seite wird das völlige Desinteresse an diesem Gebiet erklärt.*

Ich habe in meinem Einführungsplädoyer im IG-Farben-Prozeß erklärt: *„Das geheime Zusatzabkommen gab das grüne Licht zum Krieg."*

Mir war in Nürnberg nicht bekannt, daß *Hitler* vor der Abmachung mit der sowjetischen Regierung in einem Telegramm an *Ribbentrop* in Moskau übermittelte, er würde es sehr begrüßen, wenn im Rahmen jetziger Abreden zum Ausdruck gebracht würde, daß nach Einigung der beiden Mächte Probleme in Osteuropa ausschließlich zur Interessensphäre Deutschlands und Rußlands gehörten. In Moskau konnte Ribbentrop diese Weisung nicht realisieren. Hitler wollte eine Ausweitung des Konflikts verhindern.

Einigen Quellen zufolge führte Stalin vor dem Politbüro, dem *Andrejew, Kaganowitsch, Kalinin, Schdadonow* und *Chruschtschow* angehörten, aus: *„Krieg und Frieden hängen jetzt davon ab, wie die Sowjetunion sich entscheiden wird. Wenn wir einen Bündnisvertrag mit England und Frankreich schließen, wird Deutschland sich gezwungen sehen, vor Polen zurückzuweichen und nach einem ‚modus vivendi' mit den Westmächten suchen . . .*

Wenn wir dagegen auf den Vorschlag Deutschlands eingehen, mit ihm einen Nichtangriffspakt abzuschließen, wird Deutschland mit Bestimmtheit Polen angreifen, und eine Einmischung Englands und Frankreichs in diesen Krieg wird unvermeidlich sein. Unter diesen Umständen besteht für uns eine große Aussicht darauf, daß wir ... zu unserem Vorteil abwarten können, bis wir an der Reihe sind. ... Es liegt in unserem Interesse, daß ein Krieg zwischen dem Reich und dem britisch-französischen Block ausbricht. Es ist für uns wichtig, daß dieser Krieg so lange wie möglich dauert, damit beide Parteien sich erschöpfen."

Ich kann nicht sagen, woher die Zeitschrift „*The International Law Review*" in Genf diese Worte hat. Sicher ist jedoch, daß Stalins Politik richtig umschrieben wird.

Tschechen und Sowjets

In Nürnberg bezeichnete ich die Tschechoslowakei als Flugzeugmutterschiff der Sowjets im Herzen Europas, in der nach dem Münchner Abkommen noch 175 000 Deutsche lebten. Diese wurden diskriminiert. Tausende von ihnen verloren ihre Arbeitsplätze. Die Arbeitslosenunterstützung wurde ihnen vorenthalten. *Siroky*, ein Freund von *Benesch*, baute als Verteidigungsminister in dem neuen Staat, dessen Völkerschaften auseinanderstrebten, eine Bastion des Widerstandes auf. Siroky führte das Kommando über 150 000 Mann. Seine Armee verfügte über 582 Flugzeuge, 2 175 schwere und leichte Geschütze, 468 Panzerkampfwagen und 785 Minenwerfer. In den Kasernen wurden Flugblätter verteilt, in denen es hieß: „*Der Tag, an dem die französischen, englischen und russischen Streitkräfte Euch erlösen, rückt näher.*" Die meisten Flugblätter stammten von *Gottwald*, dem Führer der tschechoslowakischen Kommunistischen Partei.
Benesch gab von London in den Jahren 1938 und 1939 Weisungen heraus, die zum Ziel hatten, General *Siroky* zu veranlassen, den früheren Zustand der Tschechoslowakei wiederherzustellen.
Siroky machte demzufolge am 6. März 1939 General *Prchala* zum Innen-, Finanz- und Verkehrsminister der Karpaten-Ukraine. Unter seinem Einfluß wurde Preßburg durch tschechische Truppen besetzt, die *Hlinka-Garde* entwaffnet. Die slowakischen Politiker *Tuka, Cernak* und *Mach* wurden verhaftet, sowie *Tiso* und drei weitere slowakische Minister abgesetzt.
Über diese Vorgeschichte ging Nürnberg mehr oder minder mit Schweigen hinweg.
Auf Verlangen von *Hitler* kam Präsident *Dr. Hacha* nach Berlin. Das Protektorat wurde gebildet. Die sowjetische Regierung erklärte zu den Prager Ereignissen, die Entscheidung Hachas sei verfassungswidrig.

Das Danzig-Problem und Polen

Bekannt ist, daß *Ribbentrop* am 24. Oktober 1938 der polnischen Regierung mitteilte, der Zeitpunkt für eine Gesamtlösung für das Danzig- und das Korridor-Problem sei gekommen.
Der Reichsminister schlug vor:
1.) Rückkehr Danzigs zum Reich

2.) *Bau einer exterritorialen, zu Deutschland gehörenden Autobahn durch den Korridor und einer ebenso exterritorialen mehrgleisigen Eisenbahn zwischen Ristow und Dirschau*

3.) *Bau einer ebenso exterritorialen Straße für Polen im Danziger Gebiet sowie einer Eisenbahn*

4.) *Gewährung einer Absatzgarantie für Polens Waren im Danziger Gebiet und Errichtung eines Freihafens*

5.) *Verlängerung des deutsch-polnischen Vertrages auf 25 Jahre*

Am 5. 1. 1939 wies der deutsche Außenminister Polen auf die Interessengleichheit zwischen Deutschland und Polen gegenüber Rußland hin.

Für Danzig sähe er die Möglichkeit einer Lösung, die die Interessen beider Länder gewährleisten würde. Hitler wäre in diesem Falle bereit, eine Erklärung abzugeben, wie er es gegenüber Frankreich oder Italien getan habe.

Am 21. März 1939 lädt *Ribbentrop* zu einer Aussprache über die anstehenden Probleme nach Berlin ein. Sein polnischer Kollege *Beck* lehnt ab.

Die Teilmobilmachung der polnischen Armee wird angeordnet. Am 23. März rief der polnische Minister den Generalinspekteur der Armee, Marschall *Rydz-Smigly*, Kriegsminister *Kasprzyk*, Generalstabschef *Stachiewicz*, der einen Feldzugsplan gegen Deutschland ausgearbeitet hatte, und noch andere Offiziere zu einem Kriegsrat zusammen. Die Stärke der polnischen Armeen wurde verdoppelt.
Sir Howard Kennard kabelte an *Halifax:* „750 000 Polen stehen unter Waffen. Viele Diplomaten sind der Ansicht, Polen wolle einen Krieg provozieren."
Hitler gab dem damaligen Generaloberst *von Brauchitsch* die Weisung: *„Die polnische Mobilmachung ist eine ungerechtfertigte Herausforderung, auf die ich nicht mit militärischen Gegenmaßnahmen antworten werde. Verstärken Sie aus Gründen der Vorsicht lediglich unsere Grenzsicherung im Osten."*

Am 6. April 1939 kündigten *Beck* und *Halifax* die baldige Unterzeichnung eines Beistandspaktes an. Am 26. März 1939 hatte der polnische Botschafter *Lipski* dem Außenminister *Ribbentrop* erklärt: *„Ich habe die traurige Pflicht, Sie davon in Kenntnis zu setzen, daß eine weitere Verfolgung der deutschen Pläne, vor allem soweit sie die Rückkehr Danzigs in das Reich betreffen, den Krieg bedeuten würde."*

Erst der britisch-polnische Beistandspakt veranlaßte militärische Vorbereitungen über die Grenzsicherung Ost hinaus. Es fragt sich, ob Polens Außenminister *Beck* anders hätte handeln können.
Bereits am 2. Oktober 1938 berichtete Botschafter *Graf von Moltke* dem Staatssekretär *von Weizsäcker*, daß die polnische Presse, die Linksparteien, die nationalistische Jugend, die von den Kriegsreden des Marschalls *Rydz-Smigly* begeistert waren, sich gegen die Politik einer Verständigung mit dem Reich wandten. Wir dürfen nicht vergessen, daß nach dem Versailler Friedensvertrage in Polen die These vertreten wurde, das Gewonnene zu sichern.

Am 2. Mai 1939 veröffentlichte die polnische Presse eine Karte, die auf den Berichterstatter der *„Gazeta Polska"*, *Smogorzewski*, zurückgeht, der hervorhob, daß die Verbindungslinie durch Pommerellen 25 km breit und 36 km lang wäre. Die nördlichste Grenze würde südlich von *Kosciercyma* (Berennt) verlaufen, sie würde die deutsch-polnische Grenze bei dem Dorfe *Tuszki* (Tuschkau) und die Danzig-polnische Grenze bei Król in der Nähe von Schöneck (Skarzewy) erreichen. In der *„Slowo Pomorskie"* wurde die Behauptung aufgestellt, daß die Erfüllung der deutschen Wünsche dem deutschen Reich einen Gebietszuwachs von 3 350 qkm mit etwa einer halben Million Menschen bringen würde, unter denen mehr als 100 000 Polen sind. Das Blatt bringt weiter zum Ausdruck:

„So also würde der Zugang Polens durch Pommerellen zur Ostsee aussehen, wenn die ‚Suggestionen' des Herrn Hitler verwirklicht werden würden. Die Weichselmündung und Danzig würden ungeteilt in deutscher Hand sein. Der Zugang zu Gdingen würde vollständig von dem Gutdünken des Deutschen Reiches abhängen, das diesen Zugang durch seinen exterritorialen Streifen jederzeit sperren könnte."

Es ist nicht bekannt, auf welche Informationsquellen sich die polnische Presse bei ihren Behauptungen stützte. Jedenfalls hatten diese Behauptungen — mögen sie gezielt oder ungezielt verbreitet worden sein — beim polnischen Volk eine ungeheure Erregung zur Folge. Diese entlud sich in Ausschreitungen gegen polnische Staatsangehörige deutscher Abstammung. Deutsche Schulgebäude wurden demoliert, Schaufenster deutscher Geschäfte beschmiert, deutsche Grabmäler beschädigt, deutsche Apotheken, Hotels und Sportstätten geschlossen. Deutsche Studenten mußten ihr Studium abbrechen, deutsche Arbeiter wurden entlassen.

Am 11. 8. 1939 hatte auf Einladung Hitlers der Danziger Hochkommissar *Burckhardt* eine Aussprache mit dem deutschen Staatsoberhaupt auf dem Obersalzberg.

Der Reichskanzler erklärte, er könne warten und wäre zu einem Gespräch bereit unter der Voraussetzung, daß Danzig und die deutsche Minderheit in Polen nicht belästigt würden. Hitler äußerte den Wunsch, mit General *Ironside* ein Gespräch zu führen.

Nach Rückkehr nach Basel bat *Burckhardt* den französischen Gesandten *Arnal* und den britischen Diplomaten *Roger Makins* zu sich. Die französische Zeitung „Paris-Soir" brachte das Gespräch des Danziger Hochkommissars mit Hitler mit der Behauptung, ersterer habe von dem deutschen Reichskanzler einen Brief an den englischen Premierminister *Chamberlain* erhalten, in welchem dieser aufgefordert wird, sich einem deutschen Vorgehen gegen die Sowjetunion anzuschließen.

Am 6. 4. 1939 brachte die Presse die Meldung über den polnisch-britischen Pakt. Unmittelbar nach diesem Zeitpunkt wurde der Leiter der Rußland-Abteilung im Büro Ribbentrop, *Dr. Peter Kleist*, von dem sowjetischen Geschäftsträger *Astachow* in das *„Kurländische Palais"* unter den Linden, Sitz der sowjetischen Botschaft, eingeladen. In der Unterhaltung machte der

Russe klar, wie widersinnig es sei, daß Deutschland und Rußland sich bekämpften, anstatt Seite an Seite große Politik zu betreiben.
Am 3. Mai tritt *Molotow* an Stelle des Juden *Litwinow*. Molotow war es, der nach dem Bericht des Botschafters *von der Schulenburg* am 22. Mai 1939 eine neue politische Grundlage zwischen Deutschland und Rußland forderte.

Am 5. Juni 1939 hob der deutsche Botschafter in Moskau das Interesse an politischen Gesprächen zwischen Berlin und Moskau hervor. Die Reichsregierung zögerte.
Erst Ende Juli konnte *Astachow* nach Moskau telegraphieren:
„Die Deutschen sind offensichtlich durch unsere Verhandlungen mit den englischen und französischen Militärs beunruhigt. Daher sind sie jetzt, wie ich meine, zu solchen Erklärungen und Gesten bereit, wie sie vor einem halben Jahr noch ausgeschlossen schienen."

Am 2. August 1939 erklärt *Ribbentrop* die Bereitschaft, die Beziehungen zur UdSSR unter bestimmten Voraussetzungen neu zu gestalten.
Am 15. August 1939 überbrachte *von der Schulenburg* Molotow die Mitteilung, *Ribbentrop* sei bereit, nach Moskau zu kommen.
Am 23. 8. trifft der deutsche Reichsaußenminister in Moskau ein.
Am 24. August 1939 standen 25 polnische Infanterie-Divisionen, die meisten Kavallerie-Brigaden und eine Anzahl von Spezialeinheiten unter Waffen.
Am 29. August 1939 erklärt Hitler dem englischen Botschafter *Henderson*, die deutsche Reichsregierung rechne mit dem Eintreffen eines bevollmächtigten polnischen Sonderbotschafters für den 30. 8. 1939. Die Reichsregierung würde die Vorschläge einer für sie akzeptablen Lösung sofort ausarbeiten. Diese sah wie folgt aus:

a) *Rückkehr Danzigs zum Reich*
b) *Volksabstimmung im Korridor-Raum von der Ostsee bis Marienwerder — Graudenz — Kulm — Bromberg — Schönlanke, gesichert durch eine internationale Kommission, in der die Großmächte Italien, Sowjetunion, Frankreich und England vertreten sein sollten*
c) *Nach erfolgter Abstimmung, falls zugunsten von Polen, erhält Deutschland eine exterritoriale Verkehrszone in Richtung von Bütow — Danzig bzw. Dirschau, in der Breite von 1 km zur Anlage einer Autobahn sowie einer viergleisigen Eisenbahnlinie.*
   Fällt die Abstimmung zugunsten Deutschlands aus, erhält Polen die gleichen Rechte einer exterritorialen Straßen- bzw. Eisenbahnverbindung wie sie Deutschland zustehen würden
d) *Bildung einer international zusammengesetzten Untersuchungskommission zur Prüfung von Schädigungen der beiderseitigen Minderheiten und umfassende Vereinbarungen zur Sicherung ihrer freien Entwicklung*

Festzustellen ist, daß ein polnischer Sonderbotschafter in Berlin nicht eintraf, daß *Sir Neville Henderson* und *Ribbentrop* im Streit voneinande schieden. *Göring* veranlaßte, daß *Dahlerus* dem britischen Geschäftsträge *Forbes* den Inhalt des deutschen Memorandums mitteilte.

Henderson suchte zu dieser Zeit *Lipski* auf. Er überbrachte ihm die deutsche Forderung, Danzig an das Reich abzutreten und eine Abstimmung im Korridor durchzuführen. Er erklärte, dies seien nicht allzu unbillige Vorschläge, und regte eine Zusammenkunft zwischen *Rydz-Smigly* und *Göring* an.

Südosteuropa

Der Internationale Militärgerichtshof in Nürnberg stellte fest, das nationalsozialistische Deutschland habe einen Angriffskrieg gegen Jugoslawien und Griechenland geführt. Ein vollständiges Dokumentations- und Zeugenbild lag in Nürnberg nicht vor.

Hitler wollte keinen Krieg in Südosteuropa.

Im Hintergrund der Ereignisse in Belgrad im Jahre 1941 stehen Moskau und London. *Professor Dr. Mirko Kosić*, der Freund des *Generals Simovic*, der im Einvernehmen mit den Sowjets den Staatsstreich gegen *Prinz Paul* inszenierte, gibt Aufschluß über die Ereignisse. Er bezeugt, daß bereits vor dem Beitritt Jugoslawiens zum Dreimächtepakt erörtert wurde, ob vor oder nach der Unterzeichnung der Putsch durchzuführen sei.
Einer der Hauptakteure, *Major Zivan Knezevic,* schrieb in seinen Erinnerungen über den 27. März: *„Mit dem Gedanken an den Krieg, der jetzt unaufhaltsam kommen wird, erwartete ich die erste Dämmerung einer neuen und furchtbaren Epoche."*

Nach Erhalt der Nachricht über den gelungenen Staatsstreich jubelte Churchill vor dem Zentralrat der Konservativen Partei: *„Hier endlich zeigt sich ein greifbares Resultat unserer verzweifelten Bemühungen, eine alliierte Front auf dem Balkan zu errichten."*

„Hitler muß diesen Feldzug gegen seinen Willen führen", hob Lord Halifax hervor, *„und diese Tatsache bietet uns unschätzbare Vorteile."*
Die *Simovic*-Regierung wurde beglückwünscht von Moskau: *„Das Jugoslawische Volk hat sich wieder seiner Vergangenheit würdig erwiesen."*

Der Geschäftsführer der russischen Gesandtschaft, *Lebedjejew,* übermittelte der jugoslawischen Regierung die dringende Aufforderung, zum Abschluß eines Freundschaftsvertrages eine Delegation nach Moskau zu senden.
In der Parteizeitschrift *„Der Kommunist"* 5/1958 heißt es: *„Der Nichtangriffspakt mit Deutschland war darauf berechnet, Zeit zu gewinnen. ... Als England und Frankreich, die den Krieg um imperialistischer Ziele willen angefangen und fortgesetzt haben, die ersten schweren Niederlagen erlitten, ... änderten die Kommunisten ihre Einstellung zum Krieg. Sie traten ein für eine entschlossene Kriegführung."*

Zum Angriff auf die UdSSR

Hoggan, Jacobsen und andere sind der Meinung, daß Hitler erst nach dem russisch-jugoslawischen Freundschaftspakt sich zur militärischen Auseinandersetzung mit der UdSSR endgültig entschlossen hat.
In einem Bericht vom 11. 6. 1941 (Auslauf Nr. 212/41 g Kdos. Chefs) teilt Keitel mit: *„Das Oberkommando der Wehrmacht hat die Reichsregierung*

laufend darüber unterrichtet, wie sehr die militärische Haltung Sowjetrußlands in wachsendem Maße einen bedrohlichen Charakter angenommen hat ... Es hat sich inzwischen erwiesen, daß die militärischen Maßnahmen der Sowjetunion eindeutig auf die Vorbereitung eines Angriffs auf das Deutsche Reich ausgerichtet sind ... 23. 11. 39 ... verstärkt auf 76 Schützen-Divisionen, 21 Kavallerie-Divisionen, 17 motorisierte und Panzerbrigaden. Trotz der Beendigung des Polen-Feldzuges wurden die Verstärkungen in großem Umfang fortgesetzt ... Die Gesamtstärke der sowjetrussischen Truppen im westlichen Grenzgebiet betrug danach Mitte März 1940 86—93 Schützen-Divisionen, 27 Kavallerie-Divisionen, 22 motorisierte und Panzer-Brigaden.

... Während die deutschen Grenzverletzungen sich meist als geringfügig und immer als unbeabsichtigt erwiesen, waren die sowjetrussischen Grenzverletzungen viel zahlreicher, ungleich schwerer und hatten häufig Todesfälle auf deutschem Gebiet zur Folge ... Bei der Besetzung der Baltischen Staaten durch Sowjetrußland war durch Verträge eine Höchststärke der Besatzung von insgesamt 70 000 Mann vereinbart worden ... Im Frühsommer 1940 hatte die Belegung eine Gesamtstärke von rund 250 000 Mann erreicht, zur Zeit stehen schätzungsweise 650 000 Mann in dem Gebiet der früheren Baltischen Staaten.

Eine weitere schwere Bedrohung Deutschlands stellte der Aufmarsch starker sowjetischer Kräfte an der russisch-rumänischen Grenze dar, der im Oktober 1940 begann ... Seit dem immer wieder stärker werdenden Auftreten englischer Kräfte in Griechenland bestand jedoch die Aufgabe der an der rumänischen Grenze versammelten russischen Kräfte offensichtlich darin, bei der nach dem Putsch in Belgrad vom 27. 3. 1941 unvermeidlich gewordenen bewaffneten Auseinandersetzung einzugreifen und in westlicher Richtung vorstoßend die Verbindung mit der jugoslawischen Wehrmacht aufzunehmen sowie die deutschen Balkankräfte von ihren Nachschublinien abzuschneiden....

Aus Ziff. VI der Anlage 2 ergibt sich der Aufmarsch der Roten Armee im wesentlichen als abgeschlossen ... 110 Schützen-Divisionen, 20 Kavallerie-Divisionen, 46 motorisierte und Panzer-Brigaden. Im übrigen europäischen Rußland nur: 27 Schützen-Divisionen, 5 ½ Kavallerie-Divisionen, 1 motorisierte und Panzer-Brigade.

Im Fernen Osten lediglich 25 Schützen-Divisionen, 8 Kavallerie-Divisionen, 5 motorisierte und Panzer-Brigaden.

Es ergibt sich also das Bild, daß der russische Aufmarsch immer mehr an die Grenze vorgeschoben worden ist ..."

Die Wahrheit wurde unterdrückt

Der englische Hauptankläger, *Sir Hartley Shawcross*, erklärte über den großen Prozeß am Internationalen Militärgerichtshof in Nürnberg: „... *glauben und wissen wir, daß dieser Gerichtshof in vollkommener und richterlicher Objektivität handeln und einen maßgeblichen und unparteilichen Bericht schaffen wird, der künftigen Geschichtsschreibern als Quelle der Wahrheit dienen wird ...*"

Dazu habe ich abschließend und zusammenfassend zu sagen: Nürnberg

ist keine Quelle der Wahrheit. Die Wahrheit wurde unterdrückt. Man versuchte, Fragen zu unterbinden.
In einer Kommissionsverhandlung kämpfte ich Stunden, um eine Frage stellen zu können. Um das Vorlegen von Dokumenten wurde schwer gerungen. Aus meiner heutigen Archivarbeit kann ich sagen, daß aufschlußreiche Dokumente von den ehemaligen Alliierten dem Gerichtshof nicht übergeben wurden.
Nicht umsonst forderte ich wiederholt, daß eine Kommission von Historikern und Juristen zu bilden sei, denen alle maßgeblichen Dokumente aus den verschiedensten Archiven zur Verfügung gestellt werden müßten, um ein objektives Urteil über die Zeitgeschehnisse von 1933—45 zu erhalten.

In Nürnberg wurde auf die Frage der Minderheiten — Danzig, Korridor, Oberschlesien — weder in der Anklageschrift noch im Urteil eingegangen.

Friedrich Stampfer, sozialdemokratischer Chefredakteur des „Vorwärts" vor dem Jahre 1933, schrieb in *„Die ersten 14 Jahre der Deutschen Republik"* über *Stresemann:*

„Er war wohl bereit, den Verzicht auf Elsaß-Lothringen auszusprechen — eine gleiche Verzichterklärung für den Korridor und Oberschlesien aber hätten weder er noch ein anderer deutscher Außenminister aussprechen können."

Bezeichnend ist, daß der Verteidiger *Dr. Seidl* in Nürnberg bei der Vorlage seiner Dokumentenbände erklären mußte: *„Auf Wunsch der Anklagevertretung — und ich glaube auch auf Wunsch des Gerichtes — habe ich die ursprüngliche Fassung meiner Dokumentenbücher sehr verkleinert."*
Im Prozeß vor dem Internationalen Militärgerichtshof wurden die Verteidigungsdokumente, die er im Zusammenhang mit der Auseinandersetzung mit Polen nannte, abgelehnt:
Der Kampf gegen das Deutschtum und gegen Danzig von 1919—1933.
Keine Besserung der Lage der deutschen Volksgruppen durch die deutsch-polnische Verständigungspolitik November 1933—August 1934.
Polen entzieht sich der Minderheiten-Kontrolle des Völkerbundes September—November 1934.
Weitere Verschlechterung in der Lage der deutschen Volksgruppe November 1934—Oktober 1937.
Nichtbeachtung der deutsch-polnischen Minderheiten-Erklärung durch Polen November 1937—November 1938.
Das polnische Vorgehen gegen die deutsche Volksgruppe im Olsa-Gebiet Oktober 1938—März 1939.
Zunehmende Verschärfung des polnischen Vorgehens gegen die deutsche Volksgruppe Oktober 1938—März 1939.
Schließlich ist zu erwähnen, daß auf Wunsch der Anklagevertretung von der Verteidigung des Generalgouverneurs *Frank* zurückgezogen wurde: *„Dokumente polnischer Grausamkeit"*.

Nürnberg ist keine Quelle des Rechtes und der Wahrheit.

Als Zeuge in Nürnberg

Prof. Dr. Bolko Freiherr von Richthofen

Nach meiner Entlassung aus dem nordamerikanischen Lager für kriegsgefangene deutsche Offiziere bei Bretzenheim (Kreis Kreuznach) wohnten seit Juli 1945 meine Frau und ich zur Miete als Heimatvertriebene zunächst in einem Zimmer in Hamburg-Blankenese. Eines Tages überbrachte mir 1946 ein Polizeibeamter eine Aufforderung, ich solle mich in Sachen Kriegsverbrecherprozesse sofort nach Nürnberg begeben. Alle Auslagen würden ersetzt. Weder er noch seine Vorgesetzten konnten Auskunft geben, für oder gegen wen und von wem eine Nürnberger Zeugenaussage von mir gewünscht wurde. Der damals höchste Hamburger Polizeibeamte wies mich wegen der Sache an die Britische Militärverwaltung und diese an eine nordamerikanische Dienststelle, die aber nur mitteilen konnte, wo ich mich in Nürnberg zu melden hatte. Dort wurde ich zunächst über verschiedene Dienststellen ‚herumgereicht' und fand mich dabei zuletzt vor dem stellvertretenden nordamerikanischen Hauptankläger und ehemaligen deutschen Ministerialrat *Dr. Robert Kempner*. Er empfing mich in betont höflicher Form, so u. a. mit den Worten *„Wir wissen, daß Sie zu den Wenigen gehörten, die in Deutschland gewagt haben, den Mund aufzumachen und führen einige Ihrer Protestschreiben in unseren Akten. Sind Sie bereit, uns eine schriftliche Zeugenaussage zu geben, was Sie im Osten an Greueltaten am meisten erschüttert hat?"*

Während der genannten Frage von Dr. Kempner war ich mir im Anschluß an Rundfunk- und Presseberichte über die Nürnberger Prozesse bereits durchaus klar darüber, nicht vor einem Vertreter von Wahrheit und Gerechtigkeit zu stehen, sondern vor einer der Persönlichkeiten, die erfüllt von einem hemmungslosen Rachewillen gegen die große Mehrheit aller einstigen deutschen Führungsschichten das Ansehen Deutschlands und der Deutschen in der Welt sowie deutsche Belange so stark wie nur irgend möglich zu schädigen trachteten. Dennoch gab ich auf Kempners Frage nach kurzen Bedenkminuten eine zusagende Antwort, um auch im Rahmen der Nürnberger Prozesse rückhaltlos für das Erkennen und Verbreiten der Wahrheit sowie für unbedingte Gerechtigkeit und das Messen mit gleichen Maßstäben nach allen Seiten eintreten zu können.

Dr. Kempner bejahte die Zusage in betont liebenswürdiger Form und erkundigte sich, wie lange Zeit ich für die verantwortungsvolle Aufgabe des Erarbeitens einer entsprechenden eidlichen schriftlichen Aussage für erforderlich hielt. Meinem daraufhin geäußerten Vorschlag gemäß bestellte er mein Erscheinen bei der Nürnberger Anklagebehörde der Hauptsiegermächte mit dem Eid für 2 ½ Tage später. Dort wurde ich zu der vereinbarten Zeit von Miss *Jane Lester* empfangen. Sie war Staatsanwältin und

Forschungsbeauftragte für das Beurteilen von Prozeßunterlagen. Miss Lester sagte mir zunächst, ich möchte am gleichen Tage um 17 Uhr wieder bei ihr vorsprechen. Sie werde meine ihr übergebene Eidaussage in der Mittagspause durchsehen. Nach 17 Uhr erklärte sie mir, bei der Länge der Aussage habe sie nur den ersten Teil gelesen, doch genüge ihr das. Die Aussage sei ganz besonders wertvoll. Hierauf fragte ich, ob durch diese Feststellung meine Aussage als eine amtliche Urkunde der Anklagebehörde anerkannt sei, was sie freundlich bejahte. Als Antwort kam meine Bitte, mir das am Schluß meiner Aussage mit dem Dienststempel ihrer Behörde und ihrer Unterschrift zu bestätigen. Miss Lester erwiderte, es habe zwar noch kein deutscher Zeuge ein solches Anliegen vorgebracht, aber sie wäre einverstanden, und da ich fließend englisch spräche, möge ich selbst einen entsprechenden Text angeben, den sie dann stempeln sowie unterzeichnen werde. Und so geschah es. Danach wurde ich durch Miss Lester für den nächsten Vormittag zu weiteren Besprechungen bei der Anklagebehörde der Nürnberger Prozesse der Hauptsiegermächte bestellt. Miss Lester ist mir jedoch dienstlich in Nürnberg nicht mehr begegnet.

Zweierlei Recht für Sieger und Besiegte?

Am folgenden Vormittag leitete die Besprechung mit mir *Dr. Speyer,* ein früherer Kölner Rechtsanwalt, Emigrant nach England und nordamerikanischer Staatsanwalt bei den Nürnberger Prozessen. Auch der USA-Geheimdienst war im Raum vertreten. Ich wurde mit eisig ablehnenden Gesichtsausdrücken empfangen. *Dr. Speyer* fragte als erstes in hartem Ton, was ich mir eigentlich dabei gedacht hätte, eine derartige Zeugenaussage vorzulegen.

Ich erwiderte: *„Genau das zu tun, was ich Ihrem Chef Herrn Dr. Kempner zugesagt habe, nämlich zu berichten, was mich im Osten an Greueltaten am meisten erschütterte."* Dr. Speyer entgegnete bissig: *„Hier ist aber doch nur ein Prozeß gegen Deutsche, und Sie beschuldigen auch die Gegenseite."* Meine Antwort war: *„Sie können doch nicht im Ernst glauben wollen, mich erschüttern nur deutsche Greueltaten und nicht ganz genau so auch die gegen Deutsche? In der Siegerpropaganda stehen die Nürnberger Prozesse unter der Losung „Recht im Dienste der Menschheit" und es gibt doch nicht zweierlei Recht, eines für Sieger und ein entgegengesetztes für Besiegte. Im übrigen ist meine Aussage bereits eine als solche anerkannte amtliche Urkunde der Nürnberger Anklagebehörde." „Unsinn!"*, meinte *Dr. Speyer.* Darauf forderte ich ihn auf, die gestempelte und von Miss Lester als Staatsanwältin und Forschungsbeauftragte unterschriebene Feststellung unter dem Schlußsatz meiner Aussage zu lesen. Mit saurem Gesicht steckte er das ein und erklärte dazu nur: *„Sie müssen uns aber einen zweiten Eid leisten, in dem nur von deutschen Schuldigen die Rede ist!"* Ich antwortete: *„Ich muß nur, was mir mein Gewissen vorschreibt!"*

Dr. Speyer entgegnete: *„Wir könnten Sie zwingen!"* Ich erwiderte *„Diese Behauptung ist ein völkerrechtswidriger Druckversuch, zumal über jede Erstseite einer Aussage auf dem vorgeschriebenen Formblatt für sie steht, daß die Aussage ganz freiwillig ohne jeden Druckversuch erfolgt."*

Hierauf fragte Dr. Speyer verlegen, wie ich mir denn eine Fortsetzung meines Verhaltens in Nürnberg vorstelle. Ich erklärte danach, daß ich unter einer bestimmten Voraussetzung bereit sei, einen zweiten Eid zu leisten. Am Beginn dieses zweiten Eides müsse ein Absatz stehen, daß es außerdem einen weiteren, ersten Eid gibt und jeder, der nicht beide zusammen benutzt, sondern nur den zweiten, von vornherein der Gefahr von Rechtsirrtümern ausgesetzt ist. Dr. Speyer erwiderte, er glaube nicht, daß seine Behörde diesem meinem Anliegen entsprechen könne. Darauf erhob ich mich und sagte: *„Dann darf ich mich ohne Rücksicht auf die Folgen verabschieden. Guten Tag, Herr Staatsanwalt!“* Hiernach bestellte mich Speyer zu einer neuen Besprechung für den Vormittag des folgenden Tages. Er werde die Angelegenheit vorher mit seinen Vorgesetzten besprechen. Am Tage darauf wurde ich von Speyer mit der Bemerkung empfangen, seine Behörde sei gar nicht so schlimm, wie ich mir das vorstelle, meinem Anliegen könne doch entsprochen werden. Er müsse aber die einzelnen Abschnitte des zweiten Eides vor dessen Niederschrift alle ganz ausführlich mit mir besprechen. Ich entgegnete, er könne mich beraten. Das sei sogar seine Amtspflicht. Aber was ich von seinen Ratschlägen annähme oder nicht, wäre allein meine Angelegenheit.

Wir hatten hierauf 6 Tage hindurch vielstündige Besprechungen. Bei diesen gab es gelegentlich erneut scharfe Zusammenstöße, wenn ich Vorschläge von mehrdeutigen bzw. sonstwie gefährlichen Formulierungen ganz entschieden verwarf. Einmal sagte ich dabei zu Dr. Speyer: *„Sie haben die Macht, mich einsperren oder erschießen zu lassen, aber nie, in meinen Eid unsachlich verwendbare Formulierungen hineinzubringen.“* Er erwiderte: *„Wir denken doch nicht daran, aus Ihnen einen Märtyrer zu machen!“* Dazu sagte ich: *„Wie außergewöhnlich liebenswürdig, aber dann lassen Sie endlich alle weiteren geistigen Druckversuche!“* Das tat er dann auch.

Nach dem Schluß unserer Besprechungen verfaßte ich auf 24 Seiten den endgültigen Wortlaut meiner zweiten eidesstattlichen Aussage handschriftlich. Dr. Speyer erklärte danach sofort, als ich ihn abgab, er müsse für die Akten getippt vorliegen und die Schreibmaschinenfassung von mir eidesstattlich unterschrieben werden. Danach wurde ich von ihm für den nächsten Vormittag erneut bestellt. Auf meine Frage bei diesem weiteren Besuch seiner Dienststelle durch mich an Dr. Speyer: *„Nun bitte, wo ist die getippte Abschrift meines zweiten Eides?“*, erwiderte er, seine Behörde habe für diese zusätzliche Arbeit leider keine Sekretärin und keine Maschine frei. Ich müßte vielleicht wochenlang darauf warten. In dieser Zeit bekäme ich natürlich keine Zeugengebühren für die Spesen meines Aufenthaltes in Nürnberg mehr, und ich würde dadurch in dieser Zeit auch nicht für meine Frau und unser noch nicht zweijähriges Kind sorgen können. Ich erwiderte, er werde vielleicht lachen, wenn ich ihm sage, daß es doch auch noch einige anständige Menschen in Deutschland gäbe, die meiner Frau im Notfall helfen würden. Er möge in das Protokoll schreiben, der Zeuge sei für zunächst zwei Jahre bereit, wenn nötig in Nürnberg zu bleiben. Hierauf kam wieder Dr. Speyers übliche Frage, wie ich mir den weiteren Fortgang meines Tuns in Nürnberg vorstelle. Meine Antwort war: *„Ich bedauere Ihre arme Be-*

hörde sehr, daß sie zur Zeit keine Schreibkraft und keine Maschine für die Abschrift meines zweiten Eides verfügbar hat, wie Sie sagen, aber ich werde gern selbst die Abschrift erledigen."

Schließlich nahm er mit süßsaurem Gesicht das Angebot an.

Nach der Abgabe dieser getippten Fassung meines zweiten Eides bestellte mich Dr. Speyer für den nächsten Vormittag zur Vereidigung. Der Empfang war dann ganz besonders scheinliebenswürdig. Dr. Speyer betonte, es wäre doch erfreulich, daß unsere Beziehungen nach den kleinen Zusammenstößen so gut zu Ende gingen, und ich möge schleunigst unterschreiben, um noch den nächsten Zug nach Hamburg erreichen zu können. Sein Sekretariat habe sich bereits um dessen Abfahrtszeit gekümmert. Ich erwiderte, die Bezeichnung „kleine Zusammenstöße" würde dem Ernst dessen, was zwischen uns Gegensätze schuf, in keiner Weise gerecht. Außerdem müßte ich vor der Vereidigung die mir zu dieser vorgelegte nochmalige Abschrift meiner getippten Fassung Zeile für Zeile genau prüfen, ob auch keine Fehler hinein geraten seien. In den Augen von Herrn Staatsanwalt Dr. Speyer schien mir nunmehr ein Ausdruck darauf hinzuweisen, daß in Bezug auf die getippte Fassung bei der amtlichen Neuabschrift etwas Ungutes geschehen war. Ich begann zu lesen und sagte daraufhin sofort: *„Ich bitte um Tinte und Feder!"* Dr. Speyer bemerkte dazu: *„Was wollen Sie damit?"* Ich erwiderte, im Dienste des Rechtes den Wortlaut nach meiner wirklichen Fassung ergänzen bzw. verbessern, wo es notwendig sei. Wenn Sie Wert darauf legen, werde ich Ihnen das gerne auch juristisch näher begründen." Das blieb unbeantwortet, doch Dr. Speyer sagte bald *„Sie schreiben ja so viel."* Ich antwortete: *„Nicht ein Wort mehr als unbedingt nötig!"* Die Einleitung mit dem Hinweis auf den ersten Eid, die meine Voraussetzung für das Leisten des zweiten wurde, war entgegen der festen Vereinbarung weggelassen worden. Eine Beurteilung des hochehrenwerten, von mir zu einer dienstlichen Besprechung über meine Proteste, als ich während des Krieges von der Front aus zu solchen Rücksprachen dienstlich nach Berlin gefahren war, aufgesuchten damaligen Staatsekretärs im Auswärtigen Amt *Hencke* schloß im Gegensatz zu verleumderischen Beschuldigungen Henckes u. a. mit der Feststellung *„Staatssekretär trägt keine Schuld!"* Dabei war in der Neuabschrift, die ich beeiden sollte, das *„k"* in dem Worte *„keine"* weggelassen und dadurch der Sinn in sein Gegenteil verkehrt! Bei der Neigung der Anklagebehörde, in Urteilen gelegentlich aus dem Zusammenhang gerissene Worte von Zeugenaussagen unsachlich zu verwenden, war mir die Größe der dadurch entstandenen Gefahr klar. Ich versah jede einzelne Verbesserung bzw. Ergänzung, die sich beim Prüfen der dienstlichen Neuabschrift der durch mich getippten Fassung meines zweiten Eides als notwendig erwies, mit meiner Unterschrift und wurde danach von Dr. Speyer vereidigt. Aber meine zwei beeideten Aussagen sind nie in Urteilen der Anklagebehörden verwendet worden...

Hans-Georg von Studnitz:

Das Nürnberger Weltgericht

„Eines Tages wurde mir der Vorschlag gemacht, nach Nürnberg zu gehen und die Berichterstattung über die sogenannten Kriegsverbrecherprozesse zu übernehmen. Der erste Prozeß gegen die Machthaber im Dritten Reich hatte mit dem Schuldspruch der meisten Angeklagten und ihrer Hinrichtung geendet. Was folgte, war wichtiger. Zur Verhandlung standen Verfahren gegen die Wehrmacht und das Auswärtige Amt, gegen die Reichsbehörden und gegen die Industrie, kurzum gegen alles, was in Deutschland unabhängig vom Nationalsozialismus Rang und Einfluß gehabt hatte. Der eigentliche Zweck von Nürnberg wurde nun sichtbar: Es ging den Siegermächten nicht nur um die Rädelsführer des gestürzten Regimes, sondern um die Führungsschicht in Deutschland überhaupt. Sie sollte vor aller Welt kompromittiert und zuschanden gemacht werden. Wollte der Morgenthauplan Deutschland in eine Ziegenweide verwandeln, so sollte Nürnberg die Elite des deutschen Volkes treffen und die Deutschen zu einer führungslosen Herde machen, die sich in jeden Pferch treiben ließ, den die Besatzungsmächte aufmachten. Gegen dieses Unterfangen publizistischen Widerstand zu leiste erschien mir eine lohnende Aufgabe und Pflicht.

Die Pressevertreter

Im Dezember 1947 machte ich mich nun auf, um in Nürnberg selbst die Voraussetzungen für mein Wirken als Berichterstatter zu prüfen. Es waren verheerende Bilder, die sich mir dort einprägten. In einem Brief an Dr. Fritz Heine, der als Vorstandsmitglied und Pressechef der SPD eine wichtige Stellung einnahm, schrieb ich (unter dem 22. Dezember 1947) über meine Nürnberger Erfahrungen: „Ich habe den Eindruck, als wenn ein großer Teil der SPD-Presse über die Nürnberger Industrieprozesse — Flick, Krupp, IG-Farben — völlig einseitig berichtet und das von der Anklage vorgelegte Material im Sinne einer klassenkämpferischen Agitation gegen die Industrie als die angeklagten Vertreter des deutschen Kapitalismus auswertet . . .

Von wenigen Ausnahmen abgesehen, ist die Qualität der in Nürnberg anwesenden 18 deutschen Pressevertreter unter jedem Niveau. Die wenigsten sind auch nur imstande, zwischen Klägern, Verteidigern und Richtern zu unterscheiden. Sie nehmen daher an, daß alles, was die Anklage vorträgt, den Tatbestand darstellt. Daß in der amerikanischen Verfahrensordnung der Staatsanwalt nicht wie in der deutschen die Aufgabe der objektiven Wahrheitssuche hat, sondern ausschließlich die Schuldigerklärung des Angeklagten betreiben muß, ist den deutschen Journalisten in der Mehrzahl unbekannt ... So gegeschieht es, daß die Arbeit der Verteidigung in der Presse, vor allem in den SPD-Blättern, überhaupt nicht gewürdigt wird ... Dieser Zustand ist aus mehreren Gründen unhaltbar. Einmal stehen die angeklagten Industriellen dort nicht als Privatleute, sondern, wie der Hauptankläger General Taylor einmal gesagt hat, als Symbole der ganzen deutschen Wirtschaft und des ganzen deutschen Volkes. Zum anderen sind für die Prozesse drei Industriegruppen ausgewählt worden, die nicht mehr und nicht weniger schuldig sind als die übrigen, hingegen das Hauptziel des vorhergegangenen Raubes von Patenten und Demontagen waren und sind."

Die Verteidigung

Einer objektiven Verhandlungsführung stand in Nürnberg fast alles im Wege. Den „Internationalen" Gerichtshof dominierten die Amerikaner, die in allen Verfahrensfragen die ihnen vertrauten Modalitäten anwandten. Verhandlungssprache war Englisch, das die Mehrzahl der deutschen Verteidiger sowenig beherrschte wie angelsächsisches Recht. Wenigstens einer der Gerichtsherren, die Sowjetunion, hatte sich während des Krieges ähnlicher Delikte schuldig gemacht, wie sie in Nürnberg den Deutschen vorgehalten wurden. Allein schon aus diesem Grunde war Objektivität von den Russen nicht zu erwarten. Aus sprachlichen Gründen hatte das Gericht eine ungewöhnliche große Anzahl deutscher Emigranten in seinen Dienst genommen. Sie traten in englischen und amerikanischen Uniformen auf und waren voll verständlichen Ressentiments gegen das Land, das sie vertrieben, um ihren Besitz gebracht und den Tod vieler ihrer Angehörigen verursacht hatte. Endlich tauchten in Nürnberg zahlreiche Deutsche auf, die sich den Anklagebehörden aus Furcht vor Auslieferung an die Russen, aus schierer Lust am Verrat, aus Opportunismus oder auch nur zwecks Ergatterung höherer Lebensmittelrationen andienten.

Von einer einheitlichen Strategie der deutschen Gesamtverteidigung konnte nicht gesprochen werden. Einmal waren die in den einzelnen Verfahren zur Verhandlung stehenden Komplexe zu verschieden voneinander. Zum anderen ließ die Solidarität unter den Angeklagten zu wünschen übrig. Der Trieb, die eigene Haut zu retten, riß Schranken wie Anstand und Ehre, gemeinsame Verantwortung und selbst kameradschaftliche Bindungen nieder. Dauer und Methode der Prozesse verdarben den Charakter zahlreicher Angeklagter. Die Ver-

Dr. Seidl, Verteidiger von Heß (links) – Dr. Laternser, Verteidiger von Generalstab und OKW.

teidiger, vieler Hilfsmittel beraubt, mußten oft genug Mandanten vertreten, die zu menschlichen Wracks denaturiert waren. Auch die unterschiedliche Qualität der Verteidiger fiel ins Gewicht. Meistern der forenischen Kunst wie Aschenauer, Becker, Dix, Kranzbühler, Laternser, Leverkühn, Metzler, Seidl, Servatius, Siemer standen Schmalspurjuristen zur Seite, die gar nicht merkten, daß es in Nürnberg um Tod und Leben der deutschen Nation ging. So glich Nürnberg einer Deponie, auf die der geschichtliche Müll des Dritten Reiches gefahren, sortiert, geschichtet und verbrannt wurde. In dem Gestank dieser Prozesse die Nase gegen den Wind zu halten erforderte einen unerschüttlichen Glauben an die Zukunft.

Ankläger Robert Kempner

Unter den Nürnberger Anklägern gehörte Dr. Robert W. Kempner zu den gefürchtetsten. In Freiburg als Sohn eines Arztes und einer Mutter geboren, die für ihre medizinisch-wissenschaftlichen Leistungen als erste deutsche Frau von Wilhelm II. mit dem Professorentitel ausgezeichnet worden war, hatte Kempner sich 1914 als Kriegsfreiwilliger zu den Gardeschützen gemeldet, Jura studiert und im preußi-

schen Innenministerium Verwendung gefunden, wo er schnell aufstieg. Als Leiter des Referats gegen rechtsradikale Umtriebe mußte er 1933 seinen Platz räumen und setzte sich in die Vereinigten Staaten ab. Als das Nürnberger Weltgericht über die nationalsozialistische Ära zusammentrat, war Kempner in amerikanischer Uniform wieder zur Stelle ...

Im Verhör mit Staatssekretären, Botschaftern und Legationsräten bediente er sich gern des burschikosen Jargons, den Berliner Untersuchungsrichter bei der Vernehmung schwerer Jungen anwenden. Geborene Berliner ließen sich durch diesen rüden Ton nicht irremachen. Süd- und Westdeutsche glaubten sich Ganoven gleichgestellt und waren zutiefst schockiert. So wurde Kempner zum Kinderschreck im Wilhelmstraßenprozeß.

In diesem Verfahren gelang es ihm, sich in dem Unterstaatssekretär Dr. Friedrich Gauß einen Kronzeugen gefügig zu machen. Gauß, ein eminenter Staats- und Völkerrechtler, hatte der kaiserlichen Regierung, den Kabinetten von Weimar und dem Dritten Reich gedient, wo er als Leiter der Rechtsabteilung im Auswärtigen Amt eine unentbehrliche Stütze Ribbentrops gewesen war. In Nürnberg verließen den alten Herrn seine geistigen und physischen Kräfte. Am 12. März 1946 verstand er sich zur handschriftlichen Abgabe einer Bußeerklärung, die am 17. März in Faksimile durch das amerikanische Besatzungsblatt[1]*) der Öffentlichkeit übergeben wurde. In ihr hieß es u. a.: „Ich gestehe für meine Person offen, daß es mir eine innere Qual ist, daran zu denken, wie wir, gerade wenn wir dem ganzen Naziwesen innerlich fremd und ablehnend gegenüberstanden, doch zwölf Jahre lang Ergebenheit und Folgsamkeit zur Schau getragen haben. Wir haben jetzt in all unserem Unglück doch den einen unvergleichlichen Gewinn, nach den langen Jahren unseres Schweigens, unseres Mangels an Mut zum Widerspruch und unserer Unwahrhaftigkeit endlich die Wahrheit sagen zu können. Diesen Gewinn sollten wir nicht verscherzen ...“ Inwieweit Kempner bei dieser Selbstbezichtigung Gauß die Feder geführt hat, sei dahingestellt.*[2]*) In jedem Fall wurde dieser Kronzeuge, der in auswärtige Angelegenheiten tiefe Einblicke gehabt hatte, in der Hand Kempners zu einer gefährlichen Waffe.“*

Aus: Hans-Georg von Studnitz: Seitensprünge. Erlebnisse und Begegnungen 1907–1970, Seewald-Verlag, Stuttgart 1975.

[1]) Vgl. „Neue Zeitung“ vom 17. März 1946, 3. Jahrg. No. 22.

[2]) Wie Kempner die Hilflosigkeit des Friedrich Gauß ausnutzte und ihn unter Druck setzte („Die Russen interessieren sich für Sie, das ist Ihnen doch klar?“) ergibt sich aus dem Vernehmungsprotokoll vom 6. 3. 1947, das im Dokumententeil (S. 372–383) des zitierten Buches von H.-G. v. Studnitz enthalten ist.

Das falsche Gericht

Prof. Michael Connors *

Die Maschinerie für die Anklage gegen die sogenannten „Hauptkriegsverbrecher", das Internationale Militärtribunal (IMT), wurde durch eine Übereinkunft zwischen Großbritannien, Frankreich, den Vereinigten Staaten und der Sowjetunion im August 1945 geschaffen (Londoner Erklärung). Vom November 1945 bis zum Oktober 1946 hatten sich vor dieser dubiosen Institution zweiundzwanzig Personen und sieben Organisationen zu verantworten. Gegen elf dieser Männer wurde die Todesstrafe verhängt. Von den übrigen wurden sieben zu Haftstrafen von unterschiedlicher Dauer verurteilt und drei wurden freigesprochen. Es sei noch erwähnt, daß in einer jeden Besatzungszone eine weit größere Zahl von Personen vor Sondergerichte der Militärregierung gestellt wurde. So gab es beispielsweise in der US-Zone zwölf solcher „Verfahren" mit insgesamt mehr als 1 500 Schuldsprüchen und über 400 Todesurteilen. Wir werden im folgenden auf diese nachgeordneten Prozesse noch zurückkommen.

Die Schuldbezichtigungen von Nürnberg sind in zwei große Kategorien zu untergliedern. Die erste dieser Kategorien umfaßte Anklagen wegen „Kriegsverbrechen" und „Verbrechen gegen die Menschlichkeit". Die zweite betraf Anklagen wegen der Vorbereitung oder Verschwörung zu einem „Aggressionskrieg". Mit diesem letztgenannten Anklagepunkt wurde natürlich eine ehrwürdige Rechtstradition mit Füßen getreten — ex-post-facto-Gesetze verstoßen gegen ein allgemein anerkanntes Prinzip. Kein Staatsmann war bis dahin wegen des Führens eines Krieges bestraft worden.

Wir werden uns mit diesen wichtigen Rechtsfragen noch befassen müssen, doch mag einstweilen die Feststellung genügen, daß durch das seit nunmehr dreißig Jahren ununterbrochen anhaltende Hochspielen eines angeblich einzigartigen deutschen Kriegsverbrechertums in den Massenmedien der Welt das natürliche und berechtigte Interesse an dem Grundunrecht des Nürnberger Verfahrens praktisch erstickt wurde. Ich verweise hier nur auf das oft gehörte Argument, „was in den Konzentrationslagern geschah, kann bei weitem nicht dadurch aufgewogen werden, daß man den Finger auf rechtliche Unvollkommenheiten des Nürnberger Verfahrens legt." Mit solchen Vorhaltungen wurde die dringend nötige Erörterung sehr schwerwiegender ethischer und rechtlicher Probleme einfach abgewürgt. Mag man im Gespräch mit vielen Amerikanern auch noch so behutsam das Nürnberg-Thema anschneiden, so hat man stets das unbehagliche Gefühl, ein emotionales Minenfeld zu betreten. All dies ist die Folge einer deutschfeindlichen Ein-

* Der Vortragende, Professor für Geschichte am Gwinnedd-Merci-College bei Philadelphia, hielt sein Referat „The false jugdements of Nuremberg from the perspective of an American" in seiner Muttersprache. Die Übersetzung besorgte Holger Stein.

stellung, die im amerikanischen Denken tief verwurzelt ist und die sich in geschichtlicher Betrachtung mindestens bis zum Jahr 1914 zurückverfolgen läßt.

Deutschenhaß und das andere Amerika

Erst vor zwei Jahren hat uns ein sehr fair denkender amerikanischer Publizist, *Benjamin Colby*, in einem Band mit dem Titel *„It was a Famous Victory"* eine brillante Darstellung der im Zweiten Weltkrieg liegenden Ursprünge dieser Deutschfeindlichkeit gegeben. Schon vordem hatte ich in meiner als Privatdruck erschienenen Broschüre *The Development of Germanophobia* (1966) die Entfaltung der deutschfeindlichen Einstellung von 1914 bis in die sechziger Jahre untersucht. Mit einem Wort: von 1870 bis 1914 trug das amerikanische Deutschlandbild noch geradezu Züge der Verehrung. Durch den Ersten Weltkrieg und infolge der Propaganda der Ententemächte sollte sich dies ändern, und trotz des kurzen Wiederauflebens etwas herzlicherer Gefühle für Deutschland in den zwanziger Jahren brachte dann der Aufstieg des Nationalsozialismus 1933 erneut eine Wendung zum Deutschenhaß mit sich. Im Lauf der letzten dreißig Jahre ist dieses Gefühl nun zwar etwas abgeklungen, doch bleibt die Tatsache festzuhalten, daß aus den gedruckten und hingesprochenen Äußerungen über Deutschland in allen westlichen Ländern heute nur selten echte Sympathie herauszuhören ist. Im Gegenteil geht von der Geschichtsepoche des Zweiten Weltkriegs und von den Jahren von 1933 bis 1945 nach wie vor eine makabre Faszination aus. Selbst auf dem Höhepunkt des für die Amerikaner bedrückenden Geschehens in Vietnam pflegten sich beispielsweise in unseren allabendlichen Fernsehmelodramen nur *deutsche* Schurken die Hand zu geben! Der kommunistische Feind in Südostasien hatte so abstoßende Züge offenbar nicht.

Was nun die Vorgänge in Nürnberg betrifft, so war es die von der Presse und von den Medien kultivierte Deutschfeindlichkeit, die diesen Gesamtkomplex überhaupt erst ermöglichte. Die in Tokio abgehaltenen Prozesse hatten für die amerikanische Presse einfach keinen vergleichbaren Neuigkeitswert, wiewohl man deren Einstellung zu Japan gewiß nicht als wohlwollend bezeichnen kann. Man kommt in diesem Zusammenhang nicht an der Tatsache vorbei, daß im Amerika der Kriegszeit die Stimmung der Öffentlichkeit emotional vergiftet war, da Tag für Tag wohlberechnete Dosen deutschfeindlicher Haßpropaganda verabreicht wurden. Nur in dieser Atmosphäre konnte Roosevelt erklären, daß sich das deutsche Volk gegen die Zivilisation verschworen habe, *„und wenn es nach mir ginge, würde ich die Deutschen 25 Jahre nach Brot Schlange stehen lassen."* Auch ein *Ilja Ehrenburg* hätte diese Äußerung eines Amerikaners kaum überbieten können. Gegen Ende des Krieges konnte die amerikanische Soldatenzeitung *„Stars and Stripes"* in einem Leitartikel schreiben: *„Mit Herz, Leib und Seele ... ist jeder Deutsche ein Hitler! Kein anderer verkörpert die Auffassungen der Deutschen so wie Hitler. Macht Hitler nicht zu euerm Freund. Verbrüdert euch nicht. Wenn ihr euch in einer deutschen Stadt zu einem*

Prof. Connors mit
Prof. von Richthofen
(v. l. n. r.).

hübschen Mädchen niederbeugt oder ein blondes Kind streichelt ... dann beugt ihr euch vor Hitler und seiner Blutherrschaft."

Einen engeren Bezug auf Nürnberg haben indessen die Äußerungen des Staatssekretärs *Cordell Hull,* als sich dieser bei einer noch während des Krieges in Moskau abgehaltenen Besprechung mit *Molotow* und *Eden* darüber ausließ, welche Behandlung man den „Kriegsverbrechern" angedeihen lassen solle. Dieser nicht mehr ganz junge Amerikaner legte ein so rachsüchtiges Gebaren an den Tag, daß dies offenbar selbst für die Russen überraschend kam, als er zu verstehen gab, daß er „*die Erzschurken vor ein zusammengetrommeltes Kriegsgericht stellen und bei Sonnenaufgang hängen würde.*" Zu einer gleichartigen Auffassung bekannte sich auch Generalstaatsanwalt *Tom Clark,* der sich dahin äußerte, er wünsche sich, das Nürnberger Tribunal möge „in der Weise Recht sprechen, die wir in Texas ‚*law west of the Pecos*' nennen (das Recht, das westlich des Flusses Pecos gilt) – ein schnelles Recht, vor allem schnell."

Ein ähnlicher Geist muß auf der Konferenz von Teheran gewaltet haben, bei der Stalin sich dafür aussprach, 50 000 hohe deutsche Offiziere und Techniker nach der Gefangennahme unverzüglich zu erschießen. Als Churchill gegen ein so barbarisches Vorgehen denn doch Einwände erhob, zeigte sich Roosevelt kompromißbereit, indem er vorbrachte, daß vielleicht „*ja auch schon eine kleinere Zahl genügen würde. Sagen wir mal 49 500?*" Die Russen lohnten ihm dies mit dröhnendem Beifallsgelächter – ein boshafter Scherz. Oder vielleicht doch kein Scherz? Jedenfalls aber war dies die herrschende Stimmung, das Meinungsklima, in dem der Racheakt von Nürnberg konzipiert und ausgeführt wurde.

Als Amerikaner schmerzt es mich sehr, daß so mancher meiner Landsleute bei all diesen Vorgängen eine besonders schändliche Rolle spielte, wobei nur das eine tröstlich ist, daß andere Amerikaner unter jenen waren, die Nürnberg unbeirrt und auf das heftigste kritisierten. Die Gesamtheit der amerikanischen „revisionistischen" Geschichtsschreibung, eine sehr eindrucksvolle wissenschaftliche Literatur, läuft auf eine Zurückweisung der Nürnberger Rechtsbrüche hinaus. Immerhin hat auch der verstorbene Senator *Robert A. Taft* aus Ohio in einer berühmt gewordenen Ansprache im Oktober 1946 vor dem Kenyon College die Vorgänge von Nürnberg unmißverständlich als Rechtsfarce gekennzeichnet. Er sagte damals:

„Ich glaube, daß die meisten Amerikaner die Kriegsprozesse, die jetzt in Deutschland zum Abschluß gebracht worden sind, mit Unbehagen verfolgt haben ... In diesen Prozessen ist das Grundprinzip amerikanischen Rechts verletzt, daß niemand nach einem später ergangenen Gesetz unter Anklage gestellt werden kann. Ein Gerichtsverfahren der Sieger gegen die Besiegten kann niemals unparteiisch sein, selbst wenn man noch so ängstlich bestrebt wäre, die äußeren Formen der Rechtsprechung zu wahren ... Über diesem Urteilsspruch hängt von vornherein der Geist der Rache, und Rache hat nur selten etwas mit Gerechtigkeit zu schaffen. Der Tod der elf verurteilten Männer am Galgen ist für Amerika ein Schandfleck, der uns noch lange belasten wird."

Der Richter am Obersten Gerichtshof der Vereinigten Staaten *William O. Douglas* vertrat in seinen politischen Auffassungen meistens einen Standpunkt, der dem von Senator Taft diametral entgegengesetzt war. Fast ein Jahrzehnt nach Nürnberg schrieb Douglas die Worte nieder:

„Wie viele Bücher oder Denkschriften auch verfaßt werden mögen, wie fein die Anwälte dies auch begrifflich zergliedern mögen, so steht doch fest, daß die Nazis angeklagt wurden, Verbrechen begangen zu haben, die niemals mit der von unseren Rechtsnormen geforderten Klarheit als solche formalisiert ... oder von der Völkerrechtsgemeinschaft unter Todesstrafe gestellt worden waren. Legt man unsere Rechtsvorstellungen zugrunde, so ist zu sagen, daß sich nur unter der Voraussetzung der Anwendung rückwirkender Gesetze ein Verbrechenstatbestand ergab ...

Ihre Schuld berechtigt uns nicht, Prinzipien durch Macht zu ersetzen."
Wenn man einmal davon absieht, daß sich *Douglas* hier den Begriff „Verschulden" etwas leicht von den Lippen gehen läßt, so springt doch sofort ins Auge, wie sehr sein ablehnendes Urteil dem des Senators *Taft* gleicht. *Douglas* verwehrt sich dagegen, daß die nackte Macht an die Stelle von Rechtsgrundsätzen durchdringt. Beide wenden sich gegen den rückwirkenden Charakter des Gesamtverfahrens. Und diese beiden Kritiker waren nicht nur hervorragende Juristen, sondern bemerkenswerte Persönlichkeiten ja auch insofern, als sie polare Gegensätze im Lebensgefühl des amerikanischen Volkes, im amerikanischen Denken, in der amerikanischen Politik verkörperten. Mir ist auch nicht bekannt, daß sonst jemals der Fall eingetreten wäre, daß der konservative Republikaner *Taft* und der linksliberale Demokrat *Douglas* in irgendeiner Frage übereinstimmten, abgesehen eben nur von der Bewertung des Geschehens in Nürnberg.

Allgemein ist eine breite Übereinstimmung in den kritischen Äußerungen über Nürnberg festzustellen, seien es nun Äußerungen von amerikanischer oder von anderer Seite. So wird zunächst einmal vermerkt, daß mit der Nürnberger Gerichtsposse das Prinzip der Rechtsgleichheit verletzt wurde. Bestraft wurden nur Deutsche, und — wie einzuräumen ist — oftmals für Handlungen, die von Soldaten und Zivilisten der Siegermächte ebenso begangen wurden. Wie *William Henry Chamberlain* feststellt: *„Einer der am deutlichsten hervortretenden Unterschiede zwischen einem echten Gerichtshof und der Lynchjustiz ist aber der, daß das Gericht ohne Ansehen der Person urteilt."*

Richter in eigener Sache

Es ist (meiner Auffassung nach auch zu Recht) der Vorwurf erhoben worden, *„daß das Tribunal in Wirklichkeit ja gar nicht international zusammengesetzt war und mithin für einen Fall völkerrechtlichen Charakters nicht zuständig sein konnte. Das Tribunal war vielmehr nur eine Fassade für die bewaffnete Macht der Alliierten und sein Recht war Militärrecht, mehr noch: Siegerrecht." (John W. Baird, Hrg., From Nuremberg to My Lai, S. X).* Nur nebenbei sei bemerkt, daß auch nicht das geringste unternommen wurde, den Gerichtshof etwa durch ein unparteiisches neutrales Mitglied zu ergänzen — geschweige denn, den Besiegten eine Stimme zu geben! Von einem Gericht, das die Funktionen des Richters, des Anklägers und der Geschworenen in sich vereinte, kann selbst ein Schwachkopf keine unparteiische Gerechtigkeit erwarten. Wie sollte eine unparteiische Rechtsfindung möglich sein, da man doch selbst zutiefst mit den eigenen Anliegen in das Geschehen verstrickt war, so daß sich jegliche Befangenheit ungehemmt auswirken mußte? Weiterhin wird man sich die schon von Taft und Douglas hervorgehobene Tatsache vor Augen halten müssen, daß hier *rückwirkende* Maßregeln in Anwendung kamen. Mit anderen Worten, es wurde Anklage erhoben wegen Handlungen, *die zum Zeitpunkt der Ausführung nicht als Straftaten galten!*

Als geradezu verheerend muß man allein schon den Umstand bezeichnen, daß sich die Angehörigen des Tribunals trotz eigener Verstrickung in die Streitsache kraft Siegerrechts das Amt anmaßten, über die Besiegten zu Gericht zu sitzen. Aber damit nicht genug. Wie *William Henry Chamberlain* in seinem Buch *America's Second Crusade* schreibt: *„Zu dieser mangelnden Rechtsgrundlage der Prozesse gesellte sich erschwerend noch die Tatsache, daß an den Untersuchungen und Polizeiaktionen in Verbindung mit der Anklageerhebung auch eine beträchtliche Anzahl amerikanischer Neubürger beteiligt war, Personen, die aus politischen oder rassischen Gründen aus Nazideutschland geflüchtet waren. Der Rachedurst, von dem sich dieser oder jener leiten ließ, war menschlich verständlich. Doch hätten sich amerikanische Gerichte nicht dazu hergeben dürfen, diesen Rachedurst zu lindern."*

Chamberlain stellt weiter fest, daß *„das Beweismaterial, auf denen gewisse Urteilssprüche beruhten, befleckt war von der Brutalität und den Schikanen, mit denen Geständnisse erpreßt wurden."* Es sei in diesem Zusammenhang bemerkt, daß im sogenannten *Malmedy*-Prozeß deutsche Kriegsgefangene den brutalen Methoden des „dritten Grades“ unterworfen wurden, wie dies in Amerika genannt wird, um sie so geständnisreif zu machen. So wurden ihnen u. a. brennende Streichhölzer unter die Fingernägel getrieben, sie wurden in den Unterleib getreten, man schlug ihnen mit Schlagringen ins Gesicht und scheute auch nicht davor zurück, durch angebliche „Priester“ das Beichtgeheimnis mißbrauchen zu lassen, um so Auskünfte zu erlangen. Die Authentizität all dieser Vorgänge ist durch die Aussagen von zwei amerikanischen Richtern verbürgt, die vom Heeresministerium zur Untersuchung dieser Vorfälle entsandt wurden, *Edward L. van Roden* und *Gordon Simpson.*

Es ist vielfach auch schon auf den Widersinn verwiesen worden, der darin liegt, daß die Sowjets in Nürnberg am Richtertisch saßen, während sie eigentlich auf die Anklagebank gehört hätten. Gab es denn ein „Kriegsverbrechen“, ein „Verbrechen gegen die Menschlichkeit“, das sie sich im Verlauf des Zweiten Weltkriegs oder auch schon in den voraufgegangenen Jahren *nicht* hätten zu Schulden kommen lassen? Hier ist beispielsweise an das Massaker von *Katyn* zu erinnern (das der Gerichtshof anfangs auch noch Deutschland anlasten wollte) oder bereits vordem an die Massenliquidation der Kulaken und anderer Opfer. Doch könnte man ebenso die Frage aufwerfen, was ein wirklich unparteiischer Gerichtshof beispielsweise im Hinblick auf die Schuld *Franklin D. Roosevelts* oder *Winston Churchill* hätte feststellen mögen, wenn man sich das Beweismaterial vergegenwärtigt, das von so hervorragenden revisionistischen amerikanischen Historikern wie etwa *Harry Elmer Barnes, Charles Austin Beard* oder *Charles Callan Tansill* zusammengetragen worden ist.

Einseitig Deutschland belastet

Wer sich über die Vorgänge in Nürnberg dreißig Jahre danach ein redliches und ausgewogenes Urteil bilden will, der wird nicht umhin können, den Gesamtkomplex der „Kriegsverbrechen“ sehr sachlich und leidenschaftslos zu prüfen. Er wird sich auch darüber klar sein müssen, daß er kaum hoffen darf, seine persönliche Integrität werde *nicht* in Zweifel gezogen werden, sobald er auch nur zu erkennen gibt, daß eine Überprüfung vielleicht doch angebracht sein könnte. Das meiste von dem, was seit Nürnberg über „Kriegsverbrechen“ geäußert oder niedergeschrieben wurde, hatte von vornherein dem Zweck zu dienen, einseitig Deutschland zu belasten. Das aber ist nicht nur ungerecht, sondern auch geschichtsfremd. Hält man sich das totale angloamerikanische Desinteresse an den von uns selbst im Krieg begangenen Untaten vor Augen, so könnte man fast meinen, daß der Krieg der Alliierten in seiner idealistischen Zielsetzung in der Geschichte einen einzigartigen Platz einnähme, ein wahrhaft hochherziger Kreuzzug ohne jegliche Parallele in der langen und blutbefleckten Geschichte der Kriegführung. Heute dürfte aber doch jeder wissen, daß dies ganz einfach nicht der Fall war. Hätten wir auch nur einen Bruchteil der auf die Aufdeckung von

Übergriffen in Vietnam gerichteten Energien darauf verwendet, die unserseits im Zweiten Weltkrieg begangenen Exzesse ans Licht zu bringen, so würden wir wohl alle den Kampf in Europa heute in einem anderen Licht sehen.

Die von mir angeregte leidenschaftslose Überprüfung würde, wie einzuräumen ist, sowohl für die Amerikaner als auch für die Angehörigen der im Krieg mit uns verbündeten Mächte recht schmerzhaft sein, da wir uns hierbei langgehegter Selbsttäuschungen entledigen müßten. Doch würden die Vorteile dies bei weitem aufwiegen. Eine solche leidenschaftslose Überprüfung, wie sie mir vorschwebt, könnte sich gar nicht anders auswirken als in der Wiederherstellung einer maßvollen und ausgeglichenen Perspektive in der Beurteilung der Gesamtfrage der „Kriegsverbrechen" des Zweiten Weltkriegs, wobei sich konstruktive Änderungen nicht nur in unseren Anschauungen über den Zweiten Weltkrieg einstellen würden, sondern auch in unseren Auffassungen zur Gesamtgeschichte der seitherigen Weltpolitik. Ein solches Neudurchdenken, das sich nicht damit zufrieden gäbe, das Augenmerk ausschließlich nur auf deutsche Missetaten zu richten, würde ebenso auch eine freimütige und peinlich genaue Untersuchung der „Kriegsverbrechen" sämtlicher alliierter Mächte einbeziehen müssen. Das würde bedeuten, daß dann auch über die Flächenbombardements gesprochen würde, über die unglaublich brutale Austreibung ganzer deutscher Bevölkerungsgruppen aus den Ostgebieten und über jene Millionen, die im Zuge dieser Vorgänge umgebracht wurden und denen Gewalt angetan wurde. Über den Terrorangriff auf Dresden (von dem sich nur wenige Amerikaner überhaupt einen Begriff machen können), jenes größte Blutbad der Geschichte, wäre hierbei ebenso offen zu sprechen! All dies – und noch weit mehr. Ich meine, daß nur ein solcher ausgewogener Blick der Vernunft und Gerechtigkeit wieder zur Geltung verhelfen wird.

Gewogen und zu leicht befunden . . .

Was ist abschließend nach dreißig Jahren über Nürnberg zu sagen? In sittlicher, rechtlicher und geschichtlicher Hinsicht war das gesamte Verfahren auf Treibsand gebaut, ungeachtet der seinerzeit lauthals verkündeten Behauptung, hier werde eine neue, weiterführende Entwicklung des Völkerrechts in die Wege geleitet. Ganz offensichtlich war dies eben nicht der Fall. So können wir auch keineswegs sicher sein, daß diese Abschreckungswirkung für die Zukunft wirksam sein wird – wiewohl die Befürworter des Nürnberger Prozesses just dies am lautesten in die Welt hinausposaunten. Während des Vietnamkonflikts wurde vielen Amerikanern klar, was es wirklich mit Nürnberg auf sich hatte, als nämlich ihre eigenen Söhne in der Gefangenschaft vom Feind als „Kriegsverbrecher" eingestuft wurden. Natürlich faßte kein Mensch die Möglichkeit ins Auge, gegen die kommunistischen Streitkräfte nach dem Muster des Nürnberger Prozesses vorzugehen, was auch immer sie sich zuschulden kommen lassen mochten. Kurzum, wie man es auch betrachten mag, von einer rechtlichen, geschichtlichen oder pragmatischen Warte: Die hehren Ansprüche von Nürnberg wurden gewogen und zu leicht befunden.

Der falsche Weg

Das Nürnberger Verfahren aber, das den Sieger zum Richter, den Besiegten zum alleinigen Angeklagten macht, kann gar keine andere Folge haben, als daß in möglicherweise kommenden Konflikten noch radikaler um den Sieg bzw. bis zur Vernichtung gekämpft wird, als es 1945 der Fall war. Da die Geschichte keinen Sieger kennt, der „mea culpa" ruft und dem Besiegten recht gibt, ist es ganz selbstverständlich, daß auch jeder weitere Prozeß Nürnberger Stils nicht Recht anwendet, sondern nur juristische Konsequenzen aus Geschehenem macht und politische Entscheidungen trifft.

Wem immer das Recht ein ernstes Anliegen ist, der muß solchen Entscheidungen sein entschlossenes Veto entgegensetzen. Das Nürnberger Recht ist als reines Siegerrecht kein Fortschritt, sondern eine ernste Gefahr für das Völkerrecht überhaupt. Wenn dieses jemals den Schritt vom Vertragsrecht zum allgemein bindenden Recht tun soll – dann kann es niemals auf d i e s e m Wege geschehen.

Ein dritter Faktor ist zu bedenken, er wird von den Vertretern des Nürnberger Prinzips mit Vorliebe in die Debatte geworfen: Es ist natürlich kein Zweifel, daß hier in Nürnberg neben vielen sehr umstrittenen Tatbeständen tatsächliche und erwiesene Verbrechen abgeurteilt wurden. Wer freilich den Nürnberger Justizpalast selbst erlebt hat, weiß, daß auch in diesen Prozessen manches Einzelurteil und viele Strafmaße durch die hier angewandten Anklage- und Verteidigungsmethoden stark umstritten sind. Insbesondere sind die tatsächlichen Verantwortungsverhältnisse von der Anklage in verschiedenen Prozessen verschieden vorgetragen und „bewiesen" worden. Die Zahl der Einwände, die man gerade in den Verfahren, in denen es um konkrete Verbrechen ging, gegen die Methoden der Anklagen und die Argumentationsgerichte erheben mußte, ist Legion. Es ist heute schon so, daß wir, die wir die Tragödien vor unseren Augen sich abspielen sahen, überzeugt sind, daß in fast allen Fällen, in denen schwere und schwerste Strafen verhängt wurden, die falschen Männer Verbrechen büßten, die andere zu verantworten hatten.

Wären diese Verfahren nach den für deutsche Staatsanwaltschaften gültigen Prinzipien von deutschen Gerichten verhandelt und abgeurteilt worden, so hätten wir und die deutsche Öffentlichkeit die Überzeugung, daß in sorgfältiger Untersuchung die echten Tatbestände herausgeschält und die wirklich Schuldigen getroffen worden wären. So aber wurden und werden Märtyrer geschaffen, was – zumindest vom Standpunkt der Besatzungsmächte aus – jedenfalls als politischer Fehler zu werten ist.

A u s : H e l m u t S ü n d e r m a n n : H i e r s t e h e i c h S . 334 b i s 336, D r u f f e l - V e r l a g , L e o n i 1975

Die Nürnberger Prozesse und die völkerrechtlichen Folgen

Prof. Dr. Fritz Münch

Mein Thema betrifft die Zeit nach Nürnberg und die Zukunft von jetzt an. Es sollte 1945 eine neue Welt, ein neues Völkerrecht entstehen, nachdem man den Brandherd der Tyrannei und des Krieges ausgetreten hatte. Wie sehr das gescheitert ist, sieht heute jeder – und man kann sich seine Gedanken darüber machen, warum. Es liegt daran, daß diese an sich guten Vorsätze einer neuen und besseren Welt begleitet gewesen sind von Mißbrauch und schlechten Gedanken und nicht von der Reinheit der Absicht getragen waren. Es gibt vier Punkte, die ich Ihnen dazu vortragen möchte, vier Seiten der Ereignisse, die beleuchtet werden müssen:

1. Das neue Völkerrecht ab 1945;
2. Die Geschichte der Grundsätze von Nürnberg;
3. Da es ein Propagandathema immer noch ist, die Frage der Strafe gegen den Staat;
4. Die Frage nach der Erziehungswirkung der Nürnberger Tribunale.

Das neue Völkerrecht ab 1945

Die Friedenssystematik ist nur teilweise verwirklicht worden. Wir können heute wohl sagen, daß das Verbot des Angriffskrieges allgemeines Völkerrecht geworden ist. Wir können sagen, daß der Einzelmensch im Völkerrecht seine Rolle spielt entgegen der früheren Auffassung, daß nur die Staaten Mitglieder der Völkerrechtsgemeinschaft und Subjekte der Rechte und Pflichten aus dem Völkerrecht sind. Wir haben das in Artikel 25 des Grundgesetzes ausgesprochen.

Der völkerrechtliche Schutz der Menschenrechte, soweit er verwirklicht ist, also etwa in Europa durch die Menschenrechtskonvention von Rom, ist ein wichtiges Nebenprodukt und ein nützlicher Beitrag dazu, den einzelnen Menschen unmittelbar unter den Schutz von Völkerrecht zu stellen. Die größere internationale Zusammenarbeit trägt gewiß zum Frieden bei; sie ist gefördert durch die zahlreichen internationalen Organisationen mit Sonderaufgaben. Insbesondere ist die rechtliche Struktur der europäischen Gemeinschaften ein ganz entschiedener Schritt nach vorne.

Leider ist aber – und ich bitte zu entschuldigen, wenn ich einen persönlichen Gedanken bei der Vollendung des 7. Lebensjahrzehntes einflechte – in diesem Jahrhundert alles zur Farce und zur Posse geworden, so daß auch der Europagedanke, so schön er ist, versandet in einem Gezänk um Kleinigkeiten. Viele andere Dinge, Staat, Monarchie, Sozialismus, Demokratie, Diktatur, Friede, Krieg sind verzerrt worden. Alles ist nach jeweils verständigen Anfängen durch Mißbrauch vernichtet. Sie, Herr Wissebach, haben hingewiesen auf den Artikel 1 unseres Grundgesetzes, die Menschenwürde. Meine Beschwerde ist, daß auch dieser Satz nie verwirklicht worden ist, daß wir in einem Staate leben, der diesen Artikel des Grundgesetzes nicht ernst genommen hat, sondern verschlampt hat. Aber dies pessimistische Urteil muß man zunächst einmal haben, um die Aufgabe klar zu sehen, um zu sehen, gegen welches Beharrungsvermögen und gegen welche Trägheitsmasse man sich aufraffen muß und die alten Ideale hervorzuholen hat.

Das neue Völkerrecht setzt sich zum Teil durch, es bleibt vieles unterwegs. Die Unterscheidung zwischen gerechtem und ungerechtem Krieg gelingt nicht; infolgedessen bleibt nichts übrig, als auch im Angriffskrieg das humanitäre Völkerrecht aufrechtzuerhalten und den Soldaten zu schützen, auch wenn er in einen ungerechten Krieg hineingerissen wird. Das ist ein Punkt, der in Nürnberg übersehen worden ist. Die Extremisten – sie haben sich im Ganzen schon in Nürnberg nicht durchgesetzt – wollten jeden Soldaten bestraft sehen, der in Zukunft in einem ungerechten Kriege für sein Land die Waffen in die Hand nimmt. Das wäre eine konsequente Weiterentwicklung gewesen, aber sie wäre absurd gewesen.

Daß der Krieg heute nicht offen erklärt wird, obwohl es ihn überall und fortgesetzt gibt, sondern daß er verkleidet wird als Revolution, als Aufstand – in Wirklichkeit führen andere Mächte diese Auseinandersetzungen als ihre Kriege – das verdirbt das Recht. Denn die Vorschriften der Neutralität können gar nicht eingehalten werden, die Vorschriften des humanitären Kriegsrechts werden in einer Revolution von keiner Seite respektiert; der Terrorismus ist in den neuesten Entschließungen der Vereinten Nationen beim sogenannten Freiheitskampf entschuldigt. Und so haben wir dreißig Jahre nach Nürnberg eine offizielle Rebarbarisierung des Kriegsrechts.

Die Geschichte der Grundsätze von Nürnberg

Inwiefern hat man versucht, die Nürnberger Grundsätze zu verewigen? Es gibt die Entschließung der Vollversammlung der Vereinten Nationen 95 (I) aus dem Jahre 1946, als Fortsetzung der Prinzipien des Statutes, die auch im Kontrollratsgesetz 10 ihren Niederschlag gefunden haben. Die Entschließung der Vollversammlung der Vereinten Nationen ist kein positives Recht; man wollte sie später in verbindliches Recht verwandeln, nämlich durch Einbau in einen internationalen Vertrag. Dazu ist man nicht gekommen, die Arbeit ist im Sande stecken geblieben.

Im übrigen waren auch die Grundsätze nicht neu, wenn man bedenkt, daß schon viel früher um die Verfeinerung und um die Verwirklichung der Rechtssätze gerungen worden ist. Die Verantwortung der höheren Stellen, die Verantwortung der politischen Stellen für das, was im Kriege geschieht, waren Gedanken, die man von früher übernommen hat, aber am Ende des Ersten Weltkrieges nicht verwirklichen konnte. Die Frage des rechtswidrigen Befehles war in jedem Militärstrafgesetzbuch, in jedem Beamtenrecht bereits abgehandelt.

Der Angriff von außen auf den Staat ist seit jeher Hochverrat. Er war aber beim gegnerischen Staatsmann privilegiert durch das Recht zum Krieg, entsprechend einer angelsächsischen Lehre vom Staatsakt (act of state), und ein *act of state* ist vor keinem Gericht justiziabel. Das war der Grund, warum im Jahre 1919 die amerikanischen Sachverständigen in der Kriegsverbrechenkommission gegen die Absicht protestiert haben, die politische Leitung des Deutschen Reiches von damals, insbesondere den Kaiser, vor Gericht zu stellen. Es ist wegen der Weigerung der Niederlande, ihn auszuliefern, nicht dazu gekommen. Diese *act-of-state*-Doktrin hat auch ihre Nachteile, indem sie nicht erlaubt, Maßnahmen zu treffen gegen entschädigungslose Enteignung der eigenen Staatsbürger im fremden Lande. Sie ist heute noch Gegenstand des Zweifels und der Kritik, aber sie sollte eben durch das Nürnberger Prinzip der Verantwortlichkeit für den Ausbruch des Krieges beseitigt werden. Sie ist nicht beseitigt. Das Nürnberger Prinzip ist eine Ausnahme geblieben.

Wo etwas verwirklicht ist, das in dieser Linie liegt, betrifft das zwei Rechtskomplexe. Einmal die Konvention gegen den Völkermord von 1948, ein völkerrechtlicher Vertrag, der von den allermeisten Staaten angenommen und infolgedessen verbindlich ist, und dann die Rot-Kreuz-Konventionen von 1949, eine Neuauflage, wenn man so sagen will, und Verbesserung der Haager Landkriegsordnung. Wenn man genau hinsieht, sind es lediglich Verfeinerungen und Ausbau von Vorschriften, die seit jeher im humanitären Kriegsrecht galten. Es gibt einen dogmatischen Streit darüber, ob im Kriege zwar die Handlungen der Soldaten verboten bleiben (wenn der Soldat den Feind tötet oder wenn er auf fremdes Eigentum schießt und es dabei beschädigt oder vernichtet) und lediglich gedeckt sind durch die Rechtfertigung als Kriegshandlung, also nicht mehr gedeckt sind, wenn es eine korrekte Kriegshandlung nicht mehr ist. Andere behaupten, daß das Völkerrecht selber die unkorrekten Kriegshandlungen unter Strafe stelle. Das ist ein dogmatischer Streit, der nicht sehr interessiert; in der Sache ist man sich einig, daß das, was im Kriege verboten ist, seine Parallele immer hat im normalen Rechte eines Staates, so daß also die Verfeinerungen in der *Rot-Kreuz-Konvention* und vor allen Dingen in der *Völkermord-Konvention* auch keine Neuerungen sind, sondern Bestätigungen früheren Rechtes.

Interessant ist indes die Regelung der Gerichtsbarkeit, die in den Rot-Kreuz-Konventionen und in der Völkermord-Konvention getroffen worden ist. Nürnberg bedeutet, daß die Täter, deren man habhaft wurde, von den Siegern vor ein internationales Tribunal gestellt werden, das nur aus ihnen bestand. Richtiger ist es im Prinzip, wenn der eigene Staat die Übertreter des Kriegsrechtes bestraft, denn es ist auch eine Frage der Disziplin, und ein korrektes Militär mißbilligt in den eigenen Reihen die Übertretung des Kriegsrechtes. Das Militär sollte im eigenen Interesse dafür sorgen, daß Verstöße gegen das Kriegsrecht unterbleiben. Es gibt sogar Beispiele dafür: In einer amerikanischen Sammlung über Kriegstaten wird berichtet, wie bei einem Aufstand auf den Philippinen –

etwa um das Jahr 1900/1902, nachdem die Philippinen von Spanien an die USA abgetreten worden waren – die dort eingesetzten amerikanischen Truppen sich Übergriffe zu Schulden kommen ließen, die auch verfolgt und bestraft worden sind. Man hat den Eindruck, daß das alles im amerikanischen Disziplinarrecht und in der Militärgerichtsordnung schon stand, also nicht exzeptionell ist, sondern ein normaler Fall. Wir haben auch erlebt, daß in Amerika während des Vietnamkrieges ein Verfahren durchgeführt worden ist gegen Offiziere, die die Kriegsregeln überschritten haben sollen. Aber gerade da hat man auch gesehen, welche Probleme in solchen Verfahren stecken, wenn nämlich hinzukommt, daß die Opposition gegen den Vietnamkrieg eine innerstaatliche, daß sie eine Parteiauseinandersetzung gewesen ist, der die Soldaten, die draußen gehandelt hatten, zum Opfer fielen. In den Vereinigten Staaten ist die Meinung darüber außerordentlich geteilt.

Die Gerichtsbarkeit ist in den neuen Texten nach überlieferten Grundsätzen geregelt. Nach der Völkermord-Konvention werden die Täter am Orte der Tat, also auf dem Gebiete des betroffenen Staates abgeurteilt. Bei den Rot-Kreuz-Konventionen kann jeder Staat ein Vergehen gegen die Rot-Kreuz-Bestimmung aburteilen. Das ist im normalen Strafrecht nicht unbekannt: Jeder Staat kann aburteilen, dies ist das Weltrechtsprinzip. Das Schutzprinzip besagt, daß der Staat die Gerichtsbarkeit hat, dessen Angehörige betroffen worden sind. Endlich gibt es ein Personalprinzip, nach dem der Staat, dessen Angehörige angeklagt sind, diese seine eigenen Täter bestraft. Es tritt nun in beiden Komplexen die Möglichkeit hinzu, daß internationale Gerichte eingesetzt werden. Man hat aber nicht aus dem Tadel gelernt, der an Nürnberg geübt worden war, man hat nicht daran gedacht, neutrale Gerichte vorzuschreiben. Die eigenen Gerichte wären zu einer zu großen Milde, die gegnerischen Gerichte wären naturgemäß zu einer zu großen Strenge veranlaßt. Neutrale Gerichte wären besser, das ist oft gesagt worden, aber Sie finden es nirgendwo noch verwirklicht. Diesen Schritt nach vorn hat man nicht getan.

Strafe gegen den Staat?

Eine Nebenfrage ist bei alledem, ob man den Staat als solchen bestrafen kann, in der Auseinandersetzung über die Verzichtspolitik und über die Ostverträge aufgetaucht, indem nämlich Philosophen und Theologen gesagt haben, Deutschland als Urheber des Krieges müsse es sich gefallen lassen, daß Gebiete weggenommen werden, daß es zerstückelt wird.

Von der Frage der Urheberschaft, teilweisen Urheberschaft oder Miturheberschaft abgesehen, die die Historiker untersuchen müssen, ist die rechtliche Konsequenz absolut unhaltbar. Wenn man diesem Problem nachgeht, findet man, daß es Strafe gegen den Staat in dem Sinne, daß ein Staat wegen seines Verhaltens diskriminiert und einiger Grundrechte beraubt wird, gar nicht gibt. Es gibt im Völkerrecht für einen Staat, dem eine Völkerrechtsverletzung zugeschrieben wird, eine Wiedergutmachungspflicht, wie im zivilen Leben. Jemand, der ein fremdes Fenster eingeworfen hat, muß die Scheibe wieder beschaffen oder Schadensersatz leisten, wenn er jemand verletzt hat. Aber die Strafe, die im zivilen Leben noch daran hängt, wenn man mutwillig gehandelt oder wenn man fahrlässig einen Menschen verletzt hat, gibt es im Völkerrecht eben nicht. Es gehört nur die Wiedergutmachung, der Schadensersatz dorthin und die Pflicht, diejenigen individuellen Täter, die etwas getan haben, zu verfolgen und zu bestrafen, wenn sie sich gleichzeitig gegen das Strafgesetz vergangen haben. Man hatte auch noch gelegentlich eine ideelle Wiedergutmachung, die aber nur in einem Zeremoniell zu bestehen pflegt.

Als man gerechten und ungerechten Krieg unterschied, sah man den Krieg als solchen als Strafe an; in früheren Zeiten galt der Krieg als eine Strafe Gottes, die wegen der Bösartigkeit der Menschen verhängt wurde. Sie lesen dergleichen in den früheren Schriften *Luthers* über den Türkenkrieg. Diese Dinge sind aus dem Völkerrecht ausgeschieden. Es war dann Gegenstand von Beratungen in Kommissionen der Vereinten Nationen, ob man Strafen gegen den Staat als solchen festsetzen solle. Das ist abgelehnt worden. Im Schrifttum der Zwischenkriegszeit, sogar schon aus dem Ersten Weltkrieg, finden sich sehr vereinzelt Anregungen dazu. Sie sind aber nicht aufgenommen worden. Im Gegenteil hat in der Zwischenkriegszeit ein *Genfer Protokoll* Annahme gefunden, das die Sanktionen der kollektiven Sicherheit regeln sollte. Dort wurde ausdrücklich gesagt, daß der Staat, gegen den Sanktionen der Völkerrechtsgemeinschaft verhängt würden, nicht in seinem Gebietsbestande und nicht in seiner politischen Selbständigkeit beeinträchtigt werden dürfe. Und heute ist das noch viel mehr der Fall. Nachdem das Selbstbestimmungsrecht der Völker und der Bevölkerung zum zwingenden Völkerrechtssatz geworden ist, könnte man nicht unter dem Gesichtspunkt einer „Staatenstrafe" Gebiete wegnehmen, ohne die Bevölkerung zu hören. Diese Erörterung ist demnach ganz im Sande verlaufen.

Erziehungswirkung der Nürnberger Tribunale?

Hat Nürnberg genützt, wenn Sie es einmal so verstehen wollen, wie das ganze Strafrecht, wie der ganze Strafapparat des Staates verstanden werden will, also nicht nur zur Besserung und Abschreckung des Täters, sondern auch zur Generalprävention, d. h. zur Abschreckung der Allgemeinheit und zur Verhütung der möglichen denkbaren Taten?
Wenn wir unter diesem Gesichtspunkt heute nach 30 Jahren in die Welt blicken, müssen wir sagen, daß Nürnberg absolut nichts geholfen hat. Die Welt ist keineswegs besser geworden, sondern im Gegenteil sehr viel schlechter; das wird von einsichtigen Verfassern auch zugegeben. Es geht zunächst einmal um das Prinzip der Demokratie, das Prinzip der Freiheit im Innern, also um die Verdammung der totalitären und der diktatorischen Regimes.

In der ganzen Welt seit der Dekolonisierung sind die Militärdiktaturen aufgesprossen. Nicht nur in Latein-Amerika, das vorher nur teilweise dem Übel verfiel, sind sie eigentlich die normale Regierungsform, sondern auch in Afrika und in asiatischen Ländern. Man hat eine ganze Zeit lang Indien als Vorbild für die Demokratisierung der Welt durch Befreiung der Völker angesehen. Sie wissen, daß in den letzten Jahren das anders geworden ist. Indien liegt so weit, daß wir, glaube ich, nicht beurteilen können, ob *Indira* ihr Land mit normalen demokratischen und rechtsstaatlichen Methoden regieren kann. Das wollen wir gar nicht beurteilen. Der Fehler liegt bei uns. Der Fehler liegt im Westen, wo man so lange über die indische Demokratie und über Indira speziell die Augen verdreht hat. Das sind Täuschungen gewesen. Die Militärdiktatur wird neuerdings in Verfassungen eingebaut, so in die neue portugiesische Verfassung, wo ein Revolutionsrat eine Stellung einnimmt, die höher ist als die der Volksvertretung. Der Revolutionsrat ist ein ausschließlich militärisches Gremium. Auch in einigen afrikanischen Verfassungen nach einem militärischen Umsturz hat man solche Revolutionsräte gesehen, mit anderen Worten wird die Militärdiktatur legalisiert.

Die Völkerunterdrückung hat mit der Befreiung keineswegs aufgehört. Sie finden, daß neue Staaten die Freiheit der anderen nicht geachtet haben: *West-Irian* ist übernommen worden, *Goa* ist übernommen worden, *Katanga* hat nicht die Erlaubnis bekommen, selbständig zu werden, sondern muß seine Bodenschätze – das ist doch das große Prinzip, die Souveränität des Volkes über die Bodenschätze in seinem Gebiet – mit dem gesamten Zaire teilen. Die *Spanische Sahara* wird nicht unabhängig, sondern zwischen den Nachbarn geteilt; diese teilen sich die Bodenschätze, und die einsässige Bevölkerung hat nichts davon. Das sind alles solche Possen, die mit dieser Befreiung der Völker einhergehen.
Und nun schließlich Kriege.

Friede nur durch gute Ordnung

Ein amerikanischer, sehr angesehener Völkerrechtler, *Quincy Wright*, hat ein großes Buch über den Krieg geschrieben. In seiner zweiten Auflage nimmt er Anlaß, eine Liste aufzustellen der kriegerischen Auseinandersetzung, die von 1945 bis 1969 stattgefunden haben. Auch ein Stockholmer Friedensforschungsinstitut hat eine solche Statistik aufgestellt. Die Zahl der Kriege, einschließlich der Revolutionen, die von außen veranlaßt worden sind von 1945–1969, beträgt 97, mit einer Gesamtdauer von 262 Jahren und mit einer Zahl der Opfer, die der Zahl der Opfer des Zweiten Weltkrieges gleichkommen soll. Ich hatte große Zweifel, aber wir haben seit 1969 noch große Auseinandersetzungen gehabt, den Krieg in Nigeria, den Krieg um Bangladesh, so daß ich in der Tat nicht ausschließen möchte, daß die Zahl der Opfer dieser Friedensperiode seit 1945 ebenso hoch ist wie die Zahl der Opfer des Zweiten Krieges. Und so wundert es nicht, wenn ein anderer amerikanischer Autor, *Eugen Davidson*, im Schlußkapitel eines Buches über die Nürnberger Prozesse und dann in einem späteren Buch mit dem Titel *„The Nuremberg Fallacy“ („Der Nürnberger Schwindel“)*, zu dem Ergebnis kommt, der Erziehungseffekt und der Abschreckungseffekt von Nürnberg seien nicht erreicht worden. Wir leben im Gegenteil in einer Welt, die viel unfriedlicher ist als irgendeine Epoche, die vorher dagewesen ist. Deswegen eben, weil man mit politischen Tricks und nicht mit der Besinnung auf die rechtliche Lage eines jeden Streites die Streitigkeiten unter den Teppich kehrt.

Man begnügt sich damit, in hektischen Verhandlungen zu erreichen, daß nicht mehr geschossen wird, und hält das dann für einen Erfolg. In Wirklichkeit wird doch nach einiger Zeit geschossen. Denken Sie an den *Libanon*, an diesen Staat, der diese eigenartige Verfassung und diese eigenartige Struktur hat. *Wilhelm Kewenig*, der jetzt in Kiel das Völkerrecht vertritt, hat darüber einen Studie geschrieben, nach Forschung im Lande selber, in der dieser Proporz-Staat und dieses ausgewogene Gleichgewicht eigentlich als sehr glücklich und vernünftig dargestellt wurden. Nach einiger Zeit brechen solche künstlichen und nicht realen Dinge doch auseinander.

Der Schluß muß also gezogen werden, daß die alten Autoren recht gehabt haben: *Der Friede ist nicht die Abwesenheit von Krieg, sondern der Friede besteht in einer guten Ordnung der Welt.* Das haben *Augustinus* gesagt und *Spinoza*, das sagen auch Leute, die in den Vereinten Nationen nach deren nun dreißigjähriger Geschichte etwas klar sehen. *Es kommt auf die gute Lebensordnung allein an. Den Krieg kann man nicht bloß als Symptom zu bekämpfen suchen, sondern man muß an die Grundlagen der Lebensordnung gehen. Das Grundprinzip heute, das, glaube ich, gesucht werden muß und den Krieg verhindern könnte, wäre die Selbstbestimmung aller Menschen, die Selbstbestimmung, die in Europa ganz besonders verletzt ist. Es gibt so viele blutenden Grenzen. Deswegen ist es auch nicht wahr, daß die Ostverträge mit ihrer Festschreibung aller gegenwärtigen europäischen Grenzen eine Friedensregelung sein können.* Das Papier von *Helsinki*, das eine juristische Bedeutung gar nicht hat, enthält dazu noch die Lebenslüge: Selbstbestimmung der Völker, aber unter dem Vorbehalt, daß die bestehenden Grenzen nicht geändert werden dürfen. Das ist das typische Beispiel für eine angebliche Friedensregelung, die den Frieden nicht herbeiführen kann. Unterdessen geht in den Vereinigten Nationen ein Vorgang vor sich, den man nur als die Rebarbarisierung des Rechtes bezeichnen kann.

Selbstbestimmung und Friedensgebot

Die Entschließungen über das Recht von Völkern, die ihre Selbstbestimmung fordern, gehen dahin, daß das Volk die Selbstbestimmung mit der Waffe in der Hand erkämpfen kann und daß andere Staaten berechtigt und sogar nach manchen verpflichtet sind, ihnen dabei zu helfen. Das Friedensgebot, das Verbot des Krieges, wird durchlöchert zugunsten von Völkern, die um ihre Selbstbestimmung kämpfen. Und sogar die Entschließungen gegen den Terrorismus enthalten die Ausnahme, daß der Terrorismus denjenigen erlaubt ist, die für ihre Befreiung kämpfen.

Diese Entschließungen sind freilich nicht positives Recht. Sie lassen das Völkerrecht so, wie es sich ausgebildet hat und wie es jetzt noch steht, sie än-

Dr. Gert Sudholt dankt Professor Münch

dern es nicht. Aber es besteht natürlich die Gefahr, daß doch nach diesen politischen Richtlinien gehandelt wird und daß die Gewalt aufkommt. Das Merkwürdige ist, daß dieser ganze Propagandabetrieb diejenigen selber schlägt, die ihn erfunden haben. Ich als Jurist bin gegen die Gewalt, aber die Konsequenz dieser ganzen Entschließungen zugunsten der Selbstbestimmung, zugunsten der Selbstbefreiung, zugunsten der Anwendung des Terrorismus ist die, daß auch in Europa die Völker vollkommen berechtigt wären, terroristische Aktionen gegen ihre Besatzungsmächte, gegen ihre Hegemone zu unternehmen. Es hat im neuesten Heft des Archivs des Völkerrechtes, einer sehr angesehenen Fachzeitschrift, der Verfasser einer Studie über den Begriff des Angriffs bemerkt, daß dann auch die Balten und die Deutschen jenseits des Eisernen Vorhanges das Recht haben, sich mit den Waffen in der Hand gegen die Sowjetunion zu erheben.

Das ist die Konsequenz einer Unternehmung, die mit Nürnberg begonnen hat, die die guten Ziele, die damals Idealisten – auch die gab es – vor Augen gehabt haben, verkannt und die im politischen Tagesbetrieb und in der politischen Geschäftemacherei mit in dem Ziel nach Augenblickserfolgen nach 30 Jahren zu einem solchen Zustande der Welt und zu einem solchen Zustande des Rechtes geführt hat.

Dagegen heute anzutreten und das Licht darauf zu werfen, ist, glaube ich, durchaus eine Aufgabe, eine lohnende Aufgabe derjenigen Publizisten, die in Ihrer Gesellschaft vereint sind.

Schlußwort Hermann Görings

Die Anklagebehörde hat in ihren Schlußplädoyers die Verteidigung und ihre Beweisführung als völlig wertlos behandelt. Die unter Eid gemachten Ausführungen der Angeklagten wurden von ihr dort als absolut wahr angenommen, wo diese zur Stützung der Anklage dienen konnten, aber im gleichen Augenblick als Meineid bezeichnet, wo diese Aussagen die Anklage widerlegten. Das ist sehr primitiv, aber keine überzeugende Grundlage für die Beweisführung.

Die Anklage führt die Tatsache, daß ich der zweite Mann im Staat war, als Beweis an, daß ich alles, was geschehen sei, gewußt haben müsse. Sie bringt keinerlei dokumentarisches oder sonstiges stichhaltiges Beweismaterial dort vor, wo ich dieses Wissen oder gar Wollen unter Eid bestritten habe. Es ist also nur eine Behauptung und Vermutung, wenn die Anklage sagt: wer sollte dies nicht gewußt haben, wenn nicht Göring als Nachfolger des Führers. Wiederholt aber haben wir hier gehört, wie grade die schwersten Verbrechen am geheimnisvollsten verschleiert wurden. Daß ich diese furchtbaren Massenmorde auf das schärfste verurteile und mir jedes Verständnis hierfür fehlt, stelle ich ausdrücklich fest. Ich möchte es aber noch einmal vor dem hohen Gericht klar aussprechen:

Ich habe niemals – an keinen Menschen und zu keinem Zeitpunkt – einen Mord befohlen und ebensowenig sonstige Grausamkeiten angeordnet oder geduldet, wo ich die Macht und das Wissen gehabt hatte, solche zu verhindern. Für die von Herrn Dodd in seinem Schlußplädoyer neu aufgestellte Behauptung, ich hätte Heydrich befohlen, die Juden zu töten, fehlt es an jedem Beweis; sie ist auch nicht wahr. Es gibt nicht einen einzigen von mir oder in meinem Auftrag unterzeichneten Befehl, daß feindliche Flieger erschossen oder dem SD übergeben werden sollten. Es ist auch kein einziger Fall festgestellt, wo Einheiten der Luftwaffe derartiges ausgeführt hätten. Von der Anklage sind teilweise Dokumente vorgebracht worden, die angebliche Äußerungen enthalten, von dritten oder vierten Personen mitgeteilt oder mitgeschrieben, ohne daß ich je vorher diese gesehen habe, um dortige irrige Auffassungen richtigzustellen oder Mißverständnisse auszuschließen.

Wie leicht aber bei Aufzeichnungen durch Dritte völlig sinnentstellende Niederschriften entstehen können, beweisen unter anderem auch die stenographischen Protokolle dieser Gerichtssitzungen, die oft bei ihrer Überprüfung der Richtigstellung bedurften. Die Anklage bringt aus einem Zeitraum von 25 Jahren einzelne Äußerungen, die unter

Göring hinter Sprechgitter mit seinem Verteidiger Dr. Stahmer

ganz anderen Verhältnissen und ohne jegliche Folgen daraus zu ziehen, getan wurden, als Beweis von Absicht und Schuld, Äußerungen, wie sie leicht aus der Erregung des Augenblicks und der beherrschenden Atmosphäre getan worden sind. Es gibt wohl kaum eine führende Persönlichkeit auf der Gegenseite, von welcher nicht ähnliches im Ablauf eines Vierteljahrhunderts in Wort und Schrift gebracht worden wäre. Die Anklage stellt aus allem Geschehen dieser 25 Jahre, aus Besprechungen, Reden, Gesetzen, Teilhandlungen und Entscheidungen eine bewußte Folgemäßigkeit und lückenlose Zusammenhänge fest, wonach alles von Anfang an so gewollt und beabsichtigt gewesen sei. Dieses ist eine derartig irrige und jeder Logik entbehrende Auffassung, die einst die Geschichte richtigstellen wird, nachdem schon das Beweisverfahren die Unrichtigkeit dieser Behauptungen ergeben hat.

Herr Jackson weist in seiner Schlußansprache darauf hin, daß die Signatarstaaten sich noch im Kriegszustand mit Deutschland befinden und lediglich ein Waffenstillstand durch bedingungslose Kapitulation herrsche. Nun ist das Völkerrecht einheitlich. Es muß dasselbe für beide Teile gelten. Wenn also alles, was heute seitens der Besatzungsmächte in Deutschland geschieht, völkerrechtlich zulässig ist, dann war vorher Deutschland zum mindesten Frankreich, Holland, Belgien, Norwegen, Jugoslawien, Griechenland gegenüber in der gleichen Lage. Wenn heute die Genfer Konvention Deutschen gegenüber keine Geltung mehr hat, wenn heute in allen Teilen Deutschlands die Industrie abgebaut und ebenso, wenn andere große Werte auf allen Gebieten in die Siegerstaaten verbracht werden können, wenn heute das Vermögen von Millionen Deutschen beschlagnahmt wird und viele andere schwerste Eingriffe in Freiheit und Eigentum erfolgen, so können derartige Maßnahmen von seiten Deutschlands in den oben genannten Ländern völkerrechtlich auch nicht verbrecherisch gewesen sein.

Herr Jackson hat weiter ausgeführt, daß man nicht den Staat anklagen und bestrafen kann, sondern daß man dafür die Führer verantwortlich machen müsse. Man scheint zu vergessen, daß Deutschland ein souveräner Staat, ein souveränes Reich war und seine Gesetzgebung innerhalb des deutschen Volkes nicht der Jurisdiktion des Auslandes unterworfen war. Kein Staat hat je durch eine Notifizierung das Reich rechtzeitig darauf aufmerksam gemacht, daß man die Tätigkeit für den Nationalsozialismus unter Strafe und Verfolgung stellen werde. Im Gegenteil! Wenn man also jetzt Einzelpersonen, in erster Linie uns, die Führer, zur Rechenschaft zieht und verurteilt, gut; dann aber darf man nicht gleichzeitig das deutsche Volk bestrafen. Das deutsche Volk vertraute dem Führer und hatte bei seiner autoritären Staatsführung keinen Einfluß auf das Geschehen. Ohne Kenntnis über die schweren Verbrechen, die heute bekanntgeworden sind, hat das Volk treu, opferwillig und tapfer den ohne seinen Willen entbrannten Existenzkampf auf Leben und Tod durchgekämpft und durchgelitten. Das Deutsche Volk ist frei von Schuld.

Ich habe keinen Krieg gewollt oder herbeigeführt, ich habe alles getan, ihn durch Verhandlungen zu vermeiden. Als er ausgebrochen war, tat ich alles, den Sieg zu sichern. Da die drei größten Weltmächte mit vielen anderen Nationen gegen uns kämpften, erlagen wir schließlich der gewaltigen Übermacht. Ich stehe zu dem, was ich getan habe. Ich weise aber aufs entschiedenste zurück, daß meine Handlungen diktiert waren von dem Willen, fremde Völker durch Kriege zu unterjochen, zu morden, zu rauben oder zu versklaven, Grausamkeiten oder Verbrechen zu begehen! Das einzige Motiv, das mich leitete, war heiße Liebe zu meinem Volk, sein Glück, seine Freiheit und sein Leben. Dafür rufe ich den Allmächtigen und mein deutsches Volk zum Zeugen an.

Aus: Große Prüfung – Letzte Briefe und letzte Worte Todgeweihter, Hrsg. Dr. Hans-Severus *Ziegler, National-Verlag, Hannover 1972*

UNSERE AUTOREN:

RUDOLF ASCHENAUER, Dr. iur., Rechtsanwalt, geb. 21. 12. 1913. Nach Besuch von Gymnasien in seiner Heimatstadt Regensburg und München und zwei juristischen Staatsexamen von 1941 bis Kriegsende Soldat. Als Strafverteidiger in der Tradition Prof. Friedrich Grimms war er in Nürnberg Mitverteidiger der dann freigesprochenen SA und Verteidiger im Juristenprozeß, im IG-Farben-Prozeß und gegen Ohlendorf. Mitbegründer des Komitees für kirchliche Gefangenenhilfe, Anwalt mehrerer Generale, u. a. auch von Generalfeldmarschall Schörner. Als Strafverteidiger bis zuletzt in „NS-Prozessen" tätig. Wesentliche Schriften zum Fall Kappler und zum Fall Schörner. Außerdem: „Krieg ohne Grenzen – Partisanenkampf"; Leoni 1981. Inzwischen verstorben.

KARL OTTO BRAUN, Dr. phil., geb. 31. 8. 1910 in Wolnzach, Oberbayern, Humanistische Gymnasien München und Coburg, Universitätsstudium der Anglistik, Geschichte und Japanologie in München und Berlin; im Auswärtigen Dienst 1938 Botschaft Tokio, 1939/40 General-Konsulat Osaka, bis 1945 Ostasienreferat Berlin; Amerikanische Internierung (Automatic Arrest als Legationsrat); 1948–1954 Exportkaufmann in Buenos Aires; von 1955–63 in gleicher Eigenschaft bei Stahlunion Export in Düsseldorf; 1963–1975 Leiter des Außenbüros der Fried. Krupp Hüttenwerke-AG in München.

MICHAEL F. CONNORS, Prof. für Geschichte und politische Wissenschaften am Gwynedd-Merci-College; geb. 1927 in New York, B. A. Philadelphia 1950, M. A. Pennsylvania 1952, Nebentätigkeit als Dozent für Geschichte am La Salle-College. Publikationen: The Development of Germanophobia (1966) und Beiträge in Zeitschriften wie Social Justice Review, Catholic World, National Review, Rampart Journal, University Bookman etc.

EBERHARD ENGELHARDT, geb. 5. 5. 1905. Studium der Rechtswissenschaft, seit 1930 Rechtsanwalt in Nürnberg.
1939 als Kriegsfreiwilliger zu den Gebirgsjägern, zuletzt Führer einer Alarmeinheit, eingekesselt im Raum von Fiume. Britische Gefangenschaft. 1960 Aufsatz „Nun aber Schluß mit Rache und Vergeltung!". Seit etwa 1964 ständige journalistische Tätigkeit auch auf politischem Gebiet u. a. in der Zeitschrift „Mensch und Maß".

GEORG FRANZ-WILLING, Dr. phil., geb. 1915 in Oberbayern. Hum. Gymnasium Rosenheim, Universitätsstudium in München: Alte, Mittlere und Neuere Geschichte, Volkskunde, Anthropologie, Nationalökonomie, Staats- und Völkerrecht. Soldat 1939–1945. Historiker mit Schwerpunkt 19. und 20. Jh., Mitarbeiter wissenschaftlicher Institute.
Dissertation: Erzherzog Franz Ferdinand und die Pläne zur Reform der Habsburger Monarchie, München 1943. Einschlägige Veröffentlichungen u. a.: Ursprung der Hitlerbewegung, Preuß.-Oldendorf 1974; Krisenjahr der Hitlerbewegung, Preuß.-Oldendorf 1975, Putsch- und Verbotszeit der Hitlerbewegung, Preuß.-Oldendorf 1977; Der Zweite Weltkrieg, Leoni 1979; 1933 – Die nationale Erhebung, Leoni 1982.

HEINRICH HÄRTLE, geb. 24. 2. 1909 in Sachrang, Obb. Studium Deutsche Hochschule für Politik, Berlin, Diplom-Dolmetscher und -Übersetzer, Kulturredakteur. Vor 1945 sozialwissenschaftliche und hochschulpolitische Aufgaben. Präsidialmitglied des Auslandswissenschaftlichen Instituts der Universität Berlin. Bücher über Othmar Spann, Nietzsche, Dialektischen Materialismus. Nach 1945 „Freispruch für Deutschland", „Die Kriegsschuld der Sieger", „Amerikas Krieg gegen Deutschland", „Großdeutschland – Traum und Tragödie", „Rom und Hellas warnen!" „Von Kopernikus bis Nietzsche" (1975), „Die falschen Propheten" (1973).
Schillerpreis des Deutschen Kulturwerks, Hutten-Medaille der Gesellschaft für Freie Publizistik.

DAVID IRVING, geb. 1938 in Hutton/Essex, studierte Physik, Wirtschaftswissenschaft und politische Geschichte in London. Einen einjährigen Aufenthalt als Stahlarbeiter bei Thyssen, 1959, nutzte er dazu, seine Kenntnisse des Deutschen und der Deutschen zu vertiefen und gleichzeitig Unterlagen zur Geschichte Deutschlands im Zweiten Weltkrieg zu sammeln. Seinem Buch-Erstling „Und Deutschlands Städte starben nicht" (1963) folgten u. a.: „Der Untergang Dresdens", „Die Geheimwaffen des Dritten Reiches", „Der Traum von der deutschen Atombombe", „Die Tragödie der deutschen Luftwaffe", „Hitler und seine Feldherren", „Hitlers Weg zum Krieg" und „Churchill 1936—1945".

DANKWART KLUGE, geb. 12. März 1944 in Breslau. Studium der Rechtswissenschaften in Freiburg i. Br. und in Berlin. Seit 1974 selbständiger Rechtsanwalt. Eigenständige Forschungen zur Kriegsschuldfrage. Verfasser der umfassenden Studie „Das Hoßbach-Protokoll" (1980).

WERNER KOEPPEN, Dr., Versicherungsdirektor a. D., geb. am 26. 9. 1910 in Leipzig, wohnhaft in München, stellvertretender Präsident des Deutschen Kulturwerks Europäischen Geistes. Als Verbindungsoffizier Rosenbergs bis Februar 1943 im Führerhauptquartier.

FRITZ MÜNCH, Prof. Dr. iur., geb. 8. 4. 1906 in Oberhomburg (Lothringen). Abitur 1923, Banklehre, Studium der Rechts- und Staatswissenschaften. Referendar Kiel 1929, promoviert Kiel 1931. Carnegie-Stipendiat für weitere Ausbildung im Völkerrecht, zwischen 1931 und 1935 Hilfsarbeiter des deutschen Richters am Ständigen Internationalen Gerichtshof im Haag. 1935 Assessor. Anwaltsassessor, Syndikus im Braunkohlenbergbau in Halle. 1943–1949 Kriegsdienst und Gefangenschaft. Assistent, Habilitation in Bonn 1951. Bis 1955 Tätigkeit im Bundesratsministerium, seither Wissenschaftliches Mitglied des Max-Planck-Instituts für Völkerrecht, apl. Professor in Bonn. — Veröffentlichungen u. a.: Die Bundesregierung, 1954; Die Bundesrepublik Deutschland und die Vereinten Nationen (mit Dröge u. v. Puttkamer) 1966.

WILFRED VON OVEN, geb. 4. 5. 1912 in La Paz (Bolivien), Schulbesuch in Liegnitz (Schlesien), Abitur in Berlin, Journalist u. a. bei Scherl-Verlag, Freiwilliger der Legion Condor im Spanischen Bürgerkrieg, 1939 Angehöriger einer Propagandakompanie in West und Ost, 1943 abkommandiert als persönlicher Pressereferent von Reichspropagandaminister Dr. Goebbels. Seit 1951 in Buenos Aires (Argentinien), bis 1962 Hauptschriftleiter der deutschsprachigen „Freien Presse". Dann Leiter eines eigenen Verlages und Herausgeber des Monatsblattes in deutscher Sprache „La Plata Ruf".
Buchveröffentlichungen: „Finale furioso. Mit Goebbels bis zum Ende". Tübingen, 1974; „Hitler und der Spanische Bürgerkrieg", Tübingen 1978.

REINHARD POZORNY, geb. 16. 2. 1908, Heimat Brünn. Langjährige Arbeit auf dem Gebiete der Volkstumspflege und Erwachsenenbildung; Kulturreferent, Kulturpolitiker und Publizist. Verfasser mehrerer Grundlagenwerke auf dem Gebiete der Sudetenfrage und des Panslawismus. Bekannter Autor von Novellen und Erzählungen, vornehmlich historischer Themen, u. a. „Finale in Agnetendorf", „Erlebtes Land", „Erzählte Geschichte", „Mährische Pfade", „Vom Spielberg und seinem Land", „Bilder der Vergangenheit". Mitarbeiter zahlreicher Zeitschriften, Almanache und Jahrbücher, Mitglied u. a. der „Deutschen Akademie für Bildung und Kultur in München". Sudetendeutscher Volkstumspreis, Dichtersteinschild Offenhausen. Verantwortlicher Redakteur der „Deutschen Wochen-Zeitung".

BOLKO FREIHERR VON RICHTHOFEN, Prof. Dr. phil.; geb. 13. 9. 1899 in Mertschütz/Schlesien. 1930–33 Privatdozent in Hamburg, 1933–42 Prof. an der Universität Königsberg, Lehrbeauftragter für Auslandspressekunde seit 1936. 1942 bis 1945 Prof. in Leipzig.
Als Neuhistoriker Fachberater der deutschen Gesamtverteidigung im Nürnberger „Wilhelmstraßenprozeß" 1948–49.
Präsident der Gesellschaft für Vor- und Frühgeschichte (Bonn). Zahlreiche vorgeschichtliche, historische, zeitgeschichtliche und literarische Veröffentlichungen. Einschlägig insbesondere: Kriegsschuld 1939—1941 (1975). Verstorben 1983.

PETER STRASSNER, Journalist, geb. am 6. 4. 1920 in München, wohnhaft daselbst, langjährige Tätigkeit als Mitarbeiter und Redakteur an nationalen Publikationen. Schriftleiter des „Freiwilligen", Organ der Soldaten der ehem. Waffen-SS. Autor der Bücher „Verräter – Das Nationalkomitee Freies Deutschland als Keimzelle der sog. DDR", „Europäische Freiwillige, die Kriegsgeschichte der 5. SS-Pz. Division Wiking" – Herausgeber der letzten Gedichte der japanischen Kriegsverurteilten in deutscher Sprache. Verstorben 1983.

GERT SUDHOLT Dr. phil., geb. 6. 3. 1943. Historiker, Vorsitzender der Gesellschaft für Freie Publizistik bis 1983.

Veröffentlichungen: Spiegel der Zeiten (1961), Bismarcks Große Tage (Herausgeber 1970), Moskaus Griff nach Gesamtdeutschland (1972), Deutsche Eingeborenenpolitik in Südwestafrika 1894–1904 (1975), Adolf Hitlers drei Testamente (Herausgeber 1977). Seit 1973 Herausgeber der „Deutschen Annalen", Jahrbuch des Nationalgeschehens, des zeitgeschichtlichen Nachlasses von Helmut Sündermann im Druffel-Verlag, Leoni a. Starnberger See und seit 1977 Herausgeber der „Deutschen Monatshefte".

RUDOLF TRENKEL, geb. 11. 6. 1917 in Groß-Rogau, KreisThorn/Westpreußen. Abitur 1936; in volksdeutschen Organisationen tätig; bis 1939 polnischer Staatsbürger. Nach der Befreiung seit 1941 Soldat. Nach dem Zweiten Weltkrieg: Buchhändler, Schriftsteller und freischaffender Verleger. — Veröffentlichung zahlreicher Beiträge zur Geschichte des deutschen Ostens und Kriegsursachenforschung, u. a. der Schriften: „Nikolaus Kopernikus, der Deutsche", „Bogumil Goltz", „Der Bromberger Blutsonntag im September 1939", „Polens Schuld am Zweiten Weltkrieg".

WEITERFÜHRENDE LITERATURHINWEISE

sollen zum Eigen- und Weiterstudium anregen. Deshalb ist die Übersicht unterteilt in derzeit lieferbare Werke und solche, die in Bibliotheken einzusehen sind.

Zum Thema Kriegsursachen

Balzer, Karl: Verschwörung gegen Deutschland, Preuß.-Oldendorf 1978, (Schütz), Ln.

Bavendamm, Dirk: Roosevelts Weg zum Krieg — Amerikanische Politik 1933–1945, München 1983 (Herbig)

Below, Nicolaus von: Als Hitlers Adjutant, Mainz 1980 (v. Hase & Koehler)

Fish, Hamilton: Der zerbrochene Mythos – Roosevelts Kriegspolitik 1933–1945, Tübingen 1983 (Grabert)

Franz-Willing, Georg: Der Zweite Weltkrieg, Leoni 1979 (Druffel) Gln.

Grenfell, Captain Russel R. N.: Bedingungsloser Haß? — Die Deutsche Kriegsschuld und Europas Zukunft, Tübingen 1954 (Schlichtenmayer)

Grimm, Hans: Erzbischofschrift, Göttingen 1948

Härtle, Heinrich: Die Kriegsschuld der Sieger, Preuß.-Oldendorf 1966 (Schütz)

Härtle Heinrich: Amerikas Krieg gegen Deutschland, Göttingen 1968 (Schütz)

Hart, Liddell: Geschichte des Zweiten Weltkriegs, Wiesbaden 1979 (fourier)

Helmdach, Erich: Täuschungen und Versäumnisse, Berg 1979 (Vowinckel)

Helmdach, Erich: Überfall?, Berg 1979, 5. Aufl. (Vowinckel)

Hesse, Fritz: Das Vorspiel zum Kriege, Leoni 1979 (Druffel)

Hoggan, David L.: Der erzwungene Krieg, Tübingen 1961 (Grabert)

Hoggan, David L.: Der unnötige Krieg, Tübingen 1977 (Grabert)

Hoggan, David L.: Das blinde Jahrhundert — 1. Teil: Amerika — Tübingen 1979 (Grabert)

Grimm, Hans: Warum, Woher, aber Wohin, Lippoldsberg 1954 (Klosterhaus)

Irving, David: Hitlers Weg zum Krieg, München 1979 (Herbig)

Kern, Erich: Von Versailles nach Nürnberg, Preuß.-Oldendorf 1967 (Schütz)

Kern, Erich: Adolf Hitler und der Krieg, Preuß.-Oldendorf 1978 (Schütz)

Kleist, P.: Die Europäische Tragödie, Göttingen 1961 (Schütz)

Kleist, Peter: Aufbruch und Sturz des 3. Reiches, Göttingen 1968 (Schütz)

Kluge, Dankwart: Das Hoßbach-‚Protokoll' – Die Zerstörung einer Legende, Leoni 1980 (Druffel)

Kunert, Dirk: Ein Weltkrieg wird programmiert, Kiel 1984 (Arndt)

Oven, Wilfred von: Hitler und der spanische Bürgerkrieg, Tübingen 1978 (Grabert)

Ribbentrop, Annelies von: Die Kriegsschuld des Widerstandes, Leoni 1974, (Druffel)

Ribbentrop, Annelies von: Deutsch-Englische Geheimverbindungen, Leoni 1965 (Druffel)

Richthofen, Bolko von: Kriegsschuld 1939—41, Vaterstetten 1975 (Arndt)

Trenkel, Rudolf: Polens Schuld am Zweiten Weltkrieg, Hamburg 1977 (Selbstverlag)

Walendy, Udo: Wahrheit für Deutschland — Die Schuldfrage des zweiten Weltkrieges, Vlotho 1964 (Volkstum und Zeitgeschichtsforschung)

Geheim Bd. I: Aus dem Archiv der Reichsregierung, Asendorf 1976 (Mut)

Geheim Bd. II: Weitere Dokumente zur Kriegspolitik, Asendorf 1977 (Mut)

*

d'Argile, R. u. a.: Das Geheimnis um die Ursachen des Zweiten Weltkrieges, Wiesbaden 1958

Barnes, Harry Elmer: Entlarvte Heuchelei, Wiesbaden 1961

Barnes, H. E.: Perpetual War for Perpetual Peace, USA 1953

Beard, C. A.: American Foreign policy in the making 1932—1940 — President Roosevelt and the Coming of the War, New Haven 1948

Burckhardt, Carl J.: Meine Danziger Mission 1937—1939, München 1960

Burns, James: Roosevelt, the Lion and the Fox, New York 1956

Crocker, George N.: Schrittmacher der Sowjets, Tübingen 1960

Chamberlin, W. H.: Amerikas Zweiter Kreuzzug, Bonn 1952

Churchill, Winston: Der Zweite Weltkrieg, Bde. I—VI, Hamburg 1949—1952

Dahms, Helmut G.: Roosevelt und der Krieg, München 1958

Dahlerus, Birger: Der letzte Versuch, München 1948

Department of State: Friede und Krieg — Auswärtige Politik der Vereinigten Staaten von Nordamerika 1931—1941, Washington, Zürich, New York 1943

Dokumente zur Vorgeschichte des Krieges

Deutsches Weißbuch Nr. 1, Berlin 1939

Deutsches Weißbuch Nr. 2, Berlin 1939

Deutsches Weißbuch Nr. 3, Polnische Dokumente zur Vorgeschichte des Krieges Berlin 1940

Blaubuch der Britischen Regierung über die **deutsch-polnischen Beziehungen und** den Ausbruch der Feindseligkeiten zwischen **Großbritannien und Deutschland am 3. 9. 1939 Fasc. 1,** Basel 1939

Eisenhower, D. D.: Crusade in Europa, London 1948

Fabry, Philipp: Der Hitler-Stalin Pakt 1939—1941, Darmstadt 1962

Fiedler, Rudolf: Im Teufelskreis, München 1960

Forrestal, J. E.: Diaries, New York 1951

Fuller, J. F. C.: The Second World War, London 1948

Freytag-Loringhoven. Axel Freiherr von: Deutschlands Außenpolitik 1933—1941, Berlin 1941

Giovanetti, C.: Der Vatikan und der Krieg, Köln 1961

Glasebock, Willy: War Deutschland am 2. Weltkrieg allein schuld?, Siegburg 1964

Glaser, Kurt: Der Zweite Weltkrieg und die Kriegsschuldfrage, Würzburg, o. J.

Graml, Hermann: David Hoggan und die Dokumente, Stuttgart 1964

Grimm, Friedrich: Frankreich und der Korridor, Hamburg 1939

Hedin, Sven: Amerika im Kampf der Kontinente, Leipzig 1942

Hedin, S.: Ohne Auftrag in Berlin, Tübingen 1950

Heiß, Friedrich: Deutschland und der Korridor, Berlin 1939

Henderson, N.: Failure of a Mission, London 1940

Herda, Hellmut: Die Schuld der Anderen, Augsburg 1953

Hierl, Konstantin: Schuld oder Schicksal?, Heidelberg 1953

Hofer, Walther: Die Entfesselung des Zweiten Weltkrieges, Stuttgart 1953

Hoggan, D. L.: Frankreichs Widerstand gegen den Zweiten Weltkrieg, Tübingen 1963

Irving, David: Hitler und seine Feldherrn, Berlin 1975

Kaufmann, Th. Nathan: Germany must perish, New York 1941

Lenz, Friedrich: Nie wieder München, 2 Bde., Heidelberg 1965

Liddell-Hart, B. H.: Die wahren Ursachen des Krieges, Zürich 1946

Lutz, Hermann: Verbrechervolk im Herzen Europas?, Tübingen 1959

Millis, W.: The Forrestal Diaries, New York 1951

Nicoll, P. H.: Englands Krieg gegen Deutschland, Tübingen 1963

Nicoll, Peter/H.: Britains Blunder, London 1953

Possony, Stefan T.: Zur Bewältigung der Kriegsschuldfrage, Köln 1968

Pozorny, Reinhard: Wir suchten die Freiheit, München 1959

Rein, Adolf, Warum führt England Krieg?, Berlin 1940

Ribbentrop, Annelies von: Verschwörung gegen den Frieden, Leoni 1962

Ribbentrop, Joachim von: Zwischen London und Moskau, Leoni 1953

Schmidt, Paul: Statist auf diplomatischer Bühne, Bonn 1949

Seidl, Alfred: Die Beziehungen zwischen Deutschland und der Sowjetunion 1939—1941, Tübingen 1949

Sherwood: Roosevelt and Hopkins, New York 1948

Shirer, W. L.: Aufstieg und Fall des Dritten Reiches, Köln 1961

Sündermann, Helmut: Alter Feind — was nun?, Leoni 1955

Tansill, C. C.: America goes to War, Chicago 1939

Tansill, Charles Callan: Die Hintertür zum Kriege, Düsseldorf 1956

Taylor, A. J. P.: The Origins of the Second World War, New York 1962

Taylor, A. J. P.: Die Ursprünge des 2. Weltkrieges, Gütersloh 1962

Theobald, R. A.: The Final Secret of Pearl Harbor, New York 1954

Tippelskirch, Peter von: Geschichte des Zweiten Weltkriegs, Bonn 1959

Utley, Freda: Kostspielige Rache, Tübingen 1962

Wirsing, Giselher: Der maßlose Kontinent, Jena 1942

Zum Thema Verrat und Widerstand

Die Vielzahl der zum Thema Verrat und Widerstand im Dritten Reich erschienenen Bücher entspricht dem Umfang des Verrats und auch der Versuche seiner Rechtfertigung. Die nachfolgende Zusammenstellung legt den Schwerpunkt auf Werke, die derzeit im deutschen Buchhandel lieferbar sind.

Werke, die der Suche nach der Wahrheit dienen:

Accoce, Pierre: Moskau wußte alles, Zürich 1966 (Schweizer Verlagshaus)
Balzer, Karl: Verschwörung gegen Deutschland, Preuß. Oldendorf 1978 (K. W. Schütz)
Balzer, Karl: Der 20. Juli und der Landesverrat, Göttingen 1971 (Schütz)
Bartz, Karl: Die Tragödie der deutschen Abwehr, Salzburg 1955, Neuauflage 1975 (Schütz)
Boveri, Margret: Der Verrat im 20. Jahrhundert, Hamburg 1976 (Rowohlt)
Diels, Rudolf: Der Fall Otto John, Göttingen 1954 (vergriff.)
Flicke, W. F.: Agenten funken nach Moskau, Kreuzlingen 1954 (Neptun) (vergriff.)
Friessner, Hans: Verratene Schlachten, Hamburg 1956 (Holsten) (vergriff.)
Giesler, Hermann: Ein anderer Hitler, Leoni 1977 (Druffel)
Hagen, Hans W.: Zwischen Eid und Befehl, Lochham 1958 (Türmer) (derzeit vergriff.)
Irving, David: Hitler und seine Feldherrn, Berlin 1975 (Ullstein) (vergriff.)
Irving, David: Rommel. Eine Biographie, Hamburg 1978 (HOCA)
Jacobsen, Hans-Adolf (Hrsg.): **Spiegelbild einer Verschwörung (Kaltenbrunner-Berichte 1944),** Herford 1984 (Seewald)
Kern, Erich: So wurde Deutschland verraten, Rosenheim 1974 (DVG)
Kern, Erich: Verrat an Deutschland, Göttingen 1963 (Schütz)
Leers, Johann von: Reichsverräter 3 Bd., Buenos Aires 1954 (Dürer) (vergriff.)
Lenz, Friedrich: Der ekle Wurm der deutschen Zwietracht, Heidelberg 1954 (Selbstverlag) (vergriff.)
Oven, Wilfred von: Hitler und der spanische Bürgerkrieg, Tübingen 1978 (Grabert)
Peter, J. K.: Der 20. Juli, Buenos Aires 1951 (Dürer) (vergriff.)
Peter, Karl Heinrich (Hrsg.): Spiegelbild einer Verschwörung. Die Kaltenbrunnerberichte über den 20. Juli 1944, Stuttgart 1961 (Seewald) (derzeit vergriff.)
Ribbentrop, Annelies von: Die Kriegsschuld des Widerstandes. Aus britischen Geheimdokumenten 1938/39, Leoni 1974 (Druffel)
Ribbentrop, Annelies von: Deutsch-Englische Geheimverbindungen. Britische Dokumente der Jahre 1938 und 1939, Leoni 1965 (Druffel)
Ribbentrop, Annelies von: Verschwörung gegen den Frieden, Leoni 1962 (Druffel) (vergriff.)
Roth, Heinz: Widerstand im Dritten Reich, Odenhausen 1976 (Selbstverlag)
Rudel, Hans-Ulrich: Dolchstoß oder Legende?, Buenos Aires 1952 (Dürer) (vergriff.)
Saunders, Hrowe: **Der verratene Sieg — Die Landung der Alliierten in der Normandie 1944 und ihre Hintergründe,** Leoni 1984 (Druffel)
Sudholt, Gert: Das Geheimnis der Roten Kapelle — Das US-Dokument o/7708, Leoni 1978 (Druffel)
Straßner, Peter: Verräter. Nationalkomitee „Freies Deutschland“, 1960, (Cramer) (vergriff., Neuauflage vorgesehen)
Taylor, J. F.: Der 20. Juli 1944. Anatomie einer Verschwörung, Bremen 1968 (vergriff.)

Werke die der Rechtfertigung, Beschönigung oder Verherrlichung dienen:

Abshagen, Karl: Canaris, Patriot und Weltbürger, Stuttgart 1949
Bonhoeffer, Dietrich: Widerstand und Ergebung, München 1951
Colvin, Jan: Vansittart in Office, London 1965
Colvin, Jan: Master Spy. The incredible Story of Admiral Wilhelm Canaris, New York 1951
Dulles, Allen W.: Verschwörung in Deutschland, Kassel 1949
Gersdorff, Rudolf-Chr. Frhr. von: Soldat im Untergang (Selbstenthüllung!), Berlin 1977 (Ullstein)
Gisevius, Hans Bernd: Bis zum bitteren Ende, Zürich 1946
Hassell, Ulrich von: Vom anderen Deutschland, Zürich 1946
John, Otto: Ich wählte Deutschland, Berlin 1954
Kordt, Erich: Nicht aus den Akten, Stuttgart 1950 (DVA)
Krausnick, Helmut u. a.: Vollmacht des Gewissens, Bd. 1 u. Bd. 2 Frankfurt 1960 u. 1965 (Metzner)
Leber, Annedore: Das Gewissen steht auf, Berlin 1954
Rothfels, Hans: Die deutsche Opposition gegen Hitler, Krefeld 1949 (Scherpe)
Schlabrendorff, Fabian v.: Offiziere gegen Hitler, Zürich 1946 u. 1951
Schramm, Wilhelm von: Der 20. Juli in Paris, Bad Wörishofen 1953 (Kindler)
Speidel, Hans: Invasion 1944, Frankfurt 1974
Speidel, Hans: Aus unserer Zeit. Erinnerungen. Berlin 1977 (Ullstein)
Weisenborn, Günther: Der lautlose Aufstand, Hamburg 1953 (Rowohlt)
Zeller, Eberhard: Geist der Freiheit (20. Juli), München 1954 (Rinn)

Zum Thema Nürnberger Siegerjustiz

Die Bücherflut zum Thema „Nürnberg" ist kaum zu überblicken. Die nachfolgende Zusammenstellung beschränkt sich im Wesentlichen auf Werke, die derzeit (noch) lieferbar sind.

Wer sich die Mühe nehmen will, kann den ganzen Prozeß nacherleben:

Der Nürnberger Prozeß (Gesamtprotokolle, Dokumente, Kassette, 13 Bde.),
München 1984 (Delphin-Verlag)

Den Rächerstandpunkt vertreten:

Heydecker, Joe/Johannes Leeb: Bilanz der tausend Jahre – 1975 (Heyne)
Kempner, Robert: Das Dritte Reich im Kreuzverhör – Aus den unveröffentlichten Vernehmungsprotokollen des Anklägers R. W. M. Kempner – 1969 (Bechtle)

Werke, die sich der Suche nach der Wahrheit widmen:

Bardèche, Maurice: Der Weg nach vorn – Nürnberg oder Europa, Göttingen 1950 (vergriffen)
Brennecke, Gerhard: Die Nürnberger Geschichtsentstellung, Tübingen 1970 (Grabert)
Grenfell, Russel: Bedingungsloser Haß? – Neuauflage 1970 (Schütz)
Grimm, Friedrich: Politische Justiz – Die Krankheit unserer Zeit, Neuauflage 1974 (Schütz)
Haensel, Carl: Das Gericht vertagt sich (Nürnberg 1945/46),
München 1982 (Limes-Verlag)
Härtle, Heinrich: Die Kriegsschuld der Sieger – 1968 (Schütz)
Hess, Wolf Rüdiger: Hess – weder Recht noch Menschlichkeit, Leoni 1974 (Druffel)
Kern, Erich: Von Versailles nach Nürnberg – Göttingen 1969 (Schütz)
Lippe, Victor von der: Nürnberger Tagebuchnotizen, Frankfurt 1967 (vergriffen)
Possony, Stefan T.: Zur Bewältigung der Kriegsschuldfrage, Köln 1967 (Westdeutscher Verlag)
Richthofen, Bolko Frhr. von: Kriegsschuld 1939/41 – Neuauflage 1975 (Arndt)
Roth, Heinz: Was geschah nach 1945? – Bd. 2: **Kriegsverbrecherprozesse** – 1972
Walendy, Udo: Wahrheit für Deutschland – Die Schuldfrage des Zweiten Weltkrieges
Veale, J. P. F.: Der Barbarei entgegen, 3. Aufl., Würzburg 1976 (Holzner-Marienburg)

Aus der Sicht der Verurteilten und ihrer Angehörigen

Bewley, Charles: Hermann Göring, Göttinger Verlagsanstalt 1956 (vergriffen)
Dönitz, Karl: Mein wechselvolles Leben, Göttingen 1968 (Musterschmidt)
Göring, Emmy: An der Seite meines Mannes. Göttingen 1967 (Schütz)
Jodl, Luise: Jenseits des Endes, München 1976 (Molden)
Just, G.: Alfred Jodl, Hannover 1971 (National-Verlag)
Generalfeldmarschall Keitel – Verbrecher oder Offizier? – Hsg. v. Walter Görlitz – Göttingen 1961 (Musterschmidt)
Raeder, Erich: Mein Leben – Bd. 2: **Von 1935 bis Spandau,** München 1970 (Schild)
Ribbentrop, Joachim von: Zwischen London und Moskau, Leoni 1954 (Druffel) (vergriffen)
Schirach, Henriette von: Der Preis der Herrlichkeit – Neuausgabe München 1976 (Herbig)
Speer, Albert: Spandauer Tagebücher – Berlin 1975 (Ullstein)

Tondokumente:

Hölle, wo ist dein Sieg? Zwei Langspielplatten vom Nürnberger Prozeß. Inhalt: Göring im Kreuzverhör, Jodl in eigener Sache, Rundstedt und Brauchitsch als Zeugen, Schlußworte einiger Angeklagter u. a. m. (Documentary Series)

Inhaltsverzeichnis

Erster Teil:
Ursachen und Ausbruch des Zweiten Weltkrieges

Zweiter Teil:
Verrat und Widerstand im Dritten Reich

Dritter Teil:
Das Siegertribunal. Nürnberg 1945/46

Dokumentation